邓小平

现代化中国的擘画者

余 玮 / 著

天地出版社 | TIANDI PRESS

图书在版编目（CIP）数据

邓小平/余玮著. —成都：天地出版社，2021.1（2025年5月重印）

ISBN 978-7-5455-6097-8

Ⅰ.①邓… Ⅱ.①余… Ⅲ.①邓小平（1904—1997）-传记 Ⅳ.①A761

中国版本图书馆CIP数据核字（2020）第215640号

DENG XIAOPING
邓小平

出品人	杨 政
作 者	余 玮
责任编辑	杨永龙　李晓娟
封面设计	思想工社
内文排版	尚上文化
责任印制	王学锋
出版发行	天地出版社 （成都市锦江区三色路238号　邮政编码：610023） （北京市方庄芳群园3区3号　邮政编码：100078）
网　　址	http://www.tiandiph.com
电子邮箱	tianditg@163.com
经　　销	新华文轩出版传媒股份有限公司
印　　刷	北京文昌阁彩色印刷有限责任公司
版　　次	2021年1月第1版
印　　次	2025年5月第5次印刷
开　　本	710mm×1000mm　1/16
印　　张	35.5
字　　数	557千字
定　　价	68.00元
书　　号	ISBN 978-7-5455-6097-8

版权所有◆违者必究

咨询电话：（028）86361282（总编室）
购书热线：（010）67693207（营销中心）

如有印装错误，请与本社联系调换

目 录
CONTENTS

第一章 伟人离开的日子 /1

一代伟人走到了他生命的最后时刻，他的家人与中央高层对此高度保密，医疗专家全力抢救。奇迹到底没有出现，卓琳声声泣喊"老爷子"，可是他什么也听不见了。

第二章 闯世界前的广安少年 /31

不到16岁的邓小平离开故里后就再也没有回来，这为后人了解邓小平的身世留下了一个难题。真是惊人的巧合，邓小平的祖籍与毛泽东的祖籍一样，都是江西吉安。

第三章 留学的日子历练成熟 /49

俭学不成，邓小平被迫走上艰难的勤工之路。几十年后，邓小平不止一次地开玩笑说：我个子不高的原因就是，在法国工厂做工时活太累、吃不饱。

第四章 回到血雨腥风的祖国 /67

匆匆结束留学生活，他回到阔别多年的祖国，出任"西北黄埔"的政治教官。他曾因公开呼喊"打倒蒋介石"而让冯玉祥难堪失色。

第五章　喋血万里赤旗飘 / 83

亲自点将的周恩来把酒饯行，25岁的中共中央代表临危奉命出征。两位在官场和战场混迹多年的广西军政高官对中共这位年轻人由衷地折服。

第六章　风风雨雨旗不倒 / 113

厄运压不垮坚定的信念，种种磨难都无法使他低头。面对撤职、批判、关押、处分，被戴上"江西罗明路线"帽子的邓小平据理力争。

第七章　浴血抗战遇知音 / 141

初上抗日战场，凸显特有的能力与魄力。孤军深入晋西南，发动民众抗战，邓小平呕心沥血。跃马挥师上太行，从此刘邓不分家。

第八章　逐鹿中原盼解放 / 173

蒋委员长悬赏缉拿多年的人，没想到有一天倒找上门来了。然而，"总统府"已是人去楼空。邓小平跟随毛泽东登上了天安门城楼，心潮澎湃。

第九章　日理万机掬心智 / 211

无论在筹备大会中，还是在大会各项议程中，邓小平都那么引人注目。毛泽东力荐这位"大事小事"几乎都参与了的中央秘书长担任中共中央总书记。

第十章　浩劫蒙难 /269

恍若一夜之间，邓小平成了党内第二号最大的"走资派"。非常年代里，子女与父母同住在一城，却不能相见。

第十一章　规划小康　设计中国 /409

在一间小茅屋签订生死契约的18位社员，扛起了中国农村改革的第一面大旗，引发了又一次农村包围城市的大变革。一位总设计师一分钟的沉默之后，勾画出"小康中国"的概况。

第十二章　不老的晚年情怀 /507

"为什么退下来？因为中国现在很稳定。退就要真退，百分之百地退下来。"这是邓小平的"战略安排"。临别时，江泽民与邓小平的手紧紧地握在一起……

第一章

伟人离开的日子

> 一代伟人走到了他生命的最后时刻，他的家人与中央高层对此高度保密，医疗专家全力抢救。奇迹到底没有出现，卓琳声声泣喊"老爷子"，可是他什么也听不见了。

1997年2月20日清晨，中国北京天安门广场。

这是一个难忘的早晨。守候在国旗基座周围等待观看升旗仪式的人们，不停地盯着"升旗时间预告牌"——上面显示"今日升旗时间：7时01分"，并远远眺望天安门城楼正中的门洞。谁也没有料到：今天，他们将是一个重要历史时刻的经历者和目击者。

黎明中，国旗护卫队出现了，人们从官兵异样的脸上似乎悟出了非同寻常的事情即将发生。

他们脚步沉重，目光沉重，神情沉重。指挥员王金耀早已持惯了的指挥刀在微微发颤。静默中，国旗护卫队官兵迈过金水桥，跨过长安街，依次列队于旗杆下。擎旗手刘跃征用力将国旗递给升旗手郭毅红。两人的目光相遇时，彼此都读懂了一个主题：记住这个时刻，为了一代伟人邓小平，我们将要以降半旗的形式来哀悼昨晚21时08分病逝的敬爱的领袖。

"敬礼！"中队长王金耀略带沙哑的嗓音在7时零1分准时下达了升旗口令。国歌激越，国旗如往常一样升高、升高、再升高，直至旗杆顶端。

"降——半——旗！"突然，一声低沉而又庄重的口令石破天惊般砸在观众们的心里。旗，就在这一瞬间，在万众瞩目中开始缓缓下降。王金耀流泪了，刘跃征流泪了，郭毅红流泪了，在场的所有人员眼睛都湿润了。多年来，护旗兵们习惯的是升旗，降半旗难以接受。霎时，哀思、降旗、中外记者频频亮起的镁光灯，凝成了一种悲壮氛围。

第一章　伟人离开的日子

此刻，还有一位人们看不到的护旗兵在流泪。他就是亲手摇动降旗设备的老战士刘静。听到"降半旗"的口令后，他正在基座的地下室里一圈一圈地、以逆时针方向缓缓摇动手柄降旗。泪光依稀中，他默默地数1圈、2圈、3圈……40秒后，他一共摇了40圈，准确按《中华人民共和国国旗法》要求把国旗降到1/3处（天安门国旗杆30米高，共折算手摇120圈）。庄严、肃穆、悲壮的历史时刻，在他的缓缓摇动中延续、完成。

于是，一个定格的历史画面——1997年2月20日晨天安门首次为邓小平逝世降半旗志哀——迅速走入各报头版和电视新闻中。国旗卫士将永远铭记：2月20日至25日，那一个个难忘的早晨，北京天安门前每天降半旗。

自从1994年春节以后，邓小平就再也没有公开露面了。境外的媒体至少一百次说他"病危"，他却在京城里自己那个四方形的院落中，过得既舒适又洒脱。1997年2月，邓小平病危。这一次，境外的媒体没有谁说什么。

只有他的家人和党的新一代领袖们知道这个消息。根据医生解释，他的心脏健康，肝脾也好，没有老年人常见的糖尿病或者前列腺炎，致命的问题发生在神经系统，这在医学上叫作"帕金森综合征"，是一种没有办法根治的疾病。

1996年12月的一个清晨，邓小平一觉醒来，觉得呼吸不畅。按照过去多年的习惯，他本应走到卫生间里去洗脸刷牙，然后坐在一个小方桌子边开始吃早餐，有牛奶和鸡蛋。秘书通常在这时进来，把他要用的东西放在办公室里——眼镜、手表、放大镜，还有一摞文件和报纸。他把这一天剩下的大部分时间花在办公室里。他喜欢看地图，喜欢翻字典，有时候看看《史记》或者《资治通鉴》，但他更喜欢看《聊斋》。他喜欢打桥牌、游泳、看足球比赛，但他最经常的运动是散步。每天上午10点，护士就会进来，提醒他出去散步。可是这个早晨，他觉得自己什么也做不了了。咳嗽不止，令他不能呼吸，不能咽下食物，更无法完成他的这些活动。身边的医生已经不能应付这个局面，只好把他送进中国人民解放军总医院（也叫301医院）。

从他的家到301医院不过10公里，可是在那一天，这是世界上最漫长的10公里了。"没有想到，他这一走就再也没有回来。"卓琳后来这样说。他的车子经过"神州第一街"北京长安街，一路向西驶去。这是一个非常时刻，可当时没有人意识到这一点。

中南海里一些最重要的领导人，在1997年1月份还到外地去视察了——李鹏去了辽宁，李瑞环去了海南，乔石去了江苏和上海，朱镕基去了重庆，胡锦涛也按照计划出访南美三国。多少年来，中国人判断政治气候冷暖的一个依据，就是党的领导人是否在公开场合露面，现在看到这些人的行踪，他们就觉得天下太平，却完全没有注意到党的最重要的领导人江泽民始终坐镇京城。那些已经出京的领导人，也不像往年那样和四方百姓共度春节，全都缩短行程，匆匆赶回京城。

元旦那天下了小雪，把京城变成一片白色。可是在301医院，看不到一点喜庆气氛。邓小平的病房设在院子南端一座小楼的顶层，病榻周围总是站着很多人，还有些医生护士进进出出，但随身医护人员黄琳一直守护在他身边。

当时，中央电视台正在播放一部纪录片。有一阵子，邓小平的精神好一些，可还是看不清楚电视屏幕上那个远远走过来的人是谁。

"那边，走过来的那个，"他问，"是谁啊？"

黄琳笑了，说："那个是您啊。您看清楚了吧？"

那个人走近了。他终于看到了自己，动动嘴角，笑一笑。黄琳告诉他，这部纪录片名叫《邓小平》，是中央电视台刚刚拍摄的，有12集呢。他什么也不说，只一集一集地看下去。黄琳知道他耳背，听不见，就俯身靠向他的耳边，把电视里面那些颂扬他的话一句句重复出来，忽然感到老人的脸上绽出一丝异样的"羞涩"。直到5年之后，黄琳还能记得那个瞬间："不知道我形容得准确不准确，就是被表扬以后不好意思的那种感觉。"

谁也没有想到，从那以后，邓小平的病情越来越重。邓小平从早到晚陷入疾病的折磨中，但难得有痛苦的表情露出来。黄琳曾见过这样的病，那是很折磨人的，有些人会呻吟，有些人会叫喊，可是"他是个非常坚强的人"。黄琳说："我能体会他临终前还是比较痛苦的，但他一声不吭。就是这样，而且我觉得他很平静。"邓小平有时候昏昏沉沉地睡着，有时候异常清醒，还是不说话——他已经不再评价别人，也不在意别人对他的评价。黄琳觉得他一定明白自己已经病入膏肓，问他还有什么话想说。他在1992年说了那么多话，现在总该再给中国人留点什么吧？黄琳这样想。可是那几个星期邓小平没有再谈那些话题，他淡淡地回答:"该说的都说过了。"

除夕夜,邓小平的病情虽较重但较为平稳,营养室主任侯生伟和炊事员做了几个菜,煮好了饺子,拿到三楼餐厅,与邓小平身边的医护人员、工作人员一起吃年饭。他们中有将军,也有战士、服务人员。饭桌上,大家发自内心地祝愿:"祝小平同志早日康复!"

除旧迎新之际,警卫战士们写了一副对联贴在门上,上联是"同吃同住同欢乐同在一个空间",下联是"爱国爱家爱事业共为一个心愿",横批是"一切为了首长"。这副对联既是警卫战士的心声,也表达了邓小平身边全体工作人员的心愿。是啊,全国人民都盼着小平同志的病情逐渐缓解,身体一天天好起来。

2月7日是正月初一,邓小平没有回家,病房的医生和护士也没有回家,都在近旁房间里守着,一呼即来。邓小平的亲人坐在沙发上,全都默然不语。整座楼一片寂静。警卫秘书张宝忠想起应该互道"新年快乐",就把大家聚到一块儿。众人举起酒杯,说不出一句话,唯有泪千行。"希望咱们医务界,在新的一年里能创造奇迹。"张宝忠在心里这样说。

可惜没有奇迹,93岁的老人又挺了12天,到2月19日,呼吸功能已经衰竭,只能借助机器来呼吸。下午5点多,开饭的时间到了,但医护人员和其他工作人员都未按时来餐厅吃饭。负责膳食的侯生伟等同志得知病房里正在抢救,便焦急不安地等待着,他们多么期盼医学奇迹的出现啊!医生同时向中共中央政治局报告。

一代伟人邓小平终因患帕金森病晚期,并发肺部感染,呼吸循环功能衰竭,抢救无效而离开人世。卓琳带着全家人来向他告别。4天以前,她就写信给江泽民,转告"邓小平的嘱托":不搞遗体告别仪式,不设灵堂,解剖遗体,留下角膜,供医学研究,把骨灰撒入大海。现在,她心里明白这是最后的告别了,只是非到别人说出来,她是不愿意让这种可怕的想法在脑子里面形成的。当时她只想说:"老爷子,我在喊你!你听见了没有!"可是他什么也听不见了。劳累的一生已经终止,战斗的日子已成往事。他的心脏停止了跳动,那时是21时08分。当晚,京城皓月当空。

邓小平身边的工作人员王世斌说:"说实在的,就是跟家里人一样,跟自己父母一样。所以首长去世后，我总不相信这个现实。特别是晚上一睡觉的时候，眼睛一闭，总觉得首长还在办公室坐着。首长的音容笑貌老是萦绕眼前。"

"他的角膜也贡献出来了，遗体也捐作医学研究，最后，骨灰也撒到祖国的大海里去了。他什么都没有留下，所以我想只能是把他默默地装在我们心里。"黄琳说着说着哭了起来。邓小平的确什么也没有留下来，秘书接到命令，把他留下的衣物全都烧了。他们带着他的内衣、外衣、鞋子和袜子，来到一座锅炉房，把这些东西一一投进炉膛。烈火青烟中，他身边的工作人员看到一件带着窟窿的内衣，眼泪再次掉下来："这么伟大的一个人物穿着破了的衣服，谁能相信啊！"

一声噩耗惊人寰，神州如雨洒江天。老人走了，披着世纪的风云，披着历史的烟尘走了。他走得那么安详，走得那样从容。

他走了，的确是走了，而他留在共和国每一寸土地上的是永生！

"日子一天一天好起来了，可是他老人家走了。"噩耗随着电波传遍神州，中华儿女一片哀恸。这一刻，多少人的泪水打湿了衣襟，多少人的心灵被深深撼动。

北京宣武门西大街上的新华社夜班值班室，得到了那份早就准备好的讣告。一阵混乱之后，大家终于想起该做什么，于是立即中断正常的新闻，把那份讣告播发出去。那天深夜，睡觉晚的人如果打开电视或者收音机，都能听到播音员哽咽的声音。

第二天早晨，中央电视台与中央人民广播电台、中国国际广播电台全文播发了《告全党全军全国各族人民书》，伴着播音员极其沉重的声调及阵阵哀乐，全世界在震惊中接收了一个不得不相信的现实。噩耗传开后，长城内外、大江南北的广大城市、农村、牧区、机关、工矿、学校等沉浸在巨大的悲痛之中。

第一章 伟人离开的日子

深深的悲痛，笼罩着京城大地。邓小平谢世的消息，将人们带进了不尽的哀思之中。往日喧闹的大街，一下子沉默了。总是匆忙的游人，似乎没有了游兴。才早上8点多，不少报摊上的报纸就被抢购一空，而平时这些报纸往往要卖到下午四五点。丰台区北甲地9号一个报摊前，有人一买报纸就是10份，有人扔下一张钞票拿份报纸就走。他们说，留一份报纸收藏，算是对小平同志的一种纪念。头版刊登着邓小平大幅遗像的报纸在人们手中传送着，黑色讣闻让人们在感情上难以接受，尽管大家都知道生老病死是千古不变的规律。此时，天安门、新华门降半旗，一些合资企业和一些驻华使馆也降半旗。人们用各种方式沉痛悼念这位伟人的离去。正在出席北京市第十届人大第五次会议的代表默哀致敬，深切缅怀邓小平。

黄浦江呜咽，万众垂泪。牛年春节刚过，突然传来邓小平不幸逝世的噩耗，黄浦江两岸顿失往日的绚丽喧闹，一时间天地同悲。从1988年到1994年，邓小平每年来沪和上海人民共度新春佳节。这以后，每逢春节，上海人民就有一种特别的期盼，盼望小平同志再来上海，与他共享上海改革开放不断取得新成就的喜悦。邓小平那平易慈祥的音容笑貌仿佛还在眼前，那一次次"向上海人民拜年，向上海人民问好"的亲切声音仿佛还在耳旁回响。目睹在邓小平关怀激励下上海的巨大变化，广大干部群众哀思如潮。

巴山呜咽，蜀水悲泣。四川广安与首都北京，远距千里又近在咫尺。这里的大街小巷，几天来行人稀少，许多商店没有营业。偶尔穿行的汽车，也都扎着白花，挡风玻璃上贴着"小平，家乡人民想您"的白色字条。家乡人情不自禁地涌向协兴镇牌坊村邓小平故居，进行瞻仰和悼念。旧居树竹披白，哀乐低回，群众络绎不绝，会聚在邓小平旧居内的灵堂前，追忆他的丰功伟绩。62岁的农民唐永贵是邓小平家的邻居，他的父亲曾与邓小平的父亲一起在磨坊里碾过粉。早上听到邓小平逝世的消息，他马上放下手中的饭碗，提着扫帚到邓小平旧居打扫庭院。他和几个老哥儿一同回忆起邓小平对乡亲们的关心，激动不已。邓小平的表弟淡文全老人一边打扫院坝一边说："小平是我们牌坊村的骄傲，是中国人民的骄傲，他去了，是党和人民的一个巨大损失。我们牌坊村人民将永远怀念他。"牌坊村村民邓型弟和爱国村石工艺人李正常师徒俩，用1.4米高的大青石刻制了一块石碑，立在故居的大门前，用隶书工工整整地刻着"邓小平同志永垂不朽"九个大字，落款是"协兴乡亲"。瓦店乡的村民们从30多公里外的华蓥山上移来一棵青松，栽在邓小平故居前，以寄托对小平同志的无限怀念。枣山镇一位102岁的老人，从10多公里外专程来到小平同志题名的翠屏公园，用广安古老的吟孝歌的方式，哀哭邓小平不幸逝世。广安地委办公大楼显得格外庄严肃穆，几百米长的青纱上，悬挂着故乡人民送给小平同志的挽联："日星隐曜青山垂首九州儿女恸悼世纪巨擘，风月潜形碧水无言十亿尧舜矢志千秋勋业"。

长江呜咽，武当默哀。湖北、武汉和邓小平革命生涯紧密相连。位于汉口鄱阳街139号的八七会议旧址纪念馆，这一天格外肃穆。从上午9时开始，武汉市的铁路工人、公安干警、居委会干部和外企职员，纷纷来到这里缅怀邓小平。正是在这栋并不起眼的小楼里，邓小平第一次见到了毛泽东。

"翻身不忘毛主席，致富不忘邓小平！"这是山西太行山、吕梁山区农民的心声。柳林县王庄村农民刘笑早上起来，就从电视中得知邓小平逝世的消息。他在悲痛中想了一上午，写了一上午，完成了一篇文章《中国人民将永远记住自己伟大的儿子》。他说毛主席、周总理、邓小平的去世，是自己一生中三次最为刻骨铭心的记忆。在当地被称为"农民秀才"的刘笑说："当年毛主席去世，我才13岁，和家人一起泪水止不住地流，好像天塌了下来，以后的路不知该如何走。而小平去世，虽然也像家里的老人走了，感到无比悲痛，但孩子们已经长大了，知道路该怎么走了。小平走了，他把一个充满了希望和活力的国家留给了后人。"

春寒料峭，哀思深深。太行山深处的山西省左权县突然沉寂了下来。电视机中传出的令人心碎的哀乐声，回荡在太行山中。抗战岁月里，作为八路军一二九师政委、北方局代理书记、太行区委书记的邓小平，前后在这块土地上战斗了5年。这里的人民深深地爱着他，人们依旧称呼他"老邓""邓政委"。20日晚7时，抗战年代曾经在小平同志家帮过忙的左权县上麻田村的要玉娥和老伴、儿子，端着饭碗坐在电视机前的小板凳上，静静地看。这天上午，当老伴从电视上看到邓小平去世的消息，惊慌地告诉她时，要玉娥一把拉住老伴，连着说了几声"你可不敢瞎说"。当她证实了这个消息后，老人难受了一上午，一遍又一遍地看电视。回忆起当年的情景，要玉娥说，当时她只有15岁，卓琳同志每天教她认三个字，小平同志经常背着手走到她身后检查她的作业……

延河鸣咽，群山垂首。被冬云冷雾笼罩的革命圣地延安，沉浸在无尽的哀思之中。革命旧址、纪念馆以及机关、学校、商店，纷纷降下半旗，悬挂出悼念邓小平的黑纱白字挽幛挽联；孔孔窑洞和座座楼房里，人们眼含热泪，围着电视机收看有关报道。阵阵哀乐与人们的哭泣声在延水河畔交织回荡。76岁的村民杨在林回忆起当年邓小平与卓琳在杨家岭举行简朴的婚礼、毛主席设宴庆贺的往事，激动地说："小平同志为革命为人民操劳一生，给我们带来了好光景，我们永世不忘。"许多老红军老八路边看电视边失声痛哭。76岁的四川籍长征老红军张清义泣不成声地回忆当年他参加的邓小平亲自指挥的长乐村战役，歼敌2000多，一次邓小平风趣地对他说："咱们还是老乡呢，你当宣传员不简单，要好好干。"这些天来他和老伴不知流了多少眼泪。

井冈含悲，赣江鸣咽。噩耗传至江西省新建县（现为新建区）拖拉机修造厂，全厂职工沉浸在悲痛之中。1969年11月至1973年3月，身处"文革"逆境的邓小平和卓琳在这里工作生活了3年多，与这里的工人结下了深厚的友情。曾在小平同志工作过的车间担任过主任的陶端缙，听到邓小平去世的消息时，怎么也不相信自己的耳朵。全家人坐在电视机旁一边流泪，一边收听中央《告全党全军全国各族人民书》，过去与邓小平相处的情景宛如昨日。陶端缙老人含着泪说："今天，在小平同志强国富民政策指引下，厂子有很大发展，日子也一天比一天舒坦，我们多么希望他能够再回来走一走，看看我们。我们想念他啊。"

韶峰含悲，湘江哭泣。无论是韶山人，还是外来参观者，都在交口赞扬邓小平的丰功伟绩，都在为痛失改革开放的总设计师而叹息。韶山毛泽东纪念馆馆长田余粮深情地说："小平同志是个了不起的伟人。他受过不少委屈，但不计较个人恩怨。粉碎'四人帮'后，有的人对毛泽东同志功过的评价缺乏实事求是的态度。在这个时候，邓小平挺身站出来，实事求是地、科学地评价毛泽东同志和毛泽东思想，并主持起草了《关于建国以来党的若干历史问题的决议》。邓小平不仅维护毛泽东同志的历史地位和捍卫毛泽东思想，他还继承、发展了毛泽东思想。"饮水思源，韶山人民忘不了邓小平同志的恩情。韶山村党支部书记毛雨时对记者说："我们韶山人民永远忘不了毛主席，永远忘不了小平同志。毛主席领导我们推翻了三座大山。小平同志提出建设有中国特色的社会主义理论,为我们开辟了致富路。没有邓小平,就没有韶山人的今天。"

在"大包干"发源地安徽省凤阳县小岗村,当传来邓小平谢世的消息后,全村一下笼罩在无限的哀伤之中。2月21日下午,全村300多名村民不约而同地汇集到村委会,在邓小平遗像前声泪俱下。当年,全村18户农民带头搞起家庭联产承包责任制,并按下血红的手印,向"左"倾路线、向贫困宣战。18位庄稼汉的带头人严俊昌含泪诉说着:"我们搞大包干,因为小平同志充分给予肯定,才使我们按手印的18个庄稼人免遭坐牢之苦。我们一辈子也忘不了小平同志的恩情。"

清晨,具有50亿资产的深圳石化商社的董事长陈涌庆,被电视中的哀乐震惊,这位曾同"铁人"王进喜共同生活、工作过的汉子,脱口说出了大家不愿意听到的噩耗:"小平同志走了。"他的眼睛顿时湿润了。与他一起正在大鹏湾集训的80多位商社的经理,也纷纷打开房间的电视机。"特区从边陲小渔村,到初步建成现代化城市,每一步都浸透小平同志的心血。没有小平同志,就没有深圳特区的今天。""邓小平同志在深圳"大型宣传画前的橘红色台阶上,摆满一束束洁白的马蹄莲、黄色的菊花和一朵朵雪白的纸花。络绎不绝的深圳人从四面八方涌到邓小平画像前,捧来一束束鲜花,献上一个个花篮。他们一次次地鞠躬,一遍遍深情地呼唤:"小平同志,您永远活在我们心中。"白发老人带着小孙女,一队队共青团员列队画像前,默默地、呜咽地流着泪献上心中那份对他老人家的哀思。

天山雪域同悲,草原河川呜咽。连日来,新疆、西藏、内蒙古、广西、宁夏5个自治区的维吾尔族、藏族、蒙古族、壮族、回族等各民族干部群众以各种形式缅怀邓小平。

一场白雪覆盖了西藏高原,寄托着雪域儿女对邓小平的无限哀思。在堆龙德庆县(现为德庆区)东嘎镇,老阿妈德吉捧着邓小平的照片,哭得泣不成声。这位翻身农奴是西藏和平解放后当地的第一位女乡长,1963年到北京受到毛泽东、邓小平等老一辈革命家的接见。她听到邓小平逝世的噩耗后,心情十分悲痛,以藏族特有的方式祝愿邓小平安息。

"日光城"天色黯淡,大昭寺广场哀乐低回。藏族群众含着悲痛的泪水,默默行走在古老的转经道上,以特有的传统方式寄托对伟人的哀思。"名垂青史恩泽永存,功著神州音容宛在",一副巨大的对联贴在拉萨市水泥厂礼堂的门柱上。礼堂正中上方悬挂着工人连夜绘制的邓小平巨幅遗像,下面是全厂工人亲手编扎的大型花圈。工人们和着哀乐的节奏,缓缓地走到邓小平遗像前,鞠躬告别。在贡嘎县甲日村三组,靠手工业致富的农民边巴在听到邓小平去世的消息后流下了眼泪。他取出一条洁白的哈达披在邓小平的照片上,点上酥油灯、供上酥油茶,双手合十祈祷。他说,农民富起来,幸福不能忘记邓小平。在边城乌鲁木齐,各族干部群众围聚一起,一边听广播、看电视,一边谈论邓小平一生的丰功伟绩。

噩耗传来,百色山城一片哀痛。屹立在市中心的当年中国工农红军第七军军部、如今的百色起义纪念馆更显得雄伟、庄严。20日起,从早到晚,前来悼念伟人寄托哀思的人络绎不绝:当地党政军领导来了,学生和市民来了,外地来出差的人员来了……86岁的黎先贤,这位当年跟随邓小平从百色打到江西、参加过四次反"围剿"、身上伤痕累累的老战士,一连两天,让人搀扶着来到了纪念馆。他一件件察看邓小平当年用过的用具,泪水打湿衣衫。一队又一队的参观悼念人群,神情肃穆,流连难去……

1992年,邓小平捐赠给"希望工程"的5000元钱救助了广西平果县15岁的壮族学生黄成武和另外13名最贫困的学生。得知自己最敬爱的邓爷爷逝世了,黄成武禁不住"哇"的一声恸哭失声。

…………

大江南北哀思不尽,长城内外万民同悲。一个伟大的人物,推动了一个伟大的时代。邓小平,这是一个改变了中华民族历史进程的名字,一个让世界瞩目的名字。邓小平逝世的消息,让人们陷入了无尽的哀思之中。悲痛,浓浓地笼罩在960万平方公里的大地上。各界、各地、各族人民以不同的声音、相同的方式传递着一个共同的心声:"小平同志,我们想念您!"

> 周南两度泪洒灵堂，马万祺悲痛之情溢于言表，哀思绵绵绕宝岛。"一国两制"伟大构想的创造者走了，他的心愿变成了遗愿，他的遗愿正在一步步实现。

百年梦归炎黄根，但悲不见九州同。他走了，走得那么匆匆。他生前曾表示，香港回归祖国时，哪怕是坐着轮椅，也要去亲眼看一看。然而，就在距离香港回归祖国仅剩100多天的时候，他平静地走了。他把自己对祖国的忠诚、热情和坚定融入了历史，把他对世界、对人类的巨大贡献留给了后人，同时也留给世人永远的怀念。

2月20日清晨起，新华社香港分社下半旗志哀，设灵堂接待前来吊唁的香港各界人士和在港外国友人，以表达对邓小平的无比崇敬和深切悼念之情。全国政协副主席安子介、香港特别行政区行政长官董建华在灵堂开门不久便来到，站在邓小平遗像前三鞠躬。香港特区临时立法会主席范徐丽泰、财政司曾荫权等及港府部分官员也前来吊唁。安子介感慨地说："我曾有机会与邓先生有过一次谈话，深感中国有这么一位杰出的人物做领导，是中国之福，是中国人民之福。我们多么盼望在香港'九七'政权交接时，他能来香港看一看。"至当日下午5时，香港的港事顾问、筹委会委员、推委会委员、有关商会会员、有关党派负责人及各界人士和外国友人近1000人前来吊唁，近150个团体和个人送来花圈。

来吊唁的市民，均显得非常哀痛，令在场的新华社香港分社社长周南在灵堂开放的当天两度当场洒泪：第一次是上午，一位身材魁梧的男子在邓小平遗像前非常激动，又跪又拜，周南受其感染，忍不住落泪，需要进内堂休息。而下午又有一位行动不便的老伯，撑着拐杖，一拐一拐地走到灵堂，并跪下向邓小平的遗像叩首，周南受其诚所感，再度双目含泪，更趋前安慰这位老人家。

周南发表谈话，对邓小平的逝世表示沉痛哀悼。他呼吁香港同胞化悲痛为力量，团结一致，同心同德，全面落实邓小平"一国两制"的伟大构想，实现香港的平稳过渡，保持香港的长期繁荣和稳定。董建华表示，邓小平的逝世使中国失去了一位伟大的领袖。他说，在悲痛之余，可以告慰的是，在邓小平的理论指导下，中国的发展成就很大，已奠定坚实基础，21世纪的中国必定更加富强，香港一定会更加繁荣稳定，祖国统一的愿望一定会实现。

香港各报纸、电视台、电台大量报道邓小平逝世的消息，许多报纸还出版了特刊、专辑，用大量文字和图片介绍邓小平的生平事迹，并发表社论、评论颂扬邓小平的历史功绩。邓小平逝世的消息在香港市民中引起强烈反响，许多市民从一早就一直守在电视机前观看有关报道。清晨，在地铁、公共汽车上，很多人都在看报纸上有关邓小平逝世和生平的报道。

香港中资企业的全体员工惊闻邓小平逝世，万分悲痛，连日来举行了多种形式的悼念活动，以表达对邓小平的无限哀思和深切怀念。从2月20日清晨起，许多中资企业就通过新华社香港分社向邓小平治丧委员会发出唁电、唁函，驻港中资企业的员工纷纷到灵堂吊唁，以表达他们对邓小平逝世的沉痛哀思。

整个香港沉痛悲伤而又平静。20日，由特别行政区第一任行政长官董建华提名、中华人民共和国中央人民政府任命的特区第一届政府主要官员名单如常公布，香港恒生指数上扬了300多点。香港舆论说，这显示了市民对大局已定的回归、对香港的前途充满了信心。这10多年香港的繁荣稳定，市民对香港前途的信心，要归功于邓小平提出的"一国两制"伟大构想，以及根据这一构想制定的"一国两制""港人治港"、高度自治方针一步步得到落实；香港能够经受住一次次风浪，与市民对邓小平的充分信赖是分不开的。香港报纸在痛悼邓小平时这样说："用什么赞美之词也难以表达'一国两制'构想的伟大。"

2月20日，邓小平逝世的消息在澳门同胞和其他人士中引起一片悲痛和悼念之情。清晨，各报摊前，许多人争购当日报纸。各报均在头版用特大字号刊登了邓小平逝世的消息和大幅照片。"澳广视"在电视新闻中和电台广播中反复播报这一消息。正在澳门访问的葡萄牙总统若热·桑帕约取消了当天的所有日程，并在上午发表声明，"以葡萄牙的名义悼念杰出的政治家邓小平"。桑帕约说，在20世纪中国历史上，邓小平先生有极为重要的地位，堪与孙中山先生和毛泽东先生比肩，其人生道路与政治历程，与中国历史是分不开的。澳门总督韦奇立给江泽民主席发去了唁电。

哀乐低回，鲜花翠柏布满灵堂。新华社澳门分社和中葡联合联络小组中方代表处20日清晨起下半旗志哀，并在分社大楼中设立了灵堂。葡萄牙总统若热·桑帕约、澳门总督韦奇立和澳门当地政府一些官员于下午3时首批到此吊唁。下午4时，立法会主席林绮涛率全体议员前来吊唁。澳门总督府、最高法院和澳门市政厅均下半旗志哀。新华社澳门分社社长王启人及全国政协副主席、澳门中华总商会会长马万祺，全国人大常委会委员、澳门立法会副主席、澳门大丰银行总经理何厚铧，全国政协常委、澳门吴福集团董事长吴福等社会知名人士均向记者发表谈话，对邓小平的逝世表示沉痛哀悼。马万祺悲痛之情溢于言表。他说，澳门人将永远铭记邓小平的功绩，在"一国两制"方针的指引下，实行"澳人治澳"，澳门的未来一定会更美好。

前来吊唁的澳门各界人士、普通百姓排成长队，络绎不绝。哀思发自肺腑，真情催人泪下。在参加吊唁活动的人群中，既有白发老人，也有怀抱婴儿的母亲，还有带领孩子一同前来的家长。老师们带着穿着整齐校服的学生，列队向邓小平遗像鞠躬、默哀。学生童稚的脸上个个显出哀痛之情。一位年逾七旬的老人手捧祭文来到灵堂，在邓小平遗像前半跪着宣读，其后向遗像行跪礼。他说，邓小平推行的改革开放拯救了他，使中国富强。老人的深情令人感动，催人泪下。

同时，越来越多的来自中国内地以及其他国家和地区的游客，自发地来到新华社澳门分社所设的灵堂，吊唁邓小平。各国朋友在签到簿上用各种文字写下了他们对邓小平的崇敬和哀悼。

宝岛缅怀巨人魂，哀思绵绵骨肉情。一代伟人邓小平的逝世在台湾岛内引起极大关注。台湾海基会董事长辜振甫20日致函海协会会长汪道涵，对邓小平逝世表示哀悼。来函说，邓小平先生生前倡导改革开放，推动经济发展，指引中国走向现代化之路，并为两岸交流互动开启新局，做了贡献。来函并请代向邓夫人及家属转达致意。同日，海基会也致函海协会，对邓小平的逝世表示哀悼，并对邓小平家人表达慰问之意。

台湾媒体 20 日对邓小平逝世作了大量报道，从各个角度反映了台湾各界对此事的态度。一些报纸发表社论和专文，岛内部分专家学者和工商界知名人士也发表看法，论述邓小平对结束中国近现代以来备受屈辱的历史所做的功绩，希望海峡两岸加强交流，共同完成百年来实现中国富强的愿望。

台湾《中国时报》和《工商时报》发表社论说，邓小平是"历史无法磨灭的人物"，他"在举世瞩目的目光中"去世，从邓小平的一生可以看到，"19 世纪末以降的中国历史，那战乱的、被殖民的、破败的近现代史正在结束，而一个和平的、发展的、现代化的中国历史时期正在来临"，"祈愿中国强盛起来的理想，成为早年两岸中国人共同的愿望，即使当年的台湾还在日本殖民统治下，却也寄望一个强盛的祖国来解决台湾的殖民地的悲哀处境"。社论说，香港回归是邓小平另一个无法磨灭的历史功绩，百年前殖民主义时期留下来的历史问题，得以在今年和平解决，它和邓小平创造性地提出"一国两制"的制度性设计有关。社论还提到了邓小平提出的"和平统一"原则，表示希望海峡两岸能在此基础上，共同实现百年来中国人对国家富强的愿望。

台湾工商界三大团体负责人高清愿、王又曾、辜濂松都就邓小平的逝世对两岸关系的影响发表了看法。高清愿表示，祖国大陆的经济将继续发展，在祖国大陆投资的台商可以放心。包括中华汽车、裕隆汽车和庆丰环宇集团等汽车、机车业者都表示，对祖国大陆的投资不会因此而停止。已投资两岸直航的长荣、阳明海运两大公司表示，投资策略不会改变，将继续争取两岸直航先机。

许许多多的港澳台同胞无法接受邓小平就这样离去的事实，无尽的哀伤伴着痛惜在港澳台地区弥漫开来。成千上万的市民噙着热泪、捧着鲜花吊唁邓小平，献上一瓣心香；电台、电视台所有的黄金时段，报纸的号外、祭文、社论、社评一起痛悼他。邓小平生前的照片，铺满了数天来这些地区报纸的版面……

展望祖国完全统一的前景，邓小平亲自确立的和平统一的大政方针已得到完全的继承。我们可以告慰小平同志，他所期待的祖国完全统一的大业一定能在后人手中实现。他走了，但他的名字———邓小平，将和他的思想与业绩一道镌刻在历史的丰碑上。他带领着全中国人民走上了一条充满了希望、自豪的富强之路，而且已走了很远，很远。他少时就立志于民族自强，他一生都在盼望祖国的统一，但就在香港回归祖国就要到来之际他离去了。人们为他没能亲眼看到自己曾为之呕心沥血的那一刻而痛惜，为他没能亲手实现祖国的完全统一而抱憾。然而能使这位伟大人物宽慰的是，他所开创的通向未来的光明之路上正行进着十几亿国人，他的遗志将化为一个民族的誓言与行动从而得以实现。

挥泪送小平，再说一次"小平，您好！"；再说上一声"小平，放心！"

> 安南久久地凝视着邓小平的遗像，默默哀悼。不幸的消息牵动了世界的神经，华人华侨及各国政要、国际友人等纷纷表达缅怀之情，整个世界与中国同哀。

小平辞世，全世界为之动容。全球所有重要新闻传媒均以最快速度进行报道，许多报纸为此在19日连夜撤换了报纸的头版。第二天，主流报纸的头版均以黑色报头面世。世界震动了，全世界的新闻一时似乎只有一个关键词——"邓小平"。

全球同悲巨星陨。美国各界华人、华侨获悉邓小平逝世的消息后，分别以各种方式表达沉痛悼念之情，他们盛赞邓小平的丰功伟绩，称他是海内外所有中华儿女心目中的伟人。

曾受到邓小平接见的美国华侨总商会总顾问应行久悲痛地说，邓小平的逝世是中国的巨大损失，海外华人、华侨痛失一位伟大导师，他对中国革命、现代化建设和世界和平的贡献是非常巨大的。纽约华人社团联合会总会主席黄启成说，邓小平为中国革命和建设做出的伟大贡献将永远铭刻在海外中华儿女的心中。中美经贸科技促进会主席杨功德、旅美北京联谊会会长杨昆溥、纽约中国学生学者联谊总会主席徐晓蕾、美东各界华人华侨庆祝香港回归筹备会总干事王碚和纽约中国和平统一促进会副会长章爱龙也以不同的形式表达了对邓小平的怀念之情。

纽约华裔学者和旅美学子也纷纷发表谈话，深切悼念邓小平的逝世，缅怀他伟大的一生。纽约市立大学历史系教授唐德刚说，邓小平是"中国共产党历史上的千古功臣"。哈佛大学历史学博士龚忠武认为邓小平树立了"大公无私、光明磊落"的领袖风范。纽约大学教授熊介回忆了1987年7月10日邓小平在北戴河会见他时的情景。他说，当时邓小平与他相约1997年香港再见，为此他已准备从6月起担任香港岭南大学的客座教授，而邓小平却在此时逝世，令他万分惋惜。

自中国驻纽约总领事馆设立的灵堂于20日向公众开放之后，前来吊唁的华人、华侨络绎不绝。前国民党爱国将领沈策与中国和平统一促进会的20多位代表首先来到灵堂，沉痛悼念邓小平。全美华商总商会、全美华裔妇女会、美国福建工商总会、纽约中国贸易中心、美国上海总商会等团体、中资机构以及许多华人、华侨、旅美学子都送来了花圈。

伟人已逝英容在。连日来，亚洲一些国家的华人、华侨以各种形式对邓小平逝世表示沉痛哀悼，并高度评价了他的伟大功绩。马来西亚最大的华人政党马华公会总会长兼交通部部长林良实20日发表谈话说，邓小平是一位坚韧不拔和睿智的政治领袖，他对邓小平的逝世感到悲痛。在菲律宾，菲华联谊会发表声明说，邓小平是中国伟大的政治家、军事家和建设具有中国特色社会主义现代化的倡导人，也是为香港、澳门回归和海峡两岸和平统一提出"一国两制"的倡导人。他的逝世是全世界中华民族子孙的巨大损失。菲华商联总会、菲律宾中华总商会、菲律宾华侨善举公所等组织在唁电中说，邓小平是中国改革开放的总设计师，他把毕生精力都献给国家、民族和人民。在缅甸，仰光华侨悼念邓小平筹委会22日带领各界侨胞代表前往中国驻缅甸大使馆吊唁邓小平逝世。前来吊唁的华侨代表连甲宝说："邓小平给中国带来了新的希望，使中国走向现代化、走向富强，这是我们华侨永远怀念邓小平的原因。"柬埔寨的华人群众组织柬华理事会及其所属各会馆和华文学校、各省的柬华理事会分会纷纷组团前往中国驻柬埔寨大使馆吊唁，他们在留言簿上赞颂邓小平的丰功伟绩和光照日月的领袖风范，为中国失去一位杰出的领导人、中华民族失去一位英雄、世界失去一位崇高的伟人、柬埔寨失去一位伟大的朋友而深感痛惜。

四海悲歌，千山痛诀，冷雨弥天共鸣咽。旅居澳大利亚各地的华人、华侨和留学生纷纷到中国驻澳大利亚大使馆、驻墨尔本、悉尼总领事馆吊唁。中国驻墨尔本总领馆21日起设灵堂，各地华人、华侨络绎不绝地从各地赶来致祭。不少人专门驱车数百里从外地携全家人赶来吊唁。前来吊唁者上至80岁高龄的老人，下至只有两岁的幼儿。一些吊唁者面对邓小平画像，悲痛难抑，泪流满面，三鞠躬后，突然跪倒在地。著名旅澳画家姚迪雄连夜挥笔，为邓小平作像，第二天一早便送到总领馆。一位7岁儿童精心制作了一面颂扬邓小平丰功伟绩的纪念牌和一幅纪念邓小平的画。22日下午，悉尼华人社团的600人在悉尼市政大厅举行了庄严隆重的追悼仪式，追思邓小平为中国的统一和繁荣，为世界的和平与发展所做出的杰出贡献。23日，维州华人社区30多个新老华人团体集体前往领事馆吊唁，并于吊唁之后联合召开座谈会，畅谈邓小平对国家和人民的伟大贡献。

22日上午，在韩部分留学人员抬着连夜扎制的花圈，戴着自制的小白花，举着"小平同志，海外学子永远怀念您"和"继承遗志，报效祖国"的黑色横幅，来到中国驻韩国大使馆邓小平的灵堂进行吊唁。他们在邓小平的遗像前默哀，泪水模糊了他们的双眼，他们心中呼唤着小平您好……

哀思，远已超越了民族和国界。"中国现代化之父"邓小平的溘然离世，着实让全球引发不小的"地震"。当日，联合国秘书长科菲·安南发表声明，对中国卓越领导人邓小平的逝世深表悲痛，对其家属、中国政府和人民表示最深切的慰问。声明说：邓小平在中国最令人振奋的一段历史中，打下了自己永不磨灭的烙印，他将毕生的精力贡献给自己的祖国，不仅他的国家将永远铭记这位中国现代化和经济腾飞的设计师，而且国际社会将缅怀他的伟大业绩。在他的卓越领导下，中国进行的大幅度改革，使人民的生活发生了难以想象的变化，这一成就无疑是他留给后人的最伟大遗产。时任联大主席、马来西亚常驻联合国代表拉扎利也发表了声明。他在声明中指出，邓小平一生对中国做出了巨大的贡献，牢固确立了中国在世界上的大国地位。中国人民从他的英明领导中受益，整个世界也从他追求和平与发展的努力中获益。

2月20日，纽约曼哈顿岛的东河之滨、静静屹立的联合国总部大楼，迎来了庄严肃穆的一天。来联合国工作和参观的人都注意到：联合国升旗手斯考特·萨巴清晨升起的半旗在空中迎风飘扬。世界人民都在悼念一位卓越的中国领导人。

联合国官员特赖曼说，他曾去过中国，中国给他留下了美好的印象。邓小平在推动中国现代化、执行改革开放政策方面所取得的成绩世人皆知。在联合国工作23年的联合国保安人员约翰·布利恩多说：虽然每个国家元首逝世，联合国都要降半旗志哀，但许多总统的名字他都叫不出来，但他知道中国这位领导人的名字叫邓小平。同时，联合国发言人办公室宣布，在近期召开的联合国大会和联合国安理会会议上，与会者将以默哀一分钟的形式悼念中国改革开放的总设计师邓小平。

2月21日，安南前往中国常驻联合国代表团驻地，对邓小平的逝世表示哀悼。安南在吊唁册上写道，邓小平的逝世"不仅对中华人民共和国，而且对整个世界都是巨大的损失。人们将永远怀念他"。随后，他久久凝视着邓小平的遗像，默默哀悼。

美国总统克林顿在波士顿获悉邓小平不幸逝世后随即发表声明，称邓小平是"世界舞台上一位非凡的人物"，并高度赞扬他为实现中美关系正常化所起的作用。他说，由于邓小平果断地确立对外开放政策，在当今国际事务中，中国在很大程度上发挥着主要的作用。邓小平推动中国进行了历史性的经济改革，极大地提高了生活水平和现代化程度。同时，美国前总统布什表示："当我获悉邓小平先生逝世的消息时，我为中国人民失去这样一位伟大领袖而深感悲痛。我非常敬佩他，也敬佩他为中国创立的丰功伟绩。""我想强调的是，他的逝世不仅使中国失去了一位伟大领袖，而且世界也失去了一位真正伟大的领导人。"

90岁高龄的阿尔希波夫在20世纪50年代曾以苏联专家总顾问的身份，在中国工作多年，和邓小平同志等中国领导人结下了深厚的个人友谊。惊悉邓小平不幸逝世的消息后，阿尔希波夫这位中国人民的老朋友、苏联原第一副总理十分悲痛。他深情地说，邓小平是中国共产党和中华人民共和国伟大的领导人，是中国改革开放的总设计师，他贡献出了自己毕生的力量、智慧和能力，使中华人民共和国成为一个伟大的国家。对于邓小平的逝世，他表示深切的悼念。阿尔希波夫把中国看作自己的"第二故乡"，坚信中国将沿着邓小平开辟的道路继续胜利前进。另悉，俄罗斯议会下院国家杜马20日上午开始举行全体会议时，为悼念邓小平不幸逝世，全场起立默哀一分钟。

法国总统雅克·希拉克在第一时间致电江泽民主席，对邓小平逝世表示衷心的哀悼。电文说:"获悉邓小平去世,甚为悲痛。邓小平作为中国历史上最伟大的人物之一将永远为人们所怀念。"

消息传到英伦三岛,英国前首相希思的心情格外沉重。连日来,他多次向英国新闻界和中国朋友表达对邓小平的悼念之情,高度评价邓小平的历史功绩,并表示坚信中国会继续稳定发展、取得更大成功。"邓小平逝世,我非常悲痛!他有过充实的、富有建树的人生!"在谈到香港问题时,希思认为,邓小平富有远见卓识,他提出的"一国两制"的原则,为香港的稳定与繁荣提供了保障。

邓小平逝世的消息传到日本后,在日本引起极大震动。日本政要纷纷前往中国大使馆吊唁。20日上午11时许,一位身着素服、鹤发童颜的老人来到大使馆吊唁大厅。他向邓小平遗像鞠躬志哀后,戴上老花镜,在吊唁簿上庄重地写下了自己的名字:日本国会议员竹下登。73岁的日本前首相竹下登是中国人民的老朋友。他曾多次访华,会见过邓小平。他深情地说:"邓小平逝世对中国人民来说,是失去了一位伟大的领导人,对我个人来说,则是失去了一位最尊敬的朋友。""在任何时候、任何国家,人事代谢都是不能避免的事。但令人欣慰的是,邓小平先生的思想和魅力已为中国新一代领导人所继承。我坚信,邓小平改革开放和发展日中友好关系的遗志一定能够得到继承和发展。"

2月的新加坡,天空时而骄阳似火,时而阴云密布。无论是在灼热的烈日下,还是在瓢泼大雨中,人们络绎不绝地来到中国驻新加坡大使馆悼念一代伟人邓小平。新加坡总理吴作栋和内阁资政李光耀在灵堂设立的第一天就来到大使馆沉痛悼念邓小平。在吊唁簿上,吴作栋写道:"我怀着无限的崇敬志哀"。李光耀在发表的悼文中说,邓小平是"世界领袖中的巨人",他是"一个伟大的人物。他从灾难和混乱中拯救了12亿人口"。22日,新加坡总统王鼎昌、前总统黄金辉到中国驻新加坡大使馆沉痛悼念邓小平。王鼎昌在吊唁活动结束后,深情地回顾了与邓小平几次交往的经历。据中国驻新加坡大使馆统计,22日一天,共有3000多位新加坡各界人士冒着暴雨前来吊唁邓小平逝世,情景非常感人。

朝鲜政务院代总理洪成南,副总理金福信、金润赫、张澈、孔镇泰22日来到中国驻朝鲜大使馆,向邓小平的遗像敬献花圈。洪成南说,邓小平的逝世不仅是中国人民的一大损失,也是朝鲜人民的损失。朝鲜将积极使朝鲜人民的伟大领袖金日成同邓小平等中国老一辈革命家共同缔造的朝中友谊继续发展下去。前来吊唁并敬献花圈的还有朝鲜政务院各部委、朝中友好协会等 400 多人。

…………

伟人已逝，风范长存。各国首脑与国际友人深情悼念邓小平，高度评价邓小平，为世界失去一位伟人而惋惜。邓小平虽身在东方，但声誉遍及全球。世界将记住邓小平开创性的思想和理论以及他为维护地区和世界和平做出的贡献，邓小平创造的"一国两制"的伟大构想为国际社会解决历史遗留问题提供了一个新的思路，中国以"一国两制"方式对港澳恢复行使主权，在现代史上创造了一个奇迹。

这一刻，世界沉默了……

> 人们胸前戴着自制的白花，举着连夜赶制的横幅，在早春的寒风中伫立。从五棵松到八宝山短短几公里的路程，沿途两侧站满了悲泣的人群，洒满动天撼地的哀痛之情。

2 月 24 日上午，邓小平的遗体在北京火化。江泽民、李鹏、乔石、李瑞环、朱镕基、刘华清、胡锦涛、荣毅仁等人到 301 医院为邓小平送别，并护送邓小平的遗体到八宝山革命公墓火化。

301 医院南楼小礼堂布置得庄严、肃穆，洁白的花朵、黑色的挽幛表达着人们深深的哀思。黑底白字的横幅上写着"敬爱的邓小平同志永垂不朽"。横幅下方正中是邓小平的大幅彩色遗像。邓小平遗体静卧在鲜花和常青松柏中，面容安详，身上覆盖着中国共产党党旗。四名人民解放军礼兵持枪肃立，守护在两旁。邓小平遗体前摆放着夫人卓琳率子女敬献的花篮。花篮的缎带上写着"我们永远爱你"。送别室内摆放着江泽民、李鹏、乔石、李瑞环、朱镕基、刘华清、胡锦涛、荣毅仁和中共中央、全国人大常委会、国务院、全国政协、中央军委、各民主党派、全国工商联、无党派人士、人民团体、首都各界群众敬献的花圈。

上午9时整，党和国家领导人胸佩白花、臂戴黑纱缓步来到送别室，在邓小平遗体前肃立。哀乐声中，他们向邓小平的遗体三鞠躬，表达对在70多年波澜壮阔的革命生涯中，为中国新民主主义革命的胜利和新中国的成立，为中国社会主义的创建、巩固和发展，建立了永不磨灭功勋的邓小平的崇高敬意和深切缅怀之情。随后，江泽民等人与邓小平的夫人卓琳及子女一一握手，向他们表示深切慰问。

9时28分，在哀乐声中，8名人民解放军礼兵抬起安放着邓小平遗体的灵柩，缓缓走出送别室。江泽民等人护送邓小平的遗体上灵车。

9时31分，在江泽民、李鹏、乔石、李瑞环、朱镕基、刘华清、胡锦涛、荣毅仁等人，以及邓小平亲属和治丧办公室成员的护送下，灵车徐徐驶向八宝山革命公墓。当灵车启动时，在场送别的人悲痛肃立，向邓小平的灵车行注目礼。

千花堆雪，万头攒动。长街恸哭，万众同悲。从301医院到八宝山，短短两公里多的路途两旁，挤满了首都各界人士和从各地赶来的人民群众10多万人。壮丽的首都蒙上沉沉灰雾，天公仿佛也在为邓小平的离去而哀伤，天空忽然变得阴沉。宽阔的街道失去了昔日的喧嚣，沉浸在一片庄严肃穆的气氛中。

凌晨4时，环卫女工张彦芳和她的小组开始一遍遍地清扫这段马路。她们边哭边扫，边扫边哭，仔细得如同擦拭玻璃，生怕遗落一点尘埃。这天，天刚放亮，北京市民和首都高校的大学生们，就迈着沉重的步伐，陆续聚集在301医院外的五棵松一带为伟人送行。

人们从北京的四面八方，从祖国的天南海北，默默汇集到这里。胸前的一朵朵白花，在料峭的晨风中不停地颤动，心中的一缕缕哀思，在天地间绵绵不绝。许多人不知道邓小平起灵的日子，怕赶不上送行，几天来多次到这里等候。一位82岁的老八路，昨天已在这里守候过半天，24日清晨7时他又站在了五棵松路口。"我今天一定要送送小平同志。"他一边抹泪一边说，"毛主席让我们站起来，邓小平使我们富起来，都功比天高。"

北大生命科学院院长周曾铨教授指着旁边同学们正要举起的横幅"再道一声

小平您好"，追忆道："1984年，在小平同志检阅国庆35周年游行队伍时，北大生物系（现在的生命科学院）学生们举起了'小平您好'的横幅，道出了师生们的心声。13年后的今天，当我们'再道一声小平您好'时，却已是在为他老人家送行的队伍中了……"他哽咽着说，"我们北大师生，说不尽对小平的热爱之情，千言万语，汇成这一句话。"北大微电子系的韩汝琦教授是第二次站在五棵松路口。21年前，他站在这里，为敬爱的周总理送行。他说："今天，我怀着同样悲痛的心情来为小平送行。"

9时34分，哀乐响处，灵车缓缓驶出301医院西门。过来了，简朴的白色灵车，四周披着黑黄相间的挽幛；过来了，哀乐从灵车中低低地传出，如凝重的铅水，和着人们的泪水在徐徐地流淌。两旁送行的人们站直了身体，用深情的目光迎接灵车驶来，目送灵车驶去。

君不见花山人海哀思重，群情默默以当歌。车队呀，你慢些走；时间啊，你停一停！这是小平同志最后一次来到人民中间，请让我们再多看上一眼！请让我们再道一声："小平您好！"

9时45分，灵车缓缓通过玉泉路口，在低回的哀乐声中，人群里传出低声的哭泣，路旁有人举起了"小平同志您走好"的横幅，不少人举起了邓小平的画像和刊有遗像的报纸，执勤的武警列队向灵车行注目礼……

松柏簇拥的八宝山革命公墓，格外肃穆凝重，这里全神贯注地在迎候着一位伟人。从玉泉路口到这里，是送灵行程的最西端。越来越多的人在乍暖还寒的晨风中，静静地守候着。

9时45分。远远传来了哀乐声，挂着素花披着黑纱的灵车，从人们的面前缓缓驶过，人们的目光随着灵车缓缓地移动，默默地投下最后深情的目光。

送行的人群中，有陈景润的妻子由昆。一早，她请了假直奔送行的长街。快走到玉泉路时，灵车过来了，她挤进人群，拼命想多看两眼，可是眼泪止不住地往外流，她不停地擦呀、擦呀。她小声念着："小平同志啊，你是我们全家的恩人啊！要是景润在世，他知道你去世的噩耗，一定会随你而去了。"她看见，那辆缓缓驶来的灵车的车牌号和陈景润的灵车是相同的，就再也无法按捺悲痛，失声痛哭。早在20世纪70年代，邓小平就亲自过问陈景润的生活，邓小平对陈景润和家人的爱护和关怀，在由昆心里留下了太多的感激。邓小平关怀的又岂止一个陈景润？"科学技术是第一生产力""知识分子是工人阶级的一部分"，邓小平对知识和人才的尊重，让多少科技、教育工作者欢欣鼓舞。

一位湖北广水来京做生意的青年说：没有小平同志的改革开放政策，家乡不可能富起来，我也不可能来京做生意致富。当灵车经过时，后面的人因看不清而拥挤，这位青年把拎着的行李一放，说："站在我的行李上吧，大伙好好看看。"

八宝山革命公墓门口南侧，天津武清县农民方子青哽咽着说，他昨天和妻子乘汽车转火车，赶了120多公里路到北京，专程来给小平同志送行。"是他让我们吃饱了穿暖了。""我们乡下农民衷心拥护小平同志制定的政策，没有他我们过不上富裕的日子。"

9时51分，灵车驶进八宝山革命公墓。在第二告别室，江泽民等人和邓小平亲属向邓小平作最后的诀别。

送别邓小平的灵车队伍驶过，路边的人却久久不肯散去。不少人把戴在胸前的白花轻轻摘下，系在路旁的松柏树上，一丛丛常青树成了一个个巨大的花圈，似乎一瞬间绽开了千朵万朵梨花。白色的小花，体现出人民的哀思，表达着人们心中无尽的悼念。

天若有情，大地当哭。早春的中国，银杏树身姿挺拔，松柏挂满白花，国旗低垂半降。这是松枝和白花的海洋，这是哀思和深情的海洋。2月，把一个哀伤的日子留给了中国……

> 江泽民挥泪致悼词，胡锦涛悲痛送伟人，卓琳深情唤亲人。以最朴素、最庄严的方式，完成了一位彻底的唯物主义者生前的嘱托。

2月25日，中共中央、全国人大常委会、国务院、全国政协、中央军委在人民大会堂隆重举行邓小平追悼大会。党和国家领导人江泽民、李鹏、乔石、李瑞环、朱镕基、刘华清、胡锦涛、荣毅仁，邓小平的夫人卓琳和子女等亲属参加了追悼大会。

一大早，中央党政军群机关和首都各族各界代表，邓小平生前好友、家乡代表等1万余人怀着悲痛的心情，从四面八方络绎不绝地来到人民大会堂，参加追悼大会。

追悼大会会场庄严肃穆。主席台以银灰色为底色，台口上方悬挂黑底白字横幅："邓小平同志追悼大会"。主席台正中矗立着5米多高、黑色镶框的邓小平同志彩色巨幅遗像，两旁是大型花环、16棵常青树和冬青。邓小平的骨灰盒安放在遗像前的白兰花和常青松柏中，骨灰盒上覆盖着中国共产党党旗。卓琳率子女敬献的花圈摆放在邓小平的骨灰盒前。6名人民解放军礼兵持枪肃立，守护在两旁。

主席台两侧摆放着江泽民、李鹏、乔石、李瑞环、朱镕基、刘华清、胡锦涛、荣毅仁和中共中央、全国人大常委会、国务院、全国政协、中央军委、中央纪委、最高人民法院、最高人民检察院敬献的花圈。

大礼堂二楼眺望台悬挂的黑底黄边白字横幅上写着："全党全军全国各族人民

1997年2月25日，北京人民大会堂，卓琳和子女出席邓小平同志追悼大会

衷心爱戴的邓小平同志永垂不朽！"三楼眺望台悬挂的黑底黄边白字横幅上写着："在以江泽民同志为核心的党中央领导下，继承邓小平同志的遗志，把建设有中国特色社会主义伟大事业推向前进！"

大礼堂主席台下两侧和大礼堂外的中央大厅摆放着各民主党派中央、全国工商联、无党派人士，中共中央各部门、中央国家机关各部门、各人民团体、首都各界群众，人民解放军三总部、全军各大单位、各大军区，30个省、自治区、直辖市，新华社香港分社、新华社澳门分社，以及邓小平家乡等敬献的300多个花圈。

上午10时整，中共中央政治局常委、国务院总理李鹏宣布追悼大会开始。全场肃立，默哀3分钟。由500人组成的军乐团奏起悲壮的哀乐。群山肃立仰风范，万众静默寄哀思。现场转播的广播和电视节目把悲壮的哀乐声传到祖国城乡，传到北国南疆，传到辽阔疆域各个地方的工厂、农村、商店、学校、连队、机关、街道。神州大地在静默，亿万人民含泪肃立，缅怀邓小平的丰功伟绩和崇高风范。与此同时，在奔驰的列车上，在江河湖海的轮船和军舰上，在祖国各地的工厂和矿山，在一切有汽笛的地方，笛声长鸣，震彻云霄。

凄婉悲凉的汽笛声从千里铁道，从万里海疆，从星罗棋布的厂区、矿区冲天而起，和着人们的呼唤声、痛哭声、哽咽声……神州大地涌动着绵绵不绝的哀思。北京西站内外，旅客们放下了行李，军人脱下了军帽，他们久久伫立着，为邓小平默哀，聆听江泽民致悼词。香港、澳门地区也是一片哀恸。香港车流如潮的马路上，800多辆中华巴士汽车都缀上了白花和黑丝带，迎风播撒着不尽哀思。香港看通中文传呼有限公司所有用户的传呼机同时响起，"敬爱的邓小平先生永垂不朽"的字样在液晶显示屏上频频闪现……澳门许多出租汽车司机以鸣笛、公司员工以默哀等形式悼念邓小平。

山垂首，水含悲；巨星虽陨落，伟人风范日月辉。汽笛声声催奋进，小平回眸应笑慰！北京往日拥挤的交通处处通畅，人们聚集在一台台电视机前收看实况转播。北京站前的大屏幕下，聚集了很多悲痛的人们。长安街格外肃穆，人们悲容庄严。充满沧桑的古都在此追悼一位伟人，长街肃穆。在呜咽的3分钟里，中国仿佛凝固了……

默哀后，人民大会堂奏起了庄严的国歌。雄壮的旋律，表达着亿万人民共同的心愿：在以江泽民为核心的党中央坚强领导下，全党全军全国各族人民高举邓小平建设有中国特色社会主义理论的旗帜，坚定不移，满怀信心，一定能够把邓小平开创的社会主义改革开放和现代化建设的伟大事业坚持下去，胜利地到达我们的目的地。

接着，江泽民含泪致悼词。他在悼词中缅怀了邓小平的丰功伟绩和崇高风范，表达了全党全军全国各族人民的深切哀思。悲怆、哽咽的话语回荡在人民大会堂，回荡在天安门广场，回荡在亿万人民的心上。"中国人民爱戴邓小平同志，感谢邓小平同志，哀悼邓小平同志，怀念邓小平同志，是因为他把毕生心血和精力都献给了中国人民，他为中华民族的独立和解放、为中国的社会主义现代化事业建立了不朽的功勋。""邓小平同志这样说过：如果没有毛泽东同志，我们中国人民至少还要在黑暗中摸索更长的时间。我们今天同样应当说，如果没有邓小平同志，中国人民就不可能有今天的新生活，中国就不可能有今天改革开放的新局面和社会主义现代化的光明前景。"

此时此刻，天安门前国旗低垂，来自四面八方的人们一大早就聚集在这里，伫立致哀。

一代伟人长辞，九州儿女同悲。悲恸笼罩着天空、陆地、海洋，泪雨洒落在乡村、城市、军营……亿万颗心紧紧地聚到了一起。

在悼词中，江泽民还指出，在中国共产党历史上，党领导中国人民进行了一场把半殖民地半封建的旧中国变成社会主义新中国的伟大革命，十一届三中全会以来又领导人民开始了一场新的革命，要把中国由不发达的社会主义国家变成富强民主文明的社会主义现代化国家。在这两次伟大革命的进程中，实现了马克思主义同中国实际相结合的两次历史性飞跃，形成了两大理论成果，这就是毛泽东思想和邓小平建设有中国特色社会主义理论。两次伟大革命，两次历史性飞跃，造就了两个伟大人物，这就是毛泽东同志和作为毛泽东同志的战友、事业继承者的邓小平同志。

举国同悲之时，无数双泪眼依然浮现着小平为国奔波的身影，亿万个家庭追忆着邓小平为民操劳的故事。带着对邓小平的崇敬与思念，山西宇达工艺总厂

100多名职工加班加点铸造出邓小平铜像,把全国人民对邓小平的爱戴之情铸成了永恒的怀念。再过120天就和祖国人民永远团聚的香港同胞,深深为邓小平不能看到香港回归的历史性时刻而扼腕。香港市民李文辉给治丧委员会寄来了一捧泥土,信中他写道:"虽然邓先生不能于有生之时踏足香港的土地,还是希望在他去世之时能把香港的泥土放在他的脚下,让我们完成他遗愿。"

江泽民最后说,邓小平同志和我们永别了。他的英名、业绩、思想、风范将永载史册,世世代代铭刻在人民的心中。在党中央坚强领导下,全党全军全国各族人民一定能够继承邓小平同志的遗志,坚定不移,满怀信心,把邓小平同志开创的建设有中国特色社会主义的伟大事业推向前进,把我国建设成为富强、民主、文明的社会主义现代化国家。

的确,虽然岁月没能留住邓小平的脚步,但他的英名、他的业绩、他的思想和风范将永载史册。虽然时间无法让他的生命再次燃烧,但他的理想、他的信念、他毕生奋斗的事业,却在他深爱的祖国化作了不朽的丰碑。

江泽民致悼词后,全场向邓小平深深三鞠躬。

九州同悲悼小平。当雄浑的《国际歌》在首都人民大会堂的上空回荡的时

1997年2月25日,党和国家领导人及各界人士1万余人参加邓小平同志追悼大会

候，亿万群众为这位世纪伟人垂泪。大家决心紧密团结在以江泽民为核心的党中央周围，完成邓小平未竟的事业。

邓小平是彻底的唯物主义者。关于后事，近年来他曾对家人多有交代。他嘱托家人：捐献角膜，遗体解剖供医学研究，不留骨灰，撒入大海。

3月2日上午，邓小平生前长期工作的中南海下半旗志哀。怀仁堂礼堂庄严肃穆，哀乐低回。蓝色的幕布上，悬挂着邓小平的彩色遗像，两侧低垂着黑黄相间的挽幛。遗像下方，摆放着邓小平的骨灰盒，上面覆盖着中国共产党党旗。骨灰盒前是由卓琳率子女敬献的花圈。四周摆放着鲜花和翠柏。8名中国人民解放军礼兵持枪肃立，守护在灵前。

邓小平治丧委员会办公室的有关领导同志和治丧办成员同邓小平的亲属一起，在这里肃立默哀，怀着极其沉痛和深切缅怀之情，向邓小平遗像三鞠躬。随后，在胡锦涛等领导同志和邓小平夫人卓琳等亲属及礼兵的护送下，邓小平的子女捧着遗像、骨灰盒等，缓步走出怀仁堂。

灵车缓缓驶出中南海。中共中央办公厅、国务院办公厅的工作人员和中国人民解放军指战员胸戴白花，聚集在道路两旁，挥泪为邓小平送别。

灵车驶入西郊机场。机场降半旗志哀，松柏枝上缀满了白花，寄托着亿万人民对邓小平的崇敬与怀念。哀乐声中，胸佩白花的空军官兵脱帽列队，默默地目送载有邓小平骨灰的专机向着大海飞去。

专机内悬挂着邓小平的遗像和"敬爱的邓小平同志永垂不朽""敬爱的邓小平同志永远活在我们心中"的横幅。遗像前摆放着邓小平的骨灰盒，上面覆盖着一面鲜红的中国共产党党旗。这是党和人民给予一位93岁的老共产党员的最高荣誉。机舱四周垂挂着挽幛，上面缀满了白花。

专机穿云破雾，向大海飞去，飞向这位一生波澜壮阔的伟人最迷恋的地方。也许是苍天为之动容，当专机飞临大海时，天空出现一道绚丽的彩虹。

11时25分，专机飞至1800米高空。强忍着悲痛，81岁的卓琳眼含热泪，用颤巍巍的双手捧起邓小平的骨灰久久不忍松开。她一遍又一遍地呼唤着邓小平的名字，许久才将骨灰和五彩缤纷的花瓣缓缓撒向大海。两人共同走过了58年的人生历程。如今，面对自己深爱的丈夫的骨灰，她怎能不肝肠寸断，悲痛欲绝！

一位以自己的一生书写中华民族崭新历史的伟人，完成了他人生的最后一个篇章。苍天含悲，大海呜咽。怀着无比悲痛的心情，胡锦涛缓缓地将骨灰和花瓣撒入大海。随后，邓小平的子女邓林、邓朴方、邓楠、邓榕、邓质方和孙辈眠眠子、萌萌子、羊羊、小弟，悲痛地跪在机舱里，含着热泪，将骨灰和缤纷的花瓣一起，缓缓撒向碧波万顷的大海，完成他们敬爱的父亲、爷爷的遗愿。邓榕哽咽道："爸爸，您回归大海，回归大自然，您的遗愿得到了实现，您安息吧！"跟随邓小平多年的卫士孙勇、张宝忠一身戎装，忠实地守卫在邓小平的骨灰盒前。其他领导同志与其他亲属肃立默哀。

飞机盘旋，鲜花伴着骨灰，撒向无垠的大海；大海呜咽，寒风卷着浪花，痛悼伟人的离去……

11时50分，专机盘旋着向大海告别。透过舷窗望去，水天一色，波翻浪涌。从那永不停息的涛声中，人们仿佛又听到了震撼过无数人心灵的声音："我荣幸地以中华民族一员的资格，而成为世界公民。我是中国人民的儿子。我深情地爱着我的祖国和人民。"

第二章

闯世界前的广安少年

年仅16岁的邓小平离开故里后就再也没有回来，这为后人了解邓小平的身世留下了一个难题。真是惊人的巧合，邓小平的祖籍与毛泽东的祖籍一样，都是江西吉安。

邓小平———一个铭刻在亿万人民心中不朽的名字，他在大海中得到永生！

骨灰撒大海，鲜花送伟人。潮涨潮落，大海沉浮，就像他人生的三落三起。半个多世纪的革命生涯中，虽历经风险，但他始终百折不挠，总是能一次次在历史的紧要关头挽狂澜于既倒，在沧海横流中显出伟大的无产阶级革命家大无畏的英雄本色。

邓小平生前曾多次说过：我不要别人为我写传，不要过分地宣传个人。他平时很少对别人，包括自己的家人讲述他的身世。邓小平谢世后，随着大型文献片《邓小平》的播放，人们才对邓小平的家乡与身世有了进一步的了解。

四川，天府之国，巴蜀之地。广安，是四川东北部丘陵地区的一个古老的城镇，素有"地枕巴山，城环渝水，东岭茶铁之乡，西溪鱼虾之出"的美誉。广安，位于成都以东300公里、重庆以北100公里处，处于渠江中下游，紧依华蓥山麓，境内丘峦纵横，延绵起伏。"广安"这一名称，取"广土安辑"之意，始自公元969年（宋朝开宝二年）设置的广安军。

出了城北洗脚溪，沿山而上向北约10公里，就到了协兴乡。附近的农民多集中在这里进行农产品、日用品贸易，一时间熙熙攘攘，十分热闹。距协兴乡约1公里的姚坪里，据说明末清初时这个村子出了个姓邓的翰林。这个翰林死后，全村老百姓为他立了个牌坊，牌坊村由此得名。牌坊村有一座宽敞的农家三合院，青瓦屋顶，绿苔斑斑；泥抹粉墙，水痕隐隐。院子里是一块晾谷物用的约莫200平方米的坪坝，屋后是大片苍翠浓密的竹林。夏风吹过，飒飒声中带有阵阵凉意，给人一种古朴之感。堂屋门前，悬挂着一个横匾——"邓小平同志故居"。

据邓小平故居管理人员陈贤松介绍："房子一共是 16 间，是小平曾祖父、祖父和父亲三代人修成的这么个三合院。"如今，邓小平故居一仍其旧，四周的竹子郁郁葱葱，一块块明镜似的水田、一畦畦嫩黄的油菜花田，使人赏心悦目。20 世纪 50 年代初期，邓小平担任西南地区党的最高领导职务，他的继母便搬到重庆和他们同住。邓家的房子就给了村里。70 年代末期，邓小平复出后，四川省政府和广安县政府曾有意在此筹建纪念馆。但邓小平坚决不同意，他说："照现在样子原封不动，让乡亲们继续住在那里。"故而，邓家的房舍归村里所有。1987 年 5 月，当地人将邓小平的故居拨出老房三间供来访者参观。在邓小平故居里，除了正堂挂满了他的各个历史时期的几十张照片，其他房间仍是原样，故居里还摆有一些邓小平小时候用过的桌、椅、凳、柜之类，极其简单。

这里比较偏僻，交通不便，但每天都有众多的外地人来参观、瞻仰。他们默默地观看，静静地思考。近年来，许多游客到牌坊村参观，目睹了邓小平故居如此简陋，心头总是不免涌起一股别样的滋味。

到过邓小平故居的人，莫不赞赏四川著名老作家马识途 1983 年秋撰写的那

邓小平故居

副楹联:"扶大厦之将倾,此处地灵生人杰,解危济困,安邦柱国,万民额手寿巨擘;挽狂澜于既倒,斯郡天宝蕴物华,治山秀水,兴工扶农,千载接踵颂广安。"

全联短短56字,却概括了邓小平力挽狂澜、安邦柱国的卓越贡献,表达了人民对邓小平的敬爱之情。全联可谓简要精辟,小中见大。

1994年新春佳节之际,邓小平故居又添一副长达500字的新联。它红底白字,炫眼夺目,与原来的那副短联,一短一长,相得益彰,引得无数游人驻足联前,高唱低吟,赞不绝口。

上联为:"小事宏观,大事微观,成事纵横观,败事主客观,牢树英雄宇宙观。卓与壮哉!深谋善断,手理万机,争朝夕,筹议唯勤。忆往昔峥嵘岁月:旅法留苏,备尝艰险话长征;桂岭打狼,中原逐鹿,淮海缚龙,巴川捉鳖。为解放鸿基,屡建殊勋。抗群魔,扫重灾,竟落得抄家削籍,愁抱初衷勿悔;耿耿兮,积愤萦怀,笃信马列志弥坚。十年浩劫,几度沉浮,不减英雄本色。九州思治,回挽狂澜,净扫红羊甘受命。昭雪顺民情,错冤假案全甄;洗余污,消余悖,废墟拨乱,弘扬务实精神。无那鼙鼓乍喧,仰赖才遣韬略,赫赫军威震障陲,还我金瓯。推贤荐智,古崇舜让尧禅;夺位抢班,近斥江欺林篡。高风亮节,彪炳千秋,举世尊称当代伟人。堂堂仪貌,秩秩德音,岱岳登峰天下小。"

下联为:"平时剑气,战时勇气,穷时傲骨气,达时迈豪气,素标俊彦凌霄气。多且好也!灼见真知,身兼数任,辨是非,指挥若定。看今朝锦绣河山:翔鸾集凤,犹记忧欢国永固;农渔包产,厂矿扩权,税盈同课,党政分工。对共和绪业,常抒构想。统一国,存两制,已会签复港收澳,喜传夙愿将酬;拳拳者,至诚置腹,早合台澎心更切。廿纪喜献,双番增值,倍钦俊彦襟灵。亿户脱贫,振兴华夏,紧催赤骥欲腾骧。律科孚众望,残陋陈规尽破;开自锢,启自封,肃弊纠偏,控占攻尖领域。漫谓特区刚辟,敬蒙斗盖研桑,频频捷报拓琼岛,琢斯玉璞。革故鼎新,外引欧资美技;择优蕴粹,内联私贾公商。裕庶强邦,晖荣百族,环球盛赞亚洲奇迹。奕奕神功,皇皇正道,乾坤转斗泰阶平。"

这副新联是四川省楹联学会会员刘利创作的,用四块云南红松木精雕细刻而成。许多游客排队在此留影,有的人细心抄录这副新楹联,更多的人则是见物思情,赞颂邓小平的丰功伟绩。细心的游人会惊奇地发现,这副长联不只气势恢宏，寓意深邃，而且还是一副绝妙的首尾同字名联，上下联的首尾字相连又正好为"小平"。细细品赏，真是奇妙绝伦，妙趣横生。

邓小平自参加革命外出后，一离70余载，再也没有回过自己的故居。如今，邓小平故居小有修葺，宅院整洁，朴素无华。人们来到这里参观时，见物思人，不禁肃然起敬。

邓小平的远房弟媳陈玉德老人曾翻出来一本发黄的家谱。这是一本破旧的、普普通通的四川农民家中常见的家谱。然而，它却有着弥足珍贵的价值。那发黄的家谱上赫然记载："我姓始于周之邓国，盛于汉之高密，一朝三驸马，一门二十九侯。唐宋元明，代有伟人，所书之谱，则各执一本，各书其分派，各叙其来历，世世加添。"

这本家谱还披露了一个重要的史实，即邓氏先祖是从江西迁到四川的。据此我们可以知道，明一世祖邓鹤轩，祖籍江西吉安府庐陵县人，娶妣曾氏，明洪武十三年，以兵部员外郎入蜀，遂家广安，卒葬邓家湾。除二、四世祖，三、五、六、七世祖均为举人或进士，八世祖邓士廉曾任明朝的历官、尚书，九世祖为廪生。这9个世祖中的六、七、八祖兄弟15人，都是士大夫，分别出任明朝的户部郎中、监察御史、按察副使、府教授、兵马指挥使等职。

据考证，开国领袖毛泽东的祖籍是江西吉州府龙城，由于战乱而毛氏鼻祖太华公迁往云南澜沧江畔，后迁入湖南湘乡，尔后又转至湘潭韶山定居。由此看来，两代伟人"本是同根生"。

由邓氏家谱记载可知，邓小平是一世祖邓鹤轩的第20代孙，邓以泰是邓小平的曾祖父，邓克远为邓小平的祖父，邓绍昌是邓小平的生父。邓小平的祖父、祖母都是俭朴善良的农民。他们以种田、织布、推粉为业。当时，中国的农民最大的愿望大都是买一块自己的土地，为后人留下一所安身的房屋。日复一日，年复一年，他们风里来雨里去，早起晚睡，对买田置产这个切切实实的目标孜孜以求。通过勤劳俭用，邓小平的祖父积攒下了一些钱粮，在前辈茅舍屋地基上建造了一幢传统风格的U字形木结构瓦舍。

到了邓小平父亲的时期，仍然开设一个小丝绸厂和制粉场。邓小平的父亲邓绍昌，又名邓文明，由于出生在这样一个经济条件比较好而且又崇尚读书识字的家庭，所以从小受到良好教育，清末就学于成都政法学校，以后长期在外谋事。

邓绍昌先后娶过4任妻子。第一任妻子姓张，大约是在他13岁那年成亲的。不到两年，张氏离开人世，没有留下儿女。

邓小平的生母淡氏出生在四川广安县望溪乡小有名气的"淡家牌坊"，称得上是较为富有的家庭。她是长女，从小受到中国传统家教的良好教育，贤惠勤劳。1901年左右，她同邓绍昌成亲。淡氏生过5个孩子——长女邓先烈，长子邓小平，次女早逝，次子邓先修（邓垦），三子邓先治（邓蜀平）。由于邓小平父亲长期在外谋事，所以家里就由邓小平的祖母戴氏、母亲淡氏维持家业，抚育后人。祖母戴氏、母亲淡氏严于家教，要求子孙学圣、修身、治家、清廉。

天有不测风云，人有旦夕祸福。邓小平的祖母戴氏辞世后，母亲淡氏不久也跟着撒手人寰。据说，淡氏十分疼爱大儿子邓小平。邓小平出门后，一去不复返，有时音讯全无，使她十分挂念。有人说她是想儿子想死的，也有人说她是因劳累加之心伤而早逝的。

后来，邓绍昌续弦萧氏，生下四子邓先清后不久便病死。继而，邓绍昌续娶了嘉陵江支流涪江船工的女儿夏伯根。到邓家时，夏伯根带来了一个女儿邓先芙，以后又生了两个孩子，都是女儿，邓先蓉十来岁就夭折了，另一个是后来的少将邓先群。与当时绝大部分的农村妇女一样，夏氏终身目不识丁。也许，因为她血管里流淌的是坚毅的嘉陵江船工的血液，所以她到邓家后便挑起了理家育子的重担，勤劳不辍。夏伯根对人宽厚和善，周围的人都很尊敬她，亲热地称她为"夏伯娘"。

因此，邓小平总共有一个姐姐、两个弟弟、一个同父异母弟弟、一个同父异母妹妹、还有一个异父异母妹妹。这样算来，他共有兄弟姐妹多人。童年时代的邓小平聪慧、懂事、可爱，既为父母看重，更为弟妹崇敬。因为他16岁就离开了家乡，而且再也没有回去过，所以他直到40多岁才见到这几位异父或异母的弟弟妹妹。

第二章 闯世界前的广安少年

> 他曾不信邪而向神道碑较真,也曾因偷家里的钱而受到"表扬"。无论是在旧式私塾还是在新式学堂,他都是一个刻苦好学、勤劳俭朴的好孩子。

公元1904年8月22日(光绪三十七年七月十二日),在四川省广安县协兴乡牌坊村一个当地人称为"邓家老院子"的普通农家里,一个婴儿呱呱坠地。这个婴儿除有着邓家人惯有的圆鼻头儿这点明显特征,其宽额圆脸、稀淡眉毛、白皙皮肤、黑亮眼睛等实在与当时降生的成千上万个婴儿没有什么不同。这个婴儿就是日后的伟大政治家邓小平。诚如鲁迅先生所言,天才诞生后的第一声啼哭绝不会是一首好诗。只因邓小平后来扬名天下,所以他们家的一些亲属和乡邻便传说他出生时曾经出现过什么吉兆,他的女儿邓榕称都是一些无稽的编造。

但儿子的降生,使邓绍昌燃起了对生活的希望。这一天,也成了全家上下最为喜庆的日子。邓家祖上自明初由江西迁来,其间虽也曾中过进士,封过翰林,但后来家道渐渐中落。到邓绍昌这辈时,家境已日益零落困窘,除一所住房,田地不多,岁收很少,而且人丁不旺,子嗣稀疏,已是三代单传。有了儿子,邓绍昌喜形于色,焚香祈拜,愿祖宗的在天之灵保佑儿子长大成人,光宗耀祖,重振门庭。按照邓氏家族谱系的字辈,邓绍昌给儿子取名为邓先圣,希望孩子能像先祖那样建功立业,希望儿子能超过先祖成为"贤才""人圣"。邓绍昌把重振邓家家业的希望寄托在这位长子身上,在他5岁时就送他进私塾发蒙,6岁时送进家乡的初级小学,11岁时送他进全县唯一的高等小学堂,15岁时又送他进了广安中学。这对当时的邓家而言,无疑是一笔不小的负担。但不管遇到多大的困难,邓绍昌对此始终不渝,最后通过变卖家产,将年仅16岁的爱子送上了万里求学的漫漫征程。

1909年元宵节刚过,不满5岁的邓小平被叫到父亲跟前。邓绍昌严肃地对儿子说:"娃儿,你已经是个大孩子了,今天送你去发蒙。从现在起就要发愤读书,好好听先生的训导。"邓小平目不转睛地望着父亲,认真地点了点头。母亲急忙替他换上一件崭新的土蓝布长衫,并端来一盆清水让他净手。父亲点上两支烛、三炷香,敲了四响铜磬,父子虔诚地向神坛上的列祖列宗牌位叩首祈祷后,便离家去塾馆。

邓小平发蒙的私塾,就设在昔日邓翰林的"翰林院"。这是牌坊村当年最显眼的一所大宅第。只是盛时不再,家道中落,这所声名显赫的"翰林院"竟卖给了外姓旁人。私塾之所以设在这所大宅院的一角,固然是因为其院落颇大,堪以利用,但其中大概也蕴含着欲借助邓翰林的福荫,使牌坊村子弟通过念书得仕,重复翰林昔日荣华的企盼!

塾馆正门上悬有一幅妙趣横生的楹联:"老夫耄矣无能为只得犹开子曰铺;蒙童懵焉有何识初来且读科举书",横额为"圣道维新"。此联脍炙人口,师爷远近闻名。厅堂正中供奉着"大成至圣先师孔子之神位",红纸楷书竖写大字,两旁分写着"三千徒弟子""七十二贤人"的核桃字。父亲牵着邓小平径直走到神位前,点上带来的香烛,引导他先向孔夫子行跪拜礼,然后向端坐侧旁的先生两揖三叩头。

私塾先生是位老夫子,这位落第举子温文尔雅,神采奕奕,受拜时说了些"发愤攻读,显亲扬名"的吉庆话,以示向新学生祝福。接着邓绍昌一揖,双手递上一个红纸包说"请先生笑纳"。

拜师礼毕,邓绍昌一旁落座。先生便问小孩的名字,之后对邓先圣的名字表示不满意。他对邓绍昌说,祖师爷孔夫子不过尊为圣人,区区乡间小儿怎敢僭越为"先圣"呢?于是他自作主张,将"邓先圣"改名为"邓希贤"。邓绍昌认可了长子的这个学名,然而对他而言,先圣和希贤并无二意,都能表达他望子成龙的愿望。只是邓绍昌和那位今天谁也记不起他的名字的私塾先生并未料到,他们给这位发蒙幼童所起的名字竟然真的应验了。按照中国传统的道德标准,邓小平乃当之无愧的圣人、大贤。

入私塾后改名为邓希贤的邓先圣,没有辜负父亲的殷切期望。因为他此时面对的是一个特殊的年代,使得他有可能把个人的抱负与整个国家民族的命运紧紧地结合起来，走上一条与自己的父辈迥然不同的人生道路。

当时私塾除教读《三字经》《百家姓》《千字文》之类幼学读物，主要功课就是描红习字。塾师评定蒙童成绩优劣高下，就是看他背诵是否流畅，习字作业则以红笔圈或打"×"来区别。按照私塾的规矩，头天教的课文，学生第二天就得熟背。如背诵有错漏或不流畅，先生就用戒尺打学生的手板，并罚他跪在孔夫子神位前朗读，直到死记硬背下来方准回家。习字描红，错写或结构不当的就在旁边划一个"×"，写得好的就画一个圈。蒙童互相之间常常以自己所得圈圈的多少来炫耀自夸。

邓小平资质聪颖，悟性好，记忆力强。在先生教读后，他很快就能流利地背诵课文，因此深得先生的喜爱，常常被先生叫起来为其他同学示范领读。教室里不时传出他那稚嫩然而十分认真的诵读声。对描红习字，他更是一丝不苟，反复临摹练习。他的习字本上的红圈圈总是最多。邓小平的母亲虽然不识字，但十分能干，通晓事理。每当看见放学归来的儿子又得了好些个红圈圈时，她就照例忙不迭地煮上一个鸡蛋以作奖励。

经过私塾写字课的严格训练，邓小平的书法有了良好的基础，直到晚年他的字依然刚劲有力，这可以说是童年时代私塾学习的最大收益。据说，有一年春节，邓家请来一位能写会画的地主写春联。这个人思想反动，便趁机挖苦讽刺参加过进步党的邓绍昌及其家人。淡氏不识字，把春联贴了出去。邓小平回家后见到对联，怒气大发，愤然撕下后，自己上街买了几张红纸，重新写了春联贴到门上。这时，他不过是个10岁左右的孩子，字虽写得并不规范，但却写出了邓家的志气。望着儿子亲笔写下的大红春联，母亲高兴地流下了眼泪。以后，她经常用这件事教育邓小平的弟弟妹妹，鼓励他们向大哥学习，要有骨气，要求上进。

邓小平的舅父淡以兴回忆当年他和邓小平孩提时的生活时曾说："幼年时，我和小平一起上学念书，我太笨，他很聪明，每回考试他都名列前茅。因此，受到老师的表扬，大家都选小平当学生代表。但我姐夫和姐姐对小平要求很严，向老师提出，不要小平当代表，表扬多了就会骄傲。"

在旧中国，神祇林林总总，人们出于功利的心理或其他目的供奉各种神祇，小心谨慎，毕恭毕敬，因此迷信色彩十分浓厚。离邓小平家半里之远有一石坝，从协兴到广安的大路穿石坝而过,路旁有两块神道碑,是清朝嘉庆年间朝廷为表彰两名广安籍高官邓时敏和郑人庆的功绩而赐造的。石碑高3米,宽1米多,镶立在两个巨大的石乌龟背上。当地百姓对这两个大人物是尊崇的,流传着一些敬畏两人的神话,连两块神道碑似乎也摸不得、攀不得。

有一次,邓小平与几个小孩子在石坝里玩耍,看着硕大的石乌龟,突发奇想,对小伙伴说:"我们爬到乌龟背上去耍好不好?"小伙伴都吓住了,纷纷拒绝说:"我们爬到乌龟背上去耍会肚子痛!"有的还说:"听大人们讲,得罪了神碑家里要招灾的!"

邓小平却壮起胆子说:"一个石头打的乌龟有那么大的本事,我不信。你们不敢爬,我去试试!"说着,他走向神道碑,爬到石乌龟伸出的脑袋上,坐在上面踢打着两腿喊道:"快来哟,好耍!好耍!"其他小伙伴见了都大惊失色,跑过来在下面喊道:"贤娃儿,快下来,你要惹祸的!""你惹了祸我们也跑不脱!"邓小平还是若无其事地玩着,扭转身来向乌龟背上爬去,说:"惹祸就惹祸,看它怎么奈何我!"最后他爬到神道碑上坐着,小伙伴们又惊怕又羡慕地注视着邓小平。

以后,邓小平经常爬到石乌龟及神道碑上去玩,其他小伙伴慢慢地胆子也大起来了,跟着邓小平一起爬到石乌龟背上玩。看来,邓小平童年时就有一种不信邪的秉性。

邓小平不满7岁便结束了私塾的学习,进入了协兴乡的北山小学堂,接受新式教育。在学习方面他更加勤奋自觉,刻苦认真。当时,从邓家老院子到北山小学堂是一条近两公里的乡间小道。小路高低不平,曲曲弯弯,一遇雨天,路面十分泥泞溜滑,很不好走。邓小平年龄虽幼,但从不畏难。不管春夏秋冬,他始终风雨无阻。每当看到他浑身湿透,母亲常常心疼地劝他雨天就留在家里自习。可是,到了雨雪天气,邓小平又照旧说服母亲,坚持按时前去学校。在北山小学堂四载寒暑中,除了一次因病重无法起床外,邓小平从未落过一次课。除了那次因病落到第二名外,每次考试他均拔得头筹,成为学校里人见人夸的好学生。

上学时由于怕邓小平雨天来回摔跟头,母亲就想出一个主意,一遇雨天就用小布袋装上一盒米,再给两枚铜板,叫他中午在乡上熟人店铺里搭一顿饭。谁知邓小平从没去搭伙,下午饿着肚子上课,放学回家后又将米和钱原封不动地交给

邓小平童年时的小学堂——协兴乡初级小学旧址

母亲。母亲心疼地责备他，叫他不要这样节俭，要爱惜身体，邓小平总是笑着点点头，但事后仍是这样。母亲没有办法，后来碰到雨天，便在家里早点把午饭煮好，托人送到学校给他吃。

但有一次，邓小平却瞒着父母偷偷拿了家里的 5 个银圆送给同学。5 个银圆，这在当时是一笔不小的数目，可以买 500 斤稻谷了。

那是在一天放学的路上，邓小平碰到一个同学在哭泣。他和其他同学急忙围上去询问原因。这位同学流着眼泪说："妹妹得了重病，躺在床上发高烧。""那快去请医生呀！"有的同学急忙建议说。听到这话，那位同学哭得更伤心了。邓小平知道这位同学家里很穷，是没有钱请医生治病的。怎么办？邓小平一路思索、盘算着回到了家。

第二天，邓小平一进学校就跑到那位同学身边，悄悄塞给他从家里偷来的 5 个银圆，嘱咐他拿去给妹妹治病。

没过多久，父亲一点账，发现丢了钱。这是家里从未发生过的事，因此父亲很生气，便把全家召集起来，要审个水落石出。当邓家聚集在一起时，未等父亲开口，邓小平就站了出来，坦白地承认是自己偷的，并递给盛怒的父亲一根竹片认打。父亲怒气冲天，抽起竹片就揍。邓小平挺着身子挨了几下，痛得眼泪汪汪，却强忍着没哭。

父亲怒气稍平之后便产生了疑问：这娃平时节俭得很，给他的零钱都舍不得花，怎么突然偷去这么多的钱呢？莫非发生了什么事情？于是，他试探着问邓小平。儿子告诉了他实情。父亲一下呆了，一把扔掉手中的竹片，摸着儿子身上的伤痕，说："偷得好！但你为什么不哭，又不说出来？"邓小平回答说："偷钱该罚，所以该打；既然该打，为什么要哭？"听到这里，父亲心里受到极大的触动，他感到儿子仿佛一下子长大了。

在北山小学堂上学时，邓小平不仅自己刻苦用功，对那些家境不好、学习有困难的同学也常常给予力所能及的帮助。他的同学胡德银老人生前每每谈及童年伙伴的"善举"，感慨不已。

当年在班上胡德银正好与邓小平同桌。由于家境贫寒，胡德银时常需要帮父母干一些农活和家务活，没有更多的时间用于做功课，描红习字总也写不好。他是多么羡慕和希冀自己哪一天也能得到那红圈圈的嘉奖啊！可是无论他多着急，习字总是不见起色。邓小平将这一切看在了眼里。每天放学后，他便留下来帮助胡德银学习，俨然一个小先生，耐心细致地帮助胡德银掌握习字的要领，手把手地帮助他纠正写字的动作，一遍又一遍地为他示范。日积月累，胡德银习字终于有了进步，他的习字本上"×"渐少了，红圈圈渐渐多了……

> 大动荡大变革的年代，邓小平的灵魂接受了洗礼。走出小城广安这个山旮旯，他开始了人生的第一次远行，看到了世界之大，也看到了人世间的不平。

1915年，11岁的邓小平离开北山小学堂，顺利地考入了广安高等小学堂。

这所学校当时设在广安县城内的一个小山坡上。它是一幢两层的小楼，青瓦砖墙木栏，规模不大，每次只招一两个班，每班20人左右。但它却是当时全县唯一的一所高等小学，不是成绩拔尖者是难以考进来的。由于学校距牌坊村有10公里之遥，邓小平平常只在周末回家添些日常用品，其余时间在校住读。父母不在身边，邓小平的学习更是全凭自觉了。

在读高等小学堂时，班上曾发生过一件轰动全校的奇事，这便是和邓小平要好的同班同学李再标要割肝救母。李再标出身于广安一个富商家庭，是个深受母亲宠爱的孩子。他对母亲十分孝顺，由于不久前其母得了重病，卧床不起，所以焦急万分。李再标读了不少旧书，受传统封建礼教的毒害比较深，于是一些古代离奇古怪的行孝故事启发了他。他认为，只要割下自己身上的肉给母亲吃，便会治好母亲的病。为了表示自己尽孝和挽救病重的母亲，他决定割肝救母，幸亏被及时发现并被阻止，刀子只在他胸脯上划了一个口子。

邓小平听说后当即前去探望。他问明了事情的原委后严肃地对李再标说："你是有点科学知识的学生，肝子是药物吗？能治好你母亲的病？你割了肝还能活命吗？既然你母亲很爱你，她又重病在身，如果你割肝而死，你的母亲一定会为你的死而伤心，以致也随你而去，结果是你想治好母亲的病而适得其反。你说呢？"

邓小平这番直率而又入情入理的话说得李再标羞愧无言。见此情形，邓小平又耐心地安慰说："你也是读新学的学生，要相信科学，今后再不要做这样的蠢事了。你还是先请几天假回家，请医生给母亲治治病，好好照顾她老人家，这才是你作为儿子的真正孝心。"李再标醒悟了，听从邓小平的劝导请假回去侍候沉疴在身的母亲。

邓小平相信科学、能言善辩、开导李再标的事受到了普通赞扬，一直被县立高等小学堂的师生传为佳话。

于父母，邓小平是十分孝敬的。在少年时，邓小平在家里尽力帮助母亲干一些力所能及的家务，扫地、照看弟妹等样样都干。到了养蚕季节，他便成为母亲的得力助手。邓小平家每年都要喂养几批蚕，家里的正堂屋和两间厢房都摆蚕簸。这时候母亲很辛苦，除了繁重的家务，还要抽时间来照看蚕宝宝，她白天忙家务，晚上侍弄蚕子，经常忙到深夜。邓小平年纪虽小，但很懂事，看到母亲如此忙碌，十分心疼，于是放学后径自回家，帮助母亲做些活儿。他不是背着背篼去采桑叶，就是帮着添蚕叶、捉小蚕，总是忙个不停。捉小蚕是一件细致的活儿，一家人经常捉到很晚。入夜了，母亲再三催促邓小平先去睡觉，但是邓小平总是要坚持到最后和母亲、姐姐把所有的活儿干完了才肯去睡觉，而这时往往已是深夜了。

奔腾不息的渠江水，流转到广安县浓洄镇后变得宽阔而明净。四川省重点中学广安一中依山傍水。广安一中的前身是广安州立中学堂（后改为广安县立中学校），邓小平曾在这里度过了他的中学时光。因此，如今最令这所学校骄傲的是，中国改革开放和现代化建设的总设计师邓小平曾就读于这里。

1918年，邓小平考入全县唯一的一所初级中学——广安县立中学校。随着年龄和知识的增长，邓小平的眼界逐渐打开。特别是在新文化运动风潮的激荡下，他不再满足于中学堂里"之乎者也"一类内容的学习，他渴望能学习自然科学方面的知识，企求能掌握一门可以富国强民的实用技术。当时学校开设有修身、国文、历史、地理、数学、物理、化学等课程，邓小平对每一门功课都十分认真，考试成绩总是名列前茅。他对时局也很感兴趣，经常参加学校的进步活动，并开始对当时国内发生的许多重大事情进行思索，开始寻求自己的人生道路。

少年时代的邓小平生长在军阀混战的时代。有些事件在年幼的邓小平心中留下了深刻的印象。1911年夏秋，四川人民掀起了"保路运动"。6月，保路风潮传到了广安，也传到了协兴乡这个小镇。协兴乡上一些店铺关门罢市，邓小平所在的北山小学堂也罢课放假。当时，思想开明的邓绍昌曾参加过川东地区的辛亥革命武装暴动，担任过一名下级指挥。他曾把年仅7岁的长子带到军营住过两夜。这件事在邓小平心底留下"不浅的印象"。多年以后，邓小平谈起父亲，深情地称他为"进步党人"。1912年，也就是邓小平8岁的时候，孙中山领导的资产阶级革命推翻了清王朝，建立了中华民国。但是，不久，革命的果实就被袁世凯窃取了。此后的广安，大小军阀你出我进，你夺我争，兵匪横行，民不聊生。这些现实使少年邓小平渐渐看到，老百姓处于生灵涂炭之中。中国走向何方？何处才是太平？少年邓小平无法回答，但是他有一种朦胧的希望，那就是中国要国泰民安，每一位青少年应尽一份责任。

在广安县立中学校念书时，新文化运动高扬民主和科学两面旗帜，向传统的封建礼教、迷信和八股文展开了全面的毫不妥协的宣战，在广大青年中产生了巨大影响。广安城虽然偏僻，但《新青年》的进步声音也同样激荡着这个小县城的青年学生。列强对中国的欺辱，社会的腐败落后，使得"中国向何处去"成为当时广安县立中学校师生讨论的热点。少年邓小平与同班同学胡伦常常在一起探讨人生，共话抱负，他们立志要做一个"生理上身体上健康活泼，精神上斩去做官发财思想"的新青年。在学校组织的声势浩大的爱国游行、罢课斗争等活动中，邓小平积极响应，踊跃参加。经过新文化运动的洗礼，邓小平的爱国思想更加浓烈。强烈的国家、民族责任感，促使邓小平思考着为国家、民族寻找新的出路。

辛亥革命后，在吴玉章的直接倡导与组织下，四川留法勤工俭学运动很快蓬勃发展起来。成都和重庆是四川勤工俭学运动的重要基地。与此同时，蔡元培等在法国成立了华法教育会。1918年暑假，邓小平的父亲邓绍昌从重庆回来，带来了重庆成立留法勤工俭学重庆分会，并准备开设留法勤工俭学预备学校的消息，他主张儿子中断中学学业去报考留法预备学校，将来以勤工俭学的方式去法国学习。邓绍昌做出这样一个不平凡的决定不是偶然的，因为他是在成都受过几年新式教育的有远见的知识分子，对军阀统治、教会横行不满，希望儿子到欧洲学点真本事，将来能够光耀门庭，报效社会和国家。对于父亲的建议，邓小平当时是十分高兴的，因为这与他科学救国、工业救国的想法是一致的。晚年，邓小平回忆当时的情景说：我们看到中国当时是个弱国，我们要使它强大。我们认为要达到这一目的，只有使它走上现代化的道路，所以我们去西方学习。

但是，当时他的母亲却竭力反对，她认为邓小平年纪太小，而且从未出过远门，如果到外国去她很不放心。最后，抵不过父子的劝说，母亲还是为邓小平收拾了行装。邓小平的胞弟后来回忆说："他走的那个情景，我知道，家里都集中啊，欢送他嘛，然后他就很简单地走了。行李，那个时候，四川农村出个门，背个包袱，里面有几件换洗衣服就行了。"

1918年下半年，邓小平和他的远房叔叔邓绍圣、同乡胡明德（胡伦）离开广安，来到了重庆。经过考试，邓小平被录取为留法预备学校的自费生。1919年9月中旬，重庆留法预备学校开学，共招收学生110人。

重庆留法预备学校学制为一年，校址设在市中心重庆孔庙内（俗称夫子祠）。当时在孔庙明伦堂前的泮池周围建造了几间简陋的房子作为上课的教室，条件十分艰苦。所有的学生走读，食宿由学生自己解决。学生也是上课就来，下课就走，组织比较松散。

在重庆留法预备学校中，邓小平是颇令人注目的。他是这些学生中年龄最小的一位。更何况新式教育普及不久，一般学生的年龄都比较大。再加上邓小平矮小结实的身体，充满稚气的圆圆面庞和神态，使得当时的学友对这位年纪很轻的小同学有着相当深刻的印象。60年后，当年重庆留法预备学校的学生江克明曾回忆说："邓小平是稍晚才进入这所预备学校的，他那时就显得非常精神，总是精力十分充沛，他的话不多，学习总是非常刻苦认真。"

15岁的邓小平是以高小毕业并经过1年的中学学习的同等学力进入留法预备学校初级班的。主要课程是法语、中文、数学和工业知识等，以法语为主，目的是使学生粗通法语并掌握一定的工业基础知识。在初级班的学生中，邓小平的学历不是最低的。然而，广安县城的新式教育水平与重庆相比是有一定差距的，这对邓小平来说是有相当大的压力。于是，他从一开始就投入到认真刻苦的学习中

重庆留法预备学校旧址

去，每天课上认真听讲，课下努力复习，进步很快。

1920年8月27日下午3时，邓小平等80多名学生整队出太平门，登上法商聚福洋行的"吉庆"号客轮，告别了山城重庆，起航东下……

经过几天的航行，途经宜昌、汉口、九江，船于9月6日平安到上海，邓小平和同伴们被安排暂住在"名利"大旅社。在等候乘船期间，这些青年学生便在上海游览。来到黄浦江边，邓小平看到到处是外国的商船、兵舰，五花八门的外国旗在海风中摇动。在租界地，到处可以看到外国人侮辱中国人的事情。在外滩，公园门口的木牌上赫然书写着"华人与狗不得入内"的字样，使他感到莫大的侮辱。

9月11日上午，重庆留法预备学校的80多名学生以及湖南、江苏等几名青年来到黄浦江的法兰西码头，乘上专供旅客登船用的小艇，行驶20分钟，到达杨树浦，登上了法国邮船"盎特莱蓬"号（Andre Lebom）。上船那天，尽管大雨如注，可这些年轻的学生只盼早日得见世外新的天地。这倾盆大雨，怎敌他们万里求学之雄心？！

"呜——"上船之后，正在检点行李，只听汽笛长鸣，"盎特莱蓬"号已经驶离码头。眼看就要远离亲人，远离祖国了，许多同学抑制不住内心的情感，跑到甲板上，在大雨中无限深情地凝望着这块逐渐远去的土地，眼中的泪水夺眶而出。不久，船驶过吴淞口，进入浩瀚无垠的苍茫大海。

邓小平等所乘坐的"盎特莱蓬"号轮船是当时世界上较大的轮船，船的首尾是容量很大的货舱。邓小平和同伴们以每张100元的票价，取得了乘货舱旅行的资格。在那半明半暗的货舱中，到处堆放着货物，什么设备也没有，邓小平等人就坐卧在简易的双层床铺上。舱内空气非常污浊、闷热，臭虫很多，蚊子也很厉害。很多同学都头晕目眩，呕吐不止，有的哭天叫地，吵嚷着要回去。邓小平由于身体较好，尚能支持，但肠胃也在翻荡，胸中如有硬物堵塞。入夜，海浪更大，船只摇摆也更厉害……

一路上，邓小平和同伴们亲眼看到了世界之广大、壮观，开阔了眼界。行程中，每逢停靠一个码头，邓小平都要上岸观光、猎奇。他也目睹了亚洲与非洲广大地区被帝国主义瓜分掳掠、人民遭受奴役剥削的惨景，了解了人世间存在的种种不平。

  1920年10月19日,航程近1.6万公里,历时39天,邓小平和同伴们终于结束了漫长的旅途,踏上了法兰西的土地,抵达马赛。

  年仅16岁的邓小平告别了亲人,告别了故乡,奔向了西方世界去寻求救国真谛。那时,邓小平脑子里想的,只是外出学点本事,没有想到这一走就再也没有回故乡。1926年,他的母亲去世时,他正在莫斯科中山大学读书;1936年,他的父亲去世时,他已随长征的队伍到达了陕北。父亲为儿子选择了留洋的路,以后的路就是儿子自己选择的……

第三章
留学的日子历练成熟

邓小平

> 俭学不成，邓小平被迫走上艰难的勤工之路。几十年后，邓小平不止一次地开玩笑说：我个子不高的原因就是，在法国工厂做工时活太累、吃不饱。

当"盎特莱蓬"号缓缓驶入马赛时，邓小平等中国留学生齐集在甲板上，看到法国的这个重要港口异常繁忙，"出入货物，不知凡几"。再远远望去，城市"街道整洁宽敞，建筑精美牢固"，这是沿途经过的各大城市所不能相比的。

带着长途旅行的颠簸困苦所造成的身体消耗，带着对新生活的热望和憧憬，邓小平等踏上了他们向往已久的法国土地。华法教育会派人专程迎接这批新到的学生。第二天，《小马赛人报》这样报道："……他们的年龄在15到25岁之间，穿着西式和美式服装，戴着宽边帽，脚蹬尖皮鞋，显得彬彬有礼和温文尔雅。华法教育会学生处的处长刘先生给他们致了欢迎词。这些年轻人经过长途跋涉来到欧洲，特别是来到法国，心情是非常高兴的，其喜悦之情溢于言表。"

简单的欢迎仪式结束后，顺利通过行李检查，走出海关。稍作休息，邓小平和同伴们又登上汽车，前往"世界花都"巴黎。

经过16个小时的行程，第二天，他们到达了终点——巴黎西郊的哥伦布，来到了一座三层楼的普通法国建筑前。这里是普安特大街39号，是巴黎华法教育会所在地。只见人来人往，熙熙攘攘，到处是熟悉的面庞和悦耳的乡音。邓小平和同伴们受到聚集在这里的许多勤工俭学生的欢迎，异国相逢使大家有说不出的高兴。

经过几天的休整，由华法教育会介绍，邓小平和同伴们分别到巴黎附近的一些学校去补习法语，同时等待工作，正式开始了勤工俭学的生活。很快，这些千里迢迢远涉重洋而来的勤工俭学生，从美好幻想的天堂跌进了残酷现实的地狱。

第三章　留学的日子历练成熟

青年时期的邓小平

第一次世界大战结束后，整个资本主义世界爆发了新的经济危机，从1920年下半年起，欧洲开始呈现出一派萧条的景象。法国失业人数剧增，再加上战后法国政府迭加新税，法郎贬值，物价飞涨，人民生活困难，整个法国经济日益凋敝。这种情况，严重地影响着勤工俭学生的生活与学习，使他们陷入了欲工不能、欲学不得的困境。

另外，华法教育会的一些工作人员的腐败作风及其对勤工俭学生的漠视态度，也加剧了当时勤工俭学生生活的危机。

于是，勤工俭学生们被迫过着朝不保夕的穷困生活。为图房租便宜，一些学生只能住进巴黎的贫民窟。至于吃的更是可怜。当时华法教育会发给这些失业的学生每天5法郎的生活维持费，这在物价不断攀升的情况下，只能吃点最低廉的食品，经常是白水煮马铃薯。

在这种情况下，邓小平也面临着生计无着落的威胁。好在作为自费赴法的勤工俭学生，他自己所带的钱还能维持一段时间的生活。为了尽量节省开支，他离开了生活费用昂贵的巴黎。

1920年10月末，邓小平和邓绍圣等20多名同学来到距巴黎200多公里的卡尔瓦多斯的小城巴耶，进入巴耶中学学习。巴耶中学是一所市立中学，学膳费相对低些。邓小平分配在第六班补习法语。由于一天到晚生活在法国人中间，有较好的语言环境和较大的压力，所以经过不长的时间，他的法语水平就有了明显的提高。并且经过一段时间，邓小平适应了异域的生活习惯，开始喜欢上了法式面包。

巴耶中学的膳宿费，每月200多个法郎。除每月必需的膳食宿费，邓小平尽量节俭。尽管如此，经过一段时间的生活学习支出，他身上的钱已经所剩无几，家里也无力寄钱给他了。到了1921年3月底，邓小平不得不结束在巴耶中学近半年的学习，回到了巴黎西郊哥伦布华法教育会，希望得到一些资助或是找一份工作。

半个月后，他和邓绍圣等11人来到法国南部的克鲁梭城，进入施奈德钢铁厂。这是法国最大的军工厂之一，有2.5万工人，其中有华工1000多人，勤工俭学生100多人，是勤工俭学生比较集中的一个工厂。邓小平来此之前，陈毅、萧三等都在这里做过工。与邓小平同进或稍后的有赵世炎、李立三、傅钟等。邓小平是作为散工被招进厂的，随即签订了两年的合同。

在钢铁厂做散工是最苦的。首先是学不到任何技术，每天只在车间做杂活，劳动强度很大；其次是早、晚、夜三班轮流倒，"睡眠颠倒、饮食无常，真和机械一样不分早晚昼夜"。邓小平被分配到轧钢车间当一名散工。他的工作就是人工拖送热轧的钢材。这项工作不需要专业技术培训，但劳动强度极大，而且常有危险。邓小平就是在40摄氏度以上的高温车间里，在被钢水映红了的热蒸汽中，用长把铁钳挟着数十斤甚至百余斤重的火红炽热的钢材拖着跑，每周要在这样的环境中工作50多个小时，有时还要加夜班。工作一天，汗流浃背，浑身像散架一样，茶饭不思。特别是上夜班，对不满17岁的邓小平来说，更是苦不堪言。

在这个工厂里，中国学生的工资十分微薄，固定工资每天只有12到14个法郎。按法国的规定，不满18岁的只能当学徒工，而学徒工的工资则更为低廉，每天只有10个法郎。后来，邓小平曾这样回忆："……做工所得，糊口都困难，哪还能读书进学堂呢。于是，那些'工业救国''学点本事'等等幻想，变成了泡影。""在克鲁梭拉红铁，做了近一个月的苦工，赚的钱连饭都吃不饱，还倒赔了一百多法郎。"

如果说身体上的劳累尚能支撑的话，那么法国工头的歧视与凌辱则令邓小平和同伴们无法忍受。每天上工，工头就像影子一样跟在周围，不允许工人有休息。一天，邓小平和几位同伴一起搬运钢板，由于几天来实在太累，搬得稍慢一点，工头就在后面催促。有人回答说："我们还不习惯做工，力气也小，干不快的。"工头就蛮横地找借口将那位同伴解雇了。由于这种原因，做散工的勤工俭学生日渐减少，邓小平终于也忍耐不住，和工头吵了起来，于4月23日离开了施奈德钢铁厂。

60年后，邓小平回忆起这段生活时，特别谈到当时"做很重的劳动"。首次勤工俭学的尝试，尽管时间不长，但对久居学堂、第一次踏入社会的邓小平而言，触动很大，获益良多。他不仅对什么是现代化的大机器生产和产业工人有了初步的认识，而且开始接触到了资本主义社会黑暗的一面，亲身体验到工人阶级受剥削受压迫的悲惨境遇。过去心中无限憧憬的这个美丽富饶、民主自由平等博爱的西方世界，其斑斓色彩逐渐黯然退去。同时，在施奈德钢铁厂，他结识了较年长的勤工俭学生赵世炎、李立三等。

离开施奈德钢铁厂，邓小平又回到了巴黎华法教育会。这期间，他一方面靠从华法教育会每天领取五六法郎的微薄补助维持生活，另一方面他做过许多工作：在饭馆当招待，在火车站或码头运送货物、搬运行李，在建筑工地推砖、搬瓦、扛水泥，以及做清洁工清扫垃圾等。不论轻活、重活或脏活、累活，也不论杂工、临时工或清洁工，邓小平碰上什么干什么，哪里有活儿就到哪里去干，所得收入加上留学补助方可勉强糊口。

这年9月，法国政府决定停止发放给予中国留法勤工俭学生的生活维持费。这通告一发出，犹如晴天霹雳。10月，邓小平和其他学生一样，已经毫无生活来源，面临绝境。

也许是天无绝人之路，在巴黎第10区的运河边上，有一家专门制作扇子和纸花的香布朗工厂，正要招收一批工人。于是，邓小平和他的叔叔邓绍圣及其他学生共105人，于10月22日进入这家小工厂。这份工作，对于走投无路的学生来说，是十分幸运的事。在这间工厂的工作，是做一批在美国募集资金的订货。他们用薄纱和绸子作花，然后把花缠在一根铁丝上，再贴上一个小标签，上面写着"阵亡将士的遗孀和孤儿作"。虽然这工作工价很低，但可以暂时借此糊口。不过，好景不长，这批活儿两个星期就做完了，邓小平他们即被工厂解雇。

失业后，四处找寻工作、生活没有着落的不稳定状况持续了3个多月。日后，邓小平曾不止一次地开玩笑说，我个子不高的原因就是，在法国做工时活太累、吃不饱。

1922年2月，邓小平再次离开巴黎，来到了卢瓦雷省的小城蒙达尼（Montargis，有时译为"蒙塔尔纪"）。这里靠近农村，学费和生活费比较低，因而勤工俭学生们常到这里来做工和学习。2月14日，邓小平成为哈金森橡胶厂的一名临时工人，这个工厂以生产胶鞋和自行车内外胎而颇有名气。由于邓小平没有受过专门训练，因而被作为不训练工人派到胶鞋车间，他的编号是4088。工作是极其单调乏味的手工劳动：将鞋底、鞋垫及鞋帮放在木模上，然后和里衬粘贴起来。很快，邓小平就熟悉并很容易地工作起来。与施奈德钢铁厂相比，这里的工作是比较轻松的。由于邓小平心灵手巧，工作效率高，一天可以挣15法郎。

到法国1年多的邓小平已经开始成熟了，他经受住了艰苦工作和俭朴生活的考验，并以其积累的经验，处理生活和工作中的各种难题。业余时间，他和法国工人交往聊天，法语水平进一步提高，对西方资本主义社会有了更深入的了解。他还经常和华工、勤工俭学生们谈心，交流对各种社会问题的看法。

1922年6月，在周恩来、赵世炎等的筹备和主持下，旅欧中国少年共产党（简称"少共"）在巴黎西郊布罗尼森林中的一个小空场上正式成立。少共成立不久，少共成员王若飞、萧朴生、尹宽等来到哈金森橡胶厂做工。王若飞也被分到胶鞋车间，他与邓小平一同工作了两个多月。做工之余，他们经常在一起散步交谈，赵世炎、王若飞等较年长的少共成员给邓小平以极大的影响和帮助。就在这一年夏天，在萧朴生、汪泽楷两人的介绍下，邓小平加入了刚刚成立不久的旅欧中国少年共产党，成为旅欧少共最早的也是最年轻的成员之一。

到了10月底，已经在哈金森橡胶厂工作半年多的邓小平有了一定的积累，于是打算进一所学校学习。经过朋友介绍，他选择了法国东部第戎附近小镇上的夏狄戎公学。这所学校以前曾接收过一些勤工俭学生，到邓小平来时大都已相继离

第三章 留学的日子历练成熟

1925年,邓小平在法国巴黎雷诺汽车厂做工时的档案卡

开。远离同伴们,远离勤工俭学生政治活动中心,到这偏僻的小城生活,无疑使他有几分寂寞。然而,这里便宜的住宿费和较低的学费,对一直在劳碌奔波的邓小平来说十分难得。他坚持在夏狄戎公学学习了几个月,度过了一段稳定的俭学生活。

1923年2月初,邓小平结束了夏狄戎公学的学习,回到了蒙达尼,并再次进入哈金森橡胶厂做工。这一次他只工作了5个星期,到3月7日便离开了。在蒙达尼停留了一段时间后,邓小平于6月中旬回到了巴黎。

1925年11月,他进入巴黎近郊比扬古尔的雷诺汽车厂做工。这时的邓小平已经21岁了,能说较为流利的法语,具有一定的数理知识和大工厂的劳动实践经验。正由于具备了这些条件,在雷诺汽车厂,邓小平成为一名钳工学徒,开始接触到一些图纸和比较简单的工艺技术。几个月后,他成为一名钳工,有了相对较多的收入。这样,他在这里工作了一段时间。当时的邓小平一定没想到,自己在几十年后的"文革"最困难时期,被送到江西省南昌市郊新建县拖拉机修造厂参加劳动,又重新成为一名钳工,而且"干起活来还是那样认真熟练"。

> 两个人挤在一个仅有5平方米的小空间内干起了开创性的事业,曾戏言只有中学文化程度的邓小平却有个"油印博士"的美称。

关于邓小平去法国留学的动机,曾有各种各样的说法。有人说,他一开始就是去寻求马克思主义的。这种说法未免言过其实。邓小平是抱着救国的思想出国的,这一点毫无疑问,但所谓的"救国"无非是当时在青年中流行的"工业救国"的思想。按邓小平的话说,当是只是满怀希望地想到法国去,一面勤工,一面俭学,学点本事(即去学习西方资本主义先进的生产技术和管理经验)回国。如此而已。后来,他之所以违背了初衷,走向了资本主义的对立面,成为一名马克思主义者,可以说在很大程度上是资本主义这个老师教与逼出来的。

1922年8月1日,旅欧中国少年共产党创办了自己的机关刊物《少年》,用共产主义思想教育、团结广大旅欧华人特别是青年学生。1923年2月17日至19日,少共召开临时代表大会。会上决定将"旅欧中国少年共产党"改名为"旅欧中国共产主义青年团",也称"中国社会主义青年团旅欧支部",其领导机构改称"旅欧共青团执委会"。

1924年2月1日,《少年》改名为《赤光》。与《少年》相比,《赤光》最显著的特点是更着重于揭露帝国主义列强和封建军阀压迫中国的黑暗事实,阐述现阶段中国革命的任务和方针,配合国内推动国民革命运动的发展。用他们自己的话说,就是"改理论的《少年》为实际的《赤光》"。周恩来、李富春、萧朴生、傅钟等都先后参与过《赤光》杂志的编辑出版工作。《赤光》创办不久,邓小平就来到戈德弗鲁瓦街17号小旅馆周恩来的狭小房间内,成为《赤光》编辑部最年轻的成员。

在《赤光》编辑部,他得到了周恩来等较年长的共产党人的直接帮助和指点。同时，耳濡目染使他增长了才干，锻炼了能力，也是在这个岗位上，他以出色的工作得到大家的尊重和依赖。这是邓小平第一次直接参与革命工作，是他一生革命生涯的开始。

最初，邓小平的工作是负责《赤光》的刻写和印刷。他经常是白天做工，下工后即赶到《赤光》编辑部。在那狭小的房间里，周恩来将写好或修改好的稿件交给他，邓小平把它一笔一画地刻写在蜡纸上，然后用一台简陋的印刷机印好，再装订起来。事实上，这种正常的工作程序经常被打乱，有时是因为要开会研究问题，或是正在修改稿件的周恩来被各种来访者打断，有时由于工作需要周恩来去德国和比利时活动。但为了保证每半月出一期，每期12页左右的内容，常常是在开会以后，或各种客人走后，周恩来马上伏案挥笔著文或改稿，而邓小平则等在一旁，改好一篇，他就刻写一篇。这个仅有5平方米的小屋里，灯光时常彻夜不熄。饿了，啃一口羊角面包；渴了，喝一杯白开水。在这里，他们一同忘我地工作着，度过暮色苍茫的傍晚，迎来薄雾蒙蒙的黎明。

邓小平刻写的字黑大肥圆、工整隽秀，力透纸背，加上印刷清晰，装订简雅，大家对此赞不绝口。他常常左手捏着面包，右手操作印刷机。一次，周恩来见到他这副模样，指着他脸上的面包屑和油墨痕迹，大笑说："小邓，小邓！你可真是一位油印博士啊！"自此以后，大家不约而同地喊他"油印博士"。

经常是深夜工作完成后，邓小平就在这房间里打上地铺和周恩来住在一起。这段时间，邓小平和长他6岁的周恩来十分亲近。邓小平很敬重这位兄长式的同志和领导，为他坚定的信仰，为他那对现实问题清晰正确的分析把握和那英姿勃勃、思路敏捷、谈吐文雅、彬彬有礼的风度所深深吸引，邓小平从中学到许多东西。将近60年后，邓小平谈到周恩来时还深情地说："我们认识很早，在法国勤工俭学时就住在一起。对我来说他始终是一个兄长。我们差不多同时期走上了革命的道路。"

1924年下半年，由于国共合作后革命形势发展很快，国内急需大批干部，周恩来等即将回国工作。7月13日至15日，旅欧中国共产主义青年团第五次代表大会召开。大会改选了执行委员会，邓小平、周唯真、余增生、李俊杰、徐树屏当选为执委会正式委员，聂荣臻、李林、王锡三为候补委员。7月16日，旅欧共青

邓小平与同在法国勤工俭学的远房叔叔邓绍圣合影

团第五届执行委员会举行第一次会议，讨论执行委员会的组织和分工，决定由周唯真、邓小平、余增生3人组成书记局，负责旅欧共青团的日常行政工作。邓小平具体负责抄写、油印及财务管理。这次大会不久，7月31日，周恩来从法国启程回国。于是，邓小平等一批年轻的同志补充进入旅欧党团组织，并逐渐成为负责人。

半年后，邓小平、李富春、蔡畅等参加了1924年12月下旬召开的旅欧中国共产主义青年团第六次代表大会，李富春为工会运动委员会成员，邓小平负责大会监察处工作。

在编辑部全体同仁的共同努力下，《赤光》办得生动活泼，形式多样，文章切中时弊，在勤工俭学生和华工、华人中影响很大，被誉为"我们奋斗的先锋"和"旅法华人的明星"。这中间无疑有着邓小平这个"油印博士"的一份功劳。邓小平以手中的蜡版、钢笔，作匕首，作投枪，在《赤光》这个阵地上，与帝国主义、封建军阀进行着英勇无畏的斗争。

已经成为旅欧共青团负责人之一的邓小平，仍然把主要精力放在《赤光》上。他一面继续从事刻印、装订等具体工作，一面开始负责《赤光》编辑工作，

1924年7月，出席中国社会主义青年团旅欧区第五次代表大会的代表在法国巴黎合影。后排右三为邓小平，前排左四为周恩来、左一为聂荣臻、右四为李富春

并亲自撰写文章，积极投入到反对国家主义派的斗争之中。

在旅欧留学生中，有一个标榜信仰国家主义的政治派别，即以曾琦、李璜为首的中国青年党，人们习惯称他们为"国家主义派"。国家主义派以法国为中心，以《先声》周报为阵地，标榜"国家至上"，否定阶级斗争，反对中国共产党的政治主张，反对共产党员加入国民党实行国共合作，反对建立反帝反封建的革命统一战线。为了戳穿国家主义派的欺骗行为，旅欧共产主义者连续发表文章，把国家主义派的卑劣手段公之于众。邓小平也投入了战斗，他连续撰写了《请看反革命青年党之大肆其捏造》和《请看〈先声〉周报之第四批造谣的新闻》两篇文章，以"希贤"的名字分别发表在《赤光》第18期和第21期上。这是我们目前所能看到并准确判定的邓小平在《赤光》上发表的最早的两篇文章。与《赤光》上其他文章相比，它有着独特的风格：短小、尖锐、泼辣、有力，富有战斗性。

随着国内革命形势的进一步发展，一批批旅欧共产主义者相继回国或到苏联去学习。到1925年，邓小平成为旅欧党团领导人之一。他开始全身心投入到现实的政治斗争之中。

1925年上半年，他来到里昂，担任里昂区党的特派员，负责领导里昂地区的党团工作和华工运动。这年夏，邓小平和中共旅欧支部的其他同志共同组织领导旅法勤工俭学生、华工和各界华人掀起了声援国内五卅运动的斗争浪潮。旅法华人的这场斗争震动了法国，也几乎震动了整个欧洲。法国当局惶恐不安，派出大批警察，四处检查搜索，掀起了一场逮捕和遣返的浪潮。

法国当局的逮捕和镇压，并没有吓倒旅法的中国共产党人和革命群众，他们认真总结经验，重新组织队伍，以新的斗争策略和方式继续开展斗争。邓小平是1925年这场轰轰烈烈的声援国内五卅运动反帝斗争的积极组织者和参加者之一。尽管他没有被逮捕和驱逐，但是同样受到了法国巴黎警察局的跟踪和监视。巴黎警察局派出密探监视邓小平等人的住地和聚会的场所，并掌握了一些情况，这使我们今天能够根据法国有关部门的一些档案中的监视跟踪记录了解邓小平在法国最后一段时间工作斗争的情况，为我们了解青年邓小平的革命生涯提供了难能可贵的历史资料。这恐怕是法国警察当局所不曾想到的。

1925年8月20日，邓小平搬到了比扬古尔紧挨着雷诺汽车厂的卡斯特雅街3号一家全是中国人居住的旅馆。这是邓小平在法国生活工作岁月的最后一站。在5号房间，他和傅钟、杨品荪住在一起，共同领导着旅欧党团的工作。当时的法国警察在一份报告中写道："和邓希贤住在一起的有他的两个同胞，这两个人似乎同他有着共同的政治观点。邓外出时，他们总是陪着他。"

1926年1月3日，在旅法华人援助上海反帝国主义运动行动委员会召开的一次会议上，邓小平向与会的70多人发表了演说。他主张努力促进并支持冯玉祥将军与苏联和解，建立良好关系，以大力推进反对国内军阀和国际帝国主义的斗争。他特别指出，冯玉祥"应和苏俄政府亲如兄弟，团结起来开展对国际帝国主义的斗争"。会议对邓小平的发言进行了详细的讨论，最后投票通过了一份致中国驻法公使陈箓的最后通牒，要求他："一、向法国政府和巴黎的外交使团抗议他们所奉行的帝国主义侵略政策。二、致电中国驻各国的使节，敦促他们向所驻国政府提出抗议，反对国际帝国主义，抗议派军舰和军队到中国屠杀中国人民。"

这是邓小平在法国的最后一次活动。4天后——1月7日，邓小平和傅钟、李卓然、邓绍圣等20人离开了巴黎，结束了在法国的勤工俭学生活，向着久已向往的"十月革命的故乡"苏联进发。

就在邓小平等离开巴黎几个小时之后,一批法国警察闯进了卡斯特雅大街3号的旅馆内,直奔邓小平等住过的5号客房。可是,他们只能是扑了个空。他们在房间中发现了"大量的共产党的中、法文宣传小册子,如《中国工人》《孙中山遗嘱》《共产主义ABC》等,以及一些中文和俄文报纸,特别是莫斯科出版的中共刊物《进步报》"。不仅如此,他们还发现了两架带钢板和滚筒的油印机及几包印刷纸。警察局在这次搜查后的报告中写道:"这些人似乎感到自己已被怀疑,就仓促出走了。"随后,巴黎有关当局签署了驱逐邓小平、傅钟等人出境的命令,并注上"有待通知"的字样。虽然,它永远不会通知到被驱逐者本人了,但作为一种历史资料却一直保存到今天,从而真实地记录了邓小平青年时代在法国的最后足迹。

当年气势汹汹的法国警察当局,无论如何也没有想到,他们于20世纪20年代驱逐的人,50年后竟然以国宾的身份访问了法国,而且受到法国政府和法国人民极其热情而又隆重的欢迎和接待!

> 在公开的论战这场活生生的考试中,他这个"小钢炮"以其在中山大学系统学习的共产主义理论交了一份出色的答卷。

苏联于1925年建立了莫斯科中山大学,专门招收中国学生。其目的在于,用马克思主义"培养中国共产主义群众运动的干部,培养中国革命的布尔什维克干部"。

1925年底,在苏联驻广州国民政府政治顾问鲍罗廷的参与下,国共双方共挑选了310名学生准备送往中山大学培训。第一批学生118人于当年11月抵达莫斯科,其中共产党员和共青团员超过87%。1926年1月,又有10名在德国学习的国民党员进入中山大学。不久,中共旅欧支部和中国共产主义青年团旅欧支部派遣20名党团员从法国等地赴苏学习,其中有邓希贤、傅钟、李卓然等人。他们先进入东方大学,不久转入新办的中山大学。

邓小平在前往苏联的途中,曾在德国作过一周停留。据他后来讲,在德国停留时住在一个老工人的家里,受到了德国工人阶级的热情接待。这位老工人把床铺让给他们,自己一家人则睡在地板上。几十年以后,邓小平仍不忘这件事,称那是真正的无产阶级的同志式的热情接待。

在法国,邓小平等人是社会最底层的外国劳工和穷学生,是受到法国警方追捕的秘密共产主义组织的成员。而到了苏联,他们则一下子变成了受到热烈欢迎的贵客,成为高级共产主义大学的堂堂正正的学员。苏联党和政府也为中山大学的学生提供了很好的学习生活条件,这与邓小平在法国那种居无定所,衣食难保,参加革命活动还被警察监视的情况有了天壤之别。在这里,他们可以自由讨论共产主义理想,可以自由开展党团活动,心情是放松的,精神是解放的。

邓小平到这所学校之前的几年留法勤工俭学的时间,已经积累了比较丰富的政治斗争经验。与其他人不同的是,他到苏联确立的一个主要目标就是深入系统地研究共产主义理论。

中山大学开设的课程注重对革命理论和实践的讲授,注重对国际共产主义运动中经验教训的总结。第一学期俄语学习时间特别长,每周6天,每天4小时。中山大学的必修课为:经济学、历史、现代世界观问题、俄国革命的理论与实践、民族与殖民地问题、中国的社会发展问题、语言学。学习方法是教授讲课(用俄语,但有中文翻译);然后学生提问,教授解答;再次由学生开讨论会,自由辩论;最后由教授作总结发言。

邓小平利用中山大学优越的学习条件专心致志地学习,课堂上认真听讲、思索,课后阅读大量的书籍。在苏联学习期间,邓小平较全面、较系统地学习了马列主义的基本观点和其他知识,头脑更为充实,信仰愈加坚定。为信仰而斗争,坚守马克思主义的立场成了他的天职。

除此之外,共产国际、苏联共产党、中国共产党驻共产国际代表团的负责人,都经常到中山大学,就国际共产主义和中国革命中的一些重大问题进行讲演，使学生们受到许多深刻的马克思主义教育，进一步加深了对书本知识的理解。

学校里有一个组，特别引人注目，这就是被称为"理论家小组"的第七组。这个小组里云集了当时在校的国共两党的重要学员。中共方面有邓小平、傅钟、李卓然等，国民党方面则有谷正纲、谷正鼎、邓文仪，还有汪精卫的侄儿和秘书、于右任的女婿屈武等。按邓小平的说法，共产党和国民党的尖子人物都在一个班组。因此，这个班很有名。当时国共合作过程中的恩恩怨怨、曲曲折折，必然会反映到中山大学国共两党的学生中来。双方又都站在自己所代表的阶级立场上，忠于各自的政治信仰。因此，难免有纷争。

在学校里，邓小平性格爽朗、活泼，爱说爱笑，富有组织才能和表达能力；傅钟则老成持重，不爱言谈。当时中山大学的中共党支部书记是傅钟，邓小平则是第七班的党组组长。他们和国民党人士相处在一个班组，在信仰上、观点上、见解上和阶级立场上都很不相同，因此在各种问题上双方常常发起辩论，甚至于经常展开一定程度的斗争。

第七小组国共党员在理论上的主要争论是如何理解孙中山先生提出的三民主义问题。邓小平等人利用墙报发表有说服力的文章，摆事实讲道理，既论述了国共合作的必要性和应该巩固的基础，也阐明中国共产党的主张，同时也毫不隐讳共产党人的最终目标。在各种各样的会议上，邓小平还进行公开的论战，义正词严地指出国民党右派分裂国共合作的企图，批评他们有损国共合作的错误言论与行为。邓小平的批驳带有很强的理论色彩，推理严密，作风泼辣，语言简洁有力，他又有出色的论辩口才，常常能切中要害，把对方驳得理屈词穷。因为邓小平论辩的火力很猛，他在同学们中有"小钢炮"之称。

莫斯科是很美丽的，尤其在积雪的冬天，克里姆林宫、楼房、教堂都像一座座水晶宫。当左权、徐君虎、蒋经国与邓小平一起去散步的时候，除了聊天，他们还爱听邓小平讲在法国勤工俭学和那些惊心动魄、带有传奇色彩的革命斗争故事。有一次，蒋经国和徐君虎问邓小平："你们干吗老围着一条蓝白道的大围巾？"邓小平告诉他们说，在法国留学的中国学生常去当清洁工，尤其是捡马粪，因为在法国就数捡马粪挣钱多，干一天能满足一个星期的花销，最划得来。法国的清洁工都围着那么一条围巾，因此他们每人也有那么一条。原来，他们是以曾

1926年6月16日，邓小平填写的党员批评计划案

当过清洁工人而自豪。

邓小平的每次谈话，都能激起蒋经国的巨大兴趣。当时，蒋经国只有15岁，比邓小平小6岁，个子也矮小，只有1.50米多一点，在全校数百名学生中是年纪最小、也是最活泼的一个。蒋经国和邓小平个儿都不高，站队时老站在一起，肩挨着肩。蒋经国对邓小平很尊敬，把知识渊博、见多识广、富有组织才干与表达才能的邓小平看成"大哥""学长"。生活和历史就是这样地开玩笑，这两个当年同窗共学的朋友和同志，谁能料想到，50年后会成为台湾海峡两岸的实权人物和政治对手呢？

在中山大学，邓小平还结识了毛泽东的老师徐特立。当时徐特立已50岁，在"特别班"学习，青年学员给徐特立起了个雅号"老祖父"。"小钢炮"这时虽然还没见到毛泽东，但和他的老师做了同学，这也算是一种缘分吧！

在一份在莫斯科时撰写的自传中，邓小平写道："我过去在西欧团体工作时，每每感觉到能力的不足，以致往往发生错误，因此我便早有来俄学习的决心。""我更感觉到我对于共产主义的研究太粗浅"，"所以，我能留俄一天，我便要努力研究一天，务使自己对于共产主义有一个相当的认识。"

在这份弥足珍贵的自传中,这位刚刚二十出头的年轻共产党人进一步写道:"我来莫的时候,便已打定主意更坚决地把我的身子交给我们的党,交给本阶级。从此以后,我愿意绝对地受党的训练,听党的指挥,始终为无产阶级的利益而争斗!"

从这个自传中,我们可以感受到一个中国人民伟大儿子青年时代的博大襟怀和崇高志向。这是一个年轻的共产主义战士的战斗誓言。邓小平用他此后几十年的革命斗争实践,实现了自己的誓言。

第四章
回到血雨腥风的祖国

邓小平

> 匆匆结束留学生活，他回到阔别多年的祖国，出任"西北黄埔"的政治教官。他曾因公开呼喊"打倒蒋介石"而让冯玉祥难堪失色。

邓小平在中山大学学习期间，同国内的同志接触更多了，了解的情况也更多了，深深为国内正在兴起的大革命高潮形势所吸引，期盼着尽快回国参加斗争。令他高兴的是，机会终于来了。

1926年5月9日，冯玉祥偕夫人到苏联考察。冯玉祥在苏联各地参观访问的同时，也访问了莫斯科中山大学。他不仅把自己的女儿冯弗能送到这所革命大学学习，他本人也被授予"名誉学生"，随时可到该校参观、听课或发表见解。同学们对这位爱国将军也非常尊敬，很愿意和这位传奇人物接近和交谈。这次访苏使冯玉祥思想发生很大变化，他认识到共产党的主张是正确的，坚定了参加国民革命的决心。他主动向苏共和中共提出请求，希望能派出顾问和政治工作人员，到他的部队协助工作。

7月4日，国民党中央在广州决定发布《国民革命军北伐宣言》。9日，国民革命军誓师北伐，接着北伐战争便打响了。冯玉祥在苏联得知这些消息后，于8月17日乘东方快车回国。这时，已是国民党员的冯玉祥还兼任国民军党代表、国民政府委员、军事委员会委员。9月，他率西北军在绥远五原誓师，向甘、陕进军，同南方的北伐军相呼应。11月28日，冯玉祥援军抵达古城西安，控制了甘、陕两省。南方的北伐军也势如破竹，于10月10日攻克武昌，基本上消灭了吴佩孚的反动军队。在江西战场上，北伐军也歼灭了孙传芳的主力，占领了九江和南昌。国共合作的北伐战争取得了重大胜利。

五原誓师后，在共产党员刘伯坚的帮助下，冯玉祥着手改编军队，整顿队伍，在全军建立以共产党员为骨干的政治工作队伍和政治工作制度，国民军逐渐开始摆脱了旧军阀的习气，迅速发展到20多万人。随着国民军的发展壮大，一个迫切需要解决的问题是政治干部非常缺乏。为此，冯玉祥专门派人持他和刘伯坚的亲笔信，到北京找李大钊帮助解决。

实际上，这是冯玉祥第三次提出这一要求了。前两次因为有经验、有能力的合适人选太少，因此迟迟未能派出。李大钊不仅是我国最早的马克思主义传播者、中国共产党的创始人之一，同时还是第一次国共合作的首倡者和促成者。这次冯玉祥通过李大钊再次提出这一要求，中共中央立即派陈乔年去包头与冯玉祥会晤接洽。经中山大学和蔡和森等人研究决定，邓小平等20多人被选拔出来，提前结束学习，回国到国民军中做政治工作。

邓小平作为中山大学学生中为数不多的有能力的同志被选拔出来，显然与他在法国从事革命工作的经历、与他在中山大学的出色表现分不开。就这样，邓小平结束了在中山大学不到一年的学习生活，于1926年年底，和20多位同志一起启程回国。

他们先乘火车，经西伯利亚铁路到乌金斯克，再换汽车到蒙古的乌兰巴托（即库伦）。在乌兰巴托稍事休息，邓小平便同王崇云、朱世恒两人作为第一批先遣队，先乘苏联给冯玉祥部队运送弹药的汽车穿越茫茫蒙古草原，后改骑骆驼穿越西北大沙漠，走了1个多月，终于到达了宁夏的银川。此后，他们三人又换骑马，日夜兼程，途经灵武、吴忠、同心、固原、平凉、泾川、彬县、礼泉、咸阳，行程1000多公里，又历时1个多月，在1927年3月底到达西安城。

在由银川前往西安的途中，邓小平一行经常向当地群众宣传革命思想。在固原，他们住在马福祥（马鸿逵的父亲，曾是冯玉祥部下的将领）的旧宅院。在彬县参观了传说是《西游记》中的"水帘洞"的地方。沿途每隔几十公里就有一个冯玉祥部的驿站，他们凭介绍信在驿站领取口粮和饲料，行李也由驿站派挑夫给挑。上路时还是穿着棉大衣或皮袄，到西安时，当地居民都已穿上单衣了，而他们却仍披着破旧的皮棉袄，甚至有些衣不蔽体了。

3月底，邓小平到达了冯玉祥国民军驻地西安，受到了刘伯坚的热烈欢迎。邓小平被分配到西安中山军事学校工作，担任政治处长兼政治教官，并任该校中共党支部书记。这是邓小平在国内从事革命实践活动的第一站。

中山军事学校名义上隶属于冯玉祥的国民军联军驻陕总司令部，实际上它是由刘伯坚等几位共产党人筹建，由中共直接领导和掌握的。全校各级领导和指挥职务，都由共产党人担任。校长是由共产党员、国民军联军驻陕总司令部政治保卫部部长、政治保卫师师长史可轩兼任，副校长兼教务主任由共产党员李林担任。全校共有学员500多人，其中有150名中共党员。

中山军事学校举行开学典礼时，国民军联军驻陕总司令于右任、副总司令邓宝珊及冯玉祥部队的许多官佐、军校主要干部和全体学员参加了典礼。中山军事学校主要培训国民军营、连、排级军官和中共选送的革命青年。开设有《社会主义概论》《共产主义ABC》《国家与革命》及《新三民主义》等多门政治理论课。邓小平不仅直接负责着军校的政治领导工作，还经常为学员授课，灌输革命思想，宣传马列主义。他对马列主义理论的深入理解和简明清晰的讲述，受到学员的热烈欢迎。除进行军事政治训练，邓小平等还组织学生到街头、农村进行宣传工作，参加群众大会，帮助农民建立农民协会等，从事革命实践。

就这样，经过几个月的努力，在邓小平、史可轩等人的卓有成效的领导下，中山军事学校培养出一批有着革命觉悟的初级军官和党政工作干部，成为培养军政人才的重要基地，一时声名颇著，与广州黄埔军校南北辉映，相互媲美，享有"第二黄埔"和"西北黄埔"的美称。

3月至6月，学校共招收了两期学员1000余人，为革命培养了一批军政骨干力量。除了负责中山军事学校党的工作、培养一批军政干部，经邓小平提议，以军校毕业生为骨干逐步组建了一支由中国共产党掌握的武装力量，这就是著名的"许权中旅"的前身。

在中山军事学校的影响和带动下，很快形成了一个种类齐备的"军校群"。国民军先后在五原、包头、银川、兰州、西安等重要城市，开办了很多所军事干部学校，招收了下层军官、青年学生和有文化的士兵，经过短期训练后给各部队输送骨干。邓小平经常还应邀为其中一些学校授课或作报告。

在西安的这一段时间，邓小平等人的生活费用是由冯玉祥部队发放。这种军旅生活当然并不宽裕，因此他们这些共产党派来的同志，就时常找机会敲校长史可轩的"竹杠"，以"打打牙祭"。

第四章 回到血雨腥风的祖国

在大革命蓬勃向前发展的时候，革命阵营内部却酝酿着严重的危机。蒋介石和国民党右派反共、反国共合作的面目越来越暴露出来。1927年4月，蒋介石在上海制造了骇人听闻的四一二反革命政变，大批共产党员和革命群众被杀戮。各地国民党右派也纷纷实行"清党"，新军阀和老军阀一起向共产党人、革命群众举起了屠刀，革命力量受到了重大损失。党的最早一批无产阶级革命家，如李大钊、陈延年、赵世炎、汪寿华、萧楚女、熊雄等英勇地牺牲了。其中有的是邓小平的留法同学和领导人。他们的牺牲使毛泽东、周恩来和邓小平以及全党都十分悲愤。在革命处于危急关头之际，在南方的毛泽东、周恩来等向陈独秀总书记提出了许多挽救危机的建议，要求党克服右倾错误，加强对军事工作和农民运动的领导，坚决顶住蒋介石的反共逆流，然而均未被受共产国际错误影响的陈独秀接受。

在蒋介石发动四一二政变之后，冯玉祥虽没有立即公开跟随蒋介石实行"清党"反共，但对共产党的合作也一度产生了动摇。轰轰烈烈的大革命遭到了局部失败，但武汉国民政府还控制着湖南、湖北，并表示继续国民革命，在两湖地区掀起了反帝讨蒋运动。在这种情况下，著名的国民党左派人士、国民革命军总政治部主任邓演达来潼关拉冯玉祥反蒋。邓演达在国民军联军总部的欢迎大会上发表演说，介绍了国内外形势，揭露了蒋介石叛变革命的种种事实，坐在主席台上的冯玉祥脸色突变，腾地站了起来，表现出十分不悦的神情，这使邓演达十分尴尬，而主席台上的其他国民党高级将领个个表情严肃，默不作声。

形势不断恶化，蒋介石不仅没被打倒，武汉的汪精卫也加速"右转"。冯玉祥完成东征，占领了郑州、开封等地后，于6月10日与汪精卫召开郑州会议，6月20日与蒋介石召开徐州会议，促成了"宁汉合流"，终于也开始了在自己的辖区和军队里进行"分共"和"清党"。6月底，他以训练为名，将所有在他部队工作的200多名共产党员集中到开封，名曰"训练"，实是"礼送出境"。或许，是因为他曾受过进步思想的影响而对大多共产党人手下留情。冯玉祥以召开各军政治部处工作会议为名，调走邓小平。邓小平提着行李，摔下了冯玉祥的军帽，愤然离开。他根据党组织的安排，乘闷罐车，立即转赴当时的中共中央所在地武汉。

冯玉祥在其晚年所写的《我的生活》一书中，对这一事件曾作了记述。但是，邓小平不记个人恩怨。1982年9月，在纪念冯玉祥100周年诞辰之际，邓小平在人民大会堂东大厅会见冯玉祥的亲属时，曾回忆起他从莫斯科归来在西安参与主办中山军事学校的情景，并对冯玉祥作出公正评价。他说："焕章（冯玉祥）先生是很值得我们纪念的人物，他一生有相当长的时间为国家和人民做了许多好事，他也是同我们党长期合作的朋友。""从辛亥革命以来，焕章先生一直是比较好的，即使有一段时间经过一些曲折。1927年蒋介石清党的时候，别人都在杀共产党，他对我们的态度是比较温和的，礼送出境。"说到这里，邓小平笑了，他说："焕章先生和我们是有因缘的。"

> 在八七会议上，改名不久的邓小平见到了毛泽东。毛泽东的发言不紧不慢，邓小平不时地会心点头。

1927年7月，被冯玉祥"礼送出境"的邓小平从西安来到当时的中共中央所在地武汉。此时，作为革命中心的江城，到处逆流汹涌，杀机暗伏。武汉街头警车呼啸，横冲直撞。一队队工人、学生、革命者被昨天还是"一条战线的战友"凶神恶煞般地押进监狱。枯树上、电线杆上吊着革命者的尸体。武汉党组织也遭到了严重破坏。

邓小平先到中央军委报到，随后，组织关系转到中共中央，并被任命为中央秘书。他的主要工作有三项，一是管理中央文件及交通、机要等项事务，二是在中央重要会议上担任记录，三是起草一些一般性文件。面对日益变化的形势，党的工作逐步由公开转入秘密。为适应秘密工作的需要，原名邓希贤的他改名为邓小平。

从上海来武汉不久的党中央总书记陈独秀，曾想在中央秘书长之下设八大政治秘书。可由于形势变化，这一设想未能实现。这时，在中央秘书长邓中夏之下，只有邓小平一人做秘书工作。

7月12日，根据共产国际执行委员会的指示，中共中央改组，由张国焘、李维汉、周恩来、李立三、张太雷组成中央临时政治局常务委员会，陈独秀去共产国际参加讨论中国革命问题。

在中共中央改组后的第三天，汪精卫公开分共。国共合作破裂，大革命失败，白色恐怖笼罩江城，笼罩全国。中共中央临时常委会迅即决定实行武装反抗，一部分人前往南昌组织武装起义，一部分人在汉口召开紧急会议。8月1日，由周恩来等人领导的南昌起义爆发。8月7日，由瞿秋白、李维汉主持的中央紧急会议在汉口召开。

由于蒋汪合作反共，白色恐怖严重，会议是在极端秘密的情况下筹备的。邓小平与李维汉一起住在瞿秋白和夫人杨之华住处德林公寓（现天津路12号）内。瞿秋白夫妇住在一间，李维汉住前一间，邓小平住后一小间。这个房子是杨之华哥哥杨葆青出面租赁的。德林公寓与八七会议会址三教街41号（今鄱阳街139号）相隔很近，来往方便。

作为中央秘书的邓小平提前4天进入会场，负责会务工作。会场设在汉口俄租界三教街一幢西式公寓的二楼。这幢房子是英国人1920年修建的公寓，当时是国民政府苏联农业顾问洛卓莫夫和洛卓娃夫妇的住宅，地处俄、英、法三个租界的接合部。它前临僻静街道，后通小巷，屋顶凉台与邻居凉台相连，一旦发生紧急情况较易撤离、疏散。于是，中央的这次紧急会议选在这里举行。

8月的武汉，简直就是一座火炉。8月3日晚，当邓小平由交通员悄悄带到会场的时候，他只觉得进了一只蒸笼。但为了保密，他不能打开门窗透风。邓小平和先到的同志布置会场。搬一张条桌算是主席台，又找来一两个凳子，就把整个房间挤满了。然后，便是焦灼的等待。困了，在地板上打个盹；饿了，倒杯开水就着干粮吃。

为保证会议绝对安全，会议代表有20多人，分3天3批由党内交通员带进来。办事情的少数人去得最早，走得最晚，中央负责人最后进，最早走。会址与餐厅相隔，两处均有后门相通，会议代表全部从后门进入。

开会的人到齐了。邓小平见到一位蓄齐耳长发、操湖南口音的高个子中年人,他就是这次会议上当选的中央政治局候补委员毛泽东。会议先由共产国际代表罗米那兹作报告,再由瞿秋白代表中央临时常委会作报告,然后进行了讨论。

在一天一夜的会议中,邓小平对毛泽东的发言尤感兴趣。在会议讨论中,毛泽东破除了"素以为领袖同志的意见是对的"观念,从国共合作、农民问题、军事问题和党的组织等四个方面批评了陈独秀的右倾错误。毛泽东的发言不紧不慢,邓小平的笔尖疾走如飞:"……以后要非常注意军事,须知政权是由枪杆子中取得的。"听到这里,邓小平会心地点了点头,嘴角漾起了笑容。

这次会议,旗帜鲜明地清算了大革命后期以陈独秀为代表的右倾机会主义错误,确定了土地革命和武装反抗国民党反动派的总方针。后来的历史学家公认这次会议——八七会议,"为挽救党和革命做出了巨大贡献"。

在这历史的转折关头,邓小平和毛泽东第一次相会。极其紧张的一天会议,他们两人之间不可能有单独的交往,但毛泽东的慷慨发言,毛泽东"枪杆子里面出政权"的真知灼见,对邓小平以后的革命实践无疑产生了重大的影响。

八七会议圆满结束。邓小平在送走所有出席者后,最后离开会场。整整53年后,76岁的邓小平重访八七会议旧址。他在重访的两个月前题写的6个豪放苍劲的大字"八七会议会址",已制成镏金大字悬挂在门楣正中。"当时都是年轻人。毛主席34岁,瞿秋白29岁,李维汉31岁,任弼时23岁,我23岁,陆定一那时比我小两岁……"故地重游,感触万千,半个多世纪前的风云岁月仿佛又来到了眼前。

> 在"吊起脑袋干革命"的白色恐怖中,23岁的中央秘书长装扮成杂货店老板,奔走在大上海的大街小巷。

八七会议后,中共中央迁往上海。新的党中央一项很重要的任务就是要进行极其艰难的组织工作，恢复、整顿和重建党的组织，改变在严重白色恐怖之下全党的散乱状况。很快，党中央在上海建立了秘密组织系统，建立了秘密工作机关，组织了全国的秘密交通网络，并出版了党的秘密机关报。

1928年，中共中央决定中央政治局常委周恩来兼任组织局主任。周恩来即在中央担负起处理日常工作的重要责任，对于国民党统治区的秘密工作，他根据实际情况提出"以绝对秘密为原则"，要求党的"机关群众化和负责干部职业化"。邓小平随党中央迁到上海后不久，于1927年底被任命为中共中央秘书长，协助周恩来等中央领导处理中央日常工作。

除了列席和参加中央各种会议，邓小平还负责文件、电报、交通、中央经费、各种会议安排等项工作。由于上海处于敌人的严密统治之下，周围环境异常险恶，因此当时的中央领导同志需要不断地变换住址和姓名。为了秘密工作的需要，中央领导同志之间都互不知道他人的住处。而作为中央秘书长的邓小平，则掌握着所有中央负责同志和各处中央秘密机关的地址和地点。

当时，中共中央的机关一般都设在外国租界区。在闹市中心四马路（福州路）上有一个天蟾舞台，在舞台后面的447号，就是党中央的一个秘密机关。这里，楼下是一家"生黎医院"，楼上则由熊瑾玎、朱端绶夫妇租有三间房子作为中央政治局开会和办公的地方。

在中央秘书处从事特别会计的熊瑾玎，打扮成一个湖南来的经营土布土纱的商人，门上挂个"福兴布庄"的牌子，当时大家都称其为熊老板。中央政治局当时的会议差不多都是在这里召开的，邓小平经常来待半天，有时只待一两个钟头，办完事就走。出于保密需要，邓小平等往往装扮成有钱人，穿长袍，戴礼帽。会上，每次讨论的问题都由主管这一工作的负责同志作中心发言，其他同志围绕中心发言谈看法、意见。发言时间不能太长，不能长篇大论。邓小平负责记录，有时也发言，虽发言不多，但发言和提问很有分量，分析问题深入浅出。作为秘书长，他管会议的议程，头一次开会定好下次开会的时间。那时，从各地和苏区来的报告，都是用药水密写在毛边纸或者布上，由朱端绶负责用明矾水洗出来，然后誊抄好。

在上海期间，邓小平一直在中央机关工作，他当过杂货店老板、当过古董店的老板，以此作为掩护。对于上海的大路小路、街巷弄堂，特别是秘密机关所在的那种四通八达的弄堂，他都相当熟悉。

据邓小平后来回忆说，他在上海做地下工作时，有过两次大的危险。一次是一个叫何家兴的叛徒出卖了中央政治局常委、组织局主任罗亦农。当时邓小平去与罗亦农接头，办完事，刚出后门罗亦农就被反动派逮捕，随后被杀害。另有一次，巡捕得知中共中央主要领导人周恩来的住所，在其搜捕前，潜伏在敌人内部的地下党员通知了周恩来，他及时躲避了。而与周恩来住在一起的邓小平正在奔走各机关处理事务，没有得到通知。当巡捕在房间搜查时，邓小平回来敲门，幸好巡捕中有个地下党在里面给邓小平发出暗号，邓小平掉头就走，没有出事情。邓小平感慨地说："那个时候很危险呀！半分钟都差不得！我们在上海做秘密工作，是吊起脑袋在干革命。"

当时，邓小平的胞弟邓垦恰好到上海求学，临行时父亲要求他到上海后去找找自己的哥哥。邓垦到了上海便开始寻找，可是自己又没有一点信息，语言也不通，加之没什么熟人，找来找去都没有着落。后来，邓垦想到了在报上登个寻人启事。于是，《时事新报》上刊发了大意如下的这么一则启事：邓希贤兄，你的胞弟邓先修现在已到上海，你住到什么地方，希望你见报后来找他。

因为那时候国民党特务也有用这种方法抓人的，用亲戚名义登报，以抓捕被找的人。不过，邓小平从报上得悉消息后，派人化装到报上所说的地方了解情况。有一天下午，邓垦等4个青年人正在一个小房子里聊天，突然有人敲门，并问"你们这儿有一个邓先修没有"。邓垦很快想到自己登报的事，一看来人面孔，还有点印象，尽管邓小平离开自己已13个年头了，变化很大。邓小平一见面便说："好，好，好。你登了个报，我知道了。你收拾收拾跟我走，马上就走，搬家，越快越好。不仅你要搬，你的3个同学都要搬，全部离开这个地方。"随即，邓小平简单地问了一下家庭情况，当得知自己的亲生母亲已病逝时，他的双眼湿润了……

第四章 回到血雨腥风的祖国

> 和"少有的漂亮"的张锡瑗相识于莫斯科，不期而遇于武汉，结合于白色恐怖的上海。没想到的是，仅两年的情缘因她的难产而终结。

张锡瑗1907年生于河北省房山县良乡镇（今属北京），14岁随父迁居保定，1922年进直隶省立第二女子师范学校。父亲张镜海是铁路职员，参加过著名的二七大罢工，曾担任保定段铁路工会负责人。锡瑗是长女，她下边还有两个妹妹锡瑞、锡珍（后改名晓梅）。在校时，张锡瑗姐妹仨和同学李培之（王若飞的夫人）等，都是学生运动的积极分子，并成为该校早期团员。

1925年张锡瑗来到北京，认识了李大钊、赵世炎等中国共产党早期重要领导人。当时的北京，因为冯玉祥发动北京政变，倾向国民革命，直系吴佩孚的势力已被肃清，冯玉祥又邀请孙中山北上，所以政治环境比较宽松。当时国共合作已经实现，共产党在北京可以以国民党的名义活动，处于半公开状态，因此北方的革命运动迅猛展开起来。为配合孙中山北上，中国共产党发起了国民会议运动。来到北京的张锡瑗和当时在北京工作的邓颖超结识，由此成为至交，一起从事中共领导下的国民会议促成会的活动，并由共青团员转为共产党员。

1925年下半年，张锡瑗由中共北方党组织选派，和妹妹张锡瑞进入莫斯科中山大学学习。在莫斯科学习期间，张锡瑗不仅较系统地接触了马克思列宁主义原理，思考和研究中国革命问题，而且还结识了许多后来闻名全国的男女同学，如张闻天、王稼祥、乌兰夫、张琴秋、傅学文等。在这里，张锡瑗和邓小平相识。两人虽不同班，但经常一起参加党组织活动，接触比较多，彼此间都留下了很好的印象。那时，邓小平22岁，张锡瑗19岁，她活泼、爽快、性情温和，对人很好，长相则是"少有的漂亮"。

中山大学的学制是两年，但邓小平学习不到1年，就因革命形势的需要提前回国了。八七会议后不久，邓小平在武汉意外地遇见了张锡瑗。两人紧握双手，激动不已地畅谈离别后的情况，友谊倍增。

张锡瑗姐妹于1927年秋经蒙古回国。于是，有机会到保定探望双亲，其间姐妹俩又协助父亲，成功地参与领导了一次反抗铁路当局迫害工会干部和家属的斗争。从此，在铁路工人中长时间流传着"姐妹闹革命"的佳话。这次保定铁路工人罢工运动的筹划领导工作，自始至终是在张家进行的，因此连张锡瑗当时只有8岁的小弟弟都印象很深。此次罢工后，张锡瑗到了武汉，在武汉中央秘书处工作。老同学相遇，既惊且喜，他们这回真是并肩战斗在一起了。张锡瑗为邓小平的精明强干和活跃开朗所吸引，产生了敬佩和爱慕之情。张锡瑗外表秀丽、性情温柔，待人诚恳热情，也博得了邓小平的好感，渐渐地，他们步入了爱河。

不久，中共中央机关由武汉迁往上海。邓小平和张锡瑗乘船同行，两人并肩站在甲板上，凭栏远眺，长江白浪滔天，渔舟唱晚。看见这迷人的景色，两人更坚定了革命必胜的信念。轮船顺长江而下，经九江、安庆、芜湖、南京，两天的航程后抵达上海。邓小平和张锡瑗在船上，经过长时间的交谈，感情更加深了，可以说这是婚前的一次轻松的旅行。

到上海后，邓小平担任中共中央秘书长，张锡瑗分配在邓小平领导的秘书处工作。两人朝夕相处，有了更多更深的了解。

1928年刚过年，邓小平和张锡瑗结婚了，邓小平不到24周岁，张锡瑗不到21周岁。促成这桩婚事的"月老"，是邓颖超大姐。为了庆祝这对年轻的革命者喜结良缘，中央的同志们特地在上海广西中路一个叫聚丰园的四川馆子里办了三桌酒席。周恩来、邓颖超、李维汉、王若飞等都参加了，共有30多人。同志们难得聚在一起，贺喜之间也谈论了可谈的工作。当时参加过喜宴的郑超麟老人讲："大家吃完之后，好像菜已经完了，大家还有兴趣再吃，邓小平另外又叫来菜，让大家吃。"

郑超麟回忆说："因为上海比较松（1928年10月以前），所以可以办酒席，还有几个在中央工作的同志也是这样办喜酒结的婚。"郑超麟老人还介绍说："张锡瑗长得很漂亮，个子不高，是保定第二女子师范的学生，和李培之一道闹过学潮的，在武汉也做过秘密工作。张锡瑗的朋友很多，当时也有其他的人追求她，可她都没有动心,她毫不犹豫地选择了邓小平。后来我住在一个叫王少兴的人家里,邓小平在西北军里认识王,他和张锡瑗常到王少兴那里去看他,因此我常见到他们。"婚后的张锡瑗和邓小平感情弥笃,她在工作上又是丈夫的好助手,小家庭是当时秘密环境下名副其实的家庭机关。

大半年时间里,邓小平夫妻和周恩来夫妻同住公共租界的一幢小楼,周恩来和邓颖超住楼上,邓小平和张锡瑗住楼下。霍步青和朱月倩夫妇在中央军委机关工作,这三对夫妻编在一个党小组,同过组织生活,一周一次,但为了安全,地点是经常变换的,那时6个人的平均年龄也就是20刚出头,是个年轻又坚强的战斗集体。

邓颖超曾回忆说:"常常听到楼下那小两口又说又笑。"他们共同度过了一段甜蜜而又十分紧张的美好时光。后来,张锡瑗的小妹张晓梅也到了上海,由邓小平夫妇介绍加入党组织。张晓梅后来与共产党人徐冰结婚,一起从事党的地下工作,并成为中共著名的妇女运动活动家。

在上海从事秘密工作,战斗在龙潭虎穴,随时都有生命危险。但为了革命大业,邓小平和张锡瑗这对年轻夫妇早把生死置之度外了。邓小平曾回忆说:"我们在上海做秘密工作,非常的艰苦,那是吊起脑袋在干革命。我们没照过相,连电影院也没去过。"

1929年7月底,中共中央决定派邓小平去广西,以中央代表的身份领导广西党的工作和组织武装起义。此时,张锡瑗已有身孕。深深相爱着的夫妻要分开数千里,又同处于随时可能被捕坐牢杀头的险恶环境,他俩自然是难以割舍的。但为了共同的理想,为了党的事业,他们依依惜别,义无反顾地服从中央的决定。邓小平告别爱妻,踏上去广西的征途。邓小平、张云逸、俞作豫、李明瑞等发动百色、龙州起义,创立了红七军、红八军和左右江革命根据地。

1930年春,邓小平奉命回上海向中央汇报工作,这时张锡瑗正住在上海宝隆医院,准备分娩。汇报完工作,一桩喜事传到邓小平耳边——自己要做父亲了。于是,牵肠挂肚的邓小平急切赶到医院。分别近半年的夫妻重逢,又面对即将出世的小生命,夫妻俩沉浸在无比幸福之中。谁又会想到,分娩中出现难产。最后,孩子虽生下来了,但张锡瑗却得了产褥热,邓小平以极其焦虑的心情日夜陪伴着妻子。由于医疗条件很差，几天后，不到24岁的张锡瑗就去世了。他们的女儿一生下来就放在张锡瑗的小妹张晓梅家，因孩子在难产时受伤，没几天也夭亡了。

丧妻失女的不幸与悲伤，万箭穿心般刺痛了邓小平的心。本来，他这次返沪不仅是汇报广西工作，而且也满怀喜悦看望他的爱妻和迎接他们第一个孩子的诞生。然而，无情的事实给予他的打击却是妻丧女夭折。邓小平把眼泪吞进肚子里，把悲痛埋在心底，顾不得亲手料理爱妻后事，就奉命赶回广西。南行途中，张锡瑗病逝前的痛苦情景萦绕在邓小平心头，他无法排遣心中的悲苦和惆怅，这是他终生难忘的时光……

经过香港，遇到中央特科工作人员、在香港架设秘密电台的李强，邓小平委托他代为埋葬妻子。1930年春，李强回到上海，奉中央军委之命，负责安葬张锡瑗。李强回忆说："我们把张锡瑗埋葬在上海江湾的公墓，墓碑上写的是'张周氏'，立碑人也是用的假名，这是地下工作的需要。给张锡瑗送葬的，有邓颖超同志和张锡瑗的妹妹。"

1949年上海解放后，随军进城的邓小平依然十分惦念张锡瑗，一进城就去寻找张锡瑗的坟墓。可是因为战乱，日本人又曾在公墓那里动土修机场，公墓已面目全非。在李强的帮助下，通过上海市民政局，才奇迹般地找到了她那已被水淹的墓地。同时也找到苏兆征的遗骸。收好的张、苏遗骨，分别装进两个特制的新棺木，移交当时的上海市军事管制委员会，暂安置在邓小平、陈毅等居住的瑞金花园的一间密室内。"文化大革命"期间，上海市民政局得到有关方面通知，安排人员将烈士遗骸运送到龙华公园附近秘密保存。直到1969年，才葬入当时兴建的上海市烈士陵园，墓碑仍写作"张周氏"，人们对其生平依旧知之甚少。

十一届三中全会前后，上海市民政局和陵园史料工作者，又通过邓小平、邓颖超、李强以及张锡瑗的亲属，征集到张锡瑗的资料和遗照。这张如今已镶嵌在石碑上的端庄而秀丽的照片，是1926年张锡瑗和莫斯科中山大学的20多位女同学一起在莫斯科郊区的一个疗养院照的相。相片中的她，有着美丽文静的面容，非常精神的短发，和同学们亲热地站在一起。张锡瑗把这张照片寄给了她在国内的家人，一直到1978年，上海龙华革命公墓工作人员才从她的亲人手中找到这张

张锡瑗烈士之墓

珍贵照片。尽管恢复了她的原名，还编入了1983年出版的《上海烈士小传》，不过，尚未点明她就是邓小平早年的革命爱侣。

往事悠悠，岁月的潮水冲刷不掉人世间的真情。许多年过去了，邓小平一直深深地怀念着张锡瑗。1990年2月，张锡瑗逝世60周年的时候，邓小平为龙华烈士陵园题写园名，并嘱咐子女去祭扫张锡瑗墓。

如今，张锡瑗和苏兆征、顾正红等革命烈士一起，安详静卧在20世纪90年代新建的、由邓小平亲笔题名的龙华烈士陵园的青松翠柏之中。每当到了清明及其他的节日，人们都会在她的墓前献上一枝枝艳丽的鲜花。

2002年，由八一电影制片厂和广安邓剧影视基地联合拍摄的电视连续剧《青年邓小平》在蓉开机。该剧是国内首部演绎邓小平青少年时代的传记电视剧，剧组辗转俄罗斯、法国等多方拍摄，真实准确地再现了一代伟人邓小平青少年时代辗转求学的传奇成长经历，尤其难得的是邓小平与其妻子张锡瑗在革命斗争中相识、相知、相恋的爱情故事也呈现在荧屏上……

第五章

喋血万里赤旗飘

> 亲自点将的周恩来把酒饯行，25岁的中共中央代表临危奉命出征。两位在官场和战场混迹多年的广西军政高官对中共这位年轻人由衷地折服。

码头上，一对年轻的夫妇依依告别。

"东西都带齐了吗？"张锡瑗问。

"带齐了，介绍信和电报密码都藏在箱子的夹层里，不会被人发现。"邓小平轻声作答。

与邓小平同行的中央特科人员龚饮冰拍了拍那个结实的大皮箱。"呜——"随着汽笛声的鸣响，轮船离岸了。挥手之间，离情别绪有如静静流动的黄浦江水……

邓小平此行是应广西省政府主席俞作柏与广西省绥靖司令李明瑞之邀、奉党中央和中央军委的派遣而赶赴广西的。与此同时，中央还陆续派了张云逸、陈豪人、李谦、叶季壮等几十名军政干部，利用各种渠道和关系，进入俞作柏的省政府和李明瑞的军队中去工作。他们或是由人介绍，或是改名换姓，都未公开使用共产党员的身份。

邓小平身穿西服，显得很精神，炯炯双目中透射出特有的沉稳、刚毅与顽强。在船上，他时而远眺，时而沉思。

1929年3月间，国民党新军阀蒋介石与桂系势力之间的战争爆发了，以李宗仁、白崇禧为首的桂系战败，被驱逐出广西，由俞作柏、李明瑞回广西主政。俞作柏任广西省政府主席，李明瑞任广西省绥靖司令。当时，俞、李酝酿反对蒋介石，一方面全部释放了被国民党逮捕的革命者罗少彦等人，一方面表示愿意与共产党合作，要求共产党派干部去他们部队工作。

显然，广西的政局是十分复杂并极具危险性的。敌、我、友交错，民族、阶级问题并列，边境地区还会发生帝国主义的直接武装干涉。共产党人去广西，实际上是和俞、李的广西地方势力搞统一战线，大革命时期的国共两党统一战线破裂了，与广西地方势力的这一新的统一战线该如何进行呢？弄得不好，新的同盟会不会反目相向，重演"四一二"那样的惨剧呢？所有这些尖锐的问题，摆在将要来到广西的共产党的领导者面前，这就要求这位领导者必须是有丰富革命经验和很强领导能力的人，是一位不怕任何困难并善于战胜困难的坚强的革命者。

派谁去合适呢？中共中央获得这个信息后，立刻进行了研究。

"派邓小平同志去！"中央军事部部长周恩来亲自点将，胸有成竹地说。因为邓小平回国后工作干得很出色，遇事机智果断，处理事情得体，赢得了同志们的信任。

"你这次去广西开展革命工作，身负重任啊！"周恩来这样对邓小平说。

"我决不辜负中央的期望。"邓小平凝神望着周恩来，表示自己的决心，"眼下，俞作柏、李明瑞掌握广西的军政大权，既然他们表示愿与共产党合作，要求我们派人去他们部队工作，我此去广西机会不错嘛。"

两人相对而坐，周恩来特地买来一瓶酒为邓小平饯行，举杯相碰，边饮边谈。这战友情，就像杯中酒一样美好、醉人。

"是的，机会很好！"周恩来品了一口杯中酒说，"眼下，俞、李酝酿反蒋，俞作柏通过他的胞弟俞作豫（共产党）与我们联系，希望我们派人去广西，帮助他们支撑局面。"说到这里，周恩来顿住，沉思片刻说："不过，你到广西，一定会遇到许许多多意料不到的困难。"

邓小平听了周恩来的话，又凝神看着老战友，沉默一下，端起酒杯一饮而尽，说："恩来，你放心，我会全力以赴去完成中央交给我的任务的。"放下酒杯，邓小平分析说："其实，俞作柏和李明瑞与共产党早就打过交道。在国共合作的时候，俞作柏受到过大革命进步思潮和进步人士的影响，支持工农学生运动，1926年就任过国民党广西省党部执行委员兼农民部长和农工厅长，还举办过农民讲习所。四一二政变后，俞作柏还因共产党嫌疑被开除国民党党籍，流落香港后又与在港的共产党人士多有接触，并参加了我党在香港的外围组织'中华革命行动委员会'。其间，俞作柏还通过其胞弟俞作豫向我党提供过一部电台呢。所以，俞作柏对于共产党，心中本无芥蒂，且有好感。"

周恩来听了，连连点头。接着，邓小平说："而李明瑞呢，本性刚直，性格磊落，倾向革命。四一二政变后，他对于蒋桂军阀以'清党'名义迫害共产党人十分气愤，曾忍痛送走了所部共产党员。"

周恩来又点头，说："在他们身边有一位秘密共产党员。就是刚才提到的俞作柏的胞弟俞作豫，一位坚毅而有才华的共产主义者。你这次去，他会帮助你的。"

周恩来为邓小平饯行后，年仅25岁的邓小平作为中共中央的代表重任在肩，准备走了。他告别爱妻，乘上南下的轮船，取道香港前往广西。

邓小平回想到这里，站在轮船的甲板上，举目远眺辽阔的海面，心情豁然开朗，他此时此刻，只想尽快踏上广西的土地，去迎接新的挑战。

邓小平乘船到香港后，当即与党的南方局取得联系。当时党中央的南方局设立在香港，负责广西、广东两省的工作。因为香港和上海一样是租借地，因此便于我党的工作掩护。南方局的书记贺昌及夫人黄木兰（定慧）、中共广东省委军委书记聂荣臻与夫人张瑞华都住在香港跑马地的凤凰台附近，邓小平一到香港，便与他们取得了联系。贺昌、聂荣臻与邓小平交流了广东、广西两省的局势，谈了派去广西的我党军政干部情况。最后，邓小平告诉贺、聂二人："在上海的中央和地方组织中连连出现叛徒，周恩来同志要求我们再三加强保密，确保赴桂同志的安全，临行时以党的纪律对我们约法三章，所以，我的联络大都是单线，包括张云逸等主要干部也不能轻易直接与我接头。到广西后，中央规定我不再用小平这个名字，而叫邓斌，文武斌。"

"好样的，邓斌同志！从今天起，你不再是我们的中央秘书长，而是文武双全的邓代表。"贺昌拍了拍邓小平的胳膊说，"这四川小伙子好结实，我看呀，千斤重担也压不垮！为了革命，大家一起来努力。"

9月，邓小平和龚饮冰到达南宁后，首先同广西农民协会主任、广西特委书记雷经天取得了联系。10日，他主持召开了中共广西第一次代表大会，南宁、梧州、左右江地区等30多名代表参加了会议。在这次会议上，邓小平介绍了当前的形势与任务，会议作出了开展土地革命、建立工农武装、准备武装暴动等重要决议。此外，会议还通过了有关农村工作、宣传鼓动工作、职工运动、妇女运动、共青团等问题的文件,确定了新形势下广西党组织的斗争任务和策略,并选举产生了以雷经天为书记的广西特委。

很快,在俞作豫的引导下,邓小平与俞作柏、李明瑞二人接洽。邓小平的真诚与直率,深深打动了俞作柏与李明瑞二人。他的热情诚恳、平易近人的美好风范,给俞作柏留下了深刻印象。李明瑞虽比邓小平长8岁,但对这位满口地道四川口音、谈吐不凡的中共中央代表特别尊敬。他们听取了邓小平对时局的精辟分析,对中国共产党方针政策深入浅出、言简意赅的解释以及对中国革命前途种种令人折服的分析和预见等,之后他们对中国共产党有了进一步的认识和了解。

在长达两个多小时的谈话中,邓小平与两位广西军政首领基本达成了共识:中共方面将以政治、军事干部人才的优势,帮助俞、李稳定桂局,共图发展;俞、李在部队编遣后,为克服军饷不足、军心不稳的局面,则表示愿意在邓代表的全力协助下改造旧军队和扩建新军,开展工农群众运动,发动生产组织税收,解决新政权当务之急的财政问题。此后,邓小平的公开身份是广西省政府秘书,他以中共中央代表的身份负责领导广西党的工作在党内只有少数干部知道。

邓小平认为,改造俞作柏、李明瑞旧军队,培养革命骨干,是建立革命武装的重要准备。在我党的影响下,俞作柏、李明瑞首先释放了一批"政治犯"。这些政治犯都是大革命时期的共产党员、工会农会会员和进步青年,都是"四一二"以后被桂系军阀逮捕关押的。一大批被释放出来的党团员干部后来都成为建立广西红军的骨干力量。

邓小平了解到,中共党员俞作豫对俞作柏和李明瑞的影响很大,便利用俞作豫与俞作柏、李明瑞的特殊社会关系,促使俞作柏、李明瑞同意创办广西教导总队,并把中共派去的干部渗入到广西省党政军机关中任要职。邓小平非常重视教导总队的作用,他从各地抽调了100多名觉悟较高的老班长和老兵到军官教导总队来学习,还从广西、广东选调了部分工人和学生党员担任教导总队各连队的连长和排长等职,培训和教育了近千名李明瑞旧部中的进步青年,在学员中发展了一批新党员,并在各连队相继建立了党的秘密组织,对改造旧军队起到了极大的作用。

与此同时,对于少数政治上反动的军官,邓小平、张云逸等采取了"调虎离山"之计，在形式上给他们安排较高的职位，而实际上却削弱他们的军事指挥权，将那些反动军官与士兵相隔离，使士兵群众不受其反动思想和行为的影响。

李明瑞在掌握广西军事大权之后，鉴于过去的经验教训，急需扩建军队，以充实自己的力量。为此，他曾收编了一些散兵游勇、民团和土匪，组成了若干个警备大队。邓小平针对这种情况，及时地与之协商，顺利地将一批共产党员安排到新建立的警备大队之中，并特派共产党员俞作豫担任警备第五大队大队长，张云逸担任警备第四大队大队长、李谦为副队长。这样共产党人就掌握了这两个大队的领导权和指挥权。李明瑞对此也深表满意。

张云逸、俞作豫、李谦还根据邓小平的指示，对第四大队、第五大队进行了一系列改造工作，惩办了民愤极大的旧军官，挑选了一些共产党员担任营、连、排长，发展了一批共产党员，建立和充实了连队党的秘密组织。在此基础上，大量吸收了工人、农民和进步学生参加部队，增加了部队中工农成分的比重，第四大队的人数由1000多人扩展到2000多人。在第五大队，俞作豫也调来了一些农民运动积极分子充实军队，人数也迅速上升到2000人。而教导总队，也由共产党人徐光英担任负责人。这次扩充的新军，为以后红七军、红八军的建立奠定了坚定的基础。

为了发展革命力量，加强中共对工农运动的领导，邓小平等耐心说服俞、李实行民主，支持工农运动，促使他们在政治上采取一系列有利于发展革命势力的措施。在抓紧统战、兵运和农运工作的同时，邓小平秘密向广西特委传达中共中央的有关指示，研究部署广西地区党组织的恢复和发展工作。

至10月间，广西全省已健全的县委和县特别支部有9个，党员共计420多人，仅南宁一地的党支部就有10个，有组织的农民协会会员达35万人。广西革命形势的迅速发展，使当时逃居香港的新桂系军阀首领李宗仁哀叹道：俞作柏、李明瑞"南归后，为虎附翼，共祸始炽，桂省几成共产党之西南根据地"。的确，在短短的时间内，整个广西沸腾起来了，一个新的革命热潮正在广西迅速掀起、蔓延。

第五章 喋血万里赤旗飘

> 俞、李誓师反蒋，没想到不出 10 日大败而归。邓小平等人为应对这一突发事件走出了一步妙棋，策动了南宁兵变。

广西革命形势的迅速改观，引起了反动势力的恐惧和仇视。蒋介石得知俞作柏、李明瑞与共产党合作的情况，气急败坏，加快了他要除掉俞作柏、李明瑞的步伐。

正在这时，与蒋介石争权夺利的汪精卫，联络冯玉祥、唐生智等受蒋介石排挤的军事集团，共同反蒋。汪精卫策动他的亲信张发奎率军进攻广东，力图夺取广东作为反蒋基地。为实现这一计划，汪精卫利用广西军政当局与蒋介石矛盾激化之机，游说俞作柏、李明瑞从广西进攻广东，配合张发奎的军事行动。在这种情势下，俞作柏、李明瑞从自身安全考虑，也很难有别的选择，只有与汪精卫、张发奎合作，参加公开反蒋的战争，夺取广东，以求得发展。

俞作柏、李明瑞的这一选择，对中共广西党组织的工作造成了极大的影响。中共领导干部中议论纷纷，有的主张随俞作柏、李明瑞去进攻广东，有的主张把部队拉到梧州、柳州一带另图发展，还有的主张在南宁举行武装暴动。中央代表邓小平经过反复思考，明确提出了他的主张。他认为，俞作柏、李明瑞主桂不到半年，立足未稳，兵力只有 3 个师，内部又不一致，仓促反蒋，必遭失败；在目前的情况下，应尽力劝阻俞作柏、李明瑞不要匆忙追随汪精卫反蒋，稳住广西的局势，使中共党组织能争取到一些时间加快兵运，准备武装暴动。如果这一目的达不到，就应把中共掌握的部队拉出去，到左右江地区去，会合农民运动领袖韦拔群领导的农军举行暴动，建立根据地。邓小平的这一主张最后统一了党内的思想，负责各方面工作的干部们便分头积极准备。

劝说俞作柏、李明瑞的任务，由邓小平亲自承担起来。他去沙梨园的俞公馆，诚恳地劝说俞作柏经营好广西，不要参加汪、蒋之间争权夺利的斗争。俞作柏听了邓小平这一席话，沉思良久，但他衡量与蒋介石之间的利害关系，最后下了与汪精卫、张发奎合作军事反蒋的决心。邓小平早已预料到这一点，便按他准备好的第二步计划向俞作柏提出：既然要出兵广东，南宁不能空虚，可将新建立的警备第四、五大队和教导总队守备南宁，以张云逸为警备司令，保卫后方治安。

邓小平的考虑不可谓不周全。警备第四、五大队和教导总队不参战，就保全了在广西建立根据地、建立红军的主要骨干力量；张云逸出任南宁警备司令，指挥留守南宁部队，广西省会南宁就在我党实际控制之下。这一策略的实现，对于后来百色、龙州起义的成功起到了难以估量的作用。

俞作柏、李明瑞同意邓小平的意见，但提出要从教导总队抽调一批干部回原部队充实战斗力。这个要求并不过分，不好驳回，邓小平便表示同意。

1929年10月1日，俞作柏和李明瑞在南宁举行了反蒋誓师大会，成立了"讨蒋南路军总司令部"。俞作柏为讨蒋南路军总司令，李明瑞为副司令，对其所辖部队作了战略部署，俞作柏、李明瑞亲赴前线，挥师广东讨蒋。但是，这次反蒋行动不出10日，便以失败告终。部队还没出广西，其部属杨腾辉、黄权和吕焕炎率两个师、一个旅叛变，投降了李宗仁。黄权甚至还通电拥蒋。真可谓"出征时千军万马，败归时寥寥几人"。一时莽撞冲动，俞、李竟落得如此结果，好不凄凉！

面对这种情况，邓小平与张云逸等立即着手准备应变措施，紧急部署：一是派第四大队、第五大队各一个营去左右江地区，先行准备工作；二是在南宁，利用张云逸兼任南宁警备司令的职权，接管了省军械库等机关，控制了五六千支步枪以及山炮、迫击炮、机枪、电台和堆积如山的弹药；三是将汽船准备好停在江边待用，做好一切应变准备；四是当机立断，把所控制的部队拉出南宁，向左右江地区转移，并以百色、龙州为重点，重新开创局面。

10月13日，入夜时分。起义部队突击行动，打开了军械库，搬取了所有的枪械、弹药，第四大队、第五大队和教导总队在宣布行动后迅速撤离南宁。这一夜，南宁市民难以入眠，他们在灭了灯的屋内朝街上倾听和悄看。他们听到了齐刷刷的急促的脚步声，听到了低沉而庄严的口令声，他们听到枪械碰撞发出的金属的铿锵声,他们还听见急驰的汽车马达轰鸣声,住在海关码头附近的市民还听到江上小火轮一声声亢奋的鸣笛。市民们还看到街上来往的全是军队,军队匆忙而有序地搬运着一捆捆枪支、一箱箱弹药,还有各种各样的物资,如洪流般涌向海关码头。直到拂晓,喧哗和洪流才渐渐消失在曙色中。

后来,市民才知道,这是具有历史意义的一夜。这一夜,他们有幸倾听和目睹了载入中国现代革命史的重要历史事件——邓小平等领导的南宁兵变。

这一夜,第四大队和教导总队的一小部分,由张云逸率领沿右江逆流撤向西北方向的百色地区。第五大队,由李明瑞、俞作豫率领沿左江撤向西南方向的龙州地区。邓小平则率领党委和地方秘密工作的同志,指挥着装满军械的船队和警卫部队,沿水路溯右江,向百色地区进发。

作为中共代表的邓小平并未因在南宁工作的短暂而叹惋,相反,他庆幸形势的突变促成了一次成功的兵变。现在,由他领导的广西共产党人可以堂堂正正地带着数千人的队伍和一大批枪支弹药开赴左右江创建新的革命根据地。

20日,邓小平率领的军械船和警卫部队到达了恩隆县平马镇,和早些时候从陆路行军到达那里的张云逸会师。22日,部队到达右江地区的百色。

这时,到上海向党中央汇报请示工作的龚饮冰回到百色,传达中央指示。中央同意在左右江地区举行武装起义、创建红军和革命根据地,要求尽快起义,并批准建立以邓小平为书记的中共广西前敌委员会,统一党和军队的指挥。

> 发动百色起义,创建红七军;策动龙州起义,创建红八军。这是邓小平军事生涯中第一件杰作。每策划好一项计划,他又去谋划下一个大动作。

由南宁往西,沿邕江上溯30公里,到了杨美镇这个地方,一条邕江一下子成了两条江。左边的江通往龙州叫左江,右边的江通往百色叫右江,左右两江流经的地带就是左右江地区。

为什么邓小平和他指导下的广西党组织要选择在左右江地区举行武装起义呢？从当年中共中央派往广西的共产党员袁任远的回忆中，我们可以找到这个答案。他回忆道："党之所以选择右江地区实行'工农武装割据'，是因为这里的群众基础较好。右江地区是广西土地革命和武装斗争开展较早的地区……这里也是敌人力量较为薄弱的地区，没有正规军，只有一些民团和土匪队伍。这里又地处桂、云、贵三省交界，山高林密，是个打游击的好地方，回旋进退大有余地。百色是右江地区的政治、经济、文化和交通的中心，控制着三省的交通要道。我们来到百色以后，这里就成了革命活动的中心。"与右江地区毗邻的左江地区，南靠十万大山，西部和西南与越南接壤，这一地区在历史上曾被称为"蛮烟瘴雨"之地。龙州是左江地区的政治、经济和文化中心，这里虽然反动统治的基础比较深厚，但以壮族为主的各族人民却有着反帝反封建的斗争传统。

邓小平到达百色后，迅速在清风楼召开了党委会议。在会上，他传达中央指示，宣布前委组成人员，并分析形势，部署任务。在介绍了革命的大好形势之后，邓小平对大家说："同志们，队伍拉出来很不容易，我们要倍加珍惜。要不了多久，中国工农红军的战旗就要在右江畔高高飘扬。"他强调，要充分发动群众，在群众中宣传共产党的主张，使人民群众更加明确武装起义对推翻旧政府，建立工农群众当家做主的新政权以及打土豪、分田地，改善工农生活的意义。与此同时，邓小平还坚决主张，继续做好部队思想政治工作，在部队中实行官兵平等，建立士兵委员会，反对军阀制度，反对贪官污吏，不准虐待士兵。在工作基础好的地方，通过地方党组织，将枪支发给群众进行反霸斗争。会议决定，在12月11日广州起义两周年纪念日那天举行百色起义，成立红七军和右江苏维埃。

右江地区的地主豪绅对邓小平、张云逸率领的部队进驻百色十分恐惧，感到自己的末日来临了。因此，他们纠集反动民团占据要点，企图负隅顽抗。同时，他们勾结驻在恩阳、恩隆一带由熊镐带领的广西警备第三大队，妄图以接防第四大队为名，抢占百色地盘。

不消灭这股反动势力，将严重影响武装起义的进行。陈豪人与张云逸交换意见：一是主张强攻，一是主张智取。他们征求邓小平的意见，邓小平说智取与强

第五章 喋血万里赤旗飘

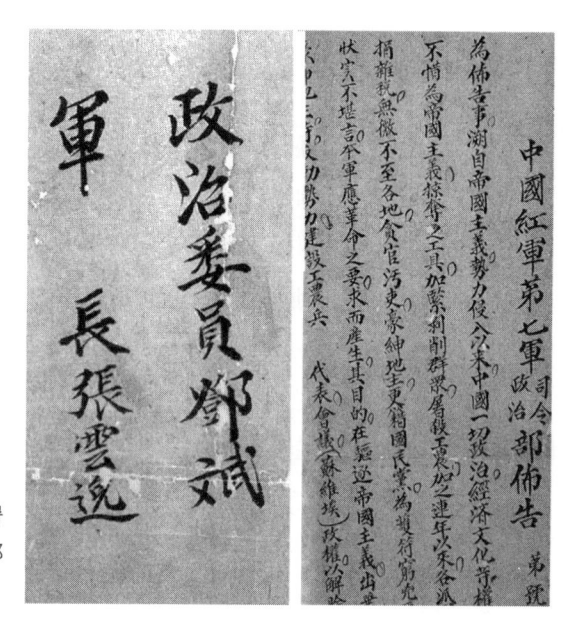

由邓斌（即邓小平）和张云逸署名发布的红七军司令部、政治部布告（局部）

攻并用。可以以商谈接防为名，请熊镐到百色来，一举擒下；同时命令雷经天指挥在恩隆的部队和农军将其驻平马的一个营包围缴械；命令驻那坡的第四大队二营包围驻那坡的敌人。结果，敌人除逃跑一个连外，其余两个连都被缴了械。消灭第三大队的战斗，共俘敌1000多人，缴枪700多支，打击了敌人的气焰，拉开了百色起义的序幕。

12月11日，东方露出曙光，一轮红日在地平线上升起。这象征着红色的烈火就要在大地上燃烧了。就在这时，一支新的工农红军继南昌起义、秋收暴动之后诞生了。红七军的成立大会是热烈的、庄严的。百色城东门广场上搭起了松枝簇拥的主席台，主席台正中挂着马克思、列宁的画像，画像两边是鲜艳的有镰刀、斧头图案的党旗。红七军的主要领导们就站在主席台上，站在马、列画像和党旗前。

当第一面绣着金黄色镰刀、斧头的"中国工农红军第七军"军旗在广场正中冉冉升起，迎风猎猎舞动，全体与会的红七军指战员翘首望向主席台。他们看到，主席台上站着他们的军长张云逸、政治部主任陈豪人、参谋长龚鹤村……

他们仍然翘首台上，用企盼的目光寻找着那位深得他们敬佩和爱戴的人。他们最终失望了。

在这具有历史意义的时刻，在这万众欢腾的百色城，在这庄严而热烈的红七军成立大会会场，在主席台上，见不到红七军最主要的创始人、缔造者，百色起义最主要的指挥者、领导者，他们的前委书记和军政治委员——邓斌。

此时，邓小平没在欢腾的百色，没在欢腾的平马，没在右江地区。在百色起义工作准备就绪后，他就赶赴左江龙州，领导部署龙州起义准备工作，并路经龙州返回上海向党中央汇报工作。

尽管百色起义的总设计师暂时走了，但这项伟大的"工程"依然按照他设计的方案和图纸准时开工了。沸腾的广场在庆贺这支人民军队的诞生。

城市的码头工人、内河船工和店员，以同样的心情和市民、学生在一起，挥动红旗，打起锣鼓，一面庆祝，一面向红军致敬。整个百色，充满了起义欢乐的气氛，被灿烂的太阳、鲜艳的旗帜、赤诚的心所渲染了。看啊！天红了，地红了，革命者的心也红了！

第二天上午，张云逸来到平马镇，这里已聚集了许多来自各地的各界代表80多人。在这里，讨论通过了关于建立各级工农民主政府和扩大红军、组织赤卫军、开展土地革命等实施纲领。代表大会选举产生了右江工农民主政府领导机构，雷经天出任右江苏维埃政府主席。

很快，平马镇成了一个红色的世界。各团体、各机关、各乡村纷纷到商铺购买红布、红纸，以制作标语、小旗、横幅等，不一时就把好些商铺多年积压的红布、红纸等抢购一空。当时的《右江日报》这样报道："后来者束手无策，只得向各铺头去搜买花红、一品红等药粉去染白布做红布，染白纸为红纸。那些奸商老板见奇货可居，除抬高物价外，还把红石、红砖瓦等磨细替代红粉发卖，市上往来之人，皆手持红布、红纸、红粉……各铺问答之声音，亦只闻红布、红纸、红粉等口气，此时平马一市，可说是全红世界了。"

丽江，如其名，清澈而秀丽，一如桂林的漓江。丽江蜿蜒穿城而过，把龙州城分成南北市区。龙州与越南接壤，是我国南部的一个边防重镇。这时，俞作柏已去香港，李明瑞与俞作豫在龙州掌握部队。当李明瑞得知桂系军队与粤军对峙，南宁空虚时，他想反攻南宁。李明瑞命令左江部队开进崇善待命，他亲自到百色来联系右江部队联合行动。

当邓小平带着袁任远、佘惠及几名卫士从右江奔赴左江,从百色前往龙州时,李明瑞带着他的一个手枪班正好与邓小平相向而来。邓小平与李明瑞,中共党代表与北伐虎将,你想找我,我想见你。谁能想到,他们会在这山间小道上相遇,这真是一次历史性的巧遇。邓小平得知李明瑞的意图,为做好他的思想转变工作,便同他一起返回百色。

一路上,两人并行。李明瑞好像有许多的话想讲,但又不知从何说起。他心里感到很惭愧,觉得愧对跟随他多年的部属,愧对多次奉劝过自己的邓小平。自己盲目参与军阀混战,出师未捷前线部队倒戈,最后落得个只身逃回的狼狈结局。而今跟着共产党出走左右江,似乎有点不得已而为之的样子。"邓代表,现在我总算服了。人说'虎落平阳被犬欺',从当年北伐攻城略地到中原倒戈而后回桂主持军事,往往都是为人开疆拓土,终还是被军阀利用,落得下野……唉,真不知道以后的路该怎么走了?"

邓小平靠近李明瑞,说:"你虽然下野了,但并非是虎落平阳,而是龙放大海虎归山。"

"我能干些什么?"李明瑞想试探邓小平的态度。邓小平心直口快,说:"我们要在左右江实行工农武装割据,你应该能出点力。这样,你不就龙归大海虎归山了吗?"

邓小平耐心地同他分析形势,指出目前南宁虽空虚,但两个大队的人马也不易打进去的,即使打进去也守不住;劝他不打南宁,参加革命,与共产党人一同起义,建立革命根据地。李明瑞听了,思想渐渐明朗起来。途中,两人作推心置腹的交谈,不知不觉间到了百色城。

经过几天与邓小平的接触,李明瑞坚定了跟共产党干革命的决心,并为邓小平的深明大义和真诚态度所折服。李明瑞语气郑重而坚定,说:"从现在起,我正式把自己交给中国共产党,交给中国工农红军。"邓小平表示热烈欢迎,两双有力的大手紧紧地握在了一起,久久不放。

由此,两人结下了深厚的革命友谊。在此基础上,邓小平、张云逸与李明瑞一同研究了左江地区的工作,确定了不反攻南宁、坚持在龙州准备发动武装起义的方针，其中特别强调改造旧军队的重要性。

在与邓小平的几次长谈中，李明瑞完成了由一名具有爱国民主思想的旧军人到一位共产主义的信仰者的重大转折。从此，他开始了新的人生历程。

李明瑞领受任务后，立即赶回龙州。邓小平考虑到必须加强党在左江地区的力量，于是带严敏、何世昌、袁振武等共产党员随即到龙州。随即，邓小平检查了俞作豫到龙州后的工作情况，并介绍了右江第四大队改造军队的经验，明确提出了要抓紧对部队的整顿和改造。李明瑞、俞作豫、何世昌等人根据邓小平的指示，分头行动，用共产党员替换了一批思想反动的军官，并对部队进行整顿和充实，争取了大多数士兵。

为了进一步提高干部战士和广大群众的思想觉悟，邓小平除了通过教导大队、政治夜校灌输革命思想，还将原来的《群众报》改为《工农日报》，增办了中共的刊物《左江红旗》，大造革命舆论，并吸收了一批优秀的工农分子加入中国共产党，扩大中共的组织，增加了中共的新鲜血液。

邓小平在龙州逗留了几天，看到龙州起义的各项准备工作在雷厉风行地进行，他才放心地离开，踏上去上海的路途。李明瑞、俞作豫执意相送，送了一程又一程，已送到龙州城外。最后，两人站在大路口，目送那位为开辟广西革命根据地而深谋远虑、呕心沥血的总策划师，一直目送他消失在通往中越边境小路的山影雾岚中。

1930年2月1日这一天，龙州沉浸在一片欢乐之中，大街上贴满了红色的标语，四方的农会会员、农民赤卫队，肩扛着梭镖、土枪，兴高采烈地涌进城来；工人赤卫队员佩戴红色袖章，步伐整齐地走向中心广场；士兵们高举大旗列队而过……大街上革命歌声、口号声此起彼伏。

新填地广场已是旗帜的海洋。主席台上，起义的领导人胸佩红花，在热闹的气氛中宣布了起义的开始和中共中央颁发给起义队伍红八军的番号及领导人的委任。作为红七军政治委员的邓小平兼任了红八军政治委员。李明瑞为红七军、红八军两军总指挥，俞作豫为红八军军长。

于是，将士们把旧军装脱掉了，换上了工人们刚赶制出来的灰色新军装。青天白日帽徽扯掉了，别上了引人注目的红五角星。

会后，举行了声势浩大的万人示威游行。"中国共产党万岁！""中国工农红军万岁！""打倒军阀！""打倒帝国主义！"……口号声一浪高过一浪。万人高呼着，跟着那面前导的红八军大旗，行进在龙州城的大街上，一直到深夜。

左江地区各县民主政权，在起义后的一段时间里，由于有红八军和工农赤卫队的支持，及时开展了打土豪、剿匪反霸斗争。红八军也在短短时间内，仅在龙州就镇压了三批恶贯满盈的土匪、恶霸，并打开"土皇帝"的粮仓，把粮食分给当地的穷苦百姓。

革命形势在左江地区迅猛发展，广大群众被充分发动起来，县、乡革命政权不断建立起来。严敏任中共左江特委书记，王逸任左江革命委员会主席，何建南任左江农民运动指导委员会主任兼左江工农赤卫队大队长。红色风暴狂飙千里，横扫南疆连域。

百色起义和龙州起义后，拥有20个县、100多万人口的左、右江区域，成为当时全国瞩目的红色革命根据地之一。1930年3月15日的《军事通讯》评价，左右江起义是"全国范围内最有组织最有意识的一次兵变"。

至今，气宇轩昂、朝气蓬勃的青年邓小平的光辉形象，耸立在南宁纪念雕塑园（广西烈士陵园内）。他站在船头，目光炯炯有神地注视着前方，左右江的和风将他的衣衫撩起。雕像突出表现邓小平代表党中央，领导发动百色、龙州起义，建立广西左右江革命根据地和红七军、红八军的丰功伟绩及威武雄姿。左侧群雕着重表现在邓小平、李明瑞、俞作豫领导下龙州武装起义的场面。右侧群雕，着重表现在邓小平、张云逸、韦拔群领导下百色起义的群众场面。每侧各9个人物，形象各异，动作逼真，栩栩如生。主碑两侧分别表现了波涛滚滚的左江和右江，与景色优美的陵园自然风光融为一体。两边各四根石柱，象征革命战士顶天立地、砥柱中流的大无畏气概。四周绿草如茵，使雕像显得更加雄伟、壮观。后面的花圃上，用花卉"书写"着"英雄伟绩，光照千秋"。来这里瞻仰的人们，无不顿生怀念之情，历史风云涌上脑际……

邓小平

> "赤脚政委"走村串户，踏遍了壮乡的山山水水，把党的主张与温暖送到人们的心坎上。邓小平巧用蛛网退敌，后来被演绎为"发明蚊帐"的段子。

邓小平秘密到达上海，向中共中央报告工作后，于1930年2月7日，经越南回到龙州。考虑到反动势力还比较猖獗，左江地区工农群众基础还比较薄弱，红八军刚刚建立，人数不多，部队也不够强大，邓小平果断决定红八军迅速向右江靠拢，与红七军会合。

为打击敌人的嚣张气焰，邓小平派第一纵队到崇善、雷平、靖西游击；第二纵队到凭祥、宁明游击，围剿土匪，平息叛乱，帮助群众建立政权，组织农会。邓小平与左江革命委员会研究，镇压了欺压群众、罪大恶极的反动分子；召开了声讨法帝国主义的万人大会，由左江革命委员会带领群众包围法国领事馆和龙州海关、天主教堂等处，将窝藏在那里的土豪劣绅的武器弹药、金银搜出来，把法国领事馆嘉德夫妇、海关税务司额格里及反动的法国神父驱逐出中国，并以左江革命委员会名义用英、法文发出反帝通电。邓小平发动反法斗争这件事，震动全国、全世界。法帝国主义震惊之余，派飞机来侦察示威，适逢红八军一营部队在宁明县明江开群众大会，法机掠过上空时，红军开枪射击，群众高呼口号，法机在慌忙中坠落，机上3人，1死2重伤，枪弹被红军缴获。

3月上旬，邓小平随同红八军第一纵队进发靖西途中，对第一纵队从政治到军事上都作了很多指示。他在向官兵讲述革命道理时说："我们红军每一个战士都要用两杆枪，除你们手上的武器之外还要掌握一杆宣传的武器，要做到既是一个战斗员，又是一个宣传员。对敌人作战时，要一面打敌人一面喊口号，问他们为什么要打仗，是为自己的利益呢？还是做了军阀的工具呢？天下穷人是一家，穷人不打穷人,我们欢迎你们过来!把这些道理讲清楚了,敌人的军心就会动摇的,就会向我们投诚,或者是不拼命作战。"

邓小平在靖西红八军第一纵队工作告一段落后,便匆匆去右江了。临行前他再次电告驻龙州的红八军和左江地区的同志,务须按前委决定进行,迅速向右江靠拢。可惜,左江地区的一些领导人对形势的严重性认识不足,对邓小平再次提出"迅速向右江靠拢"的指示执行不坚决,留恋城市生活,行动迟缓,以致遭到桂系军阀梁朝玑率4个团袭击,部队损失惨重,红八军军长俞作豫、政治部主任何世昌以及廖光华、王敬轩等领导同志被敌人逮捕后杀害。

邓小平和红八军第一纵队的一个连从靖西冲到右江时,右江沿岸已完全为敌人占领。3月下旬,邓小平终于在重敌重围之中,迂回到东兰。

4月上旬的一天傍晚,邓小平冒雨来到东兰县武篆镇魁星楼旁的旧州屯。魁星楼,这是一座六角形塔式的四层楼房,是当地人祭祀文魁星的地方,也是红七军第三纵队的司令部所在地,还是县农民协会和右江工农民主政府的办公地。魁星楼旁有一个壮族黄姓革命家庭,儿子黄书祥是工农民主政府干部,女儿黄美伦是东兰县妇女干部,刚与韦拔群的弟弟韦菁结为夫妻。邓小平带着一名警卫员,

龙州起义创建的红八军军部旧址

戴着竹笠帽，提着拐棍，卷着高高的裤脚，冒雨赶到黄家门口，第一个碰到的就是这位年轻的壮族女干部黄美伦。黄美伦立即带邓小平去见韦拔群，两人相见，格外亲切。韦拔群安排邓小平换掉湿衣服，吃了饭，坐在壮家的火盆边，说个没完。

第二天一早，韦拔群便带邓小平上魁星楼。平时，韦拔群住在二楼，邓小平到后就在二楼增加一张竹床和一张旧式八仙桌，供邓小平休息、办公与学习之用。从此，魁星楼上的灯光，常常明亮至深夜。夜里，邓小平珍惜老乡的灯油，见油灯点着两根灯芯，就拔掉一根。在这里，邓小平、韦拔群经常召开红军、农民协会、工人协会、赤卫军、妇女协会等方面的骨干会议，研究制定在左右江实行土地革命的具体政策和措施。

要使革命深入人心，就必须用革命的理论武装广大干部和群众。为此，邓小平决定在武篆这个稳固的革命根据地开办一期党员干部训练班。100多名训练班学员很快集中在武篆的旧州屯，课程大部分由邓小平主讲。学习期间，每个学员都领到两本油印教材：一本是《土地革命的政策和口号》，另一本是《苏维埃的组织和任务》。这是邓小平在魁星楼的桐油灯下编写的。他写好后还叮嘱刻写钢板的同志说：我们的干部大多数文化水平低，你们刻写时字体要写得端正，笔画要写得清楚，使大家容易看懂。邓小平的课总是联系武篆的情况和地方的革命实践，比喻生动，深入浅出，既讲出经验体会，又不忘总结教训，说来感人，听来动情，很受学员的欢迎。

每次讲课，邓小平总是穿起壮族同胞常穿的"唐装衫"（开襟便衣），而且都是打赤脚走路去。每次见到邓小平赤脚来上课，就有人悄悄地说："我们的'赤脚政委'来了。"

"赤脚政委"总是那样艰苦朴素，平易近人。在训练班上，他跟学员们一起吃粗菜淡饭，一起讨论武装斗争和土地革命的各种问题。在培训党员骨干的同时，邓小平还多次深入村寨进行土地革命的调查。这位"赤脚政委"，一双赤脚，走村串户，今天走这个村，明天到那个寨，深入普通百姓家找群众谈心，坐到土舍茅棚了解群众的生产生活。他跟乡亲们一起吃玉米糊与猫豆、喝木薯稀饭，总是吃得津津有味。壮族同胞们说："邓政委成了我们壮家人。"

一天下午，邓小平在几个红军战士的护送下，来到向都县（今属田东县）一个山村的一位壮族贫民家里，准备晚上召开骨干会。主人听说是"上头来的客人"，他身边还跟着几个红军战士，心里就明白了：准是个领导！霎时间，全家人都乐了起来。主人为了表达内心的尊敬，决定杀只母鸡来表心意。不料，主人的想法被邓小平发觉了。还没等主人动手，邓小平就告诉主人说，都是一家人，不用客气，煮点青菜就行了。他怕主人听不懂，又叫来一个战士作翻译。七说八说后，主人实在无法，转身从一个瓦罐里掏出几把黄豆，一本正经地说："这，是我们壮家的家常菜。"其实，这话瞒不了邓小平，他对群众的疾苦早已有了调查。这一带群众跟韦拔群闹革命，被反动派三番四次翻箱倒柜，能用的被拿走，能吃的被抢光。这几把黄豆，不知藏在哪个角落才保存下来。如果对主人的深情厚谊执拗地推辞，他们的心情是不愉快的，甚至说你不是"同队"（意"同志"）、不够朋友。于是，邓小平只好勉强地点了点头。

护送的战士看在眼里，内心非常激动。昨晚，邓政委工作到鸡叫，今天又走了那么多山路，吃得如此简单。睡，可要设法让他安稳点才是。于是，大家就动手搬门板、架板凳，一心想给首长搭个平整的睡铺。这时，正在埋头写工作日记的邓小平看到了，立即扯起一张平时用来晒东西的竹垫子走过来，说："看，这又省事又平坦！"说着，他把竹垫铺在地上。战士看了他这心满意足的神色，谁也不好再坚持搭铺了。

壮乡的春夜，北风还是刮得很猛。等邓小平与战士们一起躺在地铺上时，一阵阵刺骨的寒风从天井吹了进来，把主人的房门吹得砰砰作响。顿时，战士们才恍然大悟，终于明白了邓政委为何不准用门板搭铺。原来他是考虑夜里起风，如果没有门板挡风，主人一家老少就要挨冻受冷。大家不胜感慨：邓政委这颗心呀，总是装着我们壮家的冷暖！

初夏的一天，邓小平在右江附近摆脱国民党军队追击时不慎摔伤了腿，走起路来一拐一拐的，很不方便。国民党军队在后面追，情况非常危急。就在这个时候，我地下党一个交通员碰巧经过这里，他背起邓小平蹚过百色附近的布柳河，钻进了离河不远的一个旧瓦窑洞里。洞内阴森潮湿，蚊子成群，不一会儿两人便被蚊子叮得奇痒难忍，加之南方的雨季高温、闷热，在洞内待着的确不好受。邓小平与交通员低声说了几句话，便领着交通员来到洞外。他们俩在洞外捉了许多当地人都知道的非常善于结网的花背蜘蛛，把它们放在洞口附近。这种蜘蛛个儿大，螯肢多为钳状，头胸部有四对步足，腹部有纺绩器，结网迅速牢固。大概是因为这些花蜘蛛有"特异功能"，它们知道洞内有许多蚊子，为了堵住这些蚊子，必须尽快结网，堵住洞口。于是，在花蜘蛛勤奋工作下，不一会儿，洞口就结起了几张大网，网上黏了许多蚊子。

就在这时，追击邓小平的国民党军队过了布柳河。正在他们东张西望、决定往什么方向继续追击的时候，有个国民党士兵发现不远处有座瓦窑洞，于是向其连长报告。国民党军队连长下令："去，你去看看！"那个士兵无可奈何，只好硬着头皮蹑手蹑脚地走向洞口。他有些害怕进洞，抬头一看，忽然发现洞口有许多蜘蛛网。这一下使他找到了不进洞内的理由，这个士兵赶快回过身来，对连长说："报告连长，洞口的蜘蛛网都没有破，哪会有人进去呀？"敌连长听了，觉得很有道理，把头一歪，说了声"撤"，便带着队伍又到别的地方搜索去了。很快，这个故事在红军中传开了。

在武篆的两个多月的时间里，邓小平这位"赤脚政委"踏遍了东兰、凤山等地的山山水水，留下了许多佳话。他的脚板曾被尖竹蔸刺中而血流不止，韦拔群临时找来草药给他敷上，找来手巾为他包扎。后来，邓小平自己换上一把南瓜瓤代草药，竟收到了明显的消炎止痛效果。一时，"南瓜瓤治伤出奇效"一事传遍了整个右江根据地。

在韦拔群的家乡东里屯，邓小平组建了右江根据地的第一个"共耕社"。在成立大会上，身披红布条的邓小平说，"共耕社"成立后，农业要集体搞，收获的粮食要按劳分配，而副业可以由各家自己搞，解决些油盐钱。各家养猪牛，共耕社也要多养猪牛。共耕社所收的粮食和养的猪牛不要全部上缴，要留作机动用，待红军一到就有饭吃，以免向群众征粮食。他还勉励大家努力生产，多打粮食，支援红军，巩固和建设好革命根据地。为使共耕社健康地发展，春耕时，邓小平又深入田间检查春耕工作，在土舍草棚下访贫问苦，了解农民加入"共耕社"后的一些想法。

有人说，"共耕社"的大胆尝试，为后来的中国革命和农村改革进行了有效的探索。40多年后，在中国农村发起的改革浪潮是否为当年邓小平在右江地区进行大胆实验的继续呢？不妨在此寻思。

> 不知"左"倾内情的红七军陷入险境，进行了被称为"长征总演习"的"小长征"。邓小平多次毅然抗命，转战南北，把部队带出绝境。

最终，邓小平找到了红七军主力。在右江根据地土地革命深入发展和红七军得到日益壮大的形势下，红七军前委在邓小平的指示下，于1930年9月底决定执行中央关于"向中心区域发展，与朱毛红军汇合"的原定计划。不料，就在红七军准备向湘粤边出发的前一天，邓岗（邓拔奇）受中共中央和南方局委派来到右江地区。10月2日，邓小平主持召开红七军前委会，邓岗传达了这年6月11日中央政治局会议制定的决议《新的革命高潮与一省或几省的首先胜利》。决议命令红七军离开右江地区，向东发展，打下柳州、桂林，在小北江地区建立革命根据地，阻止粤桂军阀，使其不得有一兵一卒向北增援，保证以武汉为中心的一省和几省的首先胜利，最后夺取广州，以完成南中国的革命。

决议对于中国革命形势、性质和任务等问题提出了一整套的错误主张，形成了以李立三等人制定的立即组织全国中心城市武装起义和集中全国红军进攻中心城市的冒险计划，命令红军离开根据地去攻打武汉、长江、南昌、九江等大城市，幻想在短期内实现所谓"会师武汉，饮马长江"的目标。但是，这一"策略总路线"推行的结果，是各地红军和根据地都遭受到不同程度的损失。为此，9月下旬在上海召开的中共六届三中全会上，批判了以李立三为代表的"左"倾错误，停止了组织全国总起义和集中全国红军进攻中心城市的冒险行动，结束了以李立三为代表的"左"倾冒险错误在中央的统治。

然而，对于中共六届三中全会的决议，红七军由于山高路远、消息隔绝而全然不知。邓岗仍按6月11日中央决议的精神传达，红七军前委则仍根据中央6月决议进行讨论，并形成了3种意见：第一种意见以前委书记、政委邓小平，军长张云逸为代表，认为红七军不足1万人，力量、装备都不强，所以不赞成现在去打大城市，而主张首先团结内部，壮大力量；第二种意见以右江特委书记、右江苏维埃政府主席雷经天为代表，坚决反对中央交给的任务，主张坚守右江根据地；第三种意见以中共南方局代表、中共广西特委书记邓岗和红七军政治部主任陈豪人、参谋长龚鹤村为代表，认为右江地瘠民贫，发展前途不大，极力主张离开右江根据地，去攻打大城市，并声称"谁不执行命令，谁就是反对中央"。

面对会议出现的僵局，张云逸感到如果坚决反对执行中央决议的话，势必引起红七军内部的分裂。于是，张云逸和邓小平商量，为了顾全大局，以执行中央决议为宜。最后，邓小平、张云逸表示：执行中央指示，去打大城市，行不通时再说。

10月4日，红七军的主力离开右江，绕道凌云，向河池出发。途中红八军第一纵队400多人在袁振武率领下与之会合，编入红七军建制。11月7日，红七军第一次党代表大会在河池凤仪小学召开。会议传达了中央6月指示，通过如下决议：执行中央命令，攻打柳州、桂林、广州；整编红七军为3个师，第十九、二十师出发，二十一师留下番号，由师长韦拔群回右江重建；改选前委，邓小平仍任书记。大会提出了敌军士兵运动的问题，组织了一个兵委，陈豪人为兵委书记。

本来，邓小平对集中兵力打蒋桂驻有重兵的柳州、桂林、广州，存有保留意见。很明显，以红七军这点兵力去打数倍于己的敌人，取胜的希望是很小的。邓小平对此深感不安，为了减小部队损失，他在会上建议：是不是对中央命令作出些战术上的修改，不先打柳州，而先打桂林。这建议一提出，即遭到邓岗、陈豪人等的坚决反对：执行中央命令，决不能有一丝一毫的走样和违背。

尽管不论是攻占柳州还是攻占桂林，即使是攻占了，以当时红七军的力量推算，不出几天都会遭到优势敌军围攻而失败，但桂林地处桂北，不到200公里就可以出至湘桂边界，如果失败后从桂林撤出湘桂边界，转向湘粤边界或湘赣边界，与朱毛会师，比从柳州撤出有利得多。"不打柳州，先打桂林"的建议最终被通过，是邓小平决定在不得不执行中央命令时所应采取的正确策略——从当时当地的实际情况出发，去作战术上的修改。

11月8日，黔桂边境重镇河池晓雾迷茫。军号阵阵，穿破冷雾在山城上空响起，凄厉而悲壮。一队队红七军战士在军号声中走向城西南三里亭前的大草坪（今三八坡东面的田垌）。大草坪上聚集了7000多名主要由右江热血青年组成的红七军，在军史上重重记下了全军第一次，也是最后一次最盛大最完整的集合——红七军整编誓师大会。他们手中紧握着近3000支步枪，队伍前面架着8挺轻重机枪、3门迫击炮、2门山炮，这就是他们的全部装备。然而，他们奉命向拥有优势装备的敌人发起硬冲硬打的集中攻坚。此时，他们是兴奋的，是士气高昂的，但心里并不是踏实的，因为他们还未被告知北上的具体任务。

7000多人在冷雾中静立，等候命令。按照中央授予的番号，红七军各纵队整编为十九师、二十师、二十一师，二十一师只公布师的番号和主官，十九师、二十师每师辖两个团。宣读命令的不是他们的老领导邓小平、李明瑞、张云逸，而是党中央的代表邓岗。邓岗宣读了各师干部委任令，授予第十九师、二十师、二十一师旗帜，最后军部首长检阅了部队，并进行北上动员。

分列式操练开始，一个师接一个师排成8行队列，在军旗前导下正步走过主席台，接受检阅。队伍雄赳赳、气昂昂在冷雾中行进，向台上的首长们行注目礼。他们不约而同地发现，正向他们行举手礼的邓小平政委消瘦了好多，脸上有心力交瘁的倦容，神情很严峻，但眼睛却炯炯有神。他们从这眼神中，感受到一种力量，一种不屈不挠与不可战胜的力量。

部队改编后，第二十一师师长韦拔群带领百余人返回东兰，组建军队，坚持根据地斗争。第二天，红七军主力全部开拔，浩浩荡荡地从河池出发。部队经六圩、金城江老街、水洞、拉友，沿着龙江南岸直向怀远镇挺进。很快，部队进入宜山县（现为河池市宜州区）境，一路势如破竹，很快逼近怀远镇。守敌与红七军先头部队五十五团稍一接触，便发现来的是红军的大部队，连忙丢下城镇逃过江去。红军几乎没有作战就占领了怀远城。

首战告捷，士气高昂，但同时轻敌思想开始抬头。邓岗、陈豪人等更是喜不自胜，认定照这样打下去，打柳州、打桂林都不成问题。既然不成问题，就应该不折不扣地坚决执行党中央的命令,先打柳州。

要打柳州,就得先打庆远。邓小平坚决反对,据理力争。他指出,庆远是宜山县府所在地,为桂西北重镇,已有敌人的重兵防守,且守敌早有充分准备,敌必死守之,尽全力援之。我军没有把握攻下。邓小平还指出,河池会议决定先攻桂林,攻占桂林的关键是出其不意、攻其不备的奇袭。如攻庆远不下,再回头去攻桂林,敌已有备,就很难达到目的。据此,邓小平不但不赞成攻打庆远,也不赞成攻打庆远附近的融县。

李明瑞、张云逸等军领导也不同意攻打庆远,至于攻不攻融县,等到了天河再作定夺。最后,争论的结果,决定采纳李明瑞、张云逸的意见,部队向天河进军。

于是,红七军部队顺利渡过龙江,转赴天河县城。在靠近县城有一个叫四把的地方,突然遭到敌军覃连芳教导师两个团的阻击,激战4昼夜。四把之战,红军伤亡300余人,歼敌500人。军首长重新考虑战局,决定放弃攻击,连夜撤出战斗。

冲破阻击战的红七军,当夜翻越崎岖山路,摆脱追敌,到达苗族小镇三防。红七军过境时,受桂系军阀指示的反动寨主早就放出谣言,说"右江赤匪到苗山,共产共妻烧杀抢"。于是,那些对红军毫不了解的苗民便家家关门闭户,带上能吃能穿能用的东西跑进了深山老林。红军派出了工作队和宣传员去发动群众,可走了好几个寨子都见不到青壮成年人,只有少数"不怕死"的老人小孩和个别行将就木的老弱病残尚躲在木楼上观望。经过五六天连续作战、行军,红七军已经十分疲惫,军首长决定:不管情况怎样,部队得在三防休息几天。

说是住下,睡的却是屋檐下铺的稻草和茅草,吃的是山上挖来的野菜拌稀饭。苗族同胞走了,留下的床铺没人去睡,留下的大米、红薯没人动。红军官兵严格遵守命令,主人不在决不动他们的任何东西。

很快,苗民一个个回来了,看到家里的东西一点儿没动,真是感动得有些吃惊。"还是第一次见到这么好的部队,怎么能让好人住在外面受凉风冷雨呢?"苗胞们互相传颂着红军纪律严明的故事。不多久,他们全都回到了寨子,把红军战士拉进自己家中,打油茶、炒腊肉、喝苗家糯米酒,亲如一家。

部队在三防稍事休整后，准备按邓岗、陈豪人的意见去攻打融县的长安镇，以造成包围柳州的态势。当红军准备离开三防时，苗民拿出家里珍藏多年的好酒，沿路摆起大碗倒上酒给红军战士送行。

当时，长安镇已有敌人一个师固守，桂系军阀白崇禧还在此坐镇指挥，并电令覃连芳师火速驰援长安，企图消灭红七军。面对这种严重事态，邓小平、张云逸主张放弃攻打长安镇的计划，建议绕道富禄镇过融江，尔后伺机再战。但大多数党员干部认为，邓小平等不执行河池会议的决议，现在又主张不打长安镇避开敌人，更是"缺乏进攻精神"。他们主观估量红军力量比敌军大，坚持要打长安镇，以解决补给问题，扩大政治影响，发动群众斗争。邓小平等只好服从多数的意见，随军行动。长安之战，红军虽连攻5天，也未能攻破长安镇，且损失较大，遂自行撤往富禄镇渡融江，准备进攻广西桂林。后因获悉桂林已有敌重兵驻守，便转赴湖南的通道、绥宁。

此时，湖南已进入寒冬，寒风刺骨，可红军干部战士还穿着单衣、草鞋，忍饥挨冻，翻山越岭，非战斗减员严重。途经武冈县城时，红七军前委原计划绕城而过，但因有情况说城中只有少数民团驻守，所以临时决定攻城，以解决部队的给养问题。武冈县城是湘桂边界的重镇，也是当年曾国藩训练湘军的基地，封建势力根深蒂固，城墙既高又坚固。红军连攻三昼夜，未能攻下，而且伤亡几百人。攻城进行到第4天，湘敌何键急调5个团增援武冈，并有飞机从空中扫射，红军伤亡剧增。在红七军有可能全军覆没的危急关头，邓小平、张云逸认为部队元气大伤，不可恋战，建议迅速撤出战斗，撤向广西。

在血的教训面前，红七军的广大指战员才开始醒悟到邓小平的主张是正确的，对中央关于攻打中心城市的指示产生了怀疑。于是，红七军前委接受邓小平的建议，放弃攻城，以急行军转向全州。身着单衣的红军进入全州地界时，碰到有人结婚而摆上酒席等待开宴。不明真相的群众见红军来了，一窝蜂跑开躲起来。红军路过后，只在墙上写了标语，酒席摆在那里，丝毫未动。群众回来后，感动得热泪盈眶。新郎的父母还向红军的去路跪拜一阵，祝祷大恩大德的红军旗开得胜，马到成功。

红七军已是兵临城下，全州守敌却蒙在鼓里一点也不知道，连城门都未关上，红七军便顺利地进了城。进城不扰民，这行动是最好的宣传。群众看在眼里，痛在心里，于是，拉的拉，扯的扯，硬是要把战士们拉进自家屋里躲冷雨避寒风。战士们怕打扰群众，便表示决不进屋一步。夜里，许多老百姓给红军抱来被子，端来热米饭。红军官兵再三推辞，老百姓硬是不肯拿回去。并且有人给战士送来一盘盘从酸菜坛子里夹出来的酸辣椒和酸大蒜，有的还捎来几坛地方烧酒。最后，按照邓小平的提议，官兵收下酒食，以借此暖暖身子，同时向红七军经理处要求离开时拿出几百块银圆"意思"地方百姓。

邓小平爱人民，也爱他的部下。就像他后来所说："我是中国人民的儿子。我深情地爱着我的祖国和人民。"他用自己的行动在践诺。

邓岗和陈豪人历经几次作战接连失利，到全州时已没精打采。看得出，在红七军面临严重困难的情况下，他俩已有些内疚，之前那种高谈阔论、指手画脚而发号施令的神气荡然无存。1931年1月3日，在邓小平的建议和张云逸、李明瑞等人的支持下，红七军前委在全州城召开了特别会议，集中讨论是否执行中央命令和改变部队行动方向的问题。会上围绕"攻不攻打桂林"的问题进行了激烈的讨论。邓小平等主张立即放弃攻打桂林的计划，理由是：全州离桂林数百里，我军几经苦战，伤亡较大，粮弹奇缺，部队极度疲劳，若再回头长途跋涉攻打大城市，无异于以卵击石。邓小平认为，红军必须马上寻找立足之地，建立巩固的后方，获得暂时的喘息机会，以便养精蓄锐，完成阻止广东军阀北上的任务。

根据各方面的意见，前委会议最后决定放弃攻打柳州、桂林的任务，部队先在全州休整3天，然后经湖南江华出连州、粤北江，至粤湘赣边界与江西红军取得联系。会后，邓岗、陈豪人通过全州中共党组织找到了在桂林隐蔽做侦察工作的五十五团政委黄一平，黄一平派专人护送邓岗、陈豪人经梧州、香港前往上海向中央汇报工作。后来，他俩都先后被捕而被敌人杀害……

这样，全州会议就成为红七军北上转战中的一个重要转折点，使部队转危为安。由此，红七军又回到了以邓小平为书记的前委领导之下，"左"倾冒险主义在红七军的统治和影响宣告结束。

经过休整后的红七军，虽然没有解决冬衣问题，但部队的士气有了明显提高。通过部队的宣传鼓动工作，全州的一些青年也报名参加了红军，增强了部队实力。为了提高部队战斗力，前委决定将原来的两个师4个团改为3个团——把非战斗人员尽可能地充实到基层中去，变为战斗人员；对伤病员进行疏散和安置，抽出一部分款项作为伤病员的治疗和生活费用，将部分伤病员安置在百姓家中养伤治病，减轻部队的负担。

1月5日，红七军前委得知白崇禧亲统一个师由桂林向全州逼近，便率部队撤离全州，经湖南的道州（今道县）向江华进发。行军途中，天降大雪，北风凛冽，还是穿着单衣、单裤的战士冻伤严重。1月8日清晨，红七军好不容易到达江华县城，清理人数，中途减员近200人。本想再进行休整，没想到当晚军部收到敌情：几路敌军已向江华形成包围态势，正在逐步推进。在江华多待一天，就多一分危险。可是，所有人都觉得走不动了，如果勉强坚持走，只会把部队走垮。为此，红七军开始接收敌人的仓库，没收反动官僚豪绅的财产，同时征用城内几家大商号的部分布匹棉胎，并设法购买衣服、鞋袜，以解决全军御寒之急。部队休息两天，饥寒交迫的严重状况得到了明显改善。

第三天早上，军部接到侦察员报告："有两路敌人正向江华县城迂回。"敌情紧急，红七军将士当即收拾行装，埋掉曾为收复百色、战四把、打长安、攻武冈立下汗马功劳的两门山炮及一批背不动的弹药。部队一口气行军七八十里，穿过遮天蔽日的松杉林，踏进了烟岚弥漫的广西贺县（今贺州八步区）桂岭山区。

在这个湘桂粤三省交界的地方，邓小平主持召开了党员干部会议，研究布置宣传革命、整编部队、筹集粮款、安置伤员等工作。部队取消了师的建制，缩编为两个团，即第五十五团和第五十八团，兵力不足4000人。

桂岭整编后，邓小平率红七军离开广西贺县，绕道进入广东省连县（今连州）、乳源县地区。部队到达乳源县梅花村时，中共湖南省乐昌县委派宣传部部长谷子元前来和红七军联系。谷子元带来了党的六届三中全会紧急通告等文件。看到这些文件，邓小平和红七军前委才知道，原来，早在去年9月，也就是他们在河池之时，党中央便已批判了"左"倾冒险主义，结束了立三路线。然而，由于这一重要文件没有接收到，3个多月来竟使红七军辗转作战数千公里，不但丢失了革命根据地，而且兵力大大减少。这时，邓小平与张云逸互相无奈地看了看，心情沉重。早就被他们怀疑当时中央的那个"会师武汉，饮马长江"的冒险计划，最终被事实证明行不通。

鉴于革命形势的变化，邓小平召集前委在梅花村开会，讨论整顿部队、发动群众，以及开辟小北江革命根据地问题，决定：部队在梅花村休整，发动群众，开展工作，在小北江建立根据地；李明瑞转为中共正式党员，并进入红七军前委，担任委员。

决定下达后，红七军将士个个喜形于色，心里有说不出的高兴，当即分头忙了起来。大家兴致勃勃地忙碌着，清亮的歌声、爽朗的笑声洋溢在这荒僻的山村。

没想到的是，红军在2月3日便遭粤敌邓辉等3个团的围攻。邓小平当机立断，命令部队迅速突围，遂与敌人展开了短兵相接的肉搏战、白刃战。经5个小时鏖战，部队冲出了敌人的包围圈。敌人在付出1000多人伤亡的代价后，虽然夺取了梅花村，但没有达到消灭红七军的目的。这次战斗，红七军伤亡总数达四五百人，各团、营、连以上干部伤亡过半。

撤出战斗后，邓小平在行军途中召集前委开会，决定迅速离开粤北，放弃在小北江建立根据地的计划，义无反顾地直奔江西苏区跟朱毛领导的中央红军会合。前委还决定调整红七军的干部。

为摆脱敌人的围追堵截，红七军部队兵分两路，一前一后向东北方向前进。邓小平和李明瑞率五十五团先往乐昌河（又称武水）边撤退，张云逸率直属队和五十八团殿后，一旦发生敌情，前后掩护。很快，部队到达河风浩荡、水流湍急的乐昌河。

红七军选择的渡河地点叫杨溪渡口，地处韶关与乐昌之间，离梅花村200里左右。河床很宽，足有百米，河中礁石裸露，从岸边错落散缀至中流，嶙峋如山石。天寒地冻河水冰凉，部队不能涉水过河，必须找到船。战士们沿岸搜寻，只找到两只搁浅在沙滩上的木船。两条木船，每次只能渡过20多人，且往返一趟需要10多分钟。

当时，形势十分严峻，如果红七军不能迅速渡河，就会处于背水作战的境地，有被敌人前后夹攻围歼的危险。作为红七军的最高指挥官，邓小平不顾连续作战和长途行军的极度疲劳，在观察地形和分析可能出现的情况之后，果断地决定由他和李明瑞率领五十五团先行渡河开路，过河之后，选择有利地形，一方面防备对岸的敌人偷袭，一方面掩护后面红军渡河，张云逸率领五十八团等紧跟上。可是当五十五团和军直机关部分人员渡过河时，广东军阀大批敌军乘汽车从韶关赶来，向刚渡过河、立足未稳的红七军五十五团冲来。面对敌人的冲锋，邓小平一边指挥已渡过河的红军战士散开队列，抢占附近山坡、高地、坟堆和大树旁等有利地形，阻击敌人，一边嘱咐李明瑞率一部分红军掩护后续部队过河。但敌人势力强大，不仅前方的敌人蜂拥而至，后面的追兵也快到了岸边。张云逸率领的五十八团只好回身与敌交战，根本无法渡河了。于是，红七军被截成了两段，双方失去联系。

面对这种情况，邓小平当机立断，在同李明瑞率五十五团给敌人以重大杀伤后，不再恋战，迅速地撤离战场。尔后，他们巧妙地避开了敌人主力，摆脱了敌人的追击，沿着粤赣边境山间的羊肠小道，向江西崇义县疾进，于2月8日安全到达。张云逸率五十八团撤离战场，日夜兼程，转到乐昌河上游的坪石渡河，后经桂东进入湘赣根据地，于3月14日在湖南省酃县同王震领导的湘赣独立一师胜利会合。

红七军五十五团到达崇义后，很快与地方特委取得联系，大力开展群众工作和加强地方武装建设。工作安排就绪后，经前委研究决定，邓小平前往上海向中共中央汇报请示工作。启程前，李明瑞送了一程又一程。离别时，邓小平把他那匹纯白的军马交李明瑞牵回。这匹军马不停地抖动着马鬃，发出只有主人才能听懂的低鸣，频频回首。

崇义一别，是邓小平与他亲手创建的红七军挥别。从此，邓小平再也没有回到红七军工作。

1931年4月，李明瑞率五十五团与张云逸所率领的五十八团及军部直属队，在湘赣根据地的永新县城重新团聚。7月13日，红七军横渡赣江进入中央苏区，到达江西兴国县，随后与中央红军会师，编入彭德怀领导的红三军团，成为中央红军序列部队，受毛泽东、朱德直接指挥。

11月，第一次中华苏维埃共和国工农兵代表大会在红都瑞金召开，红七军派出了张云逸、李明瑞等5名代表参加。张云逸、韦拔群当选为临时中央政府执行委员。为了表彰红七军的革命精神和卓著功绩，中华苏维埃临时中央政府主席毛泽东在大会闭幕式上亲自授予红七军一面锦旗，上书"转战千里"。

与其说是转战千里，不如说是喋血万里！红七军自1930年10月离开右江，转战桂、黔、湘、粤、赣5省，历时10个月，行程7000余里（如加上河池整编出师之前出击收复百色战斗的行军作战，实际行程超过1万里），经历大小战斗百余次，最初的7000多人最后仅剩2000人。这是一支钢铁之师！

第六章

风风雨雨旗不倒

> 昔日的中央秘书长,"无端"地被"连降三级"。邓小平做过"红都"的首位"父母官",也做过中共会昌中心县委书记。

1931年3月,邓小平从江西通过党的地下交通线,回到了上海。他按照交通站给他的地址,很快与中央的交通员接上了头,向中央报到。他先由交通员安排在老惠中旅馆住了几天,又由交通员代找了一个亭子间住了进去。

到上海后,邓小平当即通过交通员请求向中央负责同志汇报红七军的工作。在等待向中央汇报的同时,他于4月29日写完了一份《七军工作报告》。在这份报告中,邓小平十分详尽地叙述了红七军、红八军的经过和战斗历程,叙述了红七军自广西右江转战的沿途以及在江西崇义开展地方党的工作及土地革命工作的状况。最后,他以十分诚恳的态度,认真分析和总结了红七军这一时期工作中的体会和教训。

洋洋1万6千余字的《七军工作报告》,是邓小平作为一个政治、军事的主要负责人对于工作的认真总结,本应得到中央的重视。但是,几个月过去了,党中央竟然根本没有听取邓小平的工作汇报。邓小平住在上海,只是每月从交通员那里领取一些生活费用,他同中央的联系也就是交通员隔些时候来看他一下。

渐渐地,邓小平了解到,1929年夏季他离开党中央机关赴广西工作后,时至今日,党中央和党的工作都已发生了相当大的变化。1930年6月,以中央政治局常委兼中央宣传部部长李立三为代表的"左"倾冒险主义的推行,不只使红七军受到严重损害,而且使其他地区的党的事业和武装斗争也遭受损失。党的六届三中全会上,李立三"左"倾冒险主义错误得以制止,并改组了中共中央的领导机关。但中共不能完全把握自己的命运,屡遭共产国际的干涉和错误指挥。中共六届四中全会上,在共产国际驻华代表米夫把持下,改选了党的中央委员会和政治局，进入政治局的王明实际上把持了中央领导权，向忠发只是不起作用的总书记。

很快，在党内形成了一条比李立三"左"倾冒险错误更加严重、气焰更加嚣张的王明"左"倾教条主义错误。在党内领导错综复杂之时，邓小平回到上海，其情况可想而知。中央负责同志没有听他一次汇报，没有见他一面。他也不知道，在他4月29日写出《七军工作报告》之前，同样赴上海汇报的红七军原政治部陈豪人和一位名叫阎衡的红七军原人员，早已在3月9日和4月4日分别向中央写出了关于红七军的报告。他们除了详述红七军的经历之外，用许多"左"的观点分析了红七军的成败得失，特别是在阎衡的报告中，观点尤为激烈，例如指责红七军的阶级性表现得非常模糊，等等。于是，王明的中央一方面对前来汇报工作的邓小平不予理睬，另一方面致函红七军前委（早已被打入"冷宫"的邓小平浑然不知），对红七军的工作横加批评。邓小平后来说，这一时期，可以说是他在政治上的一个很困难的时期。

作为一名共产党员，怎么能这样终日闲着，无所事事呢？于是，受冷落的邓小平通过交通员向中央要求，回红七军工作。中央答复，没有交通联络，未被批准。以后，邓小平又向中央请求，到苏区去工作。大约在这年6月间，终于得到批准。

7月中旬，邓小平从上海上船，经广东赴江西。和他同行的，是一位名叫金维映的女同志。到广东汕头上岸，找到了交通站，即由交通站派一广东同志带路，径直北上，经广东边界大埔顺利进入福建的永定。然后，再向西北经上杭、汀州，最后向西，跨过闽赣边界，到达江西的瑞金。

炎夏的赣南，烈日当空，骄阳似火。进入瑞金境内，邓小平走进村庄，打听当地的党委、苏维埃机关在哪里。当地人一个个沉着脸，摇头不语。他在村里找不到一名苏维埃的干部。越是走近县城，邓小平越发觉得瑞金这个江西中央苏区的后方死气沉沉。

几经周折，邓小平、金维映与中共赣东特委取得了联系。特委书记叫谢唯俊，曾在毛泽东、朱德领导的红四军中工作过。他热情地接待了邓小平一行。从特委那里，邓小平了解到：6月的一天，瑞金原县委书记邓希平、县苏维埃政府原主席萧连彬、县总工会原委员长杨舒翘，被粗大的棕绳捆绑着，高呼"打倒国民党!""拥护共产党!",在震耳的枪声中,他们倒在血泊中。

当知道他们不是倒在敌人的屠刀下,而是倒在自己人的枪口下,含冤而去时,邓小平极为痛心。原来,中共瑞金县委现任书记李添富自2月份上任以来,就大肆进行肃反。他对那些出身于地主、富农家庭的党员干部,尤其是一些有文化的,或者是对他那套"左"的做法表示不同意见的人,通通诬指为"社会民主党",随意逮捕,严刑逼供,大开杀戒。由于李添富这样乱整乱肃,滥杀无辜,使瑞金广大干部群众处在一片恐慌之中。有许多区、乡、村干部为了保护自己,只要一看到县里来人,就赶紧躲藏起来,这就是邓小平在瑞金乡村找不到一个干部的原因。

瑞金县的情况,赣东特委来到后很快就发现了。谢唯俊指出:如果不对李添富乱整乱肃、滥杀无辜的严重问题立即采取措施,迅速扭转局面的话,不用敌人来打,苏区就会垮掉。邓小平、金维映完全同意赣东特委的意见。在他们到来时,赣东特委正研究工作部署。大家决定,由邓小平担任中共瑞金县委书记。为工作方便,邓小平起初只以赣东特委派往瑞金协助工作的名义进行活动。

对这种在风头上进行拨乱反正的工作,邓小平深知风险很大。瑞金县苏维埃政府原主席谢景山就因为反对乱捉乱杀"AB团",结果自己被当作"AB团"杀了头。为了党的事业,邓小平早已把个人生死荣辱置之度外,但为了完成党交给的任务,他对工作作了周密的安排。

邓小平、金维映等先悄悄下到区、乡去调查了解情况,掌握了李添富大量的犯罪事实,同时也帮助干部群众解除了揭发肃反错误的顾虑。接着,他们回到县城,以赣东特委名义召开全县党员活动分子会议。在揭发出来的大量罪证面前,邓小平代表赣东特委,宣布撤销李添富的党政职务,将其拘捕,在随后召开的公审大会上,予以处决。并宣布,凡是以"社会民主党"罪名被关押在狱的,一律释放。300多名被无辜关押者平了反,全县党员、干部、群众人心大快,他们竖起大拇指夸奖邓小平为民除害。很快,笼罩在瑞金上空的阴云被驱散了。

拨乱反正完成后,邓小平正式就任中共瑞金县委书记,金维映到邻近的于都县任县委书记。面对劫后百废待兴的局面,邓小平成竹在胸。他首先抓了县、区、乡三级党组织和苏维埃政权的整顿和重建。他为受冤屈的党员、干部平反,召开瑞金县第三次工农兵代表大会，选举产生了新的领导机构。由于错误的肃反运动，许多干部被杀害，干部十分缺乏，邓小平在县城同善社举办了一期有60多人参加的干部培训班，他亲自动员，亲自授课。他运用马克思主义的理论结合中国革命的实践给学员讲授革命道理，说明穷人为什么穷，富人为什么富，工农劳苦大众只有推翻压在自己头上的三座大山，才能求得自由解放，由穷变富。他教育学员不要因为肃反错杀了人就不敢革命，要鼓起勇气，带领群众积极投身革命。

邓小平挑选了一批政治觉悟高、工作能力强的干部深入各乡村，查处分田中的问题，同时也纠正了"地主不分田，富农分坏田"的"左"的政策，大大提高了人民群众的生产积极性，使瑞金县的局面大为改观。

为了使广大干部、群众能更及时了解党的方针政策，也便于县领导机关指导工作，邓小平想起在法国巴黎办《赤光》刊物的经验，创办了中共瑞金县委机关报《瑞金红旗》。在百忙之中，邓小平经常撰写文章，进一步推动了瑞金的各项工作。

9月28日黄昏时分，一队快马朝瑞金城东北5公里外的叶坪村疾驰而来。骑兵下马向邓小平报告：毛泽东、朱德率苏区中央局和红军总部机关即刻就到。很快，毛泽东、朱德、项英、陈毅、王稼祥等与前来迎接的江西省苏维埃政府主席曾山、中共瑞金县委书记邓小平见了面。人群中一片欢腾。

晚上，村东大樟树底下的一幢二层楼房里，灯火悠悠。毛泽东、朱德等人围坐在一起，听取曾山、邓小平等的汇报。邓小平高兴地说："经过一段时间的努力，瑞金的政治局势已趋稳定，经济建设走上了发展的轨道……"毛泽东满意地点了点头，对眼前这位年轻的县委书记逐渐产生了浓厚的兴趣，并对邓小平所从事的大量巩固、发展苏区地方工作的经验高度关注。

11月1日，在江西瑞金召开了中国共产党中央苏区第一次代表大会，会议在中央代表团的把持下，"完全同意"了中共中央对中央苏区工作的"批评"。会议指责中央苏区在根据地、红军、土地、政权、工会运动、反帝运动、共产党与共青团、肃清一切反动派的斗争方面犯有"错误和缺点"，指责毛泽东制定的土地革命路线是"富农路线"，犯了"向地主豪绅及富农让步的右倾机会主义错误"，指责毛泽东不去建立真正的工农红军，认为红军还没有脱离"游击主义的

117

传统",攻击中央苏区的肃反工作"有很大的错误",致使"群众没有发动""反革命组织满布于苏区"。会议最终剥夺了毛泽东等在中央苏区对党和红军工作的正确领导。

11月7日,中华苏维埃第一次全国工农兵代表大会在瑞金叶坪村胜利召开。中华民族历史上第一个代表工农大众的全国性革命政权——中华苏维埃共和国临时中央政府在瑞金诞生了!会上选举毛泽东为中华苏维埃共和国临时政府主席,项英、张国焘为副主席。并确定瑞金县城为中华苏维埃共和国临时中央政府的首都,更名为"瑞京",瑞金县划为中央直属县。年仅27岁的邓小平挑起了中央直属县县委书记的重任。

当时某些人对邓小平"不悦"。邓小平从当初的中央秘书长、中央赴广西代表和红七军、红八军总政委兼前委书记之类的要职降为"七品芝麻官",但他自己对此没有"不悦",相反还很看重这个新职务。日后,他所说的"三落三起"就不包括这一次。在一定意义上讲,邓小平可称得上是中国第一个"红都"的建都人。

中华苏维埃第一次全国工农兵代表大会前,邓小平远远地看到了曾生死与共的老战友李明瑞,当时十分高兴和激动。但是,鉴于当时"左"的气氛,为了不影响李明瑞,邓小平没有贸然上前与李明瑞打招呼。他们二人只是远远地相望了一下。谁会想到,这是邓小平与李明瑞所见的最后一面,这一别竟成永诀。不久,李明瑞被打成"改组派"首要分子,含冤死于于都县朱田村。

随着中央各机关都来到首都瑞金,邓小平这位赤都首任地方"长官"肩上的担子更重了。住的吃的用的等都要增加,这给原本就很薄弱的瑞金经济带来更大的困难,眼下必须将瑞金的生产建设进一步搞上去。中华苏维埃第一次全国工农兵代表大会一结束,邓小平就把县委、县苏维埃干部召集起来开会,郑重地和大家商量道:"我们要发动广大的劳苦群众,特别是党团员,积极带头行动起来,出谋划策,多想办法,发展生产,发展经济。既要保证中央机关的生活需要,又要保障红军的供给,也不能让人民群众挨冻受饿。要以实际行动来保卫红色政权,保卫胜利果实……"于是,全县掀起了发展经济的高潮。

兴修石水、武阳水库的工程破土动工了,壬田、桃阳、安治等区的水坝渠道修整也开始了，纸槽厂、纸烟厂、被服厂、硝盐厂相继开办，犁牛合作社、消费合作社、粮食合作社建立起来了，劳动互助队、妇女耕田队、积肥突击队等在劳动竞赛中干得热火朝天……耳闻响个不停的机器声，目睹各行各业欣欣向荣、兴旺发达，瑞金人民笑得甜了，邓小平的双眉也舒展了。

1932年夏，中共江西省委书记李富春找邓小平谈话。一方面他们是法国勤工俭学时期的同学，互相比较了解，另一方面是依据邓小平在瑞金担任县委书记时所表现的才华，李富春提议邓小平担任中共会昌中心县委书记，领导会昌、寻乌、安远这3个县的工作。

会昌、寻乌、安远都是中央苏区的边缘地区，赤白对立很厉害，红军力量较薄弱，每县只有一个独立营，赤卫军的枪支也很少，再加上"左"的经济政策，商店大都关门，财政经济也很困难。这些情况，对于飞速发展的形势是很不利的。

邓小平从中央苏区"首府"瑞金到会昌后，一切从零开始。走马上任后，他就狠抓地方武装的建设，设立军事部，并挑选了一位有作战经验、敢打敢拼且有牺牲精神的红军副团职指挥员担任军事部长。仅3个月后，这3个县地方武装就发展到1.3万多人。中心县委还在筠门岭附近设立一所红军学校，培养军事骨干。边区地方武装的增强，狠狠地打击了残存的反动武装力量，使边区趋于稳定和巩固。

与此同时，邓小平以不耻下问的态度进行调查研究，彻底摸清3个县存在的其他问题和产生的原因。邓小平认为，会、寻、安三县的工作之所以搞不上去，主要原因是"左"得太厉害，严重挫伤了群众的积极性。在这种情况下，必须认真学习马列主义，正确对待实际存在的问题，才能明辨是非，才能把革命推向深入。在邓小平的带领下，军分区和中心县委机关学习马列主义蔚然成风，他还经常抽时间给大家讲解、分析，使大家的认识得到提高。

一天，邓小平检查工作后回到县委，刚到门口，便觉得气氛不对，里面传出了大嗓门骂人的声音："呸，没有骨气的东西！走，把他们捆回来教训教训！"话音未落，里面闯出一条大汉，手里攥着几根棕绳，后面还跟着几个战士。邓小平一看，认得，是一个区的苏维埃主席老邹。于是邓小平拦住他，问道："老邹，急急火火地干啥去哟！"

"太不像话了，他们居然敢私自离队，回家去种地。"老邹的话里冒着火。邓小平一听，明白是怎么回事了，他拿过老邹手里的绳子，心平气和地说："捆不得啊，老邹。他们擅自离队不对，但是我们的工作也有问题，为什么没有发现，没有解决他们家里的困难呢？战士的切身问题解决不了，他们怎么能安心在这里呢？这些，靠一根绳子是解决不了的啊！"连续几句质问，问得老邹低下了头。

于是，他们一块来到离队战士小关家。小关看到邓小平都来了，十分紧张，连话也说不出来。邓小平看到小关的母亲卧病在床，连忙从衣袋里掏出几块银圆，递给小关说："快请医生来看病。"小关不相信这是真的，不敢伸手接。邓小平催促说："快啊！救人要紧。"小关的眼眶里滚动着泪珠，低声说："邓书记，我错了！"

就这样，邓小平一行走了一家又一家。当他返回县委时，已是夜深人静了。邓小平这才想起来，还没吃晚饭呢！

当天晚上，离队的战士都悄悄回到了部队。第二天，邓小平开会批评了这些战士，战士们都心服口服。老邹也心服口服。许多天后，老邹一看到棕绳还脸红呢！

邓小平为了提高群众的思想觉悟和文化水平，还领导三县人民办了很多夜校、列宁小学、扫盲班、读报小组等。他不但组织教员讲课，还亲自去夜校讲课。他在这里工作半年多来，就办起了几百所夜校、几千个扫盲班，取得了很好的效果。

在群众的积极性调动起来后，邓小平重点抓了农业生产，分别召开了会、寻、安三县的中共代表大会，作出了关于发展工农业生产的决策。各县又在后来召开的中共县委扩大会议上，再次提出了要加强中共县委、县苏维埃政府，各级区、乡苏维埃对工农业生产的具体领导。根据邓小平的布置，1933年春，会、寻、安三县都成立了春耕生产委员会，各村成立了生产突击队，还成立了妇女劳动委员会。这样，一场轰轰烈烈、波澜壮阔的春耕生产运动便蓬勃地开展起来了。

发展经济、加快边区建设，提高人民生活水平，增强苏维埃政权的经济实力，始终是邓小平非常关注的工作。他吸取在瑞金工作的经验，在各乡组织调查土地委员会和分田委员会，加快新区的土地革命和对老区的土地分配情况进行纠偏，调动了广大群众的生产积极性。

> 厄运压不垮坚定的信念，种种磨难都无法使他低头。面对撤职、批判、关押、处分，被戴上"江西罗明路线"帽子的邓小平据理力争。

1933年1月，中共临时中央的主要负责人博古通过地下交通，离开上海经广东来到闽西苏区，准备去瑞金。博古一行到达上杭白沙镇时，中共福建省委代理书记罗明，正好在当地领导游击战争。博古劈头责问罗明："你是省委代理书记，不领导全省工作，来杭、永、岩干什么？"罗明回答道："我是按照毛泽东同志的指示并经省委决定，来这里重点开展游击战争的。"博古又问："你对中央的新指示有何意见？"所谓"新指示"，就是"进攻路线"和反右倾斗争。罗明回答说："没有听到传达。"博古听了很不高兴，再问罗明对当前斗争有什么意见。罗明陈述了他曾与毛泽东商讨过的一些观点。没等罗明说完，博古就很不耐烦地说："该吃饭了，不谈了。"

几天后，博古看到福建省委报来中央的几份材料，其中有罗明写给省委的工作报告和中共新泉县委书记杨文仲写给省委的信。这几份材料都是从闽西苏区的实际出发，总结了一系列工作经验和认识。博古等临时中央负责人却认为，这完全是和"进攻路线"唱反调，代表的是一种对革命"悲观失望"的右倾机会主义路线。他们正要找这样的靶子来打击不赞成"进攻路线"的党员、干部，于是选中了罗明。

正当邓小平按照毛泽东的正确路线领导会、寻、安中心县委工作，并把三县的建党、建政、扩大红军、土地革命、经济建设搞得如火如荼的时候，进入中央苏区不久的以博古为首的临时中央却从政治上、组织上、军事上以及经济文化等各方面否定了毛泽东的正确路线,一场来势凶猛的反"罗明路线"的斗争在中央苏区迅速展开。

邓小平在思想上、政治上对毛泽东是十分敬佩的。他不仅在实际工作中自觉地坚持毛泽东的正确方针政策,抵制"左"倾错误,而且在毛泽东受到"左"倾错误打击和排挤的情况下,邓小平也毫不畏惧,勇敢地站在毛泽东一边。于是,邓小平、毛泽覃、谢唯俊、古柏这4个支持毛泽东正确主张的江西干部,因长期抵制"左"倾错误,加之他们在中央苏区工作中的地位和作用,必然使党的"左"倾领导将他们看作推行"左"倾路线的重大障碍。紧随着反"罗明路线"的斗争之后,"左"倾领导者又在江西推出反"江西罗明路线",即"邓、毛、谢、古"事件。

邓小平被当作"江西罗明路线"的主要代表,受到错误的批判和打击,其根本原因是与"左"倾领导者之间存在着原则分歧,直接导火线则是所谓的"寻乌事件"。1932年11月,广东军阀陈济棠乘红一方面军主力在北线发动建(宁)黎(川)泰(宁)战役,南部苏区力量空虚之机,突然向会、寻、安三县大举进攻。时任会昌中心县委书记的邓小平,根据敌强我弱、敌我力量悬殊的情况,领导苏区群众以灵活的游击战术阻击敌人的进攻。然而终因敌众我寡,敌人很快占领了包括寻乌城在内的几乎整个寻乌县。这就是寻乌事件。

1933年2月23日出版的苏区中央局机关报《斗争》第三期,第一次公开点名批判永(丰)吉(安)泰(和)和会昌中心县委"长期陷在纯粹防御的泥坑中",提出了"纯粹防御路线"的概念,将其与"罗明路线"联在一起,作为"进攻路线"的对立面。文章号召"反对一切机会主义的动摇,反对机会主义的逃跑和纯粹防御路线,反对对于这些路线的调和",揭开了"邓、毛、谢、古"事件的序幕。

3月下旬,邓小平参加中央局召开的会议,受到中央局领导人的严厉批评。会后,邓小平被迫写了一份检讨书——《会寻安工作的检查》。

3月31日,会、寻、安三县党和积极分子会议在中央局代表的直接控制下,通过了《会寻安三县党的积极分子会议决议》,声称:"以邓小平同志为首的中心县委","执行了纯粹的防御路线","这是在会寻安的罗明路线"。会议决定改组会昌中心县委和三县县委。会后，邓小平即被调离会昌，到江西省担任宣传部部长。

4月16日，江西省委在苏区中央局的直接参与下召开了为期5天的江西党组织3个月工作总结会议，反"江西罗明路线"的斗争开始在江西苏区全面展开。会议指责邓、毛、谢、古是"罗明路线在江西的创造者"，是"反党的派别和小组织的领袖"；会议集中"布尔什维克的斗争火力"，对邓小平等人进行"残酷斗争，无情打击"，并严厉要求将这一斗争"转变到实际工作中去"。

这是邓小平受到错误路线的第一次打击，也是他政治生涯的第一次挫折。这年，他即将步入而立之年。

面对"左"倾错误方针的打击和压力，邓小平等人并没有放弃党的原则。他没有妥协，正气凛然，"决不向错误的判断低头"，"他支持毛泽东的策略，在这一点上，谁也无法使他动摇"。

邓小平在《会寻安工作的检查》中阐述个人的意见。他从百色、龙州起义，到左、右江革命根据地的建立，从瑞金到会、寻、安直至寻乌事件，以一桩桩一件件事实，阐明毛泽东各项主张的正确性，阐明马列主义与中国革命具体实践相结合的正确性。同时，他尖锐地提出，在当前形势下，务必认清楚什么是机会主义、什么是冒险主义、什么是马克思主义的进攻路线。要弄清这些问题，必须到实践中去寻找答案，而不是"纸上谈兵"……

4月4日，《斗争》第八期发表《试看邓小平同志的自我批评》的署名文章，指责邓小平"依然站在机会主义的观点上"，"他在'检查'的长篇文章中，没有一个字批评自己对纯粹防御路线所负的责任"。4月16日，中共江西省委召开江西党的3个月工作总结会议。会上责令邓小平立即向党写出申明书，彻底坦白"机会主义路线和派别观念甚至派别行动的全部"。

邓小平仍不妥协，他以共产党人应有的品质，坚持真理，秉笔直书，将第一次"检查"中的观点写得更加明确具体，以敲醒"左"倾同志发热的头脑。显然，这样是不能使"左"倾领导者满意的，他们责令邓小平必须交出一份"像样的"申明书。

邓小平气愤地陈述道："我们上交的两份检查，写的全是实话。回顾历史，认为自己所作的一切，是对党的事业负责任的，是对中国负责任的……"

"左"倾路线的摧残、精神和肉体的折磨，没能使邓小平沉沦、畏缩，反而使他的革命意志更加坚定。

过了一段时间，"左"倾领导者在这个硬汉子面前感到无法可施了，加上周恩来、李富春等人的极力保劝，最后给邓小平记了一次"最后严重警告"的处分，撤销了江西省委宣传部长职务，派到乐安县属的南村区委当巡视员。

南村区是江西省抚州地区乐安县的一个区，地处中央苏区边境，紧靠宜黄县的黄陂、东陂，是第四次反"围剿"的主战场。顶着6月的炎炎烈日，邓小平背着行李，孑身一人走了300里的崎岖山路，来到乐安县南村区委所在地。

邓小平来到南村区委后，大家纷纷议论着，他们从未听说区委有巡视员这个职务，那么邓小平到这儿来干什么呢？当时的少共县委书记李书斌觉得痛心，也非常费解。李书斌原在胜利县委工作过，邓小平当年在会、寻、安中心县委工作期间去中央和江西省委开会时经常途经胜利县，有时也来县委休息，所以李书斌认识邓小平，从谈话中他了解到邓小平是一位革命意志坚定、博学多才的领导干部。李书斌从胜利县调到乐安县工作后，听说过临时中央已把邓小平打成"罗明路线"在江西的代表，但也听说过邓小平数次据理陈述，阐明自己的观点，用大量活生生的事实说明在会、寻、安所进行的各项工作是符合马克思主义的。邓小平那坦荡的胸怀、不凡的智慧和胆略，赢得了许多同志的钦佩。

邓小平来到南村区委后，住在区委机关院内靠东面的一间房子里，房屋约有20平方米。这是邓小平来之前，乐安县委接到江西省委的通知后指示南村区委安排的。6月17日，李书斌和中共乐（安）宜（黄）崇（仁）中心县委书记胡嘉宾特地赶来看望。胡嘉宾和李书斌跨入南村区委院内，邓小平连忙从房内迎了出来，热情地握手。胡嘉宾一见邓小平就问："首长身体可好？"邓小平虽然被免去了省委宣传部长职务，但胡嘉宾仍把邓小平当首长看待。邓小平操着四川口音说："啥子首长啰，同志们好，大家都好。"当时邓小平身着白衬衣、深灰色布单裤，精神抖擞，充满了革命乐观主义。胡嘉宾说："这里条件很差，请首长……"不等胡嘉宾说完，邓小平不介意地挥挥手说："南村区的6月，风和日丽，这里是个好地方啰，我在这里一切很好！"

当时，红一方面军主力驻扎在乐安、宜黄一带，胡嘉宾还陪同邓小平去看望军委一局局长张云逸和政治保卫局局长李克农。在这样一种理解和友好的气氛下，邓小平的内心感到宽慰。

然而，正当邓小平熟悉了当地情况、准备开展各项工作时，苏区中央局提出一种说法："邓小平不应放在这个地方，右倾逃跑主义者放到前线去，不是更容易到敌人那边去？"一声令下，邓小平在南村区委待了不到10天，便返回省委机关接受重新"发配"。胡嘉宾盛情为邓小平送行，不仅亲自前来送别，还派人驾骡子送邓小平到省委机关所在地宁都。

邓小平离开乐安不久，厄运降临到胡嘉宾的头上，他被打成"罗明路线的执行者""两面派的标本"，他的乐宜崇中心县委书记的职务也被撤掉了。"左"倾领导者此举的目的就是要大大恶化邓小平周围的生存环境，使人们不敢对邓小平表示同情与支持。

到省委报到后，邓小平旋即被派到宁都赖村区石街乡"蹲点"，即当乡里的一名普通干部。可能是干部这个身份，"左"倾领导者认为是便宜了邓小平，随后将他调到宁都县城附近的一个乡，命令他在那里以戴罪的身份接受劳动改造。这里是一片光秃秃的山岗，山上不长树，地上不长草。邓小平每天在这里忍饥挨饿，挥锄开荒。在这里，胡嘉宾因善待邓小平而遭打击的效应很快显现出来，邓小平的处境十分艰难。

省委妇女部的危秀英，受部长蔡畅的嘱托，以到农村检查工作为由转道来到邓小平劳动的地点。危秀英见邓小平头上戴着赣南农村农民编织的草帽，颈上系着一条白毛巾，脚上穿着双草鞋，他双手使劲地锄地，额头上不断沁出豆大的汗珠。这时，危秀英泪眼蒙眬了。邓小平让危秀英转告蔡大姐："别的困难倒没有，就是我在这里劳动任务很重，吃不饱饭，肚子饿……"

危秀英回去一说，蔡畅连忙追问："他还说了什么？"危秀英回答："没说什么。"蔡畅难过地说："他一定饿得很厉害，不然他是不会轻易开口的。"当时，苏区生活条件很艰苦，机关工作人员每人每天只有两分钱的伙食费。蔡畅请危秀英找了半天，只找到两分钱，丈夫李富春也找出两分。蔡畅让危秀英上街去买两分钱的猪油、两分钱的大蒜与辣椒。东西买回后，蔡畅亲自炒菜，煮了一盆红米饭，用禾草捂好，叫危秀英去找邓小平。危秀英刚走出省委机关，蔡畅又想到什么，赶紧追回她，在她耳边细声叮嘱了三点：第一，请邓小平中午 12 点半到省委机关，吃完饭，下午两点前离开，这段时间机关干部下班吃饭休息，不致让人撞见；第二，让邓小平不要与危秀英一道走，保持一段距离；第三，要邓小平从省委后门直接到蔡畅的住处，千万不要走前门，免得人多眼杂，招来不必要的麻烦。

危秀英记住蔡畅的话，赶到邓小平那里，向他一一转达。邓小平感动得连连点头，他让危秀英先走一步，自己跟在后面。为了不被别人发现，他把草帽戴得很低，几乎遮住了眼睛。就这样，他俩一前一后来到蔡畅的住所。邓小平美美地饱餐了一顿，蔡畅又用罐子装了一些饭菜，用布包好，让邓小平带回去。

李富春、蔡畅是中国共产党的高级干部，也是邓小平在法国勤工俭学时的同学、并肩战斗的战友，有着非同寻常的亲密关系。然而，即使像他们这样的人，在当时同邓小平接触，都要如此谨慎，生怕出现不测，其他人会怎样对待邓小平，就可想而知了。

> 一场残酷的党内斗争导致了夫妻离异。没想到金维映这位年轻的"老革命"，不幸死于异域的战乱中。时光流逝，抹不去邓小平对战友的深切怀念。

1933 年 5 月，邓小平第二任妻子金维映，在邓小平执行了毛泽东正确路线而遭到"左"倾错误路线批判时离开了他，使邓小平在感情上再次受到了打击。

金维映原名金爱卿，也使用过"金志成"这个名字。她和邓小平同年，均生于 1904 年，她生于浙江舟山群岛岱山高亭镇，父亲金荣贵粗识文字，是一家客店的小职员，一家四口全靠父亲微薄的收入过活，生活很艰难。

1912 年，定海县成立了女子小学，校长沈毅是致力于教育救国的进步人士。其时，金维映的父亲也转到定海公民招待所当了职员。女子小学和公民招待所，在舟山地区革命运动中是颇有影响的去处，金维映的革命生涯便始于此。

1913年，金维映进入定海县立女子小学读书。金维映从女子小学毕业后到宁波师范学习，3年后又回到女子小学，当上了幼稚班教师。金家世代受苦，父亲金荣贵念书不多，没想到"金门出龙女"，女儿有出息，成了教"秀才"的先生。他内心备感欣慰。

此时的金维映已出落成俊俏苗条的南国女子，脸蛋圆圆的，眼睛大大的，黑黑的眸子宛如舟山港湾里的一汪清波，举手投足没有娇羞，却在秀媚中透着爽人豪气。当金荣贵为女儿学成荣归高兴时，他并未真正了解女儿。此间，金维映正在由一个具有民主思想的知识分子逐步转变为一个无产阶级先进分子、职业革命家。

1924年1月，国共两党合作，中国南方正酝酿着革命风潮。中国共产党在上海创办了上海大学，集中了一批党的杰出领导人物和进步人士。这期间金维映结识了瞿秋白、杨之华（瞿秋白夫人）、郭沫若、项英等著名人士。金维映被他们的言谈深深打动。

1926年11月，金维映加入了中国共产党，随后成为中共定海独立支部成员。从此，金维映开始了她共产主义战士的壮丽人生。

北伐战争节节胜利，中国南方的工农运动如火如荼。定海县立女子小学和公民招待所成为党的据点，金荣贵拥护共产党，支持女儿的革命行动。他利用工作之便，掩护革命同志在公民招待所开展工作。

金维映白天教书，晚上从事革命活动。她发动工人成立定海县总工会，领导会员开展经济斗争，要求改善劳动条件，增加薪水。舟山的主要经济活动是盐业，盐民是劳动者的主体，中共宁波地委指示定海独立支部，以开展盐民运动为工作重点。在金维映的发动下，1927年3月12日，盐民们在岱山东狱宫召开了万人大会，宣告岱山盐民协会成立。各界代表到会发言，会场上的革命气氛高涨。会后整队游行，队伍浩浩荡荡长达10里。金维映前后奔走，不时带领盐民高呼"打倒贪官污吏""废除苛捐杂税"等口号，震耳欲聋。同时，金维映把店员、手工业者组织起来，建立了一个盐民协会、一个总工会，两支大军会合在一起，革命火炬传遍舟山群岛，金维映因此被誉为"定海女将"。

蒋介石发动四一二政变后，舟山一片白色恐怖，金维映被捕，所幸父亲金荣贵有一些上层关系，才把她保释出来。一天，她轻声告诉父亲，要到上海教书。金荣贵闻言心中一惊，他知道，教书是借口，继续革命是真。他知道在上海滩国民党杀共产党杀得红了眼，他更知道女儿这次行动绝不是她个人安排的。他默默地打量着女儿憔悴的面容，说不出一句话来，只点了点头，父女俩含泪依依惜别……

迈出家门，金维映踏上去上海的路，她深情地回望故乡和亲人。这一去，她再也没能返回故乡！

金维映来到上海，找到党的地下组织，进入中华全国总工会，从事秘密的工人运动，大家都亲切地叫她"阿金"。1929年，金维映担任中共江苏省委妇女运动委员会书记，1930年任上海丝织业工会和上海工会联合行动委员会领导人，这时她年仅26岁，但已是经验丰富的女革命家。

1931年3月，中共广西前敌委员会书记邓小平经广州、香港乘船到达上海，向中央汇报红七军的工作。但是几个月的时间，中央既不听取他的汇报，也不分配他的工作，他只是按月从中央领取生活费。他要求回红七军工作，回答是联络不上。他要求去中央苏区工作，被批准了。

这时，中共中央派遣金维映到中央苏区工作，二人正好同行。7月中旬，邓小平和金维映从上海乘船，经广东汕头进入中央苏区。两人长途跋涉，交谈很多，产生了感情，很快情投意合而喜结良缘。

8月，邓小平担任瑞金县委书记，不到一年，又调任会昌县委书记。1932年7月，中共中央和江西省委决定，会昌、寻乌、安远三县统一领导，成立会昌中心县委，由邓小平任书记。金维映到中央苏区之初，先后担任于都、胜利两县县委书记。由于两地工作，邓小平和金维映难得见上一面。

金维映到于都县后，在萧家祠召开代表大会。她在会上作了政治形势的工作报告，反"围剿"，打土豪，分田地，她讲得生动明白，使工农干部很快领会了工作的意义和步骤，大家情绪很高。当时不少干部没有文化，没有工作经验。金维映常常找他们谈话，鼓励他们好好学习："不识字可以学，一天认一个，一年就有360多个了。"

一天，有贫苦农民向区委报告：领背庙里有带枪的反革命分子。区里当时人员不多，大家听到这个消息后有点紧张。金维映马上说："不要怕，我们能捉到他们！"

第二天清晨，金维映带着十几个人悄悄包围了领背庙。金维映布置好位置后，带人猛然冲进庙里，4个反革命分子还没反应过来就被活捉了，还缴获了4支枪。

由于在于都和胜利两县的出色工作，1933年春，金维映当选为中华苏维埃全国代表大会代表。

邓小平和金维映一起生活的时间很短，前后不到两年。婚后感情生活尚可。

月有阴晴圆缺，人有悲欢离合，此事古难全。1933年，政治上受打击后接踵而至的是，邓小平的感情也受到了威胁。受到错误批判的邓小平接到了妻子的离婚报告，这对于他来说，无异于雪上加霜。第一任妻子被病魔夺去生命，第二任妻子眼看又因人祸离他而去。邓小平在经历了一阵痛苦的思索后，为了不使妻子受牵连，拿起了笔，在离婚报告上签下了自己的名字。

之后，金维映调到中央组织部任组织科科长，李维汉是组织部部长。次年，她出任过中央革命军事委员会总动员武装部副部长，并出任瑞金突击队总队长。由于工作卓有成效，她多次受到党中央的表彰和毛泽东主席的称赞。《红色中华》报1934年1月10日套红刊登《送给瑞金突击队的优胜者》报道说："金维映，瑞金突击队总队长，领导瑞金超过原定数目（1500）70余名（指扩军数目）"。3月8日，该报又以《收集粮食突击运动中的光荣模范》为题，报道了她在瑞金粮食突击运动总结会上的演说。

后来，金维映和李维汉这位曾在上海共同战斗的战友结成了革命伴侣。

1934年，中央红军开始长征，金维映和红一方面军的二十几位女战士一起编入中央第二纵队，即"红章纵队"。途中，她安排伤病员和做地方群众工作，并任中央纵队干部休养连秘书。长征到达陕北后，金维映担任过中央组织部组织科长、抗日军政大学第四大队女生区队的区队长、陕北公学生活指导委员会副主任等职。

长期的战争生活和艰苦环境，使许多经历长征的女同志身患疾病，金维映也是如此。1938年，组织上决定送她去苏联一边治病，一边在莫斯科东方大学学习，没想到她这一去再也没能回来。

金维映在苏联最后的日子，鲜为人知。20世纪80年代，邓颖超在回忆金维映时，说：1939年7月，周恩来同志右臂骨折。8月，我陪伴恩来同志去苏联莫斯科治疗。听说阿金已经在莫斯科郊区的休养所。当时许多中国同志在那里休养。我曾去过两次。第一次见到金维映同志时，她很正常。第二次再去时，听说她病了，当时不知是什么病。据说后来把她送到精神病医院了。

1940年春，周恩来、邓颖超离开莫斯科回国前，又去看望了金维映。邓颖超说：回国后，我在国统区工作，没有再听过她的消息。1941年，苏德战争爆发，希特勒军队进攻莫斯科的时候，金维映所住的医院和国际儿童院（我国烈士子女在此学习）都迁离了莫斯科。当年，苏德战争爆发之后，战争的局势非常复杂、混乱。后来，传到延安的消息只是说，她牺牲在莫斯科。她牺牲时只有37岁。

邓小平胸襟开阔，很坦荡豁达地处理了感情上的"伤心事"。

1972年12月，蛰居江西的邓小平来到了当年他曾经战斗和生活过的地方——赣南中央苏区。故地重游，故人难忘。在逗留于都的几个小时中，邓小平就几次提起金维映。邓小平对于都县委的负责同志说："苏区时你们的县委书记是女的，你们知道不知道？"尽管当年一场残酷的党内斗争导致了他们夫妻离异，但丝毫没有影响他们为事业奋斗的坚定信念。时光流逝，仍然抹不去邓小平对战友的怀念。

> 早年的"油印博士"重操旧业，主编《红星》报时斗胆向"右派"毛泽东约稿。长征路上"跟着走"中，邓小平渐渐迎来他政治生涯中的一次重要转折。

当那些反"罗明路线"和"邓、毛、谢、古"的激昂声调在严酷现实的检验下屡屡碰壁，一些曾受到谬误影响但服从真理的共产党员清醒过来，开始冷静地思考问题。时任中央革命军事委员会副主席、红军总政治部主任的王稼祥，是最早从"左"倾营垒中脱离出来的高级领导人。他在第四次反"围剿"中负了伤，被送回瑞金治疗，从李富春和红军总政治部副主任贺昌那里了解到邓小平的近况。

为保护邓小平并发挥邓小平的作用，王稼祥以原总政秘书长杨尚昆调任红三军团政委、总政工作人手少为由，提议邓小平任总政代理秘书长。"左"倾领导者不同意，回复王稼祥说："邓小平是'江西罗明路线'的代表人物，一贯反对中央的进攻路线，在江西省委3个月总结工作会议上又不检查，又不接受批评，还是考验一段时间再说。"王稼祥反驳道："我们不能称邓小平为'江西罗明路线'的代表，这个提法本来就不太妥当，我看邓小平同志的一些观点是符合马克思主义和中央苏区实际情况的。"他还严正指出：不用邓小平是偏见，是埋没人才。经王稼祥一再坚持，邓小平终于能出来工作了。

1933年6月下旬的一天，烈日当空，暑气逼人，正在荒岗上挥锄劳动的邓小平接到了去中革军委（中华苏维埃共和国中央革命军事委员会的简称）总政治部工作的调令。他一面用手巾揩去额上的汗水，一面细读调令全文。看后，邓小平二话没说，立即回到住处打点行装，背着背包从劳动驻地赶到中共江西省委转干部关系。邓小平劳动的村庄距省委机关所在地约有10里，步行个把小时就到了。

中共江西省委书记李富春、省苏维埃政府主席曾山、省军区司令员陈毅、省委妇女部部长蔡畅等老战友热情地接待了邓小平。寒暄之后，陈毅豪爽地说："我出点钱，派通讯员到圩上砍点猪肉，再买点辣椒、大蒜，炒一半，红烧一半，再打点水酒，请小平同志吃一顿饭吧。"李富春和蔡畅很赞同陈毅的倡议，李富春说道："好，好！小平同志这段时间劳动辛苦了，在农村油水少，还吃不饱饭，今天我们大家在一起热闹一下，算是饯行吧！"

于是，大家围着方桌边喝酒边交谈，心情十分畅快，一顿饭从暮霭初起吃到月上柳梢的时候。邓小平一边饮酒，一边抽烟，向他们谈了自己被"左"倾领导者整下去后劳动的经过与感受。之后，他们在七里村村前村后尽情漫步，谈着感兴趣的话题，直到夜色阑珊、万籁俱寂，整个街上都回荡着老友们的谈笑。

从宁都到瑞金沙洲坝足足有200多里。曾山作为江西省苏维埃政府主席，特别爱护战友邓小平，他设法从江西省军区后勤部要了一匹马，派了一位通讯员护送邓小平去瑞金。第二天黎明时分，邓小平带着他们的勉励与祝福，跃马扬鞭告别宁都，向中央苏区首都瑞金前进。

瑞金，对于邓小平来说是熟悉的，这次来这里，邓小平感到分外亲切。他来到瑞金沙洲坝的白屋子——中革军委总政治部驻地，向正卧床在机关养病的中革军委副主席、红军总政治部主任王稼祥报到。王稼祥见到英姿焕发的邓小平后格外高兴，连忙叫通讯员泡茶、递烟，招待这位远道而来的同志，并吩咐为邓小平打扫房间，铺好床铺。

接着，王稼祥向邓小平简略介绍了第五次反"围剿"的形势，指出前方战事吃紧，共产国际派来的军事顾问李德拒绝毛泽东一贯行之有效的诱敌深入、在运动中歼灭敌人的战略战术，执行他们那一套"御敌于国门之外"和"堡垒对堡垒、阵地对阵地"的错误军事指挥路线。现在前方许多战役指挥不当，部队伤亡较大，总政治部原秘书长杨尚昆已到前线去了，王稼祥指令邓小平接替杨尚昆担任秘书长的职务，协助自己抓好全军的政治工作。

邓小平担任总政治部秘书长后，肩上的担子明显加重了。他经常到前线去指导工作，返回机关后又和各军团政治委员通电话，了解红军指战员的思想政治情况，并经常听取红一方面军一、三、五、九军团政治委员和军、师政治部的汇报，认真阅读他们的定期报告、综合情况，向王稼祥和贺昌汇报，并代总政治部和中革军委起草关于加强红军政治工作的指示。

两个月后，邓小平想到办一份报纸来指导红军的军事工作和政治工作，便向王稼祥建议。王稼祥认为这想法很好，并介绍说："中央革命军事委员会机关报《红星》报，早在1931年12月11日就创办了，由红军总政治部编辑出版。初为5日刊，后由于多种原因改为不定期刊，也好久没办了，由你主编吧。"邓小平这下可高兴了，说："请放心，再大的困难我也不怕！我一定尽最大的努力把《红星》报办下去、办好！"

1933年8月，邓小平走马上任，挑起了办报的重任。早在留法时，邓小平就曾负责编辑中共旅欧支部的机关刊物《赤光》，并因刻印字迹端正、版面清晰而被誉为"油印博士"。他做梦也没想到，而今这手艺又用上了。于是，沙洲坝白屋子里一间 10 多平方米的厢房成了编辑部。

上任第二天，邓小平便冒着酷暑，深入红军指战员中，搜集对报纸的反映，听取办报的建议。经过多次调查研究，他对如何办好报纸心里有了底。编辑部人手很少，邓小平是主编，只有一个技术性的帮手。征集稿件、改写稿子、编排版面、书写标题与校对等，几乎都由邓小平一人担当，事务繁杂，工作量大。为了把报纸办得生动活泼、丰富多彩，他总是精益求精，在版面设计上，注重插图、新闻、评论文章的搭配，多数配有漫画、绘画，就是理论文章，也喜欢用手写标题，他挥笔写好后，交给"帮手"在木版上刻下字模，然后再印到报纸上。此外，他还经常亲自撰写社论、新闻等文章，而且往往不署名字。

邓小平对于毛泽东的军事路线及其一整套战略战术是十分敬佩的，在《红星》报复刊的第二天，他就冒着很大的风险，去向被打成"右倾机会主义者"的毛泽东约稿。那天晚饭后，邓小平踏着朦胧月色，沿着田埂小道，向毛泽东所住的沙洲坝元太屋走去。此时的毛泽东已被排斥在党和红军的领导层之外，只保留中央政府主席一职，对前方军事工作无权过问。见到邓小平来访，毛泽东十分高兴，热情地迎了上去。

印刷《红星》报的油印机

邓小平说明来意，没想到毛泽东欣然接受约稿，说："好的，我一定给你们写！但是写什么呢？井冈山的几次主要战斗，已经用红四军前敌委员会的名义向中央作了报告；一至四次反'围剿'的经验，你们早已熟悉，全军指导员也运用成功了。不过吉安一仗的战例很有借鉴意义，倒是可以跟大家说说。"

8月14日，毛泽东以"子任"为笔名，在《红星》报第4版《红军故事》专栏上用了一个整版的篇幅发表了《吉安的占领》。文章的语调很轻松，把红一方面军打吉安的战斗过程像讲故事一样摆出来。在结尾还分析了经验教训，对集中兵力、充分准备、兵力配置等都提出了自己的看法。

这期报纸发到部队后，干部战士都纷纷抢着看，识字的念给不识字的听，有的指挥员还把这份报纸像宝贝一样藏起来。指战员们说，毛泽东的军事思想，那才叫高明呢！

在"左"倾路线占据中央主导地位时，邓小平敢于发表毛泽东的军事文章，也使人们看到他的胆量。

曾留学法国的邓小平深知，稿件是报纸的食粮，在编辑人员少的情况下，办好报纸必须有一支思想业务过硬的通讯员队伍。因此，他坚持全党全军办报的方针，充分发挥苏区新闻工作者的积极性，采取专兼职相结合，聘请了一大批通讯员，其中有党和军队的各级领导，也有基层连队的红军战士。许多通讯员既是前方战士，又是战地记者，他们自己打仗，自己写稿，怎样打就怎样写，写的内容多是自己或战友的亲身经历，写出来的新闻通讯既真实又生动。看着一篇篇从硝烟弥漫的前线寄来的稿件和张张照片，邓小平十分感动。作为主编，他白天采写和修改稿件，晚上编排、校对，夜以继日地工作着。

邓小平以高度的革命责任感与杰出的才能，在艰苦的战争年代，把这份报纸办得很好，被群众称为"一面大镜子""一架大无线电台""红军党的工作指导员""红军的俱乐部"与"裁判员"等，起到了巨大的宣传鼓动作用。当时，《红星》报作为中革军委机关报，直接由总政治部分管，与中华苏维埃政府办的《红色中华》报和中共中央政治局办的理论刊物《斗争》，并称为"两报一刊"。广大读者的喜爱和赞誉，给了邓小平极大的宽慰。他的脸上终于露出了久违的笑容。

在"左"倾路线的错误领导下，苏区的形势变得越来越糟了。第五次反"围剿"的斗争中,不断传来失利的坏消息。王明上台后,邓小平对他将毁灭中国革命的担忧不幸成为现实。1934年10月,中央苏区第五次反"围剿"斗争失败,红军不得不进行战略转移。由于邓小平的出色才干,《红星》报离不开他,加之周恩来、李富春、王稼祥等竭力保护,"左"倾领导者才没有把邓小平留在即将被国民党军队占领的江西苏区。而毛泽覃、古柏、贺昌留下了,不久,他们为中国革命献出了自己年轻而宝贵的生命。

"长征的时候,你都干了些什么工作?"邓小平的女儿邓榕曾这样问过父亲。邓小平用自己那一贯的简明方式回答:"跟着走!"这三个字,说得简单,可不是一般人能"走"完那举世闻名的二万五千里长征的。

秋风飒飒,落叶飘零,邓小平随着中央红军主力踏上了漫漫征程。他不禁想起4年前红七军在"立三路线"驱使下痛苦转战的经历,眼前王明"左"倾教条主义又要把党和红军引向何方呢?邓小平为党和红军的前途忧心如焚。

尽管邓小平日后不愿意说自己的光荣经历,但是,当他1972年来到自己踏上长征路的始发地时,仍不禁感慨万千。他说:"我长征离开于都时,专门在于都弹了一床4斤重的棉被,这床棉被一直伴我走过长征。"

长征开始后,《红色中华》报和《斗争》杂志等都已停刊。这样,《红星》报便成为党中央、中华苏维埃共和国临时中央政府和中革军委唯一的报纸。身为《红星》报主编的邓小平,深感肩上担子更重。

由于要行军打仗,办报设备就非常简陋,两副担子挑起4个铁皮箱子,里面装着办报的全部设备:一台油印机、几盒油墨、几筒蜡纸、两块钢板、几支铁笔,以及一些毛边纸等。于是,邓小平一边行军,一边不间断地编排出版《红星》报。每期印刷七八百份,分发到红军各个连队,这成为广大红军战士的重要精神食粮。

对于广大红军战士来说,长征是突如其来的事,他们既没有思想准备,也没有物质准备。许多战士没有一双多余的鞋子,有的甚至光着脚行军。邓小平看在眼里,疼在心里。于是,他在《红星》报第四期第四版上发表了《怎样解决草鞋问题?》的文章,大声疾呼红军各级领导要把解决战士穿草鞋问题,提到减少病员、提高红军战斗力的高度来认识,并发动广大战士打草鞋。《红星》报上的倡

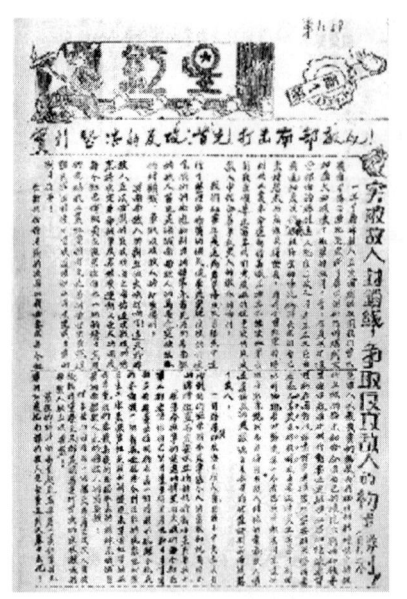

邓小平在长征中主编的一期《红星》报

议，得到了广大指战员的积极响应。在很短的时间内，战士行军穿鞋问题总体得到解决。

长征路上，邓小平十分注重对沿途广大劳苦大众进行我党和红军宗旨的教育。在《红星》报上，邓小平载文发动红军战士开展书写标语的竞赛活动，号召全体红军指战员"凡是能写字的……每人每天写一至五条标语""凡是宿营和大休息地的墙壁都要写满标语"。红军战士热烈响应《红星》报的号召，凡是红军经过的地方，在墙上、屋檐下，甚至大树上、山路旁，无不留下红军的宣传标语。

中央主力红军经过一个多月与敌人的浴血奋战，到11月下旬，在突破敌人湘江封锁线后，人员伤亡过半，减至3万余人，损失空前惨重！在这极为危急的时刻，被"左"倾错误领导者排挤的毛泽东坚决站了出来，严肃提出：红军不能向湘西前进，而应该向敌人力量薄弱的贵州东部前进，以跳出敌人的包围圈。12月18日，中央政治局在贵州黎平举行会议，肯定了毛泽东的正确主张，通过了《中央政治局关于战略方针之决定》，放弃了向湘西前进的原定计划，改向敌人力量薄弱的贵州西北挺进。

黎平会议后，绝大多数军内和党内高级干部对"左"倾错误领导强烈不满，毛泽东被排斥的状况开始转变。渐渐地，毛泽东有了发言权，在他的影响下，中央任命邓小平为中央秘书长，兼管中革军委纵队警卫员的政治思想工作。

1935年1月7日，红军攻占了遵义城。转战了几个月，好容易攻占了一座比较大的城市，红军指战员十分高兴。遵义的街上，到处贴满了红红绿绿的标语，这是红军的传统，走到哪儿，宣传到哪儿。

一天早晨，邓小平走到地方工作部的门口，大声招呼："刘英，走啊！去逛街哟。街上好热闹，看稀奇去。"刘英听到招呼，马上领着一帮青年男女跟了上来。他们走过杨柳街小巷，来到小十字街，一路上说说笑笑，好像忘掉了几个月来的奔波劳累和艰难险阻。

路过一家酒楼时，一股诱人的香气传了过来，他们不禁都放慢了脚步。邓小平对刘英说："我看遵义馆子里的菜和四川的做法差不多，比如回锅肉、鱼香肉丝、辣子鸡，就跟川菜一样。"刘英故意打趣地说："你们四川有什么？只有醪糟。"邓小平摸了摸口袋，一本正经地说："可惜没钱，要不请你们打牙祭了。"刘英笑了，说："又来你的精神会餐了。快走，不然口水流下来了。"

正在这时，通讯员跑来了，请邓小平马上回去，毛泽东找他有要紧事商议。原来是要在遵义筹备一个会议。

15日至17日，中共中央在遵义召开了政治局扩大会议，邓小平以中央秘书长的身份参加了会议。会前，他为会议的召开做了大量具体的准备工作，使会议得以顺利进行。会上，他担任记录。早在中央苏区时他就坚决反对"左"倾教条主义错误，他是毛泽东正确主张的坚定支持者。遵义会议上，他坚决拥护毛泽东。

遵义会议是中国共产党和中国革命的重要转折点，这次会议使受排挤的毛泽东确立了领导地位，因追随毛泽东正确路线而受到打击的邓小平也得以解放，给邓小平的政治生涯带来了重要转机。从此，邓小平得以充分施展自己的才华，开始了他后来更为光辉的战斗历程。

会议一结束，邓小平便在《红星》报上的显著版面刊载了《共产党中央委员会与中央革命军事委员会告全体红色指战员书》，传达党的遵义会议精神，要求全军指战员坚信，在新的党中央和中革军委正确领导下，革命一定会胜利。

遵义会议纪念馆1955年开放时，会址内的辅助陈列室里，介绍会议参加者的名单中没有邓小平。当时还误将董必武、林伯渠列入参加者名单。后来，遵义会议纪念馆致函董必武办公室，才弄清董必武没有参加遵义会议，随即又弄清林伯渠也没有参加。

1958年11月，担任中共中央总书记的邓小平在中共中央办公厅主任杨尚昆的陪同下，参观了遵义纪念馆。穿过陈列室，踏上窄小的楼梯，走进开会的房间，邓小平看到房间依旧是当年摆放的样子，他立刻想起了当年开会的情景，肯定地说："会议就是在这里开的。"他指着靠边的一角说："我就坐在那里。"

根据邓小平的现场追忆，1965年，遵义会议纪念馆请示贵州省委有关领导后，在遵义会议会议室的说明牌上列上了邓小平的名字，并在会议室的墙壁上挂出了参加会议的毛泽东、刘少奇、周恩来、朱德、陈云、林彪、邓小平7人的照片。

1966年，"文化大革命"的风暴席卷中国大地，遵义的造反派联络大串联来到遵义的外地学生，打着"造刘邓路线的反"的旗帜，诬蔑邓小平"篡改历史，硬把自己塞进遵义会议""是捞取政治资本"。于是，邓小平的名字在遵义会议会议室的说明牌上被打上黑×，照片被从陈列室墙壁上摘掉。

1976年10月，中国结束了延续十年的动乱，被颠倒的历史重新翻了过来。1980年，中国革命博物馆、遵义会议纪念馆以及其他相关党史资料、书籍中，在介绍遵义会议的参加者时，重新出现邓小平的名字。对此，邓小平平静地说："我一生的历史已经够光荣的了，参加遵义会议也添不了我一份光荣，没有参加遵义会议也抹杀不了我一份光荣。"

遵义会议之后，邓小平主要忙于中共中央秘书长的工作，无暇再编《红星》报了。经中央批准与邓小平建议，由陆定一担任《红星》报主编。此后，邓小平随部队四渡赤水，再渡乌江。邓小平说，那种和敌军兜圈子、打奇袭的运动战方式，好比"猫捉老鼠、老鼠捉猫"：大猫想捉小老鼠，反倒被小老鼠着实地捉弄了一番！

1935年5月下旬，中央红军穿过大凉山地区后，抢渡大渡河，飞夺泸定桥，翻越终年积雪的夹金山，于6月间在川西懋功地区的达维镇与红四方面军胜利会师。根据中共中央和中革军委的决定，邓小平被调任红一军团政治部宣传部部长,中央秘书长一职由刘英接替。刘英回忆说:当她接到通知到中央报到时,毛泽东对她讲"小平同志要上前方去,我提议你来接替他的工作"。刘英回答说:"小平同志能文能武,精明能干,我怕做不了。"毛泽东笑着说:"你做得了!"并解释了给邓小平调动工作的原因:"前方需要加强,小平同志很有才干,所以调他到前方去,让他更好地发挥作用。"事实证明,邓小平在担任这一职务后,更加出色地开展党的宣传工作。他利用各种宣传形式,在宣传党的方针、政策的同时,大力鼓舞指战员克服千难万险,勇往直前。

在邓小平的领导下,红一军团的"战士剧社"在长征途中发挥了非常重要的宣传鼓动作用。"战士剧社"的战士几乎都是未成年的孩子,广大指战员称他们为"红小鬼"。身为宣传部部长的邓小平,对这些"红小鬼"的工作要求是严格的,生活上是关心的,帮助他们在艰苦的环境中成长为有理想、有觉悟的红军战士。

一天傍晚,红一军团在甘南某村镇宿营。这天行军路很长,到达宿营地时已经日落西山了。宣传队员们吃过晚饭就烧水洗脚,有的宣传队员抱来麦秸在摊地铺,准备睡觉。突然,邓小平推门进来。"怎么搞的?街上为什么一条标语都没有?"邓小平面带愠色地问道。宣传队员不知怎么回答才好。邓小平批评说:"烧水洗脚有那么重要吗?把我们宣传工作的传统都丢掉啦!"宣传队员们一骨碌爬了起来,二话没说,提起石灰桶、扎起火把去写标语。从此以后,不管在什么情况下,凡到一个新地方,宣传队员放下背包,第一个任务就是写标语,非常自觉。

中央红军翻过六盘山,在青石嘴歼灭敌人两个连,并有不少缴获。邓小平看到宣传队员身上的衣服破烂不堪,便问红四团政委杨成武:"听说你们团在青石嘴一仗,缴获了敌人不少布?"杨成武回答道:"是的,上交了不少,还留了一点儿。"于是,邓小平提议能否用它们给"战士剧社"的小鬼每人做套衣服。不多久,宣传队员们每人添置了一套新衣服,上台演出显得更加精神了。

长征路上,邓小平平易近人,和战士、干部打成一片,以革命乐观主义精神深深地感染和鼓舞了广大战士和干部。邓小平性格随和,善于联系群众,谁都愿意跟他在一起,聊起来,天南海北,无所不谈。长征路上没有吃的,邓小平就和大家大摆"龙门阵",讲各地方的吃经。邓小平大讲四川天府之国的特色菜如何好吃,说得大家直咽唾沫。大家把这叫作"精神会餐"。

和战士们一样,邓小平的生活十分艰苦。他工作繁忙,想抽烟,但没有烟叶。有时他出去搜罗烟叶,但往往空手而归。有一次,他外出归来,兴冲冲地对已睡着的罗荣桓说:"老罗,起来!我搞到烟叶了。"罗荣桓起来一看,原来是干树叶子,两人相视而笑,立即将树叶搓碎,装进烟锅,悠然自得地抽了起来。

1935年10月,党中央挫败了张国焘分裂党中央、危害党中央的企图,率中央红军克服重重困难,终于到达陕北。邓小平和其他同志一样非常高兴:中央红军一出六盘山,看到佩戴袖标的陕甘支队,真是高兴得不得了,长征一年没有个家,这回可算到家了……

第七章

浴血抗战遇知音

> 初上抗日战场，凸显特有的能力与魄力。孤军深入晋西南，发动民众抗战，邓小平呕心沥血。跃马挥师上太行，从此刘邓不分家。

中央红军到达陕北后不久，以一二·九运动为标志，一场抗日救亡运动的新高潮在全中国迅速地发展起来。为发动、团结和组织一切抗日力量，开展民族革命战争，中共中央于1935年12月17日在陕北瓦窑堡召开政治局扩大会议，决定建立最广泛的抗日民族统一战线。根据瓦窑堡会议制定的《中央关于军事战略问题的决议》，红军将红一军团、红十五军团和刘志丹领导的红二十八军组成"中国人民红军抗日先锋军"。

1936年2月17日，中华苏维埃共和国中央政府发表《东征宣言》，宣告红军"为实现抗日，渡河东征"。邓小平随红军抗日先锋军于2月20日东渡黄河，进入山西。当时任红一军团政治部宣传队队长的梁必业回忆说："在东征途中，我们宣传队在小平同志的带领下，一路宣传，宣传共产党的主张，宣传抗日。我们还要做敌军工作和俘虏工作。小平同志在东征途中还亲自编写宣传提纲和教材。"

东征回师后，邓小平任红一军团政治部副主任，协助中革军委副主席兼总政治部主任王稼祥抓红军的政治工作。由于王稼祥在中央苏区时受过伤，身体不好，总政治部的工作重担就落到了邓小平肩上。

1937年7月7日，北平城西南郊卢沟桥畔枪声大作，炮火连天。日本帝国主义蓄谋已久的全面侵华战争开始了。中国驻军奋起还击，从此掀起了中华民族的全面抗战。

"平津危急！华北危急！中华民族危急！"在延安，中国共产党在卢沟桥事变后的第二天发出呼吁：全中国同胞、政府和军队团结起来，筑成民族统一战线的坚固长城，抵抗日寇的侵略。

8月25日，中共中央革命军事委员会发布改编命令，宣布中国工农红军第一、第二、第四方面军和陕北红军等部改编为国民革命军第八路军（9月11日又改为第十八集团军，一般习惯称八路军），由朱德、彭德怀任正副总指挥，叶剑英、左权任正副参谋长，任弼时、邓小平任政治部正副主任。八路军下辖一一五、一二〇、一二九3个师，其中一二九师师长为刘伯承，副师长为徐向前，政委为张浩，参谋长为倪志亮。

9月5日，朱德总指挥亲率八路军总部在陕西省三原县云阳镇（后划入泾阳县）举行出师抗日誓师大会。这一天，秋雨蒙蒙，但八路军将士个个精神抖擞，队伍整齐，军号嘹亮。誓师大会由邓小平主持，大家跟着朱德高声复诵《八路军出师抗日誓词》。誓词掷地有声，和着秋雨，气壮山河。

誓师大会结束后的第二天，邓小平与朱德、任弼时、左权等骑马离开云阳镇，经过9天的夜宿晓行，过陶池，经登城，穿合阳，于9月15日到达黄河西岸的韩城县（今韩城市）芝川镇。

芝川镇渡口是陕西段黄河的要津。一一五师、一二〇师不久前都是从这里过河的。邓小平与朱德、任弼时、左权等同坐一条船，他们面拂秋风，迎着翻滚浊浪，东渡入晋，到达山西省荣河县。后在山西曲沃县侯马镇换乘火车北上，于21日抵达太原，驻在成成中学内八路军太原办事处。

到达太原后不久，邓小平突然接到通知，要他立即到已奔赴山西战场的周恩来副主席的住处去，周副主席有要事找他。原来，先期到达的周恩来把邓小平找去，是要他担任刚刚成立的"民族革命战争战地总动员委员会"（简称战动总会）的八路军代表，以期邓小平排除"左"的干扰，迅速打开山西省统一战线工作的局面。"战动总会"是周恩来根据党的进行全民族抗战方针和《抗日救国十大纲领》提出来的，于9月20日正式成立。它实际上是中国共产党领导的、拥有武装的、半政权半群众团体性质的统一战线的革命组织。

"我们在阎锡山的第二战区刚刚成立了个'民族革命战争战地总动员委员会'，准备要你出任这个动委会的八路军代表。"一见面，周恩来就对眼前精神饱满、干练潇洒且透着英武之气的邓小平开门见山。邓小平全神贯注地听着，渐渐地明白了，他只觉得身上的热血都往上涌，望着周恩来毅然答复："请放心，我一定完成组织交给我的任务！"

9月23日，八路军总部迁往晋东北五台县南茹村。当邓小平传达消息时，干部、战士的情绪立刻高昂起来。按照中央和周恩来的晋东北民运工作"只动员群众，不干涉（阎锡山的）县政"的指示精神，邓小平明确提出晋东北的工作第一步主要是抓紧区村两级的战动总会的建立，做好实际组织和武装群众的工作。在邓小平的部署和领导下，总政治部民运部和战动总会的同志们，分散到各村子中去，发动群众、动员群众、组织群众，很快在许多村镇成立了战动总会，并组织起一支支人数不等的游击队、义勇军。另外，还动员组织了许多优秀青年参加八路军，为我军及时补充了新的力量。

10月下旬，邓小平率傅钟、陆定一、黄镇及韦国清带领政治部的一些干部及八路军随营学校的三个队共五六百人，开始离开八路军主力部队，从晋东北开赴吕梁山下的汾阳、孝义一带，负责领导开辟晋西南工作。他们一路撒传单，写标语，搞演讲，走到哪里宣传到哪里，走到哪里就把工作做到哪里。

到达汾阳后不久，太原失守。败退下来的国民党中央军、川军、陕军、晋绥军，沿着大路、小路溃逃，搞得人心惶惶。阎锡山也撤走了他在战动总会的干部，带着他们一同进入了吕梁山区。在这种情况下，邓小平异常清醒镇定，鼓励大家不要气馁，他说：国民党扔掉国土，丢下老百姓，抗战的责任在我们肩上。我们要当仁不让，鼓起最大的决心和勇气，站在最前线和日寇拼命，抗战到底。

为了尽量挡住国民党败军入城、进村骚扰群众，邓小平部署战动总会干部在临大道的村头、路口，协助群众设立茶水站、救护站、转运站等安抚败兵士气，运送伤病员，使队伍尽快通过。他还派出宣传干部分散到城镇村子中，进行讲演、张贴标语、揭穿谣言、打击汉奸活动，特别是周密组织转移兵站粮食、棉花，将其运过黄河。

在孝义县（今孝义市）的下堡镇，邓小平成功地领导了平遥、孝义牺盟会进行反逃亡斗争，并以孝义县和平遥县游击队为主组建了"牺盟会晋西游击支队"。这支游击队后来扩大成一个团，编入决死队二纵队建制，在抗日战争中立下了战功。

1938年1月中旬，八路军一二九师政委张浩因生病回延安治疗，中共中央军委决定派邓小平出任该师政委一职。一二九师是由原红四方面军在陕甘宁边区的

1938年，邓小平、萧克、彭雪枫、朱德、彭德怀（右起）在山西洪洞县马牧村八路军总部

部队和陕北红军一部编成的，下辖三八五旅、三八六旅以及5个师直属营、1个教导团，共1.3万余人。邓小平得悉后，奉命离开孝义县下堡镇，策马东上，昼夜兼程，匆匆赶回八路军总部。八路军总部领导听取了邓小平关于孤军深入开辟晋西南的工作汇报后，对他的工作表示十分满意，并向他通报了当前的战局形势，且郑重告诉他中央军委的任命令。

随后，邓小平先坐车后骑马，风餐露宿，开始向一二九师已经开进的山西省辽县（今左权县）西河头村出发。1月18日，邓小平一行风尘仆仆赶到西河头村一二九师师部驻地。非常不巧的是，就在邓小平到这里的头一天，由于蒋介石在洛阳召开第二战区师长以上的高级将领会议，刘伯承师长刚好出发到洛阳开会去了。

邓小平早在1931年就认识刘伯承，并对刘伯承有如下评价："初次见面，他就给我留下忠厚、诚挚、和蔼的深刻印象。"当1904年8月22日邓小平在四川东部的广安县协兴乡牌坊村降生时，与他相距约400里的开县（今重庆市开州区）赵家场张家坝出生的刘伯承，已经长成堂堂的大男孩，即将进入开县高等小学堂读书。他比邓小平早出生12年。

遵义会议是邓小平和刘伯承共同参加的第一个关系到党和军队前途命运的会议。遵义会议前后，邓小平第二次出任中共中央秘书长，刘伯承第二次出任中革军委总参谋长。相似的遭遇、相近的品格情操，使邓小平和刘伯承超越年龄的差异，逐步成为亲密战友。

1月27日，刘伯承一回到河头村，见到新到任的政委邓小平非常激动，张开有力的双臂与其相拥。随后，他热情接待了这位新上任的战友。

从此，这两位叱咤战场的时代伟人，同室运筹，同案布阵，同一个战场，同一条战壕，肩负着同一个历史使命……开始了他们的同生共死、救国救民的战斗生涯。

> 中国抗日战场上的"梦幻组合"，在素有"天下之脊"之称的太行山区导演了一场场惊天动地的战争史剧。刘邓连在一起，似乎就是一座巍巍太行山！

邓小平和刘伯承既是同乡，又是同一属相。1938年，邓小平与刘伯承走到一起，很快成为一对黄金搭档。邓小平视刘伯承为兄长，十分尊敬；刘伯承视邓小平为贤弟，相濡以沫。他们患难与共，休戚相关，共同撑起了太行山抗战的脊梁。

在太行山抗战的艰苦岁月，邓小平常对参谋人员说：刘师长年长体弱，师部要特别注意照顾，有事要多找我和参谋长；刘师长是我们的"军神"，大事才找他决策。刘伯承则常说，邓政委是我们的好政委，文武双全，我们大家都要尊敬他，都要听邓政委的。邓小平说过，他与刘伯承之间"感情非常融洽，工作非常协调"。又说："我比他小十多岁，性格爱好也不尽相同，但合作得很好。人们习惯地把'刘邓'连在一起，在我们两人心里，也觉得彼此难以分开。同伯承一起共事，一起打仗，我的心情是非常愉快的。"

第七章 浴血抗战遇知音

在人民军队的发展史上，和"朱毛"合称一样不可分割的还有"刘邓"，他们携手并肩打造了"刘邓大军"这一威名赫赫的"铁军"。正如曾担任新华社鄂豫皖野战分社社长的李普所说："在刘邓之间是难以放进一个'顿号'的。"

太行山古称"天下之脊"，纵贯晋、冀、豫三省边界，西有吕梁山，北有五台山，南临黄河，山高势险，居高临下，易守难攻，为历代兵家必争之地。从1937年到1945年，八路军一二九师主力就战斗在这里。刘邓精诚合作，为抗战胜利做出了自己应有的贡献。

邓小平到任后，在很短的时间里就熟悉了一二九师的情况，进而全身心投入到新的工作。2月4日，一二九师团以上干部会议在辽县召开。刘伯承非常尊重新来的政委邓小平，请他主持会议。会上，刘伯承作了太原失守以来军事工作报告。邓小平则针对当前部队中存在的各种思想问题，深入浅出地阐述了实行游击战争的重要性和必要性，提出了"秘密、迅速、坚决、干脆"的打仗特点，使各级干部尤其是领导干部加深了对党中央和毛泽东提出的游击战方针的理解。

一二九师在刘伯承、邓小平和徐向前的指挥下，很快地实现了战略转变。在一面以营或连为单位，进到平汉路、正太路沿线，发动群众开展游击战争，打

1938年，邓小平任八路军一二九师政治委员

击继续来犯之敌的同时，一面抽调了大批干部和连队，组织了许多工作团和游击队，分散到太行山区的各地发动群众。晋东南和冀西的几百万人民被很快地发动起来，新的抗日政权也建立起来了。

1938年2月，日寇集中3万余人，向晋南、晋西发动进攻。国民党军队依然是望风披靡，不战而溃。为了打击入侵的日寇，刘伯承、邓小平和徐向前将分散活动的部队适当集中，向正太线娘子关出击，寻机歼敌。

当得知正太路东段井陉西南20多里的旧关据点驻有日军200多人，且属井陉警备队管辖时，刘邓决定采取"攻其所必救，歼其救者"的战法，以第七六九团袭击旧关，吸引井陉日军警备队出援，而以三八六旅两个团设伏于井陉至旧关间的长生口附近，将援敌歼于途中。2月22日凌晨，第七六九团发起攻击，突入旧关，井陉日军果然中计，由警备队长荒井丰吉少佐亲率快速部队200多人，分乘8辆汽车向旧关驰援，途经长生口时遭到三八六旅的突然袭击。在遭到意想不到的猛烈打击下，日军惊惶失措，狼狈逃窜。经过5个小时激战，八路军歼敌130多人，击毁汽车5辆，随后乘胜攻入井陉。

长生口战斗后，刘邓根据毛泽东和八路军总部指示，率主力回师晋东南，在邯（郸）长（治）公路以北集结，伺机打击邯长公路上的日军，以破坏日军第一〇八师团西进的补给线，策应晋西八路军主力作战。在这里，刘邓再次决定运用"吸引援敌"的战术，佯攻黎城，引诱潞城之敌出援，在神头岭予以伏击。3月16日凌晨4时，战斗打响，战事进展一如刘邓之部署。黎城日军被袭，潞城的日军一〇八师团和十六师团的两支部队共1500余人即行出援，乖乖地钻进了刘邓为他们准备的口袋。我军三面出击，与敌人展开白刃搏斗。经两小时激战，除百余敌人逃脱外，余皆被歼，还缴获枪支骡马数百，战果显赫。死里逃生的败军之将也不得不承认，神头岭战斗体现了八路军游击战的典型战术。

3月中旬，一二九师侦察科获取日军情报：入侵华北的日军正向晋南、晋西南黄河沿线大举推进，后方运输线十分繁忙。针对这一情报，刘伯承立即与邓小平政委和徐向前副师长商议对策。经过对各方情报综合分析，同时根据"在敌后迅速广泛开展游击战，不失时机地在运动中歼敌"的指示，他们一致认为，日军正利用邯长公路为主要运输线向黄河沿岸加紧进攻。为了牵制敌人的这一行动，有必要在邯长公路上再狠狠教训鬼子一次，以怯其胆。而且，他们议定，这一仗位置选在山西省黎城县东阳关与河北省涉县之间的响堂铺一带。这里是日军后方交通线上的要地，公路南边大山林立，尽是悬崖陡壁，奇绝险峻，公路北侧沟壑纵横，隔河山地徐缓而上，进可攻，退可守，是伏击战的好"地利"。且日军运输队由长治出发，山路颠簸，至此行经百十余里，已经不胜疲惫，八路军突然出击，必使其猝不及防。

3月31日上午8点30分，日军第十四师团辎重部队所属的森木及山田两个汽车中队的180多辆汽车排着长龙式的队伍，由黎城经东阳关向响堂铺开来。徐向前当即通过野战电话与邓小平通报有关情况。9点左右，日军完全进入八路军伏击区，徐向前一声令下，顿时步枪、机枪、迫击炮一齐开火，沉寂的山沟一下子沸腾起来。日军被这突如其来的打击弄得仓皇失措，汽车在山沟里乱冲乱撞。就在敌人混乱之际，埋伏一夜的战士犹如猛虎下山冲了上去，用手榴弹、刺刀解决那些顽抗之敌。日军从东阳关和涉县出动的援兵，也被中途埋伏的八路军打了回去。这一仗打得干脆利落，仅用两个多小时就歼灭日军400多人，烧毁汽车180辆，并缴获了许多武器弹药。

一二九师在正太路、邯长公路上的三战三捷，歼敌2000人，使华北日军感到极大的不安。为驱逐和消灭晋东南的八路军部队，解除后方的威胁，日军于4月初纠集3万多人，南自邯长公路，北自正太路，西自同蒲路，东自平汉路，分九路对太行山根据地和一二九师大举围攻，妄图以"分进合击"的战术，将八路军围歼在辽县、武乡、榆社地区。八路军总部针对日军进攻的企图和部署，决定以一部分兵力展开广泛的游击战钳制各路日军，集中主力击破敌一路于运动之中，以打破敌人的围攻。

当日军从东、西、南、北四面开始进犯时，刘邓奉命指挥一二九师主力向辽县以南转移至日军合围圈外的涉县以北地区，后又进至蟠龙镇以东的石门村一带隐蔽待机。这时，南面日军第一〇八师团由襄垣、和顺和沁县分左右两路进犯，窜入辽县、武乡，其中左路日军第一一七联队3000多人于4月13日进占榆社。刘邓根据这一情况，当机立断，决定消灭这路孤军深入之敌。4月15日，一二九师主力由石门村以东地区西进，急行军百余里，于傍晚赶到武乡西北的西黄岩、马牧地区，绕到了第一一七联队的左翼。日军因寻找八路军主力扑空，加之一路上不时受到八路军袭扰，惶恐不安，遂放弃武乡、榆社，沿浊漳河两岸向襄垣方面退却。刘伯承、邓小平抓住这一有利时机，立即指挥一二九师主力及一一五师六八九团沿浊漳河两岸山地实行平行追击。

16日晨，部队经过9个小时猛追，终于在浊漳河北岸的长乐村附近追上了日军。这时，日军第一一七联队的先头部队已走过长乐村，大队人马辎重正向长乐村开进。一二九师等部不失歼敌良机，迅速占领有利地形，运用各种武器狠狠打击日军。本来就处于惊慌之中的日军，遭到突然打击后乱作一团，豕突狼奔，伤亡惨重。一二九师等部乘敌混乱之际，迅猛冲上公路，左刺右砍，杀得日军人仰马翻，一下子将狭窄河谷里的1500多名日军分割成几段。被围日军拼死顽抗，向河两岸高地疯狂反扑，妄想冲出重围。已经走过长乐村的日军先头部队，集中千余人掉头来解救其被围部队。一二九师阻击部队浴血奋战，顽强抗击敌回援部队。同时，一二九师主力反复冲杀，战至下午3时，将河谷里的敌人大部消灭。这时，发现从辽县、蟠龙方面来了千余名日军增援，刘邓认为全部消灭敌军已无把握，为了巩固胜利成果，果断决定用少数兵力在前线布防游击网，打击和迷惑敌人，命令主力部队立即撤出战场。

长乐村之战，八路军共消灭敌人2200余人，缴获了大量军用物资。日军受此打击，被迫回撤。八路军则乘胜追击，到4月下旬，彻底粉碎了日军的九路围攻，连续收复辽县等19座县城。从此，以太行山为中心的晋冀豫地区基本上为一二九师所控制，并成为向平原发展的可靠基地。

4月下旬，邓小平主持召开了一二九师团以上干部会议，传达贯彻中央关于由山地向平原发展的指示，决定由副师长徐向前率一二九师平汉路东纵队和一一五师一部东进冀南，开展平原游击战争。在会上，邓小平强调指出，我们只要坚决按中央的方针去办，广泛发展游击战争，发动群众参加抗日武装斗争，建立抗日民主政权，安定社会秩序，就能够得到各阶层人民的拥护和支持，实现平原大发展的目标。

在徐向前率部挺进冀南的同时，刘伯承、邓小平率师部及三八六旅进至冀西邢台一带，掩护徐向前部东进。尔后刘、邓指挥部队频繁破击平汉铁路，并以主要精力指导冀西、冀南根据地的工作。

1938年8月，邓小平奉命离开冀南，到达八路军总部，不久转赴延安参加中共六届六中全会。临行前，邓小平紧握着刘伯承的手，久久不肯松开，千言万语凝结在那双有力的大手上，直到刘伯承连连催他上马，邓小平才吐出4个字："师长保重！"于是上马挥鞭……

在延安，邓小平出席了中共扩大的六届六中全会，并在会上作了关于地方工作的报告。六中全会总结了全国性抗战15个月以来的工作经验，分析了抗战形势及发展趋势，批评了关于统一战线问题上的右倾错误，批准了以毛泽东为核心的党中央政治局的路线。

在中共扩大的六届六中全会举行期间（9月29日至11月6日），日军相继攻占武汉、广州，并逐渐停止对国民党正面战场的进攻，而回过头来对付抗日根据地，华北地区是日军进攻的主要方向。

10月中旬，当获悉华北日军将要对根据地进行大规模"扫荡"时，邓小平急忙从延安致电刘伯承、徐向前，就冀南反"扫荡"准备工作提出了自己的建议。刘伯承在太行山上亲拟回电，表示完全同意他的建议。

刘伯承与邓小平相互间是非常尊重的。在重大问题和要事的处理上，从不独断专行，总是经过商量之后才以两人的名义往下布置。而在两人分开、不能面商时，则以函电的方式交换意见。

1938年年底，邓小平从延安返回冀南，并在南宫附近的老虎张庄召开了一二九师军政干部会议，传达六届六中全会精神，研究对敌斗争方针。会议根据中央军委的指示和冀南的斗争形势，决定师主力进至冀南，依靠群众，依托乡村，巩固冀南、鲁西北平原根据地。

1939年7月初，日军集中5万多人的重兵，采取稳步推进的方针，对太行山区发动"第二次九路围攻"，企图围歼一二九师主力，打通白晋路及临汾经屯留、黎城至邯郸的公路，将根据地分割成"田"字形状。面对日军的九路围攻，刘邓指挥一二九师主力及一一五师第三四四旅，避敌锋芒，退出城镇，分散游击，待敌深入后，将其分割聚歼。激战逾月，大小战斗70余次，歼敌伪军2000多人，粉碎了日军大"扫荡"。

8月间,邓小平奉命再次离开太行山,到延安参加中共中央政治局扩大会议,并于9月初返回太行山。

10月初,邓小平在一二九师干部会议上传达了中央政治局扩大会议精神,并分析了国内形势和当时抗战处于相持阶段的特点,指出妥协投降和分裂倒退的倾向已成为抗日战争的主要危险,强调党在相持阶段的三大任务。他的报告,使全师将士增强了抗战到底的决心和争取胜利的信心。

邓小平和刘伯承在积极贯彻中央政治局扩大会议精神的同时,积极开展工作,准备迎击日伪军和国民党顽固派的进犯。12月初,刘邓利用华北日军换防、兵力减少的有利时机,指挥一二九师进行了邯长战役。经过近20天的激烈战斗,共毙伤日伪军700余人,收复黎城、涉县两地,粉碎了日军分割太行山根据地的企图。

1940年初,日军强迫中国民夫在冀南大筑公路干线和支线,在太行、太岳修筑铁路,在平汉线西侧增筑公路和据点,企图分割和封锁抗日根据地,便于其分区反复"扫荡",达到摧毁抗日根据地、消灭八路军的目的。邓小平和刘伯承一眼就识破了日寇的阴谋诡计,先后召开师党委会和干部会议进行研究,采取有效措施,进行反击。

刘伯承对邓小平说:"我一直在想,敌人的这个'囚笼政策'究竟是啥意思。"他边说边比画,"作个比喻来说,敌人是要用据点间的铁路和公路构成网状,把抗战军民紧紧地缠起来。他这个铁路好比是柱子,公路呢,好比一条条链子,连接铁路公路的据点就是一把锁。这就像一个'囚笼'!如果我们不能打败敌人,打破这个'囚笼',就成了'待决之囚'。所以,我们要坚决截断敌人的交通,使他们的'血管'不能流通,手脚不能动弹,直至困死。"

"对!这正是敌人的致命弱点!"邓小平把话接过来,"敌人不是想以铁路为柱吗?我们就再来它几次大规模的破击铁路战斗,把它的铁路搞得支离破碎,那时候我们可就成了'笼子'里蹿出来的老虎了,要吃人喽!"

从此,晋冀豫根据地军民在刘邓的领导下,全面开展了破路斗争。以八路军一二九师为主,配合各个兄弟部队,并动员了铁路、公路沿线成千上万的民兵、地方武装、自卫队和游击队,对白晋线、平汉线、德石线以及邯长公路等,展开

邓小平作战斗动员

总破袭。拆轨、炸桥、挖路、攻击铁车，使敌人赖以立脚生存的一条条交通大动脉修不胜修，防不胜防，像一条条气息奄奄的蟒蛇，完全陷于瘫痪。

"破坏一里铁路，等于消灭一连敌人。""让敌人用脚跟我们赛跑。""收回一根铁轨等于缴获一挺机关枪。""让敌人用牛、用驴子去搬运炮弹、炸药、飞机、大炮。"这一过程中，有很多形象、鲜明、生动的动员口号直接出自刘邓，有的是政治工作者根据刘邓首长的指示精神编出来的。

1940年5月，在破袭白晋铁路的战役中，刘邓指挥部队在南北长达百余公里的铁路线上，展开了全面的破路行动，共歼敌350多人，破坏铁路50多公里，毁坏大小桥梁50多座，并解救了被敌关押的1000多名修路民工。接着，又于6月中旬进行武（安）沙（河）战役，共歼敌700多人，破坏铁路、公路各一段，打通了太行至冀南的交通联系。这期间，小的破坏交通战斗则几乎没有一天停止过。

为了粉碎日军对华北我军的全面进攻，打击其"囚笼政策"，克服国民党投降的危险，从1940年8月开始，八路军在总司令朱德、副总司令彭德怀的指挥下，向华北敌占交通枢纽和各据点发动了大规模进攻战役，即震惊中外的"百团大战"。在长达三个半月的时间里，经过两个战役阶段和反击日军报复"扫荡"

的作战，八路军投入兵力 105 个团、20 余万人，作战 1824 次，毙伤日军 2 万人、伪军 5000 余人，破坏铁路 474 公里、公路 1500 余公里、桥梁隧道 260 多处。一二九师在百团大战中，与其他兄弟部队并肩战斗，在破击和反"扫荡"作战中，取得了辉煌的胜利，总计破坏铁路 240 余公里、公路 500 余公里，进行了大小战斗 529 次，一度收复县城 9 座，毙伤日伪军 7500 余名。

这期间，刘邓亲临战斗一线，实施战场指挥。他们时而翻越太行山，时而行军数十里。有一天，敌人的飞机投下的炸弹打到了他们所住的山洞门口，刘邓出来看了看，冒着敌人密集的炮火，起程又走。危情一过，安营扎寨，邓小平就又召集开会，作报告，讲局势，讲政策。

"太行山双雄"邓小平和刘伯承从全面抗战初期开辟太行山根据地开始，共事达 13 年之久，并肩战斗，共同导演了许多惊天动地的战争活剧。他们共享战争胜利的喜悦，一同感受战斗失利的郁闷。思想上的认识一致，感情上的异常融洽，工作上的配合默契，使他们结下了一往情深、牢不可破的友谊。在许多老百姓心目中，刘邓就是一个人。

> 日寇的残酷"扫荡"，国民党的摩擦封锁，百年不遇的灾荒，使抗日根据地空前困难。于是，一面精兵简政，一面整风固政权；一手拿枪，一手拿锄，生产自救。

1942 年，太行山抗日根据地可谓到了最严峻最困难的时期。日寇接连不断地、残酷地进行"扫荡"、吞食，对根据地实行灭绝人性的杀光、烧光、抢光政策，人民的生命财产受到严重摧残，生活、生产条件被破坏，抗日根据地在缩小。接着是一场百年不遇的旱灾降临到根据地，骄阳如火，焦土生烟，庄稼歉收，老百姓吃饭都成了问题。尔后，水灾、雹灾接连而来，真是祸不单行，天灾在许多地区反复交错发生。

而阎锡山的第二战区,一方面借口抗日救国,拼命搜刮民财;一方面从1940年以后又完全停止了对八路军军火、军粮、服装、医药等的补给。加上日军的经济封锁,八路军总部、一二九师和整个太行山抗日根据地军民的经济财政一无所进,几乎陷入绝境。老百姓一天吃不上半斤粮,只得用糠皮、树皮、小蓟菜、槐树叶、大麻叶等充饥,有人甚至挖了白土掺进饭里填肚子,生活处于极度困苦之中。灾情遍及太行山抗日根据地6个专区中的4个,亟待救济的灾民达35万人,占全区人口的23%。还有从冀西、豫北和黄河以南国民党统治区逃过来的难民7万多人,需要安置。

面对空前的经济困难、生存困难,毛泽东早在1938年12月就提出:"第一饿死;第二解散;第三不饿死也不解散,就得要生产。""目前我们须得变一变,把我们的身体变得小些,但是变得更加扎实些,我们就会变成无敌的了。"中共中央也发话了:"敌后抗战能否长期坚持的最重要条件,就是这些根据地居民是否能养活我们,能维持居民的抗日积极性","我党政军均应了解,假若民力很快的消耗完,假若老百姓因为负担过重而消极而与我们脱离,那末不管我们其他政策怎样正确,也无济于事"。刘伯承、邓小平立即作出坚定的回答:勒紧裤带,团结奋斗,共渡难关,争取胜利!

在一二九师直属队及新一旅、三八五旅参加的精兵简政动员大会上,刘伯承作了《如何贯彻中央精兵简政政策》的报告,邓小平接着讲了话。邓小平动情地告诫全体指战员,由于长年不断的战争和日本侵略者的疯狂掠夺,加上其他天灾人祸,抗日根据地人民生活困难。我们部队的日子也够苦的了,但我们是人民的军队,我们就应特别关心人民的疾苦,尽量减轻人民对抗日的负担。我们厉行精兵简政,把我们的身体变得小一些,变得更结实一些,就是为了减轻人民的负担。只要我们赢得人民群众的支持,我们就一定能够战胜困难,渡过难关,最后战胜日本帝国主义!邓小平指出,减轻人民的负担,从两方面着手:一是精兵简政,二是机关部队本身厉行生产节约,反对贪污浪费。

会后,邓小平亲自带了一个精干的工作组,从赤岸出发,深入到武安、沙河一带的太行军区第六分区具体指导精简工作。一二九师和晋冀豫边区前后共进行了三次大的精简。精简之后，一二九师直属队从41个伙食单位减到19个，各军分区与新一旅、三八五旅共减少156个伙食单位。

在精简的同时，实行了严格的节约措施。根据师部命令，部队的小米供应，主力部队由每人每天1.5斤分期减到1斤（16两），地方武装由1斤减为15两，机关人员由1斤减为13两。从战士到师、旅干部，每月只发1.5元到5元的津贴费。按当时物价，1.5元钱只能买一把牙刷和一包牙粉。办公费、菜金一律停发，由各单位从生产中自行解决。粮食不够吃，就采集野菜、树叶补充，整天吃拌菜的"和子饭"。即使吃这个也不能吃饱，因此一些单位流行着"一碗平，二碗尖……"的盛饭经验，后来这些单位改为由大师傅统一掌勺，不让自己盛饭了。刘伯承、邓小平也和大家一样节约用粮，并一再向行政科和管理员交代，不准揩大食堂的油。

一天，邓小平来到沙河县（今沙河市）独立营检查工作。独立营的司务长听说邓政委来了，心想，怎么也不能让级别这么高的首长同他们一起吃小米野菜吧！可是他到食堂一看，一点白面也没有，仅有的就是两袋小米和刚刚挖来的几筐野菜。他东奔西跑，东借西借，终于借到一些白面，为首长做了一碗面条。当司务长高高兴兴地把一碗煮好的面条送到营部时，邓小平立即皱起了眉头，拍了拍司务长的肩膀说："同志，你让我搞特殊化哟，要不得！要不得！快把这碗面送给重伤员吧。我自己到食堂去吃。"说着，邓小平走到一连伙房，这时饭已开过，小米野菜饭已吃完，炊事员正在铲锅巴，陪同的干部很不好意思地要领邓小平到二连去吃。邓小平却说："不必了，小米加步枪是我们的革命传统，我就吃点小米锅巴吧！"他边说边拿起一块锅巴嚼了起来。

由于救灾，部队1943年的冬装到入冬时才筹措到土布和棉花，来不及集中缝制了，就把土布、棉花发给各单位，动员人人动手，自做自穿。没有染料，就找草木灰和树根、槐花染色，不会剪裁，就请有经验的同志和老乡帮忙。刘伯承、邓小平和大家一样，穿的是深一片浅一片的灰土布棉衣。有一回，供给处的同志给他们每人做了一套细灰布棉军衣，却被他们坚决退回，并严肃指出：这不是对我们的爱护，是要我们脱离群众；新棉衣穿在身上，我们暖和了，可战士们的心凉了。

知情人都知道，邓小平带头在办公室支起了纺车，在百忙中挤出时间摇动纺车，在阵阵嗡嗡声中，抽出缕缕白丝。他还手拿纱锭和参谋人员观摩比较。第一次纺线时，他接不上线头，后来学会了接线头，但抽出的白线又是疙疙瘩瘩，粗细不匀。邓小平一遍又一遍地学呀、纺呀，两条腿都盘坐僵了，还不肯放下手上的摇把。

"快看，快看！成功了，成功了！"忽然，邓小平高兴地大声叫喊起来。他一只手小心翼翼地摇动纺车，一只手捉着线头抽出白白的又细又长的线，直到手快扯到背后，才又小心翼翼倒摇着纺车，把细细的棉线缠在线轴上。就这样不停地一抽一送，一送一抽，接连抽送了几个来回，既没有断线，也没有出现线疙瘩。"谁说当兵的只会打仗？八路军的男子汉也能织布纺棉。"邓小平在女同志面前证明了一个真理：事在人为！

邓小平一边号召部队节约度荒，吃饭定量，并带头坚持每顿只吃一份小米野菜饭，省下粮食送给赤岸村贫穷多病的人家，一边带头开荒种地，发展生产，实行自救。一天清晨，在村边的沿河沙滩上，出现了七八名衣着整齐的军人，他们扛着铁锹和锄头，提着箩筐，有说有笑，走在最前面的就是邓小平和刘伯承。这是他俩带领身边的工作人员来乱石滩包片开荒垦地。正在沙滩上劳动的群众，没想到师首长在百忙中还来垦荒。邓小平和刘伯承脱掉外衣，穿着粗布衬衣挥锹掘土，汗水浸湿了他们的衣衫。当天下午，邓小平又带着大批战士来到这里热火朝天地劳动，还虚心地向老农请教。

1943年9月21日，在河北涉县的一个村庄里，晋冀鲁豫边区和一二九师联合召开生产动员大会。邓小平站在主席台上，他穿一身洗得发白的灰布军装，清瘦的脸上双眼炯炯有神。看着台下的指战员军装破旧、身体瘦弱，他的心情十分沉重。是呀，在这艰难的岁月，战士们食不果腹，衣不御寒，常常得饿着肚子去行军打仗。

尽管当时他们根据中央的指示制定了发展生产的计划，要求旅以上干部每人每年生产收入达到100元，团以下每人60元，但是也有一些人反对部队搞生产，"本位主义""资本主义""富农思想"等一批帽子也在太行山上飞舞。邓小平不怕这些，在这次会上，他明确指出："必须建立赏罚制度，在《命令》中规定，个人生产模范、劳动英雄，给予100元到200元的奖金。有些同志说，这是否过高了？我说不高。这是由于其劳动所获得的，又不是贪污所得，是应该的。对于懒惰不积极的，要给予处分。懒惰，生产不好的单位必须自己吃苦。否则，赏罚不明，就不能将一项工作做好。"

很快，各部队的生产运动搞得轰轰烈烈。邓小平以身作则，走在前面，他和其他领导干部一起开荒、担肥、下种，还特意请了一个老农作技术指导。在邓小平和刘伯承的带动下，太行各部队1943年共种地10.1万多亩，其中垦荒地81000多亩；总收入1500万元以上，其中农副业收入占77%。各单位的经费、吃菜全部自给，粮食自给一至三个月，减轻了人民负担，改善了部队生活。在"杀敌英雄劳动英雄大会"上，邓小平亲手向军队和地方的劳动英雄们发了奖。奖品有奖章、农具和奖金等。尤其引人注目的是，劳动模范李顺达和女劳动英雄郝二蛮各得到一头牛的奖励。他们把披红挂花的牛牵回自己家中时，一路上领受了许多羡慕的目光。

当日寇未灭、旱灾连年、生产自救刚刚让人们从饥饿的死亡线上挣扎过来之时，一场毁灭性的蝗灾突然袭来。无穷无尽的蝗虫，飞过来遮天蔽日，落下来盖地无边。太行地区46%的地方受灾严重，受害庄稼达60万亩，其中被吃得颗粒无收的有24万亩。作为当时中共中央北方局代理书记的邓小平，肩上的担子可想而知了！

当时，一二九师有位从美国留学回国后参加革命的农业专家张克威。于是，大家把灭蝗的希望寄托在张克威身上。张克威的确也想了许多办法，最后提出用白糖加药物灭蝗的措施。用白糖加药物灭蝗，办法好则好，效果也不错，可连粗糠拌野菜都吃不上、吃不饱的根据地军民，上哪里去找那么多的白糖呢？这办法自然是不现实的，行不通。

邓小平倡议用土方法灭蝗："用手打，来个群众性的灭蝗运动！"他亲临灭蝗现场，党政军各级都成立了"除蝗指挥部"。数十万人开始行动，有用火烧的，用水淹的，用土埋的，更多的则是用锹拍、用树枝抽、用鞋底搓、用双手捉……大家日夜轮番围歼。还有人发明了吃蝗，说"吃蝗虫不但可以解饥，它还是高蛋白养料"。于是，一场蝗吃粮、人吃蝗的人蝗大战，就这样在太行山展开。

八路军太行抗日根据地军民之所以能够挺过重重难关，之所以能够粉碎日寇无数次的"围剿"与"扫荡"，能够战胜自然灾害，夺取大生产运动的胜利，其中有一条政治上和思想上的保证，即开展整党整风运动。

1941年5月19日，毛泽东在延安干部会议上作《改造我们的学习》报告，提出了反对主观主义以整顿学风。9月10日至10月22日，中共中央召开政治局扩大会议，学习和研究党的历史，总结党的历史经验，从政治路线上分清是非，达到基本一致的认识。1942年2月1日，毛泽东在中共中央党校开学典礼上作《整顿党的作风》演说，进而又提出反对宗派主义以整顿党风；2月8日在延安干部会上作《反对党八股》的报告，提出反对"党八股"形式主义以整顿文风。此后，整风学习运动在全党逐步开展起来。

作为太行山抗日根据地党的主要领导人，邓小平领导了该根据地党的整风运动。邓小平指出，整风的目的是要以无产阶级的马列主义的思想，去克服存在于我们同志中的非无产阶级的非马列主义的思想，使我们全党思想更加统一，意志更加坚定，全体同志更能团结在以毛泽东为首的党中央的周围，一心一德地去完成中国革命的事业。他主张把整风运动在晋冀鲁豫4个区上下全面推开，一面与敌人周旋，一面抗灾救灾开展生产自救，一面开展整风运动。特别值得一提的是，由于在整风运动中同时进行了审干工作，邓小平及时地发现并纠正了审干工作中一些地区出现的过"左"的做法。邓小平每到一地视察工作，都反复告诫大家，首先领导同志头脑要清醒，要调查研究，要实事求是，克服官僚主义和对同志、对党不负责任的态度。

当时的一些同志回忆说，太行军民在那样困难的情况下能够挺得住，挺得过来，其中一个重要原因是整风运动加强了军民战斗力；太行整风运动之所以能够健康发展，其中一个重要原因是邓小平的深入指导，及时纠偏。

> 窑洞婚宴上,邓小平豪饮而不醉。总算有了一个家,尽管这个家仍然居无定所。战火中,一家五口难得见上一面。

入秋的延安,微风已带来丝丝凉意。夜晚,月色如水银泻地,洒在延河,洒在清凉山,洒在宝塔山。

军号的声音在远山回荡,这是催促劳作了一天的人们尽早入睡的号声。然而,在毛泽东的窑洞前,正在举行一次特殊的聚餐。

这是1939年9月的一天。两对新人在这里举行婚礼,一对是邓小平和卓琳,一对是新中国成立后担任过海关总署署长、中央调查部部长的孔原和许明。

毛泽东、刘少奇来了,张闻天和夫人刘英来了,李富春和夫人蔡畅也来了。

1939年9月,邓小平与卓琳在延安结为夫妇。这是他们与孔原、许明夫妇的合影

曾任八路军驻新疆办事处主任的邓发亲自掌勺。他曾经在轮船上当过厨师，手艺还不错，但可惜英雄无用武之地，因为没有什么山珍海味，甚至连普通的鸡鸭鱼肉都少得可怜。但宾客们情绪很高。当天下午，他们就推着两对新人照了合影，这张照片今天还能看到，没有婚纱，更没有化妆，邓小平难得地面露微笑，卓琳倒显得有点严肃。

这年8月，邓小平从太行山赴延安开会期间，在战友、朋友们的热心帮助下，与卓琳相识。后来，卓琳说："他（邓小平）是从前方回来的，和邓发住在一个窑洞里头。我是在公安部工作，他们经常到公安部来，因为公安部女同志多。有时候也叫我们到他们住的地方去玩，他大概在那个时候就对我有意了，我不知道。他就找跟我一块儿到延安的女朋友，让她来跟我谈，说他想跟我结婚，问我同不同意。那个女朋友和我谈了两次，我不愿意。我说我年纪还轻，不想那么早结婚，于是我拒绝了。"邓小平当时是八路军一二九师政委，卓琳是一个年轻女生。对这位从前方来的长征干部，卓琳自然缺乏了解。

自从结识了卓琳，邓小平便经常约这位姑娘到延河边散步、聊天。开始，他俩作为朋友，谈得很开心，很投缘。邓小平不多说话，有情人相会，语言有时显得多余。有时问问她是怎么来到延安的，卓琳便滔滔不绝地向他"汇报"起她的"转战生涯"。

卓琳的经历，虽不像邓小平那样波澜壮阔、震撼人心，但同样充满曲折且耐人寻味。她出生在一个富甲一方的工商名绅家庭，是家中第七个孩子，也是最小的一个孩子。卓琳的父亲是云南有名的"火腿大王"，后支持孙中山的国民革命，加入北伐军滇军部队。在广州期间，一度发了财、做了官，于是写信让老家的亲人到广州。不到10岁的卓琳同母亲先后赴越南、香港，最后到了广州。她小时候从周围的好多事情中感受到人世间女性的不平等遭遇，并为之愤愤不平，小小心灵常常萌发出莫名的反抗意识。

念中学时，有一个音乐女教员常常在课堂上向学生们宣讲革命、宣讲共产主义，卓琳对此感受深刻。有一天，这个教员突然被捕了。在被押赴刑场时，这位戴着手铐脚镣的女教员慷慨悲歌，高喊共产主义的口号。那英勇就义的场面与大义凛然的共产党人形象，深深铭刻在卓琳心底。于是，追求自由、追求个性解放、追求革命的思想，渐渐在卓琳的心底明确。

1931年，卓琳被挑选为云南省体育代表团少年选手成员参加在北平举办的全国运动会。从云南出发刚刚到达香港时，九一八事变爆发了。国难当头，运动会自然开不成了，云南队只好撤返。没想到才走到香港就要返回，卓琳心不甘、情不愿，于是写信给家里，表示不回云南，要去北平读书。家人同意后，她经上海辗转到北平，在一个补习班学习数月。次年，她考入北平第一女子中学。

1935年，一二·九运动中，19岁的卓琳同数千名学生走上街头，手挽着手，肩并着肩，加入抗议洪流，用不可遏制的愤怒高呼"不当亡国奴"的口号，声讨日本帝国主义的侵略暴行和南京国民政府的卖国行径。对她来说，这是一次灵魂的洗礼，她的思想觉悟发生了质的飞跃。

1936年，卓琳抱着学习理工以实业报国、科学报国的理想，以优异成绩考上北京大学物理系。在校时，她积极参加了校抗日民族解放先锋队。不久，七七卢沟桥事变爆发。乔装成百姓模样的卓琳，终于躲过日本鬼子凶神恶煞的视线，逃出北平。那种日本大兵手持刺刀、荷枪实弹搜查学生和进步人士的森严场面，令卓琳刻骨铭心。

逃出北平后，卓琳决定去延安投奔八路军、投奔革命。北平—天津—青岛—济南—西安—延安，转船倒车，折腾数回才到达革命圣地延安，并考上了延安陕北公学，经过近4个月的学习圆满完成学业。1938年年初，她加入中国共产党而成为一名矢志不渝的革命者，并因工作需要而改名"卓琳"。

开始散步时，邓小平和卓琳还有点拘谨，总是保持一定的距离。后来，卓琳终于大胆地挽住了邓小平的胳膊。打这以后，延河边的黄昏便似乎愈来愈甜蜜了，愈来愈温馨了。河滩上，留下了他们长长的身影和深深的脚印……

据卓琳讲，当时她怕跟一个工农干部成家，因为去延安的那些干部多是工农干部，"我不是看不起他们，而是怕他们没有知识，跟他们说不到一块儿"，因此她不敢同这些人谈情说爱。后来，邓小平两次主动找上门来，卓琳听了他的有关情况和理想后，觉得他还不错，是个知识分子。卓琳想反正早晚都得结婚，自己已经23岁了。于是对自己说，算了吧，凑合吧，再说他还很优秀的。

喜酒喝得十分酣畅，战友们为邓小平高兴。尽管是木板搭成的桌子，尽管没有什么美味佳肴，尽管赴宴者衣服上还打着补丁，连新郎新娘也不例外，但窑洞婚礼的气氛热闹异常。那些经历了二万五千里长征的革命战士，一杯接一杯地灌新郎喝酒。他们群起而攻，目标明确，轮番劝饮，硬是把孔原灌了个酩酊大醉。邓小平也不知哪来那么大的酒量，有劝必喝，竟然面不改色，泰然自若，反倒把劝酒的都一个个喝得败下阵去。那些参加婚宴的夫人们，无不惊奇"小平的酒量真大"！

其实，也是那些劝酒的人先输一筹，他们就没想想，邓小平哪有这么豪饮而不醉的酒量；便是"酒逢知己千杯少"，也未必就面不改色心不跳。后来，张闻天把老底抖开，原来是李富春和邓发帮了他大忙，他们专门弄了一瓶白开水充酒，两人各执一瓶，一左一右，一真一假，为大家斟酒，才救了老朋友的场。而邓小平居然配合默契，未露破绽。

这次婚礼，凡在延安的中央高级领导都参加了，邓小平和卓琳唯一感到遗憾的是周恩来副主席与夫人邓颖超未能光临。此前不久，周恩来在河边骑马，江青突然骑马挥鞭疾驰而来，惊了周恩来的马，他摔坏了一条胳膊，此时正在苏联养伤。

邓小平和卓琳的婚礼简朴而别致，他们的新婚蜜月更富有传奇色彩。邓小平心系太行，惦念着刘伯承师长和一二九师全体将士，牵挂着根据地反"扫荡"的进展。思归心切，几天后他带着新婚妻子卓琳告别了延安，东上太行。

卓琳自跟随邓小平离开延安、到了太行山抗日根据地，就被安排在八路军总部工作。八路军总部虽说是机关，但是在太行山上，仍然时常要接受枪林弹雨的考验。但她毫不畏惧地跟机关和部队一起行军、转战、反"扫荡"。

1940年，邓小平所在的太行区被日本侵略军多次"围剿"，处境艰难。这时候，卓琳从八路军总部调到一二九师师部秘书科，来到了邓小平身边一起工作、生活、战斗。尽管他们长年行军打仗，反"扫荡"，时分时聚；尽管他们只能有一个"居无定所之家"、一个"前线战地之家"，但总归是夫妻得以团聚，如影随形，可以相互关照，相互体贴，亦自有一种"战地黄花分外香"的情趣。

百团大战之后，刘伯承和邓小平即率一二九师南进太行山涉县，将师部驻扎在涉县境内的大山里一个叫赤岸的村子，而且一住下来就是5年。邓小平与卓琳

邓小平与卓琳在太行山

便在赤岸这个山环水抱的小山村，建立了一个相对稳定且温馨的战地之家。师部就设在赤岸村半山腰一座小庙里。邓小平与卓琳的家就安在这小庙隔壁的一个小财主住过的院子里。所谓的家，也只有一张笨木桌子，一张木板搭起的比单人床略宽一些的双人床和一些极简单的生活用品。

1941年9月，邓小平与卓琳有了他们第一个爱情的结晶——女儿邓林。多么可爱的小生命，卓琳一遍又一遍地亲吻着可爱的小宝贝。然而，在战火纷飞的岁月里，卓琳要经常跑"扫荡"，行军打仗，再带个孩子实在不容易，大人受累不说，孩子也跟着遭罪。那年月，正是太行山大饥荒，部队生活比老百姓的生活好不了多少。于是，卓琳与邓小平一商量，把孩子送到附近一个老乡家里寄养。后来，又转托一二九师政治部主任蔡树藩的夫人陈书莲带往延安，送进延安保育院……

1944年4月，邓小平与卓琳喜得一子。邓小平建议起名"太行"，以纪念太行山斗争。卓琳不太同意，因为刘伯承的儿子早几年已取用此名。就这样，孩子两岁时，还唤作"胖胖"，没有正名。一天，卓琳笑着对刘伯承说："师长，你的儿子占了我们的名字，你得给咱胖胖起个名！"刘伯承笑着说："这是政委的

1945年，邓小平夫妇抱着邓朴方、邓林与刘伯承一家合影

事情，与师长没有关系。"邓小平说："谁都知道刘邓不分家嘛！你就给起个名字吧！"刘伯承笑眯眯地答道："那好！"刘伯承一边把胖胖叫到跟前，一边让夫人汪荣华把桌子上写着"朴实方正"4个大字的素笺取来，说："我刚才写了这4个字，我看胖胖生得正是朴实方正，就叫朴方好不好？"邓小平夫妇听后同声叫好，长子邓朴方的名字就叫开了。

卓琳和邓小平在太行山共同度过了5年的艰苦岁月。5年里，夫妻二人患难与共，生死相依，相亲相爱，并先后生了3个儿女。这3个孩子都是在战火纷飞的岁月中出生的，在残酷的战争环境中成长。卓琳只得多次忍痛把孩子托付给老乡，自己随部队行军、转移。

直至抗战结束，1945年12月，刘邓司令部迁至武安县以后，卓琳才将3个孩子都接回了身边，全家5口人在武安暂居下来。这是有了3个孩子以来，全家第一次团聚。

邓小平

> 用党的政策去宣传群众，组织群众，武装群众，开展工作，一切都为了把日本鬼子早日赶出去，迎接最后的胜利。

从1941年3月开始，日军连续推进第一次、第二次、第三次"治安强化运动"，对抗日根据地的边沿区加紧蚕食，增筑公路、碉堡和封锁沟墙，步步向根据地中心进逼。为打破这一严重局面，邓小平于4月底发表了《反对麻木，打开太行区的严重局面》一文，提出了以武装斗争为核心的全面对敌斗争的方针，要求党政军民努力建设与发展地方人民武装，认真组织游击集团。根据邓小平的指示，这年春夏，太行、太岳军区都组织了不少游击集团，参战人数3.3万多人，作战500多次，毙、伤、俘敌707人，缴获枪、炮（弹药）3000多支（发），破坏公路50多公里。接着，邓小平和刘伯承指挥部队进行了邢（台）、沙（河）、永（年）等反"扫荡"战役，给日军以重大杀伤。

1942年2月3日，日军开始了"第一期驻晋日军总进攻"，发动对太行、太岳、晋西北根据地的"扫荡"。邓小平和刘伯承指挥主力部队和地方武装及游击集团奋力反"扫荡"，利用根据地有利条件，采取灵活机动的战略战术，狠狠地打击进攻根据地的日军。日军此次"扫荡"因兵少地宽，遭到抗日军民的英勇打击，以伤亡3000多人的损失宣告失败。

这年五六月间，日军又进行"第二期驻晋日军总进攻"，并采用"集中兵力，辗转扫荡"的战法，对太行、太岳根据地进行"铁壁合围"，来势凶猛，企图一举消灭八路军。此时，邓小平已去中条山检查工作，刘伯承指挥一二九师采取各种手段打击敌人，连续作战20天，歼敌200余人，截回了一批被敌掠夺的物资，迫敌抽出大批兵力掩护车队，阻滞了其"扫荡"步伐。

1942年3月19日，已是深夜，刘伯承还坐在赤岸一二九师司令部作战室，

第七章 浴血抗战遇知音

一会儿静静地看书，一会儿望着墙上的军用地图出神，并且不时掏出怀表看看，或者也不抬头也不转身问声几点了。

昏黄的煤油灯冒着细细的青烟，散发着呛嗓子的煤油味，让两个参谋直想打瞌睡，但看到师长毫无休息的意思，他们也只好硬撑着一双沉重的眼皮候着，一会儿就得拨拨灯头上红红的灯花。

"哦，12点了，应当到了什么地方呢？……从黎城西井，翻一架大山，到武乡洪水……若从洪水出发，快一点，不会出什么问题，或该到了沁县……该通过了白晋线！……不会出什么意外吧？"刘伯承自言自语，使得一个打盹的年轻参谋一激灵站起来，以为师长又让他去机要科看有没有电报来："是，师长，译电室说没有邓政委的电报。"旁边那个中年参谋捂了嘴暗暗笑他。

只见刘伯承在作战室内走来走去，心事重重。这位中年参谋壮着胆子说："师长，天不早了，你还是去休息吧，一有电报我们就给你送过去。"刘伯承抬头看了看他们，说："你们轮流去睡吧，不要都在这儿熬着，我还不困。"说着，他把手伸到木炭盆上烤了烤，捧起一本书，坐在灯前看起来。

邓小平是3月13日率七七二团出发的，此行的主要目的是先到太岳军区去检查建党、建军、建政与反"扫荡"工作情况，然后再从太岳区转道中条山视察。往太岳军区所在的沁源县去，途中要通过几道敌人的封锁线，特别要穿过敌占区的白晋线。所以刘伯承一直牵挂着邓小平的安全。今夜过白晋线就是最危险也是最关键的一段路了，刘伯承虽然知道邓小平有与敌人周旋的丰富经验，可毕竟是带着一个团的人马，目标太大了，万一被敌人发觉，难免要发生一场恶战……

卓琳与刘伯承的夫人汪荣华也放心不下，一连来司令部问过两遍，都没有新的消息。刘伯承劝说她们放心去休息，自己却放心不下，心想着一旦通过白晋线，邓小平一定会有电报来的。

然而，时间一分一秒过得真慢，夜里12点过去了，没有什么消息。刘伯承索性叫两个值班参谋去休息，自己坐在作战室一边等电报，一边替他们值班。他一口气看完了大半本书，还不见消息递过来，心越发悬了起来。于是，他再也坐不住了，便披了大衣，去敲机要科的门。

也真巧，刘伯承刚走进机要科不一会儿，就有太岳军区司令员陈赓发来的电

167

报。刘伯承立在译电员身边,看着译电员一个字一个字往下译,有时译电员还没译出来,他就猜出下一个是什么字,一连猜了好几个字,都猜得非常准确。译电员全部译完了,只见刘伯承慢慢直起腰来,长长地舒了一口气,疲倦的脸上露出了一种放心的微笑。这时,他才放心回去休息,并托汪荣华转告卓琳。

邓小平到达太岳后,听取了太岳军区司令员陈赓、政委薄一波的工作汇报,并在太岳军区司令部驻地山西沁源县的阎寨村召集连以上干部讲话。不久,因侵占了浮(山)翼(城)地区的阎锡山部队配合日寇继续向八路军进犯,便由邓小平统一指挥三八五旅、三八六旅、决死队一旅、二一二旅等部,于4月15至16日进行了浮翼自卫反击战。

5月中旬,邓小平一行前往中条山一带新开辟的晋豫抗日根据地。在这里,邓小平作了重要指示:一、工作的基本环节是要各方面大力发展党组织和群众组织,隐蔽地积蓄力量。二、发展力量是各方面的,包括统战力量及争取可变的顽固分子、争取伪军组织在内。但是,诸力量中起决定作用的是武装力量。三、首先建立政权,以政权的组织形式,便于开展各项工作。四、发展力量要有正确的政策和措施。要把大刀阔斧和一点一滴的作风有机结合起来,把党政军民各方有机地配合起来,抓住中心,扎实苦干。根据这些指示,中条区党委、晋豫联办领导根据地军民进行了艰苦卓绝的斗争,使根据地逐步由游击性阶段走向巩固发展阶段。

9月初,中共中央政治局决定实行一元化领导,并成立中共中央北方局太行分局,由邓小平任书记,领导晋豫、冀南、太岳、太行4个区党委的工作。

1943年1月25日至2月21日,邓小平以中共中央太行分局书记的身份在涉县温村组织了高级干部会议,讨论研究如何扭转晋冀鲁豫边区的困难局面,全面开展根据地建设问题。邓小平主持会议并作了《五年来对敌斗争的概略总结与今后对敌斗争的方针》的报告。他在报告中,全面系统地总结了1937—1942年五年来晋冀鲁豫边区的工作,并提出了今后的任务。在报告中,他富有创造性地提出了根据地建设和指导根据地群众运动的规律,极大丰富了毛泽东根据地建设理论。在他看来,根据地的创立与发展,除了具备一定的地理、敌情、时机等条件,还"必须具备着革命的武装、政权、群众组织和党等四种力量"。这四种力量是缺一不可的，又是互相配合的，其中党是领导一切的核心。

温村会议结束后，太行、太岳、冀南等军区遵照会议精神和邓小平的指示，全面贯彻"敌进我进"的方针，组织和派遣大批武工队和小部队深入敌后，广泛发动群众，积极开展游击战争和政治攻势，初步扭转了主要依托根据地进行反"扫荡"、反"蚕食"的被动局面。

10月6日，中共中央决定，将中共太行分局并入中共中央北方局，八路军总部与一二九师合并，原太行分局书记、一二九师政委邓小平接替彭德怀担任中共中央北方局代理书记。同时，八路军总部由武军寺村进驻麻田。彭德怀、刘伯承等一批高级将领在党中央安排下前往延安参加整风学习，并准备参加中国共产党第七次代表大会。从此，39岁的邓小平在太行山独立主持北方局和晋冀鲁豫地区党政军的全面工作。

尽管几十年后，邓小平回首往事，在回答女儿的问题"你那时一个人在前方，也够不容易的吧"时，曾经淡淡一笑，说："我没干什么事，只干了一件事，就是吃苦。"岂知"吃苦"两个字，包含了伟人多少奋斗的足迹，多么博大的情怀！可以说，太行这段经历，是邓小平的思想逐步走向成熟的主要阶段，他在太行有关政治、军事、经济、政权、群众组织诸多工作的历练中，作为一个政治家渐渐走向成熟。

1944年4月中旬，日军发动了打通中国大陆交通线的"一号作战"。驻河南的国民党军队只坚持了一个多月，豫西大部地区即陷入敌手。5月以后，日军向湘桂进攻，在豫西只留下一个师团，仅控制陇海铁路的某些交通要地及其附近县城。7月，邓小平专门召见太行军区第五分区司令员皮定均、政治委员徐子荣，传达中央关于向河南敌后进军的指示，提出组建"八路军豫西抗日支队"，并要求迅速南渡黄河，开辟豫西抗日根据地。

7月20日，邓小平在宣布豫西抗日支队领导人任命会上，就开辟豫西抗日根据地的战略意义、困难、条件、政策等问题作了重要指示。他介绍说，日军发动河南战役，国民党40万大军不战而溃，在一个多月时间里日军就侵占了38座县城，而不可能控制广大乡村，这就为我们深入敌后进行游击战争、开辟新的抗日根据地创造了条件。

169

8月中旬,邓小平在左权县麻田镇见到了豫西抗日支队副政委并政治部主任郭林祥,听取有关支队组建、渡河准备等情况的汇报。当郭林祥把支队组建、日伪军河防部署、渡河方案等情况一一作了汇报后,邓小平走到挂在墙上的军用地图前,与郭林祥一起仔细研究渡河方案,选定了渡河地点。然后,他坐下来对郭林祥说,驻守河南的过去是汤恩伯、胡宗南的部队,在今年四五月间日军发动的河南战役中,不战自溃,一部分部队逃进了深山,一部分部队被老百姓缴了械。豫西现在的情况非常混乱。你们过了河怎么站住脚,靠什么开辟根据地呢?光靠打仗是不行的。你们必须依靠党的政策,用党的政策去宣传革命,组织群众,武装群众,才能站稳脚跟,开展工作。仗也是要打的,但一定要打得巧。仗不在打,打则必胜。豫西民性强悍,很讲义气,不打一点该打必打的仗,群众也是瞧不起的。只要你们坚定地执行党的政策,坚定地执行三大纪律八项注意,又打一点胜仗,人民群众就会信任,就一定能扩大武装政权,开辟根据地。

9月22日,豫西抗日独立第一支队两个团1000多人,在皮定均、郭林祥等率领下,从豫北济源县(今济源市)西南蓼坞渡过黄河进入豫西。不久,邓小平又派两个支队挺进豫西,开展敌后斗争,有力地打击了日伪军,开创了豫西抗日斗争的新局面。

在邓小平和北方局的领导下,至1944年底,晋冀鲁豫军民艰苦斗争,共拔除敌据点千余处,收复县城11座,光复国土6万多平方公里,解放人口500多万,把许多被日伪军分割的小块游击区变成了大块根据地。

到1945年,八路军加强了对日伪军的攻势作战。晋冀鲁豫边区从1月16日攻击大名城开始,先后进行了道清战役、豫北战役和南乐战役。道清战役经过3个阶段的作战,攻克敌据点7处,控制了原武、阳武两城以外的2000多平方公里地区,共歼日伪军2500多人,解放人口75万,建立了获嘉、武陟、修武等4个抗日民主县政府。豫北战役攻克敌据点40多处,歼日伪军近3000人,收复沁源、阳城、晋城、安泽等地。南乐战役解放村镇200多处,收复南乐、新河、南宫等县城,歼日伪军3400多人。经过1945年的春季和夏季攻势,晋冀鲁豫根据地更加巩固,抗日胜利的曙光已经到来。

这年6月中旬,邓小平离开太行山赴延安参加中共七届一中全会。党的七大上，41岁的邓小平已当选为中央委员。这次会议通过了新党章，新党章规定以马克思列宁主义理论和中国革命的实践之统一的思想——毛泽东思想，作为中国共产党的一切工作的指针。大会选举毛泽东为中共中央委员会主席兼中央政治局、中央书记处主席。当时，在太行山主持工作的邓小平收到毛泽东发来的专电，在对邓小平当选为中央委员表示祝贺的同时，要他赶赴延安出席七届一中全会。在延安，邓小平向中共中央汇报了太行歼击日伪军的战绩，当然他一直心系太行，还经常和刘伯承一起研究部署晋冀鲁豫边区夺取和保卫抗战胜利果实的斗争。

8月8日，苏联对日宣战，并于9日出兵百万进入中国东北向日本关东军大举进攻。当日，毛泽东发表《对日寇的最后一战》的声明，号召八路军、新四军及其他抗日武装，应在一切可能条件下，对于一切不愿投降的侵略者及其走狗实行全面的进攻。

8月15日，日本政府宣布无条件投降。9月2日，日本正式在投降书上签字。至此，中国一场历时整整14年的抗日战争，终于画上了一个完整的句号。抗日战争的胜利，是近百年来中国人民在反对外国侵略者的斗争中所取得的第一次完全的伟大胜利。

这时，邓小平、刘伯承领导的晋冀鲁豫解放区已控制80多座城市，拥有2400万人口，军队发展到30余万人。这支"刘邓大军"成为一支不可战胜的力量，将在解放全中国的伟大斗争中再立新功。

第八章

逐鹿中原盼解放

> 蒋介石用以掩盖内战的和平骗局上演，图谋在军事压力之下，迫使共产党订城下之盟。谈判桌外的争斗针锋相对，共产党军队十战十捷。

1945年8月，当日本投降的消息传来的时候，古老的神州大地立即沸腾起来。刘伯承、邓小平领导的晋冀鲁豫根据地和全国一样，人人欢欣鼓舞，奔走相告：日本鬼子投降了！日本鬼子投降了！！

经历了空前劫难和巨大牺牲的亿万中国人民都在庆幸：苦难的日子总算熬到了头，和平民主可以实现了，中国终于有了希望。

然而，人们欢庆胜利的喜悦，祈求多年的和平，渴望重建家园、过幸福生活的心愿，很快被国民党的内战炮火所毁灭。

8月11日，蒋介石一连下了三道电令：一是命令国民党军队"加紧作战，积极推进，勿稍松懈"；二是命令共产党军队"就地驻防待命"，不得向日伪军"擅自行动"；三是命令日伪军"切实负责维持地方治安"，不得向中共投降，并对共产党军队的进攻作"有效之防卫"。明眼人一看就清楚，蒋介石这是要"下山摘桃子"，抢夺和独霸抗战胜利果实。

为了达到这一目的，蒋介石一面利用日伪军担负守备，抵抗八路军、新四军收复国土，一面借助美军海空力量从大西南、西北大后方向华北、华东、华中和东北解放区调运大批军队，抢占交通要道和重要城镇。

针对蒋介石的倒行逆施、准备内战的阴谋，8月13日，毛泽东接连发表了《抗日战争胜利后的时局和我们的方针》《蒋介石在挑动内战》等文章，指出蒋介石发动内战是早晚之事，决定采取针锋相对、寸土必争的方针，号召各解放区在对日伪军展开全面攻势的同时，要百倍提高警惕，充分做好自卫作战的准备。14日，刘伯承、邓小平、滕代远从延安电令各军区迅速扩大解放区，立即扩充野战军，准备打击沿平汉、同蒲铁路北犯的国民党军。20日，中共中央决定成立晋冀鲁豫中央局，邓小平为书记；成立晋冀鲁豫军区，刘伯承任司令员，邓小平任政治委员，下辖太行、太岳、冀南、冀鲁豫4个军区。此时的晋冀鲁豫解放区，已拥有2400万人口，30万军队，40万民兵。

由于解放区力量迅猛发展和国内外舆论普遍要求和平民主，蒋介石要马上发动一场大规模内战不但不合时机，也没有充分准备好。于是，他在加紧调兵遣将的同时，又假装顺从民意，表示愿意同共产党举行和谈。蒋介石在8月14日、20日和23日接连向延安发出了3封电报，邀请毛泽东到重庆共商"目前各种重要问题"。这是蒋介石出于发动内战需要而采取的一个重要步骤。他的用意无非是：如果毛泽东不去重庆，就可以堂而皇之地把"不要和平""不肯合作"的大帽子扣在共产党和毛泽东的头上；如果毛泽东去了，又可以在谈判桌上得到军事上得不到的东西，让共产党交出军队，交出解放区，还可以加紧进行内战的部署。毛泽东去不去谈判？中共中央政治局为此召开多次专门会议，经过反复权衡利弊，最后于8月26日决定毛泽东等赴重庆与蒋介石进行和谈。

果然不出中共中央所料，国民党军队此时正沿着平绥、同蒲、平汉、津浦等铁路，由西向东、由南向北进犯。其中国民党军第二战区司令长官阎锡山于8月中旬出动7个军，在日伪军的接应下，以主力进占同蒲路沿线，并以第十九军军长史泽波率领5个师1.6万人，侵入晋冀鲁豫解放区腹地的上党地区，占据了襄垣、长治、长子、壶关、屯留等城，试图以此使中共在即将举行的重庆谈判中作出更大的让步。

面对这一严重事态，邓小平、刘伯承深为即将赴重庆谈判的毛泽东的安全担心，不过他们想起了几天前毛泽东的指示："你们回到前方，放手打就是了。不要担心我在重庆的安全问题。你们打得越好，我越安全，谈得越好。"

同日，一架银灰色的美制运输机在轰鸣的马达声中从延安机场起飞，向东飞去。飞机上的乘客是晋冀鲁豫解放区的主要领导人邓小平、刘伯承、薄一波、滕代远、张际春，还有该区的几位著名将领陈赓、杨得志、陈锡联、王近山等。两个月前来延安出席中共七届一中全会的邓小平，现在正和他的战友们从延安飞返太行。

飞机穿过茫茫云海，飞越奔腾咆哮的黄河、绵延数百里的太岳山脉，很快出现在巍峨挺拔、气势磅礴的太行群峰的上空。透过舷窗，俯瞰机翼下那片熟悉的山峦，邓小平十分清楚，抗日战争作为一个历史阶段已经过去了，等待他们的将是一场更加严酷、更加复杂的新的斗争。在这场新的斗争中，他所领导的晋冀鲁豫解放区将起着举足轻重的作用。而他这次回来的首要任务就是，按照中共中央制定的一系列对敌斗争方针，领导晋冀鲁豫解放区军民，争取和平，反对内战，用战斗来保卫解放区，保卫人民的胜利果实。

飞机在太行山区黎城县长宁村外的一个简易机场降落，李达参谋长派来迎接邓小平一行的骑兵排早已等候在那里。下了飞机，邓小平一行便径直赶到涉县赤岸村军区司令部，听取有关上党地区敌我态势的汇报。这时，李达正在武乡段村指挥部队攻打日伪军的据点。刘伯承、邓小平要通李达的电话后，命令他率部迅速南下攻占襄垣城，作为太行部队集结地，以便会合太岳、冀南部队进行上党战役。

8月30日，中共中央发出指示："在顽军向我解放区进攻时，在自卫原则下打几个胜利的歼灭战。"

"内战看来是不可避免了。"刘伯承皱着眉头对邓小平说。"是啊，刚刚打跑了前门之虎，后面狼又进来了。可是，我们进行的是正义之战，是代表了历史的潮流的，中国要走向民主、富强，这是谁也阻挡不了的。"邓小平的眼里闪烁着坚毅的目光。

蒋介石为什么要选择上党地区为其进攻解放区的首要目标呢？从全国的战局来看，晋冀鲁豫战区扼中原要冲，既是华东、华中的后方，又是华北的门户，是联络策应各路解放区的枢纽，控制着平汉、同蒲、陇海、正太4条铁路的交通命脉。蒋介石欲实现其"强占华北，争夺东北"的战略意图，必须首先控制晋冀鲁豫这个要害之地。从局部地区来看，上党地区所在的晋东南，对国共双方都十分重要。若国民党军夺得晋东南，晋冀鲁豫军区所属之太行、太岳两军区将被敌分割，从而陷于难以立足的困境。阎锡山也十分清楚这一点，他说，拿回晋东南就绝了刘邓进山西的通道。

于是，阎锡山的部下史泽波率部开进上党地区。史泽波觉得运气不错，连下

6座城市，蒋介石、阎锡山闻讯大喜。就在国民党方面得意忘形之时，刘邓已赶回前线，开始组织反击作战。

作战会议上，刘伯承严肃指出："日本法西斯倒台了，蒋介石却还不肯罢休，一面邀我党代表去重庆谈判，一面积极进兵。目前，蒋介石的军队沿4条铁路开来，4个爪子伸开向我们扑来了。人家是把足球向我们解放区的大门踢过来了，我们要守住大门，保卫华北解放区，掩护我东北野战军作战略展开。平汉、同蒲是我们的主要作战方向，但现在的问题是，阎锡山侵占了我上党六城，在我们背上插了一把刀子，这就是人们通常说的芒刺在背，脊梁骨发凉嘛！一定要拔掉这把刀子，以除心腹之患。"

邓小平接着刘伯承的话说："蒋介石要发动内战，我们晋冀鲁豫解放区首当其冲。中央已明确指出，根本的问题是抗战胜利果实落到谁手里的问题。蒋介石、阎锡山伸出手来抢，我们则针锋相对，寸土必争。为配合毛泽东、周恩来、王若飞去重庆谈判，我们就是要消灭胆敢进犯的敌人。我们打得好，对谈判才越有利，才能迫使反动派的嚣张气焰有所收敛。"

上党战役于9月10日打响。按照计划，屯留和长子是我军首先攻击的目标。守屯留的是徐其昌的第六纵队，也是阎锡山军队中较有战斗力的部队，有6000多人，号称精锐的第六纵队，火力强，构筑的工事坚固。而我军当时除了迫击炮，只有一门山炮，但经过3天2夜的攻击，12日解放屯留，徐其昌纵队全部被歼。

陈赓的太岳纵队进攻长子于9月13日开始。长子虽是一个小城，但日军曾长期盘踞，修筑了大量坚固工事。守敌白映瞻的挺进第二纵队虽只有2000人，但战斗却打得异常激烈，经过激战，太岳纵队攻陷该城，白映瞻被活捉，守敌被全歼。

攻下屯留和长子二县以后，阎军已成惊弓之鸟，壶关亦迅速被攻克。长治外围各县被逐城解放后，9月24日，我各路大军直逼长治城下。

守长治的是阎锡山第十九军军长史泽波指挥的3个师1万多人。阎军孤立无援，粮弹被服等无法补给，士气低落，只好日夜赶筑工事，企图固守待援。为保住长治，阎锡山急忙派其第七集团军副总司令彭毓斌指挥二十三军、八十三军共6个师，并配属炮兵司令胡三余亲自率领两个炮兵团，共2万余人，于9月18日从太原、榆次出发，星夜南下，10月2日行抵襄垣、屯留两县交界的磨盘垴、老爷岭，企图驰援史泽波。

刘伯承、邓小平得知敌人援兵出动，立即改变部署，变攻城为打援。刘邓下令以一部分兵力继续佯攻长治，吸引敌八十三军向长治急援，另一方面以李达、陈赓、陈锡联等所率主力部队分两路隐蔽北进，歼灭来援之敌。

彭毓斌发现我军，企图固守老爷岭，然后稳步向长治推进解围。太岳纵队为攻占老爷岭，几支主力部队发起猛攻，未克。我军第二十团急中生智，于10月4日夜间，派出小股部队主动从东侧迂回过去，以突然的行动占领了两个小山梁，并控制了北山水源，敌七十四师遂被孤立，战局急转直下，10月5日老爷岭被我军攻克。

彭部人马阵脚大乱，在我军追歼阻击之下，10月6日晚2万人马全部被歼，副总指挥胡三余被俘，总指挥彭毓斌被击毙。固守长治的史泽波见援军覆灭，心胆俱裂，弃城西逃，长治遂告解放。刘伯承、邓小平决心痛打落水狗，命令太岳纵队，用最快的速度赶上并歼灭逃军。

史泽波从长治逃出后，一路上被民兵游击队袭击，行动迟缓，走了4天才过横水、东西峪一带。10月11日下午，太岳纵队将他包围在沁河东岸，第十九军史泽波的1万多人马，除了少数先头部队溜掉外，全部被歼，史泽波亦被活捉。

10月12日，上党战役以我军的全胜而告终。刘伯承、邓小平极富智慧的指挥，是战役获胜的关键。正因为上党战役打得好，重庆的蒋介石不得不回到谈判桌上来。一开始，蒋介石对上党战事抱着极大的希望，希望阎锡山能打个好仗，一是摸摸共产党军队的战斗实力；二是借此逼压共产党再作让步。所以当国共双方的会谈纪要定稿后，中共代表催蒋介石签字时，他迟迟不肯签字。阎军在上党的惨败无异于给蒋介石当头一记闷棍，他只得派人到红岩村与周恩来联系，表示要尽快在协定上签字。10月10日，《双十协定》正式签署生效。与此同时，蒋介石把进犯之事说成是阎锡山部自己所为，与国民党中央无关。

本性难移，蒋介石要发动全面内战、消灭共产党的野心始终未曾改变。上党战役的失败，迫使蒋介石迅速改变策略。他利用《双十协定》签订后带来的和平之机，大肆向华北、东北调兵遣将。美国的舰艇、飞机等运输工具是蒋介石实现自己战略部署的帮凶。10月中旬，胡宗南的先头两个军经同蒲路、正太路进抵石家庄，其后续部队已到晋南闻喜。沿平汉路北犯的孙连仲部三十军、四十军和新八军，10月14日从新乡出发，妄想10天左右到达石家庄与胡宗南会师，其后续部队4个军业已到达新乡。平汉线乌云密布，大有一触即发之势。

早在上党作战正酣的时候，一位长途跋涉的秘密使者来到了山西黎城的刘邓前线指挥部。他是秘密工作者王定南，是国民党十一战区副司令长官兼新八军军长高树勋从豫西派来的。因为路上不好走，所以迟到了。在战火纷飞的前线，刘邓热情地接待了王定南。王定南说明了近几年来高树勋在国民党军中受歧视、排挤，使他感到只有靠近中共才能生存下去。

邓小平对王定南说："你来得正好，我也准备做这项工作。为了打退蒋介石的进攻，使其在政治上陷于孤立，必须在国民党军队中开辟新的战线。首先争取受蒋介石排挤、歧视的非嫡系部队，争取一切可能争取的国民党将领，站到和平、民主的旗帜下面来。"随后，邓小平和刘伯承联名回信给高树勋，表示欢迎高树勋派人来联系，希望他不断进取，为革命为人民做出贡献。王定南返回后，争取高树勋的工作秘密而紧张地进行着。

中共中央和毛泽东高瞻远瞩，针对蒋介石调动国民党部队拼命想打通平汉线、抢占平津、夺取东北的企图，指示刘伯承和邓小平立即着手组织以邯郸为主要战场的平汉战役（亦称邯郸战役）。在战前动员时，刘伯承说："我们一定要使蒋介石的如意算盘变成'黄粱美梦'。"真是无巧不成书，历史上有关"黄粱美梦"的传说故事就发生在邯郸，刘伯承用这一历史典故嘲弄蒋介石的话真的变成了现实。

10月30日，高树勋宣布新八军起义，加速了国民党军的败亡。31日拂晓前，敌人主力向南突围。11月1日夜，刘邓命令部队突入国民党第一战区副司令长官兼四十军军长马法五的指挥部，第四十军、三十军顿时乱作一团，失去了指挥。马法五被俘，其部大多被歼灭。

上党、平汉战役的胜利，打乱了国民党的内战部署，国民党被迫在形式上同意在1946年1月签订《停战协定》。随后，双方发布了停战命令。此后，表面上看，国民党停止了大规模的军事进攻，一些主要地区的军事冲突也有所缓和，国共两党正在就划定停战线、整编军队、改组政府等问题进行和平谈判。但实际上，国民党对谈判根本没有诚意，国民党军对解放区边沿区的蚕食和进攻也从未停止过。一系列事实和种种迹象表明，国民党停战、谈判是假，而利用谈判部署、发动内战是真。内战的阴云一直笼罩着中国，内战的危机时时刻刻都存在着。

1946年4月4日，邓小平和刘伯承、滕代远、薄一波等联名签发了晋冀鲁豫军区《关于准备应对内战的指示》；4月25日和5月8日，又联名签发了《晋冀鲁豫军事斗争纲领》和《关于应付大规模内战加强准备工作的指示》。这些指示的中心内容是，提醒全区各级领导干部和战士，对国民党反动派保持高度的警惕，揭露敌人破坏停战的阴谋；利用停战时机，抓紧练兵，放手发动群众，搞好减租和生产，做好应付全面战争的各种准备。

6月26日，蒋介石悍然撕毁了《双十协定》和《停战协定》，集中20多个师的兵力，向共产党中原解放区大举进犯，开始了大规模的全面内战，扬言3个月到6个月之内消灭共产党领导的人民军队。

6月28日清晨，邓小平、刘伯承、薄一波、张际春、李达等人带着卫队，乘车自邯郸向磁县马头镇方向而去，参加在那里召开的第三、第六纵队自卫反击作战誓师动员大会。会场设在一片旷野上，在一片煤堆上，人们用木板临时搭建了一座检阅台，简陋而朴实，看不出任何精雕细凿的痕迹，与附近雄伟壮观的古丛台（战国时期赵武灵王为庆祝胜利，观看军事演习而专门修建的）形成鲜明的对照。检阅台的周围是一排排穿着灰色军装的战士，他们肩上的刺刀在阳光的照耀下闪闪发光。在这一望无际的灰色海洋的簇拥下，高高的检阅台显得庄严和神圣。

邓小平和第三、第六纵队的首长陈锡联、彭涛、王近山、杜义德一一握手后，便健步登上检阅台。显得格外精神的邓小平，虽是在这大热天，却穿戴得整整齐齐，气度不凡的举止和严肃的表情显示出一种气宇轩昂、威武潇洒的军人气质。站在台中央，邓小平目光扫视台下那一排排整齐的队伍，用高昂的声音讲道："同志们，国民党撕毁了停战协定，对解放区发动了全面进攻！中原我军主力已撤出宣化店，分路向西突围，我们也要做好最后准备，随时投入战斗！"

空旷的田野里一片寂静，只有邓小平那洪亮、激昂、铿锵有力的声音在回荡："经过多年抗战，我们取得了胜利，人人都希望结束战争，家人团聚，安居乐业，建设家园。但蒋介石不顺从民意，不适应历史潮流，把战争强加在我们的头上，我们只有奉陪到底，用枪杆子打出和平来。"

讲到这里，邓小平猛一挥手，作了个坚决的手势。陈锡联领头高呼起口号来："准备好一切！""坚决粉碎蒋介石的进攻！""打好自卫反击的第一仗！"将士们跟着高呼起来，声震四野。

誓师大会结束后，邓小平、刘伯承和其他晋冀鲁豫军区的首长们一起检阅了部队。看着眼前这些全副武装、精神抖擞的战士，邓小平脸上露出了自信的笑容。

在邓小平、刘伯承的指挥下，晋冀鲁豫野战军越战越勇，继上党、平汉战役之后，八战八捷（陇海、定陶、巨野、鄄城、滑县、巨金鱼、豫皖边和豫北战役）。其他方面的野战军也屡战屡胜，不断发展壮大。到1947年2月，全国各解放区军民经过8个月的自卫作战，共歼灭蒋军71万多人，有力制止了敌人的全面进攻，发展壮大了人民的力量。

> 抢渡黄河、苦涉黄泛区、血战汝河、险越淮河，前有阻敌，后有追兵，一道道阻碍都挡不住晋冀鲁豫野战军千里跃进大别山的洪流。

挺进大别山逐鹿中原，在三山（泰山、大别山、伏牛山）、四水（长江、淮河、黄河、汉水）之间开辟新的战场，这是刘邓在解放战争时期，根据中央军委和毛泽东的战略部署，率领晋冀鲁豫野战军所进行的、对全国战局具有重大意义的战略行动。

1947年5月，中央决定由刘伯承、邓小平、郑位三、李先念等人组成中共中央中原局，以邓小平为书记，统管中原地区的党政军工作。

蒋介石把黄河看作是我军难以逾越的障碍。然而，黄河再险也阻挡不了人民军队胜利前进的坚强决心。

汹涌澎湃的黄河像一条蜿蜒的巨蟒，奔腾在广阔无垠的华北平原上，滚滚向东流去。6月30日晚,在寿张县东张秋镇至濮县南临濮集之间150公里的黄河北岸边,刘伯承、邓小平带领晋冀鲁豫野战军和支前民兵、民工静悄悄地隐蔽集中在8个渡河段上,各种渡河器材都准备停当,一门门大炮向南岸伸出长长的脖子,只等渡河或攻击的命令。

这一天,黄河上空,月明星稀。夏日的热风慢慢变凉,徐徐吹来,潜伏待命的指挥员头脑异常清醒。刘伯承、邓小平在指挥所内听着各纵队传来"准备就绪""未发现敌人异常"的接连不断的报告。

邓小平胸前挂着望远镜,沉着地注视迷迷茫茫、奔腾咆哮的黄河,他和刘伯承、李达不时耳语几句,商议渡河大事。眼前的黄河浊浪滔天,时而奇峰突起,好像想摧毁一切。在这月白风清之夜,癫狂不驯的黄河和蒋介石吹嘘的"黄河防线",就要被刘邓大军征服了。

此时,在黄河南岸的国民党军五十五师、六十八师奉蒋介石严令,坚守黄河。他们对着湍急的河水、宽阔的河面,信心十足,认为万无一失,完全可以高枕无忧了。正当他们做着美梦的时候,突然,一阵密集的炮弹从河对岸打来,无数只船箭一般从隐蔽处突然开出,直穿黄河浊浪,向河南面疾驶而来。

等到国民党军明白过来是刘邓大军在强渡黄河时,刘邓大军先头部队已打到了敌人阵地上。最快速的部队,只用了5分钟时间就渡过黄河,登上南岸。刘伯承、邓小平站在河北岸,看着月光下气壮山河的渡河大军,心中非常愉快。刘邓12万大军,一夜之间即有6个旅登上南岸。

当红日从东方冉冉升起,黄河南北两岸已是一片高高竖起的红旗。刘邓大军走上了解救在国民党统治下处于水深火热之中的人民群众的新征程。

刘邓大军全部强渡黄河天险的消息传到南京国民党政府时,蒋介石有点不相信。他打开收音机,收听中共中央的陕北新华广播电台的播音,只听得一个男播音员播道:"下面播送新华社特派记者李普从鲁西南前线发来的报道。李普报道,中国人民解放军刘伯承、邓小平两将军统率的晋冀鲁豫大军,已于昨日晚,也就是6月30日晚在鲁西南地区300多里宽的正面抢渡黄河成功,蒋军300多里的河防线全线崩溃,至记者发电时为止,刘邓大军已深入鲁西南纵深100多里……"蒋介石"啪"地关掉收音机,一屁股陷在松软的沙发上,脸色发白。

第八章 逐鹿中原盼解放

7月的南京有"火炉"之称，可蒋介石却感到一股冷气蹿上来。"完了！刘邓十几万人渡过了黄河是千真万确的事了，要把他们堵住，只得从山东战区抽兵，如此一来，重点进攻战术可就完了。"

偏偏这时，侍卫进来报告，说美国大使司徒雷登求见。蒋介石骂了一声"娘希匹"，他知道司徒雷登要说什么，但他还是不得不立即出去接见，美国人得罪不起啊。

平日里风度翩翩的美国大使听到这个消息后，激动地说道："不可思议！不可思议！东方的'马其诺防线'——黄河天险，就这样让共军突破了？你们不是自称黄河足抵40万大军吗？每天消耗着上百万美元，使用着先进的美式装备，难道就这样不堪一击吗？请你们解释清楚这个事件！"蒋介石气得青筋直跳，可又不便发作，他目光呆滞，犹如僵尸一般。

在我方的作战室里，刘邓又在并肩思考着破敌的良策。邓小平跟平时一样严肃、镇静，讲起话来斩钉截铁。他深深地吸了一口纸烟，指着墙上标着许多红蓝色箭头的军用地图说："由于1年来我军在内线作战大量歼敌的结果，蒋介石被迫放弃他的全面进攻，而在山东和陕北两翼，集中兵力进行绝望的所谓重点进攻。现在，山东敌人聚集了60个旅，45万人；陕北34个旅，25万人。正像刘司令所讲的：敌人搞的是'哑铃战略'，把两个铁锤放在山东和陕北，我们晋冀鲁豫战场是联系东西两战场的中间地带，正像这个哑铃的'把'。现在党中央交给我们的任务，就是要砍断这个'把'，把战争从解放区引到国民党统治区域里，和全国各战场兄弟部队一道，在党中央的统一号令下，使我军由战略防御转入战略进攻……"

这时，刘伯承插话道："山东按着敌人的脑袋，陕北按着敌人的两条腿，我们拦腰砍去。"邓小平接着说："这一刀一定要砍好，一定要砍在敌人的要害部位。"

随后，刘邓精心部署了南进行动，命令部分兵力在鲁西南展开攻势活动，并到黄河佯动，造成我军渡河北返的假象，吸引各路敌军继续向鲁西南开进。待敌人包围圈将拢未拢之际，我军主力部队分三路南下：以第三纵队为东路，以第一纵队及中原独立旅为西路，以第六纵队及野战军直属队和中原局为中路，各路部队沿着不同路线同奔大别山腹地。另以暂别刘邓指挥的华东野战军外线兵团5个纵队，在鲁南、鲁西南地区积极寻歼敌人，掩护刘邓大军主力南进。最后，刘邓要求大家，立即行动，从速做好南进的各项准备工作。

8月7日夜，部队按计划从鲁西南的巨野、郓城地区出发了。8月8日夜，部队通过菏（泽）巨（野）公路后，便分兵三路，分别向南疾进。邓小平走在中原局和野战军指挥部所率的第二、第六纵队的中间，13日晚，指挥中路部队在虞城古心王集附近跨过陇海铁路，闯过了南征途中的第一道障碍。

鲁西南到大别山，远隔千里，前有陇海路、黄泛区、沙河、涡河、洪河、汝河、淮河等天然障碍，后有蒋介石的几十个旅穷追不舍，加上正值酷暑雨季，河水猛涨，道路泥泞，暑气蒸人，刘邓大军本来就疲倦不堪，未及好好休整，现在又冒着酷暑踏上南进征程，马不停蹄地向南奔驰。不少战士病倒了，躺在路旁。邓小平见状，心痛难忍，要是往常，他会命令部队抬上他们，一同行军。可眼下，大军南进，事关全局，刻不容缓，他必须率领部队咬紧牙关，抢在敌人之前进入大别山。他看了看病倒的战士们，无可奈何地摇了摇头，把自己带的草帽和身边仅有的一些急救药品、水和其他防暑物品留给他们，嘱咐他们休息之后，设法赶上部队。同时，邓小平指示政治部，向所有进军大别山的部队发出"走到大别山就是胜利"的号召，要求各级指战员做好战士们的思想工作，共同完成党中央交给的光荣任务。

14日，部队进入豫皖苏解放区的大牛岭、吴台庙、杨蔡园一带。在这里休息了两天，补充了一些粮食、弹药、药品，安置了一部分伤病员。17日晚，到达黄泛区。

刘邓大军的这一突然行动，给蒋介石造成一种错觉，以为在他的重兵进逼下，刘邓大军"立足不稳，被迫流窜"，遂以整编第四十六师一部进至沙河布防，以主力20多个旅尾追刘邓大军，妄图把刘邓主力一举歼灭在黄泛区与沙河之间。

黄泛区位于皖北和豫东交界处，是一眼望不到边的"沼泽地"，遍地淤泥，积水没膝、没腰，深处没房、没树，荒无人烟。这是1938年6月蒋介石不顾当地人民死活，在花园口决堤使黄河改道造成的。打这以后，每逢黄河涨水，这里就成了一片"泽国"，人称"黄泛区"。

战士们手拉着手，臂挽着臂，排成八路纵队，摇摇晃晃地踏进了没膝深的污泥浊水。邓小平裤脚管也不挽，双臂搀扶着刘伯承也下了烂泥坑。黄泛区，除低洼地方还有大大小小的水坑，大多是一片滩地，看上去似乎便于行走，可一脚下去，却是稀烂的淤泥。有的战士不晓得这淤泥的厉害，急于走出滩地，可前脚起，后脚陷，使劲越大，陷得越深。在平原上纵横驰骋惯了的战马，陷在这片"沼泽地"里，急得直吼，可越是挣扎，越往下陷。一些参加过长征、走过草地的战士，见如此情景，不禁深为感触地说，这真可以说是"第二个草地"呀！

邓小平搀扶着刘伯承深一脚、浅一脚地在淤泥中吃力地走着。刘邓在行进中，要求部队尽量轻装，多找熟悉黄泛区地形的老乡带路。一些重炮推不动，炮手们就把零件拆下来，一件一件地扛着走。对于一些弄不走的大车和榴弹炮，只得忍痛丢掉或炸毁。

在黄泥滩里奋战了近两天，部队终于胜利地通过了黄泛区。接着，刘邓大军急行军，直奔沙河北岸。由于先遣部队事先收集好了船只，架好了浮桥，部队顺利渡过沙河。

刘邓率部渡过沙河后，蒋介石才察觉到刘邓的作战意图，解放军不是"向南逃窜"，而是有计划的战略行动。他急忙改变策略，调国民党整编第八十五师和六十五师等大批部队，星夜兼程赶往汝河南岸，妄图与尾追刘邓野战军的20多个旅南北夹击，在汝河一带歼灭刘邓大军。

汝河是淮河的一条支流，河面虽然不宽，但水流湍急，两岸陡峭。刘邓部队徒涉不可能，而渡船又早已被敌人拖走或砸沉。担负先遣任务的野战军第六纵队第十八旅，一面派出侦察连沿河岸寻找渡船，一面派出工兵连到附近村庄搜集漂浮器材，准备架设浮桥。

24日早晨，敌机飞临汝河上空，在野战军先遣部队第十八旅的头上盘旋低飞。中午时分，汝河南岸西南的公路上，突然尘土飞扬，人喊马嘶，黑压压的敌人由西向东，进至油坊店到汝南埠一带，敌我隔河形成对峙状态。这时，敌追兵先头部队3个整编师在蒋介石的严令下，离汝河也只有50多里路，一天工夫就可以赶到。刘邓所面临的形势是：前有阻师，后有追兵，中间还横着一条正值汛期的汝河。形势可谓险恶万分。

先遣部队第十八旅在旅长萧永银的指挥下，乘敌整编第八十五师立足未稳，以五十二团实施抢渡。第一批野战军勇士冒着枪林弹雨，利用仅找到的一条小木船和自扎的木筏子，向河对岸冲去。经过10多分钟的强渡，终于攻占了汝河南岸的大雷岗，为后续部队打开一个突破口。与此同时，工兵连等在河面上架设浮桥，至下午3时许，五十二团主力沿着刚架好的浮桥跑步进入大雷岗。

夜幕降临时，刘伯承、邓小平率野战军指挥部赶到汝河边。这时，对岸敌人为防备刘邓大军夜间渡河，便沿20多里的长河沿岸点起熊熊大火，顿时火光冲天，把汝河水面映得通红。刘邓马上召集前线指挥员开会，研究部署渡河作战方案。

担任掩护指挥部渡河任务的指战员们，回忆这次强渡汝河的战斗时说：敌机轮番低空轰炸，浮桥着火了……南岸的阻敌用迫击炮来轰，炮弹落在浮桥上，浮桥炸坍了。逢山开道、遇水造桥的工兵，又从附近村子里扛来门板、芦苇、秫秸，把门板铺在浮桥上，又铺上芦苇和秫秸，用绳子把它们捆好，结果又被飞来的炮弹打坍了……

工兵战士不顾敌人的疯狂扫射，冒着射来的密集子弹，勇敢冲上前去，他们奋不顾身地跳进水里，把炮弹打坍的门板再捞来，来不及用绳索绑好，有的就用手拉着，有的用身体顶着。就这样，刘邓大军杀出一条血路，胜利地渡过浮桥，奔向淮河渡口。

淮河，是刘邓大军跃进大别山的最后一道险关。26日晚，刘邓率指挥部和第六纵队主力来到淮河北岸。据前卫部队报告，淮河是可以徒涉的。不料，刘邓大军到达时，上游突然涨水而无法徒涉。而且，淮河上下百里渡口的船只都被敌人烧毁或破坏，部队费了很大的劲，才从岸边的芦苇中寻出仅有的十几只小木船。整个部队仅靠这十几只船在短时间内渡河是办不到的，而敌人正向这里急速赶来，情况万分危急。

正值雨季，淮河河深水急，无桥、少船，河面又宽，十几万大军怎么过？敌人的追兵已经很近了，背水作战是军家大忌。"情况万分紧急，时间不等人。我认为，我和伯承分开，伯承、际春带司令部先行渡河，指挥已渡河的部队，实行战略展开。李达留在淮河边，继续指挥渡河，能渡多少就渡多少。我负责组织部队阻击尾追敌人，掩护全军渡河。"邓小平开口说。

"政委的话就是命令，我们分头行动吧！"刘伯承立即表示赞同。

在小屋门口，邓小平与刘伯承握了握手，便去组织部队，部署阻击尾追敌人事宜。刘伯承则来到渡口，指挥部队渡河。他凭着多年的经验，怎么也不相信淮河真的不能徒涉。他拿了一根长长的竹竿，跳上渡船，准备测量一下河水深度。他不停地用竹竿探测着水位，发现有的地方河水并不深，流速缓慢，只要插上标杆，部队完全可以沿标杆徒步涉河。后来，他又意外地看到上游有人牵马过河，这证明自己的想法是正确的。当即，刘伯承派人给李达送去一封信，叫他迅速组织部队徒涉，并通知邓小平。

邓小平正在组织后卫部队准备阻击敌人，掩护主力部队渡河，突然收到可以徒涉过河的信。邓小平后来回忆说："过淮河，刘伯承去探河，水深在脖子下，刚刚可以过人。这就是机会呀！我们刚过完，水就涨了，就差那么一点点时间，运气好呀！以前不知道淮河能够徒涉，就这么探出条道路来了，真是天助我也！好多故事都是神奇得很。"

渡过淮河的刘邓大军勇往直前，于8月27日进入大别山北麓的潢川、固始等地区。29日，刘伯承、邓小平命令第一、第二两个纵队在大别山北部之商城、罗山地区钳制尾追的敌人，掩护第三、第六纵队分别向大别山南部的皖西、鄂东展开，创建根据地。刘邓大军的南下跃进行动，像一把利剑刺向蒋介石的胸膛。

胜利完成千里跃进大别山的战略任务的消息传到陕北，毛泽东欣喜地说："我们总算熬出头了，二十多年来，革命一直处于防御地位，自刘邓南征后，我们的革命战争，才在历史上第一次转为战略进攻！"邓小平在论述千里跃进大别山时这样说："这个跃进的意义可不要小看了，中国从北到南没有多少个一千里，从长江再跃进一千里就到了广东、福建的边界，再往下剩不到一千里了，蒋介石的反动政权就要垮台了。"

> 一向爱兵如子而又治军极严的邓小平和刘伯承,在"爱"与"严"交织的两难中挥泪肃军纪。为了打开局面,刘邓分开行动,邓小平倚仗自己年轻靠前指挥。

渡过淮河,刘邓大军很快踏上了弯曲的坡道。上了大别山,欢乐的歌声立即此起彼落地唱了起来。战士们仿佛把中原的风尘和连日夜行军作战的劳累,一起丢在淮河北岸了。

大别山的9月,说不上是最美妙的季节,然而,那秀丽明媚的景色已使战士们悄然入迷了。路边,开满了不知名的野花。山坡的一面是茂密的马尾松,另一面却是数不清层次的梯田,处处葱绿。村庄大都在高大的竹林掩映之下。

大别山是这样富庶、美丽,但是,由于国民党反动派的烧杀掠抢,大别山的人民却生活在贫穷和悲伤中。很多房屋被敌人烧毁了,人们穿的是破衣烂衫,不少人长粗脖子,面带菜色。他们搞不清这是什么队伍,用惊奇和恐惧的眼光注视着队伍开过来。

大别山雄峙于鄂豫皖三省交界地区,东起淮南路,西至平汉路,北连淮河,南临长江,突出于武汉、南京之间。刘邓大军一旦控制该地区,就可切断国民党军津浦、平汉和陇海3条交通线,还能东慑南京,西逼武汉,瞰制中原,成为解放军进行战略机动,夺取中原和进军江南的战略要地。同时,必将牵动蒋介石的中枢神经,迫使其从山东、陕北战场抽调兵力回援,与刘邓大军争夺这一战略要地。

战争如棋局,往往一手高招,满盘皆活。但走出一步好棋,绝不是轻而易举的。还在刘邓大军千里跃进大别山之前,毛泽东就对刘邓十几万大军远离后方,长驱直入敌战略腹地创建根据地的前途作了三种估计:一是付出代价站不住脚,

第八章 逐鹿中原盼解放

退回来；二是付了代价站不稳脚，在周围坚持斗争；三是付了代价，站稳了脚，完成重建根据地的任务。中央军委和毛泽东要求刘邓大军力争最好的前途，指出千里跃进大别山、解放中原是第一步棋，下一步棋就是以中原为阵地，再来一个跃进，打过长江，解放全中国。

刘邓部队进入大别山后，面临重重困难：当地反动势力尚未摧垮，仍在暗地里搞破坏，威胁和控制群众；大别山生活相当艰苦，加上远离后方上千里，部队补给十分困难；严冬将至，十几万大军没有御寒准备。由于斗争形势险恶，环境艰苦，部队中出现了畏难怕苦情绪，一些干部战士对重建大别山根据地的信心不足。

为了在大别山打开局面，站稳脚跟，邓小平指示说："我们在大别山的任务，就是'发动群众'和'多打胜仗'，开动这两个车轮子，把革命推向前进。"他分析说："敌人一定会从其他战场抽出兵力来到这里同我们争夺和扭打。但是，我军从北方到南方，由平原到山地，由有后方到无后方，各方面都发生了新的变化，一定会感到不习惯、不适应。我们一定要克服这些困难，寻找战机，歼灭一定数量的敌人，迅速实施战略展开。在地方党委统一领导下，放手发动群众，建立各级政权，开辟新区工作。搞得好，打它几个回合，我们就有可能站住脚。"

一天，邓小平率野战军司令部来到黄安（今红安）县七里坪的一个村子里。听说村里有个老红军家属家里只有3升米，而部队征粮的同志却硬要他拿出2升米，他十分生气。他焦急地对刘伯承说："如果照此下去，老百姓不是更不敢接近我们了吗？"他们连夜商量，起草了一份《粮草通知》，内容是：部队征集粮草一定要给钱，未付钱的要打借条，同时要向老百姓说明白，革命胜利后，我们一定如数付清。

在大别山，邓小平把严格执行"三大纪律八项注意"作为争取群众的重要一环，要求各级领导干部以身作则，带头执行。他自己更是身体力行，毫不含糊。在率领部队行军、走村过店时，他宁可在麦场上坐等到天亮，也绝不去打扰群众。有时候，在田间地头找一个草棚，点亮煤油灯，摊开地图，与刘伯承一起研究作战行动。

在一次整顿纪律的干部大会上，邓小平严肃地说："部队纪律不好，这是我军政治危机的开始,而政治危机必然带来军事危机,后果不堪设想。要知道,群众并不是注定要跟我们走的。如果我们纪律不好,骚扰百姓,为什么他们不可以跟别人走呢?现在,群众还不了解我们,对我们能否站住脚还有怀疑,不敢接近我们。我们要多打胜仗,坚决执行群众纪律,才能取得他们的信任。以后,凡是出现群众纪律问题,要首先追究有关领导的责任。"

在这次会议上,邓小平对部队约法三章:以枪打老百姓者,枪毙;掠夺财物者,枪毙;强奸妇女者,枪毙。他还要求所有干部、战士互相监督,严格执行,并指示成立了执法小组,严厉惩处违反纪律者。

约法三章公布不久,便发生了一件违反群众纪律的事情。一位店主为躲避刘邓大军,跑到山上藏匿。结果,野战军警卫部队的一个副连长趁机拿了他家小店铺里的粉条、花布、火柴等东西,正好被执法小组撞见了。这件事立即汇报到邓小平那里。邓小平听了汇报,略加思索,当即下令按约法三章办事,枪毙这个副连长。

会审大会开始了,直属部队坐在一边,前来观看的老百姓坐在另一边,会场寂静无声。由于这个副连长平时打仗勇敢,表现不错,许多人请求司令部饶恕他,给他一个立功赎罪的机会。一些当地的群众也前来为他求情。那个店主闻声赶来,对主持大会的同志说:"早知大军纪律这么严,说什么我也不会往山上跑。如果家里有人,就不会发生这样的事了,请刀下留情。"

负责督办此事的张际春副政委见状也动了恻隐之心,请示邓小平能否宽大处理。邓小平听了严肃地说:"群众的话,我们可以理解。但既规定了约法三章,就不能说话不算数,失信于民。如果对一个副连长姑息、迁就,不能执行纪律,那么今后更多的人犯纪律怎么办?不下决心严整军纪,部队的纪律就会继续坏下去,群众就更不相信我们,而我们在大别山也就站不住脚!"

当天下午,这个副连长在群众公审大会上被枪决了。这件事在全军和群众中引起的震动是可想而知的。枪毙了个副连长,避免了 10 个 100 个像副连长这样的干部和战士重犯错误,教育了更多的人从中吸取教训,严格遵守群众纪律。从此,全军纪律严明,秋毫无犯,再也没有发生违反群众纪律的事情。

10月1日,刘邓率领野战军指挥部和7个主力旅从光山出发,向大别山南部的鄂东一带移动。秋天的大别山，露寒霜重，秋高气爽，一眼望去，层峦叠嶂，峰回路转，越往前走，山越高越险，越往上爬，路越窄越陡。邓小平、刘伯承和战士们一样，每日踏着挂满露水的荆棘、草丛，翻山越岭，行军打仗。刘伯承年近花甲，眼睛又不好，爬山时常挂一根棍子。邓小平比他年轻，两手拽住野藤一个劲地往上爬，不时地停下来，等刘伯承上来了，搀扶着他一起走。

考虑到刘伯承年事已高，爬山太困难，邓小平曾指示军政处处长杨国宇设法搞一副担架，挑选几个壮小伙子轮流抬司令员上山，可刘伯承说什么也不肯坐。他说："我年龄是大了，可哪天掉过队？我坐着担架指挥打仗像什么样子？"邓小平见劝不动，只好叮嘱警卫员多加小心，务必保护司令员的安全。

在我军实行战略展开时，蒋介石慌忙调集兵力跟过淮河，对我军实行追击和"围剿"，企图在我军立足未稳的时候，利用我军无后方作战的劣势，把我军歼灭或"困死"在大别山。

一天，一架有"青天白日"标记的银灰色敌机，从南京方向飞来。飞机沿着大别山山岭和山沟转悠着，突然在飞机的尾部拉起烟来，过了一会儿，半空中飘起红红绿绿的纸片。警卫员连忙跑去拾起几张，递给首长。这些纸片中，有蒋介石的《告大别山民众书》，有《致刘邓部官兵公开信》。刘伯承眼力不济，问邓小平："上面还有我们两个的照片？"朝传单上瞥了一眼的邓小平风趣地说："用不着我们花钱，白洗这么多照片！"在这张传单上，印着蒋介石的手令，上面是一行醒目的大字：最高赏格。传单中说，谁若能活捉刘、邓，悬赏500万元。刘伯承逗着笑说："想不到我们还很值钱嘛！抓住我们他就成了百万富翁咯！""这正是蒋先生的悲剧，他悬了多少次赏，能把共产党人怎么样？！"邓小平只是向红绿传单上瞟了一眼，便顺手递给别人……

在蒋介石军队到达大别山北部地区企图对野战军主力实行合围时，我军另一部主力突然乘虚出鄂东，歼灭地方武装800余人，并在黄陂以东的柳子港、李家集歼敌五十二师和新十七旅的一部分部队。接着刘邓大军挺进皖西的一个纵队，全歼了敌六十二旅4000余人。打了这几个胜仗以后，我军主力继续向长江沿岸推进，攻克了武穴、团风等重镇。这时，已成惊弓之鸟的蒋介石对我军的行动又作了错误的判断，以为我军马上要打过长江。他立即命令与我军在山南周旋的第四十师和第八十二旅,迅速尾追我军,阻挡我军过江。刘邓出其不意,指挥部队杀了一个回马枪,在广济的高山铺地区把这股敌人全部消灭了。

11月的大别山,已进入深秋季节,然而,野战军战士们仍穿着南征时被汗水浸透的那套单军衣。白天行军打仗还好凑合,可一到夜晚,露寒霜重,寒风袭人,战士们冻得瑟瑟发抖,难以成眠。连日来,邓小平看到战士们在潮湿寒冷的野外冻得背靠背,身挨身,蜷缩成一团的样子,他心焦如焚,夜不能寐。严冬将至,寒意逼人,解决全军的棉衣已成为当务之急。过去,部队在内线作战,有后方接济,有老区群众的支援,每逢这时,棉军衣早已发到战士们手中。可现在是在新区作战,远离后方,物资匮乏,而且大别山区群众的生活也很艰苦,要在较短的时间里解决10余万大军的冬装,谈何容易?

周恩来发来电报,说党中央和解放区人民十分关心刘邓大军的冷暖,正在筹集棉衣,准备调部队护送运进大别山区。看到这份电报,邓小平和刘伯承都沉默了。他们感受到了党中央的温暖,但是作为一支大军的统帅,他们知道这么多人马的棉衣要有多少骡马运输,要有多少部队护送,要冲过多少封锁,要有多少战友流血啊!于是,他们复电时表明"自己动手,解决寒衣"。

做棉衣,谈何容易?在大别山区,到哪儿去找这么多布匹、这么多棉花、这么多裁缝?刘邓派出部队,到长江边的富裕地区解决布匹和棉花;各级首长带头,自己动手做棉衣。布匹和棉花都搞来了,布匹五颜六色,质地不一,棉花也多是带籽棉。战士们动脑筋,想办法,用树条、竹鞭和自制的弹弓来弹棉花,用稻草灰和锅底灰把布染成灰色,然后脱下单军衣,依样画葫芦,裁的裁,剪的剪,自己动手,缝制棉衣。

邓小平和战士们一样,自己动手,一针一线地缝制。他还和刘伯承一起经常到野战军直属队去检查战士们做棉衣的情况。这天,邓小平和刘伯承走进警卫排的院子,见一群人正围着一个战士取笑打闹,原来这个战士做的新棉衣,前襟吊起来老高,脖子后面却鼓起一个兜兜,那兜兜大得能放进一个大搪瓷碗。邓小平见状,也忍不住笑了起来。

这时,刘伯承走上前去,从衣领兜兜处拿出那只大碗,然后叫那个战士把棉衣脱下,放在门板上,邓小平连忙上前帮他拉平了袖子。刘伯承拿着剪刀,比着碗口，裁好了领口，又让其他同志缝好，不大不小正合适。在邓小平和刘伯承的示范和指导下，战士们互教互帮，边学边缝，半个月后，全军指战员终于都穿上了自己缝制的棉军衣。

邓小平兴致勃勃地把自己缝好的那件棉衣穿在身上，他仔细端详着、欣赏着，然后笑呵呵地对刘伯承说："你看，这穿在身上不是很好吗？地道的中国手工艺品嘛！"后来，这件棉衣一直伴随着邓小平转战大别山，度过了大别山最寒冷的冬天和最艰难困苦的岁月。

11月13日，蒋介石在南京召开国防部作战会议，对如何围歼刘邓大军又作出新的部署，使大别山的斗争更为残酷。大别山根据地能否巩固，是中原解放区能否巩固的关键。根据大别山根据地的恶劣环境，刘邓决定主力部队分开行动，实行战略再展开。这样，作战指挥部必须分成两部，分别指挥内线作战和外线作战。

在谁留在大别山指挥、谁去淮西的问题上，自然又经过了几番争论，最后，还是采纳了邓小平的意见：邓小平、李先念、李达率前方指挥部留在大别山，刘伯承、张际春等率后方指挥部和中原局到淮西地区。

邓小平十分清楚，主力部队分遣桐柏、江汉、淮西后，留在大别山的部队只有3个纵队，七八万人，而敌人的兵力多达33个旅，30万人。在敌众我寡、兵力相差悬殊的情况下，坚持大别山的斗争将会越来越艰苦，处境也会越来越危险和困难。正因为如此，他极力坚持让刘伯承到淮西，自己留在大别山。在邓小平与刘伯承共事的多年里，每当遇到情况紧急、处境危险，指挥部不得不分开行动时，邓小平总是以自己年轻为由，"固执己见"地坚持自己到最危险、最艰苦的地方。

又要分手了。邓小平为刘伯承送行，他们边走边说，送了一程又一程。"敌人如果知道我军有主力转移到外线作战，必然会疯狂地扑向坚持内线斗争的部队，这样，你的担子会更重，处境也会更危险。"戎马一生、具有丰富战争经验的刘伯承已经预料到，大别山将有一场激烈的恶战，他当即决定，把原准备带到淮西的警卫团留在大别山，并一再叮嘱李达参谋长千万注意保护邓政委的安全。

12月10日夜晚，刘伯承率领前方指挥部、中原局机关和第一纵队，从礼山县（今大悟）东北的黄陂出发北上，向淮西转移。临行前，刘伯承紧紧握住邓小平的手说:"你在大别山千万要注意,我还是不放心哟!"邓小平则充满信心地说:"放心吧,我到底比你年轻。我留在大别山指挥,你到淮西去指挥全局。"

邓小平部在大别山区不停地转移,牵制着国民党军队。在邓小平的领导下,经过近两个月的斗争,共歼敌正规军和地方保安部队1.5万余人,收复了太湖、英山、立煌、广济、潜山、岳西、黄梅、礼山等10余座县城,取得了大别山内线斗争的重大胜利。邓小平后来回忆说:"我一个,李先念一个,李达一个,就这么三个人,带着几百人的前方指挥所留在大别山,方针就是避战,站稳脚,一切为了站稳脚。那里六纵担负的任务最多,从东到西今天跑一趟,明天跑一趟,不知来回跑了多少趟,就在那个丘陵地带来回穿梭,一会儿由西向东,一会儿由东向西,调动敌人,迷惑敌人。别的部队基本上不大动,适当分散,避免同敌人碰面。就这样搞了两个月。"

从秋到冬,从冬到春,转眼到了1948年的春节。春节是中国人最重要的一个节日,在连续的转战中,大家迎来了春节,有几天休息,野战军指战员们高兴得不得了,都想着苦中作乐,改善一下生活。那些生龙活虎的小伙子干起活来雷厉风行,有的去买猪,准备好好包一顿饺子,有的到山里打柴,有的去采木耳,还有的背着筐到池塘里去打鱼。

邓小平带着警卫员,到各处检查。忽然,不远处的山坡上传来了一阵欢呼声。这是怎么回事?邓小平往山坡上看去,看不出究竟来,便快步走过去。原来是几个战士正在捉池塘里的鱼。因为没有称手的工具,总也打不上鱼来。有一个战士想出了高招,看到这个池塘是在山坡上,就在下方刨了一个口子,水从缺口处流出来,鱼也跟着冲了出来。战士们又在出水口处加了一个筐,鱼便落到筐里去了。不一会儿的工夫,就捉了不少的鱼。战士们为这成果欢呼,也为自己的"发明"欢呼。正是这欢呼声引来了邓小平。

邓小平看着筐里活蹦乱跳的鱼,嘴角也浮现出笑容。他拍着一个战士的肩膀说:"你们不简单,能想出办法来。特别是在这么艰苦的情况下,有这么高昂的情绪,值得表扬。"战士们都静静地听邓政委讲话,心里很高兴,毕竟受到了表扬。可是,邓小平话锋一转:"可你们想过没有,这也是违反群众纪律的行为。你们晓得这池塘的水是干什么的吗?这鱼是谁的?三大纪律八项注意又忘记了?"战士们面面相觑，无言以对。

"这水是群众为抗旱准备的，鱼也肯定是老百姓的。你们只顾眼前，放跑了水，捉去了鱼，将来群众怎么抗旱，又怎么能保证收成呢？"听了邓小平的话，战士们都认识到了自己的错误，低下了头。邓小平接着说："水已流走了不少，再也收不回来了，你们要找到老乡道歉，赔偿损失。鱼呢，按斤付款。今后不能再干这种损害群众利益的事情了。"

春节前夕，邓小平率部进驻金寨县城。当时，国民党反动派把金寨县搞得破败不堪，百姓们穷得揭不开锅。邓小平看到这种情景，非常痛心。除夕夜，辞旧岁、迎新年，金寨县委书记等一班人，代表老区人民，拎着鸡、羊、猪肉等贺年礼给邓小平送来，并再三请求邓小平收下。邓小平说啥也不收，他耐心地解释说："我们解放军不能再增加群众的负担了。人民群众慰问子弟兵的心意，我代表部队领了。这些贺年礼物，你们还是带回去吧，想办法让群众过个好年。"

有个年纪稍大的县委干部见邓小平态度坚决，便提出一个折中的办法："请首长把东西留下，就按部队的纪律公买公卖吧，我负责把折款交给群众。"邓小平仍然不允，说："这些东西在市场不容易买到，你们还是把礼品还给群众，让他们好好吃一顿过年饺子。"

县委同志走后，警卫员对邓小平说："不收慰问品，我们总可以用钱买吧。现在您把礼品推掉了，我看过年吃啥？"邓小平拍着警卫员的肩膀，笑着说："从古以来，我还没听说过花钱买慰问品的事。"他停了一下又说："还是快拿出来吧！"警卫员无奈地把早就准备好的几个硬麦饼和一点红枣放在桌上，说："就这些！"邓小平笑呵呵地说："好啊，这已经是很不错的年饭了。"

在刘邓内外线的密切配合和华野（三野）、陈谢（陈赓、谢富治）兵团的积极支援下，我军终于粉碎了国民党军对大别山的围攻。国民党军在围攻大别山的过程中，不仅屡屡扑空，疲于奔命，毫无收获，陷入进退维谷的窘境，而且丢掉了桐柏、江汉和淮西广大地区，落个"鸡飞蛋打"的结局。

2月24日，邓小平、李先念、李达等率领前方指挥部北渡淮河，在安徽临泉县韦寨与刘伯承率领的后方指挥部及中原局会合。2月28日，靠近淮河的晋冀鲁豫野战军第二纵队穿过敌人的封锁、包围，转至淮河以北，与第一纵队会合，进入休整。3月初，位于皖西的第三纵队和位于鄂东的第六纵队亦开始向大别山北部移动；3月下旬，部队在潢（川）、固（始）、商（城）地区粉碎了敌人的围攻后，遂向北推进，胜利渡淮，于月底到达淮河北岸。至此，刘邓大军主力全部转出大别山。

> 中原战场上的三位四川老乡，硬是把一锅没煮熟的夹生饭给一点一点地吃下去了。蒋介石闻之如丧考妣，连声吼道："完了！一切全完了！"

1948年5月9日，中共中央、中央军委为加强中原局及中原部队的领导，决定：中共中央中原局由邓小平任第一书记、陈毅任第二书记。中原军区、中原野战军由刘伯承任司令员、邓小平任政治委员、陈毅任第一副司令员。陈毅仍兼任华东军区司令员、华东野战军司令员、政治委员。

刘、邓、陈都是四川老乡。邓小平和陈毅在法国勤工俭学时就认识，后来又一同在中央苏区工作。刘伯承和陈毅也是多年的老战友。如今，他们重逢在中原，并肩战斗，十分高兴。陈毅从华野出发时，只带了一个秘书、一个参谋。到了中原，陈毅见刘邓都不用秘书，每天都在作战室办公，他就把自己带来的秘书编入新成立的参谋作战科工作。

1948年，人民解放战争进入了夺取全国胜利的决定性阶段。毛泽东决定，集中优势兵力，分阶段在长江以北的广大地区发动辽沈、淮海、平津三大战役。10月11日，毛泽东主席根据全国战局和中原、华东战场的军事形势，亲手制定了关于淮海战役的作战方针。这是在以徐州为中心，东起海州、西至商丘、北起临城、南达淮河的广大地区进行的一场空前规模的震惊世界的大战役。

在淮海战役即将开始之际，根据中共中央中原局会议决定，中原野战军决定实行南北分兵，拖散敌人，寻机歼敌的方针。由邓小平、陈毅组成前方指挥部，

1948年3月，邓小平在中共中央中原局干部会议上做动员报告

率中原野战军主力一纵、三纵、四纵、九纵夺取郑州，进而向东横扫陇海路，从西面威胁敌重镇徐州。由刘伯承、邓子恢、李达留在豫西指挥中原野战军一部，钳制敌武汉白崇禧重兵集团，以阻遏或迟滞其东援淮海战区的任务。

为了执行中央军委和毛泽东确定的淮海战役作战计划，刘伯承与邓小平这次又要分开作战了。离别之前，邓小平对眼中布满血丝、神情显得有点憔悴的刘伯承说："伯承，可要注意节劳哟，你要累垮了，毛主席可要打我们的板子了。"刘伯承对剃着光头、瘦得眼窝都陷下去了的邓小平说："放心，我这个身体是久经考验的了，你倒是要多注点意，少抽点烟，有好处。"陈毅在一旁说："你们真是老乡见老乡，两眼泪汪汪啊。"话音刚落，3个人都开怀大笑起来。

淮北临涣集一座名叫文昌宫的唐代建筑，当时成了中原野战军司令部驻地。11月10日，邓小平、陈毅在此迎来了自豫西风尘仆仆、星夜兼程赶来的刘伯承。邓小平笑着说："伯承，一路辛苦了。"陈毅说："老刘，你的口福好啊，这里的酒宴刚摆下，你就到了。"刘伯承风趣地说："我可就是空着肚皮闻着酒菜香赶来的呢！"

"这下可糟了，又来了一个'大肚汉'，蒋介石恐怕是付不起饭钱就倾家荡产了。"邓小平打趣地说。刘伯承说："蒋某人一向爱好搞馆子战术，如果这次他还想把西北、江南的残茶、剩饭全端上来就更好，不过是胀胀肚子罢了，绝不怕撑死。"

说笑了几句，刘伯承马上转入正题："我们不约而同地想到了要打宿县，军委表示同意的电报来得也正是时候，孙元良兵团刚刚经宿县北上徐州，黄维、李延年兵团尚有一段距离，早饭已过，午饭未到，宿县正放在空档上。蒋介石把他在中原的兵力部署称为'常山之蛇'。我们在徐州以东围歼黄百韬兵团，是夹住了蛇头，牵制从华中来援的黄维兵团，是揪住了蛇尾。现在要拦腰一刀，攻取宿县，拿下这个南北要冲之地，就完全孤立了徐州刘峙集团。这叫作夹其额，揪其尾，截其腰，除之而后快。"

邓小平接着说："看来你是早有腹案了，部队天天吵着要打仗，早都憋急了，不是打电话，就是派人来。这回好了，你就快下命令吧！"刘伯承宽厚地笑了笑，说："我初来乍到，还是由你和陈毅来吧。"急性子陈毅说："谁下都一样，反正我们仨是砣砣，就一齐来吧。"

中野部队攻下宿县后，11月16日传来了中央关于成立中共淮海前线总前委

解放战争时期的刘伯承和邓小平

的指示：中共淮海前线总前委由邓小平、刘伯承、陈毅、粟裕、谭震林组成，邓小平、刘伯承、陈毅为常委，邓小平为书记，统一指挥淮海战役。

在刘、邓、陈的指挥下，中野部队胜利结束了淮海战役的第一阶段，攻占了宿县，孤立了徐州之敌，全歼国民党第七兵团，兵团司令黄百韬毙命。徐州"剿总"司令刘峙哀叹："黄兵团覆没，所谓徐蚌会战的命运已经决定了。"

我军攻占宿县后，对国民党军形成了"关门打狗"之势，蒋介石急调黄维、刘汝明、李延年3个兵团妄图夺回宿县。此时，毛泽东及淮海前线总前委正在冷静地思考，勾画着淮海战役第二阶段的蓝图。

蒋介石急得发疯，命令空军对我军环形阵地和补给实施疯狂袭击，不分日夜，像卷地毯一样，见村庄就轰炸，见人就扫射，不但企图破坏我军的阵地和支前粮弹运输，更梦想把我总前委驻地炸掉。那片土地上有上千个村子，他们只得盲目地乱炸一通。总前委驻地此时移至宿县西北的临涣集东面二三里地一个只有十几户人家的小李家村。虽然这里已能清晰地听到双堆集方向的隆隆炮声，但要找到它却像大海捞针，它太小了，在五万分之一的军用地图上，它确实只如一颗芝麻粒大。不但国民党空军找不到，就连同村庄住的老百姓也不知道这些解放军和别村住的有什么不同，毕竟总前委的同志与其他战士穿的都是一样的灰军服。

小李家村简陋的作战室，是淮海战场我军的神经中枢，是几十万大军的统帅部。它不分昼夜地运转着，联系着上至中央军委，下至成千上万的将士，它一分一秒也不能停歇，如有一点差错，就会使部队遭受不必要的流血牺牲，就是一个小小的疏忽，也可能让敌人钻了空子，影响到战役某一个局部的胜负。

在这厚重而庄严的任务面前，刘、邓、陈改变了以往作战时的生活常规。以往作战，他们在战斗命令下达之后，一般情况下，夜间可略事休息，由李达参谋长掌握部队行动；战斗进程中，遇到难以解决的问题，再临时请示他们处理。可是在这次关系着中国革命进程的规模空前的大战中，刘、邓、陈决定：3人轮流值班，全天24小时一定要保持有一位首长亲自掌握全局。邓小平、陈毅一向对刘伯承像兄长一般地尊敬和照顾，刘伯承考虑到这一点，就先发制人，抢先提出：3人一视同仁，昼夜值班，平等待遇。但是，邓小平、陈毅坚决反对，以二比一的票数，否决了刘伯承值夜班的动议，只保留了遇特殊重大情况时，夜里也可把刘伯承叫起来一起商议。

邓小平又进一步提出:"我身体最好,尽量多值夜班。"陈毅说:"那不行!值夜班的权利一定要我们二人分享!"保健医生翟光栋在一旁听着这场很有意思的争论,尤为感动。电话铃声往往通宵不断,电报雪片般飞来,还常常有纵队首长黑夜叩门,或派出轻骑急骑前来请示任务、递送报告。战况瞬息万变,首长们不离作战室,辛劳思虑,眼看着他们一天天瘦下去:刘伯承的眼镜架都松了,陈毅本来爱吃肥肉,翟光栋常对他控制饮食,现在他却自行减食了,连平日最注意军容的邓小平这些日子胡子老长了也顾不上刮。

这一时期,淮北平原出奇的冷,并且一时大雪纷纷扬扬。每天清早,邓小平只穿着一个裤衩,来到小李家村的井边,站在雪地中。警卫员站在一个凳子上,提着满满一桶刚从井中打上来的水,从邓小平的头上浇下去。邓小平一面用毛巾猛搓,一面连连说:"好痛快!好痛快!"随陈毅从华东野战军来的保健医生翟光栋,自然不了解邓小平的这一生活习惯。一天,翟光栋恰好经过,于是忙上来劝阻:"邓政委,这怎么能行,大雪天还能洗冷水澡?""怎么不行?翟医生,你放心,我多年来都是这样,早已习惯了,不会着凉的。洗冷水澡有益健康,能清醒头脑,你这个当医生的应该比我懂啊!"在雪地里光着膀子的邓小平也没忘开句玩笑。

11月30日,淮海战役的第二阶段歼灭敌军黄维兵团的战斗已取得很大进展。黄维被围后,曾企图组织全兵团突围,但打先锋的国民党一一〇师在共产党员廖运周师长的率领下,举行了战场起义。蒋介石看到黄维处境危急,北上不得;而徐州方面的杜聿明集团邱清泉、李弥、孙元良3个兵团又遭我军坚强阻击,南下不能。蒋介石让南北两军会师宿县的计划落空了。蒋介石心想,素称精锐的嫡系黄维兵团如果被歼,那么对国民党的军事、政治、士气等方面将产生无法估计的坏影响,后果不堪设想。于是,蒋介石下最大决心要救出黄维。他亲自召集紧急会议,商讨解救黄维的办法。几经争论,最后定下了一个方案:放弃徐州,杜聿明率邱、李、孙3个兵团,经永城南下,靠拢黄维,再夹击共产党中野部队,以解救黄维。

敌人放弃徐州南逃的计划,本是高度"保密"的,但面临崩溃的军队进行这样庞大的兵团行动，要做到保密简直是天方夜谭。我军很快就掌握了这一情况。中央军委急电总前委：首先截住杜聿明集团，不让其西进或南下与黄维会合，堵住后予以围歼，黄维兵团则应加速歼灭，对蚌埠方面的李延年、刘汝明兵团坚决阻击，不准其北上。

根据军委及总前委指示，华野对整个部署作了紧急调整，命令所属11个纵队全力以赴，堵截杜聿明集团。中野各纵则调整了围歼双堆集黄维兵团的部署，加紧准备发起总攻。

杜聿明集团放弃徐州向西南方向逃跑的时候，翟光栋夜间进入总前委作战室，看见邓小平嘴唇紧闭，目光冷峻，表情十分严肃地站在电话机旁。参谋正聚精会神地急切呼唤总机，向一个似乎平日不常通话的地点要电话。翟光栋从邓政委严峻的神情中感觉到了军情似火。

一会儿电话要通了，参谋急问："豫皖苏第三军分区吗？找你们司令员听电话！"这电话是专找永城的。永城，在徐州西南约90公里处，要是路上没有阻拦的话，徐州出来的敌人机械化部队也许几个小时就可以到达。如果让敌人到了永城，他们往西可以分散逃走，往南则可兜击我军南线兵团。邓小平从参谋手中接过电话，先询问了永城守备部队情况，接着简要地告诉对方，杜聿明集团正逃往永城及其意图，随后，邓小平提高嗓音，以斩钉截铁的语气说："我们已命令几个纵队，日夜兼程赶往永城堵截敌人，在大部队到达以前，如果敌人先头部队赶到，你们无论如何不能让敌人通过永城！"电话里传来对方高声的回答："首长，我明白了！不准敌人通过永城！"邓小平又加重语气说："打到一兵一卒也不准敌人通过！剩下你一个人也要顶住！""请邓政委放心！我们坚决执行命令，打到一兵一卒也不让敌人通过！"对方坚定地回答。

对方的回答使邓小平有些放心，为了缓和气氛也为了使对方增强信心，他又说："再重复一次，增援部队正在往你们那里赶！"对方又作了一次响亮的回答。接着，邓小平又鼓励了几句，才放下电话。

在淮海战场上，虽然敌我双方共有100多万军队在进行激烈战斗，但在徐州敌人突然西逃的紧急时刻，永城那个小小的地方，驻守永城的豫皖苏第三军分区部队，就是可能影响整个战局的一个关键点。所以作为淮海前线总前委书记的邓小平才打破了平时由参谋人员与下级联系的程序，也超越了层层指挥机构，而亲自向一位军分区司令员直接交代任务，使军分区司令员了解责任的重大、任务的艰巨，立即率领部下去英勇作战。

豫皖苏第三军分区部队没有辜负首长的信任与重托，顶住了敌人先头部队一天多的猛烈进攻，直到增援的大部队到达，挡住了敌人西逃去路，将徐州逃敌3个兵团全部包围于永城东北的陈官庄、青龙集、李石林地区。两天后，我军全歼了杜聿明集团孙元良兵团。

12月4日起，围歼黄维兵团的战斗进入最后阶段。邓小平和刘伯承、陈毅围着地图和沙盘，时而交谈，时而沉思。他们鉴于黄维兵团的总兵力被歼了三分之一，机动兵力明显不足，各军都残破不堪，粮弹无着，士气低落，遂决定对黄维兵团发起总攻。黄维见大势已去，于12月15日晚决定采取"四面开弓，全线反扑，觅缝钻隙，冲出重围"的方针，率残部突围，以求死里逃生。无奈解放军围得严实无缝，无隙可钻。很快，黄维兵团全部被歼，黄维、吴绍周、杨伯涛、覃道善等高级军官全被活捉。黄维等人被押到总前委时，邓小平、刘伯承、陈毅招待他们吃了顿饭。当时，黄维还不甘心地说："胜败乃兵家常事。"邓小平说："即使你们暂时脱逃了，最终还是要被消灭的，最根本的是你们的反人民战争激怒了全国人民。"

1949年1月6日，华东野战军对包围圈里的杜聿明集团发起了强大的总攻。战火纷飞，烟尘翻滚，遭到野战军致命打击的蒋军头目们，知道死到临头，再无顽抗的能力了。邱清泉被击毙前，无可奈何地拿起电话，向各军申明自己不再执行指挥职权，要各部队自寻生路；李弥撇下部队逃走时连声哀叹："炒豆子的时刻到了！我早就知道有今天！"

1月10日，杜聿明残军约20万人覆灭。一群黑压压的国民党俘虏，正由前沿地带被押下来。他们排成20多路纵队，打着白旗，踩着撒满一地的国民党证、"蒋大总统"元旦文告，规规矩矩地到我军指定地点缴枪。一路上，有人向俘虏问："你们是哪个部分？"他们总是回答："提不得啦，我们一个人一部分！"有时，没有人押送的俘虏还问："到你们俘虏营走哪条路？"由此足见国民党军士气的低下，在解放军的深重打击下部队极其混乱。蒋介石的得意门生杜聿明没有走在俘房中，他是被担架抬走的。

经过 66 天的激战，我军大获全胜，以 60 万人战胜了国民党 80 万军队。我军以伤亡 13.4 万余人的代价，歼灭了国民党 1 个"剿总"指挥部、5 个兵团部、22 个军部、56 个师，计 55.5 万余人，连同在阻击蚌埠敌军中歼灭的 5 万余敌军，总共 60 余万人。

捷报传出，世界震惊。远在几千里之外的斯大林——这位率领苏联军民击败强大法西斯德国的伟大统帅也为之惊讶，称赞这是世界战争史上少见的奇迹。

消息传到西柏坡，毛泽东欣喜异常，立即以中共中央的名义发出贺电。后来，毛泽东又十分高兴地对邓小平等同志说："淮海战役打得好，好比一锅夹生饭，还没完全煮熟，硬是被你们一口一口地吃下去了。"

消息传到南京，蒋介石如丧考妣，痛苦不已，他撕心裂肺地吼道："完了！一切全完了！"淮海战役结束后的第 11 天，蒋介石便以"因故不能视事"为由，宣布"引退"，随即离开了南京，从此一去不返。

> 蒋委员长悬赏缉拿多年的人，没想到有一天倒找上门来了。然而，"总统府"已是人去楼空。邓小平跟随毛泽东登上了天安门城楼，心潮澎湃。

辽沈、淮海、平津三大战役后，国民党军队残存的正规军仅有 71 个军 227 个师 115 万人，连同特种兵及地方部队，总兵力 204 万人，其中能用于作战的部队只有 146 万人。这些部队，分布在从新疆到台湾的广大地区和漫长的战线上，已无法在战略上构成有效的防御。与此同时，国民党政府已陷入四分五裂的境地，蒋介石以"因故不能视事"名义宣告"引退"，转入幕后操纵；李宗仁在南京代理总统职务，代而难"统"；孙科自行将国民党政府行政院迁往广州。在这"一国三公"的局面下，他们仍不甘心于自己的失败，再次玩弄起反革命的两手：一面高唱"和平",假装与中共进行"和谈";一面搜罗残兵败将,扩充军备,加强长江防线,企图凭借长江天堑阻遏解放军南进,实现"隔江而治"。

当时,国民党军鼓吹长江防线是"陆海空立体防线",叫嚣南京是"钟山龙盘,石城虎踞",扬言"共军要过长江,必遭曹操83万人马下江南的结局"。国内外也有一些人主张,国共双方以长江为界停火,求得南北分治的和平局面。人民解放军要不要打过长江去?

在西柏坡的中共中央驻地,毛泽东的眼光紧紧地凝视着地图上的长江。在中国历史上,这道天险曾造成南北割据。毛泽东不希望历史重演,中国的革命必须进行到底。

在江南,自从皖南事变之后,共产党就没有一支强大的武装力量在这里存在,只有一些游击队。所以早在1947年7月23日,当刘邓大军挺进鲁西南时,毛泽东就有过派叶飞、陶勇两员猛将出闽浙赣、创建闽浙赣根据地的设想。但后来为保证刘邓大军能顺利进入大别山,放弃了这个设想。到1948年1月27日,毛泽东为进一步把战争引向敌人的深远后方,配合中原战场作战,电令粟裕亲率3个纵队,组建1个兵团,渡江南下,在南方数省执行宽大机动作战任务。后来考虑到先在长江以北消灭蒋军主力,打大歼灭战,又放弃了这一计划。

现在,解放全中国的时机已经成熟。国民党虽高唱"和谈",但明眼人都知道他们并无诚意,而是妄图划江而治,造成中国的分裂。为了赢得政治上的主动,为了赢得时间,以便让林彪所率的第四野战军南下,配合二野(中野)、三野(华野)一起打过长江,推翻蒋介石集团的反动统治,党中央一边和国民党代表进行谈判,一边加紧渡江准备工作。

1949年3月,邓小平、陈毅、谭震林在西柏坡参加中共七届二中全会。全会闭幕之后,毛泽东召集邓小平、陈毅商讨渡江作战问题,对渡江作战作了周密的计划和安排。为了适应渡江战役的需要,根据中央决定,淮海战役总前委改为渡江战役总前委,仍由邓小平任总前委书记,统领二野、三野承担渡江任务。毛泽东拉着邓小平的手郑重地说:"渡江作战就交给你指挥了。"

邓小平从西柏坡返回前线后,立即主持召开总前委会议,传达党的七届二中全会精神。在会上,他特别强调要牢固树立将革命进行到底的思想,要打过长江去，解放全中国。在邓小平看来，蒋介石引退回到浙江奉化溪口老家，这只是表面现象。他强调要继续准备打仗，立足在国共谈判破裂之时，以战斗方式强渡长江，力争战役全胜。邓小平同时指出，部队在向江南进军过程中，要防止偏安享乐、害怕艰苦、留恋城市思想的滋长。

3月31日，邓小平遵照中央军委、毛泽东关于"和谈以揭露敌人，备战以实施渡江"的指示，结合国民党军的江防部署，起草制定了《京沪杭战役实施纲要》。《纲要》上报中央后，毛泽东很快批准了这一计划，并决定渡江时间为4月15日18时。

后来，因为和平谈判的需要，为了进一步赢得政治上的主动，揭露国民党政府假借和谈拖延时间的阴谋，党中央在征询了邓小平等总前委领导人的意见后，决定将渡江时间推迟1个星期。

4月20日，国民党南京政府拒绝在国共双方代表团拟就的《国内和平协定（最后修定案）》上签字，并在杭州积极策划"坚决作战""奋斗到底"。在这种情况下，毛泽东主席和朱德总司令遂向人民解放军发出了《向全国进军的命令》，号召全军"奋勇前进，坚决、彻底、干净、全部地歼灭中国境内一切敢于抵抗的国民党反动派，解放全国人民，保卫中国领土主权的独立和完整"。一声令下，第二、第三野战军百万雄师，分中、东、西三路大军，发起了声势浩大的渡江作战。

中突击集团于4月20日夜首先起渡，冒着敌舰和江防炮火的拦截，迅速占领了部分江心洲，并突破鲁港（芜湖西南）至铜陵段敌军防线。21日，敌京沪杭警备总司令汤恩伯仓皇飞赴芜湖亲自督战，但已无济于事。当夜，我东、西两突击集团又发起强大攻势，广大指战员勇猛顽强，冒着枪林弹雨，乘船直冲对岸。部队过江后，根据总前委的命令，一面分兵横扫沿江之敌，一面以主力向敌纵深推进。至22日，东、西、中三大突击集团已进至香山、南闸、百丈、彭泽、南陵一线。

国民党江防部队在千里江防线被解放军全面突破后，被迫于22日下午向上海、杭州和浙赣线撤退。第二、第三野战军根据总前委的指示，乘胜追击，连克江阴、无锡、常州、芜湖、青阳等城镇。战役发展神速，犹如摧枯拉朽，势不可挡。23日，解放了国民党反动政府盘踞了22年的南京。昔日的总统府，青天白日旗倏然落下。

27日，邓小平、陈毅等乘吉普车来到黄埔路的国民党总统府。只见屋内一片狼藉，文件满地，表册散落，皮圈转椅上摆着滚龙绣垫，办公桌上的台历正翻到4月22日这一天。

邓小平看了看台历上的日期，感慨道："22年前的4月12日，蒋介石在上海发动了反革命政变，大肆屠杀共产党人和革命群众，他是手执屠刀上台的，今天他终于垮台了！"陈毅跺着地板沉痛地说："当时蒋介石是宁可错杀一千而绝不放走一个共产党人，今天终于可以告慰这些倒在敌人屠刀之下的英灵了。"

在蒋介石的办公桌前，邓小平戏言："蒋委员长悬赏缉拿我们多年，今天我们可是找上门来了。"陈毅豪情奔放，诗兴大发，高声吟起了几日前就已打好腹稿的磅礴诗句："旌旗南指大江边，不尽洪流涌上天。直下金陵澄六合，万方争颂换人间。"

总统府会议室的墙上，徐蚌会战地图还完整地挂着。陈毅风趣地说："可惜，蒋某人是看不到我们那张胜利的地图了，只好把这个失败的地图留下作个历史见证喽。"邓小平接着说："老蒋不但仗打输了，连地图、总统府都留给我们作抵押了。"

许多年以后，邓小平的女儿曾问他："你们进总统府，在蒋介石的总统宝座上坐了坐吗？"邓小平笑答："总要坐一坐嘛！"

在解放军刚进南京城时，先头部队来到国民党总统府。少数战士由于阶级仇恨和一时的感情冲动，将悬挂在厢房内的一幅蒋介石全身刺绣肖像，用刺刀捅破，眼、头、身上留下多处刀痕。这幅肖像有3米多高、2米多宽，是蒋介石身穿元帅服，肩佩军衔、胸挂各种勋章的全身像，用多种彩色丝线和金银线绣制而成，极为精美。据说是蒋介石六十大寿那年，他家乡浙江省主席请高手名匠加工特制而成赠送给他的贺寿礼品。现在被解放军战士捅上了几个大窟窿。

邓小平得知这一情况后，尽管对战士的行为十分理解，但还是进行了严厉的批评："怎么能干出这种愚蠢的事呢？不能用仇恨感情代替纪律和政策！蒋介石是战争罪犯，但刺绣是高手名匠创造的艺术珍品，是劳动人民智慧的结晶，怎么能把它捅坏呢？你刺坏它干什么？有什么实际意义？刺坏了一个绣像难道就等于打倒蒋介石了？绣像是艺术品，是历史留下的东西，也是我们胜利的纪念品，破坏这些纪念品是愚昧的行为！"为此，邓小平通令全军：要保护历史文物和名胜古迹。

5月1日，中共中央电贺南京解放，在南京"国民大会堂"（后改为人民大会堂）召开解放区与地下党3000余名干部的会师大会。邓小平在大会上讲话，勉励第二、第三野战军的干部和南京地下党的同志团结一致、同心同德，为建设一个崭新的人民的新南京而奋斗。

在欢庆会师的现场，邓小平与兵同乐。首长战士们一起谈笑着，一条小手帕飞快地在一圈干部、战士面前传递着，有节奏的鼓点，咚咚咚咚地响，只见手帕已传到邓小平手中，可他敏捷地将手帕传递给紧挨自己的那位干部。鼓点停了，手帕恰好落在那位干部手中，邓小平和群众都欢快地笑了起来，接着又是一个表演节目。

不久，中央批准南京市人民政府成立，刘伯承被任命为南京市委书记、军管会主任和市长。邓小平是总前委书记，华东局第一书记、华东军区及第二野战军政委，肩上担子很重。这时，他受命同陈毅一道，指挥上海战役。

在南京解放之后，汤恩伯的大部分兵力都缩在了上海周围。上海是当时中国第一大城市，人口稠密，工业集中。国民党守军共有8个军、25个师约20万人，并在上海周围修筑了坚固的防御工事，企图负隅顽抗。

为了打好此仗，陈毅、邓小平把刘伯承、谭震林、粟裕、宋任穷等人请到总前委驻地丹阳，一起精心研究战略战术。5月12日，上海外围之战打响。5月26日，第三野战军第九兵团攻占上海市区，汤恩伯率5万余人登上军舰逃走，其余15万敌军全部被歼。同日，邓小平率领总前委、华东局机关和大批接管干部乘火车抵达上海。随后，邓小平参与领导了大上海的恢复建设工作。

为彻底消灭蒋介石的国民党军队，解放全中国，中央军委派彭德怀率第一野战军进军西北，林彪率第四野战军进军华南，刘伯承、邓小平率第二野战军和贺龙率领的第一野战军十八兵团协同进军大西南。5月23日，中央军委电告二野：准备两个月后向西南进军。6月2日，军委又电示二野：小平须准备去四川。

上海解放初期，邓小平夫妇与长女邓林、长子邓朴方、次女邓楠在住地留影

邓小平接到指示后，立即从上海回到南京，与刘伯承一起研究进军西南的有关事宜。随后，邓小平在二野前委会上传达了中共中央、中央军委关于向全国进军和准备干部的部署，研究了进军西南、接管西南、调配随军干部的计划。为解决进军西南的干部不足问题，邓小平提议在宁沪杭地区招收一批青年知识分子及工人，并以老解放区干部为骨干组成干部工作团，随大军挺进西南。这一提议得到一致赞同，会议决定把随军干部工作团定名为"中国人民解放军西南服务团"，由宋任穷担任总团主任。

7月16日，中共中央决定成立西南局。8月1日，中共中央决定：西南局以邓小平、刘伯承、贺龙分别任第一、第二、第三书记，贺龙任西南军区司令员，邓小平任政治委员，刘伯承任西南军政委员会主席。

这年9月，邓小平携全家第一次来到了北平。在北平，他一边治病养病，一边向中央报告工作和研究解放大西南的作战。闲暇之间，他还带孩子去西郊的颐和园，在秋水潋滟的昆明湖上兴致很浓地泛舟畅游了一番。

在北平，邓小平向新政协筹备会代表作了《从渡江到占领上海》的报告。报告精彩而生动地概述了渡江战役的过程，并指出：渡江战役胜利的基本原因是

"中国人民革命军事委员会及毛泽东主席领导正确"，还有"军事准备充分，指战员英勇""群众支援，地下党和游击队之联合""敌人的脆弱"等。

9月下旬，邓小平作为中共代表之一，第一次走进中南海怀仁堂，参加全国政协第一届全体会议，和毛泽东等共产党人以及其他爱国民主人士一起共商建国大事。在这次具有重要历史意义的会议上，毛泽东当选为中央人民政府主席，邓小平等当选为中央人民政府委员。

10月1日，中央人民政府委员会由毛泽东主持举行第一次会议，决定毛泽东为中央人民政府人民革命军事委员会主席，邓小平等为军委委员。下午3时，首都北京30万军民齐集天安门广场，隆重举行庆祝中华人民共和国中央人民政府成立大典。作为开国元勋之一的邓小平，跟随毛泽东、刘少奇、周恩来、朱德等党和国家领导人登上了天安门城楼，和首都人民一起参加开国大典。毛泽东在30万军民热烈的欢呼声与雷鸣般的掌声中按动国旗升降开关，一面耀眼夺目的五星红旗在广场高高升起。毛泽东庄严宣告："中华人民共和国中央人民政府今天成立了。"

播火百色、立马太行、鏖兵中原、决战淮海……血与火的洗礼已使当年广安牌坊村的翩翩少年变成了一位多谋善断、功高权重的中共高级领导人。45岁的邓小平，站在天安门城楼上，看着欢腾的人民群众，看着兴奋的毛泽东，看着城楼上下领袖与群众感情的交融，心情自然十分激动。庆典之后，他挥笔留词——"永远铭记着：在过去长期艰难的岁月里，人民英雄们用了自己的鲜血，才换得了今天的胜利。"

但是，他想得更多的，不是过去也不是现在，而是将来。新中国诞生的这一天，并不意味着革命和奋斗的完结，等待共产党人的是更加艰巨、更为严峻的新的历史使命。眼前，党中央和毛泽东已经把解放大西南的任务交给了他。他想起故乡的穷苦人民还在受难，心情就难以平静。大西南的人民正等着他……

第九章

日理万机搁心智

> 一生中没有到过西藏，但西藏的解放与他的名字紧紧联系在一起。在把国民党反动统治驱逐出中国大陆之后，他设法把五星红旗与八一军旗插到"世界屋脊"。

中华人民共和国的成立，揭开了中国历史的新篇章，开辟了中国历史的新纪元。然而，人民解放战争虽然已获得基本胜利，但是还没有结束。国民党还有上百万军队在西南、华南和沿海岛屿负隅顽抗。蒋介石正积极筹划在大西南聚积力量，伺机反攻。因此，必须迅速把解放战争进行到底，粉碎敌人的复辟梦想。

早在党的七届二中全会时，毛泽东就考虑由谁率军挺进大西南、谁进驻上海的问题。陈毅出于对刘邓的敬重，提出让刘邓进驻上海，因为刘邓跃进大别山消耗太大，而由他率部进军大西南。邓小平和刘伯承则表示，他们对西南更熟悉，陈毅率华东野战军留驻华东更为有利。后来，毛泽东和党中央经过研究，决定把进军大西南的任务交给刘邓。

于是，新中国成立后，未及洗去仆仆征尘，邓小平和刘伯承就率部进军大西南，开始了新的战斗。大西南包括云南、贵州、四川、西藏以及当时的西康，总面积达230多万平方公里，可以说是国民党逃离大陆前最后控制的地区。蒋介石企图依靠残存在西南的45万正规军队与地方杂牌军，依托以四川为中心的西南地区，凭借川滇黔边的险峻地势，与人民解放军持久作战。如固守不成，则保存实力退向康、滇，进而逃窜国外。蒋介石部署了一条以四川为防御重点，西迄岷山，经秦岭、大巴山、巫山和武陵山，南至五岭山脉西部的"西南防线"，以阻止解放军由陕入川解放大西南。敌人认为我军从川北方向入川可能性最大，而川东地势险要，大兵团行动困难，解放军难以由此进川。

可是，毛泽东和邓小平、刘伯承的战略出乎蒋介石的预料，我军的计划是以二野为主力采用大迂回、大包围的战术,从湘黔边直出贵州,进占川东、川南,切断位于川东的敌胡宗南集团和川、康诸敌退往云南的道路;以位于陇海路西段的我第十八兵团等部,首先抑留胡宗南于秦岭川北地区,待二野主力入川切断敌退路后,再迅速入川,协同聚歼川境之敌。

按此计划,我军于 11 月 1 日发起川黔战役,突破敌军防线,于 11 月 15 日一举攻克贵阳,16 日解放彭水,突破乌江防线,向重庆挺进。

就在刘邓大军向重庆挺进之时,蒋介石带着钱大钧、蒋经国、毛人凤等一批随员突然飞到重庆。此行极为秘密,不准见报,不准宣传,到机场迎接也不准安排。在黄叶扫阶、日暮钟声中,蒋介石来到重庆,一下飞机便直奔西南军政长官公署,立即召集军务紧急会议,发出指示。

在向重庆挺进时,刘邓除命令各部队发扬勇敢战斗的作风外,还强调对敌人进行政治攻势,争取敌人放下武器,军事的、政治的各种斗争同时展开。11 月 23 日,由邓小平担任第一书记、刘伯承任第二书记、贺龙任第三书记的中共中央西南局在湖南常德正式成立。两天后,二野第三兵团第十一军解放了重庆南部的南川县城。26 日,刘伯承、邓小平、张际春、李达向二野第十一军、十二军,四野

1949 年,邓小平与刘伯承、张际春等研究进军大西南问题

第四十七军发出"速歼长江南岸之敌，相机占领重庆"的指示。

11月27日，二野第三兵团第十二军解放了离重庆不远的綦江县城。二野第三兵团主力及四野第四十七军在南川以北山区，歼灭宋希濂和罗广文部3万余人。这时，中央军委电示刘伯承、邓小平、贺龙、李井泉：为协调一致，全歼四川、西康地区之国民党军，第一野战军第十八兵团改归第二野战军建制指挥，军委不再直接指挥，以免分歧。接着，贺龙、李井泉向其时正在秦岭地区的第十八兵团及第一野战军一部发出入川作战命令，强调以不过于压迫敌人主力及扫清小股敌人和前进道路上之障碍为目的，派得力先头部队结合工兵，尾敌前进，主力待命出动。

11月30日晨，曾计划以川康云贵为后方、割据西南、建都重庆的蒋介石，从官邸坐汽车直奔重庆白市驿机场，乘飞机逃往成都。由于连日来刘邓大军神速的行动和中共地下组织的有力配合，重庆守敌很快就土崩瓦解。下午，二野第三兵团主力及四野第四十七军解放了西南地区政治、经济、文化中心重庆。

12月1日，野战军冒雨在山城举行入城式，受到全市人民的热烈欢迎。在重庆解放的当天，刘邓大军另一部又占领川南重镇叙永县城，歼敌第六编练司令部，俘中将司令萧以觉及其所带2000余人。到12月7日，赤水、泸县、富顺、自贡、隆昌、纳溪、江安、荣县、内江、资中等县城均获得解放。

重庆是邓小平早年读过书的地方，他的老家广安县离重庆不太远，坐汽车半天就能到达。邓小平就是1920年在重庆读书然后赴法国勤工俭学的。屈指一算，离开家乡已近30年了。邓小平对重庆的一山一水非常熟悉，许多往事历历在目，记忆犹新。到重庆后不久，邓小平便派了西南军区的几个同志去看望他当年在留法勤工俭学预备学校读书时的老师汪云松。可汪云松不知吉凶，没敢见。第二天来了辆吉普车，接他到军区。他下车后才知道，原来是西南局第一书记、西南军区政委、他当年的学生邓希贤（邓小平曾用名）请他吃饭。汪云松回来后很是高兴，逢人便说："小平真不错呀，我现在才晓得，共产党也不忘故旧。"汪云松后来说，当初他办学，原本不是想培养共产党，只是想培养搞实业的人，走实业救国的路子，没想到学生中竟有那么多人参加了共产党。邓小平后来有一次曾深情地对重庆市委统战部的一位同志说，汪云松为我们培养了两个副总理。这便是邓小平和聂荣臻。

第九章　日理万机掬心智

"少小离家老大回，乡音无改鬓毛衰。"以革命利益为重的邓小平，无暇思虑顺路回家看看。重庆解放后，刘邓又发出"继续西进"的指示，大军向成都方向进发。逃到成都的蒋介石，这时成了热锅上的蚂蚁，特别是南线白崇禧集团大部覆灭后，他更加没有指望了，只好命令胡宗南聚集在成都附近的部队，准备最后来一次决战。当时他还抱着另一线希望：由西昌退向云南。但几天之后，这一线希望也破灭了。12月9日，云南省政府主席卢汉，西康省政府主席刘文辉，西南长官公署副长官邓锡侯、潘文华诸将领，在全国胜利形势的影响下，特别是在中共中央的长期争取和刘邓"四项忠告"的感召下，脱离国民党反动集团，分别在昆明、彭县（今彭州市）地区宣布起义。蒋介石得此消息之后，"气得捶胸顿足"，也无可奈何。见大势已去的他，唯恐自身难保，便把大权统统交给胡宗南，于13日深夜在铁甲车的护卫下，带着他的"政府"和美国顾问，狼狈从新津机场登机飞逃台湾。在飞机着陆于台湾时，他和儿子蒋经国唱了几句"中华民国国歌"，颇具悲壮之味道。

这时，我各解放大军根据刘邓的指示，及时调整了部署，整顿了组织，认真研究了战术。同时，运用战场喊话、广播、遣俘、送信等各种形式，对敌进行政治争取和瓦解。12月21日，被我军严密包围的川鄂边区绥署副主任董宋珩率第十六兵团在金堂地区宣布起义，这是川境敌人瓦解的开始。胡宗南为稳定军心，于第十六兵团起义的第二天在新津召开了紧急的军以上指挥官会议，会上他故作镇静，声言"要团结一致，抵抗到底"，并表示说"本人亦抱定为党国牺牲的决心"，而且还作了向雅安、西昌突围的部署。哪知会议的第二天（23日），这位两年前因占领延安而不可一世的"胡长官"，也像蒋介石一样，甩下他的部队，登上早已准备好的飞机溜走了。

胡宗南一溜，处在四面包围中的敌人更加混乱动摇了。我军乘机紧缩包围圈，进行军事攻击并继续开展政治攻势。接替胡宗南指挥的敌五兵团司令李文，执迷不悟，垂死挣扎，虽多次组织突围，均被我军击溃。决定李文兵团覆灭命运的，是刘邓指挥我军完成了战略上的包围部署，将李文所部7个军，分割包围在新津、大邑、邛崃、蒲江菱形地带间的高山铺、西菜场、蚂蚁山周围40里的地区内。26日拂晓，我各路大军发动了全面总攻。

英勇的解放军战士们一面作战,一面高喊:"同志们,我们要在大陆最后一次作战中立功啊!"战士们争先恐后,奋不顾身,向敌人纵深猛插、直冲。除少数残敌逃往西昌外,李文部下5万余人被捉。至27日,成都战役遂告结束。

到1950年4月,人民解放军解放了西昌。至此,除西藏外,西南四省已解放。这些地区相继解放后,邓小平以战略家的眼光,深谋远虑,把握全局,适时提出新的任务,使西南的局势发生了深刻的变化。

1950年春,担任重庆市委第一书记兼市长的二野第三兵团司令员陈锡联在重庆主持召开二野团以上干部会议,邓小平到会讲话。老部下们都很熟悉自己的老首长,知道老首长讲起话来向来没有繁文缛节,没有多余的句子,而且老首长讲话时,眉宇间总是透出一种特有的力度。这一次,邓小平讲话一反惯例,他先问:"同志们,你们说仗打完了没有?"台下坐着的团以上干部们面面相觑,弄不清老首长问这句话的目的。不少干部回答说:"仗打完了!我们胜利了!"

待会场静下来,邓小平笑着说:"你们说仗打完了,可是在我看来,仗还没有打完。"台下便议论起来。邓小平接着侃侃而谈:"为什么我说仗还没有打完呢?虽然重庆解放了,四川解放了,大西南基本解放了,但是,今后的斗争,要比普通的军事斗争、比打几个仗要复杂和艰苦得多,不是打几个冲锋就能解决问题的。西南的封建势力还原封原样保留着,手里还掌握着武装,这意味着更尖锐的阶级斗争还在面前。这一斗争,要到完成土地改革,彻底消灭封建阶级后才能获得基本胜利。这个斗争极端复杂,表现在军事、政治、经济、文化等许多方面,还包含着流血的斗争,比如剿匪和对付可能发生的叛乱。要取得这场斗争的胜利,不仅要坚定勇敢,更要有智慧、策略、方法,也就是要用党的政策安定一方。"

在讲话中,邓小平把当时的政治任务精练地概括为"90万""6000万"和"60万"。他说,第一个任务是"90万",即教育与改造在解放西南作战中起义、投诚与被俘虏的国民党军队90万人。要下苦功夫,对他们做工作,把这"90万"改造过来,有的改造成人民军队,有的经过教育后,安置到家乡去生产,不使其流为游民和土匪。第二个任务是"6000万",即如何发动西南7000多万人口中的90%的基本群众,组织起来,进行春耕,完成减租退押,实行土地改革,组织生产，恢复经济。第三个任务是"60万"，即提高现有60万部队的质量，要把战斗队变为工作队，提高素质，加强纪律，去创造和建设一个新的大西南。"90万"和"6000万"的任务都靠这"60万"去完成，要引导大家向前看，在改造"90万"和发动"6000万"的斗争中磨炼，使部队的阶级觉悟和政治水平大大提高一步。

邓小平的一席讲话，震撼了与会者的心灵，使二野团以上干部豁然开朗，人人目的明确、任务明确、方法明确。

"蜀道难，难于上青天。"改变蜀道难的状况，是四川人民长期的梦想。然而，无论是袁世凯的北洋政府，还是蒋介石的国民政府，都没能在成渝之间铺上一根枕木。生于斯长于斯的邓小平主政西南后，决定修筑成渝铁路，以"带动百业发展，帮助四川恢复经济"。6月15日，下着细雨，邓小平与1万多军民冒雨出席了成渝铁路开工典礼。以后，在邓小平的安排下，西南军区各部队总共抽调3万多人，组成5个修建成渝铁路的军工筑路队。在成渝铁路工地沿线，国民党的潜伏特务、土匪武装同地方恶霸势力相勾结，大肆进行骚扰破坏。一手拿镐一手拿枪的3万多西南工兵部队，既是修筑成渝铁路的主力军，也是保护工地安全的武装力量。

邓小平、贺龙在成渝铁路通车典礼上

为了建好成渝铁路，邓小平提出，对专家要大胆使用，让专家有职有权，并在工资待遇上尽量给予照顾。在修建过程中，邓小平虚心听取专家建议，对各个方面都考虑得周到细致。1952年7月1日，成都和重庆两市同时举行了庆祝成渝铁路通车典礼。邓小平在出席重庆举行的通车典礼时，拿起如椽的大笔，挥毫题词："庆祝成渝铁路全线通车"。当时，人民群众也由衷地打出了这么一副对联："人民坐江山，黄河也有澄清日；铁路连川陕，蜀道从今不再难。"

在重庆的历史上，有过两份《新华日报》：一张是抗日战争和解放战争时期由周恩来、董必武、吴玉章领导的《新华日报》，人称老《新华日报》；一张是新中国成立初期由邓小平、刘伯承、贺龙、宋任穷等领导的《新华日报》，人称新《新华日报》或西南《新华日报》。重庆解放后出版的《新华日报》，继承老《新华日报》的光荣传统，在宣传报道中，无愧地起到了党的耳目和喉舌作用，成为西南人民心目中一份有威信的报纸。在邓小平主持西南局工作的初期，报社日常的清样终审按照规定要由书记签发。邓小平日理万机，工作太忙，便委托西南局常委兼宣传部部长张子意代管，但一遇重大问题、重要稿件，他毫不推托，即使再忙，也亲自审改或指示如何进行宣传报道。报社提出不少要求，邓小平总是开"绿灯"。报社要修建办公大楼，向西南财委写了请示报告。邓小平当时还兼任西南财委主任。为此，他约见报社秘书长毛伯浩，表示同意报社意见，但同时要求报社坚决实行经营企业化。允许《新华日报》以一定版面刊登广告，以保证报纸事业向前发展、增加报社收入、改善报社职工生活福利待遇。从当时全国的报业情况来说，这是一项大胆的改革。由于工作关系，《新华日报》不少记者见过邓小平，或采访、或请示、或送审稿件……每个记者对邓小平的印象都十分深刻，说他一点不像大首长，一件白布衬衣或一套布军服，态度既严肃又和蔼，提问时话不多、很谦虚。有一天西南局开干部大会，记者写了消息，请邓小平审阅。邓小平本来是第一个讲话，他在审稿时把自己的名字圈到刘伯承、贺龙之后，并且将自己的讲话内容全部删除，只写了一句"邓小平也讲了话"。当时他对记者说："新闻要短些。我们几个讲的都是一个中心意思，何必要多写我呢？"

在重庆曾家岩，邓小平夫妇又喜添女儿毛毛（邓榕）与儿子飞飞（邓质方）。于是，家里已有三女二男5个小孩了，邓小平自己可是顾不上照顾孩子，这可忙坏了当时在重庆人民小学当校长的卓琳。人民小学的学生都是二野和西南局的子弟，这些孩子有些顽皮而不好调教，身为校长的卓琳便从自己家的孩子开刀，不听话、不遵守纪律首先整肃的就是他们，以儆效尤。毛毛说："妈妈是校长，但什么课都教，语文、数学，连音乐课都教。"当时，邓小平的继母夏伯根也从广安老家搬来和他们住在了一起。从此，五口之家变成了八口之家。

西藏地处中国西南边疆，为喜马拉雅山、昆仑山和唐古拉山所环抱，平均海拔在4000米以上，素有"世界屋脊"之称。西藏内部由于生产力极其低下，生产关系极其落后，一直保持着政教合一的封建农奴制度，藏族人民在农奴主的残酷压榨下，生活在水深火热之中。英美帝国主义和印度反动派长期以来勾结和控制西藏上层统治集团，妄图把西藏变为他们统治势力下的殖民地。在解放军即将进军西藏的时候，西藏地区反动势力与英美帝国主义及印度反动派密切勾结，积极策划"西藏独立"，加紧扩军备战，企图阻止解放军进藏，脱离中华人民共和国的领导。

1950年元旦。这是新中国成立后的第一个元旦，全中国都沉浸在辞旧迎新的喜悦之中。而此时，中华人民共和国的缔造者毛泽东主席却远在莫斯科。望着窗外欢天喜地庆祝元旦的莫斯科人，毛泽东陷入了深深的思索。这一夜，住在莫斯科郊外斯大林第二别墅的毛泽东几乎一夜没有合眼。新生的人民共和国尚待建设，祖国的统一大业还没有完成，西藏、台湾、海南岛还没有解放，这一切怎么能使他安然入睡呢？

在异国他乡的这个元旦之夜，毛泽东是怀着焦虑的心情度过的。他心事重重，一支接一支地抽烟，不停地在屋里踱来踱去。就在这苦苦的思索当中，一个坚定的信念形成了："西藏，地处祖国西南边陲，是一块神秘和古老的土地。藏族，是中华民族中一个历史悠久的民族。解放西藏势在必行。"在此前，他曾致电中共中央西北局第一书记、中国人民解放军第一野战军司令员兼政治委员彭德怀，提出以西北局为主，经营西藏的问题。1949年12月30日，他收到了彭德怀关于西藏情况及入藏路线的电报，彭德怀在电报中说，从北路进藏困难很大，短期内难以克服。

拿着彭老总的这封来电，毛泽东陷入了沉思。他放下电报，又点燃了一支烟。经过十分慎重的思考和权衡，他决定把这个任务交给西南局。元旦刚过，他即致电"中央、德怀同志，并请转发小平伯承贺龙三同志"，同时要邓刘贺三人研究彭德怀的电报。毛泽东指出："西藏人口虽不多，但国际地位极重要，我们必须占领，并改造为人民民主的西藏。由青海及新疆向西藏进军，既有很大困难，则向西藏进军及经营西藏的任务应确定由西南局担负。"这是一份带有4个"A"的急电，足以表明毛泽东当时的急迫心情。

这一情况完全出乎意料。而此时刚刚解放云、贵、川的第二野战军许多官兵，已经脱下了军装，转变为工作队。担任中共中央西南局第一书记的邓小平接到电报后，二话没说，坚决接受了任务。

选派谁来执行进军西藏的使命？邓小平和刘伯承经过反复考虑，最后选中了年仅36岁的第十八军军长张国华。邓小平对张国华说："你在二野的范围内抽调最强的干部和人员组成进藏部队。要谁给谁，要哪支部队给哪支部队。"张国华感到他对十八军的干部和部队比较熟悉，请求率十八军进军西藏。1950年1月8日，刘邓致电中央请转毛泽东并贺龙：拟定以二野之十八军担任入藏任务，以张国华为统一领导的核心。同时还提请"在康藏两侧之新青两省及云南邻界，各驻防兄弟部队如可能时则予以协助。"两天以后，远在莫斯科的毛泽东复电中央并请转刘邓贺及西北局，完全同意刘邓进军西藏计划。要求西南局迅即成立经营西藏的党的领导机关，限期完成调查情况、训练干部、整训部队、修筑道路等工作，并进军到康藏交界地区。同时，毛泽东还要求西北局负责筹划各项应当和可能协助之事项，指导所属妥为办理。

1月15日，邓小平向十八军军、师领导传达了中央及毛泽东关于进军西藏问题的指示，并研究了具体工作的部署。邓小平全面深刻地阐述了西藏的历史与现实、政治与军事、宗教与文化。他说："西藏是少数民族地区，政治、军事、经济、宗教和文化都有其特殊性，政策性很强。解放西藏有军事问题，需要一定数量的军事力量，但军事与政治相比，政治是主要的。从历史上看，对藏多次用兵均未成功，而解决者亦多靠政治。""解决西藏要靠政治走路。政治问题极为重要，主要是民族区域自治，政教分离。"18日，邓小平、刘伯承向中央报告了进藏工作计划、支援措施等，并向中央提出"自康、滇、青、新四省对西藏多路向心进兵"的重要建议。24 日，中央复电邓小平等，赞同"多路向心进兵"的建议，批准成立以张国华为书记的中共西藏工作委员会，在西南局的领导下统一筹划进军西藏事宜。

西藏是一个宗教氛围极其浓厚的少数民族地区，当时仍处于封建制度和奴隶制度相互交织的社会形态。向西藏进军必然涉及政治、宗教、民族等一系列复杂问题，邓小平指示有关部门尽量收集西藏情况，邀请藏族知识分子座谈，组织西藏问题研究会，做了许多调查研究工作。他认为，我们进军西藏，就是要靠政策走路，靠政策吃饭，一切要从西藏的历史、社会情况和民族宗教特点的实际出发，要调查研究清楚了再办事。根据中央提出的进军西藏一要靠执行党的民族政策，二要不吃地方的指示精神，邓小平结合西藏的实际情况，提出了"政治重于军事，补给重于战斗"的进军方针。

进军西藏的命令下达后，邓小平要求进藏部队各级领导干部务必做好政治动员工作。他号召：干部要起带头作用，所有人的思想要通，要高高兴兴地去西藏。2 月 15 日，西南局、西南军区又联合发出了《解放西藏进军政治动员令》，要求进藏部队"亲密团结西康、西藏地区的同胞，忠实地、正确地执行共同纲领规定的民族政策，严格执行三大纪律八项注意，树立长期建设西藏的思想和决心。"邓小平说，坚决执行党的方针、政策，对我们进军西藏是有决定意义的。他要求进藏部队指战员，紧密联系群众，依靠群众，要用正确的政策去扫除中外反动派的妖言迷雾，去消除历史上造成的民族隔阂和成见，去把康藏的广大僧俗人民和爱国人士团结到反帝爱国的大旗下来。邓小平还指示进藏部队起草进军守则，要求模范执行党的政策，尊重藏族同胞的风俗习惯。十八军党委拟定的进军西藏的口号，开始共有 24 条，在上报中央后，毛泽东专门致电邓小平说："口号有些不适当，又太多，请你动手修改，或重拟一单。"邓小平接到电报后，立即作了修改。

2 月 25 日，刘少奇代表中央致电西南局："我军进驻西藏的方针是坚定不移的。但可采取一切办法与达赖集团谈判，使达赖留在西藏与我和解。"中共中央在综合分析了西藏的情况后，认为西藏上层集团已开始分化，亲英势力已不能像过去那样有恃无恐，爱国力量在逐渐发展，和平解放西藏的可能性较以前增大了。为此，中央提出在对西藏准备采取军事行动的同时，争取实现和平解放的方针。

这样，和西藏地方当局谈判、拟定和平解放西藏的方针政策又提上了中共中央西南局的日程。

5月11日，邓小平向中央报告了西南局拟定的解放西藏的四条方针政策：驱逐英、美帝国主义势力出西藏，西藏人民回到中华人民共和国祖国的大家庭来；实行西藏民族区域自治；西藏现行各种制度暂维持原状，有关西藏改革问题，将来根据西藏人民的意志协商解决；实行宗教自由，保护喇嘛寺庙，尊重西藏人民的宗教信仰和风俗习惯。中共中央和毛泽东对这四条给予了充分的肯定。复电指出和平解放西藏的基本问题是："西藏方面，必须驱逐英美帝国主义的侵略势力，准许人民解放军进入西藏。我们方面则可承认西藏的政治制度，连同达赖的地位在内，以及现有的武装力量、风俗习惯概不变更，并一律加以保护。"为此，中央委托西南局起草一个可以"作为谈判基础的若干条"的文件。

根据中央的指示精神，5月27日，邓小平主持起草了十项谈判条件，即：一、西藏人民团结起来，驱逐英美帝国主义侵略势力出西藏。西藏人民回到中华人民共和国祖国的大家庭来。二、实行西藏民族区域自治。三、西藏现行各种政治制度维持原状，概不变更。达赖活佛之地位及职权不予变更。各级官员照常供职。四、实行宗教自由，保护喇嘛寺庙，尊重西藏人民的宗教信仰和风俗习惯。五、维持西藏现行军事制度不予变更，西藏现有军队成为中华人民共和国国防武装之一部分。六、发展西藏民族的语言文字和学校教育。七、发展西藏的农牧工商业，改善人民生活。八、有关西藏的各项改革事宜，完全根据西藏人民的意志，由西藏人民及西藏领导人员采取协商方式解决。九、对于过去亲英美和亲国民党的官员，只要他们脱离与英美帝国主义和国民党的关系，不进行破坏和反抗，一律继续任职，不咎既往。十、中国人民解放军进入西藏，巩固国防。人民解放军遵守上列各项政策。人民解放军的经费完全由中央人民政府供给。人民解放军买卖公平。

党中央和毛泽东对这十条给予了充分的肯定和高度赞扬。毛泽东审阅了这十条，仅在第八条"由西藏人民"后面加上了"西藏领导人员"几个字。其余全部同意。

这十大政策是从西藏的历史和现实出发制定的一份重要文献。后来中央人民政府同西藏地方政府签订的和平解放西藏办法的十七条协议,就是以邓小平提出的上述十条为基础,在这个大的框架上发展起来的。邓小平提出的这十条,充分考虑到西藏社会的现实,照顾到了各阶层的利益,非常符合西藏的实际情况,甚至有的藏族代表人士都觉得太宽了些。邓小平说:"对西藏的十条,就是要宽一点,这是真的,不是假的,不是骗他们的。"

在争取和平解放西藏的方针下,中央一面指示人民解放军充分做好进藏准备,一面通知西藏地方政府派代表来北京谈判,以便订立和平解放西藏的协议。鉴于西藏当局在谈判问题上故意拖延时间,妄图以武力阻止人民解放军进藏,中央批准了西南局关于10月中旬占领昌都的计划。10月6日,邓小平、贺龙下达作战命令,西南军区第十八军及第十四军一部,在西北军区骑兵部队配合下,从南北两线渡过金沙江,发动了昌都战役。新任昌都总管阿沛·阿旺晋美毅然宣布战场起义,命令所部停止抵抗,向解放军投诚。24日,昌都战役结束,共消灭藏军5000余人,占藏军总兵力的三分之二。解放了昌都,叩开了进军西藏的大门。

这年10月间,中央军委决定,由刘伯承主持筹建中国人民解放军陆军大学。10月27日,刘伯承奉毛泽东和朱德的调令,乘飞机赴北京,接受创办中国人民解放军陆军大学(后改名为"中国人民解放军军事学院")的重任。

临行之时,邓小平和刘伯承紧紧地握手道别。两位并肩战斗了13年、同经战火硝烟的战友要分手了,自然依依不舍。就他们各自的愿望来讲,又何尝不想把生死与共的搭档关系再继续下去?然而,因工作的需要又不得不分开。好在两人始终心心相印,千山万水也隔不断他们的深情厚谊。

1951年4月,西藏地方政府派出了以阿沛·阿旺晋美为首的代表团前往北京,与中央人民政府代表谈判。途经重庆时,邓小平、贺龙接见了代表团一行。邓小平向他们讲述了中国共产党争取和平解放西藏的十大政策,高度评价了阿沛·阿旺晋美在关键时刻能够深明大义,弃暗投明。5月23日,双方在北京签署了《中央人民政府和西藏地方政府关于和平解放西藏办法的协议》。

为贯彻和平协议,毛泽东发布进军西藏训令。七八月间,邓小平、贺龙命令十八军向拉萨进军。10月,人民解放军进入西藏首府——拉萨。至此,中国大西南全部回到了人民的怀抱,中央政府完成了祖国大陆地区的统一。

1951年4月，邓小平和重庆各界群众欢迎以阿沛·阿旺晋美为首的西藏地方政府代表团途经重庆前往北京

邓小平一生没有踏上过西藏这片使他魂牵梦绕的热土。他曾多次遗憾地说，他没有到过西藏。但是，他对西藏却怀有特殊的感情。1992年1月21日，邓小平到深圳的锦绣中华微缩景区游览，在那里的"布达拉宫"前，这位一向不爱照相的老人破例同家人及亲属、陪同的负责同志一一合影留念。他又一次遗憾地说："全国我就这个地方没去过……看来是去不成了，照张相留个纪念。"

> "新税制风波"中，毛泽东点将由邓小平当家理财。在大是大非面前，邓小平坚持原则，不为拉拢引诱所动，在新中国成立以来首次党内斗争中经受住了考验。

1952年下半年，为了适应大规模经济建设的需要，加强中央的集中统一领导，中共中央决定将中央局和大区行政委员会的主要领导及一批工作人员调到北京，并调整、增设中央和国家机关的部分机构。这年7月，邓小平离开了战斗近3年的西南，来到北京，8月担任中央人民政府政务院副总理，后兼任中央财政经济委员会副主任。

这时期，邓小平的顶头上司是担任政务院总理的周恩来。这对曾在法国巴黎和上海并肩战斗过的战友，在新中国成立后又开始了长达20多年的亲密合作。

在邓小平之后，中共中央东北局第一书记高岗、中共中央华东局第一书记饶漱石，以及分别在中南局、西北局担任第二书记的邓子恢、习仲勋也陆续调来北京，任党和政府机关的领导职务。

新中国成立时，高岗担任中央人民政府副主席，又是中共中央政治局的13位委员之一。此外，他还担任中共中央东北局第一书记、东北人民政府主席、东北军区司令员兼政治委员等职，集东北的党政军大权于一身。饶漱石除任中共中央华东局第一书记外，还担任华东军政委员会主席的职务。

随着地位、职务的升高，高岗、饶漱石的政治权欲和野心急剧膨胀。高岗调北京工作，中央安排他以中央人民政府副主席兼任国家计划委员会主席的职务。计划委员会有陈云、邓小平、彭德怀、林彪、彭真、薄一波、饶漱石等10多人，这些人都是当时中央政府高层中声名显赫的人物。因此，高岗担任主席的国家计委有"经济内阁"之称。高岗在抽调进京的5人中所得到的新职位是最高的，当时有"五马进京，一马当先"之说。饶漱石被安排为中共中央组织部部长。在党管干部的体制下，他掌握了中央人事大权。但高岗、饶漱石对这样高的地位仍不满足。

新中国成立伊始，党和政府就十分重视财经工作，当时的财政部部长是薄一波，他在陈云的领导下卓有成效地开展工作。1952年下半年，财政部根据税收工作中出现的许多新情况，决心对新中国成立初"暂时沿用旧税法"、对国营企业照顾过多的税收制度进行修正。接着召开的第四次全国税务会议，提出了修正税制的具体方案，经中财委党组讨论通过，向周恩来作了汇报。12月26日召开的第164次政务会议批准了这个方案。接着向全国工商联负责人和工商界知名人士征求了意见，于12月31日在《人民日报》以政务院财政委员会主任陈云的名义公布了《关于税制若干修正及实行日期的通告》，发表了题为《努力推行修正了的税制》的社论和《全国工商联筹委会拥护修正税制》的报道。

新税制出台后，在社会上引起了较大反响和波动。一些地方出现物价波动、抢购商品、私商观望、思想混乱等情况，一些地方领导也以各种方式表示对新税制的不理解，有的直接上书中央和毛泽东。

客观地讲，由于缺乏经验，财政部在制订和实施过程中确有操之过急、工作过粗之处，确有具体条文修改不当和某些措辞不够恰当之处，但其本意是为了调动各个企业的积极性，稳定工商业，堵住税收漏洞，保证国家财政税收，取得的成绩是主要的，很短时间内就初步达到了保税、增税的目的。出乎财政部意料的是，此事引起了毛泽东的不满。

1953年1月15日，毛泽东给周恩来、邓小平、陈云、薄一波写了封信，信中说："新税制事，中央既未讨论，对各中央局、分局、省市委亦未下达通知，匆率发表，毫无准备。此事已在全国引起波动，不但上海、北京两处而已，究应如何处理，请你们研究告我。此事我看报始知，我看了亦不大懂……究竟新税制与旧税制比较利害各如何？何以因税制而引起物价如此波动？请令主管机关条举告我。"

于是，中央召开了全国财经工作会议，中心内容是讨论和批评财政部的新税制方案。然而，毛泽东对财政部的批评和对新税制的不满态度，却被高岗利用了。由于在"东北一党员来信"问题、"鞍钢检查组"问题上，薄一波坚持党性原则，向中央反映了高岗在东北工作中的一些问题，因此高岗对薄一波有些积怨，他在全国财经工作会议上利用新税制问题，把薄一波工作中的缺点错误上纲为"两条路线的斗争"，其矛头暗指刘少奇、周恩来。

在高岗的干扰下，财经会议对薄一波的批评调门越来越高，有人甚至主张定性为"路线错误"，气氛非常紧张。在这种情况下，薄一波为了顾全大局，维护党的团结和统一，在周恩来的帮助下，真诚地做了自我批评，主动承担了责任。同时，他意识到自己作为财政部部长已经很难继续工作了，便于8月14日找陈云谈话，诚恳地表示自己在工作中是有错误的，在现在的环境下很难继续做好工作，希望转告总理，撤销自己中财委副主任和财政部部长的职务，请更有能力的同志接替自己。

8月17日，中央政治局决定免除薄一波财政部部长职务，但仍让他留任中财委副主任，协助邓小平领导铁道部、交通部、邮电部的工作；决定由邓小平出任中财委第一副主任和财政部部长。

毛泽东决定由邓小平接任财政部部长是经过认真考虑的。新中国成立前后，邓小平任中共中央西南局第一书记兼西南财政经济委员会主任，对财经事务较为熟悉，政绩突出，引起了毛泽东等中央领导人的注意。调入中央，担任政务院副总理、中财委副主任期间，邓小平在不到一年的时间内，其处理复杂问题的突出能力受到毛泽东的赞扬。

在这次对薄一波和"新税制"过火批评的过程中，邓小平起到了降温调和的作用。他在一次会议上说："每个人都会犯错误，我自己就有不少错误，在座的其他同志也不能说没有错误。薄一波同志的错误是很多的，可能不是一斤两斤，而是一吨两吨。但是，他犯的错误再多，也不能说成是路线错误。把他这几年在工作中的这样那样过错说成是路线错误是不对的，我不赞成。"在当时的政治气氛中，此话的分量是不言自明的。难怪近40年后，薄一波对于接替自己财政部部长

1953年，朱德和彭德怀对弈。邓小平带儿子邓朴方在一旁观战

职位的邓小平都心存感念之情。

全国财经工作会议后,高岗、饶漱石还不死心,继续加紧活动。高岗利用各种场合散布所谓"军党论"(即枪杆子上出党)。他说中国共产党里有"根据地和军队的党"与"白区的党"两部分,说"党是军队创造出来的",并且自封为"根据地和军队的党"的代表人物,公然歪曲毛泽东关于党指挥枪的原则。高岗指出,党中央和国家领导机关现在掌握在"白区的党"手里,因此应当改组。

这年9月至10月间,饶漱石利用中央召开全国组织工作会议的时机,进行分裂活动。在这次会议期间,身为中央组织部部长的饶漱石未向党中央汇报就开展了对中央组织部副部长安子文的批判,意在攻击中央政治局分管组织工作的刘少奇。对此,党中央和毛泽东采取了坚决措施,停止了组织工作会议,批评了饶漱石的错误做法。

同时,高岗、饶漱石利用所谓的"军党论"拉拢各大区军政委员会的负责人。他们先是拉拢中南军政委员会负责人林彪。紧接着,高岗来找邓小平,企图挑拨邓小平与中央其他负责人的关系,妄图以利益相诱惑,取得他的支持。在大是大非面前,邓小平毫不犹豫地拒绝了高岗的拉拢,明确表示态度,并且在事后把这件事向毛泽东做了汇报。据邓小平回忆:"毛泽东同志在一九五三年底提出中央分一线、二线之后,高岗活动得非常积极。他首先得到林彪的支持,才敢于放手这么搞。那时东北是他自己,中南是林彪,华东是饶漱石。对西南,他用拉拢的办法,正式和我谈判,说刘少奇同志不成熟,要争取我和他一起拱倒刘少奇同志。我明确表示态度,说刘少奇同志在党内的地位是历史形成的,从总的方面讲,刘少奇同志是好的,改变这样一种历史形成的地位不适当。高岗也找陈云同志谈判,他说:搞几个副主席,你一个,我一个。这样一来,陈云同志和我才觉得问题严重,立即向毛泽东同志反映,引起他的注意。"

邓小平和陈云的行动,成了整个反对高、饶分裂党的活动的转折点。在此之前,中央虽然发现了高、饶的一些不正常的活动,但并未把它看得很严重。毛泽东在听到邓小平和陈云的汇报后,立刻高度警惕,密切注视着形势的发展,同时开始削弱高、饶的权力。这年12月10日,毛泽东在批示的一份文件中还有高岗的名字,到22日批示的一份文件中,高岗的名字就消失了。

这年12月，毛泽东提出在他离京休假期间由刘少奇负责中央工作。高岗出面反对，主张要"轮流"，进一步暴露了他的面目。12月24日，中央政治局召开会议，批评高、饶的分裂党的阴谋活动。毛泽东在会上说："北京有两个司令部，一个是以我为首的司令部，就是刮阳风，烧阳火，一个是以别人为司令的司令部，叫做刮阴风，烧阴火，一股地下水。"毛泽东还进一步点明两个司令部：颐年堂门可罗雀，东交民巷8号（高岗住处）车水马龙。毛泽东在讲话中，指出了高、饶分裂党的阴谋活动的性质及其严重性，向高岗提出严厉警告和批评，同时为了维护党的团结和统一，提出了关于增强党的团结的建议。

1954年2月，党的七届四中全会在北京召开。在会上，刘少奇代表中央政治局作报告，朱德、周恩来、陈云、邓小平等4人作了重要发言。在大家的报告和发言中，一致强调了全党团结的重要性，揭露了高、饶破坏党的团结和统一，不点名地对高、饶进行批评。会议一致通过了《关于增强党的团结的决议》。邓小平在以《骄傲自满是团结的大敌》为题的发言中，表示完全同意刘少奇的报告、决议草案及刘少奇对草案的解释，重点指出骄傲自满、个人主义对党的团结的极大危害性，针对高岗、饶漱石背地散布有关刘少奇的流言蜚语作了批评和澄清，提出要把"维护中央的威信和维护中央几个主要负责同志的威信"紧密结合起来。

邓小平为了帮助高、饶等一些人认识和改正错误，在发言中还以身作则，对自己作了认真的剖析："我觉得我们每一个人，首先是高级干部，应该针对决议草案中所提到的这些倾向，在思想上清理一下。比如我这个人，虽然过去也经历了一点风波，但是近二十年来是一帆风顺的，这一点必须加以警惕……拿我来说，缺点是很多的，错误也是常常要犯的。远的不说，到中央来了以后，分散主义我是有份的，这是一个时期我所解决的问题，无论对事对人决不是都那样妥当的。至于过去，无论在华北，在中原，在西南，工作中都是有缺点错误的。不能设想，像我们这样的马列主义的水平在工作中会没有错误没有缺点。我们要把这个决议当做一面镜子来照我们自己。"

但高岗、饶漱石拒绝中央全会和同志们的批评教育，不作深刻检查。为全面查清他们的阴谋活动，七届四中全会后，中央分别召开了关于高岗问题和饶漱石问题座谈会。邓小平和陈毅、谭震林主持饶漱石问题座谈会。座谈会共开了七次，前四次着重查证所犯错误的事实，然后到会同志继续揭露批评，第七次由饶漱石发言，作检讨，会议最后由邓小平、陈毅作总结发言。

在全党统一认识、提高觉悟的基础上，中国共产党全国代表会议于1955年3月下旬在京召开。在会上，邓小平代表中央委员会作了关于高岗、饶漱石问题的报告，全面叙述了党同高、饶斗争的经过，以及进行这场斗争的重要意义和经验教训。会议通过决议，将高、饶开除出党，撤销其党内外一切职务。至此，这场新中国成立以来第一次党内斗争取得了完全的胜利，全党的团结和统一得到了维护和加强。

> 无论在筹备大会中，还是在大会各项议程中，邓小平都那么引人注目。毛泽东力荐这位"大事小事"几乎都参与了的中央秘书长担任中共中央总书记。

1954年4月27日，根据中共中央的决定，邓小平出任中共中央秘书长。这是邓小平在其长期的革命生涯中，第三次出任该职。这一年，他50岁。

他曾风趣地说，我二十几岁就做大官了。是的，当年他23岁时，在白色恐怖之下的上海首次出任中共中央秘书长一职。30岁那年，邓小平在长征途中，再度出任中共中央秘书长要职，协助中央领导开展工作。

1954年，邓小平除了任中共中央秘书长一职，还身兼数职。他是以毛泽东为主席的中华人民共和国宪法起草委员会委员，参加了中华人民共和国第一部宪法的起草工作。他是以周恩来为主席的中华人民共和国选举法起草委员会委员，并兼委员会秘书长。他还是中央选举委员会的委员，为党的各级组织的选举和建设做了大量的工作。

这年9月，在第一届全国人民代表大会上，根据周恩来总理的提名，邓小平等 10 人被任命为中华人民共和国国务院副总理，根据毛泽东主席的提名，邓小平等 15 人被任命为国防委员会副主席。与此同时，中共中央政治局作出关于成立党的军事委员会的决议，邓小平成为中共中央军事委员会的委员。12 月，在政协第二届全国委员会第一次会议上，邓小平当选为第二届全国政协常委。这一年，邓小平还兼任了中共中央组织部部长一职。1955 年 4 月，在党的七届五中全会上，邓小平被增选为中央政治局委员。

1955 年 3 月，毛泽东在党的全国代表会议闭幕会上宣布：中共决定 1956 年下半年召开党的第八次全国代表大会。从这时起，中共中央开始了八大的各项准备工作。邓小平作为中共中央秘书长和中共中央组织部部长，肩负起了筹备八大的重任。

5 月 12 日，中共中央政治局会议通过了邓小平草拟的八大文件起草班子名单：政治报告起草委员会由刘少奇、陈云、邓小平、王稼祥、胡乔木等组成；党章修改草案和修改党章报告起草委员会由邓小平、杨尚昆、安子文、刘澜涛、宋任穷等组成；第二个五年计划建设报告的起草由周恩来组织国家计委的人员进行。

八九月间，邓小平将《关于党的第八次全国代表大会决议草案的说明》仔细修改审定后，报请毛泽东最后定夺。很快地，毛泽东的批示转回到邓小平手中："恩来同志阅，退小平办。我认为可以照这样去讲，只改了几个字。"信任之意，跃然纸上。

同年 10 月，在党的七届六中全会上，邓小平代表中央政治局作《关于召开党的第八次全国代表大会的决议（草案）的说明》。通过他言简意赅的说明，与会代表们对党的八大未能及时召开的原因、将举行的八大主要议程、代表的选举、召开的时间等问题有了充分的了解。

邓小平面对聚精会神听讲的代表们说：1945 年召开党的七大到 1956 年召开党的八大，中间相隔 11 年。1945 年到 1949 年这 4 年，我们正处在疾风暴雨的革命战争中。1950 年到 1952 年这三年，我们全神贯注地进行了完成民主改革、恢复国民经济和巩固人民民主专政这些极为繁重的巨大的工作，并且进行了紧张的抗美援朝斗争。

当然，邓小平心里十分清楚：他来到中央工作后的 1952 年夏，中央政治局和书记处在考虑召开全国人民代表会议的同时，就曾考虑过准备召开党的八大，并决定此前先召开一次党的全国代表大会。1953年下半年，党中央觉察了高岗、饶漱石分裂党的活动的问题。1954年2月党的七届四中全会和1955年3月党的全国代表会议，对这个事件作了严肃的处理。很显然，高、饶的分裂活动，延迟了中共中央关于召开第一届全国人民代表大会的同时举行党的八大的设想。

于是，邓小平又告诉大家：此后，党制定了过渡时期的总路线，第一届全国人民代表大会通过和公布了宪法，并开始实行第一个五年计划。同时，又通过了整党、建党、审查干部、总路线宣传、社会主义改造。这一切为召开党的第八次全国代表大会做了充分的政治准备和组织准备。所以，中共中央认为召开八大的时机完全成熟了。

经过一年多时间的准备，到1956年8月，八大的各项文件都形成了草案，其他各项工作也基本就绪。在此前后，邓小平进行了大量卓有成效的大会筹备工作。从确定八大报告起草人员到排列大会议程，从安排大会发言到逐步审阅发言稿，从讨论八大代表选举问题到代拟大会通知，关于八大的大事小事，他几乎都参与了。

为了更直接地、具体地准备八大，中共中央在1956年八九月间召开了党的七届七中全会。在这次会议上，邓小平对八大主席团名单、大会发言等问题作了详细、具体的说明。经过与会同志的认真讨论修改，这次会议通过了中央委员会准备在八大提出的几个主要报告的草案。

在七届七中全会上，邓小平认为，八大议题和安排发言，应该突出八大讨论国家经济建设的主题。他举例说："譬如像工业这方面，除了一些比较带系统性一点的发言外，还要组织那么二十篇、二十多篇稿子。这样才表现出会议是在讨论建设这个重点。只么两三个人发言，搞计划、搞建设，大会里面的空气不多，那也不好。"

毛泽东赞许的目光从邓小平身上移开，转向大家说："小平同志说得对，这一次重点是建设。报告里面有几个大题目，都可以讲。但重点是两个，一个是社会主义改造，一个是经济建设，这两个重点主要的还是在建设。这个报告的主要部分，3万字中有三分之一讲建设。"很显然，突出经济建设这个中心，符合当时毛泽东的思路。

9月13日，中共七届七中全会第三次会议在中南海举行。此时，距八大开幕只有两天了。毛泽东主持会议并讲了话。他说："我在这里还要谈一下关于设副主席和总书记的问题。上一次也谈过，中央准备设四位副主席，就是少奇同志、恩来同志、朱德同志、陈云同志。"他吸了一口烟又接着说："另外，还准备设一个书记处，书记处的名单还没有定，但总书记准备推举邓小平同志。"

端坐在椅子上的邓小平心里十分清楚，毛泽东的主张有着多种考虑。一是为了党和国家的安全，遇到偶发事件，几道"防风林"都会起作用，这是"中心的目的"。二是防止像苏联那样斯大林逝世后接班人难以为继，所以"要预备那一手"。三是鉴于身体、年龄、精力方面原因，"不能登台演主角"了。当然，多几个人工作也有好处。这些考虑几个月前就有了。邓小平想起了4月末时，毛泽东向各省、市、自治区党委书记们征询这方面意见，自己草拟的讨论党章修改稿的通知中也为此书面征求各省、市、自治区的意见。所以，8月5日，自己将党章第37条草案报送毛泽东时，里边就有设"副主席若干人"。而毛泽东在这句话后面又加写了"和总书记一人"，用意不言而喻。

但是，邓小平接着毛泽东的话说："我还是比较安于担任秘书长这个职务。"毛泽东笑了，此前，他就风趣地说秘书长改为总书记，"只是中国话变成了外国话"。

邓小平又说到自己当总书记不顺，不行。毛泽东接过话头："我可以宣传宣传，大家如果都赞成，就顺了。"这时的邓小平在毛泽东心目中已经留下了很深的印象：正是这位在江西苏区被斗争的"邓、毛、谢、古"中的邓小平，在太行山担当一个战略区的领导人，和刘伯承千里跃进大别山，在大西南主政数年政绩斐然，到中央工作后表现出的才干，反对高饶分裂活动时坚强的党性，年纪轻，可说是"少壮派"。

毛泽东的"宣传"开始了："我看邓小平这个人比较公道，他跟我一样，不是没有缺点，但是比较公道。"他顿了一下又说："他比较有才干，比较能办事。你说他样样事情办得好呀？不是，他跟我一样，有许多事情办错了，也有的话说错了；但比较起来，他会办事。"

显然，毛泽东也考虑到一些人对邓小平缺乏了解，于是他又反问道："你说邓小平没有得罪过人？我不相信，但大体说来，这个人比较顾全大局，比较厚道，处理问题比较公正，他犯了错误对自己很严格。他说他有点诚惶诚恐，他是在党内经过斗争的。"总之，毛泽东表态，"我看行""我观察是比较顺的"。经过毛泽东的推荐，邓小平为更多的同志所了解。

9月15日，举世瞩目的中国共产党第八次全国代表大会在刚刚落成不久的北京政协礼堂隆重举行。这是中国共产党执政以来召开的第一次党的全国代表大会，是一次继往开来的重要会议。出席会议的代表1026人，代表着全国1073万党员；各民主党派和无党派民主人士的代表，以及各省、市、自治区、中直和国家机关、人民团体、人民解放军的主要负责同志也列席了会议。

会上，毛泽东致开幕词，刘少奇作政治报告，周恩来作《关于发展国民经济的第二个五年计划建议的报告》，邓小平作《关于修改党的章程的报告》，朱德、陈云、董必武等作了重要发言。

9月16日下午2点，政协礼堂内非常肃静，当大会执行主席宣布邓小平作《关于修改党的章程的报告》时，会场响起了热烈的掌声。身着灰色中山装的邓小平，健步走到装有6个麦克风的发言台前，戴上眼镜，开始作报告。当时的新华社这样报道："邓小平的报告长2.9万多字，共历时两小时又15分钟。他的报告不断被热烈的掌声打断。"

邓小平的这篇报告和由他主持起草的新党章，根据我们党政治地位的显著变化，提出了党执掌全国政权以后加强党的建设的主要方针。把毛泽东创立的党的建设的理论大大地向前推进了一步，从而丰富了毛泽东思想的理论宝库。这其中凝聚着邓小平的多少心血啊！

报告共分五部分，较为突出的理论贡献是提出了作为执政党应坚持群众路线和坚持民主集中制，反对个人崇拜。邓小平用肯定的语气说："中国共产党已经是执政的党，已经在全部国家工作中居于领导地位。""执政党的地位，使我们党面临新的考验。过去七年，一般说来，我们党经受住了这种考验。"

说到这里，他话题一转："但是，七年的经验同样告诉我们，执政党的地位，很容易使我们同志沾染上官僚主义的习气……还很容易在共产党员身上滋长着一种骄傲自满的情绪。"

针对这种情况,邓小平认为:党必须经常注意进行反对主观主义、官僚主义和宗派主义的斗争,经常警戒脱离实际和脱离群众的危险。除对党员进行思想教育外,"更重要的还在于从各方面加强党的领导作用,并且从国家制度和党的制度上作出适当的规定,以便于对党的组织和党员实行严格的监督"。

邓小平抬头望了望会场,提高声音说:"很明显,个人决定重大问题,是同共产主义政党的建党原则相违背的,是必然要犯错误的,只有联系群众的集体领导,才符合党的民主集中制原则,才便于尽量减少犯错误的机会。"讲话赢得了代表们阵阵热烈的掌声。

经过充分的酝酿、提名和讨论,9月26日和27日,大会以无记名投票方式选举产生了97名中央委员和73名中央候补委员,邓小平当选为中央委员。9月28日,新选出的八届中央委员会举行第一次全体会议,选举新的中央领导机构及其成员。结果,毛泽东当选为中央委员会主席,刘少奇、周恩来、朱德、陈云当选为副主席,邓小平当选为中央总书记。主席、副主席和总书记组成中央政治局常务委员会。从此,邓小平进入了中共的最高领导层,成了以毛泽东为核心的第一代中央领导集体的重要成员。这一年,邓小平52岁。

> 走一走,看一看,只盼调研到真实的全国经济状况。谈及"大跃进"、人民公社时期出现的严重错误,邓小平坦言自己也有份儿。

1956年秋冬,国内出现了一些不安定的情况。由于国际上受东欧波匈事件的影响,而国内又有急促而深刻的社会改造和经济建设中未能完全克服的冒进思想,致使经济和政治生活中出现了某些风潮。一些干部把群众闹事和尖锐批评一概视为阶级斗争,企图采取简单粗暴的办法进行处理。于是,中共中央在调整经济计划和经济关系的同时，着手开展以正确处理人民内部矛盾为主题的整风运动。

1957年2月，毛泽东在最高国务会议上发表《关于正确处理人民内部矛盾的问题》的重要讲话，系统地分析和阐明了正确处理各方面人民内部矛盾的方针和方法。会后，中共中央政治局常委、中共中央总书记邓小平和其他中央领导人，分别到各地宣传八大的精神和传达贯彻毛泽东的讲话精神。

3月中旬，邓小平离开北京，开始了他的西北之行，这是他出任中共中央总书记后的第一次外出视察。山西是他西北之行的第一站，这里对邓小平来说是最熟悉不过的了，他对这块土地上的一山一水、一草一木都怀着很深的感情。在这里，他度过了近10年的时光，自1947年走出山西到现在又是一个10年了，只不过此行的目的已和过去大不一样了。

在太原，邓小平认真听取了中共山西省委的工作汇报，仔细研读了反映厂矿、学校、机关干部和群众思想动态的材料。在此基础上，邓小平分别给太原市中等以上学校部分师生和厂矿企业、省市机关部门干部作了两场报告。报告的主旨是解决人民群众与领导者之间的矛盾：一方面是教育担任领导职务的共产党员、政府工作人员、经济和文化部门工作人员，认真听取群众的批评意见，努力克服脱离实际、脱离群众的主观主义、宗派主义、官僚主义作风；另一方面是教育群众提高觉悟，树立以集体利益和个人利益相结合为原则的社会主义精神。

在给太原的教师和学生所作的报告中，邓小平首先透彻地分析了国际形势。针对波匈事件导致部分群众对社会主义产生的悲观失望情绪，邓小平对比了社会主义和资本主义两大阵营的政治经济状况，阐述了社会主义的优越性，坚定了大家对社会主义的信念。他说：我们要学习世界上一切好的东西，包括美国好的东西，但是，关键性的东西，我们从美国是学不到的。

在谈到国内供需矛盾紧张情况时，邓小平指示：问题的根源在于经验不足，一股热心，建设搞快了，产生了错误，但这是前进中的错误。成绩是主要的，缺点是次要的。错误在所难免，重要的是善于从错误中吸取教训。邓小平告诫报纸要把人的思想引导到健康的道路上来。

邓小平和师生们阐述了肃反、民主集中制、青年的前途和党的领导等具体问题。他强调，我们国家应该经常注意民主，加强民主生活，使人民有提意见的地方，有说话的地方，对于群众闹事，"我们要站在人民之中，当作人民内部的问题来处理"。"那些少数根本不讲道理的人，最后总是要被孤立的"。

3月18日，邓小平在给太原厂矿企业和省市级机关干部所作的报告中，从教育干部的角度，着重谈了有关党的领导、群众闹事问题、工厂管理中的民主集中制问题，最后重申了共产党与其他民主党派"长期共存，互相监督"和科学文化工作"百花齐放，百家争鸣"的重要方针。

邓小平的这两个报告没有枯燥的说教，如同熟人之间拉家常式的交谈，深入浅出，比喻生动，具有很强的说服力和感染力，在山西广大干部和群众中引起了强烈反响。

离开太原后，邓小平沿着同蒲铁路南下，途经太谷时，中共太谷县委第一书记靳广杰被请上了专列。原来，山西省委第一书记陶鲁笳在太原给邓小平汇报工作时提到，山西省委在太谷搞了个商业体制改革的试点，邓小平听后很感兴趣。

于是，邓小平饶有兴致地听取了太谷县委同志的汇报。靳广杰说，太谷通过商业体制改革，搞好了集市贸易，活跃了城乡经济，促进了多种经营的发展，农民手里有钱了，县里也有钱了；县里修戏院，铺马路，建自来水站，用的就是这部分钱。听完汇报后，邓小平说："你们的这个经验很好，应该推广到农村搞试点。"

显然，当时邓小平就已经在筹划以国家经营和集体经营为主体，以一定数量的个体经营为补充的新的经济发展思路。

邓小平抵达洪洞时，在晋南地委、洪洞县委等的陪同下，参观了新中国北方第一座农村小型水电站——明姜水电站等。在县委机关大院，邓小平与正在参加"三干会"的全体同志合影留念。这是一次中央到乡村六层书记的难得聚会，里面有中共中央总书记，有省、地、县、乡党委书记，还有村支部书记。邓小平听取了县委书记王绣锦关于在洪洞如何实施《1956—1967年农业发展纲要》的汇报。他很少插话，偶尔就一些问题询问在座的同志。听完汇报后，邓小平说，要充分利用洪洞的水利优势，发展水电站，搞好管理，提高效益。

4月初，邓小平到达甘肃，并在兰州西北民族学院礼堂向与会的甘肃省领导干部作了关于当前形势的报告。报告针对我国经济发展中出现的一些新情况、新问题，阐述了解决问题的原则，强调充分发扬民主，加强和改进党的领导，积极进行切实的思想政治工作，搞好经济建设。

随后，邓小平视察了正在建设中的兰州炼油厂工地，参观了兰州市有关文化设施，并称赞说：这符合我们勤俭建国的精神。他还听取了省、市负责人的工作汇报，并抽空到邓园探望了老朋友邓宝珊省长。

结束在甘肃的活动之后，邓小平返回西安视察。4月8日上午，位于古城中心位置的西安人民大厦会议厅内坐满了在西安的省市干部。当邓小平走上主席台时，台下立即响起了一阵热烈的掌声，邓小平也鼓掌向台下的干部致意。

针对陕西省和西安市以及全国其他一些省市执行第一个五年计划所取得的成就和所暴露出来的一些问题，邓小平特别强调：我们的干部对建设中出现的问题要"认真地研究""不要照抄、照搬"，要"一切从实际出发"。他对一些建设项目一味"贪大求全""气魄大，牌子大"，浪费现象严重，钱花得不适当，"公子少爷的味道足"的现象提出了尖锐批评。他说："我们的国家还是一个贫穷的国家，落后的国家"，要把这么一个落后的国家建设成为社会主义的先进的工业国家，需要"长期的刻苦的努力"，需要"勤俭建国"的精神。他深有感触地说："中国的民族资本家很多都是艰苦奋斗出来的，他们办企业比我们高明。"上海"有些企业确实是艰苦奋斗出来的，搞得既经济又实用"。他建议陕西省委、西安市委组织国营企业的同志去上海看一看，参观后，可以改变一下观念。

在讲话中，邓小平特别强调要加强党的领导，党要接受监督，党员要接受监督。他说：共产党要接受监督，要接受来自党内，来自群众，来自民主党派和无党派人士这三个方面的监督。这样，我们就会谨慎一些，消息就会灵通一些，脑子就不会僵死起来，看问题就会少一些片面性。

他最后指出，只要党和党员不脱离群众，只要党和党员接受监督，只要党和党员虚心学习，只要党和党员不断地进行工作，进行思想政治工作，我们党就一定能同过去领导革命取得胜利一样，顺利地领导国家建设，在比较短的时间里，学会建设，学会管理经济，把我们国家由落后的农业国建设成为先进的工业国。

1958年8月，中共中央政治局在北戴河召开扩大会议，讨论和通过了《中共中央政治局扩大会议关于号召全党全民为生产一千零七十万吨钢而奋斗》《中共中央关于在农村建立人民公社问题的决议》和《中共中央关于 1959 年计划和第二个五年计划问题的决定》等 40 项决议。这次会议把"大跃进"和人民公社化运动迅速推向高潮。

北戴河会议结束 10 多天后，邓小平便去了东北。他此行的目的是宣传中央的方针政策，号召各地为完成党中央提出的战略任务而努力奋斗。特别是作为全国重工业基地的东北，不仅要完成中央交给的任务，还要完成支援全国的任务。

9 月 17 日，邓小平听取了黑龙江省委负责同志的工作汇报，并在黑龙江省干部大会上发表讲话。他在阐述了当前国际、国内的形势后说，东北、黑龙江潜力很大。过去几年全国支援把东北建设起来，现在应该轮到东北支援全国了，东北要用一切力量支援全国过关。

邓小平说，东北的同志必须把自己的任务了解清楚。你们的成绩很大，包括许多工厂在内。好多厂很有干劲，虽然程度不同，但劲儿都鼓起来了。大家很热心，计划看起来也不算小，但是至于潜力，是否挖够了，不能说。我是外行，但内行人一看就说是还有潜力未挖，稍微调整一下，鼓一下劲儿，想点办法，还可以加大计划。东北要完成支援全国的任务，就要解决三个关系问题。一是局部与全国的关系。二是大厂与小厂的关系。小的要服从大的，因为为全国服务的主要是大厂，所以大小厂协作为全国服务。三是工业与农业的关系。无非是拖拉机、排灌机械慢慢搞一点。

邓小平最后说，总之，要正确解决这三个关系问题，才能适应于大力支援全国的任务。

9 月 18 日至 23 日，邓小平来到吉林省视察。他听取了吉林省委的工作汇报，先后视察了长春市、吉林市和四平市，并深入到长春第一汽车制造厂、长春地质学院、长春电影制片厂、南关区街道、丰满发电厂、吉林肥料厂等 10 多个单位，与干部群众亲切交谈，详细了解工农业生产和群众生活等情况，并发表了重要讲话。

9 月 20 日，邓小平等来到永吉县了解农业生产情况。他在该县岔路河公社的一块水稻田旁边停下来，问随行的生产队干部："试验田亩产多少斤？"对方回答说："4 万斤。"邓小平听后吃惊地说："能有这么高吗？能打十分之一，就已经很了不起了。"接着,他对陪同的省市领导同志说:"广大群众建设社会主义的积极性很高,精神很可贵。但是,指标要实际一些。这块试验田的产量能否兑现,咱们秋后可算账哟!"在到处"放卫星"的时候,邓小平的这番话让人们开始冷静地思考。

9月24日,邓小平一行来到辽宁的鞍山。在鞍山钢铁公司,邓小平听取了鞍山市委书记赵敏和鞍钢经理袁振的汇报。当赵敏谈到要在小炉子上"放卫星"时,邓小平明确说:"要在大炉子上想办法,小炉子放卫星不算数。"

所谓"小炉子",是指当时在"全民大炼钢铁"的热潮中兴建的土炼铁炉、土炼钢炉。当时鞍山市曾发动各行业职工及家属13万多人,兴建小土炉2955座,生产土钢10万多吨。这些小土炉产品质量差,消耗高,破坏了生产综合平衡,造成很大的浪费,限制了钢产量的进一步提高。邓小平心里很清楚,这些土钢是没有太多作用的。"鞍钢这样的大的企业,应当大搞技术革命,要注意发动技术人员,只有技术人员和工人结合起来,才能发挥更大的作用。"在到处都讲空话、说大话的时候,邓小平崇尚的是科学技术本身。

1958年,全国掀起了大炼钢铁的热潮。一时间,各级党委第一书记亲自挂帅,动员了约9000万人上山,砍树挖煤,找矿炼铁,建起上百万个小土高炉、小土焦炉,用土法炼铁炼钢。为此,国家投入了巨大的人力、物力和财力,不少地方矿产资源遭到破坏,森林被砍光,群众做饭的锅被砸光,但没有生产出多少合格的半成品。

在大炼钢铁的同时,人民公社运动一哄而起。1958年10月底,全国74万余个农业生产合作社改组成为2.6万多个人民公社,参加公社的有1.2亿多农户,占总农户的99%以上。同时在一些城市也开始了人民公社化的试点。农村人民公社化运动以"一大二公"为指导思想,在实行并社和供给制的过程中,提出人民公社由集体所有制向全民所有制过渡,快的三四年,慢的五六年。在人民公社化运动中,出现了公社共了生产队的产,穷队共了富队的产,国家无偿占用公社物资、抽调公社的劳力以及"吃饭不要钱"等做法,刮起了"一平二调"的"共产风"、瞎指挥风、浮夸风以及强迫命令风等。在人民公社实行"政社合一"的过程中,由于权力过分集中在县、社两级,因此基层的生产单位没有自主权,没有生产中的责任制，分配更加平均化，经济核算制度也完全被抛弃了。

10月22日，一架银灰色的伊尔–14型专机徐徐降落在广西柳州军用机场。身着深灰色中山装的邓小平和中共中央书记处候补书记、中共中央办公厅主任杨尚昆等走下飞机，与前来机场迎接的中共柳州市委、柳州地委、柳州军分区的负责同志一一握手。中共广西僮族自治区（后改为广西壮族自治区）党委负责同志因接到通知晚了，于当天下午才赶到柳州。

对广西，邓小平有着特殊的感情，毕竟这里是自己军事生涯的起点。这次重返广西，邓小平下榻于柳州饭店。当天晚上，他不顾旅途劳累，兴致勃勃地到柳州东风钢厂、永丰利刀具厂视察。他知道这两个厂生产的摩托油锯和裁纸刀享誉全国，并远销亚非拉各国，所以邓小平一到柳州就提出要到这两个厂参观。在工厂里，他亲切地与老师傅、青年工人交谈，鼓励淬火老师傅要把技术传授给年轻一代，并鼓励两个厂要进一步提高产品质量和增加品种数量。第二天凌晨2点，邓小平等才离开工厂回到饭店休息。

邓小平尤为关注广西的土法炼钢。他深知广西工业基础差，能生产出更多的钢铁当然是好事。第二天，他原计划到鹿寨县视察，后来自治区和柳州地区负责同志介绍，罗城县四把乡一带也建起一个规模较大的炼铁基地，该县正在赶超鹿寨县，因此，邓小平便改为前往罗城县四把乡视察。

位于柳州西北的四把乡，邓小平是有深刻印象的。28年前，红七军主力奉命北上时，邓小平曾率部经过此地，与从宜山方面赶来阻截的桂系军队覃连芳的教导师相遇，双方发生激战，红七军300多名战士牺牲在这里。在从柳州经宜山去四把乡的路上，邓小平回忆起往事，深切怀念当年的死难烈士。

不知不觉中，汽车驶入四把乡，到了四把乡钢铁基地。邓小平健步走下车来，迎着滚滚浓烟，深入察看小高炉群。他一个炉子一个炉子地看，看那些炼出来的铁。这位曾经在法国施奈德钢铁厂当过炼钢工人的总书记，越看心里越不是滋味。他忧心忡忡地问随行的冶金专家："你们看，这些铁的质量怎么样？"一位专家指着地上堆放的两种产品说："这种的质量还比较好，那种算是烧结铁。"

邓小平拿起夹杂有矿石和木炭的烧结铁掂量了一下，恳切地对陪同的地方领导同志说："各族广大群众建设社会主义的积极性很高，精神很可贵。今后，要设法炼出像专家说的那样质量较高的铁来。至于这种烧结铁,还不能算是铁!"

10月24日,邓小平来到云南,先后视察了昆明钢铁厂、昆明机床厂等。之后,邓小平就云南的工作发表了一些重要意见。他说:云南从长期看,是搞有色金属,搞一批铝县、铜县、铅县、钢铁县,要搞成有色金属省。你们这里有这么多宝,要努力奋斗,搞一套经验出来,这些东西值钱,搞出来,云南即富了,人民收入就多了。农业,云南条件好,一定要搞多种经营,搞多样性。

就人民公社的有关问题,邓小平发表了自己的意见。他说,人民公社现在还在积累经验,走在前面一点的是河南、河北。"农村有些问题还要进一步去解决……总之,要多试验。"

紧接着,邓小平到四川视察了成都、绵阳、江油、广元。途经德阳时,他听取了当地负责人的汇报,并对德阳的工业建设作了指示。邓小平说,德阳的工业是国家的大工业。"以四川新的机械工业基地来说,德阳是大的,要加紧建设,要打破陈规,边建设边生产,投资按原计划要节约,有些屋架机座以砖木和水泥来代替。生产准备中,工人培训要抓紧。大工厂不要搞全能,有些配件、附件和包装等都由地方办厂。"

11月1日,邓小平乘飞机抵达贵州。稍事休息,他便开始了视察活动。11月2日,在贵阳市花溪区视察时,针对当时存在的浮夸现象,他问花溪区负责同志:"你们去年每人产值是否有160元呢?"他还认真地询问有关群众生活的种种情况:"房子怎么修?托儿所怎么办?娃娃怎么带?人家不愿入托儿所怎么办?"在田间他又仔细询问农民的伙食情况。

当时,人民公社实行半供给制,忽视多种经营。针对这一情况,邓小平于11月4日在遵义市湘江宾馆召开的省委常委会议上,对省委书记兼省长周林等同志说:"要千方百计搞多种经营,搞点有色金属,搞点经济作物,必须搞有交换价值的东西。"而要发展多种经营,必须搞好基础设施。为此,邓小平特别注意到交通和能源问题。他强调:"交通要搞,每一个公社要通公路。要搞水电站,先搞小的。每个水电站兼顾灌溉。只要水抓到了,综合利用是容易的。"他一再指出:"水利概念要改变,农田用小水利来解决,山地以蓄水为主,拼命存水。"

11月5日,邓小平、杨尚昆一行回到重庆。6日上午,接到中央办公厅方面的电话，要他们立即赶去参加毛泽东在郑州召开的中央工作会议。下午，邓小平等人由重庆飞抵郑州出席会议。

郑州会议是党中央于11月2日至10日召集的有部分中央领导人和部分地方负责人参加的一次重要会议。会议在毛泽东的倡导下，广泛地讨论了人民公社化运动中已经觉察到的一些错误。毛泽东在会上批评了急于想使人民公社由集体所有制过渡到全民所有制，由社会主义过渡到共产主义，以及废除商品生产等错误主张。这次会议是我们党纠正错误的重要开端。

自从1958年发动"大跃进"以来，在农业战线，制定了过高的粮食产量标准，一时间虚假、浮夸之风盛行，使农业生产遭受极大破坏。1960年，全国粮食总产量跌落到1951年的水平，粮食供应非常紧张，人民生活出现了严重的困难。

严峻的现实，使全党上下清醒过来。毛泽东等党中央领导人开始反思"左"的错误，重新立足于国情，着手经济工作的调整。在1960年12月24日至1961年1月13日的中央工作会议和随后召开的党的八届九中全会上，毛泽东首先向全党发出调查研究的号召，要求1961年成为"实事求是年""调查研究年"。各级领导纷纷响应这一号召，深入基层调查研究。

1958年10月，邓小平在河北农村视察

1961年1月28日晚，邓小平离开北京前往南方，先后到福建、广东、四川、河南等地深入了解当地的工农业生产情况。3月3日，邓小平回到北京。

从1月到3月，党中央领导同志和一些地方负责人深入农村调查后发现，自1960年11月关于农村人民公社的"十二条"指示下达后，农村的局势已有很大好转，但是还有许多问题迫切需要解决。这些问题是：公社的规模问题、体制问题、供给制问题、食堂问题等。

党中央认为，亟须在总结过去3年多经验的基础上，制定一个人民公社工作条例，把人民公社工作中发现的问题作一个系统的解决。2月下旬，毛泽东亲率一个班子在广州着手起草农村人民公社条例。随后，毛泽东于3月上旬在广州主持召开了"三南会议"（华东、中南、西南），刘少奇、周恩来、陈云、邓小平于3月11日在北京主持召开了"三北会议"（华北、东北、西北）。毛泽东在三南会议上再次强调了调查研究，会议期间他还给参加"三北会议"的同志写信，建议中央的同志到县、社、队进行调查，使自己对工作指导做到心中有数，克服不甚了了、一知半解的毛病。

3月14日，"三南会议"与"三北会议"合并于广州继续召开，即中共中央工作会议。会议讨论并通过了《农村人民公社工作条例（草案）》（即"人民公社六十条"）。会后，刘少奇亲自带工作组到湖南长沙、宁乡县（今宁乡市）进行调查；周恩来到河北邯郸地区进行调查；邓小平、彭真直接领导5个工作组，在北京顺义、怀柔等县进行调查。

当时的顺义县（现为顺义区）和全国其他地方一样，公共食堂众多，全县共有1100多个。这些食堂都是在1958年7月先后建立起来的，此后便大讲"鼓足干劲搞生产，放开肚子吃饱饭"。结果是，粮食归大队，吃饭不要钱；大炼钢铁，砸了好锅；大搞深翻，不顾收粮；虚报产量，征购过头粮。不久，就带来了"低指标，瓜菜代"，公共食堂面临十分困难的境地。加之公共食堂饮管勤杂所占劳力多，超过吃饭劳力的10%，甚至多达20%，加工粮食又有损耗，使本来低得可怜的指标也不能如数吃到群众的嘴里。对于这种追求形式、不顾实际的"一刀切"的做法，群众心里非常不满，劳动积极性和生产热情受到严重挫伤。

4月15日，邓小平在顺义县北小营召开的有田上辇大队、北小营大队、仇家店大队支书、队长参加的座谈会上，反复询问干部："公共食堂是吃好，还是不吃好？"多数人都不敢说不吃好，相反却违心地拼凑吃食堂也不错的"道理"。随邓小平不定期视察的卓琳由于在上辇村孙旺家住了一星期，比较了解情况，她告诉邓小平说："上辇吃食堂是假的。由食堂分粮食，社员自己回家做饭吃，才是真的。"邓小平听后高兴地说："你们村的干部对'共产'风、平调风顶得好，锅、碗、瓢、盆没有被刮跑，锁没有砸，门没有拆，是很好的事，而且你们村把生产搞上去了，粮食单产1959年达到270公斤，比1958年提高30多公斤。副业收入3万多元。社员生活条件提高了，对国家的贡献也大了，你们的好经验应该总结一下，推广下去。"他还明确指出："吃食堂光荣，不吃食堂也光荣。吃不吃食堂要由群众决定。"

邓小平在顺义县牛山公社白庙村考察时，看到公共食堂停火，只养着一头40来斤的小猪，一片荒凉景象，就问是怎么回事。管事的说是"内部修理"。邓小平听后没再说什么。接着在深入农户探访时，他没有去事先安排好的两家，而是随便走进路北的一户人家。一进门，他看到一位老大娘正在喂羊，猪圈却空着。他上前问老大娘："您养羊，为什么不养猪？"老大娘不认识邓小平，没好气地说："还养猪？人还没吃呢！"邓小平听后神情沉重地点了点头。原来这是村副支书的家，只有副支书单身一人和老母亲生活，日子过得十分艰难。从这家出来，又转了一家，看到的情况也并不好多少，邓小平越看心情越沉重。

邓小平发现，基层干部和群众不敢说实话。明明连猪都没有了，但问起原因，许多人支支吾吾，就是不敢说集体养猪不好；对公共食堂、供给制等问题，群众更是议论纷纷，但谁也不敢当面说给总书记听。

经过深入的了解和考察，邓小平觉得问题严重，因而在桑园村召开的社村干部会上再一次明确表态："吃食堂是社会主义，不吃食堂也是社会主义。以前不管是中央哪个文件上说的，也不管是哪个领导说的，都以我现在说的为准，根据群众的意见，决定食堂的去留。"

在县委书记汇报近期工作时，邓小平指出："现在食堂是过渡时期，可以自由一下，不愿意在食堂入伙的就可以不摊工分了，还要很好地研究一下食堂种的菜、养的猪对不入食堂的户怎样分配的问题。"

在号称"京城粮仓"的顺义调研临近结束时，在公社、管理区、大队干部座谈会上，一些干部反映说，有些群众愿意办农忙季节食堂，冬闲时自己回家做饭吃。邓小平说："这样也可以，一年农忙6个月吃公共食堂，农闲时自己回家做饭吃，还可以解决社员冬天烧炕取暖的问题，能节省一些煤。"他的话既明确又实在，像一股暖流，温暖了干部群众的心。仅上辇村，在这次会议的第二天就有250多户退出了公共食堂，余下的公共食堂也仅持续了两个月便解散了。

半个多月里，邓小平风尘仆仆，跑了几十个村庄，走访了众多农家，仔细察看群众的吃、穿、住的情况。他召开座谈会，多方收集群众意见。他实地考察公共食堂、机灌站、拖拉机站，力求掌握第一手资料。针对粮食、房屋、山林、副业、自留地等许多问题，他不厌其烦地向群众征询意见；为了了解集市贸易情况，他还专门去赶了一次庙会。

调查结束后，邓小平反复思考，越发感到责任重大。5月10日，邓小平给中央和毛泽东写报告，对粮食征购、余粮分配、三包一奖、评工记分、所有制结构调整等一系列重大问题提出了改进办法，明确提出重新调整党在农村的政策。并强调指出：公共食堂可办可不办，供给制带有平均主义性质，二者都超越了现实，害处很大，应立即取消。

办公共食堂，被认为是中国农民迅速奔向共产主义的一种好形式，建议取消公共食堂曾被当作右倾机会主义的一大罪状。而在农村实行供给制是毛泽东的倡议，多年来他一直认为，战争年代实行的供给制是先进的，具有共产主义性质。对毛泽东的想法，邓小平是清楚的。但深入实际、务实求是、不说违心话、不办违心事，是邓小平一贯的性格。

毛泽东对邓小平的建议十分重视。不久，中央成立了紧急委员会，邓小平和刘少奇、陈云、李先念等人一起，开始对国民经济进行紧急调整。

五六月间，中央在北京召开工作会议，重新修订了《农村人民公社工作条例》，取消了公共食堂与部分供给制。尽管《条例》虽未彻底解决人民公社化带来的一些根本矛盾，但由于解决了一大堆群众意见最大的紧迫问题，对恢复农业生产、稳定农村形势发挥了重要作用。

在稳定农村形势的同时，工业企业的状况也引起了邓小平的极大关注。由于前几年颁布了政治挂帅的"鞍钢宪法",生产指标定得太高,基建战线拉得过长,企业开工不足,管理混乱,大批设备损坏,产品质量和劳动生产率很低,技术人员的积极性受到很大挫伤,许多企业处于瘫痪或半瘫痪状态。

邓小平敏锐地察觉到这些情况。1961年年初,他向中央提出,工业企业必须整顿,必须治乱。在征得中央和毛泽东的同意后,他立即着手工业企业的调研和整顿。先由李富春从国家经委、一机部、中央高级党校、中科院经济研究所和北京市委抽调人员,组成11个工作组,前往北京第一机床厂等10个企业调研,对企业的生产、经营、管理、思想政治工作等方面情况,进行全面摸底。这年6月底,薄一波接替李富春,带人到重工业基地沈阳,继续搞调查,并在中共中央东北局的协助下,开始起草《国营工业企业工作条例(草案)》。邓小平对调查十分关心,多次指示一定要搞好,把基层的情况摸透,尽量掌握第一手资料,为中央制定新政策提供依据。

8月上旬,邓小平主持中央书记处会议,对《国营工业企业工作条例(草案)》进行反复讨论,逐章、逐节、逐条进行修改。在他的率领下,中央书记处夜以继日地工作,最后将草案归纳为七十条。

8月下旬,中央在庐山召开中央工作会议,讨论并通过了我国第一个《国营工业企业工作条例》(即《工业七十条》),确定国家对企业实行"五定"(定产品方案和生产规模,定人员和机构,定主要原材料的供应和消耗,定固定资产和流动资金,定协作关系)与"五保"(保证产品的品种、质量、数量,保证不超过工资总额,保证完成成本计划,保证完成上缴利润,保证主要设备的使用期限)。文件下发后,对于迅速恢复和建立正常的生产秩序,提高企业的经营管理水平、技术水平和生产水平,起到立竿见影的作用。毛泽东对邓小平的工作和"工业七十条"很满意,高兴地说:"我们终究搞出一些章法来了。"

在庐山召开的这次中央工作会议,邓小平也参加了。当时,邓小平住在庐山疗养院总院267号小别墅。一天,卓琳收拾好文件,轻轻关上门,在邓小平旁边的沙发上坐了下来,若有所思地问:"老邓,我有些心里话,不知道该不该跟你讲……"邓小平敏锐地察觉到卓琳的内心想法,直率地说:"你不说,我也知道你要对我讲什么,你心有余悸,怕我这个邓老总走彭老总的老路,戴帽子挨批,是不是?"

卓琳关切地说:"前车可鉴。1959年那次庐山会议,张闻天没有听夫人刘英的劝告,他搞外交工作却在会上大谈经济工作,讲了真话,结果挨了批判。彭老总等人也戴上了右倾的帽子。这一次,你讲话也不要太直率了,别也戴上帽子回北京。"邓小平不以为然地笑了一下,一口地道的四川口音,风趣盎然地说:"那一次,听说有的人口袋里装着两篇讲话稿来庐山,一篇准备在彭德怀得势时用,一篇准备在毛主席得胜时用。我可不是那种两面派的人。共产党人就是讲真话,我该说的还要说,大跃进过了头,违反了客观规律。"

卓琳怔了一下,扶正一下眼镜,说:"情况虽然完全是这样的,但你在会上不要说得那么重嘛。"邓小平郑重其事地说:"正因为问题严重,所以要说重一些,好引起全党的重视。不过,我是真诚地为毛主席补台,而不是拆台。"卓琳知道邓小平直率、真诚,刚中有柔,毛主席是相信他的,也就没有多劝了,只是不无担忧地说:"你看着行事吧。"

对于共和国经历的这段困难时期和人民群众因之而遭受的挨饿之苦,直到20多年后的80年代,邓小平仍然念念不忘。他曾多次反思和总结这段时期的历史经验。他说:"建国以后,成功的地方我都高兴。有些失误,我也有责任,因为我不是下级干部,而是领导干部,从一九五六年起我就当总书记。那时候我们中国挂七个人的像,我算是一个。所以,在'文化大革命'前,工作搞对的有我的份,搞错的也有我的份。"他还说:"中央犯错误,不是一个人负责,是集体负责。"邓小平当了10年总书记,他说自己一生最忙的就是这10年。

1962年1月11日至2月7日,中共中央在北京召开扩大的工作会议。出席会议的有中央,各中央局、各省、市、自治区党委及地、县、重要厂矿企业党委和部队的负责干部,共7118人。这是我们党在执政后召开的一次空前规模的大会,通常称为七千人大会。

这一天,人民大会堂春意盎然。7000多名干部翘首以待,希望能早一刻听到领袖毛泽东那富有启迪心扉、拨动乾坤力量的恢宏之论。毛泽东偕刘少奇、周恩来、邓小平等中央领导人准时步上主席台。毛泽东步态轻松,面含微笑。瞬时,整个会堂响起暴风雨般的掌声。1月30日,毛泽东在大会上作了长篇讲话,主题是民主集中制问题。在讲话中，毛泽东主动承担了"大跃进"以来所犯错误的责任："凡是中央犯的错误，直接的归我负责，间接的我也有份，因为我是中央主席。"他对有些省委、地委、县委"一切事情，第一书记一个人说了就算数"的错误行为进行了严厉的批评，明确指出"没有民主，就不可能正确地总结经验。没有民主，意见不是从群众中来，就不可能制定出好的路线、方针、政策和办法"。

2月6日，邓小平在会上也作了重要讲话。他说，要搞好国内建设，搞好各方面的工作，首先决定于我们党的领导。但是，最近几年党的领导、党的工作中出现了缺点，特别是党的优良传统受到了削弱。其原因，一是对毛泽东思想学习不够，提出的任务和口号不实事求是；二是党内斗争发生一些偏差，伤害一大批党内外干部，以及没有贯彻民主集中制，运动过火等。他还进一步阐述了民主集中制问题。

在谈到实行党内民主的问题时，邓小平提出了一个重要的观点，就是要对权力实行监督。他说，我们党是执政党，对权力实行监督，最重要的是对我们党的各级领导人（包括党委会的所有成员），应该有监督。这种监督是来自几方面的，来自上面，来自下面（下级），来自群众，也来自党小组生活。那么，哪一种监督是有效的呢？邓小平提出了自己的见解："我觉得，对领导人最重要的监督是来自党委会本身，或者书记处本身，或者常委会本身。"他建议，领导人的党组织生活应放到党委会、书记处、常委会去。邓小平还特别强调要学习马列主义理论和毛泽东著作，要造成一种学习理论的空气和学习实际的空气。不学习或不注意学习，忙于事务，思想就容易庸俗化，就要犯错误。

林彪在会上的讲话与会议的气氛很不协调。他说，现在这些困难，"恰恰是由于我们没有照着毛主席的指示、毛主席的警告、毛主席的思想去做"。"当时和事后都证明，毛泽东思想总是正确的。可是我们有些同志，不能够很好体会毛主席的思想，把问题总是向'左'边拉，向'左'边偏。"

在林彪的错误宣传和影响下，当时的思想理论界也出现了把毛泽东思想庸俗化的思潮，把什么事情都简单地与毛泽东思想和学习毛主席著作联系起来。但是，作为党的总书记，邓小平对林彪这一套"花架子"的实质早有察觉。1959年容国团获得男子乒乓球单打世界冠军后，有人牵强附会地说是学习毛主席著作的结果。邓小平指出,打乒乓球打赢了说是毛泽东思想胜利了,打输了呢? 能说是毛泽东思想失败了吗? 不能这样简单化、庸俗化。

1964年5月,在林彪的授意下,《毛主席语录》第一次出版。这本"小红书"一时间被奉为人们战胜困难和克服困难的"法宝"。这本书一出版,邓小平等同志就明确指出:这是把毛泽东思想同马列主义割裂开来,是把毛泽东思想庸俗化、简单化,实际上是贬低了毛泽东思想的意义。在1965年8月的一次会议上,邓小平又进一步指出:《毛选》怎样学? 要研究一下;搞疲劳战术,社会强迫,不行;在青年中学习毛主席的著作,一些基本的东西,是要提倡学的,但一年四季这么搞也不行。只是可惜,由于当时"左"的思潮盛行,邓小平的这些正确思想,在党内并未得到足够的重视。

> 在中国农村应采取何种形式的生产关系这个重大问题上,毛泽东同"猫论"提出者邓小平开始出现裂痕。在持续升级的党内斗争中,毛邓的分歧日渐严重。

邓小平家中有一幅《双猫图》。图中,一只猫毛色雪白,茸毛轻柔;另一只猫毛色乌黑,黑里透亮。两只猫一前一后,缓缓前进。那毛茸茸的身体,那炯炯有神的眼睛,十分惹人喜爱。《双猫图》的右上方,是一列遒劲有力的题词:"不管白猫黑猫,能捉老鼠就是好猫。"这幅图,是自号"海石",人称"江南猫王"的老画家陈莲涛特意为邓小平画的。

如今,世人皆知老画家所题的文字背后隐含着伟人邓小平有关安邦治国的一段经典佳话。其实,这句话并非邓小平的原话,邓小平的原话是:"黄猫、黑猫,只要捉住老鼠就是好猫。"而且这原本是四川的一句农家俗语,是邓小平引用的刘伯承元帅在战争年代常说的一句话。

第九章　日理万机掬心智

《双猫图》

20世纪60年代初，为渡过难关，许多地方的农民偷偷搞起了"包产到户"等多种形式的生产责任制，极个别地区出现了分田单干，尤其是安徽淮北的几个县搞得更早。起初，毛泽东对搞"责任田"还是支持的。1961年3月中旬，安徽省委书记曾希圣将该省搞"责任田"的情况向毛泽东作了汇报。毛泽东明确答复说："你们试验嘛！搞坏了检讨就是了，如果搞好了，能增产10亿斤粮食，那就是一件大事。"

然而，随着农村形势的好转，毛泽东的看法开始有所变化。他认为，农村实行以生产队为基本核算单位是最后的界限，不能再退了。再退就和旧社会一样了，哪里还像社会主义？在他看来，搞"责任田"只是权宜之计。

天有不测风云。1962年1月，在七千人大会上，曾希圣推行"包产到户责任田"被斥责为犯了方向性错误，带有修正主义色彩。刚试行一年的"责任田"遭到了扼杀。

但问题并没有解决，甚至出乎毛泽东的意料，"责任田"就像星星之火一样蔓延开来，不长时间，全国就有20%的生产队搞起了"责任田"。尤其是安徽的农民，强烈要求再搞3年，甚至出现了宿县符离集区委集体上书中央坚决要求继续搞"责任田"的事。

在中央高层领导人中，围绕"包产到户责任田"问题，也出现了认识上的严重分歧。

中央农工部部长邓子恢认为"责任田"办法很好，多次呼吁中央应予以支持，并主张多给农民一点"小自由，小私有"。毛泽东的秘书田家英到韶山等地调查，发现就是在毛泽东的家乡，农民们也非常愿意搞"责任田"，有人甚至求他帮个大忙，干脆把田分到户。

田家英返京后向毛泽东汇报时，毛泽东反应冷漠。毛泽东认为，这反映了落后群众的要求，不能听。同时，田家英把情况向刘少奇作了汇报。刘少奇对"责任田"表示赞同，并说，"要使包产到户合法起来"。

在向刘少奇汇报后，田家英也向邓小平作了汇报。邓小平对这种办法很感兴趣，认为是可行的。6月，中央书记处在听取华东局农村办公室的汇报时，华东局认为安徽搞"责任田"是单干，是犯了方向性的错误。会上，赞成和反对的意见各占一半。邓小平最后表态说："在农民生产困难的地方，可以采取各种办法。"实际上就是赞成安徽的做法。

这年夏天，陈云在上海看到安徽"责任田"的材料，认为是非常时期必须采取的办法。7月初，陈云向毛泽东谈了自己的意见，并提出了当前要注意发挥个体生产积极性的问题，毛泽东当时未表态。但陈云走后，毛泽东却很恼火，严厉批评说，分田单干是瓦解集体经济，是修正主义。

7月2日，邓小平在中央书记处会议讨论农业如何恢复的问题时指出：不管黄猫、黑猫，在过渡时期，哪一种方法有利于恢复生产，就用哪一种方法。我赞成认真研究一下。分田或者包产到户，究竟存在什么问题。群众要求，总有道理。5天后，他在接见出席中国共产主义青年团三届七中全会全体共青团干部时，在讲话中明确指出："生产关系究竟以什么形式为最好，恐怕要采取这样一种态度，就是哪种形式在哪个地方能够比较容易比较快地恢复和发展农业生产，就采取哪种形式；群众愿意采取哪种形式，就应该采取哪种形式，不合法的使它合法起来。""刘伯承同志经常讲一句四川话：'黄猫、黑猫，只要捉住老鼠就是好猫。'这是说的打仗。我们之所以能够打败蒋介石，就是不讲老规矩，不按老路子打，一切看情况，打赢算数。现在要恢复农业生产，也要看情况，就是在生产关系上不能完全采取一种固定不变的形式，看用哪种形式能够调动群众的积极性就采用哪种形式。"

邓小平没有停留在究竟是什么"主义"的问题上，他所关心的是农业恢复的问题。他清楚地知道，农业受到的损失太大了，没有七八年时间恢复不过来，应该让大灾后的农业和农民有个休养生息的时间，凡违背民心所办的事，是很难干好的。

邓小平关于"责任田"的态度，毛泽东十分留意。当听到上述言论后，毛泽东很不高兴。善于投机取巧的康生找到邓小平，劝说邓小平不要和毛泽东顶牛。邓小平从内心瞧不起见风使舵、惯耍两面手腕的康生，态度一点不热情，少言寡语，搞得康生灰溜溜地走了。

周恩来听说邓小平跟毛泽东唱反调，婉转地批评邓小平不该那么做。邓小平只是笑笑。凡做过的事，只要于人民有利，他从不后悔；凡看准了的事，即使遇到再大的阻力，他也要坚韧不拔地干下去。这就是邓小平的原则。

终于，在"责任田"问题上的分歧演化为一场不可调和的斗争。7月25日，中央在北戴河召开工作会议，原是讨论农业、财贸等方面的问题，但会议一开始，毛泽东出人意料地提出了阶级、形势、矛盾的问题，打乱了会议原来的安排。说到"责任田"，8月5日，毛泽东言语激烈："一搞包产到户，一搞单干，半年的时间就看出农村阶级分化很厉害。有的人很穷，没法生活。有卖地的，有买地的。有放高利贷的，有娶小老婆的。"他尖锐地责问："是搞共产主义，还是搞资本主义？"毛泽东把事情提到阶级斗争的高度，会议气氛顿时紧张起来。

在小组会上，毛泽东再次发言，谈起单干从何而来，气愤地说："在我们党内有相当数量的小资产阶级成分，包括许多农民，其中大部分是贫农和下中农，有一部分富裕中农家庭出身的，或者本人就是富裕中农，也有地富家庭出身的，也有些知识分子家庭，是城市小资产阶级出身，或者是资产阶级子弟。""党内有些人变坏了，贪污腐化，讨小老婆，搞单干，招牌还是共产党员，而且是支部书记！"

毛泽东不但把矛头指向党内，而且还直接指向党的最高领导层。他毫不客气地说:"现在有些人把形势看得一片黑暗,他们思想混乱,丧失信心,看不到光明,于是认为社会主义不行,只能单干。这股风越到上层越大。"

对此,邓小平心情十分沉重。倒不是因为毛泽东的不满,而是阶级斗争的重新提出,而且调子提得越来越高。

可以说,在此前他们的关系是亲密的,毛泽东非常器重和信任邓小平,并委以重任;邓小平对毛泽东是非常敬佩和大力支持的。他们之间的关系,是建立在对马克思主义的坚定信仰和长期革命斗争实践中相互深刻了解的基础上,是伟大革命家之间的精诚合作。

谁能想到,这样堪称典范的同志关系,在社会主义建设的具体方法问题上,竟因思想认识不同而发生了变化。为什么毛泽东在包产到户问题上的认识与邓小平等其他许多共事多年的战友大相径庭呢?有的学者认为,是因为毛泽东脱离实际了,他没有像刘少奇、陈云、邓小平那样亲身到农民中去,目睹农村遭受"左"倾错误破坏之严重和农民生活之艰难,感受也就不如他的战友们深刻。

北戴河中央工作会议到8月24日结束,紧接着于26日召开中共八届十中全会的预备会议,开了29天。9月24日至27日,又召开了全会正式会议4天,前后相连,会议整整开了64天。在这样长时间的会议上,重提了阶级斗争。而且,这个阶级斗争主要不是在社会上,是在共产党内,是党内出修正主义的问题。毛泽东在会上的一次讲话中明确说明,他着重讲的就是怎样对待国内和党内的修正主义的问题。但会议上所说的修正主义,实际是党内一些正常的思想认识分歧。会议除了批"单干风"外,还批"黑暗风"(指党内对国内经济形势和经济困难程度比较实际的估计)、"翻案风"(指彭德怀上书中央,请求重新审查他的问题)。把这些党内的不同认识当作阶级斗争和修正主义来对待,混淆了两类不同性质的矛盾,破坏了党内民主生活,造成了党内斗争扩大化的错误。

对中共八届十中全会重提阶级斗争,党的总书记邓小平是什么态度呢?毛泽东后来指责他"是不抓阶级斗争的,历来不提这个纲"。毛泽东还说过这样的话:邓小平耳朵聋,听不见,开会坐得离我很远,对我是敬鬼神而远之。是的,在党内政治观点一边倒的环境下,邓小平只能采取消极对待的态度。这是毛泽东对邓小平不满意的地方。

不久，在社会主义教育运动中，邓小平同毛泽东的分歧进一步加深了。中共中央和毛泽东为了"反修防修"，决定在全国城乡开展一场普遍的社会主义教育运动。农村的运动，以清理账目、清理仓库、清理财务、清理工分为主要内容，简称"四清"。城市的运动，以反对贪污盗窃、反对投机倒把、反对铺张浪费、反对分散主义、反对官僚主义为主要内容，简称"五反"。为指导运动的开展，1963年5月，中共中央制定了《关于目前农村工作中若干问题的决定（草案）》（又称《前十条》）。文件下达后，运动正式开始了。由于这场运动是在中共八届十中全会的"左"倾指导思想下进行的，这就势必要走偏方向，混淆两类不同性质的矛盾，扩大打击面。

当运动中暴露出许多地方乱斗乱打人，致使不少人被打死或自杀的严重问题后，邓小平在一次中央书记处会上，强调运动要谨慎。中共中央也认为有必要对运动中一些具体政策做出明确规定，决定由邓小平和谭震林主持制定《关于农村社会主义教育运动中的一些具体政策问题（草案）》（又称《后十条》）。《后十条》明确提出要团结95%以上的干部和95%以上的群众；要分清敌我矛盾和人民内部矛盾的界限，正确处理人民内部矛盾；对基层干部要教育为主，对该处分的干部要坚持实事求是，处分的面要严格控制；并明确规定了许多政策界限。

1964年6月8日，毛泽东在中央工作会议上的讲话中，提出"我看，我们这个国家有三分之一的权力不掌握在我们手里，掌握在敌人手里"。在这样一种思想认识下，中共中央决定要修正《后十条》，由刘少奇亲自负责。

9月，中共中央下发了由刘少奇主持制定的《关于印发农村社会主义教育运动中一些具体政策规定的修正草案的通知》（即《后十条》修正草案）。

12月，中央政治局请各地来京参加第三届全国人民代表大会第一次会议的主要负责人讨论社会主义教育运动等问题，以便制定一个关于农村社会主义教育运动的文件，解决前段运动中出现的一些问题。然而，就在这次中央政治局工作会议上，毛泽东同刘少奇发生了分歧。分歧主要表现在两个问题上，一是当时中国农村的主要矛盾及四清运动的性质，二是运动的具体做法。

看法大不一样，言语之间难免有些冲突。作为最高的两位领导人公开发生矛盾，会议就很难开得下去。不少人出来调解，邓小平也很为难。从他的思想方法来说，他一直主张问题是什么就是什么，应该在什么范围内解决就在什么范围内解决，不同意随意上纲上线。也许在主要矛盾及性质的问题上，他是倾向于刘少奇的意见的，也许他对《后十条》修正草案去掉了《后十条》中一些正确的政策，导致"左"的倾向加剧不满意。但在当时会场的气氛下，邓小平不能加剧这一对立。为缓解会场气氛，为使会议能正常继续进行，也许邓小平感到毛泽东精神过于疲倦，为表示关心，他劝毛泽东好好在家休息，下次会不必参加。

邓小平的这一好意，毛泽东没有理解。12月28日，毛泽东带着党章、宪法到会。他把两本书放在桌上，严肃地冲着刘少奇、邓小平说：你们一个不让我出席会议，一个不让我讲话。请你们回去也找党章、宪法看一下，那是讲民主自由的。不要犯法呀，自己通过的，又不遵守。还说：我们这些人算不算中华人民共和国的公民？如果算的话，那么有没有言论自由？准不准许我们和你们讲几句话？

历史又一次把"刘、邓"联在一起，不过，此"刘"不再是著名的军事家，换为大名鼎鼎的政治家、革命家。刘少奇被批判，邓小平也很难避免同样的命运。在毛泽东同刘少奇发生公开争执的那次会上，毛泽东曾指责中央机关有两个"独立王国"。当时未点名，后来1965年1月在一次人数很少的中央政治局召开的工作会议上，毛泽东说，这两个独立王国，其中一个就是中央书记处。于是，毛邓的分歧发展到了严重地步……

> 一方摊牌发难，一方从容以对。唇枪舌剑，邓小平在莫斯科智斗赫鲁晓夫，并在论战交锋中给对方留下了"这个人很厉害"的深刻印象。

20世纪60年代的第一个夏天，两位当代国际共运史上赫赫有名的大人物在苏联首都莫斯科有过一次面对面的较量，事隔两年多他俩又于同一地点再次有过针锋相对的唇枪舌剑的斗争。他们就是当时的中共中央总书记邓小平和苏共中央第一书记赫鲁晓夫。

历史真是有趣,毛泽东对赫鲁晓夫曾介绍过邓小平,早就给赫鲁晓夫留下过"此人厉害"的深刻印象。

1957年十月革命节期间,毛泽东访问苏联,与赫鲁晓夫共进晚宴。席间,毛泽东突然用庄重的口吻对赫鲁晓夫说:"我准备辞去国家主席的职务了——"

"谁将接替呢?"赫鲁晓夫问了一句。他对此并不感到意外,因为半年前伏罗希洛夫已经带回了这个信息。

"我们党有几位同志,他们都不比我差,完全有条件。"毛泽东边说边扳手指,如数家珍,"有刘少奇、邓小平、周恩来……"

毛泽东认真地向赫鲁晓夫介绍起来:"第一个是刘少奇。这个人在北京和保定参加了五四运动,后来到你们这里学习。1921年转入共产党,无论能力、经验还是声望,都完全具备条件了。他的长处是政治上坚定,原则性很强,弱点是灵活性不够。"

"那第二个是谁呢?"赫鲁晓夫显然对第二个人更有兴趣。

"第二个就是邓小平了。"毛泽东扳动了一个指头,胸有成竹地说,"这个人不简单,既有原则性,又有灵活性,是个难得的人才呢——"

"唔,是的!是的!"赫鲁晓夫自言自语地说。

"你和他打过交道的。"毛泽东点了一句。

"是呀!"赫鲁晓夫又点了点头,说:"我也感到这个人很厉害啊。"

毛泽东一听,笑了,笑得很自信。因为他了解在1956年处理匈牙利事件中,赫鲁晓夫与邓小平打过交道,领教过邓小平的能力。毛泽东又补充了一句,意味深长地对赫鲁晓夫说:"希望你们今后把他们像对我一样来接待。"

1956年2月14日至25日,苏共二十大召开。当时,中共决定派一个代表团列席参加,团长朱德,邓小平为副团长,成员王稼祥、谭震林、刘晓。朱德先期抵达苏联进行访问,并应苏方邀请准备在《中苏友好同盟互助条约》签订6周年前夕的2月12日晚上作一次电视讲话,本来讲话稿已写好,恰好邓小平等人于2月11日来到莫斯科,朱德便请邓小平阅看斟酌。邓小平看得很快,却很认真。他认为讲话稿是不错的,但提出了两点修改意见:其一,不能只讲苏方对中国的支持和帮助,支持和援助是相互的;其二,讲苏联对中国的援助时要注意分寸,不能无限夸大。因此,邓小平把原稿中苏联对中国人民的"巨大的、全面系统的和无私的援助"中"巨大的"三字删去了。

谁也没有料到,苏共二十大竟会成为中苏两党分歧的起点。苏共中央第一书记赫鲁晓夫2月14日在苏共二十大的公开报告中涉及了三个理论性的问题,即和平共处的对外政策、避免新世界大战的可能性和资本主义国家存在着和平过渡到社会主义的可能性的问题。邓小平对于后者的提法表示不同意,在他看来,"和平过渡"作为国际工人运动的一个战略性问题提出来,违背了马列主义关于无产阶级暴力革命的理论。后来的事实证明,这个问题成为中苏两党争论的焦点之一。

中苏两党根本性的分歧在于中共不同意赫鲁晓夫全盘否定斯大林。苏共二十大宣布闭幕前,又秘密召开了一次有苏共二十大全体代表参加的会议。赫鲁晓夫在事先未同各国共产党商量的情况下,作了《关于个人崇拜及其后果》的秘密报告,一笔抹杀了斯大林的伟大历史功绩,从而否定了苏联30多年的光荣历史。邓小平看了赫鲁晓夫秘密报告的速记稿后,气愤地说:"斯大林是国际人物,这样对待他是胡来!不能这样对待革命领袖斯大林。"事实正如邓小平担心的那样,当苏方把秘密报告的记录要点通知各国共产党、工人党,随后又把记录稿复印本送交给各国共产党后,立即在社会主义阵营中引起了极大的思想混乱。没几天,美国中央情报局在波兰找到了这个报告的翻印本并公之于世,霎时轰动全世界,各国反动派趁机掀起世界性的反苏反共高潮。

3月3日,邓小平回国,并就访苏情况向毛泽东作了汇报。不久,《人民日报》就斯大林问题表明了中共的看法,指出:"我们应当用历史的观点看斯大林,对于他的正确的地方和错误的地方作出全面的和适当的分析,从而吸取有益的教训。"

赫鲁晓夫对斯大林采取"一棍子打死"的办法,引起社会主义阵营思想的极大混乱,波匈事件就是集中的体现。10月23日,毛泽东决定派刘少奇、邓小平、王稼祥等人组成代表团赴莫斯科就波匈事件与苏方协调。在协商谈判中,邓小平绵里藏针,不卑不亢地阐述了中共对波匈事件及赫鲁晓夫秘密报告的看法,给赫鲁晓夫留下了"这个人很厉害""你别看他个子低一点,他的智慧、思想水平很高"的深刻印象。

尽管中苏两党的分歧愈来愈明显,但中共处处从国际共运大局着眼,注意维护苏联的形象和声誉。1957年11月是伟大的十月革命40周年,毛泽东决定率团与会祝贺,成员有邓小平、彭德怀、郭沫若等人。这次访苏还有一个重要的工作,就是出席在莫斯科召开的12个社会主义国家共产党和工人党领导人参加的会议。会前的重要准备工作是由中苏双方共同主持讨论起草一个宣言。毛泽东对赫鲁晓夫说:"我不同你讨论'和平过渡'的问题,让邓小平和你们谈吧!"苏方首席代表是颇具谈判才能的苏共政治局委员苏斯洛夫。在会谈中,邓小平代表中国共产党严肃地批评了苏共"和平过渡"的片面提法,指出了其造成的严重危害,随后还向苏共提交了关于"和平过渡"问题的书面提纲。

1960年,中国共产党决定派出以邓小平为首的代表团,赴莫斯科参加中苏两党会议。那时,邓小平56岁,看上去要比实际年龄年轻许多,他个子小,但是肩宽体阔,精力充沛。

代表团出发之前,9月13日晚,中央政治局常委在毛泽东住处开会议论中苏两党会谈的方针。会议估计,这次会谈一定会争论激烈。我们代表团这次去莫斯科是试探苏方态度,究竟他们想搞好团结,还是像布加勒斯特会议那样采取高压手段想把我们压服。毛泽东和刘少奇认为这两种可能性都存在。赫鲁晓夫之所以同意在莫斯科会议之前举行两党会谈,为莫斯科会议做准备,是因为除了越南党以外,还有不少兄弟党都有这种愿望,希望不要再吵下去,还是要团结。他就是在这种压力下同意举行中苏两党会谈的。所以他不一定真的要搞团结,很可能是要压服我们。因此,代表团要做好充分的思想准备。

两党会谈从9月17日到9月22日,共举行五次。因双方意见分歧很大,争执不下,导致无结果而散。中国代表团23日回到北京,当天晚上向政治局常委汇报。

9月30日,邓小平率代表团再次赴莫斯科,出席26国兄弟党文件起草委员会会议。

出发前,代表团全体人员集中在钓鱼台进行准备。邓小平指出:"这次参加26

国党的起草委员会，我们要从世界大局出发，要维护国际共运的团结，要维护中苏友谊。但原则问题不能让步，一定要把主要问题上的实质分歧阐明，表明我们的观点。要反对赫鲁晓夫将苏共一家的观点强加于人的错误做法。"

中共代表团被安排在列宁山苏共中央的别墅里。这里林木茂盛，环境优美，从接待方面看，苏方表现得还是热情友好的，是高规格的接待。中共代表团的工作主要都是在中国驻苏联大使馆进行。从列宁山的别墅到大使馆来往都有苏方警车开路，安全保卫工作相当严密。

这次在莫斯科，虽然苏方是高规格的热情接待，但双方斗争是紧张激烈的，这种紧张激烈几乎从中共代表团一到达便表现出来了，不像过去先要礼节性的客气一番。苏共中央为中共代表团的到达在叶卡捷琳娜大厅举行了高规格的欢迎宴会，赫鲁晓夫等苏共中央主席团成员都参加了。赫鲁晓夫同邓小平坐在一起。

记者照相结束后，宴会开始。赫鲁晓夫虽然保持了惯常那种微笑，但是眼神总给人一种捉摸不透的感觉。果然，他先从阿尔巴尼亚之事入手，影射攻击中国共产党。

邓小平是个直率人，他从容又诚恳地望着赫鲁晓夫说："阿尔巴尼亚劳动党是小党，能够坚持独立自主，你应该更好地尊重人家，不应该施加压力。"

"这不仅仅是苏共和中共之间的分歧问题，"赫鲁晓夫涨红着脸大声地说，"他们拿了我们的金子和粮食，可是反过来又骂我们……"

邓小平严肃地说："援助是为了履行无产阶级国际主义义务，而不是为了控制和干涉。你援助了人家，人家也援助了你嘛。"

赫鲁晓夫一时语塞，他明白这句话的分量。就在两个多月前的7月16日，苏联政府撕毁了同中国政府签订的几百个合同，并通知中国政府，自1960年7月28日到9月1日撤走全部在华苏联专家，并终止派遣专家。他还命令苏联专家撤走时带走全部图纸、计划和资料，并停止供应中国建设需要的重要设备，大量减少成套设备和各种设备中的关键部件的供应，使中国250多个大中型企业和事业单位的建设处于停顿、半停顿状态。且不论道义上和政治上的责任，这种做法就是从国际法上讲也是不允许的。赫鲁晓夫将意识形态分歧扩大到国家关系上，严重伤害了中国人民的感情。

赫鲁晓夫企图给中共代表团一个"下马威",不料一上来便遭到了邓小平的迎头痛击。于是,他转换了话题,不再谈援助问题,也不再谈阿尔巴尼亚,将矛头直接对准了他正在隆重接待的中共代表团。

"邓小平同志,你们中国在斯大林问题上态度前后不一致。"赫鲁晓夫煞有介事地指责中共,将淡淡的眉头皱成一团。

"我们的态度是一贯的。"邓小平回答得很干脆。

"你们开始拥护我们,后来又反对我们。"

"拥护什么?反对什么?这个问题要说清哟。反对搞个人迷信我们过去拥护,现在仍然坚持。在我们党的八大上,对这个问题已经明确表示了态度,少奇同志向尤金大使讲明了我们的态度。你问问米高扬,他到北京来时我们对他讲没讲?

"错误当然要批,功绩也一定要肯定。我们反对的是全盘否定,尤其不能采取秘密报告的方法,恶毒攻击。这种做法所带来的后果,你一直认识不足。

"因为我们比任何人对个人迷信的体会都更深切,受害也最深。

"个人迷信要批判,但对斯大林不能全盘否定,尤其不允许以反个人迷信来影射攻击其他兄弟党。"

赫鲁晓夫只有招架之功,无还手之力,但其狡辩却是跳跃的。他说:"高岗是我们的朋友,你们清除了他,就是对我们的不友好,但他仍然是我们的朋友。"

邓小平显示出少有的严厉,甚至是一种庄严:"这可是你说的话啊。你这个讲法要记录在案。"

赫鲁晓夫在一些重大场合说话往往缺少深思熟虑,就在宴会上,当着那么多人的面,他发泄情绪说:"你们不是喜欢莫洛托夫吗?你们把他拿去好了,我们把他给你们。但高岗是我们的朋友。"

"荒唐,简直是无稽之谈。"邓小平觉得又好气又好笑,遇到这种水平的对手,简直没有必要再与他多纠缠。

苏共中央主席团的成员们都知道赫鲁晓夫又失控了,便纷纷起来打圆场,赶忙敬酒,借此阻止赫鲁晓夫乱说。赫鲁晓夫自己也借助碰杯转了话题。

"现在我们在关于国际共产主义运动的看法上,与中国同志有分歧。根据中国发表的文章《列宁主义万岁》,我们说,他们有一些极左的观点。"赫鲁晓夫以主人身份举杯敬酒时，又开始攻击中国共产党。

邓小平仍以泰然自若的神情将话截过来："关于对国际共运的看法，是当前各党面临的重要问题。各党都可以有自己的看法，不能以你画线。"

"你们说社会主义阵营要以苏联为首，但我方提出的意见，你们并不接受。"赫鲁晓夫情绪又开始激动了，"为首不是只出面召集一下会议，这样的'首'我们不当。"

"为首也不是老子党，可以发号施令，任意规定别的党怎么做。"邓小平心平气和地提醒。

在整个会议期间，每次宴会都是邓小平与赫鲁晓夫坐主位，其他各国党的代表在宴会上一般不插话，神情各异地在那里旁观。

宴会上争论如此激烈，会议上的气氛可想而知，相当紧张。这次会议，苏方代表是以其长期主管意识形态工作的苏斯洛夫为首。他是苏共中央主席团成员，瘦高个子，喜欢戴一顶圆形列宁帽，说话比赫鲁晓夫稳重多了，很注意逻辑性。他嗓音略微沙哑，即使是指责对方也能表现出沉稳。

"苏联专家在中国已经很难开展工作。你们的气氛令他们无法工作。"苏斯洛夫用左手拇指触触眼镜框下沿，瞥一眼邓小平，继续盯住自己的两只手，不紧不慢地说，"比如你们的大跃进，搞什么拔白旗。重庆发电厂的苏联专家也被你们送来了一面白旗。可见你们对我们专家的态度已使得我们无法工作。撤走苏联专家的责任并不在我们，恰恰是你们的做法造成的……"

会议发言一般都是按顺序，你讲一段，我讲一段，中国代表团一般都是后发言。当苏斯洛夫举出两个例子后，邓小平指示随从人员离开现场给国内打长途去核实情况，而后向他做汇报。

轮到邓小平发言了。他两臂放在桌面上，左手中的香烟还在悠然地冒着白烟，他的目光在各国代表的身上缓缓扫过。

"苏斯洛夫同志讲我们给苏联专家送了白旗，所以苏联才撤走了专家。我们核实了。确实送了一面'白旗'。是用白色锦缎做底，镶有金边，上面精心绣了八个红字：真诚友谊，无私援助。"说到这里，邓小平停顿一下，嘴角漾出一丝浅笑，同时将目光缓缓掠过表情各异的各国党的代表们，最后，目光停在苏斯洛夫身上，笑容也消失了。

苏斯洛夫不抬头，只把眉毛做遗憾状地耸了耸，两手互搓着有些不自在。

"可见，苏斯洛夫同志"，邓小平声音低沉缓慢，因而更显出分量，"你掌握的情况与事实有何等大的距离！"

苏斯洛夫嘟嘟囔囔道："这种枝节问题不值得纠缠。"

"那么，到底为了什么撤走专家呢？你们撤专家，我们一再挽留，因为涉及我国各重要经济部门。你们片面撕毁合同到底要达到一个什么目的？"邓小平眼里像打闪一样射出锐利的光芒，"你们的做法不仅造成我国民经济上的巨大损失，而且严重损害了中国人民的感情。你们在这个问题上不要近视，要有历史眼光！"

邓小平的话是深刻的。赫鲁晓夫伤害了中国人民的感情，这种行为留下的伤痕印在几代人的心灵上。就在这一年8月，周恩来在为将要回国的苏联专家举行的告别宴会上，回顾了中苏友谊的发展历史后，动情地说："全体苏联专家与中国同事朝夕相处，结下了深厚的友谊。现在苏联政府突然决定全部撤走，虽然我们一再表示挽留，但是无效。今天在这里表示深深的惜别，我的感情已经不允许我讲下去了……"当时许多苏联专家难以抑制自己的眼泪。

在谈到战争与和平问题时，俄文原稿文件中一个词有"勒住缰绳"的意思。胡乔木指示工作人员"这个词要推敲，不是马受惊了以后再勒缰绳，而是在它未惊之前就加以制止"。为这一个词，同苏方争论半天，强调对于战争的预防，而不是等战争打起来再设法"勒住惊马缰绳"。

主持会议的苏共社会主义国家联络部部长波诺马廖夫都争得出汗了。他敞开衣襟，扯着一角边扇风边说："中国的翻译对俄文研究到这个地步，啊，这么抠字眼啊。我们都不得不翻字典了。"

苏共中央起草的文件，经过26国党的起草委员会逐字逐句讨论，最后达成初步协议。经过中国与一些兄弟党的共同斗争和努力，对"和平过渡"和"斯大林问题"等提法中国持保留意见，留待世界共产党、工人党代表会议召开时再讨论解决。以邓小平为首的中共代表团经过顽强斗争，不辱使命，胜利而归！

26国党的起草委员会会议后，中苏分歧公开化、激烈化，大辩论达到一个高潮。在此"山雨欲来风满楼"的形势下，中苏商定于1963年7月6日至20日再次在苏举行会谈，中共派出的代表团团长又是总书记邓小平。

7月5日的莫斯科是个大晴天，当地时间下午两点多，以邓小平为团长的中共代表团到达莫斯科，苏斯洛夫在机场迎接邓小平，两位老对手的手此刻再次握在了一起。

"欢迎你们的到来，祝你们在莫斯科期间一切都顺利圆满——"

"谢谢，我们是抱着真诚的愿望而来的，愿我们的会议能收到成效。"

第一次会议安排的是苏方发言。苏共代表团团长苏斯洛夫做了长达70页的长篇发言，对中共大加指责歪曲和攻击，完全是重复他们的老一套看法和观点。

邓小平稳坐在第一排的正中位子上，认真仔细地听着苏斯洛夫的长篇发言，他显得那样平静和沉着。会后，连苏联的工作人员也说："邓小平真是太沉得住气了……"

但对原则问题寸土不让是邓小平的最大特点。7月8日的第二次会议上，由邓小平发言。他神情严肃，从容不迫，有理有节地逐一对苏斯洛夫的长篇发言进行了坚决回击，毫不含糊地批驳了对方的肆意攻击，捍卫了中共的原则立场，一针见血地指出："回顾历史，中苏之间这场大辩论的发展和起因，其责任不该由中国承担……"

邓小平一口四川话，字字有力，句句在理，把对方驳斥得体无完肤。最后他说："我们认为苏斯洛夫同志的整个发言，在许多重要原则问题上是歪曲了马列主义基本原理的，是在随心所欲地解释莫斯科宣言和莫斯科声明！"

7月10日苏斯洛夫发言，7月12日邓小平再次发言，同日下午波诺马廖夫发言，7月15日彭真发言，7月17日安德罗波夫发言，7月19日康生发言……

就在这种紧张激烈的对抗性辩论期间，一件意想不到的事情发生了。苏共中央公然违背了双方已经达成的会谈未结束之前，双方不得公开发布消息的协定，于7月14日在双方的会谈正难分难解之际，公开发表了《给苏联各级党组织和全体共产党员的公开信》。

在这种情况下，中共中央在7月20日的《人民日报》上全文发表了这封苏共的《公开信》，并加了编者按，明确指出："内容是不符合事实的，它的观点是我们不能同意的""采用了马克思列宁主义者绝对不能允许的歪曲事实、颠倒是非的手法""类似这样的情况，通篇皆是，总共有七八十处的样子，举不胜举"……

会场外公开挑衅激起了中共代表的极大义愤。在 7 月 19 日的双方会谈中，我方严肃地批评了苏方不守协议、明显地违背了马列主义立场观点的做法。

苏斯洛夫被我方的严肃批驳激怒了，一反他沉稳的性格，对我方提出了"最坚决的抗议"。他对邓小平说："我抗议你们对我们党的领导，对赫鲁晓夫同志，对我党几次代表大会决议的歪曲、捏造和诽谤。中共代表团要对这一切行为承担全部责任的……"

邓小平立即批驳说："你们还提出什么抗议？如果说要抗议的话，我们可以提出更多的抗议。"

"你们想抗议什么？"苏斯洛夫有点心虚。

"苏斯洛夫同志，这不是明摆在眼皮底下的吗？"邓小平声音不高，但很严厉，一下把对方打哑了。

双方沉默了一会儿，邓小平说话了："鉴于今天这种情况的出现，我们建议今天的会谈暂告一段落。双方可以在另外的时间继续举行会谈，具体时间、地点双方再商量。"

这一轮的中苏两党会谈在举行了九次会议后结束，会后发表了双方达成的例行公报。

当天下午 6 时，在叶卡捷琳娜宴会厅主宾席的老座位上，邓小平和赫鲁晓夫又坐在了一张桌边。自然，他们谁也没有忘记两年多之前，曾在同一地点两人的交锋。

邓小平襟怀坦荡地举起酒杯，对赫鲁晓夫说："赫鲁晓夫同志，我代表中共中央重申，邀请苏共中央派出代表团参加下一轮在北京举行的两党会谈。"

赫鲁晓夫若有所思地举起杯子说："我们一定派代表团到北京来，一定来……"

"当！"两只高脚玻璃杯碰在了一起，发出清亮的响声。邓小平端起酒来，仰头一饮而尽。赫鲁晓夫看着邓小平，也把杯里的酒慢慢地咽了下去。两人的手握在了一起，邓小平显得从容不迫，坦然若定，而赫鲁晓夫则眯缝起那双不大的眼睛，若有所思……

7月21日下午，一架苏制图-104客机在北京首都机场平安降落，以邓小平为团长的中国共产党代表团结束了这一次的中苏两党会谈，回到了北京，受到了最高规格的迎接。

机场上鲜花如潮，红旗飘舞，数千名首都各界群众聚集在这儿，隆重欢迎中国代表团的抵返，齐鸣的锣鼓号角声久久在天空回荡着……

毛泽东、刘少奇、周恩来、朱德、董必武等党和国家领导人在机场迎接邓小平一行。当邓小平走下飞机后，毛泽东上前与他亲切握手问候……

1964年4月，毛泽东回湖南，此中有段史实鲜为人知，就是毛泽东在长沙决定为赫鲁晓夫"祝寿"，由此谱写了20世纪中苏两党大论战中一段别致的插曲。毛泽东说：我们要致电祝贺赫鲁晓夫的七十寿辰，国际共产主义运动还是要讲团结；电报不能完全是礼节性的，应该讲点实质问题；赫鲁晓夫越要大反华，我们越要采取同他相反的姿态；他要坚决反击，我要坚决友好，他要分裂，我要团结；这样我们就可处于主动地位，争取国际同情，进可攻，退可守。

毛泽东估计中苏两党尚不至于马上公开破裂，中国共产党要采取拖的方针，推迟这个破裂，但同时要准备这个破裂。毛泽东交代在京的中央常委刘少奇、周恩来、邓小平等，"关于给赫鲁晓夫的祝寿信，要在北京准备好。我过一天就到外地去，传给我看了以后再发出"。为表明中国郑重其事，毛泽东还要求贺信要用毛、刘、朱、周4人联名签署。也就是说，这是党、国家、人大和国务院的联合贺信。

毛泽东离开北京后，1964年3月31日，中共中央公开发表与苏共论战的第八篇文章《无产阶级革命和赫鲁晓夫修正主义》，即"八评"苏共中央公开信。中央认为，前段时间，写作一至八评很紧张，很辛苦，现在可以稍稍缓一口气了；于是决定让负责实际组织工作的邓小平带领"秀才班子"到外地去参观休息，休整一下，以利再战。

邓小平、彭真率"九评"写作班子的"秀才们"到兰州的第二天晚上，中央办公厅发来紧急电话通知：按毛泽东的点名，邓小平、康生、吴冷西3人立即停止休假，于4月12日中午飞抵长沙。他们下飞机后，刚吃过午饭，毛泽东即通知开会。毛泽东开门见山地说：北京传过来的给赫鲁晓夫的贺寿电文要修改。

北京起草的这个贺电写得比较长，还谈到中苏两党的分歧和争论。毛泽东对邓小平等人说："不赞成这样写法。这个贺电应该争取苏联能够发表。因此，不能多谈分歧和争论问题，要点出这么一个意思——尽管我们有分歧，但是一旦有事，我们两党还会团结起来的。"

第一天的会议散后，4月12日晚上、13日上午，邓小平主持对贺电进行修改，定稿后再送毛主席审阅。

4月14日下午3点半，毛泽东收阅了两个修改稿。在吴冷西起草的较为详细的那一个稿子上，毛泽东动手作了认真的修改：最主要的是改了一头一尾，开头处他在赫鲁晓夫的职务头衔与祝贺语言之间加上"亲爱的同志"几个字；在结尾处他加上"让帝国主义和各国反动派，在我们的团结面前颤抖吧，他们总是会失败的"，以显示团结的力量和意义。

稿子改定后，毛泽东要求立即电传北京，请刘少奇、周恩来过目，没有意见就照这个稿子发出。因为赫鲁晓夫70寿辰是4月16日，毛泽东最后在长沙定稿是4月14日，贺电必须在4月16日前发出。

同时，毛泽东还要邓小平告诉周恩来，贺电发出一个星期内，我们不发表反修文章，以示友好。

周恩来收到电稿后，马上同刘少奇一起认真看了一遍，立即给长沙回电话说，"少奇和我都同意主席在长沙改定的稿子，电稿将于4月16日凌晨用明码发到莫斯科"。

4月17日，《人民日报》发表了贺电全文。当时，许多党员干部感到很惊讶：中苏论战正酣，怎么给赫鲁晓夫发这么一个温和的贺电？许多人转不过弯来。

其实，毛泽东当时已预见到赫鲁晓夫内外交困，苏共内部很可能会发生重大变故，这就要求中共中央做好两手准备，以有备无患。果然，10月14日，苏联就发生了大事变，赫鲁晓夫被免除一切职务，下台了。

第十章

浩劫蒙难

> 派工作组进驻，本想稳定混乱的政治局势。但是，在"造反有理"的岁月，"老革命遇到了新问题"。刘少奇和邓小平的政治生涯却由此发生了逆转。

1966年的开年，中国北方似乎与往常没有什么不同。一样的三九严寒，一样的北风凛冽。冬日的阳光照耀大地，万物酝酿着生机和活力。

在经历了三年困难时期后，由于从中央到地方的多方努力，经济形势大大好转，自然灾害及其他原因带来的巨大困难得到克服。就在人们心中那沉重的负担已经减轻、紧锁的眉头也开始舒展之时，这年5月16日，中共中央政治局扩大会议通过《中国共产党中央委员会通知》，即"五一六通知"。"通知"提出彻底批判学术界、教育界、新闻界、文艺界、出版界的资产阶级反动思想，夺取在这些文化领域中的领导权，同时批判混进党里、政府里、军队里和文化领域里的资产阶级代表人物，清洗这些人。"通知"还强调：混进党里、政府里、军队里和各种文化界的资产阶级代表人物，是一批反革命的修正主义分子，一旦时机成熟，他们就会夺取政权，由无产阶级专政变为资产阶级专政。以此为标志，史无前例的"无产阶级文化大革命"开始了。不久，北京乱了，全国乱了，人心乱了。

"文化大革命"的爆发，绝不是突如其来，而是党内"左"倾错误发展到极端的一个必然产物。其实，早在1965年下半年，就已揭开"文化大革命"的序幕。

1965年11月10日，上海《文汇报》发表了一篇上海市委政策研究室姚文元的文章《评新编历史剧〈海瑞罢官〉》。文章批判了撰写戏剧《海瑞罢官》的历史学家吴晗，并借此批判所谓彭德怀的"翻案风"。1959年庐山会议上，毛泽东错误地发动了对彭德怀的批判；1962年彭德怀向中央递交了长篇申诉书，毛泽东认为这是搞翻案活动，不能给他平反。实际上，《评新编历史剧〈海瑞罢官〉》是由江青和时任中共上海市委书记处书记的张春桥秘密策划，姚文元捉刀写成的。

吴晗的《海瑞罢官》，是在1959年4月毛泽东提倡学习海瑞之后开始写作，于1960年底完成的。从1962年开始，党内在对"大跃进"的错误的认识，对纠正错误、克服困难所应采取的措施的认识等问题上的分歧有所发展。在这种情况下，江青多次向毛泽东提出，《海瑞罢官》有问题，要批判。毛泽东开始时虽不同意，后来还是被说服了。从1965年初江青在上海与张春桥共同策划，至姚文元的文章发表，整个写作过程，是在中央政治局除毛泽东外无人知晓的状态下进行的。经过毛泽东前后三次审阅而批准发表，并示意全国报刊转载。这篇文章的发表，以及随之而来的群众性的批判运动，成为发动"文化大革命"的导火线。

吴晗听到有人准备批判他为北京京剧团写的《海瑞罢官》时，思想压力很大。彭真向邓小平反映此事后，邓小平说："马连良演的那个海瑞的戏我看过，没什么错误嘛。有些人总想踩着别人的肩膀往上爬，对别人一知半解，抓着一点辫子就批半天，好自己出名，我最看不起这种人。你告诉教授，没什么了不起，我们照样打牌嘛！"

邓小平还对彭真说："政治和学术一定要分开，混淆在一起是最危险的，会堵塞言路。"随后，在一次打牌中，吴晗有好几次出错了牌，后来竟索性把手中的牌全扔在桌子上说："小平同志，今天实在对不起了，我没有一点打牌的心思，我……"邓小平宽慰他说："教授，别这么长吁短叹，凡事都要乐观。怕什么，天还能掉下来吗？我今年61岁了，从我参加革命到现在，经历了那么多的风浪都熬过来了。我的经验无非两条，第一不怕，第二乐观，向远看，向前看，一切都好办了。有我们给你往前顶，你可以放心了吧！"吴晗的心情平静了，他们又继续玩起来。

但是，吴晗担心的事情还是发生了。《评新编历史剧〈海瑞罢官〉》出笼后，吴晗感受到这是一篇不同寻常的有来头的文章。姚文元文章中咄咄逼人的气势和暗藏在文章中的杀机，令这位著名的历史学家不知所措，他思想上的负担是不言而喻的。邓小平作为中共中央政治局常委、中共中央总书记、主持中共中央书记处工作和中央第一线工作的负责人之一，对于未经中共中央政治局和中央书记处讨论、研究、同意，就擅自由上海《文汇报》发表文章点名批判北京市的一位副市长，并扣上种种吓人的"大帽子"，欲置人于死地而后快，很不赞同。

然而，事态的发展不仅愈来愈脱离正常的轨道，而且朝着日益严重的方向愈走愈远……

也是在1965年的11月，中共中央书记处候补书记、中央办公厅主任杨尚昆被免职，"罪名"是"背着中央私设窃听器"。当毛泽东作出处理杨尚昆的决定时，邓小平却认为杨尚昆没有什么大不了的问题。其实，所谓"窃听""秘密录音""私录"主席谈话和"盗窃党的机密"等，都是没有事实根据的，纯属政治诬陷——原中办机要室的录音工作是正常业务工作的一部分，实践也证明这可为党积累一批珍贵档案资料。后来在被迫"检讨"时，邓小平说，他曾长期没有认识到杨尚昆的问题，作为总书记，他对此事处理得"既不及时，又不认真"。这个"检讨"，说明了他对批判杨尚昆的不赞成。

紧接着的12月，在上海举行的中共中央政治局常委扩大会议上，由担任中共中央副主席、中央军委副主席的林彪发难，林彪的夫人叶群登台发言几个小时，无中生有地对中共中央书记处书记、中央军委秘书长、中国人民解放军总参谋长罗瑞卿进行政治诬陷。

12月10日，罗瑞卿接到电话通知：立即飞往上海，参加中央政治局常委扩大会议。飞行途中，罗瑞卿习惯性地打开文件夹，认真批阅文件。这位心胸坦荡、光明磊落的共产党人，做梦也没有想到，一个由反革命野心家、阴谋家林彪精心策划的巨大阴谋正张网以待。这时，以批判罗瑞卿为主题的中共中央政治局常委扩大会议已经开到了第四天，林彪、叶群、吴法宪、李作鹏等正把一盆盆污水泼向罗瑞卿。

原来，身为解放军总参谋长的罗瑞卿当时已成为林彪篡党夺权的巨大障碍，于是林彪就处心积虑地要把罗瑞卿置之死地而后快。到达住地后，罗瑞卿得知林彪、叶群等人对他进行了无中生有的肆意诬陷以后，一下子惊呆了。他无论如何想不到，不干工作、经常"养病"的林彪竟然会下此毒手。

尽管叶群在上海会议上的"表演"十分"出色"，时而滔滔陈词，时而声泪俱下，但因为她的"揭发"编造得漏洞百出，经不起推敲，与会人员表示了极大的怀疑。

后来，周恩来和邓小平奉命去与罗瑞卿谈话。临行前，邓小平特意对夫人卓琳说："今天我们去看罗瑞卿。你也去，看看郝治平，劝劝她。"在汽车上，周恩来与邓小平都心情沉重，一言未发。到了罗瑞卿被隔离的地方，周恩来、邓小平与罗瑞卿在楼下谈话。卓琳与郝治平上楼后，只对郝治平说了一句"你放宽心些"，便控制不住地哽咽起来。后来批判邓小平时，造反派说邓小平包庇罗瑞卿，"证据"之一便是上海会议批判罗瑞卿期间，卓琳与郝治平抱头痛哭。

邓小平作为主持中央书记处工作的中央总书记，对于中央书记处书记罗瑞卿的情况是了解的，对于罗瑞卿的工作是满意的。邓小平夫妇平时与罗瑞卿夫妇关系也十分融洽。邓小平说过："我对林彪向无好感。"因此，邓小平对林彪恶意诬陷罗瑞卿的所谓"材料"根本就不相信。对于批判罗瑞卿，邓小平是消极和抵触的。军队在北京开会批判罗瑞卿时，毛泽东指定邓小平等主持会议。邓小平同情罗瑞卿，却又无回天之力，到外地视察工作是他唯一能够采取的回避方式。

1966年4月8日，邓小平正与国务院副总理李富春、薄一波率国务院各部委领导干部在西北地区视察工作。一路上，他们讨论和思索的都是如何发展西北经济和建设三线这些问题。突然，康生打电话通知邓小平即刻回京。接到电话后，邓小平立即从延安坐专机直飞北京，抵京后才知道，中央书记处书记彭真又出问题了。

原来，彭真不同意姚文元等人在《文汇报》上对吴晗进行政治性批判。吴晗是著名历史学家，又是北京市副市长，彭真作为中共中央政治局委员、全国人大常委会副委员长、中共中央书记处书记、中共北京市委第一书记和北京市市长，理所当然地要查问发表姚文元的文章，公开点名批评北京市的一位副市长，为什么不向北京市委打一个招呼。江青、康生、张春桥等背着中央向毛泽东恶意告状，说这是"查到主席头上了"，从而引发了毛泽东的怒气，决定批判彭真。

这种反常的政治批判和无限上纲的做法，使在政治生涯中经历过几十年大风大浪的邓小平也很不理解。批判罗瑞卿，邓小平不能接受；批判彭真，邓小平同样不能接受。长期以来，邓小平与彭真、罗瑞卿等中央书记处成员之间，不但在工作上相处甚密，而且结下了深厚的相互信任的同志情谊。但是，在当时那种党内民主生活极端不正常的情况下，像邓小平这样党的高级干部，即便有不同的意见，也不可能公开提出。后来，他回忆说："彭真的问题本来不大。我没有附和，送了半筐橘子给彭真，表明态度。"

当时"跟不上形势"的刘少奇、邓小平和其他中共中央政治局常委（除林彪外），对毛泽东即将发动的"文化大革命"毫无思想准备，对于"文化大革命"的部署也一无所知。因此，他们必然会犯"错误"，进而可能被"革命"的狂流所淹没和击倒。

5月25日，北京大学哲学系党总支书记聂元梓及宋一秀等7人，在康生的授意和策划下，在北大大饭厅外公开贴出一张大字报，攻击北大校党委和北京市委。这就是那张臭名昭著的"文革"时期的"第一张马列主义大字报"。大字报一经贴出，北京震动了，给校领导提意见及各种形式的造反，立即像狂风一样吹遍了北京的大中学校。

5月28日，根据毛泽东的部署，由陈伯达任组长，康生任顾问，江青、张春桥等任副组长，姚文元等任组员的"中央文革小组"宣告成立，"隶属于政治局常委之下"。从此，江青有了公开的合法的"政治身份"，再也不用"偶尔露峥嵘"了。她堂而皇之地身着绿军装，在各种重大政治场合"表演""亮相"，很快成为"文化大革命"中不可一世的风云人物。中央文革小组的权力日益膨胀，逐步取代了中央政治局和中央书记处，成为"文化大革命"的实际领导机构。

6月1日，根据毛泽东的意见，中央人民广播电台"新闻和报纸摘要"节目向全国广播了聂元梓的大字报全文。当日，《人民日报》发表由陈伯达主持连夜起草的题为《横扫一切牛鬼蛇神》的社论，号召群众起来"横扫盘踞在思想文化阵地上的大量牛鬼蛇神"，"把所谓的资产阶级的'专家'、'学者'、'权威'、'祖师爷'打得落花流水，使他们威风扫地"。次日，《人民日报》头版头条以《北京大学七同志一张大字报揭穿了一个大阴谋》的通栏标题，刊登了大字报。同时，发表了陈伯达炮制的评论员文章《欢呼北大的一张大字报》，公开鼓动青年学生怀疑和批斗学校的党委。

随后，北京大专院校及部分中学出现了揪斗校党委的浪潮，正常的学校秩序被打乱了，造反行动不断扩大升级，呈现向整个社会蔓延的趋势。

此时的毛泽东身在外地，从远处静观北京局势的发展。在北京主持中央工作的刘少奇、邓小平"很不理解"，当然他们不能坐视不管，仍然以对党对全国人民负责的态度，力图稳定和控制住全国的局势，不致发生大的动乱。6月3日，刘少奇紧急召集有关部委负责人参加政治局常委扩大会议，讨论如何应付局势。在大部分人一致的认识下，会议制定了内外有别、注意保密、大字报不要上街、不要搞示威游行、不要串联、不要搞大规模声讨会、不要包围"黑帮"住宅、不准打人污蔑人等八条规定；决定派出工作组以控制首都大专院校近于瘫痪的局面。邓小平在会上说，中央的八条传达要快，开个10万人大会，一竿子插到底。

会后，北京市委根据会议精神，向一些大中学校派出工作组。刘少奇和邓小平对工作组的工作既支持又关心，还分别直接接见工作组人员，了解情况和指导工作。可是，由于有人背后支持造反运动，工作组进校后，不但未能阻止混乱的发展，事态反而变得越来越难以驾驭。为此，刘少奇、周恩来、邓小平等频繁开会，研究处理运动中出现的种种问题。

毛泽东不在北京，许多重大政策定不下来，刘少奇、周恩来和邓小平于6月9日赴杭州，向毛泽东汇报"文化大革命"的情况，并在毛泽东主持下开会讨论。对派工作组的问题，会上看法不太一致，没有形成明确意见。据说，毛泽东当时说过这么一句话：不要匆匆忙忙派工作组。但他对刘少奇、邓小平已代表中共中央派出大批工作组进驻各学校的现实未作否定。

飞回北京后，由于周恩来要出国访问，指导运动的责任落在刘少奇、邓小平身上。他们坚定地按自己的思想来领导开展运动，力图使运动限制在秩序的范围之内。由于对工作组进校的态度不同，各院校群众组织迅速分成"保守派"和"造反派"两大基本阵营。以刘少奇、邓小平为首的一线中央负责人，为此与以林彪、江青等为首的"文革"势力针锋相对。对抗之中，造反派煽动学生反对并驱逐工作组，运动出现了复杂情况。

这时，在杭州的毛泽东却带着疑虑，悄悄地来到他的家乡湖南韶山。韶山西面，有几座山峰环绕，两山相夹处有一个山洞。即使是天下大旱，洞中仍滴水不断，回声悠扬，其韵如琴，人称"滴水洞"。前些年，家乡人为方便毛泽东回故里休养，在滴水洞处建造了一套别墅。毛泽东这次来韶山，就住了进去。因他是由东而至，他称其为"西方山洞"。

6月17日下午，毛泽东走进了滴水洞，他在这里"与世隔绝"了11天。除了身边工作人员，他任何人都不见，也不执笔写东西，只是看北京送来的文件资料，成天思考问题，有时显得烦躁不安。这是毛泽东思考重大问题的习惯"标志"。他离开滴水洞到武汉后写给江青的信，多少可以反映当时毛泽东内心世界的那个结。在信中，他写道："有些反党分子……他们是要整个打倒我们的党和我本人……而现在的任务是要在全党全国基本上（不可能全部）打倒右派""天下大乱，达到天下大治"。看来，毛泽东在滴水洞，对他的疑虑作了通盘思考，认为只有通过天下大乱才能走向天下大治，从而下定了把"文化大革命"推向纵深的最后决心。

走出滴水洞的毛泽东信心满怀。7月16日，他以73岁的高龄再一次在武汉横渡长江。而此时的刘少奇和邓小平正在极为复杂的状况下，苦苦地支撑着局势，力图使其不向大乱的方向发展。

7月18日，毛泽东从武汉回到北京。第二天下午，中共中央在中南海怀仁堂召开关于"文化大革命"问题的会议。在会上，刘少奇讲得十分尖锐，批评中央文革小组一些人说："照你们这个做法，才是真正挑动群众斗群众。这个搞法不成。我们这里有材料。"刘少奇的意思是，正常的做法是派工作组，工作组在党委的领导下工作，党委不行了，由工作组代替。刘少奇是反对赶走工作组的。

这时康生出来讲话："少奇同志，我们也有材料。"他口气虽然和缓，但实际上和刘少奇顶起来了。康生刚讲完，陈伯达接着批评各级党委不能深入到这场疾风暴雨之中，不深入群众，不敢放手发动群众。他的话等于把各级党委都否定，把责任推到刘少奇、邓小平身上。

邓小平站起来，两手叉着腰，十分气愤地说："我们要讲得客观一些，要了解第一线的困难。什么叫放手？要不要政策？我们不行，你们上去。你们那样行，我们统统撤出来。党委垮了，工作组没有了，党的领导在哪里？谁来放手发动？你们根本没有搞过群众运动，你们去试试看！"

邓小平的话义正词严，迎头痛击了康生、陈伯达不可一世的嚣张气焰。会议正开着，江青蹑手蹑脚进来了，在靠着记录席的沙发上坐下，把手里的包放在沙发上。江青是偷着进来的，没有和主持会议的刘少奇、邓小平打招呼。

让刘少奇和邓小平没想到的是，毛泽东听取了有关工作组的汇报后，认为工作组对发动"文化大革命"起坏作用，阻碍运动，应该统统驱逐之，应"不要工作组，要由革命师生自己搞革命"。

7月29日，在北京市委召开的大中学校"文化大革命"积极分子大会上，邓小平、周恩来在先后的讲话中，都表露出对"文化大革命"很不理解的困惑心情，说"老革命遇到了新问题"。是呀，没想到在"文革"初期派工作组竟成了"压制运动"。实际上，在政治运动中派工作组（工作队、工作团），这是中共领导政治运动所采取的一贯方法之一。

刘少奇在讲话中说得更为直截了当："至于怎样进行无产阶级文化大革命，你们不大清楚，不大知道，你们问我们，我老实回答你们，我也不晓得。我想党中央许多其他同志、工作组的成员也不晓得。"

就在这次大会上，宣布撤销所有工作组。于是，"文革"名正言顺地进入了"造反有理"的新阶段。

8月1日，中共八届十一中全会在北京召开。这次会议与以前历次中央全会不同的是：与会的不仅有中央委员、候补委员，各中央局和各省、市、自治区党委的负责人，而且有中央文革小组的成员（大多数不是中央委员）和首都大专院校"革命师生"的代表。

8月4日，毛泽东在中央政治局常委扩大会议上，再次对主持中央一线工作的刘少奇、邓小平在运动初期派出工作组领导运动进行了严厉的指责，认为是"镇压""文化大革命"运动，并明有所指地说："牛鬼蛇神，在座的就有。"

8月5日，毛泽东在6月2日《北京日报》头版转载的《人民日报》社论《横扫一切牛鬼蛇神》的左面，用铅笔写下了一大段文字："全国第一张马列主义的大字报和人民日报评论员的评论，写得何等好啊！请同志们重读一遍这张大字报和这个评论。可是在五十多天里，从中央到地方的某些领导同志，却反其道而行之，站在反动的资产阶级立场上，实行资产阶级专政，将无产阶级轰轰烈烈的文化大革命运动打下去，颠倒是非，混淆黑白，围剿革命派，压制不同意见，实行白色恐怖，自以为得意，长资产阶级的威风，灭无产阶级的志气，又何其毒也！联系到一九六二年的右倾和一九六四年形'左'而实右的错误倾向，岂不是可以发人深省的吗?"

这一大段文字,初无标题,经秘书誊清后,毛泽东加上了标题《炮打司令部——我的一张大字报》。当然,这张"有感而发"的"大字报"既不是用"大字"写出来的,也没有张贴,但以中共八届十一中全会文件的形式于8月7日下发后影响甚大。尽管这"大字报"虽未点名,但其矛头所指昭然若揭。

8月8日,全会通过了《中国共产党中央委员会关于无产阶级文化大革命的决定》(即《十六条》)。12日,根据毛泽东提议,全会改组了中共中央领导机构,重新选举了政治局常委,由原来的7人增加到11人,新增了陶铸、陈伯达、康生、李富春。但刘少奇由原来排名第二降为第八,朱德、陈云由排名第四、第五分别降为第九、第十一。邓小平虽然在第六的位置,但和刘少奇一样,实际是靠边站了。而林彪则扶摇直上,排位升至第二,并被宣布为毛泽东"最亲密的战友",成为唯一的党中央的副主席,其他几位副主席的职务不再被提起。

中共八届十一中全会后,一场政治内乱开始降临神州大地……

> 恍若一夜之间,邓小平成了党内第二号最大的"走资派"。非常年代里,子女与父母同住在一城,却不能相见。

中共八届十一中全会结束后,毛泽东决定,由林彪主持召开一次政治局常委扩大会。会议原定继续批判刘少奇,但林彪、江青等人认为,刘少奇实际上已被打倒,目前的主要危险和最大障碍是邓小平,于是将会议批判的矛头指向邓小平。他们不但刻意组织人员批邓,林彪还亲自出马,将邓的问题说成是敌我矛盾。

邓小平在会上受到不公正的甚至是诬蔑性的批判,心里很不平静。回家后,他虽然什么也没有说,但夜不能寐。卓琳看见他卧室的灯深夜不熄,便去问他:"三点多了,怎么还没睡?"邓小平告诉卓琳:"晚上开会已经从批少奇同志转向给我提意见了。"卓琳问："谁批你？"邓小平只说了一句"军队的人"，便不再多言。

邓小平知道，这次批判后，他的"错误"的性质，不再只是派工作组"镇压"群众，而是连历史在内新账旧账一起算了。这次中共中央政治局扩大会议结束后，邓小平被迫停止了工作。他将一部分原来由自己分管的中联部、中调部等工作交给康生，说："我的工作交给你，我不能工作了。"

邓小平为人本来就沉默少言，"文化大革命"爆发以后，开始是由于处理运动突发事件而忙碌不堪，后来则因"犯了错误"停止了工作，话就更少了。从此以后，邓小平参加的会议和活动越来越少，在家里也只是看一些送来的文件。

随着工作组被迫撤出学校，刘少奇、邓小平被剥夺权力遭受批判，无政府主义在教育领域首先泛滥起来。一些学校的学生自发成立了红卫兵等造反派组织，以造反、夺权为旗号，向各地的党委、政府发难。地方上的各级党委、政府的绝大多数领导人，如同刘少奇、邓小平等中央领导人一样，对毛泽东发动"文化大革命"也"很不理解，很不认真，很不得力"，采取了抵制的态度，使运动难以按照发动者的意图来发展，形成了上压下顶的形势。

为了改变这种状况，毛泽东多次接见红卫兵，以示支持。1966年8月18日，在首都百万群众于天安门广场举行的"庆祝无产阶级文化大革命群众大会"上，毛泽东第一次接见全国各地来北京串联的红卫兵、青年学生和学校老师。在接见中，一位红卫兵代表给毛泽东戴上了红卫兵袖章。此后，毛泽东又七次在天安门广场接见各地来京的红卫兵等，总数达1100余万人次。同时，中共中央、国务院发出文件，组织各地青年学生来京参观"文化大革命"，以北京红卫兵为榜样去推动各地的运动。

从此，红卫兵运动风起云涌，遍及全国。红卫兵在"中央文革"的支持下，在全国到处"煽革命之风，点革命之火"，鼓吹"革命无罪，造反有理"，层层揪斗所谓"走资本主义道路的当权派"，搞乱了地方各级党委。

10月9日至28日，以批判"资产阶级反动路线"为中心内容的中央工作会议在北京召开。林彪、陈伯达在会上作重点发言，他们公开点名指责刘少奇、邓小平提出了一条"资产阶级反对革命的路线"，要求"彻底批判错误路线"。他们声言："无论什么人，无论过去有多大的功绩，如果坚持错误路线，他们同党同群众的路线就会起变化,就会从非对抗性矛盾变为对抗性矛盾,他们就会滑到反党反社会主义的道路上去。"在这种会议气氛下,23日,邓小平和刘少奇被迫各自作了检讨,"承认"在工作组问题上的错误。在检讨自己"错误"的同时,为了不想让这场批判祸及他人,邓小平极力担当地说:"在这场文化大革命中代表资产阶级反动路线的,在中央领导同志中,在全党范围内,就是少奇同志和我两人。""必须讲清楚,工作组的绝大多数是好同志,在这段工作中所犯的错误除了个别人外,主要责任不应由他们来负担,而应由我和少奇同志来负担。"

10月25日,毛泽东在听取会议汇报后,作了正式讲话,指出这次会议"就是要总结一下经验,做政治思想工作",解决"思想不通的问题"。他指出,发动"文化大革命"的原因,是以前过于信任人,在中央搞了一线二线后,出了相当多的"独立王国",他的意见在北京不能实行,推行不了。对于"文化大革命"运动的兴起,毛泽东说:"时间很短,来势很猛。我也没有料到,一张大字报一广播,就全国轰动了。""文化大革命这个火是我放起来的。"

此时,毛泽东认为中央的问题仍然是人民内部矛盾。他说要允许人家犯错误,说刘、邓二人是搞公开的,要准许他们革命。他还对与会者说:"我是不要打倒你们的,我看红卫兵也不一定要打倒你们。你们过不了关,我也着急呀。时间太短,可以原谅,不是存心要犯路线错误,有的人讲是糊里糊涂犯的。也不能完全怪刘少奇同志、邓小平同志,他们两个同志犯错误也有原因。"

中央工作会议后,全国出现了批判"资产阶级反动路线"的高潮。林彪、陈伯达等人的讲话,刘少奇、邓小平的检讨,都从小道捅到了红卫兵的小报上,或被印成传单,到处散发。当时,邓小平、刘少奇还是从善良美好的愿望出发来看待毛泽东发动的"文化大革命",认为这是反修防修的新生事物,诚心诚意地检讨"错误",想跟上毛泽东的步伐。林彪、江青一伙则始终把刘、邓为代表的一大批革命老干部视为他们夺权上台的主要障碍,利用各种机会进行打击。

11月2日,中共中央组织部内突然贴出一大批批判刘少奇和邓小平的大字报。8日,聂元梓也在北京大学贴出了《邓小平是党内走资本主义道路的当权派》的大字报,所列罪名,有大反个人崇拜,公开"鼓吹"在农村恢复单干,反对"文化大革命",是彭真的后台之一,等等。

第十章 浩劫蒙难

"文化大革命"运动发展到如此地步，超出了所有人的预料。这时，邓小平已经完全失去了工作和出席任何会议的权利，只能整天坐在家里看一些送来的文件。这些文件无论从数量上还是从内容上来说，都不能和往日相比。对于未来的政治命运，邓小平采取等待的态度。这也是他在当时形势下的唯一选择了。

12月18日，张春桥秘密通知清华大学造反派头目蒯大富去中南海。当蒯大富坐着小轿车急驰到中南海西门，张春桥便急不可耐地将蒯大富领进了一间房子，随即紧闭房门。张春桥把身上披着的军大衣往后一甩，向前探着身子，一字一句地向蒯大富交代说："从全国来讲，资产阶级反动路线还相当猖獗，现在还是要深入批判资产阶级反动路线。中央那一两个提出资产阶级反动路线的人至今仍不投降。""你们革命小将应该联合起来，发扬彻底革命精神，痛打落水狗，把他们搞臭，不要半途而废。"蒯大富心领神会，张春桥所说的"那一两个"，指的就是刘少奇、邓小平。在急剧膨胀的野心支配下的蒯大富，急忙向他投靠的主子表忠心："请首长放心，我保证照办！"

从张春桥那里接受了密旨的蒯大富，一回到清华园就立即策划打倒刘少奇、邓小平的罪恶活动。12月25日这一天，北风呼号，天寒地冻，蒯大富领着5000多人摇旗呐喊地从清华园来到天安门广场，召开"彻底打倒刘、邓的资产阶级反动路线誓师大会"。然后，他们分成五路，由广播车开道，到王府井、西单、北京站、菜市口等繁华地段演讲，散发传单，张贴大字报、大标语，为打倒刘少奇、邓小平大造声势。

肆意攻击中央政治局常委，却没有任何机关、任何个人出来进行干涉、制止。明眼人一眼就可以看出，几个青年学生根本没有这么大的胆子，他们的背后有"中央文革"的暗中支持和操纵。

尽管一些别有用心的人对刘少奇、邓小平大泼污水，竭尽造谣污蔑之能事，但广大人民群众对要打倒共和国的主席、党中央的总书记从感情上难以接受，中央也有不同的看法。身为中央政治局常委、中央文革小组顾问的陶铸，在公开场合明确表示他不赞成贴打倒刘少奇、邓小平的大字报：他们是中央政治局常委，犯了路线错误，是团结—批评—团结的问题，是人民内部矛盾的问题。打倒刘少奇的大字报贴天安门，是学生贴的，要问我，我是不同意的。陶铸的这一立场，应该说，同毛泽东在10月中央工作会议上的讲话精神是一致的。但他哪里知道，林彪、江青、张春桥一伙把他视为眼中钉、肉中刺，为打倒刘少奇、邓小平，他们必须拔除陶铸这个障碍。

1967年元旦，全国各大党报发表题为《把无产阶级文化大革命进行到底》的社论，号召向"党内一小撮走资本主义道路的当权派"和社会上的"牛鬼蛇神"展开总攻击。这一天，在江青一伙的煽动下，北京20余所高校的学生联络了数十万人在天安门广场举行了声势浩大的声讨刘少奇、邓小平的游行集会，集会组织者宣读了《告全市人民书》，称刘、邓为中国头号和第二号走资本主义道路的当权派，并分别给他们扣上二十大"罪状"和十大"罪状"，大造打倒刘、邓的舆论。次日，新华社全文播发《红旗》杂志刊登的姚文元题为《评反革命两面派周扬》一文，用"必须学会识别两面派型的人物"来影射陶铸。

就在姚文元文章见报的当天，北京一些单位的造反派发起成立"批判刘、邓路线新代表陶铸联络委员会"，进驻中宣部，把"打倒中国最大的保皇派陶铸"的大标语，贴得北京城到处都是。

1月4日下午，江青、康生、陈伯达接见"武汉赴广州专揪王任重革命造反团"，公开声称：陶铸到中央来，没有执行以毛主席为代表的无产阶级革命路线，实际上是刘、邓路线的忠实执行者，是资产阶级反动路线在中央的"新的代表人物"，是"中国最大的保皇派"。是夜，随着江青等人讲话的传播，"打倒陶铸"的口号迅速传遍全国。一支数千人的造反队伍冲进中宣部要求揪斗陶铸，中南海门口也集结了一批揪陶的造反派。

在"总攻击"的号召下，更多的从中央到地方各部门的领导干部被批判和打倒。1月11日，中共中央政治局会议决定取消刘少奇、邓小平、陶铸、陈云、贺龙出席政治局会议的资格。同时，许多省级和军队领导纷纷倒台。

2月11日和16日，老一辈无产阶级革命家谭震林、陈毅、叶剑英、李富春、李先念、徐向前、聂荣臻等，再也按捺不住对林彪、江青一伙煽动"打倒一切"的满腔怒火，终于拍案而起，奋起抗争，"大闹京西宾馆""大闹怀仁堂"，怒斥林彪、江青一伙的种种倒行逆施，要求坚持党的领导，保护老干部，保持军队的稳定。他们坚持党的原则的正义行动，被林彪、江青、康生、陈伯达等人诬蔑为

"二月逆流"，受到错误的批判。此后，中共中央政治局停止活动，"中央文革小组"完全取代了中央政治局。

"文革大员"们多次唆使造反派到中南海围墙外安营扎寨，建立什么"揪斗火线"，大肆叫嚷要把刘少奇、邓小平、陶铸等从中南海揪出去批斗。由于中南海是中共中央、国务院办公所在地，周恩来对此坚决反对，使所谓"揪斗火线"的阴谋不能得逞。

虽然在林彪、江青一伙的操纵下，刘少奇、邓小平均受到了严厉的批判，但是在毛泽东的心中，对刘少奇和邓小平的看法却是有着明显的区别的。

5月的一天，深为毛泽东所信任和器重的中共中央办公厅主任汪东兴来到邓小平家中与邓小平谈话。毛泽东让汪东兴向邓小平转达他的三个意思：第一，要忍，不要着急；第二，刘、邓可以分开；第三，如果有事可以给他（毛泽东）写信。听完汪东兴转达毛泽东的意思后，邓小平表示，大字报中提出的许多问题与事实不符，要求见主席当面谈谈。

汪东兴把邓小平的要求转报了毛泽东。几天以后的一个深夜，邓小平办公室的电话突然响了起来。原来，一组（毛泽东处）秘书徐业夫要邓小平的秘书王瑞林转告邓小平，毛主席要找邓小平谈话。邓小平赶紧起身，没有带警卫员独自走了。直到黎明时分，邓小平才从毛泽东住地返回家中。邓小平告诉卓琳，主席问他20世纪30年代离开红七军到上海向中央汇报工作这一段的历史情况，他向主席详细讲了。主席批评了他派工作组的错误，他向主席表示接受批评。看到主席态度缓和，批评得并不严厉，邓小平感到相当的安慰。

这年夏天，骄阳似火，但"文化大革命"的"温度"似乎比自然界的温度更高。7月中旬，毛泽东打算离开北京，前往大江南北"视察文化大革命"。临行前，毛泽东召开了一次"中央文革小组"的"碰头会"，谈了自己此次出行的主要意图，并提出要再次在武汉畅游长江，同时处理武汉的"文化大革命"问题。周恩来为提前安排好毛泽东在武汉畅游长江和处理武汉问题等事宜，乘专机飞往武汉。

毛泽东、周恩来不在北京，这使得江青等人失去了制约，更加肆无忌惮地掀起一系列"批判"刘、邓的狂潮。7月19日，在"中央文革小组"策动下，想搞"揪斗"的"群众组织"把邓小平夫妇带到邓家住地旁边的怀仁堂，说有事情要问。然后，开始对邓小平家进行抄家。这些"群众组织"首先到邓小平的办公室、会客室，然后到卧室，翻来翻去，却什么也没有搜查出来。原来，邓小平办公有个习惯，处理文件都是当日事当日毕，看完批完就让秘书拿走，办公室内不留文件。他的办公室内确实干净简单，除了书籍之外，几乎什么也没有。造反派搜了半天，一点对他们有用的材料也没有找到，不免有些失望，便气鼓鼓地说："一点笔记都没有，这个总书记，也不知道是怎么当的！"

8月5日，为庆祝毛泽东《炮打司令部》的大字报发表一周年，谢富治和戚本禹进行煽动，建议造反派在天安门广场召开百万人的声讨批判大会。同一时间，分别在住地组织对刘少奇、邓小平、陶铸夫妇进行批斗。

中午，酷热难挨，一帮造反派气势汹汹地冲进邓小平夫妇所在的居室，说是要开批斗会，把邓小平押到院子里。"打倒中国第二号走资本主义道路的当权派邓小平！"等口号声响彻不断。"文革大员"们故意制造一种气氛，与天安门广场的大会相呼应。

63岁的邓小平由两个彪形大汉架着，他们用暴力迫使他弯腰低头，双臂后伸，在烈日暴晒下批斗了两个小时之久。

一个造反派吼道："邓小平，你老实交代，你和刘少奇是怎样镇压学生运动的？"

"我同意派工作组。"邓小平不卑不亢、神态自若地回答说，"因为当时学校很乱，没有别的办法，经过政治局常委决定派工作组。这件事，少奇同志有责任，我也有责任。但当时还意识不到这就是反动的资产阶级路线……"

"不准你诡辩！"一个造反派头目杀气腾腾地挥拳吼道，"我揭发你，你到今天还站在反动的资产阶级路线的顽固立场……"接着，造反派们声色俱厉地揭批邓小平所谓"反革命修正主义的滔天罪行"。

造反派们还在院内架上喇叭，把同时在天安门广场进行的批判大会实况放给邓小平听。批斗中，卓琳也被强行按下弯着腰。卓琳的眼镜让造反派给拿掉了，她低着头想看一下邓小平都看不清。批斗结束后，卓琳扶着邓小平走回屋里，看到邓小平脸色苍白，赶紧倒水让他喝，再扶着他躺下休息……

在邓小平被批斗的同时，刘少奇、陶铸在各自的院子里也遭受了同样的命运。刘少奇在批斗过程中，被造反派用小红书打得鼻青脸肿，鞋被踩掉，仅穿着袜子；陶铸的额头被打出了一个大包。

抄家批斗后，邓小平夫妇开始处于软禁状态。这时的邓小平沉默、无言，整天没有笑容，但也没有显露出过分的激动和绝望。这一时期，邓小平有时还被迫根据一些造反派的要求为他人写证明材料。看到自己的同志和战友受到不公正待遇，邓小平愤然又无奈，他只有用坦荡的直言为同志的清白作出证明。

9月13日，刘、邓、陶的子女们突然接到通知，要他们立即收拾行李，离开中南海，住到各自的学校。邓小平的5个子女在学校的处境都很艰难，不久，邓榕和邓质方被学校赶了出来，在这种情形下，有关方面安排他们到宣武门附近的两间屋子居住。奶奶夏伯根跟着孩子们来到这里，帮他们做饭，邓楠每月定时到中南海西门领取生活费。

屋子里条件十分简陋，生活用品一无所有，姐弟向公家借来床板和桌椅，买了煤炉。落难之中，他们有了这样一个家，已是不幸中的万幸了。一些同病相怜的"黑帮"子女经常跑来，躲避风雨。寒冷的冬季来了，屋子里似冰窖一般，无法抵御严寒，邓榕和邓质方守在家里，紧靠着煤炉取暖，竟数次煤气中毒，好在房子漏风，又发现得早，没出什么大事情。

好不容易在这里找一个家，然而，好景不长。一些造反派听说邓小平的"黑"家属住在这里，便纷纷不请自来。造反派来了，还能干什么？不是批判就是抄家。他们要打倒邓小平，找不到邓小平本人，正好拿他的子女出气。他们来了，不管什么时候，不管白天还是黑夜，随时随地想来就来。来了，就是辱骂和吼叫，翻箱倒柜，标语与大字报贴得到处都是，有时还动手推搡人，打碎窗上的玻璃。

这一时期，邓林、邓朴方和邓楠在学校里面对的也是造反派无休无止无穷无尽让他们进行的揭发和检查。暴力可以强行把子女从他们的父母身边赶走，但不能夺去子女对自己父母的深厚感情。与父母同住在一城，却不能相见，这是一种多么难以忍受的痛苦！邓小平的儿女们常常怀着痛苦的心情思念着父母，也对党和国家的命运忧伤不已。

随着批斗的深入,"揭发"邓小平的材料渐渐多了起来。1968年3月,中央建议在"贺龙专案组"内设一个分组,收存有关邓小平"问题"的材料。毛泽东批示:可以。林彪圈阅表示同意。5月,"邓小平专案组"正式成立。至于"邓小平专案组"为何设在"贺龙专案组"之内,至今还是一个谜,毕竟"文革"中太多的类似事情无法说清道明。

新成立的"邓小平专案组"立即紧锣密鼓地开始工作,他们用极大的"工作热情"到处搜罗批邓小平材料,并想出一个点子,让邓小平自己写一份历史自传。邓小平用15天的时间,在冷静之中,通过撰写《我的自述》细细回顾、思考和总结自己的一生。他清楚地记述了自己人生道路的每一步脚印,实事求是地回答了别人提出的每一个疑问和责难,对于自己的一生,不论功,只讲过。同时,像当时所有犯有"错误"的人一样,在回顾和"讲过"的同时,不得不再一次被迫违心地作出检讨。

在邓小平伏案撰写自传的同时,"邓小平专案组"也一点儿没闲着,他们开始起草一份关于邓小平"罪行"的"综合报告"。历时一个半月,九易其稿,有关邓小平"罪行"的"综合报告"初稿终于出笼了。7月25日,专案组全体成员到人民大会堂东大厅,专门向康生、黄永胜、吴法宪、叶群、李作鹏作详细汇报。之后,他们又连续作战,仔细从头研究修改,"综合报告"《党内另一个最大的走资本主义道路的当权派邓小平的主要罪行》定稿,计1.5万余字。

当"邓小平专案组"把这份来之不易的"成果"迅速上报由林彪集团控制的"中央专案组第二办公室"后,在康生、黄永胜、叶群、李作鹏、邱会作、张秀川等处传阅一圈。康生批示:"争取尽快送呈主席、林副主席和中央、中央文革各同志审阅。打印五十二份。"但"综合报告"最终被周恩来等同志"冷落"在办公桌上。

在"邓小平专案组"揭发邓小平"罪行"时,邓家长子、北京大学物理系学生邓朴方处于苦闷之中。一次,他偶然在校园里遇到同窗好友,就一同散步到颐和园的后湖。坐在山腰的树林里,喝了一通酒后,邓朴方直言道:"林彪、江青这样干是不会有好下场的,他们一定要垮台。也许要有很长的时间,国家怎么能经得起他们这样闹!"

邓朴方吐出的这番酒后真言，被北大的造反派聂元梓一伙所掌握。此时正值1968年"文革"中的"清理阶级队伍"阶段，邓朴方的言论被列为重大的阶级斗争新动向，受到聂元梓一伙的重点专案追查。他们把邓朴方秘密押在北大东门外一座灰色的大楼里，企图诱胁他说出更多类似酒后真言的言论，并把这些言论强加到邓小平、卓琳和其他老革命家身上，以便加重对邓小平等人的迫害。为达到罪恶目的，聂元梓等人不惜采用各种卑鄙手段，使邓朴方无法吃，无法睡，无法坐，无法立。在长达四个月的监禁中，邓朴方坚贞不屈，使造反派一无所获。他们加紧了对邓朴方的审讯和残酷迫害。

无法忍受的邓朴方，只能以死抗争。他在绝命书中写道："我无限忠于党，忠于毛主席。但是，由于我对文化大革命很不理解，特别是对我父亲的问题很不理解，在文化大革命中说了一些不该说的话。这些话涉及到无产阶级司令部核心秘密的事，这些不能扩散。现在造反派非要我讲（不可），我不能讲，在这种情况下，我实在无路可走了……"

写完绝命书，邓朴方利用上厕所的机会，推开一扇窗，从三层楼上一跃而下。他的身体在空中被一根铁丝于腰部拦了一下，之后翻了一个滚，背部先落地。嘭的一声，他的脊骨第1腰椎和第12胸椎骨折断了，下肢顿时失去了知觉，落下了终生残疾。

这年10月13日至31日，中共八届十二中全会（扩大）在北京召开。出席这次全会的人员共有133人，但其中中共第八届中央委员和候补委员仅有59人。就是在这种极不正常的情况下，全会通过了由江青、康生、谢富治等人凭伪证写成的《关于叛徒、内奸、工贼刘少奇罪行的审查报告》，决定把刘少奇永远开除党籍，撤销其党内外一切职务。在这次全会上，林彪、江青一伙还鼓噪要开除邓小平的党籍，但由于毛泽东的反对而未能得逞。

正因为毛泽东保留了邓小平的党籍，这让林彪、江青一伙心存揣测和不安。于是，他们指使"邓小平专案组"加紧进行工作。很快，专案组赶赴陕西、上海、安徽、江西、广西、湖北、四川、广东等10多个地方进行查证、审查或提审相关人员。仅赴广西小组的3人，在不到两个月里，就跑了4个地区、22个县，提审调查了200多人。当然，北京的也没闲着。

在调查中,"专案组"面对的时常是一些老同志、老将军。这些身经百战的老共产党员,对于"专案组"用心险恶的查讯,有的本着实事求是的精神予以回答,有的则干脆回避或不予理睬。

可以说,"专案组"的工作是相当卖力的。但是,在辛辛苦苦反反复复大量进行调查后,他们在给康生、黄永胜、吴法宪、叶群、李作鹏写的一份报告中,不无遗憾地说:"关于邓小平的历史问题,经反复查档、调查,到目前为止,除了入团、转党问题尚未找到直接人证,以及一些执行机会主义路线的问题外,还没有查到有被捕、叛变、通敌等重大问题的线索。"

1969年4月,中国共产党第九次全国代表大会在北京举行。中共九大代表由少数人酝酿"协商"产生,甚至个别非党员也成了代表。当时,省、直辖市、自治区一级党委和基层党的组织都不能正常工作或者根本没有恢复,相当多的八届中共中央委员仍被审查,甚至被监禁。

在中共九大上,林彪代表中共中央向大会作《政治报告》。报告把"无产阶级专政下继续革命的理论"作为社会主义革命的指导思想和"文化大革命"的理论依据肯定下来,使"文化大革命"的错误理论更加系统和完整。报告把党的全部历史归结为两条路线斗争的历史,虚构了一个根本不存在的所谓以刘少奇为头子的"资产阶级司令部"……

大会通过了新的党章。在九大通过的新党章中,还破天荒地写上了关于确立林彪作为毛泽东的"接班人"的一段话。

会后,召开九届一中全会,会上选举了党的中央机构。毛泽东为中央委员会主席,林彪为副主席,"文革"先锋江青、张春桥、姚文元、陈伯达、康生、谢富治,以及林彪死党黄永胜、李作鹏、邱会作、吴法宪、叶群等林、江两大集团的骨干和亲信,占据了政治局半数以上的席位,在中央领导机构中名正言顺地执掌了大权。

中共九大的召开,邓小平是从报纸上的新闻报道中知道的。虽然邓小平再一次被确定为"党内第二号最大的走资本主义道路的当权派",被撤销党内外一切职务,但却没有开除他的党籍。以40多年的政治经验,邓小平深知这一处理的重要性,也深知其中必有玄奥。他心想,只要没有开除党籍,就留有余地,就存在着今后恢复工作、为人民服务的可能性。

随着知识青年上山下乡运动的开展，邓小平的子女们同千千万万知识青年一样，离开城市，到农村参加劳动。除大女儿邓林在中央美院毕业，未被分配工作，仍被迫留在学校没完没了地交代父亲的"罪行"外，邓楠、邓榕、邓质方分别去了陕西、山西的山村插队劳动。于是，邓家就这样被"文革"的狂风恶浪冲得四散飘零。

> 以中苏边境局势紧张为由，林彪签署"第一号令"而实行"战备疏散"。于是，邓小平被遣散到个人革命生涯中第一次起落所发生的地方江西。

1969年3月，苏联军队数次侵入中国黑龙江省的珍宝岛地区，打死打伤中国人民解放军边防部队指战员，制造了严重流血事件。中国边防部队被迫还击。中国外交部三次向苏联政府提出强烈抗议。这一边境武装冲突事件，加重了党内存在的关于国际形势日益严重、世界大战不可避免的估计。3月15日，毛泽东在中央文革小组碰头会上着重谈了准备打仗的问题。由此开始，在全国范围内，各方面进行了大规模的战备工作。

10月17日，林彪作出《关于加强战备，防止敌人突然袭击的紧急指示》，要求全军进入紧急战备状态，抓紧武器的生产，指挥班子进入战时指挥位置等。18日，中国人民解放军总参谋长黄永胜等将此作为"林副主席第一号令"下达，解放军陆海空三军进入紧急战备状态。

为配合战备需要，中央决定把一些中央领导同志从北京疏散到外地。朱德、董必武被疏散到广东，叶剑英被疏散到湖南，陈云、王震等被疏散到江西，聂荣臻、陈毅等被疏散到河北。被打成"党内头号走资本主义道路的当权派"的刘少奇重病在身，早在7月9日医生会诊他的病情时就提出："现病人的情况处于十危重的状态，随时可能发生意外。"但刘少奇仍是转移的重中之重，就在林彪发令的当天晚上，刘少奇就被用担架抬上飞机，送到河南开封一个壁垒森严的天井院中，并有一个排的武装部队看押这个奄奄一息的老人。20多天后，即11月12日，刘少奇含冤而逝。

被打成"党内第二号走资本主义道路的当权派"的邓小平要被送往江西南昌，被打成"党内第三号走资本主义道路的当权派"的陶铸要被送到安徽合肥。其实，林彪发布"第一号令"的用心是险恶的。聂荣臻元帅曾说："实质上这是林彪进行政变的一次预演……以备战为名，把军队的老同志赶出北京，为他篡党夺权扫除障碍。"

据当时的中央办公厅主任汪东兴回忆，毛泽东曾对他指示："要把陈云、王震他们放在交通沿线，来去方便。"毛泽东说："万一打起仗来，要找的时候，我还离不了这些人呢。这些人还用得着，我还要他们呢。"在紧张的战备气氛中，要准备打仗，中央安排疏散，毛泽东也要到外地去。周恩来报告毛泽东，想让汪东兴留下，帮助做疏散工作。毛泽东批准汪东兴留下10天。这样，和邓小平等谈话的工作，就落在汪东兴身上。

10月的一天，汪东兴带着中央办公厅副主任王良恩来到邓小平家。汪东兴告诉邓小平，由于战备需要，中央决定将一些人员疏散到外地，安排邓小平夫妇去江西，去江西后还准备安排他们去工厂劳动锻炼。听到疏散的消息，邓小平感到很突然，他想了一下，向汪东兴提出，他的继母夏伯根自从被撵出中南海后一直住在外面，年纪大了，独自一人无人照看，想带她一起去江西。对于这个请求，汪东兴当即表示同意。最后，邓小平说，以前主席说过，有事情找你，到江西后是不是还可以给你写信？汪东兴表示可以。

于是，邓小平夫妇心里踏实多了，加紧准备离京事宜。他们不知道，为了安排好他们的江西之行，老战友周恩来正亲自进行着详细的部署和周密的安排。

10月18日上午8点，江西省革委会核心领导小组办公室的电话铃响起，办公室主任程惠远拿起听筒，一听是周恩来总理的声音："邓小平夫妇二人也要到你们那去……主席在九大上不是说过吗，邓小平的问题和别人不同。他下去是先到农村锻炼下。当然这些人也不能当全劳力了，也是六十多岁了，身体也不太好。

第十章 浩劫蒙难

下去一段再上来。收房费也适当照顾点。"

程惠远不敢怠慢，稍作准备，即向离南昌350多公里的婺源县奔去，向正在这里下乡的江西省革命委员会主任、省军区政委程世清汇报。

当天晚上，在下榻的景德镇招待所，程惠远又接到一个非比寻常的电话，电话传达了林彪下达的"第一号令"，并指示，从北京疏散下来的"走资派"，在江西接受监督劳动，不日即到江西。

两个电话，两种精神，程惠远哪敢再事休息，遂星夜兼程赶到婺源县，向程世清汇报了一切。

程世清对林彪的拥戴，在当时是出了名的，他写的《到林彪副主席家里作客》一文极尽能事地讴歌了林彪俭朴的生活。他斗胆在《伟大会师》的油画上让林彪取代朱德，作为第二号人物与毛泽东会师。程世清的所作所为赢得了林彪的信任和重用。

正是考虑到程世清同林彪的这层关系，周恩来才抢先一步打来电话，并特意加上一句："主席在九大上不是说过吗，邓小平的问题和别人不同。"周恩来的目的很明确，就是先和程世清打个招呼，使其不敢肆意地对邓小平夫妇施加迫害。

周恩来的这一着果然见效，聪明的程世清很快表示："我们坚决拥护中央的这一英明决定，坚决贯彻落实总理指示，欢迎陈云、王震同志以及邓小平夫妇来江西蹲点、劳动。他们什么时候来都可以，来了之后先安排在滨江招待所，然后将邓小平夫妇安置到赣州去。至于陈云、王震到什么地方，可同他们俩做具体商量后再定。不管他们住在哪儿，我们都负责装上暖气……我们一定保证他们人身安全，不准造反派和红卫兵冲击揪斗他们……"

周恩来原则上同意江西的安排，但对邓小平去赣州有不同意见。周恩来认为赣州远离南昌，交通不便，条件较差，因此建议把邓小平安排在南昌郊区。至于住房，他提出，让邓小平住一幢两层楼，楼上他们夫妇住，楼下工作人员住，最好是独家独院，能散散步，又比较安全。

根据周恩来的指示，程世清与有关部门商定，将邓小平夫妇安排在南昌附近的新建县拖拉机修造厂劳动，住在工厂附近的望城岗原福州军区南昌步兵学校（现改为陆军步兵学院）的一幢两层楼里。

邓小平的继母夏伯根（左）和卓琳在一起

对于江西，邓小平并不陌生。他革命生涯中的第一次起落就发生在中央革命根据地时期的江西，并一直延续到红军二万五千里长征时。直到遵义会议前夕，他才得以重新走上领导岗位。在即将离开北京、前往江西的时候，邓小平给汪东兴写了一封信。信中表示接受中央对他的处理，重申对中央和主席做出的保证，以一个普通党员和公民的身份，尽力工作和劳动，并希望将此信转报主席和党中央。

邓小平知道，这次离开北京，虽然算是结束了被囚禁的状态，但在千里之外的江西，与中央和毛泽东的距离就远了。离开北京之前，他写信给汪东兴表明自己的态度，是要通过汪东兴将信息传递给毛泽东。正如邓小平所愿，汪东兴转呈了毛泽东，而且毛泽东也看到了邓小平这封信。

10月22日清晨，从中南海驶出一辆吉普车，风驰电掣般向机场驶去。车上坐着三位老人与一位姑娘，这就是邓小平夫妇与邓小平的继母夏伯根，还有一位是邓家长女邓林。他们都靠在座位上一言不发，路边一条条"打倒'刘邓'黑司令部"之类的标语映入眼帘，他们仿佛没有看到。

机场到了，三位老人分别在邓林的搀扶下从吉普车里出来。这是一个不大的

第十章 浩劫蒙难

军用机场，上面停着一架机号为 3287 的老式伊尔 –14 型军用飞机。到了分别的时候了，邓林望着父亲、母亲和奶奶三人从一个临时架上的简陋的舷梯上了飞机。邓小平到了飞机舱口，回首望了望，似乎是想再看一下北京。但在视线之内，除了一个空旷的机场，什么也看不见，他回头即进了舱门。

飞机起飞了，穿过翻滚的乌云，向着南方飞去。邓小平坐飞机的次数数不清了，作为总书记，他总是到处奔波。但这次坐飞机，他的身份很特殊。透过机舱的舷窗，望着变幻莫测的云团，邓小平心里不禁感慨万千。

此时的卓琳同夏伯根坐在一起絮絮细语，她们心中最不放心的是长子邓朴方。大凡父母，总是把更多的爱献给不幸的子女，卓琳一想到病卧在 301 医院的儿子大小便失禁无人照看，生活无着落，便心如刀割，愁泪涟涟。老大邓林在大学毕业后还未分配工作，不知是否还要被迫没完没了地交代父亲所谓的"罪行"。邓楠、邓榕、邓质方也受父亲问题的牵连，尚未成年便下放到边远的陕西、山西农村，连信也没写一封。真是剪不断、理还乱的离愁别绪啊！

邓小平此刻则似乎没有陷在儿女情长之中。他将目光收回后，闭目沉思着，考虑这场"文化大革命"到底起什么作用，毛主席为什么要发动这么一场破坏力如此大的运动。他暂时不理解，需要深一步地考虑，这是关系到党和国家的前途命运的大事。

经过几个小时的飞行，飞机徐徐降落在南昌向塘机场。三位老人顶着深秋的寒风走下舷梯。邓小平走下飞机，坦然地再次踏上江西这块土地。在这块土地上，他已经经历了一个起落，那是近 40 年前的事了。40 年后，他更加成熟了，还会怕那些风风雨雨和惊涛骇浪吗？

身着解放军军装的江西省革委会核心领导小组办公室的秘书们早已恭候在机场，见邓小平走下飞机，便把小汽车开到舷梯旁，同北京来的、在飞机上负责安全的解放军讲了几句话，请邓小平等人上车。这时的南昌大街小巷还残留着造反派搞武斗的痕迹，这个曾经向国民党反动派打响第一枪的革命历史名城如今被乌烟瘴气笼罩着。透过车窗，邓小平看见大道两旁层层叠叠的大字报，只见自己的名字被惯用的符号涂抹着。他无奈地笑了笑。

小汽车在江西省委第一招待所停下，工作人员将邓小平一行安排在招待所二楼的一个套间里休息。在这里，邓小平住了3天。

不多久，江西省革委会选派黄文华为邓小平的管理秘书。他在省革委会核心领导小组秘书赵子昌的陪同下，来到省委第一招待所二楼和邓小平夫妇见面。赵子昌向邓小平介绍："这就是省里派来的管理秘书黄文华，以后一切生产劳动、学习材料、生活上的事情都由他负责。"邓小平望了望这个省军区干事，没有任何表情。黄文华第一次看清，这位号称"全国第二号走资派"的人，沉默中有一种令人猜不透的力量。

三天后，邓小平一行乘车离开省委第一招待所，车很快进入八一大道。这条马路在当时仅次于北京的长安街，这种气魄曾引起了广泛的争议。邓小平在车上打量着这么宽阔的大道，大道两边同样被大字标语装饰着，自己的姓名不是倒写着，便是打着红叉。

车出八一大道驶上八一大桥。黄文华向邓小平介绍："这就是八一大桥，桥下是赣江，赣江流向鄱阳湖，我们住的地方距离这里约有8公里。"

邓小平点了点头，没有说话。他当然知道这条江，30多年前，他同红军一道，跨过这条江。他更欣赏鄱阳湖，这是中国第一大淡水湖泊，她的胸怀是那么宽阔，容得下长江的奔流。

车经长凌，来到望城岗。因此处地势略高，可看见南昌城的轮廓，由此得名。在望城岗的旁边便是原福州军区南昌步兵学校。此地原是江西省的最高学府旧中正大学的校址。这个步兵学校的校长徐光友少将，原在省里支左。程世清来后，他便调走了，他的住房被称为"将军楼"。

车在学校的大门前停了下来。黄文华跳下车，同执勤的解放军战士简短交涉后，车开进学校。顺着一条梧桐夹道的沙石马路，绕过学校办公大楼，沿着红壤夹着石子的小路走上一个小丘，即可看到一圈比人还高的绿色冬青树环绕而成的院墙，冬青树内还有一排竹篱，是一处幽静怡人的地方。清洁的水泥路面，不见枯叶，路边是修剪得很整齐的绿树和草坪，校舍掩映在绿树丛中，红墙绿瓦时隐时现，蝉鸣鸟语，自得其所。

卓琳见了这般景象，心中略为舒展。

进了"将军楼"的院子，邓小平一行下了车。他们开始打量这幢新居。这是

第十章 浩劫蒙难

一幢两层楼房，楼下除大厅之外，两边只有两个单间。院子是用篱笆围起来的，院内种满了梧桐和各种花草，同城市的喧闹形成鲜明的对比。

按照黄文华的安排，邓小平夫妇和夏伯根住在右边楼上3间房子，邓小平夫妇住在一个套间，里面住人，外面为会客室。夏伯根住在靠着卫生间的后屋。黄文华自己住在楼下靠右边的房间，正对着上面邓小平夫妇的房间。黄文华的房间装着一部电话，有什么情况随时可向上级报告。黄文华的左侧的房间是解放军战士贺福柱的卧室，他的任务是负责代邓小平夫妇到望城岗买菜。邓小平夫妇由于特殊的身份，上街是不准许的。

三位老人住下后，就各自的情况做了一些生活分工。邓小平虽已65岁了，却是唯一的"壮丁"，重一些的活儿全由他做，如拖地板、劈木柴、砸煤块等。卓琳年龄最"小"，只有53岁，但却患有严重的高血压和心脏病，轻活细活就由她做，如扫地、擦桌、洗衣、缝纫。夏伯根虽已年近七十，但她惯于操劳，身体尚好，且最善做饭，因此生火、做饭和与厨房有关的各类事务，均由她全权负责。三位老人相互体贴，相互照顾，相濡以沫，互敬互爱，把羁旅生活过得充实又充满了生命力。

经过一夜的休息，迎来了监护生活的第一个黎明。这天一早，曙光初照，邓小平被院内欢唱的小鸟所唤醒。他珍惜这充满活力的早晨，尽管仍很疲倦，还是一下子从床上坐起，披衣走出楼房。院内空气湿润，楼前4株月桂散发出阵阵清香，花朵在晨光中摇曳，小鸟在树枝上快活地跳来跳去，蝉儿耐不得寂寞，一声声鸣唱着。邓小平舒动筋骨，迈开大步，在庭院散起步来，园子毕竟太小，邓小平想到外面走走，到院门，见外面还有两名解放军战士站岗。解放军战士见状，警惕地看着他，身后传来"不准出去"的声音。邓小平心中一震，这才清楚此刻自己是被监护着。也罢，他索性在院内走个痛快。

从这天起，邓小平开始了他三年多流放在江西监护劳动的生活。从此，一个小厂、一座小院同一位伟人联系上了。

每当夜深人静，那纷至沓来的不平与痛苦，诸如个人的灾难、家庭的变故、人民的不幸、国家的动乱，一桩桩、一件件，不停地在邓小平脑海中翻腾，使他难以安眠。邓小平刚进"将军楼"，就提出睡眠不好，要黄文华弄点眠尔通（也

295

称"安定")、非那根(一般指盐酸异丙嗪)之类的安眠药,以助睡眠。他不仅晚上睡觉,就是午休,也要靠安眠药,药量还较大。黄文华一度很不放心,生怕有意外。后来,黄文华采取了一个办法,药片由他保管,按顿送,并要邓小平当他的面服药……

> 新来的"工人老师傅"竟然是所在小厂厂长20多年前的老首长。由于他的劳动态度、钳工技术和平易近人,工人们很快对他熟悉起来,亲切起来。

邓小平住进"将军楼"后,花了四五天时间安排家务,一切大体就绪,生活开始正常了。每天,战士贺福柱到望城岗买青菜、大蒜、韭菜、辣椒等蔬菜。夏伯根每天在厨房做饭、炒菜,饭菜自然完全是四川口味,三个老人吃得可口满意。

一天,邓小平急切地向黄文华提出要到工厂去参加劳动。黄文华见邓小平执意要提前去厂里劳动,便说:"这两天天气不好,如果明天不下雨,明天就去劳动,你看行不行?""行!行!"邓小平连连回答,并进一步问,"明天什么时候去?"黄文华考虑了一下,说:"明天上午8点钟吧。工人是7点半钟进车间,我们就8点钟吧。"

其实,在安顿好邓小平夫妇的住所之后,江西省革委会副主任陈昌奉以及办公室主任程惠远便专程到新建县拖拉机修造厂,向厂革委会主任、党总支书记罗朋布置任务。陈昌奉曾给中央领导人做过警卫,深知在这种情况下首要的是安全。因此,到了厂里他便开门见山、加重语气地对罗朋说:"你是厂里的主要负责人,现在省革委会经过研究决定,把重要任务交给你们厂。"

"什么任务?"罗朋当即紧张起来。陈昌奉说:"中央决定把党内第二号走资本主义道路的当权派邓小平派到江西劳动。省革委会决定把他安排在你们厂。具体任务有三项——一是确保安全，不是99%，而是100%的安全。他进了厂区，由你们负责；如果在厂里出了事，首先唯你是问。二是车间的劳动由你们安排，每天三四个小时。三是关于如何对待问题，中央对他未作什么决定。至于称呼，既不能叫同志，也不宜叫名字，就叫老邓。"

事有凑巧，罗朋竟是20多年前邓小平的老部下。他1945年曾在晋冀鲁豫军区任政治部教育科副科长，多次聆听过邓小平的报告，对这位首长留有深刻的印象，并油然而生崇敬之情。他万万没有想到相隔二十几年后与老首长会在这里重逢，而且是在这样的境遇中相逢。他绝不相信在硝烟弥漫的战场上出生入死、为社会主义建设呕心沥血的老首长会反党，会走资本主义道路。罗朋下决心要保护和照顾邓小平夫妇，不管将来如何，在他管辖的这个范围内，在这段时间，要保证首长的安全并尽可能不使之受到任何冲击和刺激。

11月9日清晨，邓小平夫妇早早起来，吃过早饭后，一起出发去工厂劳动。为了方便劳动，到江西后，他们让黄文华帮忙，为每人准备了一套蓝涤卡工装。他们身着工装，脚穿黄色军用胶鞋，完全像两位老工人师傅，不注意的话，谁也不会发现这是曾担任中共中央总书记、国务院副总理的邓小平和夫人。

邓小平夫妇在黄文华的警卫下，从"将军楼"出发，沿着红壤夹着石子的山坡路往下走，绕过步兵学校的办公大楼，再沿着梧桐夹道的沙石马路走出步兵学校大门，便是通往南昌市的公路，约莫走两公里再向左拐两百米许，就进入厂区。

邓小平环顾四周，感到有一种和街上别样的环境。这是个小厂，路面干干净净，厂房的四周并没有想象中的大字报。邓小平和卓琳相互对视着。原来罗朋在邓小平到来之前已经和其他厂领导商量决定，要以大扫除的名义把厂房内外、各个车间内外，有关打倒邓小平的标语全部撕掉、洗净，有的洗不掉的用石灰水刷，为的是不让邓小平受刺激。而且罗朋规定，任何人不准在厂里喊"打倒邓小平"之类的口号。

邓小平一行来到位于厂房大门右侧的党总支办公室。罗朋一见，赶忙起身，眼前这位"老师傅"不就是自己当年的首长吗？于是他热情地招呼邓小平夫妇就座，倒茶递烟，简单地介绍厂里的情况。罗朋说："这是一个小厂子，只有80多个人，任务是修理农机配件，生产还蛮好的，工人干劲蛮大。"罗朋讲到这里用手指了指对面的一间空房子说:"这间屋子原来是办公室,现在专门腾出来给你们俩用,将来劳动累了,或者遇到不舒服的时候,就到这间屋子休息一下,有什么事可以及时与我联系。"

随后,罗朋悄悄告诉邓小平:"我在晋冀鲁豫军区工作过,曾是你的部下。"言下之意,他对邓小平仍怀有部下对老首长的敬仰之情,请他放心。邓小平听了以后微微地点头,脸上露出了不易被人察觉的微笑。邓小平问:"这个厂有没有红卫兵?"罗朋告诉他:"厂内老工人多,一心搞生产,没有红卫兵。工人们都很本分。你放心。"

邓小平所在的修理车间负责人姓陶名端缙,是厂党总支委员。像当时不少工厂那样,这里按部队的连、排编制,车间主任就称排长。陶排长厚道直爽,人很和气又很心细。早在邓小平夫妇到厂劳动之前,罗朋就对陶排长说:"老邓到我们厂来劳动,我们这里劳动条件和安全条件都差,你在车间是直接管理的,一定要认真负责,每个人的思想工作都要做好,这对保护老邓有利。你一定要处处关照老邓,政治上设法消除他精神上的压力,生活上尽力让他觉得方便。你千万不要出差错,一定要知道坏人还是有的,出了差错你我都要受处分不说,而保护老邓的事情就要受挫折。"

邓小平来了,引起了工人群众极大的关心。过去,他们仅仅从电影、图片、报纸上见过邓小平,当年的邓小平总是同毛主席、周总理等党和国家领导人在一起,出席重大会议,会见外宾,发表重要讲话,制定重大国策。在这个小厂中,人们很少有机会外出,更难以有人上北京,他们把亲眼见到邓小平这样的大人物视为人生的一大幸事。工人们仔细打量研究邓小平,想从他的身上看出他不凡之处。

一头整齐的短发,一双有神的眼睛,脸上挂着淡淡的笑容,身材不高,腰挺直,穿着普通工作服的邓小平蕴含着一种特有的气质。陶端缙见邓小平夫妇来了,赶忙放下手中的活,用棉纱擦拭手上的油污,三步并作两步跑上前来。罗朋在旁作介绍,邓小平同陶排长握手。

之后,陶排长搓着那双粗糙的大手,讷讷地说:"我们修理车间有四个班,其中三个修理班,一个电工班,我们根据厂里的安排,先让你清洗零件。现在可以说进入冬天了,可能有些冷,你先试试,不行再说。"邓小平略略点头,表示同意。这时，工人师傅们纷纷围了上来，那温暖信任的目光融化着邓小平心中的寒冰。

陶端缙把卓琳分配到电工班，这个班女工多，卓琳显得十分高兴。在电工班，有一位叫程红杏的年轻女工，热情地招呼卓琳坐下，比画着告诉她如何拆线圈、如何洗线圈。

邓小平卷起袖子，按照工人师傅的指点，把要擦洗的零件放进盆里泡上，便蹲下来清洗起来。他干得非常认真。大约过了半个小时，他感到两腿发麻，想站起来走一走，但却直不起身来。一直在关注他的陶排长马上过来扶起他，让他坐在椅子上休息。陶端缙心里埋怨自己，老人不宜久蹲，自己怎么会没想到呢？

不久，陶排长用探询的口气问："老邓，你的眼睛怎么样？"邓小平不知什么意思，随口答道："行，还行。"陶排长是想照顾邓小平，让他只看看图纸，所以高兴地说："你看图纸行吗？今后只要看看图纸就行了。"邓小平却为难了，说眼睛还行是相对而言的，图纸怎么能看呢？于是他说："恐怕不行，线太细，看不清楚。"

陶端缙在心里盘算后，又想出了一个活，但又没把握，就试探着问："老邓，让你锉零件怎么样？""这个要得，锉刀活，可以出出汗。"邓小平十分高兴。

于是，陶端缙给邓小平准备了一个工作台、一个工具柜，邓小平坐在工作台前，熟练地拿起一把锉刀，有板有眼地锉起零件来。

陶排长本来有点担心，这是个技术活，老邓行吗？但他看老邓锉了几下后，马上放心了，邓小平那一招一式，足有四五级工的水平。他不禁赞叹："老邓，你的锉刀活蛮结棍，真有功夫。"邓小平听不懂他的话，忙把耳朵侧过来问："你讲啥子呀？"

陶端缙笑了，说："我们新建县人说蛮结棍就是蛮不错的意思，我是讲你的钳工手艺很好。"邓小平笑了笑，低头继续锉了起来。

说起来，邓小平干钳工，已经是 40 多年前的事了。1925 年，在法国的雷诺汽车厂，邓小平从学徒做起，成长为一名技术熟练的钳工。当时他已经走上革命的道路，怎么也不会想到，钳工手艺在 40 多年后还能派上用场。

尽管罗朋在全厂大会上宣布，不许把邓小平来厂的消息透露给任何人，包括

邓小平

新建县拖拉机修造厂的钳工台

家人，并成立了安全保卫小组，还派了一名老党员把门，以防造反派来闹事，但是造反派也在千方百计地打听邓小平的下落。一天，有几个人在厂子周围转来转去，鬼鬼祟祟地问工人："听说邓小平在你们厂劳动？"工人回答说："不知道。"工人的敏感性很强，回厂后马上把这一情况向罗朋汇报。罗朋立即召开厂保卫小组会议，说："最近有些来历不明的人在打听老邓的下落，要提高警惕。绝对保证老邓的安全，这是总理的指示，要把它作为政治任务不折不扣地执行。保卫小组的人回去一定要告诉工人，不管什么人问老邓的下落，一句话，不知道。这是一条纪律，任何人不得违反。"

但是，要做到绝对保密是很难的，尤其是对当地的造反派保密就更困难了。再说在那个造反派可以横行无阻的年代，很多规定对他们来说都形同虚设，说砸烂就砸烂，说推翻就推翻。有一天，厂门口突然开来几辆大汽车，车上站着耀武扬威的造反派。领头的跳下车，气势汹汹地说："我们要见邓小平！"

"你们不能进！"把门的老党员站在车前理直气壮地说。"你算老几？邓小平是全国第二号走资派，你们还要保他，你们的立场站到哪里去了！"造反派头头不可一世地说。

造反派与工厂门卫"短兵相接"的情况,有人很快报告了罗朋。他闻讯赶来,斩钉截铁地说:"没有江西省革委会核心领导小组和省革委会保卫部的指示,任何单位的汽车都不能进厂。""你们这是包庇刘邓资产阶级司令部,是严重地丧失立场!"造反派有恃无恐地吼叫着。但罗朋毫不退让,造反派最终还是灰溜溜地走了。

从北京来到江西,从中南海来到新建,尽管邓小平对任何境遇都能采取达观的态度,但这毕竟是陌生之地,一开始他很少说话,但渐渐地他感受到了温暖,感受到了工人的忠厚和善良。邓小平和工人相处得十分融洽。工人生活上的困难敢向他反映,年轻人对国际形势中不解的问题敢向他提出,邓小平自己有什么解决不了的问题也找陶排长。在工人眼中,邓小平是个和蔼可亲的长者;在邓小平心目中,工人师傅是他在危难中可以依靠的朋友。

邓小平把劳动当作可以锻炼身体的途径。到车间后,他总是很有礼貌地与工人打招呼,之后就埋头干活。虽然劳动强度不是很大,但他经常干得满头大汗。毕竟是近70岁的老人了,师傅们劝他休息,他说:"出出汗好!"工人看到他这样,很是同情,也更加尊重,因此处处关心他的安全,尽量为他提供方便。

为了确保邓小平劳动的安全,陶端缙每天都要提前20分钟来、晚20分钟走,为的是把邓小平工作台的周围检查一遍。他说:"万一有人安放炸弹,就先把我炸死。"

邓小平的活干得精到,但是他觉得自己还是手生了,因此在劳动中非常注意向工人学习,钳工技术也在工人的帮助下日臻完善。一次,车间分配邓小平修理拖拉机的花键轴。花键轴上面有六个瓣,有套子,不标准,老对不上,加上没有间隙,邓小平锉了很久,累得满头是汗,还是对不上。工人梁永刚发现了,便走上前来告诉邓小平应该怎么锉,并锉了一个给他看,结果套上去试了一下,对上了。邓小平说:"好!我来试试。"后来,他干起来顺当多了,速度也快多了。他高兴地说:"还是熟能生巧。"

随着时间的推移,邓小平的钳工技艺愈加熟练。每当看到自己的劳动成果,邓小平就会露出会心的微笑。

邓小平曾和厂技术员余克钧一起,进行一种名叫丝攻绞手的工具夹的试制工作。在试制过程中，余克钧在做完丝攻绞手的主体毛坯活后，便交给邓小平过目，请老邓指出哪里不合格，哪里需要返工。邓小平和余克钧配合默契，经过两周的苦战，一种新的工具夹终于试制成功了。这个工具夹由一个绞手主体、两个X型夹块和两个手柄组成，全部利用废角料加工而成。使用这种工具夹，可以成倍提高加工零件的工效。当工人师傅们纷纷前来祝贺时，邓小平把余克钧推到前面说："这都是小余的点子，应该表扬他。"

每天，邓小平夫妇在黄文华的引导下，步行到拖拉机修造厂。尽管有公路相通，但是要绕一个弯，多走一些路。而且公路上人来车往，邓小平夫妇每天上下班，总是不太安全。这件事让罗朋犯了难。怎么办？派车不可能，别说厂里没有小车，有车的话也不能天天接送，这样被造反派知道了，小报告打上去，对工厂对邓小平都不利。天天派人护送也不行，这样更引人注目。可是没有小路怎么办？突然，罗朋的眼睛一亮，对！自己来修一条。

罗朋找来陶端缙，搬来一个梯子，架在厂区的围墙上。罗朋上了梯子，向步兵学校方向看去，中间是一片山坡，还有几块耕地。他发现，如果从围墙上开一个小门，然后修一条小路直通步兵学校的话，路程会短得多。

说干就干，罗朋和工人们拆开围墙的一个口子，安了小门，门上配了锁。然后，又沿围墙西侧的山坡修了一条小道，直通步兵学校大门。工人们铲除荆棘，平整地面，加宽田埂，整整干了一个星期，修了一条一公里多长的小路。

路修好后，罗朋和陶端缙试走了两次，每次约莫20分钟，比走大路近了不少，他们放心了。于是，邓小平夫妇不用再绕弯子从工厂大门进了，每天早晨7点45分，他们准时踏上这条小路去上班，中午11点半又准时从这条小路回家，风雨无阻。

不久，两位老人的脚步就把这条路踩得结结实实。工人们把它称为"邓小平小道"。

一天中午下班时，邓小平走在小路上不慎绊了一下，跌了一跤。黄文华尚未来得及扶上一把，邓小平便自己爬了起来，拍去身上的泥土，倔强地一瘸一拐地走回家去。第二天，车间的工人敏锐地发现邓小平没有来上班，意识到一定是出了什么事，后来工人们才知道他在小道上摔了一跤，跌得不轻。陶端缙知道后，

第十章 浩劫蒙难

马上带领工人把小路又修了一遍，尤其对不平的地段进行平整，他们不希望邓小平再有什么闪失。

工人们把对邓小平的敬爱，都化作默默的行动。上厕所这样的小事，他们也注意到了。

车间离厕所有一段路，邓小平去上厕所时，工人们不放心，每次要派两个人当"保镖"。一次两次不算什么，时间长了，就觉得有点别扭。邓小平在前面走，后面跟了两个人，像押犯人似的。陶端缙想出一个办法，为老邓专门修一个小便池。

很快，在车间的墙边垒了一道小墙，砌好了一个小便池，离邓小平的工作台只有60米左右。为了保证便池的卫生，车间还安排了工人每天提水冲洗。

失眠是痛苦的，邓小平每天靠安眠药入睡。1970年1月1日，邓小平向黄文华宣布了自己的决定："从今天开始，我不再服用安眠药了。"

这是需要毅力的，但邓小平确实做到了。在停药的同时，他加强了锻炼。每天上午，他要步行到工厂去，一个来回约走5000步。午睡起床后，他要在院子里再走5000步。

每天1万步，持之以恒。每当家人看到他微低着头，挺起胸膛，迈着大步轻快地走路时，总会感到有一种力量在激励着。一天，他刚刚走完5000步，步履轻盈地走上台阶，黄文华正好站在台阶上。他看邓小平心情不错，便问道："老邓，你来江西劳动几个月了，身体坚持得了吗？"

邓小平轻轻抹了一把额头上的汗，兴冲冲地说："先作一个5年计划，不行再加5年。"他做了一个扩胸动作，接着说："估计我这个身体坚持10年还是可以的，绝不是下乡镀金，要长期劳动下去嘛！"

说完，他哈哈大笑起来，笑声是那么爽朗。

> 为了养家糊口,三位老人只得在所住的院子里开荒种菜,自力更生。在无助的岁月里,浓浓的亲情、友情,诠释着一种崇高而朴素的爱。

邓小平到江西后不久,一家的经济生活发生变故——工资停发,改发生活费,其余部分由中央办公厅财经处代为保管。邓小平属行政2级,每月工资在刚来江西时仍与被打倒前一样404元,卓琳属12级,每月120元,每月合计524元。但到1970年1月起改发生活费,并规定邓小平的标准为120元,卓琳60元,夏伯根25元,合计205元,一下子降了一半多。

根据多次政治运动的经验,一个人在政治上错误的升级必然同经济发生某些联系,而经济上制裁又证明着政治问题的升级。卓琳接到这份工资单,心情最为沉重,一方面担心邓小平的问题升级,一方面为经济上的损失而一筹莫展。全家就靠这工资生活,远在贫瘠地方插队的子女也需要父母的帮助,老大邓林大学毕业,尚未分配工作也需要家里寄生活费。

看到卓琳一脸愁容,黄文华也有些着急,这一家子的情况他也清楚。为此,他专门跑了一次南昌,从江西省革委会核心领导小组办公室秘书组组长赵子昌处了解到,只是由工资改发为生活费,并不是政治问题的升级。他把这个意思转告卓琳后,卓琳轻松了许多。而邓小平就像不知道发生了这件事似的,毫无表情,不为所动,以不变的心绪对付社会上的万千变化。

从这以后,邓小平一家的生活水准明显降低了。邓小平原来爱抽的"熊猫"牌烟不抽了,改抽"前门"牌烟,爱喝的酒也降级了,改喝普通米酒,有时甚至自己酿酒。

有一次,卓琳对很要好的工友程红杏说:"你能不能搞到好酒药?"程红杏说:"行。"于是,她帮卓琳买来上海酒药。卓琳悄悄地对程红杏说:"老爷子爱米酒。"程红杏又问:"糯米有吗?"卓琳摇摇头。于是,程红杏又帮着买来糯米,并传授酿酒的要领。没过多久,卓琳就能酿得一手好米酒,邓小平很爱喝。

有一回,程红杏到"将军楼"去看卓琳,正好看到夏伯根要把一碗菜汤倒掉。邓小平发现了,拦住老太太。老太太嘟囔了一句:"馊了,还不倒掉?!"程红杏凑上去闻闻,味道确实不好了。邓小平却笑了笑,说:"煮开一下,还能吃。"

一天早晨,邓小平到厂里来上班时,手里拿了一个脸盆。到了车间,他找到陶端缙说:"陶排长,我这个脸盆底漏了,请你帮助焊一下。"陶端缙接过脸盆一看,呀,脸盆底看起来早就漏了,用一个棉花球堵起来了,棉花已被铁锈染成了黄色。见此,陶端缙心里挺不是滋味。

焊好后,陶端缙又让车间的工人涂了点油漆,并亲自送到邓小平家里。见到卓琳,陶端缙开玩笑说:"你们两个人一月工资好几百,脸盆坏了还不买新的?"卓琳笑着说:"现在修修还能再用,对付一阵子,到不能用时再买新的。"这时的陶端缙还不知道,邓小平夫妇的工资早已停发,改发生活费了,并要负担五个子女和老人,经济上并不宽裕。

邓小平夫妇在平时原本就相当俭朴的生活开销上,进一步节省。每天以素菜为主,一个星期只吃一次猪肉。最明显的变化要算是邓小平夫妇开荒。两位老人下班后,利用中午时间在院内两边开了4块地。邓小平用锄头把地修成垄分成畦;卓琳搬个小凳,坐在上面一点一点往外捡石头砖头;夏伯根再把涮锅涮碗的水,全都倒在地里。不多久,从边远农村来探亲的小儿子邓质方(飞飞)也挥锄开垦。新开的菜地,散发出阵阵泥土的清香。

干过农活的黄文华看出,邓小平干起开荒种地的活来很有招式。其实,邓小平早在担任会、寻、安中心县委书记时就干过不少农活。当时,为了尽快地把农业生产搞上去,邓小平在各县组织春耕生产委员会,并带领机关工作人员奔赴生产第一线,扶持贫困户,狠抓春耕生产的落实。他还亲自犁田、耘禾、耙田、施肥,最艰苦的时候还以人代牛,拉动犁铧。县委书记的举动鼓舞了三县人民,他们一鼓作气,夺得了好收成,支援了前线英勇杀敌的红军。在延安、在太行山,邓小平也开过荒。艰苦的革命经历,给了邓小平应对各种困难的能力。现在,邓小平要在自己所在的院内开荒。

邓小平夫妇在4块新垦的荒地上,种上小白菜、西红柿、大蒜、丝瓜、南瓜、辣椒、茄子等。每天早晨起来,他们施肥、浇水、除草,两三个月后,4块菜地长得青葱翠绿,结出了丰硕的果实,青菜可以摘着吃了,南瓜开出了金黄的花,蜜蜂在花的周围来回飞舞。邓小平看在眼里,喜在心头。

一次,邓小平情不自禁地喊道:"卓琳呀,快来看,丝瓜又开花喽!"卓琳正在厨房里忙着,听到喊声忙从厨房里快步走到院子里的菜地边,看到邓小平高兴的神色,不解地问:"老爷子,你高兴什么呀?"

"你看,丝瓜开花了,结了小丝瓜喽!"邓小平说到这里,心里憧憬着,一串串的丝瓜挂着晶莹的露珠,在晨风中摇荡。

"又要有丝瓜吃喽!"邓小平挑起水桶,依次浇灌着每一垄菜地。这时,夏伯根就帮着搓草绳子,搭建瓜棚,让丝瓜、苦瓜、南瓜、冬瓜的藤好沿着草绳,攀上棚栏栅或棚顶。

不多久,他们精心喂养的几只鸡也开始下蛋了。这几只鸡,仿佛通人性似的,一看到邓小平夫妇劳动回来,就咯咯地跟上前来,仰着脑袋,要求主人喂食。邓小平夫妇总是高兴地满足它们的要求。几只稍小的鸡在院子里叽叽叽叽叫得欢,原来空旷的院子,一时充实生动起来。有一天晚上喂食时,发现有一只母鸡还没有入窝,夫妇俩找了好久,直到深夜才在一棵树蔸下找到。

听到长大的鸡下蛋时咯咯嗒的叫声,看到瓜棚上缀满的菜花及土中嫩绿的青苗,邓小平夫妇收获着说不出的喜悦。

远在山西插队的小儿子邓质方回来探望,邓小平夫妇自然感到无比欣慰。小儿子长壮了,也晒黑了,比原来成熟了,艰苦的环境造就了他强健的体魄。邓小平夫妇和夏伯根看在眼里,乐在心头。对邓小平来说,儿子的探亲还有更深一层的意义。他与外界隔绝多时,儿子可以给他带来他想知道的多种信息。他认真仔细地听儿子讲述,时而高兴,时而忧虑。世事的发展已经进入一种错综复杂的局面,各地都在打派仗,忙着夺权。这对于邓小平来说,并不是什么好消息。可是能听儿子讲外面的情况,交谈对一些事物的看法,这就是邓小平此刻生活中最大的幸福了。然而,幸福的时间太短,仿佛刚刚相见便要分离,转眼儿子已到了归期。

第十章 浩劫蒙难

1970年3月12日,邓小平仍旧沿着"邓小平小道"来上班。尽管他像往常一样默默无语,但心中却隐隐作痛,因为就在这天,邓质方就要返回插队的边远山村。儿子的离去,给老人带来了缕缕忧思。

心情不好,劳动又紧张,一把锉刀在邓小平的手中来回锉,他的额头流下了汗珠。突然,他眼冒金星,一下子昏倒在地上。这可急坏了车间的工人,老邓虽然说话不多,但工人们都非常尊重他。见到他突然晕倒,工人们都围了上来,连忙把他扶到椅子上。

卓琳闻讯连忙跑过来,看见邓小平昏厥的情形,眼泪禁不住地流下来。她对邓小平的病情是了解的,断定是低血糖病复发。卓琳想:这病他好几年没发了,一定是和小儿子的离别给他造成了内心痛苦。很快,卓琳冷静下来。

卓琳用手摸摸邓小平的额头,看了看瞳孔,见邓小平面色惨白,眼睛失神,便想到一种简单的抢救方法。卓琳朝站在邓小平身边的工人望了一下,看到程红杏站在那里发呆,便喊叫程红杏:"小程,你有开水吗?"急得手足无措的程红杏,听到卓琳的喊声忙回答:"有开水!"

"你家有白糖吗?"

"也有。"

"快去冲杯白糖水,要快。"卓琳这时也顾不上客气了。

程红杏一听,拔腿就往家里赶,幸好她家就住在厂区。程红杏跑进家里,翻出盛糖的罐子,洗净一个大茶缸,一下装了不少的白糖,冲成一缸很浓的糖水,又急着往回赶。

卓琳接过搪瓷茶缸,以感激和信任的目光望了望程红杏,随即把糖水喂给邓小平。喝下大半缸糖水后,邓小平的精神渐渐好转。这时,卓琳便向大家说:"大家不用担心,老邓得这种低血糖病的历史好久了,发病时,只要及时喝一杯糖水,很快就会好的。"

有人问了一句:"怎么会得这种病呢?"卓琳说:"其实老邓的身体素质一直很好,但在莫斯科和赫鲁晓夫谈判时,一谈就是一天一晚,很少休息,就是在那时累出这种病。"

大家见邓小平脸色好多了,就放心了。黄文华连忙劝卓琳送邓小平到医院去开药。卓琳说:"药先不用开,我们送他回家休息吧。"

大家一听又急了,怎么送呢?这么小一个厂,连辆小汽车也没有,到县里借一辆也来不及。陶端缙想了个办法,决定亲自用拖拉机头送邓小平回家。他以歉意的口吻问卓琳:"我开拖拉机送你们回家可以吗?开慢一点,保证不颠簸。"卓琳连忙说:"行。"

于是,黄文华和程红杏等人扶着邓小平一步一步地从车间慢慢走近停在院子里的拖拉机,由卓琳陪着邓小平坐进驾驶室。这是一辆丰收二七型的拖拉机,没有拖斗,只有孤立的一个拖拉机头,除驾驶员外,只能坐两个人,坐三个人就很挤了。等卓琳扶着邓小平在拖拉机后座坐定后,黄文华吩咐陶端缙发动马达,慢慢加大油门,开始启动。陶端缙是新建县的一位老拖拉机手,驾驶技术高超。他扶正方向盘,脚踩油门,拖拉机顿时"哒哒哒"地吼叫起来,迸发出一股带柴油味的浓烟,缓缓地启动了。黄文华在后面护卫着,跟着拖拉机一路小跑⋯⋯

第二天,卓琳到车间劳动时特地带了一包糖,亲手送给程红杏:"小程,这包糖送还给你。多亏了你,谢谢!"程红杏见卓琳还糖,心里过意不去,说:"都是应该的,这还用还吗?"可是,卓琳还糖态度坚决,程红杏于是对车间工人大声说:"老邓病好了啊,大家来吃糖吧!"说着朝每个人的茶缸里舀了一匙糖。卓琳和大家都高兴极了。

邓小平夫妇逐渐适应了在"将军楼"的生活,上午上班,下午休息、种菜、看书。安定下来后,他们更加思念在各地的儿女。最让他们放心不下的是长子邓朴方。"文革"开始后,北京大学的高才生邓朴方因为有一个"全国第二号走资派"的父亲,惨遭迫害,跳楼致残。在那个年月,后来医院也不让他住了,把他赶到位于郊区的北京社会救济院,他只能靠编纸篓谋生。邓朴方在北京社会救济院的悲惨境况传到江西,邓小平夫妇的心都碎了。尽管他们自己也处在艰难中,但还是提出请求,把邓朴方接到身边来照顾。

这个要求被批准了。1971年6月,邓朴方来到江西。邓小平夫妇上午要到工厂上班,下午才能照顾他。邓朴方下肢瘫痪,生活不能自理,整天躺在床上,每天都要为他擦澡、换衣服。当时,夏伯根已经70多岁了,每天烧菜做饭已忙得不可开交了,卓琳的体质又差,所以邓小平成了主要劳动力。每天下午擦澡时,邓小平都要把邓朴方在床上搬来搬去,为他翻身。常常是擦干净了儿子的身子,父亲累出了一身汗。但是,邓小平的目光里始终充满了慈爱。

厂里知道了这个情况,特意派了一位身体好、思想也好的中年妇女缪发香来专门护理邓朴方,这才使邓小平稍稍轻松了一些。

体力上轻松了,思想上却怎么也松不下来。看着躺在床上的儿子,邓小平总在想,本应加入科技人才行列的青年却躺在这里一事无成,他的路还很漫长,该怎么走呢?要让儿子坚定地活下去,就应当让他感到充实。一向很少求人的邓小平为了儿子向工人师傅求助了。

一天上午,邓小平试着对陶端缙说:"陶排长,厂里有没有电机方面的工作?"陶端缙很诧异,邓小平为什么突然问这个呢?莫非他不想当钳工了。但陶端缙搜肠刮肚地想,厂里也没有电机方面的活儿,只好老老实实地说:"我们这儿没有。"

"那有没有无线电方面的技术或者收音机方面的事情可以干干?"邓小平又问。陶端缙更奇怪了:老邓怎么了,以前从来没有提过这么多问题啊!他问道:"老邓,您打听这些干什么?"

邓小平如实说:"孩子在家里闲着。这孩子很聪明,学的又是这个专业,能在这方面干点活儿就好了。"看着邓小平那双充满父爱的眼睛,陶端缙又是同情,又是着急,但他又实在找不到合适的工作。

看到陶端缙着急,邓小平也有些歉疚。但是,对儿子的关心使他忍不住又问:"陶排长,你有没有收音机,让他修理一下?"陶端缙说:"老邓,不瞒你说,我一家只有四五十元的工资收入,上有老人,下有四个孩子,哪有钱买收音机啊!"

邓小平点点头,轻轻说"我知道了",又干起钳工活儿来。

适合儿子的活儿没找到,但邓朴方的事却挂在了工人的心中。工人们为邓朴方翻身做了两个吊环,还特意为他做了一副床架,安上拉力器,便于他锻炼上肢。

父母的慈爱,工人的关心,使邓朴方在生活的海洋中张起了风帆。他每天坚持锻炼身体,每天坚持读书学习,表现了顽强的毅力。工人们听说了,都赞叹:别看邓朴方残疾了,但将来准能干大事情。这个大事情,十几年后果然被邓朴方

1969年12月,在陕北插队的小女儿邓榕回到了在江西的"家",与母亲在一起

干成了。他主持创建了中国残疾人福利基金会,闯出了残疾人自强自立的一条新路。

几个孩子陆续来江西探亲,一家人久别重逢,高兴之情溢于言表。每当邓小平从厂里劳动回家,刚进家门,听到父亲上楼的脚步声,女儿便从房间跑了出来,甜甜地亲一亲父亲的额头,邓小平一上午的劳累顿时烟消云散。这是无法替代的天伦之乐。

最令邓小平夫妇高兴的是,邓楠来江西时带来了她的男朋友。邓楠的男朋友名叫张宏,他同在汉中农村插队的邓楠自由恋爱,在生活上给予邓楠许多照顾。当邓楠告诉他自己的父亲是邓小平时,张宏并没有避而远之,仍然深深地爱着她。他身材魁梧,一表人才,邓小平见了十分喜欢。在这种岁月,有人敢爱她的女儿,这对他是很大的安慰。在"将军楼",邓小平夫妇为邓楠、张宏举办了简朴的婚礼。

当人们的心灵之窗敞开的时候,善良与信任便占据了生活的核心。在这个偏僻的郊区小厂,工人根本听不到像样的形势报告,对一些国际上的问题弄不清楚。他们在读报纸上刊登的消息时,往往由于没有人解释,读到最后仍是糊里糊涂。随着邓小平与工人关系的融洽，他们彼此间的交谈也多起来了。工人们向邓小平提出一些他们在时事政策学习中的难题。他们开始把邓小平当作他们的老师了。

工人们在国际关系问题上，最感紧张的是中苏边境问题。当时，苏联在中苏边境屯兵百万，还部署了两万辆坦克、两千架飞机，大有战争一触即发之势。对这个问题，他们很想听听邓小平的看法。

邓小平说，所谓一触即发还是要触一下，但现在还没有接触嘛！屯兵百万那是摆样子的，没有什么可怕的。

工人梁永刚还是忧心忡忡，问："如果苏联两万辆坦克一起打进来怎么办？"邓小平爽朗地笑起来，这笑声中有一种强烈的自信，工人被这笑声鼓舞，担心消除了。

邓小平说："苏联两万辆坦克打进来，那是不可能的，是摆在那里吓唬人的，中国人民有能力抵抗它。他们也不敢轻易打进来，国际上有压力。他打我们，别人不打他？我们也不会屈服的，两万辆坦克没有什么了不起，只要有六万人就足够对付它！"接着，邓小平用手比画起来：三个战士对付一辆坦克的方法，苏联坦克敢开过来，定叫它有来无回，变成一堆烂铁摆在那里。

邓小平仿佛又成了百万雄兵的统帅，面对武装到牙齿的敌人，毫无惧色，从容不迫。这种气概感染了工人们。他们觉得同邓小平在一起不仅增长知识，而且增长了自信和勇气。工人们听了邓小平这种不拘形式的讲解，对一些问题明确多了，认识也提高了，希望老邓有空就给大家讲讲。

被监管的邓小平惦记着自己的亲人，他更挂念着全国人民，时时关注着党和国家的命运、前途。来江西时，他力争把家中的藏书都随身带来，利用这难得的机会刻苦攻读，经常读至深夜。他读了大量的马列著作，读了二十四史等古籍，以进一步提高自己的理论水平和思想水平，准备日后为党和人民做出更多更重要的贡献。

当时，邓小平在工厂劳动条件很差，学习条件也差，几乎看不到重要的国际内参和其他机密文件，只是从公开的《人民日报》国际版及《参考消息》了解一些国际动态。邓小平每天看《参考消息》很认真，四个版内容一一细看，边看边进行分析研究。他对《人民日报》第一版也看得特别认真，从中了解重要新闻，对《江西日报》则看过头版的标题就放到一边去了。

每天黄昏，邓小平总是十分规律地围着那个小小的院子散步。他沉思不语，步伐很快，就这样一圈又一圈地走着。日复一日、月复一月、年复一年，那红色的砂石地上，被他踏出一条白色的小路。在那一步又一步中，他的思想、他的信念、他的意志，随着前进的每一步而更加明确、更加坚定起来。这些思想的孕育成熟，是否为日后更加激烈的斗争做好了最充分的准备呢？

> 林彪摔死在蒙古荒漠之后，中国政局悄悄发生微妙变化，毛泽东决定重新启用邓小平。眼下就要离开江西回京，邓小平夫妇重返红土地了心愿。

1970年8月23日至9月6日，中共九届二中全会在江西庐山召开，会议的一项重要议程是讨论修改宪法。林彪对毛泽东提议"不设国家主席"这一条竭力反对。用叶群的话说："不设国家主席，林彪怎么办？往哪里摆？"也就是说，作为党内副统帅的林彪，在未来的国家体制中应占有相应的地位，这就是国家主席。

林彪想当国家主席，宪法"不设国家主席"怎么行呢？林彪集团经过周密策划，在全会上突然发难，以"天才论"为理论根据，坚持要设国家主席，在全会上与毛泽东唱反调。这是毛泽东不能容忍的，他写了《我的一点意见》，拿投靠林彪集团、在全会上卖力鼓吹"天才论"的陈伯达开刀，宣布对其实行隔离审查，挫败了他们的阴谋。

九届二中全会后，中共中央在高级干部中开展批陈（伯达）整风，把林彪集团的几员大将、第九届中央政治局委员黄永胜、吴法宪、叶群、李作鹏、邱会作也挂上去了。批陈整风由周恩来领导，"文化大革命"中一度被林彪、江青一伙篡夺去的部分权力又回到周恩来的手中。在周恩来的推动下，疏散各地未被打倒的一些老革命家,如朱德、陈云、王震等陆续回到北京,并在国庆节时通过新闻媒介向国内外公众"亮相"。这是一个政治信号,远在江西的邓小平必定也注意到了。

林彪集团自顾不暇,江青集团孤掌难鸣,国内政治形势发生着微妙的变化。邓小平周围的环境开始宽松,他的儿女能全部去江西团聚,邓榕和邓质方能上大学,无疑是政治松动的结果。

1971年9月13日,林彪携妻、子乘机潜逃,飞机坠落蒙古荒漠折戟沉沙。林彪出逃机毁人亡和林彪集团的覆灭,加速了国内政治形势的变化和政治力量的重组。主持中央日常工作的周恩来抓住时机,毅然举起批判极左思潮的旗帜,对"文化大革命"的错误作初步纠正。他首先对在"文化大革命"中遭受打击、迫害的广大老干部给予极大的关注,千方百计为他们"解放"和重新工作创造条件。

林彪坠机身亡,应该说是"文革"以来最具震撼力的政治事件。事件爆发5天后,经毛泽东批准,中央发出关于林彪叛国出逃的通知。10天后扩大传达到地、师一级。10月6日,中央发出关于林彪集团罪行的通知。10月中旬,传达扩大到地方党支部书记一级。10月24日,中央的传达扩大至全国基层群众。

密切注视着国家政治形势的邓小平一家,从新闻媒介上注意到"副统帅"林彪竟然没有出席当年的国庆活动,就预感到发生了什么事情。11月6日,邓小平突然接到一个让他到工厂听传达中央文件的通知。邓小平的党籍虽然保留下来了,但听中央文件的传达,却是破天荒的第一次。这时的邓小平更是预感发生了什么重大变故,因为连续几个星期没在报纸上看到林彪的名字了。

邓小平夫妇像往常一样换好胶鞋,拿着雨伞到工厂去了。他们走后,夏伯根、邓朴方、邓榕心神不安,等着他们听传达回来。要知道,在"文革"中,什么都可能发生,是福是祸,是凶是吉,老天爷都不能预料。

还是不出所料,这次传达的文件是中共中央下发的关于林彪叛国出逃的通知。邓小平夫妇准时来到约200平方米的职工食堂。传达文件的拖拉机修造厂党总支书记罗朋,看见邓小平夫妇若有所思地端坐在职工中间,他知道今天传达的这个文件对他们很重要,就招呼邓小平说:"老邓呀,你耳朵听不清,请你和卓琳同志坐前面点。"于是,邓小平夫妇坐到了前面。

邓小平聚精会神地听完了传达,始终端端正正地坐着,没有同别人交头接耳讲过一句话,脸上也没有任何表示。而后,他又参加了以车间为单位的讨论。工人们七嘴八舌地议论着,邓小平仍正襟危坐,不发一言。陶端缙就对黄文华说:"是不是请老邓把文件带回去自己看,就不要坐在车间参加工人的讨论了?"

尽管邓小平在听传达通知与讨论文件时没有说一句话,但是他的心中已经掀起了巨澜。林彪是少数利用"文化大革命"起家的阴谋家、野心家之一。对这种趁火打劫的人,邓小平是极端愤恨的。他们为了达到自己向上爬的目的,不惜把国家搞乱,把军队搞垮,把党的优秀领导干部往死里整。林彪的自我灭亡,是邓小平心中早就希望的。

回到家,抑制不住内心兴奋的卓琳把女儿邓榕拉到厨房里,背着监管人员,在手掌上写下了"林彪死了"几个字。当天晚上,为庆祝这一胜利,邓家人高兴地坐在一起打扑克,一直玩到深夜。其间,邓小平感慨地说了句:"林彪不亡,天理不容!"

不动声色但内心激动的邓小平,在家里认真地逐章逐句阅读中央文件,思考一些问题。他想得很多很深,感到有许多话要向党中央、向毛泽东说。于是,他展开纸张,奋笔疾书,用了一个下午和两个晚上的时间,给毛泽东写了一封4000余字的信。在听文件传达后的第三天,寄往北京。

"……林陈反革命集团这样快地被揭发被解决,真是值得庆幸的大事。如果不是由于主席和中央的英明的领导和及早地察觉,并且及时地加以解决,如果他们的阴谋得逞,正如中央通知所说,即使他们最终也得被革命人民所埋葬,但不知会有多少人头落地,我们社会主义祖国会遭到多少曲折和灾难。现在终于解除了这个危险,我和全国人民一道,是多么高兴呵!……我个人没有什么要求,只希望有一天还能为党做点工作,当然是做一点技术性质的工作。我的身体还好,还可以做几年工作再退休。报上每天看到我们社会主义祖国在国内建设的突飞猛进,和国际威望的空前提高,都使我的心情激动起来,想做点事,使我有机会能在努力工作中补过于万一……"

久违了的邓小平那隽秀的字迹,出现在毛泽东的办公桌上,毛泽东细细地端详着。毛泽东想到了江西苏区时的"邓、毛、谢、古",邓小平那时是因为他挨的整,如今邓小平再次挨整落难已多年,依然忠贞不贰。也许他想到了那个"语录不离手,万岁不离口,当面说好话,背后下毒手"的林彪。

在江西的这段日子,是邓小平革命生涯中的第二个"低潮"时期。在逆境中,他一边劳动,一边读书,一边思考,一边锻炼身体。在"低潮"中,他积蓄力量,等待着新的历史机遇的到来。

"落潮总有涨潮时",这不仅是自然界的一般规律,也是政治、社会生活中的一般规律。从被打倒的那天起,邓小平一直保持着坚定不移的政治信念,等待着新的历史性的召唤!

1972年1月6日,长期受林彪一伙迫害的国务院副总理兼外交部部长陈毅病逝。1月10日,陈毅追悼会在八宝山革命公墓礼堂举行。江青、康生一伙尽量压低追悼会的规格,中央政治局委员均不出席。

这一天,毛泽东心潮难平,突然临时决定调车去参加追悼会。周恩来得知后,迅速通知在京的中央政治局委员参加,使得这次追悼会的意义和影响远远超过其本身的含义。其实,毛泽东参加陈毅追悼会是经过深思熟虑的:一是为在"文化大革命"中蒙受屈辱的党内老同志陈毅彻底恢复名誉,二是说明像陈毅这样的在"文化大革命"中曾经受到过批判的老同志,是忠于党、忠于人民的,是值得信赖的。

正是在陈毅追悼会上,毛泽东在谈话中提到邓小平,并且把邓小平和时任中央政治局委员、中央军委副主席刘伯承并列在一起,说邓是人民内部矛盾。

毛泽东认为邓小平是人民内部矛盾,这表明毛泽东对已经在"文化大革命"中被打成"党内第二号走资本主义道路的当权派"的邓小平的看法,有了根本性的变化。在"文化大革命"中被打倒的老干部,只要"定性"为人民内部矛盾,便可以进入中央委员会。这样的例子已不在少数。于是,周恩来当即示意陈毅的子女,把毛泽东对邓小平所作的"邓是人民内部矛盾"的评价传出去,以便为尽快使邓小平出来工作创造条件。

与此同时,周恩来也充分利用各种场合,宣传毛泽东对邓小平的"定性"意见。1月下旬,在人民大会堂接见一个会议的代表时,周恩来当着江青、姚文元等人的面,明确提到邓小平的问题。他提出:在揭批林彪的过程中,一定不能混淆两类不同性质的矛盾；林彪这伙人就是要把邓小平搞成敌我矛盾，这是不符合主席的意思的。

4月，邓小平考虑到治疗邓朴方的病要紧，给中央办公厅写信，请求将邓朴方转到北京的大医院。10月初，他很快收到中办的复函，同意让解放军301医院收治。邓小平安排邓榕专程送邓朴方进京。

"五一"前夕，邓榕送奶奶夏伯根去天津，之后回江西路过北京。邓榕到北京的消息在一些高级干部中不胫而走。素以仗义执言而著称的王震让人带口信，叫邓榕到他家来。老少两人一见面，王震快人快语："告诉你爸爸，他的问题一定要解决。我要去找周总理，我也要给毛主席、党中央写信。你爸爸应该出来工作！你赶快回江西，把我的话告诉你爸爸！"

王震的这番话实际代表了包括周恩来在内的一大批老革命家的共同心声。邓小平这位"党内第二号走资派"成了他们与江青集团斗争、解放广大受迫害的老干部的旗帜。邓榕深知王震这番话的意义和分量，大喜过望，立即踏上南下的列车。

对邓榕带来的好消息，邓小平并未很快作出反应。直到8月3日，他经过反复思考，检讨自己过去工作中的缺点，同时也向党中央提出愿为党和人民做一点工作的要求。

8月14日，毛泽东阅读了邓小平在江西写给他的信以后，拿起笔写道："请总理阅后，交汪主任（即汪东兴）印发中央各同志。邓小平同志所犯错误是严重的。但应与刘少奇加以区别。（一）他在中央苏区是挨整的，即邓、毛、谢、古四个罪人之一，是所谓毛派的头子。整他的材料见《两条路线》、《六大以来》两书。……（二）他没有历史问题。即没有投降过敌人。（三）他协助刘伯承同志打仗是得力的，有战功。除此之外，进城以后，也不是一件好事都没有做的，例如率领代表团到莫斯科谈判，他没有屈服于苏修。这些事我过去讲过多次，现在再说一遍。"

毛泽东的这一大段批语，尽管并不完全正确——例如说"邓小平同志所犯错误是严重的"就不符合历史事实，但是，在当时的历史条件下，毛泽东的这一批示却有着重要意义。批示着墨不多，但言简意赅，向全党发出了一个强有力的、

第十章 浩劫蒙难

确凿无疑的信号——毛泽东已经在考虑要重新起用邓小平出来工作了！

周恩来看到这个批示，顿时心花怒放。为落实这一批示，他当机立断，一方面将毛泽东的指示和邓小平的信，批交汪东兴办理，以便在中央政治局开会时进行讨论；一方面以中共中央的名义通知江西省委，宣布对邓小平解除监管劳动，恢复党组织生活，邓小平可以做一些参观访问、调查研究形式的活动。

监管生活终于结束了。当这一天到来的时候，邓小平却显得十分平静、自然。"不以物喜，不以己悲"，正是一代伟人所具有的宽广胸怀。

恢复自由的邓小平，想得更多的是工作。过去6年，他感到最大的遗憾是没能为党为人民工作，6年多被圈在小天地里，对国家和群众的实际状况了解太少。他想在出来工作前，利用眼下这段时间补上这个"缺"。也许毛泽东于此前的批示中提到中央苏区，勾起了邓小平对往事的回忆，他想到当年与战友们浴血战斗过的地方走走，"了了心愿"。于是，邓小平向中共中央提出在江西就地搞调查研究的请求，得到批准。他首选井冈山。

11月12日，初冬的一个星期天。天刚蒙蒙亮，一辆灰色的"伏尔加"驶出南昌步兵学校大院，奔驰在赣中大地上。车上坐着邓小平夫妇及陪同人员。这是邓小平下放三年多以来第一次外出参观。

上午，邓小平乘车途经素有"药都"之称的樟树镇，参观了江西盐矿和四特酒厂，实地了解工业生产的真实状况。

10时左右，两辆半旧的伏尔加车驶进清江县（现樟树市）革委会招待所小院。车门打开，第二辆车上下来穿淡灰色中山装的邓小平和夫人卓琳。走进二楼接待室，邓小平选了个朝东的位置落座。

负责接待邓小平的清江县革委会副主任陈祉川，"文革"一开始，即被以"刘邓路线的忠实执行者"的罪名而打倒，前不久，才进县革委会当一名管生产的副主任。陈祉川介绍县里情况时，有意三言两语地略述了"文革"以来思想政治领域内的"大好"形势，只具体说了些工农业生产上的事。陈祉川的心思，很快为睿智的邓小平所理解，他莞尔一笑，静静地注视着陈祉川。

听到偌大的清江县当年工业产值仅有2600多万元，邓小平眉头微微一蹙，轻叹一声，意味深长地对陈祉川说，看来，你们县的潜力还大得很啊。简单谈完县里的情况，陈祉川随即陪邓小平去参观县城南郊的江西盐矿。

在盐矿，邓小平受到了出乎他意料的欢迎。这天恰逢星期日，矿里五六百名轮休的职工，从清晨起自动汇聚于通往矿办公楼的十分洁净的道路两边，等候着邓小平的到来。

原来，头天傍晚，矿党委书记齐志亭、矿长王海清接到省里关于邓小平次日要来盐矿看看的电话通知后，这两位新中国成立前参加革命的老共产党员，一时兴奋不已，居然忘了上面有关保密的指示，马上将邓小平来矿的喜讯告诉了矿里职工，并亲自拿起扫帚，带领大家，奋战半夜，把整个矿区打扫得干干净净。

上午11时许，邓小平一行来了。看见矿里这么多人来迎接他，邓小平深为感动。他赶紧下车，向簇拥在他周围的神情激动的男女老少不断点头、微笑、打招呼，表示真诚的感谢。随后，邓小平先后观看了江西盐矿的卤水库、平锅熬盐、盐仓和真空制盐车间。

邓小平离开江西盐矿时，齐志亭代表全矿职工送给他数小包精制食盐。礼轻情意重。邓小平心头一热，郑重收下了这份凝聚着全体盐矿工人特殊情意的珍贵礼物。

从江西盐矿回到县招待所后，邓小平的心情比刚来时好了许多。午饭前，在招待所接待室，陈祉川问邓小平喝点什么酒。望着眼前这名质朴的基层干部，当时很少喝酒的邓小平立即朗声笑道，到了樟树，当然是喝你们自己的四特！

两瓶四特酒摆上了桌面。席上的话题，主要是谈四特酒。邓小平一边细细品尝杯中的四特，一边饶有兴趣地向陈祉川等询问着四特酒的历史渊源、酿造工艺及其特点等。在座者因无一酿酒内行，均回答不完整，便你一言我一语地凑着答案，有时都觉得自己的答案正确无误，竟还争执不休。每逢这时，邓小平就显示一种他所独具的宽厚长者的慈祥笑容。

吃饭过程中，邓小平还提到了樟树的药。他说："樟树的药材很有名。30年代我在中央苏区时，便听说过'药不到樟树不齐，药不过樟树不灵'这句话，老祖宗传下来的宝物，可不能失传啊！"

饭后，邓小平不顾陈祉川等人的再三劝阻，执意按规定交了伙食费和粮票。后来，在樟树市人民政府招待所，找到当年邓小平交缴伙食费的发票存根，虽年月已久，字迹却依然清晰如新——"邓小平等2人，交来伙食费0.64元，粮票6两。发票存根编号：0005776 时间：1972年11月12日"。

下午，邓小平一行到达吉安交际处，下榻于毛泽东1965年曾经居住过的"一号房"。交际处位于赣江江畔，门口是一条幽静的小街。在客厅里，邓小平与吉安地委的同志交谈起来。听到负责同志那纯正的山西口音，他感到格外亲近，仿佛又回到曾经生活、战斗过的太行山区。他询问遂川、万安、泰和等县各有多少人口及其他乡情；他回忆起宛希先烈士，新中国成立后第一任江西省委书记陈正人和他在二野时的老部下张国华将军……

邓小平不时表露出对老区人民的深厚感情。地委负责人向他介绍当地"文化大革命"的情况，邓小平听着、思索着，感慨地说："好多年没有出来了，这次出来什么都新鲜。"当听到林彪企图篡改井冈山历史时，邓小平两眼凝视着客厅门外的两棵大枫树，平静地说："这是不可能的，历史还是历史，历史不能篡改，那是'左'的路线。"

11月12日，吉安交际处一号房的灯光，直到深夜还未熄灭。

11月13日上午，邓小平来到永新县三湾村。在枫树坪，三湾的群众惊讶地看着正在参观的"东南亚外宾"。这位"外宾"身穿灰色中山装，脚穿一双旧黑皮鞋，身材不高，却很精神，偶尔流露出四川口音。他们越看越觉得面熟。

"邓小平来三湾了。""昨天通知要来参观的'东南亚外宾'，原来是邓小平。"人们奔走相告，从家中，从地头，群众自发地聚集到三湾招待所的大门附近，用期望好奇的目光注视着几年来都销声匿迹的邓小平。

邓小平也看着淳厚朴实的老表们。虽然还只是初冬时节，但山区已经相当冷了。可是这里的群众仅仅穿着一条单裤，衣衫褴褛，且大部分是自织的土布。在望城岗，邓小平从平日与拖拉机修造厂的工友们交往中，已经了解到老区的条件仍很艰苦，那里群众的生活仍很贫困。今天亲眼见到，邓小平的眼眶湿润了。他对曾经为革命做出巨大贡献的老区人民至今还这样穷、这样苦，感到十分难过，一块沉甸甸的石头压在他的心头。

伏尔加车在永新至宁冈的公路上奔驰。邓小平坐在车里，吸着烟，默默无语地望着窗外。阴沉沉的天，夹杂着小雨，使人感到格外压抑。他深深地吸了一口即将燃尽的香烟,摇下车窗,把烟蒂扔出窗外,一阵冷风带着新鲜空气进入车内。邓小平看到沿途的村庄,处处仍是旧土屋,只不过随着岁月的流逝更添一层陈旧。

虽然,1972年邓小平仍被称为"党内第二号走资派",一路上又是少说多看,可是,作为一名共产党员,面对自己的所见所闻,他很难再保持沉默。在宁冈县(现已并入井冈山市)茅坪,邓小平参观了湘赣边"一大"会址、八角楼等旧址旧居。这些旧址旧居分布在与三湾相似的穷困村庄中。在八角楼,讲解员讲起林彪篡改"朱毛会师"的历史为"毛林会师"。邓小平插言道:"假的就是假的,真的就是真的。"

参观毛泽东旧居后,邓小平又说:"当时蛮艰苦,革命真不容易。"看到农舍墙上保存的革命标语时,宁冈县的干部忙向邓小平介绍茅坪有多少人家,有多少旧址旧居,这些革命标语是怎样保存的………

"老表们现在的生活怎么样?"卓琳突然问了一句。宁冈县的干部面面相觑,不知怎么回答才好,他们早已知道邓小平的认真是闻名于世的,不愿对这位年近七旬的老人说违心的话。

茨坪毛泽东旧居

邓小平看到当地干部有难言之隐,平静地对他们说:"井冈山精神是宝贵的,应当发扬。"他还一字一句地说道:"我们的党是好的,是有希望的。我们的人民是好的,是有希望的。我们的国家是好的,是有希望的。"

临上车时,邓小平又语重心长地对宁冈县的干部说:"你们在这里很辛苦,过去毛主席在这里干革命时很穷,现在还是穷,以后会好的。"

望着盘山公路上远去的小轿车,宁冈县的干部们久久地站在原地,心里回味着"以后会好的"话语。

黄洋界,毛泽东的一首《西江月·井冈山》使其闻名遐迩。11月14日,邓小平来到这里,眺望远方。

到井冈山是邓小平多年的夙愿。1931年2月,邓小平率红七军转战粤桂进入江西,到达距井冈山百余公里的崇义县,这里已是湘赣根据地的外围地带。因江西的敌情尚不严重,他在此告别红七军的战友,转道赴上海向中央汇报工作,与井冈山失之交臂。此后,邓小平又在中央苏区工作,却一直没能上井冈山。新中国成立后,邓小平到过江西,但因公务繁忙,仍未了却上井冈山的心愿。今天总算如愿以偿了。

从黄洋界下来,转到了五大哨口之一的八面山。八面山地势比黄洋界更高,一位细心的工作人员看到邓小平的腿有些不便,就机灵地砍了一根小竹棍给他。邓小平高兴地接过小竹棍,敲敲腿,风趣地对大家说:"我这一身零件除了这条腿,其他都是好的。"

黄洋界、八面山、双马石、朱砂冲、桐木岭;大小井、黄坳、茨坪;井冈山革命博物馆、工艺美术厂:井冈山的许多历史遗迹和景点留下了邓小平的足印。井冈山的群众得知邓小平来了,都很兴奋,想方设法要见见他。井冈山党委也尽可能为邓小平在山上的活动提供方便,在参观、食宿方面作了认真安排。

一天晚上,地方党委安排了一场电影《红灯记》。看到扮演李玉和的演员出场时,邓小平讲道:"这个浩亮姓钱。'文化大革命'了,连钱也不要了,就叫浩亮。""没钱能干什么?国家穷、人穷,不就是没有钱嘛?!"邓小平说出了大家积郁心头多年但不敢说的话。

考察农业机械化是周恩来总理交给邓小平此行的任务之一。邓小平深知总理在"文化大革命"中忍辱负重，昼夜操劳，鞠躬尽瘁，他希望能为这位多年的战友兼兄长分担点忧劳，做些力所能及的事情。

邓小平利用这次初访井冈山首先去了泰和县拖拉机厂，与厂里的干部交谈，询问小型拖拉机的生产情况。他从木模、翻砂、刨、钳到金工、装配，一个个车间、一道道工序都仔细地看了一遍。随后，他又去泰和县上田观看农用水田插秧机操作表演。连日来，邓小平在吉安地区走了几个县，相当劳累。可他不顾疲乏，穿行在泥泞的乡间小道，特意走上田埂，就近看插秧机表演。邓小平一边观看一边说："插秧机这个问题，世界都没有解决，连日本都没有解决好，关键的问题是分秧不均。"

在泰和县了解农业机械化的问题之后，邓小平决定再到农村去看看。11月19日清晨，邓小平乘车离开泰和县城，直奔吉安市禾埠公社军民大队。在禾埠，市、社负责人问："首长，你想了解什么？""主要看看农业。"邓小平简练地回答。

小会议室里，邓小平饶有兴趣地听着市、社、大队的介绍。当听到军民大队下属军民二队的粮食亩产是780斤，副业有养猪和做粉丝，邓小平用称赞的口气说："这个小队不错，副业搞得不错，农业也不错。"听完介绍后，邓小平又提议到田里、养猪场去看看。

邓小平在市、社负责人的陪同下，步行2里来到军民村。径直走到村旁尚未收割的稻田旁，邓小平拈起稻穗仔细看看，点点头。

在大队猪场，邓小平问饲养员："有多少头猪？"饲养员回答说共有109头。邓小平不顾气味重，一个栏一个栏、一头猪一头猪地数过去。邓小平的认真劲又上来了。"怎么差了9头？"邓小平发现只有100头。饲养员忙说有1头母猪带着8只小猪在外面晒场上。听到饲养员这样解释，邓小平满意地笑了起来。

当地干部看到邓小平蛮高兴，临走时，向邓小平提出："首长，以后请再来。"邓小平微微点头，之后不断挥手，告别闻讯而来的群众，乘车而去。

历时一周的井冈山之行，了却了邓小平积存胸中数十年的心愿。回到"将军楼"，一路风尘未洗，他的心又飞到战争年代曾经战斗和生活过的地方赣南中央苏区。从1934年随中央红军长征离开中央苏区，到1972年羁旅南昌郊外，38年过去了。光阴荏苒，岁月流逝，赣南的山山水水、一草一木都令他魂牵梦绕。11

月下旬，中央办公厅通知江西方面：邓小平夫妇可以外出参观访问，去哪里不受限制，待遇和接待规格可以提高。邓小平决定重游故地，探望乡亲父老。

12月5日早晨，伏尔加轿车驶出南昌新建县望城岗寓所后，坐在车上的邓小平就巴不得早点到赣南。谁知下午4时许在快要进入赣南境内时，却因公路塌方给堵住了，而且一堵就是近两个小时。夜幕降临，赣州城内早已灯火闪烁。晚上7时左右，邓小平一行才到达赣南宾馆一号楼。晚餐后，地区领导请邓小平夫妇来到一号楼右边的会客室，一边喝茶休息，一边向邓小平汇报工作。自然，汇报的内容限定在省委领导规定的范围。邓小平只是听，时而点点头，没有表态。

按原定行程，邓小平将于12月6日从赣州赴兴国县参观。兴国是当年中央苏区的模范县，也是有名的"将军县"。1931年7月13日，邓小平的老战友、红七军总指挥李明瑞和红七军军长张云逸，率领红七军从湘赣苏区东渡赣江，到达兴国县城，受到了兴国人民的热烈欢迎。红七军在兴国休整了七八天，军政治部还在兴国创办了《火炉》杂志。10天后，红七军从兴国移驻于都的桥头，与红一方面军胜利会师，接着投入第三次反"围剿"战斗。

邓小平在中央苏区工作期间，未曾到过兴国县，但他对兴国县的工作是了解的。他任《红星》报主编期间，还多次在报上表扬了兴国。他对这次能去兴国看看，十分高兴。

在兴国，邓小平参观了"毛主席创建苏区兴国模范县纪念馆"。这个纪念馆是为宣传毛泽东在兴国的革命活动而建立的。邓小平参观时不要别人讲解，他从头到尾仔细地观看着展出的每一张照片、每一件文物、每一份图表和说明，有时在一张照片面前停留好几分钟。整个参观过程，他没有说一句话，只是默默地观看，表情严肃而又平静。

从纪念馆出来，他们又前往"文昌宫"参观。"文昌宫"是兴国名胜"潋江书院"内的一座建筑，位于兴国县城横街上。来到"文昌宫"，邓小平细细观瞻了一遍。"文昌宫"前，左右两侧各有一幢房子，写满了"武装起来""扩大红军""二期战争胜利促进全国革命高潮"等苏区标语。邓小平望着这些依稀可辨的苏区标语，沉思不语。

这天下午，县里还安排邓小平夫妇参观了毛泽东作"长冈乡调查"的旧址和

"上社消费合作社"旧址。接着参观了长冈水电站。邓小平仔细听取了建站情况的介绍，询问了电站的库容量、发电量和灌溉、发电、养鱼、防洪等方面的情况。参观完电站，他还想到兴国东北部的画眉矿去看看。虽然路程只有 50 多公里，但时间来不及，他没有去成。

7 日早餐后，汽车离开兴国县城，朝于都方向驰去。邓小平对于都并不陌生。当年，他第二任妻子金维映曾在这个县担任县委书记近一年时间。那时他多次来于都看望妻子。1934 年 10 月，他又随突围转移的军委第一野战纵队，从瑞金来到于都古田村集结，10 月 18 日晚在茫茫夜色中渡过于都河，踏上长征路。于都给他留下过欢乐和甜蜜，也留下过疑虑和苦涩。

下车。握手。问候。一杯热茶刚喝两口，邓小平就提出："走，看看去吧！"

于都县委副书记李方、郑熹，县公安局原局长于学彦等，陪同邓小平夫妇先来到"毛主席在于都革命活动纪念馆"。这个纪念馆跟兴国的那个馆一样，展览内容突出宣传土地革命时期毛泽东先后九次来于都的史迹，还介绍了于都地方革命斗争的历史。邓小平从头至尾细细地观看。当看到一张图表介绍说中央苏区时于都有七八万人参军参战时，他问陪同的县委领导："这个数字确切不确切？"

站在身旁的卓琳看了他一眼，提醒道："你不要多唠叨嘛！"邓小平朝卓琳点头笑了笑。

在中共于都县委机关旧址照片前，邓小平停下，转头对旁边陪同的县委领导和纪念馆的工作人员说："当时，你们这里的县委书记是个女的。"纪念馆工作人员连忙回答："对，她叫阿金！"其实，在场的人都清楚，"阿金"就是金维映，就是邓小平当年的爱人。

在于都，连参观带吃饭和休息，只用了几个小时。下午 3 时许，邓小平怀着绵绵思恋，告别于都，赶往会昌。会昌留给邓小平的印象太深刻了。40 年前，他在这片红土地上施展过治党治军的才华，洒下过辛勤的汗水，留下过数不清的实实在在的脚印。正因为他说话办事太实在，才被人戴上一顶"罗明路线在江西的创造者"的帽子离开了这里。如今，他回到了这片熟悉的故土。只不过他这次回来，头上既没有"党和国家领导人"的耀眼桂冠，也没有那种"大驾光临"的轰轰烈烈。然而，他却感到非常踏实，心境坦然自在。

第十章　浩劫蒙难

会昌县像接待贵宾一样欢迎邓小平的到来。县委、县人武部的主要领导，都前来看望老书记，给老书记敬酒。县里还特地请邓小平在招待所小会议室看《英雄儿女》电影。

县委副书记、县人武部政委纪清林和县委副书记韩道修，向邓小平简要汇报了全县的情况。汇报中谈到会昌已经发现一个大盐矿，就在周田，离县城46公里，已经在开采。邓小平一听，高兴地说："好哇，明天去看看！"

20世纪30年代邓小平在会昌当中心县委书记时，体验过苏区人民缺盐的苦头。那时，国民党对苏区实行严密封锁，在毗邻苏区的白区实行油盐专卖，计口售盐。苏区军民虽然想了许多办法，不惜流血牺牲，从白区购进一些食盐，但远远满足不了需要。大家只好到处铲地脚泥、挖老墙土，自己动手熬制硝盐。这种硝盐，又苦又涩，吃多了容易害病。邓小平当时也和大家一样，"有盐同咸，无盐同淡"。要是当年知道周田地下有个大盐矿，他说什么也会想办法把它开采出来。现在听到周田办起了盐矿，他当然想去看看。

第二天，车到周田。邓小平和卓琳由众人陪同，循着盐矿生产线看了一遍，还收下了盐矿赠送的一小袋细盐作纪念。随后他没多停留，就急着回县城。

回到县城，县里的同志对他说："我们先到老县委去看看吧！""老县委"就是苏区时中共会昌县委机关驻地。它在会昌城内的孔圣殿旁。邓小平任会昌县委书记时曾在这里居住和工作过。这时，老房子已拆除改建成县法院，只剩下一株四人合抱、枝繁叶茂的百年古榕，依然屹立在那儿。邓小平在县委领导陪同下来到这个地方一看，连说："这里都变了样呀？这棵大榕树还在！我住在这里时，经常在榕树下看书看报。"

县委的同志告诉他："旁边的孔圣殿还在。"孔圣殿当时是会昌县苏维埃政府办公的地方。于是，邓小平又到孔圣殿看了看，并在那儿休息了片刻。

从孔圣殿出来，邓小平和大家一起来到县城体育场，参观物资交流会。体育场有东、南、西、北四个大门，场内四周临时搭起数十个小棚子。说是物资交流会，其实是县城各商业部门和全县各基层供销社，各占一个棚子，摆上参展交易的商品。场内还有一些出售馒头、油条一类食品的小摊点。在那个商品短缺的年代，举办这样一个物资交流会，尽管参加交易的商品品种单调，仍然吸引了众多的顾客。

邓小平从体育场东门悄然进入场内。他顺着摊点，挨个地询问各类商品的价格，问了棉纺问五金、问了五金问文具，还问了一些中草药材的价格。

一个由国营饮食服务公司摆设的摊点前，一位老表正在吃馄饨。邓小平微笑着上前与老表交谈，询问了价格。他又问一位吃粉干的老表："你一天的工分值多少钱？"那位老表没好气地回答："还不到两碗粉干钱！"邓小平听后点点头。

这样沿着摊点从东到西，邓小平走了半个多小时，整个交易会都看遍了。

快要走出西门离开物资交流会场时，一位眼尖的售货员突然认出了邓小平，禁不住惊呼起来："邓小平！"话音未落，在场的人们又惊又喜，目光一下子都集中到邓小平身上。听到人们的呼喊，邓小平回转身，微笑着朝大家挥手致意。

邓小平要离开会昌了。会昌的同志像当年送别红军一样，依依不舍地给邓小平夫妇送行，一直送到五里排，进入瑞金县境。工作人员担心小路坑坑洼洼不好走。邓小平笑笑说："不要紧。为什么有近路不走，还要走远路？中国革命的道路本来就是曲折的，不是笔直平坦的。"

"您是我们瑞金的老县委书记。欢迎您回来！"邓小平一到瑞金，瑞金县委领导同志见到他时，第一句话就这样说。听到这句话，邓小平感动不已，紧握着瑞金县委领导的手，久久不放。

9日上午，邓小平参观沙洲坝。邓小平和卓琳由瑞金县人武部部长潘学义等陪同，先参观了毛泽东的旧居"元太屋"和"红井"，接着看了临时中央政府大礼堂。然后，邓小平来到设在沙洲坝的江西省九〇九地质大队，听取了地质大队工作情况汇报，还十分内行地参观了地质标本室、化验室，与技术人员交谈了一会儿。

按原定安排，参观完九〇九地质大队，邓小平一行就返回宾馆休息。汽车往回开了一段路，邓小平不太满足似的问坐在车上的潘学义："红军总政治部好像在这儿的什么地方？""就在这附近的乌石垅。"潘学义告诉他。

汽车停下。去乌石垅的道路不能通车，邓小平说："走路去吧！"

翻过一座小山岗，到了乌石垅村的"杨氏私祠"。这是一幢土木结构的两层楼房。门前一棵千年古樟，枝繁叶茂，盘根错节；屋后一片青松，苍翠挺拔。邓

第十章　浩劫蒙难

小平站在房前看了看，连连摇头："不是这个地方！"

原来这是当年中央革命军事委员会办公旧址，总参谋部、军委一局、作战室、机要室、秘书室等单位设在这里，周恩来、朱德等同志也住在这里，但总政治部并不设在此处。

陪同的同志又带领邓小平走了一里多路，来到古樟掩映的下肖村一幢房子前。邓小平看了看，还是摇摇头："这是中央政治局办公地点。还不是这个地方。"

总政治部旧址在哪里？那时，无论是革命斗争史的宣传，还是革命旧居旧址的宣传，往往只突出毛泽东一个人，与此无关的往往忽略掉，连瑞金革命纪念馆有些工作人员，也搞不清楚红军总政治部到底设在什么地方。

邓小平朝四周环视一遍，略略沉思片刻，问："白屋子在哪里？"陪同的人们答不上来。好在有几位下肖村的老人在场，老人们告诉大家：下肖村西边约1里远有幢白房子，那就是。邓小平听后来了劲头，丢掉手中的烟头，说："走，看看去！"

邓小平迈进大厅右侧小门，稍稍打量了一番，指着左侧第一个房间说："这是总政治部秘书处办公的地方。"他又推开第二间房门，说："我就住在这里。《红星》报也是在这个房间里编辑的。"

瑞金革命纪念馆的同志感到惊讶，说："过去我们怎么不知道这些情况呀？"邓小平继续往前走，就像一位导游，一一告诉大家：这一间是总政组织部办公室，那间是武装动员部办公室；王稼祥主任住这一间，杨尚昆主任住另外一间……

邓小平从白屋子右侧小门穿过中间的大厅，再到左侧的各个房间看了看，然后来到大厅门外。正是红薯收获的季节，有几位老表在忙着晾晒红薯粉。邓小平随手拉过一张靠背竹椅坐下，从口袋中掏出一盒"中华"牌香烟，对那几个老表说："来，歇一歇，抽支烟！"说完，他将烟一一散发给他们，自己也点燃一支，和蔼地问："你们这里一共有几口人？今年收成怎么样？"

老表们已经认出是邓小平，一边兴奋地赶紧将分得的中华烟塞进口袋，舍不得抽，一边抢着回答他的问话。邓小平与他们交谈了十几分钟，祝福老表们年年丰收，家庭幸福，并与大家握手告别。

离开白屋子时，瑞金革命纪念馆的刘礼青请教邓小平："老首长，当时《红星》报有多少人？"邓小平手一挥，说："少着呢。我手下就一个通讯员，我就是编辑。"

大家一路说笑，直到中午12点才回到宾馆。下午，邓小平和卓琳又前往叶坪和云石山参观。第二天整天都是参观瑞金的县办工业。

为让邓小平夫妇能休息半天，11日上午没再安排参观。邓小平利用这个时间，请县里的领导和瑞金革命纪念馆的负责同志一起座谈。邓小平坐在长沙发上，摘下帽子朝沙发扶手上一搁，一边吸烟，一边静静地听取瑞金县革委会副主任常美江汇报全县情况。听完，邓小平缓缓地对大家说："瑞金的县办工业还可以，办起了一些厂子，农业还不太行。"顿了顿，他接着说："应该说，现在比过去好了很多，解放后大家做了许多工作，取得了很大成就。但和西方国家比起来，我们最少落后40年，还需要努力。"

邓小平话语虽短，却很有力量。大家听得非常认真。

瑞金革命纪念馆负责人刘礼青对邓小平说："首长，您看了毛主席在瑞金的旧居，对我们宣传毛泽东思想还有什么指示？"邓小平示意刘礼青坐到自己身边，说："宣传毛泽东的活动，光看几个旧址，还不能反映出当时的历史情况。应该有个纪念馆。纪念馆宣传的内容，应该从井冈山斗争宣传到遵义会议。整个这段历史都应该宣传。"

陪同邓小平赣南行的同志都纳闷：邓小平为何一到瑞金，就一改原来的沉默寡言，说话多了起来？大家猜测：大概是他与瑞金有着特殊的感情吧？

11日下午，邓小平与卓琳离开瑞金前往宁都，途中顺便参观了毛泽东、朱德指挥的红四军大柏地战斗旧址。

按说，中央苏区时宁都留给邓小平的印象也许并不美好。他不仅在这里挨过批斗，还在这里的农村"劳动改造"过。他的心灵深处，曾留下过深深的伤痕。然而，这些事对于这位伟大的革命家来说，毕竟是过眼云烟。邓小平知道，自己受批斗也好，劳动改造也好，都不是党的过错，更不是宁都人民的过错，而是"左"倾错误领导造成的。宁都人民同所有的苏区人民一样，为中国革命做出了巨大贡献和牺牲，有1.6万余名革命烈士在中国革命史上写下了光辉灿烂的篇章。不论是中央苏区还是现在，邓小平对宁都人民都怀有崇高的敬意和深深的眷恋之情。

12日早饭后，县里的同志安排邓小平夫妇前往黄陂参观调查。黄陂是宁都县闹革命最早的地方，也是苏区时红军反"围剿"的重要战场。邓小平当年虽然没有亲自参加红一方面军第一、二、三次反"围剿"战斗，但他对毛泽东在黄陂期间运筹帷幄用兵如神所创下的战争奇迹，早已神往。这次重返宁都，即使县里的同志不作安排，他也会提出到那儿去看看。

汽车卷着黄尘疾驰，不到上午9点半就到了黄陂圩。邓小平和卓琳由县委和黄陂公社一位负责同志带领，乘车前往观音排村和山堂村，参观了毛泽东的旧居；又乘车到丁家排，参观了朱德总司令旧居和红军总部旧址。邓小平伫立在毛泽东旧居前，举目远眺黄陂周围那绵延起伏莽莽苍苍的层峦叠嶂，眼前仿佛腾起了弥漫的硝烟，耳边响起了红军战士与敌人厮杀的呐喊……

参观完毕，邓小平一行返回设在黄陂圩的公社会议室休息。邓小平让县、社的同志谈谈情况。看到县、社的同志要掏出事先准备好的汇报材料照着念，邓小平连忙制止，接着提出了一连串具体问题。他一边问，县、社的同志一边回答。座谈中，邓小平没有作更多的评论，只是将那些令他失望的数字默默地记在心中。

广昌是邓小平历时10天的赣南之行的最后一站。邓小平参观了广昌保卫战主战场之一的沙子岭。他站在岭上，北望绵延起伏的群山，又转过身来望着身后的土地，感慨地对广昌陪同的同志说："苏区时几次想进广昌都没来成，今天总算进来了。"

13日上午，连日阴沉沉的天空突然放晴，浅灰色的伏尔加汽车在阳光照射下驶离广昌。

当天中午，邓小平一行赶到抚州。赣州军分区副政委崔永明和负责警卫的黎新泉，与广昌县的邓大德等一起，一直护送邓小平夫妇到南丰县城。在抚州待了两天，邓小平夫妇参观了几家工厂。临川县的青莲山麓有口温泉，邓小平去那儿痛痛快快地洗了个温泉澡。

12月15日，邓小平夫妇回到南昌新建县望城岗寓所。

邓小平这次赣南之行，历时10天，参观访问了7个县市。用他自己的话说，既"了了心愿"，又接触了社会，调查了解到一些真实情况。

这位中国人民的伟大儿子，尽管自己仍身处逆境，却始终没有忘记人民。赣南的许多地方，他都想去看看，特别是想多和普通百姓们聊聊。他希望多多了解百姓的疾苦，多听听百姓的呼声。可惜他这次赣南之行，没能完全如愿。由于省里事先有规定，他此行甚至连照片也没留下一张。

再见，将军楼！再见，望城岗！再见，江西！汽车启动了，告别的时刻到了。工人们招手向可敬的老人告别，和他们心中崇高的伟人告别。

毛泽东"8·14批示"以后，周恩来立即实施解放邓小平的工作。他通知江西省党政领导，宣布解除邓小平的监督劳动，改善他的生活条件。但与此同时，江青一伙却妄图通过打击主持党中央日常工作的周恩来，遏制邓小平复出。

1972年10月，《人民日报》根据周恩来几次谈话精神，发表了一整版批判极左思潮和无政府主义的文章。张春桥和姚文元立即授意《文汇报》搞了一期《内参》上送，说《人民日报》发表批极左的文章是错误的，是否定"文化大革命"。11月，外交部和中联部提出关于召开外事会议的中心内容，其中提出以彻底批判极左思潮和无政府主义为会议的中心内容。周恩来批示"同意"，可是遭到江青、张春桥、姚文元等人的攻击和反对。在这一政治背景下，毛泽东"8·14批示"的落实工作被搁置了4个多月。

周恩来虽然身处困境，但仍想方设法为邓小平的复出寻找契机。为了扫除邓小平回京的最后障碍，周恩来机智地在12月18日提笔致信当时负责中央组织人事工作的政治局候补委员纪登奎、汪东兴二人："昨晚主席面示，谭震林同志虽有一时错误（现在看来，当时大闹怀仁堂是林彪故意造成打倒一批老同志的局势所激成的），但还是好同志，应该让他回来。此事请你们二人商办，他在桂林摔伤了骨头，曾请韦国清同志注意帮他治好。王良恩同志了解其情况，可问他关于震林同志一家的近情。邓小平同志一家曾要求做点工作,请你们也考虑一下,主席也曾提过几次。"

看来,毛泽东在 12 月 17 日晚与周恩来的谈话,只是讲谭震林的问题,没有提到邓小平。周恩来巧妙地利用这一机会,夹带着把邓小平的问题提出来,叩开邓小平政治上第二次再起的大门。

林彪倒台后,江西省革委会核心领导小组组长下台了。新上任的省委书记白栋材、黄知真探望了邓小平,进行了亲切的交谈。邓小平一家的生活气氛变得轻松愉快了些。不久,黄知真来到将军楼,向邓小平转达了中共关于恢复邓小平组织生活的通知。邓小平敏锐地觉察到,为党为人民重新工作的机会就要来了。

1972 年底,罗朋接到江西省革命委员会政治部的调令,就任江西共产主义劳动大学总校副校长。临行前,他和夫人年丰一起专程看望邓小平夫妇。

邓小平在二楼客厅热情地接待了罗朋、年丰夫妇。罗朋一边吸烟、品茶,一边对邓小平说:"老邓呀,你们俩在厂里劳动 3 年多,工人评价很高,我工作没有做好,有许多缺点和错误,请多多批评。"邓小平听了笑着说:"你们工作做得很好,麻烦你们大家。"

罗朋又关心地问邓小平身体如何。邓小平高兴地说:"我身体很好,比刚来时胖了些!"说着说着,邓小平站起来,用手扯了扯上衣叫罗朋看:"这套衣服,由于身体比过去胖些了,衣服穿得紧了点。"

接着,罗朋告诉邓小平、卓琳,他要调到江西共产主义劳动大学总校工作,不久后要离开这个厂子。邓小平听了笑呵呵地说:"去办学呀,是件好事,去吧。"

罗朋猜想邓小平不久后也可能返北京,迎接新的战斗任务,便说:"老邓,听说你很快就回北京了。"

"还不确定。"邓小平一边讲,一面叫罗朋、年丰夫妇吃橘子。他们的交谈是那样的无拘无束……

可以说,周恩来在力促邓小平复出的问题上,是呕心沥血、煞费苦心的。后来,周恩来又想起一件重要的事,指示将邓小平原来的公务员、秘书立即调到邓小平的身边,协助他的工作,改善他的处境。

1973 年 1 月,邓小平接到中央通知,要他近期内返回北京。其时已临近春节，邓小平对家人说："不忙，过了春节再走。"

在将军楼执行监管任务的黄文华对邓小平的解放，心中掀起了波澜。3年多的将军楼生活，他与邓小平形影不离，刻板机械地执行上级指示，监护邓小平的行动，充当了不光彩的角色。他深深地懊悔。在接到调离通知那天晚上，他心情沉重地去向邓小平辞行，羞愧地说："这3年多，我没有做好工作，甚至有许多缺点错误，请多批评。"

出乎他意料的是，邓小平没有指责他，宽容地说："你的工作是上级指示的嘛！"邓小平还对卓琳说："小黄同志要走了，明天办点菜，为他送行！"次日，邓小平全家请黄文华和那位代邓家采购食品的小战士吃饭，感谢他们3年多来的工作。黄文华为之深深感动。

1973年2月3日，邓小平一家人热热闹闹地在步校的小楼中度过了在江西的最后一个春节。春节过后，邓小平兴致很高，提出再出去走一次，去著名瓷都景德镇看看。

在江西省委的安排下，邓小平夫妇于2月8日踏上了去景德镇的路。邓小平对地方领导说："景德镇很有名气，我小学念书时就知道，这回要好好看看。"在景德镇，邓小平一行参观了几个比较大的瓷器厂和陶瓷馆。在参观为民瓷厂时，一个工人认出了来人，脱口喊了一声："邓小平！"这在车间的工人中间引起了一阵小小的骚动。

随后，邓小平参观了光明瓷厂整个生产过程，详细地询问生产情况，询问工人的收入和生活情况。临走时，他们刚刚上车，没料想，各车间的工人像约好似的，都拥了出来，呼啦一下子把汽车围在了中间。不知是谁带的头，工人们热烈地鼓起掌来。看见工人们热情的欢送，邓小平立即下了汽车，向大家招手，心中充满了感动。许久，邓小平一行才在工人们经久不息的掌声中坐车驶出工厂。

要返回北京的邓小平一家，没有忘记新建县拖拉机修造厂的工人们3年来的深情厚谊。2月18日，邓小平对卓琳："我们不能就这样不声不响地走了，应该向工人师傅告别。"他让卓琳带着孩子们买了一些糖果、饼干和香烟，送给陶端缙、程红杏等师傅和曾照护邓朴方的缪发香阿姨，表示谢意。

卓琳和孩子们到陶端缙家时，他正好不在家，去南昌办事了，只有他的爱人和孩子在家。陶端缙的爱人是个朴素的家庭妇女，见卓琳一行到来，一时手足无措，不知怎样表达欣喜之情。卓琳拉着陶端缙妻子的手说："老陶是个好人啊！这几年来，他天天陪着老邓劳动，对老邓的关心无微不至，谢谢了。我们要回北京了，今天是专门来谢谢的。"陶端缙朴实的妻子没有更多的话语，只是紧紧地握着卓琳的手，久久没有松开。

卓琳和程红杏一起劳动了 3 年多。程红杏教卓琳绕线圈，卓琳教程红杏学知识。两人亲密无间，犹如姐妹。卓琳忘不了邓小平昏倒在车间时是程红杏端来了浓浓的白糖水、忘不了程红杏酿制的米酒的醇香……临走了，卓琳深情地对程红杏说："我们困难的时候，你总是跑前跑后。老邓是带着'走资派'的帽子来的，可你不管这些。以后到北京去，可一定要到我们家，别客气！"两双手紧紧地握在了一起，泪水早已模糊了她们的双眼……

"缪阿姨！胖胖（邓朴方）来不了，这是他给你们的香烟和糖果。谢谢你对朴方的照顾，也感谢程伯伯（缪发香的丈夫程良堂）的支持。"老实忠厚的缪发香对卓琳说，自己照顾得不够，胖胖吃苦了。说着，老人的眼里涌出了泪水。

卓琳和孩子们出了这家进那家，工人们依依不舍地拉着卓琳的手说，这些年你们不容易啊！卓琳真诚地连声说："我们永远忘不了在困难时你们给予的帮助。谢谢，谢谢了！我代表老邓谢谢你们。"

当天晚上，陶端缙回到家里，听爱人说卓琳和孩子专门来家告别，并送了礼物，激动不已。他问爱人，卓琳是否讲了老邓什么时候走。可是，他爱人忘了问邓家走的具体时间。陶端缙预感邓小平明天就会离开，说什么明天也要送送他一家。当晚，陶端缙邀了程红杏、缪发香等六七个工人，约定第二天早上去看望邓小平，并回赠一点礼物作纪念。这个建议得到一致响应。与他们相处 3 年多的邓家夫妇就要离开了，谁不想送送这对心地善良的老人呢？

第二天天一亮，邓小平一家就起程回京。没想到，一出门，工人师傅们都挤在了将军楼前。他们要送一送这 3 年多与自己朝夕相处的邓家夫妇。邓小平招呼大家坐下，桌子上摆满了麻饼、糖果。陶端缙望着邓小平，微笑着说："昨天，卓琳大姐到我们家，我不在，今天我们来给你们送行。"邓小平说："谢谢了。我在这里 3 年多了，麻烦厂里干部、工人，所以我让卓琳带着孩子们到家里表示感谢。这几年，我们能平平安安地度过来，这和大家的爱护、关心是分不开的。"

卓琳插话说："老邓来的时候，是戴着'走资派'的帽子的，那压力多大啊！你们不但没和我们划清界限，反而处处关心我们，照顾我们。我和老邓心里都很感激。"

陶端缙等人怀着歉意对邓小平夫妇说："我们这些工人文化都不高，办事很粗，有很多事未办好，请多原谅。你们回北京后，若有机会到江西来，请你们两位到厂里看看。"邓小平用感谢的口吻连连说："会的，会的，厂里干部、工人都很好，我们会想念你们的。"

这时，程红杏代表工人们送来了花生和鸡蛋。邓小平知道工人们生活很苦，可师傅们的一片心意是一定要收下的。这是比金子还珍贵的东西。

汽车启动了，缓缓地从工人们身旁驶过。工人们忍不住赶紧几步，招手致意。汽车愈来愈远了，满载着邓小平对工人们的谢意。

邓小平带着一家老小，告别了居住了前后跨5个年头的将军楼，乘汽车到了鹰潭。在此之前，江西省委接到中央办公厅主任汪东兴的电话通知：中央已作出邓小平回京的决定，并再三说明邓小平这次回北京，是根据毛泽东的指示，由周恩来亲自安排的。汪东兴指示省委用汽车直接把邓小平一家送到鹰潭，再换乘福州至北京的特快列车。他要求务必做好保密和安全保卫工作，确保邓小平及其家人在江西最后一站的绝对安全。

鹰潭地处赣东、信江中游，隶属上饶地区。江西省委接到汪东兴的电话后非常重视，决定由省委书记黄知真直接通知上饶地委，让地委派人负责做好接待工作。继而，上饶地委决定由鹰潭地区革委会秘书长林振福和鹰潭镇委书记霍凤翠一起，全权负责这次接待工作，并要求"一要安全，绝对安全；二要保密，严格保密；三要热情周到"。

19日下午4点50分，载着邓小平及其家人的两辆汽车驶入鹰潭街道，在镇委招待所内停下，身着雪花呢大衣的邓小平稳健地下了车。这位年近70高龄、经受数小时颠簸之苦的老人，看上去依旧精神饱满，目光炯炯。

见邓小平下了车，等候多时的林振福、霍凤翠连忙上前，握住他的手，问候道："首长，一路上辛苦啦！"

第十章 浩劫蒙难

当听到"首长"的称呼时，邓小平平静地说："还是喊我老邓吧！习惯了，这样亲切些。"邓小平随和、可亲的态度，一下子令林振福、霍凤翠轻松起来。

在服务员的引导下，邓小平与家人向二楼卧室走去。他下榻的219客房，是主楼最东头的一个大套间。这里凭窗眺望，能清楚地看到对面人民公园里那几株千年古樟。相传鹰潭是因境内龙头山上几株千年古樟常有雄鹰栖息，山下信江中又有一泓碧潭而得名。

晚饭后，霍凤翠简要介绍了鹰潭地名的由来和地方工业、驻军等情况，省慰问团上饶分团负责人朱开铨、莫循等人参加了交谈。交谈中，邓小平听说朱开铨是瑞金人，感到很亲切，话也多了些。邓小平还情不自禁地讲起在瑞金当县委书记时遇到的一些人和事。

当得知莫循曾在中原局工作，参加过创办《中原日报》、任过副总编时，邓小平话锋一转，谈起淮海战役。他说："淮海战役是史无前例的，中国不曾有，世界上也未有过。"大家称赞道："这是首长指挥有方！"邓小平谦虚而又严肃地说："不，这是毛主席的战略部署，是我军指战员英勇奋战的结果。"

不知不觉已到了晚上10点多钟，大家恋恋不舍地起身告辞，请邓小平早点休息。送走了大家，邓小平却难以入眠。他倚窗沉思了很长时间，接着又吸着烟在屋内来回踱步。这已是他多年来养成的一个习惯。

夜已经很深了，楼上楼下一片寂静。邓小平思绪万千，他似乎忘却了一天的疲劳，轻轻推开房门，朝楼下走去。

正在楼上值班的服务员郑飞凤听到门响，连忙从值班室出来，迎着邓小平问道："首长，您需要点什么？"邓小平摆了摆手说："什么都不要，只想随便走走。"

郑飞凤一时感到很为难，因为上级已特别交代：为保密、安全起见，不要让首长随便外出。于是，郑飞凤委婉地劝道："首长，天气很冷，外边又有霜露，出去容易着凉。"邓小平微笑着说："不怕，已经是春天了，冷不到哪里去。"

郑飞凤不好再坚持了，只是远远地跟在邓小平身后，陪护着他朝楼下走去。邓小平刚走下楼梯，负责内保的上饶地区公安处警卫科长刘树兴快步上前，准备搀扶。邓小平又是摆摆手："我看得清路，不用扶。"

刘树兴陪伴邓小平出了主楼大门，在院内散步。冷风扑面，寒意甚浓。皎月下映出邓小平稳健的身影，沉寂的四周不时回响起邓小平轻微的脚步声。

忽然间，一片乌云笼罩住了明月，院内骤然间暗淡下来。刘树兴赶紧劝道："首长，月亮已经被云遮住了，还是早点回房休息吧！"邓小平扬起头，望了望变幻莫测的天空，十分自信地说："不要紧，月亮马上就会出来的。"

是的，乌云终究遮没不了月亮，这是大自然的真谛。

半个小时后，邓小平上楼休息。院内又回到先前的寂静中。

2月20日上午11点多钟，邓小平一家在林振福、霍凤翠的陪送下，在鹰潭站登上了福州至北京的46次特快列车。随着一声汽笛的长鸣，列车缓缓地驶出鹰潭站，朝着北方飞驰而去。

> 两位伟人的巨手又握到了一块，邓小平的政治生涯翻开了新的一页。他复出的身影出现在人民大会堂接待外宾的宴会上，立即被广大记者关注。

经过两天两夜的行程，1973年2月22日，列车顺利抵达北京站一号站台。很快，接送的汽车驶进北京西郊马神庙附近一个叫花园村的地方。当晚，中办主任汪东兴到邓小平的住地看望，邓小平感谢他几年来的关照。汪东兴说："我是按毛主席的意思办的。"

不多时，邓小平回北京的消息传开了。一些老同志相继来到花园村看望邓小平夫妇。大家相见，又是叙旧，又是问好，而更多的则是讲述"文革"中的各种遭遇，痛斥林彪集团的罪恶行径。邓小平也十分惦念他的老战友和他们的家人。不久，他就让卓琳看望了罗荣桓的夫人林月琴，夫妇俩还一起去看望了李富春和蔡畅夫妇及陈毅的夫人张茜等。

周恩来总理看见邓小平红光满面、精神抖擞地回到北京，内心充满了喜悦和激动。这位和邓小平一起在法国勤工俭学的兄长，对邓小平在江西3年多的生活，时刻给予关照。周恩来把邓小平的近况报告了毛泽东，毛泽东也是十分高兴的：" 你就告诉他吧，准备工作吧！先休息几天，刚刚从外地回来，可能有些事，他也不知道。先让他熟悉一下情况，看看文件，准备工作吧！"

根据毛泽东的提议，周恩来主持中央政治局会议，专门讨论邓小平重新工作的问题。朱德、叶剑英、刘伯承、董必武等旗帜鲜明地表示赞同，江青一伙从内心讲是极力反对邓小平复出的，但这是毛泽东的提议，他们不敢公开反对，加之林彪集团垮台后，他们也感到势单力薄。经过一阵拖延后，他们尽管暗中百般阻挠、从中作梗，但见没有别的选择了，只得表示拥护毛泽东的提议。

3月9日，周恩来写报告给毛泽东，汇报中央政治局几次讨论关于恢复邓小平组织生活和国务院副总理职务的情况，同时指出，政治局认为需要中央作出一个决定，一直发到县团级各党委，以便各级党委向党内外群众解释。毛泽东收到报告后，当即批复："同意。"

随后，周恩来即批告中办主任汪东兴，将关于邓小平复职的文件及其附件送邓小平本人阅，并对有关内容提出意见。邓小平虽然已经回到北京，但对于中央的一系列直接关系到自己政治生命的重大事件，却并不知情。虽然他以高度的政治敏锐性预感到他复出的时间已迫近，但绝对没有料到事情的发展这样迅速。

3月10日，中共中央向全党发出题为《关于恢复邓小平同志的党的组织生活和国务院副总理的职务的决定》的文件，完成了邓小平政治上的二落二起的第二"起"。

《决定》指出："中央政治局认真讨论了毛主席的批示和邓小平同志的问题。毛主席的批示，充分体现了我们党对待犯错误的同志总是严格区分两类不同性质的矛盾，全面地、历史地评价他们的功过，认真实行'惩前毖后，治病救人'的方针。遵循毛主席批示的精神，中央决定：恢复邓小平的党的组织生活，恢复他的国务院副总理的职务，由国务院分配他担任适当工作。各级党组织要认真学习毛主席有关正确对待犯错误干部的一系列指示，对犯错误的同志要实事求是地做出结论，进一步落实党的干部政策。"

"邓小平要出来工作了！"这个消息不胫而走。这个《决定》虽然限于当时正处于"文化大革命"中的特定的历史环境，还存在一定的历史局限性，带有那个时期的特定的历史烙印。但是，它毕竟作为中共中央正式文件，庄重地向全党正式宣布了恢复邓小平的党的组织生活和国务院副总理的职务的决定，具有重要的历史意义。

中共中央关于邓小平恢复工作的文件发出以后，周恩来向中央政治局请假，要求病休两周，提出中央的日常工作由叶剑英主持。周恩来太累了。自从"文化大革命"开始以来，他的战友和得力助手一个个被"打倒"了，只有他还在独自苦撑危局。九一三事件发生后，他更是夜以继日地超负荷工作，终于疲劳过度，积劳成疾，于1972年5月确诊身患癌症。他多么需要一个武能安邦、文能治国、才思敏捷、办事干练的得力助手分担一下肩上的重负呵！如今，经过毛泽东的批准和中央政治局作出的决定，邓小平恢复工作一事正式成为现实，人民的好总理终于松了一口气，他如释重负，可以安心休息几天了。

周恩来在玉泉山接受全面检查和治疗的期间，不忘委托邓颖超前往看望邓小平夫妇，并向邓小平夫妇通报自己的病情。几天后，周恩来身体稍有好转，便恢复工作，与中共中央政治局委员、国务院副总理李先念一道，于3月28日会见了邓小平。这是周恩来在邓小平恢复担任国务院副总理职务后第一次与邓小平进行正式的工作谈话。

第二天，周恩来约邓小平到毛泽东处开会。会前，在毛泽东的书房里，毛泽东与邓小平见了面。望着几年不见、已经明显苍老的伟大领袖和导师，邓小平百感交集，决心努力工作，不辜负毛泽东的信任和厚望。之后，根据毛泽东的意见，周恩来主持中共中央政治局会议，决定：邓小平"正式参加国务院业务组工作，并以国务院副总理身份参加对外活动；有关重要政策问题，小平同志列席政治局会议参加讨论"。

4月12日晚上7时30分，在富丽堂皇、灯火辉煌的人民大会堂一楼宴会厅，抱病的周恩来满面春风，神采飞扬，主持盛大宴会，热烈欢迎刚刚从柬埔寨解放区返回北京的柬埔寨国家元首诺罗敦·西哈努克亲王和夫人一行。参加宴会的人发现，随同领导人和贵宾一道出来的，有一位个子不高但却极其眼熟的人。是邓小平！就是那个被打倒了的"党内第二号最大的走资派"。

这是邓小平恢复工作以后第一次在重大的外事场合露面，其公开身份是"国

第十章 浩劫蒙难

1973年4月，在欢迎西哈努克亲王的宴会上，邓小平（右）6年来第一次公开露面，十分引人注目

务院副总理"。顿时，邓小平成为宴会中最引人注目的人物。

宴会还在进行，一些特别敏感的记者纷纷走出人民大会堂，直奔近处的邮电大楼，竞相向全世界发布这一重大新闻：邓小平复出了！

第二天，港台及世界上的许多新闻媒介，对于邓小平重返中国政治舞台大加报道和渲染。一时间，邓小平的复出成为海外人士评论中国问题的一个热点关键词。有一家外国媒体形象地将邓小平称为"中国打不倒的小个子"。也有记者这么称，"这次宴会上不是西哈努克而是邓小平成了无冕之王"。

邓小平戏剧性地突然露面，使在场的众多中外来宾惊讶不已。一位有幸参加这次不寻常宴会的东欧记者，事后曾这样描述他眼中的神奇人物：

"在那次令人难忘的招待会上"，邓小平"只身孤影，缄默无声"。"然而，他那对大而近似欧洲人的眼睛，正扫视着所有在场的人。似乎这孤独丝毫没有使他感到难堪和不安，相反，他正在察看地势，端详同伴，准备迎接新的任务和斗争。""眼前的景象是：这边，站着'文化大革命'的一些英雄，他们不久前曾剥夺了邓的一切权力；而那边，则是政治的牺牲者。他现在又站在象征权力的大厅内，并且是副总理之一。此时此刻，双方能互相揣度些什么呢？……"

从此，邓小平作为中华人民共和国国务院副总理，开始履行自己的职责，频繁地出现在中国和国际政治的舞台上。这次宴会亮相，可以说是周恩来精心设计的一个杰作，强烈地烘托出邓小平政治上再起的重大意义。

林彪的身亡，一度造成了接班人位置的空缺，也使人们对于九大乃至整个"文革"路线的正确性产生了质疑。在这样一种形势下，毛泽东认为，有必要提前召开一次党的代表大会，以解决林彪事件带来的诸多"后遗症"。5月底，中央决定让从湖南调来的华国锋和上海调来的王洪文，与时任北京市委第一书记的吴德，三人列席中央政治局会议并参加中央政治局工作。

经过3个月的仓促准备，中国共产党第十次全国代表大会于8月24日至28日在京召开。会议通过了由张春桥起草，经毛泽东审定的十大政治报告。该报告承袭了九大的错误，再一次不容置疑地肯定了"左"的路线。会议还通过了新的党章——基本上继承了九大党章的内容，主要是删掉了有关"林彪接班人"的内容。

在中共十大上，靠"文化大革命"起家的"文革新贵"王洪文当选为中央副主席，张春桥当选为中央政治局常委，江青、姚文元当选为中央政治局委员，长期充当"中央文革小组"顾问的康生当选为中央副主席。尽管在中央委员、政治局委员和政治局常委中增加了一定数量的老同志，但以江青为首的中央文革的势力却得到了大大的加强。会上，邓小平当选为中央委员。于是，在整个中央机构中，基本形成了以周恩来为代表的老同志和以江青为代表的"文革"势力两大阵营。

明眼人都知道，在"文革"中发迹的"政治明星"王洪文这个大造反派头头被推上了接班人的位置。

十大之后，叶剑英向毛泽东提议，让邓小平在军内兼职，并参加中央政治局的工作。毛泽东表示可以考虑。

秋雨淅沥。秋雨中的韶山，更显一种迷人的景色。10月19日，绵绵秋雨中，一辆老式的乳白色"吉姆"牌轿车徐徐驶进宁静的韶山冲。车上坐着一位个子不高、身着灰色中山装的长者。当车子稳稳地停在毛泽东的旧居（1982年底改称故居）前，车门打开后，周围的人们吃了一惊，这不就是刚刚被毛泽东"解放"、重新恢复国务院副总理职务不久的邓小平吗？

邓小平是陪同加拿大总理皮埃尔·埃利奥特·特鲁多到桂林游览，在返京途中路过长沙时，临时决定到韶山参观的。韶山之行，是邓小平多年的愿望。现在有机会来这个地方参观，他自然十分高兴。可是，对地方政府来说，却是出了个不大不小的难题。

难在接待上。按说，一个副总理来，地方应当热情招待，但邓小平是江青的"眼中钉"，热情接待会不会有副作用呢？省里的领导们思量再三，确定了"不冷不热"的原则。于是，选用20世纪50年代的名牌车"吉姆"让邓小平一行乘坐，而没有选用国产车"红旗"。

邓小平对这种"不冷不热"的接待并无什么感觉，反而兴冲冲地说："1959年，毛主席到韶山也是乘坐这种车。我老早就想来了，1965年就有这个念头，可那时太忙；1966年我想来也来不了啦！"这段幽默的话使人们会心地笑了。

换上长筒雨靴的邓小平打着雨伞，步行来到毛泽东旧居。旧居风貌依旧，仍保持着毛泽东离开时的原貌。毛泽东在这里生活了16年，邓小平从书刊上、同事们的谈话中早就清楚了。

在毛泽东旧居，邓小平看得那么投入，那么仔细。在毛泽东父母卧室，接待人员告诉他，墙角那张木床是原物，毛泽东就是在这张床上诞生的。邓小平一边看说明词，一边询问毛泽东早年学习、生活的情况，还详细询问了韶山党支部的建立情况。

参观中，邓小平提了提毛泽东少年时代挑过水的水桶，摸了摸毛泽东诞生的木床，并仰望曾建立韶山党支部的阁楼，说："这虽不是中国农村最早的党支部，却是较健全、较早做出贡献的农村党支部。"

走进毛泽东小弟毛泽覃的卧室，邓小平的神情立即凝重起来，他的思绪回到了40年前。那时，王明推行的"左"倾路线，把邓小平、毛泽覃、谢唯俊、古柏诬蔑为"江西的罗明路线"，是"反党的派别和小组织的领袖"。当时，毛泽东同样处在被排斥和受打击的境地中，所以，"邓毛谢古"被推行"左"倾路线的人称为"毛派"。

毛泽覃牺牲时年仅29岁，他是带着冤屈，在国民党"围剿"中壮烈牺牲的。墙上挂着的烈士遗像，目光是那么清澈，神情是那么坦然。邓小平久久地在烈士遗像前伫立，对大家说了一句话："毛泽覃是个好同志。"多少情感，都浓缩在这短短的一句话中。

从毛泽东旧居出来，邓小平一行又来到了晒谷坪，参观了毛泽东家的稻田、菜地，然后去毛泽东同志纪念馆。在纪念馆，邓小平一边沉思，一边参观。当时馆里的陈列受"左"的影响很明显，邓小平默不作声。他知道，在"文化大革命"中，"朱德的扁担"曾变成"林彪的扁担"，"朱毛会师"曾变成"林毛会师"，所以，陈列馆中也不可避免地有"左"的痕迹。主管陈列的同志看邓小平不说话，便凑上去问邓小平有什么指示。邓小平说了很耐人寻味的一句话："你们陈列的是历史，只要符合历史就行，我没有什么指示。"

到吃午饭的时间了，接待人员又犯愁了，按什么规格呢？厨师们作了两手准备，如果邓小平高兴，就上国宾级的，如果不高兴，就上一般规格的。邓小平一行走进松山一号小餐厅，便有人上前去"侦察"。"侦察员"有经验，他巧妙地沟通后，得知邓小平心情不错……

韶山的主人向邓小平敬酒，祝他健康和长寿。兴致上来的邓小平微笑着，大声地致祝酒词："来，让我们为我们党，为毛主席干杯！"

在座的人无不动容，他们看到了邓小平的博大胸怀。这次午宴，邓小平分外高兴，连续喝了4大杯茅台酒，吃了4个小馒头，一小碗饭。而那时，他已经是69岁的老人了。

经过一段时间的观察，毛泽东已下定决心，在更大程度上重用邓小平。12月12日起，毛泽东连续主持召开中央政治局会议。会上，为了吸取林彪事件的教训，坚定地把军队置于党的绝对领导下，毛泽东提出将八大军区的司令员进行对调。毛泽东说："我和剑英同志请邓小平同志参加军委，当委员。是不是当政治局委员以后开二中全会追认。"他批评道，以前"政治局不议政，军委不议军、不议政，以后改了吧"。

3天后，毛泽东同一部分中央政治局委员和几个大军区负责人谈话，介绍邓小平说："我们现在请了一位总参谋长。他呢，有些人怕他，但他办事比较果断。他一生大概三七开。你们的老上司，我请回来了，政治局请回来了，不是我一个人请回来的。"毛泽东还送给邓小平两句话："柔中寓刚，绵里藏针""外面和气一点,内部是钢铁公司"。

12月22日,中央军委发布命令,令北京与沈阳、南京与广州、济南与武汉、福州与兰州军区司令员相互对调。在召集这些军区司令员开会宣布中央和军委的决定时,毛泽东作了重要讲话,再次宣传邓小平说:"现在,我请来了一个军师,叫邓小平。发个通知,当政治局委员、军委委员。政治局管全部的,党政军民学,东西南北中。我想政治局添个秘书长吧,你不要这个名义,那就当个参谋长。"

毛泽东一而再再而三地在各种场合大力宣传邓小平,要全面重用邓小平,病体沉重的周恩来深受鼓舞。就在22日会后,周恩来不顾疲倦的身体,用他那不很灵活的右手,当即逐字逐句地写下了中共中央关于邓小平任职的通知。

1974年1月18日,周恩来主持中央政治局会议,提议成立由叶剑英牵头,有王洪文、张春桥、邓小平、陈锡联参加的中央军委5人小组,全权处理军委日常事务及紧急作战事项。邓小平由此进入军队领导核心。之后,中央政治局会议又正式向毛泽东提出这一建议,得到毛泽东的赞同。

这样,邓小平集党、政、军的要职于一身,开始全面参与党和国家的重大决策。

代表中国人第一次站在世界最高的讲台上,邓小平开始在国际舞台上崭露头角。他把智慧留给了整个世界,他的魅力感染了整个世界。

1974年,美国纽约联合国总部决定于这年的4月召开联合国大会第六届特别会议,中国政府决定派代表团前往参加。这是中国在恢复联合国安理会常任理事国席位后首次派遣高级代表团出席这样一个重要的会议,必须派出外交和国际上卓有声望的人率团参加。由谁担任代表团团长,在中央政治局会议上进行过一番激烈的争论。

此时，周恩来总理重病在身，不宜远行。刚刚恢复工作的邓小平，虽然担任国务院副总理职务，但他还不是中央政治局常委。1974年3月，中共中央政治局就出席联合国大会第六届特别会议的人选进行讨论，在这次会议上根据外交部的建议（实为毛泽东、周恩来的意见），提出由邓小平率团出席联大特别会议，并代表中国政府作大会发言。毛泽东之所以提名邓小平出席这样一个重要的会议，是经过深思熟虑的。其一，邓小平"文革"前多次代表中国的党和政府参加与苏联等共产党国家的谈判，具有外交经验。其二，这是一个重要国际会议，应该让一个未来将在中国政治舞台上担任重要角色的人，代表中国在世界舞台上发言。

对于邓小平的复出，江青等已十分不满；邓小平一再被提升和重用，江青等更是恼怒。出席联大会议这样一个在世界舞台"出风头"的"美差"，也要让邓小平来担任，江青简直无法容忍。

周恩来连续几天主持中央政治局会议，讨论外交部根据毛泽东提议由邓小平担任联大特别会议代表团团长的报告。会上，江青以"安全问题"和"国内工作忙"为由，公然反对由邓小平担任代表团团长，向周恩来和邓小平发难。3月24日，周恩来不顾江青的阻挠，提笔在外交部报告上批示，同意外交部所提方案，并将该件送毛泽东及各政治局成员传阅。江青见到批件后勃然大怒，竟"勒令"外交部必须撤回其原报告。

毛泽东知道后，托人转告周恩来："邓小平出席联大，是我的意见，如政治局同志都不同意，那就算了。"周恩来得知后当即表示："完全同意毛主席的意见。"周恩来将毛泽东的这个意思转告给了政治局其他成员，并特别要在场的王洪文向江青、张春桥、姚文元转达毛泽东的意见。

在3月26日中央政治局再次讨论出席联大会议人选时，由于周恩来事前努力，政治局成员中除江青外均一致同意邓小平率团出席联大特别会议。为此，江青歇斯底里，大闹政治局。会后，毛泽东得知江青在会上的表现，大为不满。

3月27日，毛泽东致信江青："邓小平同志出国是我的意见，你不要反对为好。小心谨慎，不要反对我的提议。"当晚，在一个会上，江青迫于毛泽东的怒气，表示同意由邓小平率团参加联大特别会议。邓小平说："既然主席决定了，我还是去，聋子办外交嘛。"

3月底，周恩来致信毛泽东："大家一致拥护主席关于小平同志出国参加特别联大的决定。小平同志已于27日起减少国内工作，开始准备出国工作。"并告："小平等同志出国安全，已从各方面加强布置。4月6日的代表团离京时，准备举行盛大欢送，以壮行色。"

对于这届联大，中央非常重视。因为这是新中国成立以后中国最高级别领导人首次登上联合国的讲台，如何亮相，关系到新中国外交形象。邓小平接到中央的任命后，立即全力投入了准备工作。

邓小平20世纪60年代曾率领中共代表团同苏共进行谈判，有着丰富的外交经验。他对参加准备工作的同志说："重要的是要有一篇好的发言稿。"随后，他集中精力，指导代表团成员准备这篇发言稿。代表团在讨论这个发言稿时，觉得这篇发言除支持第三世界关于建立国际经济新秩序的各项主张外，还应当向国际社会传达我们党对国际形势的新看法，即毛泽东同志关于划分三个世界的新提法。代表团把这个想法向邓小平请示后，他立即首肯。

毛泽东最早提出"三个世界"划分的理论，是在1973年。这年6月22日，他在会见马里国家元首特拉奥雷时说："我们都是叫作第三世界，就是叫作发展中国家。"1974年2月22日，他在会见赞比亚总统卡翁达时，根据当时世界各国的发展变化，根据国际形势发展的主流和历史前进的方向，明确提出了划分"三个世界"的战略。毛泽东说：美国、苏联是第一世界；日本、欧洲、加拿大、澳大利亚是第二世界；亚洲除了日本，还有整个非洲、拉丁美洲都是第三世界。毛泽东还强调指出：中国属于第三世界。因为政治、经济各方面，中国不能跟富国、大国比，只能跟一些比较穷的国家在一起。

发言稿写成后，邓小平和大家一起，花了一整天时间在人民大会堂逐段讨论、斟酌、修改。中午，他和大家一样，各分一份工作菜饭，吃完靠在沙发上略事休息，就再行讨论。讨论中，邓小平十分注意听取每个同志的发言，还不时地表示：这个意见提得好。

会议讨论到最后一段结束语时，邓小平说，应该讲这样几句话，就是："中国现在不是，将来也不做超级大国。如果中国有朝一日变了颜色，变成一个超级大国，也在世界上称王称霸，到处欺负人家，侵略人家，剥削人家，那么，世界人民就应当给中国戴上一顶社会帝国主义的帽子，就应当揭露它，反对它，并且同中国人民一道，打倒它。"当参加起草工作的凌青记下这几句后，邓小平说："你就这样写，不必改。"

邓小平准备在联大特别会议上的发言稿，经中共中央政治局讨论通过，随后报送毛泽东最后定夺。毛泽东审阅后于4月4日批示："好，赞同。"

在邓小平全力准备联大讲演稿的时候，周恩来不顾病痛，亲自为邓小平的出行作细致周密的安排。他召集外交部和民航局有关负责人开会，研究欢送礼仪和代表团专机的飞行安全。他对民航局领导交代："邓小平同志代表中华人民共和国出席联合国大会，我们要为他圆满完成任务打通道路，增添光彩。"为确保航线畅通，他建议民航机组安排东西两线同进试飞，这样如遇情况，可以确保飞行安全。当时，我们国家处于对外封闭的状态，没有通往西方国家的飞行航线，为了邓小平此次出席联大会议，周恩来特别批准我国民航飞机申请航线，进行一次极其特殊的飞行任务。

4月6日清晨，周恩来抱病率领中央政治局委员和在京的党、政、军各部门负责人以及各界群众4000余人在北京首都机场组织了一个盛大的欢送仪式，为邓小平和全体团员送行。消瘦的周恩来和精神矍铄的邓小平的手紧紧地握在了一起，多少嘱托和信任，都在这紧紧的一握之中。

4月的纽约正是春暖花开的季节。此时的联合国总部显得格外繁忙，象征着各国主权的国旗在空中高高飘扬。世界都在关注中国代表团的到来。西方的政治家们纷纷猜测，邓小平究竟是个什么样的人物？

4月7日，邓小平率团飞抵纽约，阿尔及利亚、阿尔巴尼亚、罗马尼亚、朝鲜常驻联合国代表或观察员，和中国常驻联合国代表团工作人员、联合国副秘书长唐明照、联合国礼宾处负责人等到机场欢迎。

邓小平一到纽约，便马不停蹄地开展外交活动，表现出一个卓越外交家、杰出政治活动家的外交风采。他先后同一些国家常驻联合国观察员，以及出席会议的一些国家元首与代表团团长会见、会谈，并在大会开幕前会见了联合国秘书长瓦尔德海姆和大会主席莱奥皮尔多·贝尼特斯。

第一章 浩劫蒙难

1974年4月10日,中华人民共和国代表团团长邓小平在联合国大会第六届特别会议上发言,阐述关于"三个世界"划分的战略思想(钱嗣杰 摄)

4月10日下午,在一片关注的目光中,身着藏青色中山装、手持发言稿的中华人民共和国代表团团长、政府副总理邓小平,健步走向讲坛。他目光锐利,昭示着某种正义;他容光焕发,充满了自豪与信心。"一定不辱主席的使命!"邓小平心里暗示着自己。

在讲坛站定,邓小平颇有风度地回首,向大会主席点头致意,随后他的目光转向会场。这里几百名来自不同国家与地区的代表与众多记者,白种人、黄种人、黑种人,马上就要听到中国代表团的声音。

从容不迫地摊开讲稿,邓小平开始了他明快的发言。面对专心聆听的与会者,邓小平精辟地阐述了毛泽东提出的"三个世界"的理论,论述了中国的对外政策。讲演引起了世界各国的高度关注,特别是毛泽东"三个世界"的理论和"中国永不称霸"的承诺,引起了第三世界国家的强烈反响和热烈欢迎。发言中,邓小平时而双手按在案前,时而低头看看会场前排的苏联代表。每当念至"两个超级大国"或"社会帝国主义"一词时,他总是语气加重,略显严厉。

邓小平的发言震动了整个会场,赢得了广大发展中国家的称赞。发言结束时,热烈的掌声回荡在联合国大厅,许多国家的代表纷纷拥上前去与邓小平握手致意。世界各大报刊和电台也纷纷报道了邓小平的发言。毛泽东关于"三个世界"的理论经过邓小平的全面阐述在国际上产生了深刻而持久的影响，大大提高了中国在国际舞台上的地位和声望，中国政府的外交影响力又一次震动了全世界。

邓小平的外交风采也为世界所瞩目。一些舆论评论道：这个站在联合国讲台上的小个子中国人，不仅代表着新中国的形象，还是周恩来总理的一个"最好的代理人"。

与会期间，邓小平的日程安排得满满的。他利用会内会外的空隙，结交、拜会新旧朋友。

4月10日晚上，出席阿尔及利亚革命委员会主席、政府总理布迈丁为招待参加本届联大特别会议的各国代表团举行的招待会。4月11日上午，会见法国外长米歇尔、马达加斯加共和国外长迪迪埃·拉齐拉卡；下午会见墨西哥外长埃米略·奥斯卡·拉瓦萨、突尼斯外长哈比卜·沙提、英国副外长戴维·恩纳尔斯，拜会加蓬总统阿尔贝–贝尔纳·邦戈。

4月12晚上，中国代表团以副团长、常驻联合国代表黄华的名义，为代表团团长邓小平举行招待会。招待会与其说是为招待邓小平，不如说是邓小平率团招待全世界各国派来的与会代表。中国代表团邀请了90多个国家的外长、其他部长、代表团或代表参加招待会。邓小平利用这个机会，表明中国政府广交朋友的对外政策。

几百位客人将大厅挤得满满的，热闹非凡。招待会在友好的气氛中进行。为了表示主人的热情，邓小平、乔冠华、黄华同客人热烈握手，并进行友好交谈。

4月13日上午，邓小平不顾前夜的劳累，会见了南斯拉夫代表团团长、联邦执行委员会副主席兼外长米洛什·米尼奇；中午利用午餐的机会，宴请阿尔巴尼亚外长奈斯蒂·纳赛；下午拜会毛里塔尼亚总统莫克塔·乌尔德·达达赫，感谢达达赫总统为推动中国和非洲国家之间的关系做出的巨大努力。

4月19日，邓小平率团回国。这一天的上午，周恩来致函毛泽东："小平同志率代表团今日下午五时半到京，欢迎场面同欢送一样。"下午，首都机场人山人海，红旗如潮，锣鼓喧天。周恩来不顾病痛，再次前往机场，以隆重的仪式迎接邓小平一行。

邓小平出席联合国大会第六次特别会议

在邓小平一行回国之前的4月14日晚上，出席第六届特别联大的美国代表团团长、美国国务卿基辛格为中国代表团团长举行了宴会。基辛格安排这次宴会，除一般礼仪外，主要是与中国方面谈两国关系正常化问题。主宾不是陌生人，稍微寒暄了几句，便切入主题。

"我们美国政府正在致力于两国关系正常化的努力，研究如何实现'一个中国'的设想，但一时想不出办法来。"基辛格故意推托说。其实，尼克松总统早在1973年11月派基辛格第六次访华时，已为实现"一个中国"的设想想出了办法，对中国作出了承诺。

邓小平心里非常清楚，美国政府并非"一时想不出办法来"，而是尼克松总统被"水门丑闻"搞得焦头烂额，一时抽不出时间来。

"博士先生，中国政府希望这个问题能较快地解决，但也不着急。我们能够体谅美国政府的困难。"邓小平笑了笑，很有分寸地说。基辛格表示："让我们共同努力吧。"

1974年8月，尼克松终因"水门事件"而辞职。11月下旬，基辛格在海参崴美苏最高级会谈结束后，返美途中访华，同邓小平进行了四次会谈。会谈中，邓小平对美国的对台政策"开了炮",并对美方其他的做法进行了批评。他态度严正,措辞直率。

差不多在一年后,也就是1975年10月,基辛格和邓小平又一次在北京会面。这一次,基辛格是带着重要使命而来的。他是为美国总统福特年底正式访华来做准备工作的。这时,毛泽东的健康状况不太好,毛泽东用手指指头部说:"这个部分还行,我能吃能睡。"然后又用手拍拍腿说:"这些部分运转不行了,我走路时感觉无力。肺也有毛病。总之,我感到不行了。"邓小平还是作为中国方面的主要代表接待了基辛格。他在人民大会堂南门接待厅和基辛格举行了三次长时间的会谈。

在会谈过程中,基辛格曾对邓小平说,美中两国之间的关系是建立在健全的基础之上的,因为两国都对对方无所求。

邓小平说:"我们非常欣赏尼克松总统在会见毛主席时讲的话,他说,他是出自美国自身的利益到中国来的。中方欣赏尼克松迈出了这勇敢的一步。我们理解他这个话的真实性,不是一种外交语言。就是说,他是出于美国自身的利益同中国打交道的。"说到这里,基辛格脸红了并略显尴尬。

邓小平还说:"毛主席多次强调,中美之间当然有双边问题,但更重要的是国际问题。对待国际问题,要从政治角度考虑,才能把问题看得更清楚,才能在某些方面达到协调。正是这一点上,我们欣赏尼克松总统作为一个政治家的风度。"

正如当时担任美国驻中国联络处主任,并参加邓小平和基辛格会谈的布什在自己的回忆录中所写:"邓小平在同外国领导人会谈中表现出一种独特的才能。他能恰好地掌握强硬与亲善相结合的分寸。不过,他在同基辛格会谈时的情绪明显咄咄逼人。"

邓小平是中国的,也是世界的。他不止一次说过:我是一个世界公民。从16岁他第一次走出国门,到78岁最后一次出国访问,他把智慧留给了整个世界,他的魅力感染了整个世界。在变幻莫测的国际舞台上,留下了许多叱咤风云的手笔。

第十章 浩劫蒙难

> "迫不及待"的人大做文章批"周公",之后又想扳倒邓小平。"上海帮"做梦也没想到的是,他们精心策划的结果,竟是"眼中钉"一再高升,重权在握!

1973年11月,美国国务卿兼总统国家安全事务助理基辛格访华。周恩来虽已身患癌症,但他还是跟基辛格进行了长时间的会谈。之后,毛泽东会见了基辛格。在这之前,毛泽东召见了参加周恩来、基辛格会谈的翻译,听取了他们会谈的情况。翻译在汇报时说及,周恩来对有些问题的意见不请示主席、不报告主席,他被美国的原子弹吓破了胆!

毛泽东偏听偏信了翻译的不如实的汇报。他在跟基辛格会谈时,态度格外强硬,所以连基辛格都明显感到了,"中国外交政策的制订者是毛泽东,不是周恩来"。

11月14日,中美双方发表了公报,周恩来送走了基辛格,毛泽东就要求中央政治局开会,批评周恩来在跟基辛格会谈中犯了右的错误。

那时,毛泽东已不大出席中央政治局会议,会议通常由周恩来主持。江青知道毛泽东批评了周恩来,喜出望外。在政治局会议上,她显得格外激动,把久久郁积在内心的对周恩来的不满倾泻出来。

江青尖刻地说:"这是第十一次路线斗争!"姚文元马上附和江青的这一新"见解"。所谓的"第十一次路线斗争",那是因为按照当时流行的说法,中共党内已进行过10次路线斗争,被斗争的代表人物是陈独秀、瞿秋白、李立三、罗章龙、王明、张国焘、高岗、彭德怀、刘少奇、林彪。江青的意思是,如今所进行的是"第十一次路线斗争",其代表人物便是周恩来!

江青那张"刀子嘴"是很锋利的,她当着周恩来的面说,你"是迫不及待地要取代毛主席"！周恩来毕竟富有涵养，端坐不动，他跟江青打交道打了那么多年，深知其人。

毛泽东听了关于政治局会议情况的汇报，感到江青讲话太过分，认为"他（周恩来）不是迫不及待，她自己（江青）才是迫不及待"。

在第一个回合中，江青受到毛泽东的批评，未能获胜。她处心积虑，一次次寻机向周恩来发动攻击。

林彪乘坐的三叉戟飞机在叛逃途中坠毁于蒙古温都尔汗后，江青集团的势力迅速填补了林彪集团留下的权力真空。十大后，江、张、姚、王在政治局中结成"四人帮"。他们权欲熏心，野心勃勃要攫取更大权力。在清理林彪北京西城区毛家湾的住所时，江青一伙发现那里挂着林彪、叶群所书孔孟格言之类的条幅。这本是林彪他们附庸风雅的东西，阴谋家们却借题发挥，声称"中外反动派和历次机会主义路线的头子都是尊孔的"，并选编成材料《林彪与孔孟之道》送给毛泽东。1974年1月，毛泽东批示同意转发这些材料，江青一伙借机大肆鼓噪，一场所谓"批林批孔"运动在全国推开了。

野心家们唯恐人们不理解他们真实的目的，到处发表煽动性的讲话。王洪文的话，就泄露了江青一伙的"天机"——"批林批孔运动是第二次文化大革命，第十一次路线斗争开始了！"

"江青写作组"抛出的"大块文章"，无不影射人民的好总理周恩来。1974年1月4日，《人民日报》所载"唐晓文"的《孔子杀少正卯说明了什么》一文中，特意指出："孔丘担任了鲁国管理司法、刑狱的司寇，并代行宰相职务。"他把孔子写作"宰相儒"。当年，江青们在批《海瑞罢官》时，说吴晗"借古讽今"。如今，江青们倒真的在玩弄借古讽今，在玩弄政治把戏，想"批林批孔批'周公'"。

发表在1974年第4期的《红旗》杂志上、署名"北京大学、清华大学大批判组"的《孔丘其人》一文中，有一段对孔子的"形象化"描写："七十一岁、重病在床"，"还拼命挣扎着爬起来，摇摇晃晃地去朝见鲁君"。文章还咒骂孔子是"开历史倒车的复辟狂""虚伪狡猾的政治骗子""凶狠残暴的大恶霸""不学无术的寄生虫""到处碰壁的丧家狗"。句句指桑骂槐，攻击周恩来。

已患癌症的周恩来承担着繁重的工作担子，又承受着"批林批孔批'周公'"的重负，他的病情日见严重。这时，江青却大喜，想请毛泽东再为"批林批孔"运动作指示，以便把声势搞得更大一些。不料，毛泽东致函江青拒见，并发出了严厉的警告，表明自己的态度："批林批孔"他同意，"批'周公'"他反对。

沉疴在身的周恩来心力交瘁，不胜其劳，于6月1日住进解放军305医院接受治疗。于是，中共中央政治局日常工作由王洪文主持，国务院工作由邓小平主持，军委工作由叶剑英主持，形成了新的党、政、军"三足鼎立"的局面。这时，令周恩来较为宽心的是，国务院有邓小平在主事，他深信这位"打不倒的小个子"特有的才干。

就在周恩来病势渐重之际，邓小平重新崛起，分担周恩来的重负，成了江青新的政敌。于是，江青、张春桥、姚文元、王洪文有恃无恐，经常私下串联，在政治局一哄而起向邓小平发难，把党内生活搞得乌烟瘴气。

江青一伙的专横跋扈以及不正常的宗派活动，造成国家政治形势的恶化。邓小平同周恩来等老一辈革命家忧心忡忡，他们通过各种渠道向毛泽东反映这些真实情况。这时的毛泽东不赞成全国再次大乱，他也对江青说出的无耻谰言及霸道作风极其愤慨。

7月17日，中共中央召集政治局会议。毛泽东打破惯例出席了会议，在医院的周恩来也抱病出席。会上，毛泽东当众批评江青说："江青同志你要注意呢！别人对你有意见，又不好当面对你讲，你也不知道。不要设两个工厂，一个叫钢铁工厂，一个叫帽子工厂，动不动就给人戴大帽子。不好呢，要注意呢。你那两个工厂不要了吧。"

面对毛泽东的严厉批评，江青在众目睽睽之下只好说道："不要了，钢铁工厂送给小平同志吧！"

江青话里有话。因为她知道毛泽东说过邓小平是"内部钢铁公司"，即表面上话不多，骨子里很硬，亦即"绵里藏针"。江青顺水推舟，把毛泽东对她的批评转到邓小平头上。毛泽东紧叮了一句："当众说的！"江青也不含糊："说了算！"

毛泽东转向与会者，说道："孔老二讲的，言必信，行必果。听到没有，她并不代表我，她代表她自己。对她也要一分为二，一部分是好的，一部分不大好呢。"

接着,毛泽东指着江青对与会的政治局委员说:"她算上海帮呢!你们要注意呢,不要搞四人小宗派呢。"毛泽东在政治局说这番话,是因为他已察觉江青在搞"四人小宗派",也是表明他开始对王洪文——他第三次选定的接班人——失望。

8月,毛泽东在一次讲话中指出:"无产阶级文化大革命,已经八年。现在,以安定为好。全党全军要团结。"此时的毛泽东认定国家不能再乱了。据此,他作出近期召开第四届全国人民代表大会的提议,欲逐步使国家走上正轨,在他身后能完整、平安地交班。

那么,这个班交给谁呢?也许是毛泽东的一种"政治习惯":面临一场重大的政治斗争,他往往要离开首都北京。10月4日,在武汉的毛泽东让身边的秘书打电话告诉王洪文,并让王洪文转告周恩来:提议邓小平担任国务院第一副总理。这是在四届全国人大召开前夕事关政府"组阁"的重大举动,也表明毛泽东的政治倾向性。

王洪文接到电话后,并没有按照毛泽东的指示马上转告周恩来,而是在当天晚上,首先去告诉了江青等人。江青一伙拖了两天以后,才极不情愿地将毛泽东的指示告诉了中央政治局和周恩来。10月6日,周恩来即约邓小平谈话,把有关工作托付给了邓小平。

10月11日,根据毛泽东的意见,中共中央正式发出关于在近期召开四届全国人大的通知。10月13日,正到处寻机发难的江青从《国内动态清样》上看到有关"风庆轮事件"的报道,其中有批判"造船不如买船,买船不如租船"的所谓"洋奴哲学"的内容。江青如获至宝,挥笔批道:"交通部是不是毛主席、党中央领导的中华人民共和国的一个部?""有少数崇洋媚外,买办资产阶级思想的人专了我们的政。"又称:"政治局对这个问题应该有个表态,而且应该采取必要的措施。"

江青批示后,王洪文、张春桥、姚文元也紧跟其后,异口同声地提出这件事是"路线问题",要求国务院、交通部抓住此事进行所谓"路线教育"。

与江青一伙大段大段横加指责、上"纲"上"线"的批语形成鲜明对照的是,邓小平仅在这份材料上画了个圈,而周恩来后来也只在江青派人专送的传阅件上批了个"已阅"两字。两位国务院主要领导人对江青一伙的无理取闹看似不屑一顾，实则已开始警觉。

10月17日晚，早有预谋的江青等人在中央政治局会议上联合向邓小平发起突然袭击。他们把所谓"风庆轮事件"定性为"崇洋媚外""洋奴哲学"的一个典型，把攻击的矛头直指周恩来、邓小平领导下的国务院。

会上，江青首先站起来质问邓小平："对这件事，你是支持，还是反对？或者想站在中间立场上？你要表明态度。"

对江青一伙的这种惯用伎俩，邓小平过去已碰见多次，但他一般都以沉默来"表态"，而这一次，江青那种骄横无理、唯我独尊的腔调和做派使他再也按捺不住心头的怒火。邓小平逼视对手，严词回击："对这件事我还要调查。政治局开会讨论问题，要平等，不能用这样的态度对人。这样，政治局还能合作？强加于人一定要说出赞成你的意见吗？"

这是邓小平自1973年复出以来，第一次公开"顶撞"这位"文化大革命的旗手"。对此，江青颇有些意外。她怔了好一会儿才突然明白过来，在一阵撒泼之后又用泼妇式的语言攻击、谩骂邓小平。邓小平忍无可忍，愤然起身，退出会场。这时，在一旁静观事态的张春桥望着邓小平的背影，恨恨地说道："早知道你要跳出来，今天果然跳出来了！"

于是，中央政治局会议不欢而散。当晚，"四人帮"在钓鱼台17号楼密谋策划。江青认为：邓小平之所以吵架，就是对"文化大革命"不满意，有气，反对"文化大革命"。江青等人密谋的结果是，由王洪文出面，马上去长沙向毛泽东告邓小平的状，搞臭邓小平。

第二天，王洪文背着中央政治局多数成员，擅自飞往长沙。下午，刚抵长沙的王洪文便按照他们几个人事先商量好的口径，匆匆向毛泽东作"汇报"。他说："昨天，在政治局会议上，为了'风庆轮'这件事，江青与邓小平发生争吵，吵得很厉害。邓有那样大的情绪，可能和最近酝酿总参谋长人选一事有关。"王洪文还说："我这次来这里没有告诉总理和政治局其他同志，我是冒着危险来的。北京现在大有庐山会议的味道。总理现在虽然有病，但昼夜忙着找人谈话，经常去看总理的有邓小平、叶剑英、李先念等。他们来往这样频繁，这是同四届人大的人事安排有关的。"同时，王洪文又着力替江青、张春桥、姚文元吹捧了一番，企图实现由他们"组阁"的目的。

然而,毛泽东对他的汇报并不轻信,反而对他和江青一伙的非组织活动产生了很大的反感。毛泽东当即警告王洪文说:"有意见当面谈,这么搞不好,要跟小平同志搞好团结。小平同志政治上强,会打仗呢。你回去,要多找总理和剑英同志谈,不要跟江青搞在一起,你要注意她。"

在长沙告状碰壁的王洪文,当天只得悻悻而回。在北京,江青等人派出王洪文后仍不放心。当他们得知外交部副部长王海容、美大司副司长唐闻生将随邓小平陪外宾去长沙见毛泽东后,便迫不及待地两次召见王、唐二人,要她们向毛泽东反映国务院"崇洋媚外"的问题,甚至诬告邓小平"大闹政治局",是又一次"二月逆流"。

然而,就在邓小平飞赴长沙之前,王海容、唐闻生连夜赶到305医院,向周恩来报告了江青的图谋。对此,周恩来明确表示:"'风庆轮事件'并不像江青等人所说的那样,而是江青他们四个人事先就计划好了要整邓小平。他们已经多次这样搞过小平同志,小平同志已忍了很久了。对这件事还要继续做些工作,慢慢解决问题。"

原来,在17日政治局会议之后,周恩来已从邓小平等政治局委员的谈话中了解了事情的经过。他十分清楚,江青等人大加攻击的所谓"造船不如买船,买船不如租船"的问题,不仅是对邓小平,也完全是冲着自己来的。几年前,正是经他批准,适当购进了一些外国船只。"四人帮"在这个问题上借题发挥,胡搅蛮缠,真是太过分了!

王洪文在长沙碰了一鼻子灰,返回北京后,早已将毛泽东告诫他的"你们不要搞上海帮"等指示忘得干干净净,回到钓鱼台就一头扎进了江青、张春桥、姚文元之间,加紧策划篡党夺权。

10月20日,王海容、唐闻生陪同丹麦首相哈特林夫妇飞往长沙。毛泽东会见外国客人以后,王海容、唐闻生将北京近几天发生的情况原原本本向毛泽东作了反映。毛泽东听后,气愤地说:"'风庆轮'的问题本来是一件小事,而且先念同志已在解决,但江青还这么闹。"

毛泽东从江青的闹事联系到王洪文飞来长沙告状,已经意识到江青想插手四届人大的人事安排。于是，毛泽东讲了离开北京以来深思熟虑的两项重大决策，并让王海容、唐闻生回北京后，立即将他的意见转达周恩来、王洪文：总理还是总理，如果他身体可以，四届人大的筹备工作和人事安排由他和王洪文一起管；建议邓小平任第一副总理兼总参谋长。此外，毛泽东还要求王海容、唐闻生回京后转告王洪文、张春桥、姚文元，让他们不要跟在江青后面批东西。

王海容、唐闻生回北京后，立即将毛泽东的指示向有关人员作了传达。已经重病在身的周恩来听到毛泽东的决策，极为振奋，他深深感到了毛泽东对自己的高度信任，同时，也为邓小平能够出任重要负责人而感到由衷的高兴。

让邓小平担任国务院第一副总理，代自己承担起主持国务院工作的重任，这正是周恩来患病以来的愿望。为了使党和国家的领导权不落到江青一伙的手里，为了使党和国家的领导权掌握在真正的共产党人手中，周恩来遵照毛泽东的委托，不顾自己做过两次大手术后急需休息、静养的病躯，毅然承担起主持四届人大筹备工作和人事安排的重任。

从10月下旬到11月上旬，周恩来连续十几天在医院分别与邓小平、叶剑英、李先念以及王洪文、江青谈话，并约中央政治局成员分三批开会，传达毛泽东的指示，解决"风庆轮事件"问题，研究四届人大的筹备工作。11月6日，周恩来在病室伏案疾书，向在长沙的毛泽东汇报四届人大各项准备工作情况，表示：坚决拥护和执行主席提议的小平同志为第一副总理，还兼参谋长的指示。

11月12日，邓小平陪同也门民主共和国总统鲁巴伊率领的代表团飞抵长沙。毛泽东会见外宾后，与邓小平进行了亲切的谈话，支持邓小平在中央政治局会议上对江青的有力抵制和斗争，鼓励邓小平承担起党政军工作的重任。

"你开了一个钢铁公司，好，我赞成你！她（江青）强加于人哪，我也是不高兴的！"听主席这么说，邓小平笑了笑："我实在忍不住了，不止一次了。我主要是感觉政治局的生活不正常。后来我到她（江青）那里去讲了一下，钢铁公司对钢铁公司。"

邓小平谈到对他的工作安排，说："最近关于我的工作的决定，主席已经讲了，不应再提什么意见了，但是看来责任是太重了一点。"

"没办法呢，只好担起来喽！"毛泽东鼓励邓小平。

1974年11月，邓小平到北京机场欢迎也门民主共和国总统鲁巴伊

最后，毛泽东提出，由邓小平主持起草周恩来总理在四届人大所作的政府工作报告的草稿。"不要太长，只三五千字即可。"邓小平立即就答应下这重托。

在毛泽东与邓小平谈话后，王海容、唐闻生交给毛泽东一封信，这是她们离开北京时江青托她们带给毛泽东的信。江青在信中就四届人大的人事安排问题，再次向毛泽东提出她的主张：由谢静宜任全国人大常委会副委员长，迟群当教育部长，乔冠华当副总理，毛远新、迟群、谢静宜、金祖敏列席政治局，作为"接班人"来培养。

江青在这封信里野心毕露，妄图由她来"组阁"的面目暴露无遗。当天，毛泽东在江青的这封信上批示："不要多露面；不要批文件；不要由你组阁（当后台老板）。你积怨甚多，要团结多数。至嘱。人贵有自知之明。又及。"

看了毛泽东措辞严厉的批评，江青不能不有所表示。11月19日，她又给毛泽东写了一封信："我愧对主席的期望，因为我缺乏自知之明，自我欣赏，头脑昏昏，对客观现实不能唯物的正确对待，对自己也就不能恰当的一分为二的分析。一些咄咄怪事，触目惊心，使我悚然惊悟。自九大以后，我基本上是闲人，没有分配我什么工作，目前更甚。"

江青的这封信，表面上似乎是表示接受毛泽东的批评，目的却是向毛泽东伸手要权。毛泽东洞悉江青的企图，于20日回书一封："江青：可读李固给黄琼书。就思想文章而论，都是一篇好文章。你的职务就是研究国内外动态，这已经是大任务了。此事我对你说了多次，不要说没有工作。此嘱。"

毛泽东要江青读李固给黄琼书，其意思十分明白，批评江青正像李固给黄琼书中所说的那样，是"盛名之下，其实难副"。教育她不要总是自以为是，自以为了不起，缺乏自知之明，欲壑难填。

然而，江青却不顾毛泽东的多次批评、告诫、教育，仍然一意孤行。在四届人大人事安排进入最后阶段时，她又让王海容和唐闻生为她向毛泽东转达意见：让王洪文任全国人大常委会副委员长，排在朱德、董必武同志之后。

江青安排王海容、唐闻生向长沙的毛泽东转达她的意见后，毛泽东一针见血地说："江青有野心。她是想叫王洪文做委员长，她自己做党的主席。"毛泽东还让王海容、唐闻生转告周恩来：全国人大常委会，朱德、董必武之后要安排宋庆龄；邓小平、张春桥、李先念等任国务院副总理。其他人事由周恩来主持安排。毛泽东决心已定，坚决不让江青染指党和国家的最高领导权。

这年12月，邓小平一家从城外的花园村搬至市区的宽街。这时候，邓小平把政府工作报告限定在5000字以内，并亲自草拟了三段，每一段一千几百个字。讲的都是实际内容，虚的东西能少能免的尽量减。多年以后，邓小平回忆起这段往事还十分感慨："总理的讲话是我亲自起草的，不能超过5000字。总理身体那么差，写多了他也念不下去。那个时候，我经常去见总理。"

12月中旬，周恩来不顾自己频繁做治疗和手术、体质每况愈下的不利状况，审阅出席四届人大代表名额的分配名单后，致信中央政治局，提议增加若干老干部的名额。随即，他又审阅、修改了邓小平主持起草的政府工作报告草稿，并予以批准。

江青一伙"组阁"受挫，又极力要把他们信得过的人安插到文化、教育、体委等部门的领导位置上去。但这也不能完全由着他们。周恩来、邓小平经过仔细研究，认为教育部门位置重要，不能用江青等人提名的迟群，遂决定提名周荣鑫出任教育部部长。而对于文化部、体委的领导人选，则可做一些让步。

在形成了初步意见后,周恩来在医院分批召集中央政治局成员开会,决定了第四届全国人民代表大会常务委员会委员长、副委员长和国务院副总理候选人名单的3个方案。人事安排问题的准备工作已经基本成熟。

12月23日中午,在叶剑英的周密安排下,周恩来离开305医院,飞往长沙向毛泽东当面汇报四届人大筹备情况。王洪文另机到达。

毛泽东同周恩来、王洪文连续进行了四次谈话。鉴于江青一伙在筹备四届人大期间一次次地搞帮派活动,毛泽东再次严厉批评王洪文:"不要搞'四人帮'!不要搞宗派,搞宗派是要摔跤的!"这是毛泽东第一次使用"四人帮"这个提法。毛泽东还说:"江青有野心。你们看有没有?我看是有。"他告诫王洪文:"我几次劝你,不要几个人搞在一起,你总是听不进去!这一次,你既然来了,就多住三天,好好想一想,写个书面检查。"

当谈到邓小平时,毛泽东称赞说:"他(邓小平)政治思想强,Politics(政治)比他(王洪文)强,他(王洪文)没有邓小平强。"

为强调言中之意,毛泽东抓起一支铅笔,在纸上写下一个很大的"强"字。周恩来见状,十分赞同地点点头。在场的王洪文此时不仅尴尬,且十分紧张,他待在一旁不知所措。

谈话中,当周恩来向毛泽东报告根据商定的人事安排,由邓小平任国务院第一副总理兼军委总参谋长时,毛泽东再次明确表示:"就这样。让小平同志做军委副主席、第一副总理兼总参谋长。"说着,他又在纸上写下"人才难……"。周恩来深解其意,脱口而言:"人才难得!"毛泽东含笑搁笔,继而转过头来对王洪文说:"总理还是我们的总理。"并关照周恩来:"你身体不好,四届人大会后,你安心养病,国务院的工作让小平同志去顶。"周恩来再次郑重地点头。

毛泽东要求王洪文就近段工作中所犯主要错误写一份检讨,虽然在这次谈话的第二天他就写了一份,但不知为何没有交给毛泽东,却带回了北京。直到粉碎"四人帮"以后,这份检讨从他的办公桌抽屉里抄出来才被人们看到:

"……两天来我认真的[地]回忆了自己所犯的主要错误。主席发现以后曾多次指示,'你们不要几个人搞在一起','你们不要搞上海帮'。我没有坚决地[地]按主席的指示办事。当工作中遇有问题时不是和政治局多数同志商量,研究解决问题，而只是找少数几个同志。虽经主席多次指示，我仍然不觉悟，脱离不开小圈子。主席在离京前的政治局会议上又指示'你们不要（搞）上海帮'。以后有同志来找我议事我仍然顶不住。因此就继续犯错误。10月17日来长沙向主席汇报关于江青同志和小平同志为'风雷[庆]号'批示发生争吵一事我是犯了严重错误的。因为当时在提名总参谋长人选问题上小平同志有不同意见，这本来是党内生活中允许的。但我不是依靠政治局多数同志正确的[地]解决问题，而是只听了少数同志意见，错误的[地]把提总参谋长人选问题和江青同志批示'风庆轮'问题同小平同志争吵联系在一起，并且乱加猜测，因而就得出了结论说可能有别的什么问题。因此我就提意[议]向主席报告。

"在这个问题上的是[事]实是：小平同志并不错，而是我犯了严重错误，因为总理身体不好要我主持工作，而我不是全面的[地]听取各方不同意见，而只是听少数同志意见，又不加分析就错误的[地]向主席报告。干扰了主席。我的错误是严重的。"

12月26日，毛泽东81岁生日。这一天，毛泽东支走了王洪文，让他到韶山去看一看。中午，毛泽东不愿辜负工作人员的盛情厚意，吃了一点长寿面，喝了一口家乡的芙蓉酒。晚上，毛泽东与周恩来单独进行了长谈。

第二天，周恩来、王洪文飞回北京。毛泽东在长沙一直住到次年的2月3日，才乘专列返回北京。

周恩来从长沙回北京后，立即按照毛泽东的意见开始紧张工作。12月28日，周恩来主持召开有王洪文、叶剑英、邓小平、张春桥等参加的中共中央政治局常委会，研究贯彻落实毛泽东长沙谈话的问题。这是邓小平复出后第一次正式出席中共中央政治局常务委员会会议。虽然尚未履行正式手续，但毛泽东说了让邓小平担任中央政治局常委，邓小平就可以出席政治局常委会议。这次会后，周恩来批告王洪文，将毛泽东审定的四届人大常委会委员长、副委员长和国务院副总理两份名单（草案）印发中央政治局全体委员。

12月29日，周恩来主持召开中共中央政治局会议，传达毛泽东长沙谈话内容和毛泽东的各项指示。到会的中央政治局委员一致拥护毛泽东的意见，并通过了经毛泽东审阅批准的预定人选名单。

1975年元旦，周恩来同邓小平和李先念谈话。同日，周恩来在人民大会堂主持召开中共中央政治局会议，通过了由邓小平代表中央起草的国务院的部委设置和各部部长、委员会主任、最高人民法院院长人选的名单。3日，周恩来主持有王洪文、叶剑英、邓小平、张春桥参加的中央政治局常委会，研究十届二中全会的各项准备工作及在会上传达毛泽东的指示等问题。4日，周恩来和王洪文联名向毛泽东报告中央政治局会议情况，并送去讨论通过的人事安排方案。

1月5日，根据毛泽东的提议，中共中央发出1975年一号文件，任命邓小平为中央军事委员会副主席兼中国人民解放军总参谋长。

1月8日至10日，中共十届二中全会召开。周恩来主持了这次会议，毛泽东因在长沙养病，没有出席。会议讨论了四届人大准备工作，决定将《宪法修改草案》《关于修改宪法的报告》《政府工作报告》和全国人民代表大会常务委员会、国务院成员候选人名单，提请人代会讨论。会议追补邓小平为中央政治局委员，选举邓小平为中央政治局常委、中共中央副主席。

1月13日至17日，第四届全国人民代表大会第一次会议在北京举行。这是自1964年12月召开第三届全国人民代表大会以来，整整10年间召开的第一次全国人民代表大会。

会上，由周恩来总理作《政府工作报告》，张春桥作《关于修改宪法的报告》。当周恩来走上大会讲台，全场2864名代表情不自禁地用热烈的掌声向他致敬。这掌声经久不息，人们心头激情难平。邓小平在主持起草报告时，充分发挥集体智慧，经过起草小组反复思考，决定把周恩来关于"四个现代化"建设的一贯思想作为重点来写，与周恩来在第三届全国人民代表大会上所作的报告有关内容衔接。当周恩来念到"我们再用二十多年的时间，一定能够在本世纪内把我国建设成为社会主义的现代化强国""团结起来，争取更大的胜利"时，与会代表的眼里涌出了激动的泪花。经过了"文化大革命"造成的长期内乱，安定团结实现中国的工业现代化、农业现代化、国防现代化和科学现代化，已是人心所向。

会议通过了对宪法的修改，通过了关于政府工作报告的决议，批准了《政府工作报告》。会议选举朱德继续担任全国人大常委会委员长，董必武、宋庆龄等22人为副委员长；周恩来继续担任国务院总理，邓小平、张春桥、李先念、陈锡联、纪登奎、华国锋、陈永贵、吴桂贤、王震、余秋里、谷牧、孙健等12人为副总理。还任命了各部部长、各委员会主任。

至此，由周恩来具体筹备、毛泽东最后批准的四届人大人事安排方案得到了圆满实现。江青在整个过程虽多方活动，但连遭挫败，"组阁"阴谋完全落空。看到四届全国人大顺利闭幕，她气急败坏，又把王海容、唐闻生叫去，破口大骂了一通，以发泄怒气。

这时的邓小平可谓集党政军要职于一身，已是中央政治局常委、中共中央副主席、国务院第一副总理、军委副主席和解放军总参谋长，所任职务比"文革"以前要多，地位比"文革"以前还要高。毛泽东选择了邓小平，他把治国安邦的重任，把中国的前途和希望寄托在邓小平身上，又一次把邓小平推到了中国历史发展的潮头。

> 自称"辫子多"的邓小平一经掌握主持中央工作的大权，便雷厉风行地擂响了全面整顿的隆隆战鼓，针锋相对地还击"四人帮"伺机所进行的诬蔑和攻击。

1975年，邓小平开始主持国务院日常工作时，"文化大革命"的狂飙已经肆虐了9个年头。当时，全国政治经济形势非常混乱，国民经济濒临崩溃的边缘。面对这种状况，邓小平根据毛泽东提出的要安定团结、要把国民经济搞上去的意见，排除"四人帮"的干扰和破坏，明确提出了要进行全面整顿的指导思想，大刀阔斧地对全党和全国各方面的工作进行了全面的整顿。

这次整顿，可以说是后来进行拨乱反正和改革开放的前奏与演练，是一次大胆尝试。正如邓小平后来所说：拨乱反正在1975年就开始了，改革在1974年到1975年我们已经试验过一段时间，那时的改革，用的名称是"整顿"。

1月25日，邓小平以中央军委副主席兼总参谋长的身份首次接见总参机关团以上干部。在讲话中，他没有用"形势大好"之类的歌功颂德、粉饰太平的套话，而是开门见山就不客气地指出"军队被搞得相当乱""闹派性""纪律很差"等问题，明确提出了"军队要整顿"的口号。这是邓小平走马上任的"宣言"。由此，拉开了全面整顿的序幕。

6月24日至7月15日，中央军委在北京召开扩大会议，着重讨论解决军队调整编制体制等问题。在7月14日的会上，邓小平切中要害地提出，军队要解决"肿、散、骄、奢、惰"的问题，军队领导班子要解决"软懒散"的问题。他还指出，"派性在军队里存在是很危险的""这种现象是不能容忍、也不应该容忍的"。他反复提醒大家："现在确实有些值得注意的现象，我们都担忧啊！""现在军队一些不好的现象能不能克服，几十年的优良传统能不能继承和发扬，主要靠我们这些老同志的传帮带。"至于整顿从何处下手，邓小平明确指出："在步骤上，我建议首先自上而下地调整好各级领导班子……领导班子要有威信，敢字当头，能很好地执行党的方针政策，能很好地工作……配备班子的时候，首先要把一二把手选准，要选党性好、作风好、团结好的。现在强调一下艰苦奋斗的作风特别重要，有了这一点，好多事情都会变化，都会好起来。"

会后，经毛泽东批准，邓小平和叶剑英一起迅速地调整了军队一些大单位的领导班子，把一些追随江青、坚持派性的人调下去，把那些党性好、作风好、团结好、能艰苦奋斗的人选进班子。

在进行军队整顿的同时，邓小平开始思考对各行各业全面的整顿。面对连遭9年动乱、满目疮痍的各行各业，邓小平决定以铁路运输业的整顿为突破口首先在工交（工业交通运输）战线推进。2月25日至3月8日，解决铁路运输问题的全国工业书记会议在北京召开。邓小平来到会场，几位省、市委书记走到他面前，想与他握手。邓小平敏捷地举起右手说："今天不拉手了，因为工业形势不好！"他看着与会人员，缓缓地说："一个国家，没有物质基础，形势不好啊！"邓小平从农业谈到工业，再谈到铁路运输，他的声音变得非常愤慨、严厉。邓小平指出："现在闹派性已经严重地妨害我们大局。要把这个问题摆到全体职工面前，要讲清楚这些大是大非问题。""要从大局出发，解决问题不能拖。拖到哪一年呢？

搞社会主义怎么能等呢？"邓小平以他独特的讲话风格，把"整顿"的重要性、迫切性、严峻性深深地印在每一个与会者的心上。

就在邓小平在全国工业书记会议发表讲话的当天，中共中央发出题为《关于加强铁路工作的决定》的第九号文件。邓小平亲笔在文件稿上加上了这样一段话："对于少数资产阶级派性严重、经过批评和教育仍不改正的领导干部和头头，应该及时调离，不宜拖延不决，妨害大局。"

自"文化大革命"以来，特别是"批林批孔"运动以来，"四人帮"在铁路系统的帮派势力的破坏，造成徐州、南京、南昌、太原等地铁路运输长期堵塞，阻碍津浦、京广、陇海、浙赣4条铁路大干线的畅通，并影响其他铁路干线的运输。到1975年2月，全国铁路日装车量降为4.29万车，比计划欠装5000车，距实际需要相差1.2万多车，严重危及工业生产和一些城市的人民生活。针对当时铁路许多地方派性严重、领导瘫痪、线路堵塞、货物积压、安全不稳、运输指挥不灵的状况，邓小平尖锐地指出，铁路运输的问题不解决，生产部署统统打乱，整个计划都会落空。他指示要用最快的速度、最有力的措施，迅速改变铁路面貌，并点将请当时担任铁道部部长的万里挂帅，深入第一线，重点解决徐州、南昌、长沙、昆明、郑州等铁路"重灾区"的问题。

铁道部部长万里不负众望，一马当先，以邓小平讲话和中共中央九号文件为依据，首先在铁路系统打响了全面整顿的"第一炮"，成为全面整顿的"开路先锋"。他响亮提出："不唱天，不唱地，只唱九号文件这出戏。""千条理，万条理，不安定团结没有理。"

3月9日，万里亲赴问题最为严重的徐州铁路分局进行整顿。在这里，他召开了有1万多人参加的会议，宣布中共中央文件，宣布逮捕造反派头头顾本华。经过一段时间的整顿，长期动乱不已、铁路堵塞的徐州铁路分局面貌焕然一新，津浦、陇海两大干线的徐州枢纽很快畅通无阻。

各铁路分局相应地调整充实了各级领导班子，逮捕了一小撮破坏铁路运输的坏头头。一个多月后，运输情况有了明显好转。到4月底，全国20个铁路分局，有19个超额完成装车计划，日装车平均达到5.4万车，创历史最好水平。

钢铁工业是工业乃至整个国民经济中的重要基础产业。为使国民经济的发展有坚实的基础，邓小平在抓了铁路的整顿后，又对钢铁工业进行整顿。中共中央根据邓小平的提议，于5月8日至29日召开钢铁工业座谈会。邓小平多次到会发表重要讲话，他除了要求钢铁元帅迅速"升帐"，还针对全国各行各业整顿中应普遍注意的重大问题着力指出："要建立一个强有力的、'敢'字当头的、有能力的领导班子。""这样的班子，一不是软的，二不是懒的，三不是散的。""要找那些敢于坚持原则，有不怕个人被打倒的精神，敢于负责，敢于斗争的。""中央支持他，省委支持他，允许犯错误，允许改正错误。"邓小平还风趣地作了这样一个比喻："我这个人就是维吾尔族的姑娘，辫子多，一抓就一大把。整顿出了问题，我负责。"他鼓励敢于坚持原则、敢于顶头抓整顿的干部大胆工作。

经过不到一个月的整顿，钢铁生产形势即开始好转。6月份欠产严重的几个大钢厂的生产状况逐步向好的方面转变，全国钢的平均日产量超过全年计划日产水平。到6月底，冶金工业整顿初见成效。

这一年的夏天，整顿工作如火如荼。邓小平因势利导，又把整顿引向了"文革"的重灾区教育、科技、文艺领域。当时，由于"四人帮"的严重破坏，许多科研机构长期处于瘫痪或半瘫痪状态。为此，邓小平对这些领域的整顿倾注了大量的心血。

"四人帮"在1973年搞所谓"批回潮"，教育界被搞得乌烟瘴气：考试遭到批判，"交白卷的英雄"却显赫一时，大批有才华又有志于深造的青年被拒于校门之外；"读书无用论"在中小学生中蔓延；批"师道尊严"使教师不敢认真教书，不敢严格要求学生；一座"在上层建筑对资产阶级全面专政"的大山压得整个教育界喘不过气来。针对这种状况，邓小平严厉指出：学校应"以学为主""一点外语、数理化知识也没有，还攀什么高峰？中峰也不行，低峰还是问题"。他一针见血地说："我们有个危机，可能发生在教育部门，把整个现代化水平拖住了。"

自5月起，教育部部长周荣鑫在周恩来、邓小平的支持下，按照他们多次讲话的精神，积极着手整顿教育工作。他多次召开部内外干部、教师会议，听取意见和了解情况，针对林彪、江青一伙对教育事业的破坏，重新提出教育要与经济基础相适应，要重新为知识分子和教育工作恢复名誉，要重新恢复被严重破坏了的教育系统的各项工作。周荣鑫的这些整顿措施，受到深受"文革"其害的教育界广大群众的热烈拥护。整顿教育工作像一股暖人的春风,吹遍了在"文革"中最先受到冲击的教育界。

5月下旬,邓小平针对七机部派性斗争严重的问题,严肃指出:这不要说是社会主义,就连起码的爱国主义也没有,七机部的问题要限期解决。6月30日,中央批发了国防科委关于解决七机部问题的报告。国防科委主任张爱萍率工作组进驻七机部,使这个当时有名的"老大难"单位恢复了正常的科研工作秩序。

"文化大革命"爆发后,胡耀邦也受到批斗,后被送到设在河南省信阳地区潢川县黄湖的"团中央五七干校"劳动改造。胡耀邦在20世纪五六十年代担任共青团中央第一书记期间的工作情况,深为当时担任中共中央总书记的邓小平所了解,所以,邓小平主持中央工作以后,很快使"红小鬼"出身的胡耀邦恢复了工作。

7月,中共中央批准了国务院关于中国科学院要整顿、要加强领导的报告,并根据邓小平的提议,派胡耀邦等人去中科院领导整顿工作。在接见派驻中科院工作组成员时,邓小平说:"整顿的关键是领导班子,经过整顿要建立一个强有力的'敢'字当头的领导班子。在搞好安定团结的前提下,坚决向派性做斗争,发展社会主义经济和各部门的业务。"他指示工作组,到科学院,一是要了解情况,向国务院进行汇报;二是要搞一个科学院发展规划;三是要向中央提出一个科学院党的核心小组名单。他自己则提出,要当科技界的后勤部长。与此同时,邓小平还特别关心一些著名科学家落实政策和用非所学的问题,并亲自过问他们的生活和工作。在他的关心下,黄昆、杨乐等一批著名科学家落实了政策,并在各自的工作和专业岗位上做出了贡献。

胡耀邦到任后,经过广泛的调查研究,提出《关于科技工作的几个问题》(又称《汇报提纲》)。邓小平多次召集会议,讨论这份《汇报提纲》。他对提纲中提出关于加强自然科学研究,整顿研究所、室领导班子等意见表示肯定。针对科研工作中存在的问题,邓小平说:"现在搞科研的很少,少数人秘密搞,像犯罪一样。不能把科技人员搞得灰溜溜的。""不是把知识分子叫作'老九'吗?毛主席不是说,'老九'不能走,还是要嘛!科学技术是生产力,科技人员就是劳动者。"在邓小平的明确指示下,《汇报提纲》冲破"文革"中的禁区,鲜明地提出：“科学技术也是生产力。”

当时，文艺领域的萧条现象已经非常突出。借此，毛泽东提出了调整文艺政策和知识分子政策的主张。7月初，毛泽东在同邓小平谈话时指出："样板戏太少，而且稍微有点错就挨批。百花齐放都没有了。别人不能提意见，不好。""怕写文章，怕写戏。没有小说，没有诗歌。"

根据毛泽东的指示，邓小平抓住时机，在文艺界进行调查研究，积极调整党的文艺工作政策，并通过同"四人帮"针锋相对的斗争，解禁了一些被禁演的电影和戏剧，恢复了一些杂志的出版和发行，使文艺界出现了自"文革"以来少有的活跃局面。

1975年，长春电影制片厂和北京电影制片厂先后拍摄的故事片《创业》和《海霞》遭到了江青一伙的恶意攻击。他们给《创业》罗织了莫须有的"十大罪状"，声言"要查一查背景"，并下令不准上演，不准宣传，不准向国外发行。《海霞》是经过周恩来、朱德和政治局部分成员审查通过的，但江青却诬陷它是"文艺黑线回潮的代表作"，派人查封了此片。这两部片子的创作者和有关人员对江青一伙的行为极为愤慨，他们中的一些人通过各种途径向中共中央和毛泽东反映情况。

整顿期间，《创业》的编剧张天民给毛泽东、邓小平写了一封信，再次反映这方面的情况。邓小平看了他的信，第二天就转给毛泽东。毛泽东在这封信上作了批示："此片无大错，建议通过发行。不要求全责备，而且罪名有十条之多，太过分了，不利调整党的文艺政策。"

7月27日，邓小平以中共中央（1975）第181号文件形式将毛泽东的批示下达。

邓小平此举使江青大为震怒，她召集张春桥、姚文元等人在钓鱼台17号楼开会，说："张天民写了两封信，一封呈主席，主席没批。另一封给邓小平转告主席，是邓小平逼着主席批的。主席说无大错，那就是还有中错和小错，并没有说是优秀影片嘛！"

一个多月后，江青在大寨遇见了张天民，以谩骂式的口气对张天民说："张天民你多大？（张说，我46了）那你还是个娃娃。你告我刁状，老娘今天要教训你,有谁给你出主意?(张答,没有)你必须给主席写一检讨,你既敢给主席写信,就必须给主席写检讨,因为你说了谎,告了刁状。目前有人攻击文化部,给文化部施加压力,说文化部是大行帮,我替他们顶着,老子不怕。"

江青再顶,也顶不过毛泽东的指示。《创业》最终与观众见面了。

《海霞》的编导谢铁骊、钱江先也先后写信,控告江青一伙扼杀这部影片的卑劣行径。毛泽东指示政治局讨论这一问题。邓小平亲自与谢铁骊坐在一起审阅《海霞》后,主持政治局会议作出决定,允许修改过的影片上映。《万水千山》《长征组歌》等"文革"前有影响的好节目,经中央政治局审查过后,重新出现在银幕、舞台上。

全面整顿层层深入,充分展示了邓小平的革命魄力和高屋建瓴的领导才能,也一次次触到了"四人帮"的痛处。要搞全面整顿,就必须要同"四人帮"进行坚决的斗争。

在四届全国人大"组阁"问题上遭到惨败的"四人帮"不甘心失败,在四届人大闭幕不久,就大肆鼓吹要以"反经验主义为纲",居心叵测地把矛头指向老一辈无产阶级革命家、大批具有丰富的革命斗争经验和社会主义建设经验的老干部,妄图制造新的混乱。邓小平识破了"四人帮"的险恶用心,当他们向中央政治局挑衅地提出反"经验主义"的问题时,邓小平毫不客气地坚决抵制了这一无理要求。

1975年4月18日,毛泽东在北京会见前来中国访问的朝鲜劳动党中央委员会总书记、朝鲜民主主义人民共和国主席金日成时,对金日成说:"董必武同志去世了,总理生病,康生同志、刘伯承同志也害病,我也生病。我今年八十二岁了,快不行了。靠你们了。"毛泽东一边说一边指着陪同会见的邓小平说:"我不谈政治,由他来跟你谈。此人叫邓小平,他会打仗,还会反修正主义。红卫兵整他,现在无事了。那个时候打倒了好几年,现在又起来了,我们要他。"在会见结束后,邓小平向毛泽东反映了自3月以来,江青、张春桥等人在反"经验主义"的问题,并就江青、张春桥等人鼓吹的当前工作应以"反经验主义为纲"的问题向毛泽东请教,坦率地谈了自己对这个问题的看法,从而引起了毛泽东对"四人帮"大肆鼓吹"反经验主义"问题的高度重视。

后来，迫于毛泽东指示，江青一伙不得不在政治局会议上作了自我批评。于是，由"四人帮"一手策动的"反经验主义"的闹剧便无声无息地收场了。不过，江青集团虽然受到了一次重大挫折，但决不会自行退出历史舞台，他们仍在寻找新的时机，随时准备反扑过来，对邓小平主持的全面整顿工作进行诬蔑和攻击。

6月10日，邓小平陪同来访的菲律宾总统马科斯到上海参观访问。王洪文立即秘密打电话给上海市委书记马天水，布置说："邓小平到上海，你要注意。"邓小平在上海期间，考虑到马天水是战争年代参加革命的老干部，又是长期在上海负责工交战线的老人，根据毛泽东对"四人帮"的批评和中央政治局两次批评"四人帮"会议的内容，向马天水传达了毛泽东对江青、对"四人帮"的多次批评的精神，告诫马天水不要把什么都当成"资产阶级法权"来批，要维护各级党委的领导，不要弄得各级党委的话没人听。最后，邓小平还告诉他以后到北京还可以再谈谈。但马天水在"文革"中经过"四人帮"的先打后拉，早已心甘情愿地上了"四人帮"的战车。马天水不仅毫无悔改之意，反而鬼迷心窍，将邓小平同他谈话的内容秘密报给王洪文和姚文元。王洪文和姚文元让马天水将邓小平同他的谈话内容整理成材料，用大字抄写，报给毛泽东，并附上王洪文的话，诬蔑这次谈话是一次"策反"的谈话，在政治上、组织上都是错误的。

9月15日至10月19日，中共中央先后在山西昔阳与北京召开全国农业学大寨会议。邓小平代表中共中央和国务院在开幕式上讲了话，开宗明义地指出："这个会议是很重要的，可以说是1962年七千人大会以后各级领导干部来得最多的一次重要会议。"

也就是在这次会议上，邓小平明确指出了各方面都要整顿的思想："当前，各方面都存在一个整顿的问题。农业要整顿，工业要整顿，文艺政策要调整，调整其实也是整顿。要通过整顿，解决农村的问题，解决工厂的问题，解决科学技术方面的问题，解决各方面的问题。"会上，邓小平强调了搞好农业的重要性，指出：四个现代化比较起来，更加费劲的是农业现代化……要有农业这个基础的发展，才能推动另外三个现代化的前进。他要求各级党委都要重视农业问题，把农业放在各级党委的第一议事日程。

邓小平还指出：学大寨，要真学，不要假学，不要半真半假地学。真学，关键在领导。他向在座的各级领导提出：要把那些思想好、能联系群众、能够带头干、能够艰苦奋斗的人提起来，不管过去是这一派那一派，不管过去犯了点什么错误。从省里到地、县、公社、队，层层都要选好人，选好人就有希望。天天空喊学大寨，是没有希望的。

在讲话中，邓小平用了很长的时间讲整顿，他深有感慨地说："毛主席提出'深挖洞，广积粮，不称霸'，我们现在积了多少粮？""全国还有部分县、地区，粮食产量还不如解放初期！"邓小平讲到这里，坐在主席台上的江青一听是否定"文革"以来的"大好形势"，于是冷着面孔插话说："不能那么说，那只是个别的！"

"就是个别的，也是值得很好注意的事！"邓小平针锋相对，寸步不让，并进一步补充道，"据23个省、市、自治区统计，人民公社基本核算单位农业产值按人口计算平均124元。最低的贵州，倒数第一，只有六十几块；四川倒数第二，九十几块。这行吗？类似四川100块左右的还有好几个省。这是讲产值，还不等于社员收入。社员收入有的很少，有的还倒欠账。这状况，我们能满意吗？"面对这些无可辩驳的事实和数字，与会人员都为邓小平农业要整顿的思想所折服，江青等人也哑口无言。

一个农业学大寨的会议，实际上变成了邓小平和"四人帮"直接交战的会场。会上各讲各的，政治分歧十分明显。全国近4000名各地干部，将这一切都看在了眼里。邓小平的务实和坚定，江青的猖狂和丑态，给每一个与会者留下了极其深刻的印象。

全面整顿的深入发展，不可避免地要深入到宣传理论阵地。为了摆脱"四人帮"的控制，短兵相接的争夺战在宣传理论领域也展开了。6月，根据邓小平的建议，经中共中央批准，国务院设立了以胡乔木、吴冷西、胡绳等理论工作者为主要成员的政治研究室。在邓小平的指导下，国务院政治研究室于10月7日写出了《论全党全国各项工作的总纲》。总纲巧妙地以毛泽东"学习理论""安定团结""把国民经济搞上去"的三项指示为整顿各项工作的纲，批判"四人帮"在各条战线鼓吹的荒谬理论，澄清理论是非，端正人们的思想认识，使之正确掌握全面整顿的大政方针。

短短一年不到，邓小平领导的全面整顿如火如荼，深入纠"左"的紧锣密鼓，催人奋进。1975年这一年，国民经济的发展是"文革"期间最好的一年，工农业总产值比上一年增长11.9%，国民经济再度出现了新的转机。

邓小平在全面整顿中展示的革命魄力和领导才能，使重病在身的周恩来总理感到莫大的安慰，他在医院里对外宾说，现在邓副总理已经全面担负起责任。周恩来在接受最后一次比较大的手术前，躺在推往手术室的平车上，激动地紧握邓小平的手，用全身的力气大声说："你这一年的工作，证明比我强得多。"

> 毛泽东对《水浒》的评论，成了"四人帮"手中的重磅政治炸弹。紧接着，毛远新被安排当"联络员"，一下子就掌握了发布"最高指示"的大权。

邓小平主持中央政治局会议对江青等人一次次地进行批评，迫使他们不得不写检讨。但这并不意味着江青从此就会罢手。相反，她从挨批中进一步领会到，要想取得同邓小平斗争的胜利，首先要使毛泽东不再相信邓小平，只要邓小平失信于毛泽东，他们就有机会重新获得毛泽东的信任与支持。

为此，江青一面窥伺着对邓小平下手的机会，一面在想方设法地控制着"最高指示"的发布权。

机会终于被江青捕捉到了。

毛泽东酷爱文史，经常手不释卷，但越来越严重的白内障却使这个喜好受到限制。虽然机要秘书张玉凤为他读文件、信件，但为他长期代读古籍就勉为其难了。无奈，毛泽东向中央办公厅提出要求，挑选一位熟悉古典文学的大学教师为他侍读。中央办公厅派人前往北京大学，从中文系教师中初选了4位，毛泽东听了这4位教师的简历介绍后，选中了其中一位叫芦荻的女讲师。其原因是毛泽东曾读过中国青年出版社1963年出版的《历代文选》一书，芦荻是选注者之一，他熟悉她的名字。

其实,芦荻本名卢素琴,1931年出生于东北辽阳,曾就学于北京大学中文系。后进入解放区,改名"芦荻"。1954年执教于中国人民大学,"文革"中调往北京大学中文系任教。芦荻以极为偶然的机缘进入中南海,夜里她为毛泽东侍读。每每读毕,毛泽东常与她谈论古典文学,有时一谈便是两三个小时。在毛泽东的晚年,很少有人能够这样经常跟毛泽东长谈。

1975年8月14日凌晨2时,芦荻接毛泽东秘书电话,要她前来为主席侍读。她立即骑自行车,从不远的下榻处过来。不多久,毛泽东的书房里传出阵阵抑扬顿挫、动听悦耳的读书声。芦荻正在给主席朗读中国古典小说《水浒》。

"小芦,休息一下。"当芦荻读完一个章回时,毛泽东提出了暂停。

"主席,在中国众多的古典小说中,以《三国演义》《红楼梦》《水浒》最受读者的喜爱,那么这些小说的好处在哪里呢?"芦荻向毛泽东请教道。

毛泽东对《红楼梦》《三国演义》逐一作了述评,然后说:"《水浒》这部书,好就好在投降。做反面教材,使人民都知道投降派。《水浒》只反贪官,不反皇帝。屏晁盖于一百零八人之外。宋江投降,搞修正主义,把晁的聚义厅改为忠义堂,让人招安了。宋江同高俅的斗争,是地主阶级内部这一派反对那一派的斗争。宋江投降了,就去打方腊。这支农民起义队伍的领袖不好,投降。"

毛泽东喝了一口茶,继续说:"鲁迅评《水浒》评得好,他说:'一部《水浒》,说得很分明:因为不反对天子,所以大军一到,便受招安,替国家打别的强盗——不'替天行道'的强盗去了。终于是奴才。'金圣叹把《水浒》砍掉了二十多回。砍掉了,不真实。鲁迅非常不满意金圣叹,专写了一篇评论金圣叹的文章《谈金圣叹》。《水浒》百回本、百二十回本和七十一回本,三种都要出。把鲁迅的那段评语印在前面。"

毛泽东说话时,芦荻有一个习惯,爱在本子上做记录。由于谈话中主席说及,今后出版《水浒》可把鲁迅的有关评论印在书前。张玉凤一听,出于机要秘书的本职考虑,她要执行毛泽东的这一指示。于是,张玉凤请芦荻把毛泽东关于《水浒》的谈话记录整理出来,以便通知出版部门执行。

这一切,本是按正常的程序进行的。但姚文元一看毛主席关于《水浒》的谈话，如获至宝，欣喜若狂，认为终于找到了向邓小平进行反攻的利剑。他略加思索，提笔写就："印发政治局在京同志，增发出版局、《人民日报》、《红旗》、《光明日报》，以及北京市委大批判组谢静宜同志和上海市委写作组。"并提出"组织或转载评论文章"。

姚文元把他的提议送呈毛泽东，并说：关于《水浒》的评论，"对中国共产党人、中国无产阶级、贫下中农中一切革命群众在现在和将来，在本世纪和下世纪坚持马克思主义，反对修正主义，把毛主席的革命路线坚持下去，都有重大的、深刻的意义。应该充分发挥这部'反面教材'的作用。"在递交提议时，还把宣传和评论《水浒》的具体计划一并呈上。

毛泽东发动"文化大革命"的目的是为了防修反修，既然评《水浒》能起到像姚文元所说的那么重要的作用，那为什么不在全国范围内进行一场评论呢？于是，毛泽东看了姚文元的信后，批示"同意"。

毛泽东和芦荻有关《水浒》的谈话，本是二人就中国古典文学作品的探讨，没想到，却成了江青一伙借着主席的批示对邓小平主持中央日常工作进行猖狂反扑的武器。他们利用自己在宣传上的优势，发动了一场新的运动，名曰"评《水浒》"！

8月25日，由姚文元把持的《红旗》杂志第9期发表短评《重视对〈水浒〉的评论》一文。评论要求"运用马克思主义的观点，进行阶级分析。认清宋江的阶级本质，对于我们识破修正主义的欺骗性和危害性是很有意义的。充分开展对《水浒》这部书的批判，充分发挥反面教材的作用，使人民群众都知道投降派的真面目"。

8月31日，《人民日报》发表署名"竺方明"的文章《评〈水浒〉》。文章说："在社会主义历史阶段，要反修防修，坚持无产阶级专政下的继续革命，就必须知道投降派，识别投降派，反对投降派。"并明确提出："评《水浒》是我国政治思想战线上的又一次重大斗争。它的主题要批判否定'文化大革命'的投降派。"

从9月起，报刊上连篇累牍地发表评《水浒》，批判"投降派"的文章。《人民日报》还用形容宋江"面黑身矮""貌拙才疏"的"孝义黑三郎"之类的描写，从人身攻击的角度含沙射影，大有黑云压城城欲摧之势。

9月17日,江青在大寨召集北影、长影、新影、新华社、人民日报、法家著作注释组、北大和清华写作组共100余人谈话,就评《水浒》问题继续大放厥词:"评《水浒》是有所指的。宋江架空晁盖,现在有没有人架空主席呀?我看是有的。有些文章不给主席送,是我批了送给主席看。党内有温和派,有左派,左派领袖就是鄙人。最近,有那么一些人,把主席批评我的一封信——江某人向政治局传达的——政治局没有讨论,给传出去了。我这个人天天挨骂,修正主义骂我。共产党员还怕骂吗?在北京我跟他们斗了半年多了。"

召见完毕,江青立即找到华国锋说:"华副总理,我建议印发一下我的讲话稿,如有可能,放一下我的讲话录音更好。"

华国锋深知江青难惹,直接拒绝她的要求可能会引起纠缠不休的局面,于是略加思索之后说:"江青同志,你的提议可以考虑,但必须经主席同意。我看把你的讲话稿和录音一并给主席送去,待他审核后再下发也不迟。"

9月20日,毛泽东在书房中仔细审看了江青的讲话稿,愈看愈愤怒,盛怒之下,提笔批示:"放屁,文不对题。稿子不要发,录音不要放,讲话不要印。"

为了澄清事实,说明真相,邓小平召集部分省委书记,向他们明确指出:"评论《水浒》是怎么一回事?主席把七十一回本读了三个月,读了以后,主席发表了这一通言论。有人借这做文章,想搞阴谋。"

就在江青起劲地掀起"评《水浒》"浪潮的时候,周恩来病情恶化。这年9月7日,周恩来在医院里会见罗马尼亚共产党中央书记伊利那·维尔德茨。这是他平生最后一次会见外宾。

周恩来说:"马克思的请帖,我已经收到了。这没有什么,这是不以人的意志为转移的自然法则。"周恩来颇为感慨地回首当年:"时间过得真快,就在10年前,我到布加勒斯特去参加乔治乌·德治的葬礼,大衣也没穿,步行走了4个多钟头。现在,我可以告诉你,连4分钟也走不了!"

在这次会见之后,周恩来病危,9月20日要进行第四次手术。这是一次大手术。如果发生意外,他躺在手术台上将永远不会起来。他意识到这一点,也意识到江青正咄咄逼人。为了防止后患,他在进入手术室之前,嘱令秘书调来那份他在1972年6月23日关于"伍豪事件"专题讲话的录音整理稿,用颤抖的手在第一页上签了名，还写了："于进入手术室（前），一九七五、九、二十。"病重的他，漏写了"于进入手术室前"的"前"字。他在这样的时刻，仍不忘那份讲话稿，表明了他对江青的严重不安。他知道，江青会闹事，会抛出"伍豪事件"往他脸上抹黑。

在周恩来病情恶化的日子里，毛泽东的病情也加重了。这年七八月间，毛泽东的一只眼睛，由北京广安门医院眼科大夫唐由之施行手术。手术是在毛泽东住处做的。动手术时，周恩来不顾病体，和邓小平一起在外间守候。手术很顺利，不久，毛泽东的一只眼睛复明了。

就在这时，毛泽东身边多了一位身材壮实的30多岁的男子。他就是江青安插在毛泽东与政治局之间作"联络员"的毛远新。如果说，"四人帮"发动的"评《水浒》"运动，仅在舆论上占了一时的上风，还不足以构成对邓小平致命打击的话，那么，这年9月，江青把毛远新安排为"联络员"之后，就一步步使他们掌握了政治主动权，使搞垮邓小平的预谋很快变成了现实。

毛远新是毛泽东的大弟毛泽民的儿子，生于1941年2月。1943年9月，毛泽民被新疆军阀盛世才在迪化（今乌鲁木齐）杀害。1946年7月，毛远新和母亲朱旦华结束在新疆的铁窗生涯，来到延安。后来，朱旦华改嫁给方志敏之弟方志纯时，便把毛远新托付给了毛泽东。毛泽东十分喜欢毛远新，视如己出。江青跟毛远新的关系也非常亲密，毛远新管江青叫妈妈。

毛远新1965年从哈尔滨军事工程学院毕业后，下连队当兵。"文化大革命"开始后，他响应中央号召，返回母校参加劳动。早在1964年暑期，毛泽东同他的一次谈话纪要，成了当时红卫兵争相传阅的文件，他因此在红卫兵运动中崭露头角。凭借他的特殊身份，1968年辽宁省革命委员会成立时，他出任副主任。不久，又被任命为沈阳军区政委、政治部副主任。

毛远新在政治上紧跟江青，是江青在东北的一员干将。"白卷先生"张铁生就是被毛远新封为反潮流英雄的。毛远新调到毛泽东身边当"联络员"，会在毛泽东和政治局之间传出什么样的话、起什么样的作用，是不难想象的。毕竟，当时病情加重的毛泽东言语不清，江青安排毛远新当"联络员"，等于掌握了发布"最高指示"的大权。

一到北京，毛远新立即和"四人帮"混在一起，成了江青欺上瞒下的工具。来到毛泽东身边后，毛远新先是揣摩主席的心思。很快，他就弄清了毛泽东最不能容忍的，就是有谁来否定他一手发动的"文化大革命"。于是，毛远新就以此为突破口，开始向毛泽东"吹风"。

邓小平当时对全国各个方面的工作进行全面整顿，就不能不否定"文化大革命"所实行的许多错误政策，不能不逐渐发展成为对"文化大革命"错误的比较系统的纠正。而"文化大革命"又恰恰是毛泽东晚年极为重视的一件事。他已经知道这件事拥护的人少，反对的人多，也在九一三事件以后逐渐纠正了一些他所意识到的"文化大革命"的错误，多次表示对于"文化大革命"中的"打倒一切，全面内战"很不赞成。但总的来说，毛泽东一直没有能够从总体上、从全局上、从根本上认识到"文化大革命"的错误，并且一直在全局上对"文化大革命"持肯定的态度。而1975年全面整顿给全国各行各业带来的显著变化，在事实上是对"文化大革命"错误的一个有力的否定，发展下去，将会从理论和实践上对"文化大革命"作出彻底否定。这必然会招致"四人帮"的强烈反对，同时也是毛泽东所不能容许的。

毛远新说："对文化大革命，有一股风，比1972年借批极左而否定文化大革命时还要凶些。""我很注意小平同志的讲话，我感到一个问题，他很少讲文化大革命的成绩，很少批判刘少奇的修正主义路线。文化大革命怎么看，批林批孔怎么看，主流、支流，三七开还是倒三七开？肯定还是否定，现在阴暗面讲了一大堆。教育革命、文艺革命还搞不清？三项指示为纲，其实只剩下一项指示，即生产搞上去。我担心中央，怕出反复。"

毛远新从毛泽东的神色中，察觉到毛泽东对他的话是很重视的。几天后，他就清华大学反映迟群问题一事，又大胆地向毛泽东进言："迟群在执行主席的教育革命路线上是比较坚决的，十个指头有七个指头还是好的，现在他们这样骂迟群，您看……"

迟群和谢静宜是"四人帮"手下的两员得力干将，分任清华大学党委书记和副书记。他们在大学中坚持推行极左的教育路线，反对学生学习科学文化知识，对邓小平整顿教育的主张和做法更是坚决反对，予以抵制，视之为刮"右倾翻风"。清华大学党委副书记刘冰、惠宪钧、柳一安和常委吕方正4人，于1975年8月和10月两次联名给毛泽东写信，反映迟群、谢静宜的问题。信中说："如果不改变教育体制，学生离开学校时恐怕连一本书也不能读。"这封信经邓小平转给毛泽东。

综合毛远新几次汇报的情况，毛泽东断定邓小平确有否定"文化大革命"之嫌，于是当即发话："小平同志转来的刘冰等批评迟群、谢静宜的信我已看了。你说的对，小平偏袒刘冰。一些同志，主要是老同志思想还停止在资产阶级民主革命阶段，对社会主义革命不理解，有抵触，甚至反对。对文化大革命有两种态度，一是不满意，二是要算账，算文化大革命的账。""清华所涉及的问题不是孤立的，是当前两条路线斗争的反映。""迟群不能走，迟群走了不是又要搞第二次文化大革命吗？他们骂迟群，实际上是反对我，可又不敢，就把气发到迟群身上。"

毛泽东要毛远新找邓小平、汪东兴、陈锡联3人开个会，谈谈自己的看法。这年10月时，邓小平一家又搬了一次家。由地处十字路口的宽街这个进出十分不方便的地方，搬到较为安全且进出方便的东交民巷17号院。遵照毛泽东的指示，11月2日，毛远新找邓小平等人谈了自己的"看法"："中央搞了个修正主义路线。"

毛远新的这个"看法"，邓小平当然不能接受，他巧妙地提出了异议："说毛主席为首的中央搞了个修正主义路线，这个话不好说。""从九号文件以后全国的形势是好一点，还是坏一点，这可以想想嘛。对九号文件以后的评价，远新同志的看法是不同的。是好是坏实践可以证明。""昨天晚上，我问了主席，这一段工作的方针政策是怎样？主席说是对的。"

邓小平哪里知道，毛远新的话是有背景的。

在清华大学刘冰等人反映迟群、谢静宜的信件上，毛泽东作出同毛远新谈话内容一致的批示："清华大学刘冰等人来信告迟群和小谢。我看信的动机不纯，想打倒迟群和小谢。他们信中的矛头是对着我的。我在北京，写信为什么不直接写给我，还要经小平转。小平偏袒刘冰。清华大学所涉及的问题不是孤立的，是当前两条路线斗争的反映。"

11月3日，清华大学党委召开扩大会议，传达了毛泽东的批示。"反击右倾翻案风"便首先在清华大学开展起来。

11月8日，张春桥责令教育部部长周荣鑫作检查。

11月18日，清华大学召开了批判周荣鑫和校党委副书记刘冰等人的大会。"反击右倾翻案风"的大字报随之贴满了清华校园。

面对"四人帮"的无理挑衅，邓小平大义凛然，泰然处之。他继续推进整顿工作的进行，并告诉有关负责同志："这样做，无非有人讲还乡团回来了，复辟了。无产阶级'还乡团'回来，赶跑了资产阶级，好得很嘛！复无产阶级之辟好得很嘛！不管他那一套，他说他的，让他们骂好了。打着反复辟旗号的人自己要复辟，打着反倒退的人自己要倒退。老干部要横下一条心，拼老命'敢'字当头，不要怕第二次被打倒，把工作做好了，打倒了也不要紧，也是个贡献。"

"四人帮"集团根本没有料到邓小平如此强硬，恼怒之余，决定冒着被毛泽东猜疑之嫌，由王洪文直接向毛泽东汇报邓小平的问题。11月20日，王洪文告诉毛泽东："主席，7、8、9三个月，谣言一大堆，集中在江青同志。谣言来自北京，据说和小平同志有关。"

毛泽东没有吭声。此刻，他已十分清楚地看到了王洪文等人的用意，是要利用自己的威望将邓小平再次打倒。他在认真地思索着如何处理这件极为棘手的事情。"如果小平离开中央，那么王洪文、江青这帮只会空喊口号的势力将失去制衡力量，中央权力如果由他们掌握，中国非闹个天翻地覆不可，到那时就难以收场。"毛泽东心中否决了上述设想。"但小平要翻文化大革命的案，如何处理呢？"毛泽东苦苦思索着。忽然，他灵机一动，茅塞顿开，告诉王洪文："你先回去，请小平到我这里来一趟。"

邓小平走进毛泽东的书房，毛泽东示意他坐下后，说："小平同志，我有一个想法，请你主持中央政治局召开一次会议，就文化大革命的问题作出一个七分成绩、三分缺点的决议。你看如何？"毛泽东的意图是希望邓小平能够认识"错误"，继续在中央工作，同时又可防止邓小平以后再翻"文化大革命"的案。

邓小平认为，对"文化大革命"作出党的决议，这是一个涉及党的原则性的重要大事，自己不能为了个人利益去迎合主席的意图，作出一个违背党心民意的决议。于是他婉言相辞说："主席，由我主持写这个决议不适宜，我是桃花源中之人,'不知有汉,无论魏晋'。"

毛泽东没有言语,右手轻轻地拍打着沙发的扶手。邓小平望了一眼毛泽东没有丝毫表情的脸色,一种不祥之感涌上心头。

11月25日,中央政治局根据毛泽东的指示,在北京召开有130多名党政机关负责的老同志参加的打招呼会议。会前,王洪文得意忘形地故意大吹阴风:"邓小平是还乡团的总团长,华国锋、叶剑英、李先念是还乡团的分团长。"会上宣读了经毛泽东批准的《打招呼的讲话要点》。

第二天,中共中央发出《关于转发〈打招呼的讲话要点〉的通知》,要求在"省、市、自治区党委常委,大军区党委常委,中央和国家机关各部党委常委或领导小组,党的核心小组成员,军委各总部、各军兵种党委常委中进行传达讨论"。《通知》指出:中央认为,毛主席的指示非常重要。清华大学出现的问题绝不是孤立的,是当前两个阶级、两条道路、两条路线斗争的反映。这是一股右倾翻案风。尽管党的九大、十大对"无产阶级文化大革命"已经作了总结,有些人总是对这次"文化大革命"不满意,总是要算"文化大革命"的账,总是要翻案……清华大学的这场辩论必然影响全国。毛主席指示,要向一些同志打个招呼,以免这些同志犯新的错误。

这时,以邓小平为靶子的一场否定全面整顿、"保卫文化大革命的胜利成果"为主要内容的所谓"反击右倾翻案风"运动在全国打响了。

> 佩戴着黑纱的邓小平随着低沉的哀乐慢慢走进大厅。周恩来沉睡着安然不动。陪同的秘书小声提醒:"首长,走吧,后面还有好多人等着向总理告别。"

1976年1月8日9时许,解放军305医院,周恩来所在病房外的电铃忽然响了。这不是平时的电铃，而是为遇紧急情况专设的电铃。不好！大家快步跑向病房，几乎同时看到监护器上的心跳显示：心跳 70 多次。一直是 100 多次，忽然掉到 70 多次，陈在嘉大夫急得说不出话来。周恩来心跳在继续下跌，60 次、50 次、30 次……

医生们按照原定的抢救方案，采用了所有措施，呼唤、人工呼吸……都不起作用。陈在嘉哭了，她在监护器前坐不住了，方圻大夫替她守着。荧光屏上，时而显示一次心跳，渐渐地看不到心跳了，只见一条直线。总理，人民的好总理，为人民的解放事业奋斗了 60 多个春秋的伟人，带着全国人民的敬仰，离去了。跳动了 78 年的心脏于 1976 年 1 月 8 日 9 时 57 分停止了。

这天上午，政治局又在举行"帮助"邓小平会议。与会者有的神情严肃，正襟危坐；有的仰身而靠，闭目养神；有的品茶吸烟，悠然自得。张春桥在发言，他有条不紊地说："……这几天我又反复学习了主席近一时期的重要讲话，倍感亲切，很受启发。我认为主席的讲话主要有三个内容：一是关于文化大革命；二是关于教育和科技革命；三是关于对当前运动的意见。而这三条都是针对小平同志的错误所言的，既有特殊性，又有普遍性。为了挽救更多的犯错误的同志，也为了使广大干部从中吸取教训，引以为戒，我建议将主席的这些谈话整理成文件，适当的时候向全党印发，进行广泛深入的学习。"

江青晃了晃拳头，高声接过话头："主席的这些话，不亚于 1966 年《我的一张大字报》，这一炮打得好！"

吴德提议："主席的讲话就请春桥同志负责整理吧。"张春桥听后，含笑说："还是请远新同志整理吧，主席的谈话大部分是同他讲的，他感受最深，理解得也最深。"

毛远新并不推辞，爽声应道："好，我先请示一下主席，如果他同意，我就着手整理，然后以中央文件的形式发下去。"

姚文元慢声细语地补充："我有个想法，是不是把小平同志的检查附在文件后面？小平同志对主席的批评、对自己的错误，是不是要有一个比较正确的认识？是不是对全党要有一个交代？请大家考虑。"

邓小平阴沉着脸，粗声硬气地说："春桥同志讲的，文元同志讲的，我都拥护。如果主席同意,我的检查也当然可以印发全党。"

陈锡联和善地笑笑,婉言道:"主席的谈话精神可以向全党传达,至于小平同志的检查先不要急于印发。主席的有些批评是针对一种倾向,不是指的具体某个人、某件事,这样做容易造成混乱……"

双方交锋正酣,汪东兴推门进来,神色木然地站在一旁。主持会议的王洪文诧异地望着他:"东兴同志,有事吗?"

汪东兴两眼缓缓地扫视着众人,声音低沉地说:"周恩来同志于今天上午9时57分逝世了。"

古老的大殿内一阵沉默。

邓小平忽地站起身,就要朝外走。张春桥冷冷地说:"洪文同志,还没散会吧?"王洪文一时茫然不知所措:"哦,总理逝世,大家说怎么办?"

走到门口的邓小平猛然转身,冷硬的语气中带着一股慑人的威严:"一、立即向主席报告,组成治丧委员会;二、以中央名义发讣告,通知各驻外使馆降半旗;三、命令海边防部队,进入一级战备。"这时,叶剑英起身道:"我去通知作战部。"

上午10时,毛泽东正侧卧在病床上,听工作人员给他念文件。昨晚他几乎彻夜未眠。毛泽东身边工作人员张耀祠匆匆忙忙走进毛泽东卧室,他带来的是周恩来逝世的噩耗。

屋里沉寂得连一根针掉在地上都能听见。毛泽东只点点头,一言未发。对于他来说,周恩来逝世,早已是预料之中的事了。几年来,从医生一次又一次的诊断报告中,他预感到不妙。此时无声胜有声!

过了良久,毛泽东目光滞惘地仰视着天花板,语无伦次地喃喃自语:"走了,他也走了。"说罢,他不禁潸然泪下,唏嘘不已。

中央领导人接到总理去世的消息后都急匆匆地赶来了。李先念第一个走进病房,他弯下身子,双手紧握着总理的手,只叫了一声"总理……",便再也说不出话了,泪水一下涌了出来。他悲痛得双手发抖,站都站不稳了,身边工作人员赶快把他扶到沙发上。李先念坐在那里,双眼盯着总理的遗容,无言地抽泣着。

11时05分,由邓小平带领,叶剑英、华国锋、陈锡联、纪登奎、吴德、汪东兴、陈永贵、王洪文、张春桥、姚文元等走进总理病房，连同李先念，围在总理遗体前肃立。邓小平说："恩来同志，安息吧！"然后向总理三鞠躬，目视着总理，缓缓地退出了病房。

周恩来的遗体经过精心整理，于当日12时许转送到北京医院。

早在周恩来病情危重之际，中共中央办公厅秘书局局长周启才就受中央之命起草了有关总理逝世的讣告和悼词。总理病逝后，周启才又与中共中央办公厅副主任李鑫一起，对讣告和悼词初稿着手进行修改，并列席了中央政治局讨论这两个文稿的会议。

1月8日下午3时，中央政治局会议在人民大会堂东大厅召开，讨论治丧办公室提出的周恩来逝世的讣告，治丧委员会名单，遗体告别、吊唁活动和追悼大会方案等。会议由邓小平主持。经过讨论，中央政治局一致通过了讣告。接着，讨论通过了治丧办公室提出的周总理治丧委员会名单，遗体告别、吊唁活动和追悼大会方案等。随后，邓小平问汪东兴："悼词准备好了吗？"汪东兴说："在总理生前准备了一个初稿，正在修改，还没改好，今天会议讨论不成了。"邓小平说："那就等修改好了另找时间开会讨论。"

在讨论总理丧事过程中，"四人帮"十分猖狂，他们极力压低周恩来的治丧规格，对治丧办公室提出的有关治丧方案和建议横加斥责。如治丧办公室提出请外地的李德生、许世友、韦国清和赛福鼎四位政治局同志来京参加总理的遗体告别和追悼大会的建议时，江青、张春桥厉声厉色地责问："你们什么意思？你们是不是还要把京外的中央委员和候补中央委员也都叫到北京来呀？"当治丧办公室提出在劳动人民文化宫举行吊唁活动，时间安排5天，人数安排6万时，"四人帮"极力反对，硬是把时间压缩为3天，人数压缩到4万。

周恩来讣告和治丧委员会名单，报经毛泽东批准后，1月9日在全国各大报纸头版整版登出。当日中央人民广播电台开始反复向国内外进行广播，沉痛宣告周恩来总理逝世的消息。这一噩耗，如晴天霹雳震惊了中华大地，举国上下顿时陷入极度的悲痛之中。国际社会也对这位备受世人尊敬的伟大政治家的逝世深表哀悼。

1月10日上午，北京医院太平间大厅，哀乐低回，哭声起伏。周恩来神态安详地仰卧在一张白布平台上，躯体上覆盖着一面鲜红的党旗，四周摆着一簇簇洁白的马蹄莲，两名手持钢枪的战士肃立左右。佩戴黑纱的政治局委员们依次走进来，朱德、王洪文、叶剑英、邓小平、张春桥、江青、陈锡联、姚文元……每个人都在周恩来的遗体前肃立默哀，鞠躬诀别，随后绕灵床半周，从侧门退出去。

佩戴着黑纱的邓小平随着低沉的哀乐慢慢走进大厅。他眼中没有泪水，神情显得凝重而平静。他走到灵床前，默默地望着闭目而卧的周恩来，久久不肯离去。他仿佛在静静地等待，等待着总理会和往常一样坐起来，微笑着向他伸出手；等待着那个熟悉的声音："小平同志，你好！"他仿佛在静静地聆听，聆听着总理那语重心长的叮嘱和期望；他仿佛在静静思考，思考着要向总理汇报哪些工作，商讨哪些事情。是啊！他心里还有许多话要向总理倾诉，还有许多事要向总理请教，他忍不住轻轻唤了声："总理！"

周恩来沉睡着安然不动。陪同的秘书小声提醒："首长，走吧，后面还有好多人等着向总理告别。"

终于，两颗硕大、晶亮的泪珠沿着邓小平棱角分明的脸颊缓缓地滚淌下来。他向着周恩来的遗体深深鞠了三个躬，绕过灵床走到门口，忽然又返了回来，抓起周恩来放在胸前的右手用力握了握，随后转身大步离去。

在党和国家领导人后边，是党、政、军机关和北京市的各界代表，黑压压的人群排成长蛇队，在狭窄的太平间过道内缓缓地移动着。

政治局委员们被让进一侧的休息室。江青一进门就倒靠在沙发上，捶着大腿呻吟："哎哟！我的两条腿都站肿了！"叶剑英走到她面前，语气严厉地责问："江青同志，刚才向总理告别的时候，你为什么不摘帽子？"

江青脖子一扬，嘻嘻笑道："我感冒了，正发高烧，不能受凉呀！"老态龙钟的朱德使劲用手杖敲打着地面，愤愤地说："感冒了就不要来嘛，你这个样子，让群众看见很不好。"

江青骄横地翻翻眼皮："这有什么不好？难道总理去世了，把我也要折磨死！"坐在一旁的张春桥也不满地摇摇头，扭脸对姚文元果断地说："朱老总说得很对，文元同志，你马上通知电视台，今天晚上播发消息时要把江青同志的镜头剪掉。"

姚文元胆怯地望望江青，见她没反对，便点头答应了一声。

1月12日下午3时，由邓小平主持，在人民大会堂东大厅召开政治局会议，讨论周总理悼词和追悼大会的有关事项。周恩来的逝世，给当时已受到错误批判、身处逆境的邓小平造成的巨大痛苦是难以言表的。他忍受着内心的悲痛，安排好周恩来的丧事。

会议开始，邓小平先声夺人："总理悼词文稿，会前已经发给大家，为节省时间会上就不读了，请大家发表意见。"接着又说："这篇悼词我仔细看过多遍，我认为写得是不错的。对总理一生的评价，对总理的革命简历，对以总理为榜样，号召全党、全军、全国人民向总理学习的几段话，都符合总理的实际。我同意这篇悼词，认为可以用。大家有什么修改、补充意见，请讲。"短短数语，对悼词给予了充分肯定，也等于给多数政治局成员交了底。

接着，叶剑英、李先念、汪东兴、纪登奎、吴德、陈锡联等都相继发言，表示同意悼词文稿。江青在会上以所谓"路线问题"对周恩来进行恶毒攻击和诬蔑，妄图贬低周恩来的伟大形象和丰功伟绩，但她只是放空炮，除王洪文、姚文元跟着帮腔外，其他与会人员对她的"发言"不予理睬。

当讨论悼词即将结束时，邓小平再次发言。他说："大家讲得差不多了，对悼词文稿大多数同志表示赞成，会上没人提出具体修改或补充意见。我提一点具体补充意见，加一个字，印件中1922年总理担任中国共产主义青年团旅欧支部书记，应是总支部书记，加上个'总'字，符合实际。大家没有新的意见，悼词文稿就讨论到这里，政治局通过。个别文字修改后，报请毛主席审批。"并指示周启才等修改后先送邓颖超大姐过目，看她还有什么意见。

在这次政治局会议上讨论的另一个重要问题，是由谁来给周恩来总理致悼词。开始"四人帮"反对由邓小平致悼词，江青提出由王洪文致悼词。王洪文认为自己不行，张春桥也感到王洪文不够格，提出请叶剑英元帅致悼词。叶剑英带着怒气说："给总理致悼词，应该是小平同志！他是党中央副主席、中央军委副主席、国务院第一副总理，主持中央的日常工作，无论从规格上还是从资历上，小平同志给总理致悼词是最合适的。我提议由小平同志来给总理致悼词！"参加会议的其他政治局成员都表示同意叶帅的意见，赞成由邓小平给总理致悼词。"四人帮"只好不吱声了。

散会后，周启才和李鑫走到人民大会堂北门口，张春桥从后面赶上来对他们说："悼词号召向总理学习的那部分，不必那样展开写，不必写得那样实，你们改一改，压缩一下，笼统地写几句虚的话就行了。"周启才和李鑫听后一愣，没有马上回答。张春桥又说："你们听清我的话了吗？"周启才和李鑫心里十分愤怒，但又不能把愤怒表现出来，只好不软不硬地说："听清了。我们是做具体工作的，悼词政治局已经讨论通过，我们无权做任何改动。您的意见也没在政治局会上提出，现在要我们做这样重大的改动，我们不能够做。如果您认为必要的话，可以将您的修改意见向政治局提出，政治局如果同意，我们就按政治局的意见改。"张春桥听后无言以对，怒气冲冲地走了。

会后当晚，周启才和李鑫遵照邓小平在政治局会上的指示，对悼词的个别文字进行了修改。印好后，周启才给邓颖超秘书打电话，请她报告邓大姐："总理悼词今天下午政治局讨论通过，个别文字做了修改，小平同志指示改后的印件先送邓大姐过目，看大姐有什么意见。我马上派专人将印件送过去。"次日上午，周启才正在劳动人民文化宫吊唁大厅值班，邓颖超亲自给周启才打电话说："悼词我看过了，很好，我没意见。请转告小平同志。"

于是，悼词就要进入最后的报批程序了，即由邓小平审阅后报送毛泽东审批定稿。周启才日后回忆说："'四人帮'在政治局会上讨论悼词时，曾恶毒攻击和诬蔑周总理不捍卫毛主席的无产阶级革命路线。我们考虑应该在悼词中加上一句'坚决捍卫毛主席的无产阶级革命路线'，这样悼词报经毛主席批准后，如果'四人帮'再敢在路线问题上造谣诬蔑周总理，就有了尚方宝剑制约他们。可是悼词政治局已经讨论通过，按组织原则，我们无权加上这句话，但在未报毛主席批准之前，应该大胆提出这一建议。考虑再三，我们把这个想法报告了汪东兴，得到了他的支持。他说：'我赞成你们的想法，加上这句话有必要。但这个事要报告主持中央工作的小平同志。你们最好带上悼词印件去小平同志家里，当面向他报告我们的建议，请小平同志定夺。'经联系同意后，我们驱车赶到当时小平同志在东交民巷17号的家中，当面向他汇报了我们的建议。小平同志看了一遍改好的悼词印件，亲自提笔在'他衷心爱戴和崇敬伟大领袖毛主席'这句话的后面，加上了

第十章　浩劫蒙难

'坚决捍卫毛主席的无产阶级革命路线'这句话，并在悼词首页写上'请主席审批'。签上了自己的名字和时间。"1月14日，毛泽东圈阅同意了这份重要文件，给了处心积虑地反对周恩来的"四人帮"一个沉重打击。

在举国哀悼的日子里，"四人帮"下令，不准群众戴黑纱，不准送花圈，不准设灵堂，不准地方开追悼会，不准挂周恩来遗像。甚至下令各单位严查，不准个人家里挂周恩来的遗像和戴黑纱。更有甚者，"四人帮"的党羽、文化部部长于会泳竟然强迫文艺单位照常演出，还通知公安机关追查群众打来的抗议电话。

此时，邓小平心无旁骛，专心为准备周恩来的丧事活动和完成周恩来的遗愿忙碌着。1月14日，他致信中央政治局委员："东兴同志就总理骨灰撒散地点事与邓大姐商议。据查玉泉山已无水流，他们商议改用安–2型飞机撒到江河山地，邓大姐本人只送到机场，由工作人员上机撒散。以上办法比较于撒在固定一地好，应予同意。东兴同志已按此准备。"14位政治局委员在此件上画圈表示同意。至此，邓小平已为周恩来的丧事活动安排完毕。

1月15日下午3时，5000人参加的周恩来追悼大会在人民大会堂北大厅隆重举行。邓小平表情严肃，面带哀伤，以低沉悲痛的声音宣读悼词。当读到"全

邓小平在周恩来追悼大会上宣读悼词

387

党、全军、全国人民都为失掉了我们的总理而感到深切的悲痛"这句话时,他声音颤抖,眼含泪水,稍事停顿,极力抑制着自己的巨大悲伤。这时会场上一片哭泣呜咽声。

追悼会的最后,全体与会者郑重地向周恩来遗像深深三鞠躬。会后,根据周恩来的遗愿,他的骨灰撒向他深深热爱着的祖国的江河大地。

> "四人帮"种种倒行逆施,激起了人民的愤慨。素以"群众运动的领袖"自诩、声称"镇压群众运动的人绝无好下场"的"四人帮",却在真正的群众运动面前发抖了!

周恩来辞世后,国务院总理之职不可久悬。谁来补这个缺,成了当时政治斗争的焦点。在政治局会议上,叶剑英坚持由第一副总理邓小平继任,而"四人帮"则提出由张春桥作为候选人。

此时的邓小平尽管还是名义上的第一副总理,但因为失去毛泽东的信任,早已失去了填补总理空缺的可能。因此,局面对"四人帮"似乎更为有利一些。张春桥早就觊觎着国务院总理的职务。"文化大革命"以来,他费尽心机,疯狂地影射、攻击周恩来,策动"反击右倾翻案风"运动,把斗争矛头指向第一副总理邓小平,无不包含着篡夺国务院总理职务的野心。

邓小平在周恩来追悼会上致悼词,是他被再次打倒前在电视屏幕上的最后一次露面。因为周恩来的逝世和丧事活动,"批邓、反击右倾翻案风"运动一时中断。随着周恩来丧事活动办毕,"批邓"战火又被点燃。1976年1月20日,中央政治局召开会议,要邓小平再次作"检讨发言",并在会上进行讨论。"四人帮"看到邓小平的态度仍然强硬,便轮番开始对他进行指责和批判。邓小平是有名的"耳朵聋",对那些刺耳的噪音,他听不见,也不想听,只是不时地拿起杯子喝茶水。

出乎人们的意料，毛泽东既没有选第一副总理邓小平，也没有选"四人帮"力荐的张春桥，而是选了华国锋担任国务院代总理。2月2日，中共中央发出通知："经伟大领袖毛主席提议，中央政治局一致通过，由华国锋同志任国务院代总理。""在叶剑英同志生病期间，由陈锡联同志负责主持中央军委的工作。"

这表明，毛泽东选定了新的接班人华国锋。屈指算来，在刘少奇、林彪、王洪文、邓小平之后，华国锋是毛泽东选定的第5个接班人。

毛泽东的态度让人捉摸不透，也让"四人帮"不满意。他们的本意是，打倒邓小平以后，让王洪文重新主持中央日常工作，张春桥主持国务院的工作，没想到毛泽东竟指定华国锋"带个头"。这实在太出乎他们的意料了。像江青这样"目空一切"的人，从来没有把华国锋看在眼里过。"四人帮"认为，他们苦心经营得来的"胜利果实"，就这样让华国锋轻而易举地摘走了。毛泽东的决定，实在让他们太失望了。

不过，张春桥既为自己未能当上总理而懊恼万分，也为邓小平遭毛泽东否定而幸灾乐祸。2月3日，张春桥在《有感》中诅咒邓小平："真是得志更猖狂。来得快，来得凶，垮得也快。错误路线总是行不通的。可以得意于一时，似乎天下就是他的了，要开始一个什么新'时代'了。"

2月25日，中共中央召开各省、市、自治区和各大军区负责人会议。在这次会上，传达了由毛远新整理的《毛主席重要指示》。这些指示，据云是毛泽东在1975年10月至1976年1月的多次谈话。毛泽东说："文化大革命是干什么的？是阶级斗争嘛！""安定团结不是不要阶级斗争，阶级斗争是纲，其余都是目。""搞社会主义革命，不知道资产阶级在哪里，就在共产党内，党内走资本主义道路的当权派。走资派还在走。"邓小平"这个人是不抓阶级斗争的，历来不提这个纲。还是'白猫、黑猫'啊，不管是帝国主义还是马克思主义。"对邓小平"批是要批的，但不应一棍子打死。""还是人民内部问题，引导得好，可以不走到对抗方面去。"

这次会议，公开提出了批判邓小平的政治任务。与会者对此很不理解，因为邓小平刚刚复出一年多，他在主持中央日常工作期间，进行各条战线的整顿取得了举世公认的成效。一转眼，又要批他，大家的思想转不过弯子来。针对这些情况，华国锋代表中共中央，要求大家认真学习毛主席的重要指示，"在揭发批判过程中转好弯子"。

华国锋还说："毛主席说，错了的，中央负责。政治局认为，主要是邓小平同志负责。"他要求与会者"深入揭发批判邓小平同志的修正主义路线错误""把反击右倾翻案风的斗争开展起来"。

这次会议，实际上是一次"转弯子"会议。目的在于通过学习《毛主席重要指示》，首先排除在党政军高级领导干部中间对于"批邓"的阻力，解决大家的思想问题，排除思想上的"障碍"，转好关于"批邓"的思想弯子。会议期间，张春桥多次攻击邓小平是"垄断资产阶级""买办资产阶级""对内搞修正主义，对外搞投降主义"。

"转弯子"会议把"批邓"公开化了。因此，江青对邓小平的攻击更加有恃无恐了。3月2日，她擅自召集12省、区领导干部会议，并发表长篇讲话："邓小平是个谣言公司的总经理"，是"反革命老帅""是个大汉奸""是买办资产阶级，代表买办、地主资产阶级，中国有国际资本家的代理人，就是邓小平""要共同对敌，对着邓小平"。她拉开架势，语无伦次，信口开河，胡说八道，集中攻击诬蔑邓小平。同时，她吹捧武则天、吹捧吕后，借古喻今，赤裸裸地为自己篡党夺权制造舆论。

3月3日，中共中央发出《关于学习〈毛主席重要指示〉的通知》，转发了毛泽东关于"反击右倾翻案风"的多次谈话。于是，"批邓"进一步公开化了。

这下，江青可成了大忙人。她"麾下"的大大小小的写作组，此时集中火力在大报小报上攻击邓小平：什么《再论孔丘其人》，什么《司马光登台一年》，什么《从资产阶级民主派到走资派》，什么《批判党内那个不肯改悔的走资派》……电影界先是推出了故事片《决裂》，"向修正主义教育制度决裂"。紧接着，一批"跟走资派斗"的故事片在紧锣密鼓声中开拍，诸如《反击》《盛大的节日》《欢腾的小凉河》《千秋业》等。

3月5日，是毛泽东为学习雷锋题词周年纪念日，新华社播发了沈阳部队指战员学习雷锋的报道，其中全文引用了周恩来为学习雷锋所写的四句题词。全国各大报刊大都原文转载,而上海《文汇报》在刊登这一新闻报道时把周恩来的题词全部砍掉。

在接到全国人民雪片般的抗议电、函后,《文汇报》竟置人民的愤怒于不顾,继续火上加油。3月25日,该报在刊登的一篇题为《走资派还在走,我们就要同他斗》的通讯中,出现了这样一段文字:"孔老二要'兴灭国,继绝世,举逸民',党内那个走资派要把被打倒的至今不肯改悔的走资派扶上台。"丧心病狂地把矛头公开指向周恩来,含沙射影地诬蔑周恩来是"党内走资派"。

民心不可违!民心不可欺!"蓄之愈久,发之愈速。""四人帮"的罪恶行径,激怒了广大人民群众。中国人民积蓄已久的悼念周恩来、拥护邓小平、声讨"四人帮"的情绪,像火山一样爆发了!

3月19日,北京市朝阳区牛坊小学的学生们,在天安门广场的人民英雄纪念碑前,为人民的好总理献上了第一个悼念的花圈。

3月28日,南京的大学师生走上街头,抬着周恩来的大幅遗像和寄托哀思的花圈,高呼"保卫周恩来"等口号,排着浩浩荡荡的游行队伍,前往周恩来战斗过的梅园新村和雨花台烈士纪念碑,向周恩来表达深切的敬意。成千上万的工人、学生、教师、机关干部继之而起。南京很快形成了悼念周恩来、声讨"四人帮"的高潮。

第二天,南京大学师生又贴出"警惕赫鲁晓夫式的个人野心家、阴谋家篡夺党和国家的最高领导权"的巨幅标语。3月30日,当南京大学师生得知昨天写在开往上海的列车上的大标语,在进入上海市区前被全部冲刷掉以后,又用柏油和白色油漆在开往上海等方面的列车上书写了"不揪出《文汇报》的黑后台誓不罢休""打倒大野心家、大阴谋家张春桥""谁反对周总理就打倒谁"等大幅标语,把江苏人民的怒火通过隆隆奔驰的列车传向祖国各地。

一场空前壮阔的群众斗争渐成燎原之势。成千上万的青年、学生、工人、机关干部、知识分子和社会各界人士,或排着整齐的队伍,或扶老携幼,自发地聚集到天安门广场,在人民英雄纪念碑前敬献花圈、花篮,张贴传单、标语,朗诵诗词,发表演说,表达对周恩来的深切悼念,对邓小平全面整顿的大力支持,对早日实现"四个现代化"的强烈渴望,对"四人帮"祸国殃民的严厉谴责。与此同时，在杭州、郑州、太原等地也爆发了人民群众自发地悼念周恩来、反对"四人帮"的声势浩大的群众运动。

人民群众大规模的悼念活动和对"四人帮"发出的战斗檄文，使"四人帮"一伙惊恐万状。"四人帮"知道事态已经十分严重，于是千方百计地进行压制。4月2日，"四人帮"以中央名义要北京各单位传达4月1日的通知，并派出民兵、警察干预制止人民的悼念活动，派出便衣跟踪、逮捕参加悼念活动的人。同时，传达姚文元"指示"，说"清明节是鬼节""送花圈是四旧"，不让群众去天安门广场举行悼念活动。但是，人民群众的抗议活动已如爆发的火山，任凭何人，任凭何种力量，都已无法阻止。

4月3日，从清晨开始，无数的人流冲破"四人帮"下达的道道禁令，从四面八方汇集到天安门广场。这一天，人民群众放在人民英雄纪念碑前悼念周恩来的花圈达到数千个。在纪念碑周围的柏树上，人民群众献上的白花层层叠叠，仿佛万朵玉兰傲然怒放。

在这花的海洋、人的浪潮、诗的怒涛中，一首《江桥摇》（暗指江青、张春桥、姚文元"眼看要垮掉"）的诗格外引人注意："黄浦江上有座桥，江桥腐朽已动摇。江桥摇，眼看要垮掉，请指示，是拆还是烧？"诗句辛辣，显露出锐利的锋芒。

人民群众在天安门广场周围的松树上还挂上了许许多多的小瓶子，他们是在用这种典型的中国式的隐喻，呼唤着"小平"。在那些震撼人心的日子里，北京几乎所有能去天安门广场的人都去了。他们去送花圈，去写诗词，去抄诗词，甚至仅仅去感受这悲壮而令人震撼的场面。可是，又将家搬回宽街的邓小平一家人却不能去天安门广场，不能亲赴现场去参加这一伟大的人民运动。

4月4日，清明节，中国历史传统中祭奠亲友、悼念先烈的日子。这一天又恰逢星期天。北京天安门广场悼念周恩来、声讨"四人帮"的活动达到了高潮。人群从四面八方涌向天安门广场。有1400多个单位的职工，在人民英雄纪念碑四周摆放了2073个花圈，悼念周恩来。自发参加纪念活动的200多万人民群众，用数不清的白花、花圈、花篮、花环、诗词、文章、条幅、标语等，把天安门广场装点成了名副其实的"花山诗海"。

第十章 浩劫蒙难

听到身边工作人员讲述天安门广场群众运动场面后，叶剑英非常激动地表示，一定要亲自去天安门广场看一看。清明节这天傍晚，叶剑英不顾工作人员的劝阻，悄悄乘车来到天安门广场。汽车在广场上缓缓行驶，叶剑英以深情的目光注视着广场上的壮观场面。是呀，这庄严肃穆的天安门广场成了中国人民内心深处真挚感情爆发的地方。老帅的心被深深震撼了！也许就在这个时候，老帅已经下定了决心，坚决粉碎"四人帮"反革命集团，上慰忠魂，下顺民意，写出中华民族历史新的篇章。

素以"群众运动的领袖"自诩、声称"镇压群众运动的人绝无好下场"的"四人帮"，却在真正的群众运动面前发抖了！他们在政治局大吵大闹，逼着每个人表态，强行要把南京、北京以至全国人民反对"四人帮"的运动定为反革命性质；他们一次次指使专政机关中的亲信，趁黑夜悄悄把天安门广场上张贴的诗词撕掉，把花圈运出去烧掉，抓紧逮捕革命群众，甚至派爪牙去广场，当着群众的面恶毒攻击周恩来，以激起群众更大的情绪，使矛盾激化。

4月4日晚，华国锋主持召开中央政治局会议。叶剑英、李先念"因病"没有参加。在江青等人左右下，会议把天安门广场悼念活动的性质定为"反革命搞的事件""是邓小平搞了很长时间的准备形成的"。会后，毛远新把政治局会议讨论的情况和会议决定，书面报告了毛泽东。报告中说："这次是反革命性质的反扑""是有计划有组织的""去年邓小平说批林批孔就是反总理"，今年"就抬出总理做文章，攻击反击右倾翻案风是反总理，利用死人压活人"。毛泽东圈阅了。

4月5日，大规模镇压开始了。凌晨一两点，广场上的花圈被践踏和搬走。广场上的花圈一个连着一个，足足用了200多辆卡车才被全部装运走。在撤走花圈的过程中，57名在场群众遭到审查，7人被捕。早晨5时，王洪文到"指挥部"小楼亲自督阵并进行镇压的具体布置。天亮了，人们全无畏惧，冲破封锁线，把一个又一个花圈顽强地送到人民英雄纪念碑前。这时，一边是蛮横地强行拦截，一边是奋不顾身地抬花圈和送花圈，整个天安门广场开始变成一个冲突的大战场。最终，几十万群众拥集在广场上，并高呼："还我花圈！还我战友！"

这天晚上，北京市委第一书记吴德奉命通过广播发表讲话，声称：天安门广场有坏人进行反革命破坏活动，要群众立即离开广场。广场上的群众不但没有减少,反而越来越多。21时30分,"四人帮"授意安排的早已隐蔽到位的1万民兵、3000名警察,手持木棍、皮带,突然出动,迅速封锁天安门广场。经过一番苦斗,人民英雄纪念碑旁边留下摊摊血迹,200多名群众被打伤,38人被捕而投入监狱。这就是震惊全国的天安门事件,后来被称为四五运动。

"四人帮"得手后,又伪造材料攻击邓小平,欺骗毛泽东。张春桥对他的同党们说:"天安门事件实际是中国的匈牙利事件,那些人拥护邓小平,就是要把他抬出来做中国的纳吉。"姚文元心领神会,要《人民日报》的亲信在报道天安门事件时"鲜明地点出邓小平"。

4月7日上午,毛远新根据姚文元亲手组织炮制的"天安门事件现场报道",向毛泽东汇报了"天安门事件"的进展情况和处理意见。"现场报道"诬蔑人民群众悼念周恩来是"反革命活动",诬蔑天安门事件是"反革命政治事件",说天安门事件"公开打出拥护邓小平的旗号,丧心病狂地把矛头指向伟大领袖毛主席,分裂以毛主席为首的党中央,妄图扭转当前批邓和反击右倾翻案风的大方向"。听完毛远新长达1个多小时的汇报后,身体已经极度衰弱的毛泽东,作了以下指示:"据此开除邓的一切职务,保留党籍,以观后效。""这次,一、首都,二、天安门,三、烧、打,这三件好。性质变了,据此,赶出去!""华国锋任总理。"同意公开发表这篇"现场报道"。

中午,"四人帮"在人民大会堂庆祝"胜利",花天酒地。下午,毛泽东又作了补充指示:"华国锋还要任党的第一副主席,并写在决议上。"

当天下午,中央政治局开会,通过了毛泽东的两个提议,并相应形成了两个决议:《关于华国锋同志任中共中央第一副主席、国务院总理的决议》和《关于撤销邓小平党内外一切职务的决议》。在后一个决议中这样表述:"中共中央政治局讨论了发生在天安门广场的反革命事件和邓小平最近的表现,认为邓小平问题的性质已经变为对抗性的矛盾。根据伟大领袖毛主席提议,政治局一致通过,撤销邓小平党内外一切职务,保留党籍,以观后效。"

晚8时,这两个决议文件通过中央人民广播电台,正式向国内外公布。邓小平在政治上又一次被错误地打倒。

这天下午3时,邓小平的秘书王瑞林接到电话,通知说汪东兴要找邓小平谈话，警卫局来人来车接，不让带秘书，也不让带警卫员。原来，下午的政治局会议上，"四人帮"一口咬定邓小平就是天安门事件的总后台，并说邓小平曾坐汽车到天安门广场亲自进行指挥。于是，华国锋过问此事，让汪东兴了解"邓小平坐车指挥"一事是否属实。为了保护好邓小平夫妇，不让他们受到冲击，汪东兴秘密将邓小平夫妇转移至东交民巷。后来，汪东兴将有关情况告诉了邓小平，问他是否曾坐车到天安门进行"指挥"。邓小平说，他只有一次坐车去北京饭店理发，根本不是什么"指挥"。

于是，在东交民巷17号这个并不陌生的环境里，在与家人子女音讯隔绝的状态下，邓小平夫妇相依为命，开始了又一次禁锢生活。没过多久，卓琳患病毒性角膜炎，好不容易才安排到301医院外科室接受治疗。这时的邓小平孤身一人在东交民巷那所房子里生活，对他来说，政治上的大风大浪不算什么，最难以忍受的就是孤独。实在没事可做，也没有书可看，他就拿出扑克牌，一个人在桌子上摆牌开牌。这副扑克牌是女儿邓楠在他临走的最后一刻，塞给父亲的，没想到倒在这里消磨时光时用上了。

天安门事件以后，邓小平虽然再次被打倒了，但是，公道自在人心。在广大人民群众的心目中，邓小平是永远打不倒的。真正代表人民利益，并全心全意为人民谋利益的人，是永远不会被打倒的……

> 噩耗一个接一个传来，毛泽东在感情上、精神上受到一次次打击。在生命倒计时阶段，他发表了自己的"政治遗嘱"。唐山大地震之后，接踵而至的是"政治大地震"。

天安门事件后，毛泽东愈见衰老。

1976年4月30日晚上，毛泽东由华国锋等陪同，在中南海的书房里亲切会见了来访的新西兰总理马尔登。

会见以后，送走了客人，按照毛泽东晚年的惯例，这时要由陪同接见的中央领导人向他汇报一下最近的主要工作。于是中共中央第一副主席、国务院总理华国锋抓紧时间，简明扼要地向毛泽东汇报了近段时间中央主要的工作和全国形势。华国锋最后说：全国总的形势很好，也有几个省的形势不大好……

毛泽东一边认真地听着，一边思考着，深邃的目光注视着这位自己选定的外表憨厚的接班人。

这时，毛泽东的病情已经十分严重，没有工作人员的搀扶，甚至不能自己站起来。在华国锋汇报完工作以后，毛泽东为了表示对华国锋的信任和支持，拿起放在沙发旁边小茶几上的铅笔，用不听使唤的手十分费力地用劲在白纸上写下了："慢慢来，不要招［着］急""照过去方针办""你办事，我放心"。

写罢，毛泽东把纸交给了华国锋。

这三句话，虽然写得不太清楚，甚至有些潦草，字迹也有些模糊，但是，熟悉毛泽东笔法的人只要稍加辨认，仍不难看出，这是千真万确的、独具一格的"毛体"。一个年近83岁的久病老人，能够克服身体不便的困难，写下这三行字已经是很不容易了。

这是毛泽东的政治交代与嘱托。邓小平被打倒了，"四人帮"又不可信，只有华国锋可以托付了。

华国锋深深体会到了毛泽东写给自己这三句话重如泰山的分量和含义，立即在中共中央政治局会议上，向在京的全体中央政治局委员作了传达。与会的中央政治局委员们都在自己的笔记本上做了重点记录。

在华国锋看来，毛泽东写给自己的这三句话，尤其是最后一句"你办事，我放心"，是将来毛泽东百年之后，自己正式成为毛泽东接班人的最有力、最重要的依据。

5月12日，毛泽东会见新加坡总理李光耀。17日，毛泽东会见巴基斯坦总理布托。从电视中，人们可以看到，镜头中的毛泽东面容憔悴，行动不便，面部缺乏表情。在这两次会见外宾后，中国政府发布公告，宣布毛泽东今后不再在外交场合露面。应该说，从这个时候起，毛泽东病体垂危，已进入了生命的倒计时阶段。

这时，在301医院治眼病的卓琳因与眼科医生唐佐怡关系甚笃，唐医生悄悄把主席病危的消息告诉了卓琳，并说中央还发了通知。卓琳知道后，趁当时有人来医院探视她，立即写了一个纸条转给邓小平，上面这样写："千万不要离开你现在住的地方，不管什么人让你出去都不要离开，我争取尽快出院。"

邓小平看到这张纸条后，意识到卓琳在医院里听到了什么风声。为了安全起见，他向中央请示"想与家人在一起，这里太孤单"。经毛泽东和中央政治局同意，邓小平终于回到宽街的那个家。卓琳住院50天后，眼病基本好转，于是要求出院。于是，一家人得以团聚。

6月初，毛泽东突然心肌梗死，十分危急。经过医生、护士全力抢救，他才脱离危险。

大抵自知余日不多，而且担心心肌梗死再度突然发作，趁神志尚清楚，毛泽东在6月15日召见了华国锋、王洪文、张春桥、江青、姚文元、王海容等，作了临终嘱咐式的谈话。

毛泽东讲话已很吃力，口齿不清，但思维尚不错。他语重心长地说："人生七十古来稀，我八十多了，人老总想后事。中国有句古话叫盖棺论定，我虽未盖棺也快了，总可以定论吧！我一生干了两件事，一是与蒋介石斗了那么几十年，把他赶到那么几个海岛上去了，抗战八年，把日本人请回老家去了。对这些事持异议的人不多了，只有那么几个人，在我耳边叽叽喳喳，无非是让我及早收回那几个海岛罢了。另一件事你们都知道，就是发动'文化大革命'，这事拥护的人不多，反对的人不少。这两件事没有完，这笔遗产得交给下一代，怎么交？和平交不成就动荡中交，搞不好就血雨腥风了，你们怎么办，只有天知道。"

如果说毛泽东有遗嘱的话，这就是毛泽东的"政治遗嘱"。这番话，既是对自己的一生作了个总结，也算对"交班"作了个交代。

20多天后，也就是7月6日，全国人大常委会委员长朱德逝世。朱德去世之前，对于"批邓"很难"转弯"，他在不同场合多次讲过，"在毛主席领导下，由邓小平同志主持中央的日常工作很好，这个班子不要变动"。可是这位90岁高龄的长者，眼睁睁地看着邓小平还是被拉下了马，他最为尊敬的、自己的入党介绍人周恩来也先他离去，党和国家又处在这样不安定之中，他是抱着深深的遗憾离开的。

听到朱老总离世的噩耗，毛泽东叹道："'朱毛''朱毛'，不能分离。现在朱去见马克思了，我也差不多了！"

7月28日，河北省唐山市丰南地区发生强烈地震，24万人死于震灾，损失巨大。当秘书报告地震造成极其惨重的损失后，久卧在床的毛泽东哭了。他身边的保健专家王新德说，他第一次亲见主席号啕大哭，他们那些在旁的所有保健专家的心也在流泪。是的，可以想见主席当时的心境是何等的痛苦与复杂。随后，毛泽东看到具体的灾情报告，并圈阅同意华国锋去灾区查看灾情，慰问灾民。

正当全国人民和解放军大力支援、奋起抗震救灾之时，"四人帮"却视灾情之巨大而不顾，丧尽天良地说，"抹掉个唐山算得了什么"，"批邓"才是大事，不能"以救灾压批邓"。江青蛮横无理地指责中央和河北省地方领导是"走资派惊慌失措"。

在"四人帮"一伙的干扰下，中国拒绝了一切愿意提供的国际援助。姚文元还授意《人民日报》发表了题为《深入批邓，抗震救灾》的社论，胡说"党内的机会主义路线的头子总是妄图利用自然灾害造成的暂时困难，扭转革命方向，复辟资本主义"，把矛头对准正在指挥抗震救灾工作的华国锋等中央领导人。在举国上下关注抗震救灾的时候，江青等擅自印发"批邓"材料，说邓小平主持工作时主持起草的《论全党全国各项工作的总纲》《关于加快工业发展的若干问题》和《关于科技工作的几个问题》三个文件是"三株大毒草"，要求在全国范围内展开大"批判"。在非常时期，"四人帮"一伙所表现出的狰狞面目和丑恶嘴脸，激怒了全国人民。对他们要求进行的"批判"，全国的干部群众进行了广泛的抵制。

大地震同样波及天津、北京，这两个城市也不同程度受到了损失。这段时期，邓小平一家每晚待在自家院内搭建的"抗震棚"里。8月22日，到了邓小平本命年龙年的生日，一家人高高兴兴地为他庆祝了72岁大寿。

这时期的江青更为活跃。8月28日，她来到天津小靳庄，并发表讲话："邓小平是造谣公司的总董事，也叫总经理。"又忽地说起"母系社会"来。她说："在生产力中，女的是最基本的……在氏族社会，是女的当家。随着生产力的发展，将来管理国家的还是女同志……男的要让位，女的来管理"。江青还直言不讳："女人也能当皇帝！"两天后，江青头扎白毛巾，像个陕北老农模样出现在济南部队某团，在讲话中语出惊人："主席不在了，我就成了寡人了！"9月3日，她再次来到山西大寨，在那里召开"批邓会"。

此时，根据毛泽东病情的发展，中央作出决定，把主席的病情通报中央各部委、各省市自治区的党政军负责人。9月5日晚，正在大寨与警卫、医生一起玩扑克的江青接到北京来的电话。中共中央政治局通知她，主席病危，让她火速返京。夜11时，她才离开大寨。7日，当江青回到北京，毛泽东已处于垂危之中。

9月8日晚上，北京人民大会堂灯火辉煌，即将结束对中国访问的西萨摩亚国家元首马列托亚·塔努马菲利第二殿下，正在举行访华答谢宴会，宴请中国的党、政、军重要领导人，对此次访华取得圆满成功和受到的盛情周到的款待表示谢意。正当宴会进行到高潮，一阵急促的电话铃声传来了毛泽东极度病危的消息。作为宴会主宾的华国锋接到电话后，匆匆讲完话，没有等宴会结束就向主人告别，驱车火速赶往中南海。

9月9日0时10分，一代伟人毛泽东那颗伟大的心脏停止了跳动。

在毛泽东去世的前几天，保健专家王新德一直守护在他身边。"9月8日，在主席去世的前一天上午，他起初头脑还清晰，还在关心日本大选的事。"据了解，毛泽东当时张着嘴，喉咙里发出微弱的声音，想说说不出，后用铅笔在纸上画了三个道，再也写不动了。过了一会儿，只见他握着铅笔的手慢慢抬起，吃力地在木床头上轻轻点了三下。于是，有人想到了他说的话是与"三木"有关，就轻声问："主席，您是不是看有关三木的消息？"他微微点了点头，动作小得几乎看不出来。三木武夫，是日本自由民主党总裁与内阁总理大臣，当时正在参加竞选，毛泽东一直很关心他在大选中的情况。

"尔后，主席病情突然加重，医疗监视器上显示心脏有些异常，他再度进入弥留状态，当时气氛紧张。我一直现场值班，高度警惕地观察着、注视着，不时地检查身体。"王新德老人接受采访时，对当年抢救主席的现场记忆犹新，宛若就发生在昨天："8日傍晚，是我值班，大家都在主席卧室外的走廊里交班，我发现主席血压下降，药物一直用着，但血压很难维持，当时情况很紧急。在走廊，其他医护人员正在外边讨论主席病情,我赶过去对交班的人说,你们别讨论了,主席的血压难以维持,快进来吧!"

没过多久,主席瞳孔散大,口鼻抽吸两下,上下跳动的心电图突然变成一条水平线。"医务人员迅速对主席施行紧急抢救,人工呼吸、打强心针……然而,这一切对于已经走到生命尽头的主席来说已无济于事了。"

华国锋迅速主持召开了中共中央政治局会议,紧急研究治丧问题。9日下午3时,无线电波向全世界传达了一个重大而震惊寰宇的消息——毛泽东逝世了。巨星陨落,举世悲恸。毛泽东的逝世使首都沉浸在悲痛、肃穆的气氛之中,天安门城楼中央主席巨幅画像披上了黑纱,天安门广场前高大的建筑物上一律下半旗志哀,庄严的国际歌回响在首都上空。邓小平听到这个不幸的消息后,沉默无语,只是不停地摇头……

尽管受到了不公正的对待,但邓小平对毛泽东始终以诚相敬。他认为,毛泽东是伟大的马克思主义者,其错误只是一个伟大的马克思主义者所犯的错误,"毛泽东的错误在于违反了他自己的正确的东西",是好心犯错误。这是一个悲剧。

不多久,邓小平让家人采来松枝,做成花圈,在家中设立了一个灵堂。他带领家人一起,在毛泽东的遗像前深深地默哀。

毛泽东这位中国人民的伟大领袖,在天灾人祸连降、国乱民怨极多的时刻撒手与世长辞,引起中国的"政治大地震",其强度远非前不久发生的唐山大地震所能比拟。在江青看来,毛泽东逝世之日,就是她"老娘登基"之时,"女皇梦"就要实现了。

"四人帮"一伙躲进钓鱼台17号楼,窃窃私语:"主席去世,虽然是一件坏事,但也可一分为二。现在国内形势如同俄国1917年4月一样,处处需要自己的领袖。现在最要紧的,是要打着毛主席的旗号,打击反对力量!形势对我们有利,他们找个头也难。过去主席一说,有些事很不好办,也不好反对。现在好办了……"

他们加紧篡夺党和国家领导权的阴谋活动。毛泽东逝世第二天,"四人帮"就盗用中央办公厅的名义,通知各省、直辖市、自治区,重大问题要及时向他们请示报告,企图切断党中央与全国各地的联系,由他们发号施令,指挥全国。想当

"女皇"的江青一次次去找毛泽东的机要秘书张玉凤，要翻看毛泽东的机密文件和手稿，甚至索要毛泽东保密柜的钥匙。张玉凤认为不符合组织程序，说什么也不给。于是，江青采取"紧急措施"，对张玉凤进行迫害，安张玉凤一个"偷文件"的罪名，以达到他们盗骗文件的目的。

在"四人帮"的部署下，上海的民兵指挥部进行了"战备演习"，为发动武装叛乱做具体准备。姚文元等还公开动员和秘密串联一些人给江青写"效忠信""劝进书"。王洪文私拍了114张不同着装的照片，从中选好准备上台时用的"标准像"。张春桥穷凶极恶地暗地制造要"镇反"、要"杀人"的计划。江青让天津市为她特制了"登基"用的礼服。他们有计划、有预谋地伪造了"按既定方针办"的所谓"毛主席临终嘱咐"，把自己打扮成毛泽东指定的"正统"接班人，并将所谓的"按既定方针办"写进《人民日报》、《红旗》杂志及《解放军报》社论《毛主席永远活在我们心中》一文中。文章说："按既定方针办"，"就是坚持以阶级斗争为纲，坚持党的基本路线，坚持无产阶级专政下的继续革命"。

"四人帮"篡权的一个重要策略就是继续"批邓"，置邓小平于死地。他们知道，邓小平虽然已被"打倒"，但真正要打倒邓小平的人并不多，反对者倒不少。邓小平仍然是他们篡权的最大威胁。在毛泽东逝世后召开的第一次政治局会议上，本来是研究治丧事宜的，可是江青突然跳起来，高叫："今天会议忽略了一件头等大事，就是要继续批邓，这是主席临终前一再嘱咐的大事，是关系到党和国家变不变色的大问题，不抓这件大事，就是对主席的不忠。如果让邓小平复辟了，无产阶级文化大革命成果就保不住了！"

江青这么一提，王洪文、张春桥、姚文元马上表示支持。江青在会上还叫嚣："治丧当然要搞，但是批邓决不能停止。批了快一年了，批而不倒，很不得力！""我建议现在就研究邓小平问题，政治局作个决定，立即宣布开除邓小平党籍，以绝后患！"

华国锋听后，感到有些为难，因为毛泽东生前说过，对邓小平"保留党籍，以观后效"，怎么可以违反毛泽东的指示？可是，他又不便于拿毛泽东的指示，跟眼前这位毛泽东夫人顶撞——因为江青也知道毛泽东的这一指示。

这时，叶剑英发话了："江青同志，请你放冷静一点，好不好？毛主席走了，我们都很悲痛。毛主席的丧事是国丧，一定要办好。现在我们要办的事情很多，但是第一位是治丧。毛主席不在了，我们处在最困难最严峻的时刻，在这种时候，最要紧的是要加强团结，要团结在以华国锋同志为首的党中央周围。"

叶剑英的话，柔中有刚，于情于理都对，江青无法抓住把柄，加之政治局大多数人没有接受她的意见，于是，江青只得不吱声了。没想到，几天后，她又跑到清华大学发表讲话，继续煽动"批邓"。她说："我在主席逝世后的第一次中央会上，就控诉了邓小平，要开除他的党籍。没有开除，以观后效，还会有人为他翻案。"

中共高层的幕后斗争，渐趋白热化。9月17日下午，又一场激烈的争斗在政治局会议上爆发。会议一开始，江青就先发制人："主席逝世了，党中央的领导怎么办？"她的语气，俨然是中共中央主席，言外之意是华国锋不配当接班人。

江青一席言毕，王洪文、张春桥接连发话。他们要求政治局加强集体领导，要求给江青"安排工作"，弦外之音是安排江青当中共中央主席。

叶剑英见华国锋不便站出来说话，就解围说："江青同志不是没有工作，她是政治局委员，工作很重要的！再说，她一向身体不好，能做好政治局委员的工作就很不容易了。我不知洪文同志、春桥同志提议给她安排工作，还要安排什么工作？"

叶剑英一个诘问，让"四人帮"一伙无言以答。没想到的是，江青又来了一招："远新同志的工作，怎么安排？"原来江青企图把自己的这个"嫡系"安排进政治局，为自己服务。

这时，华国锋说："主席去世了，已不再需要'联络员'，远新同志的工作也就结束了，应该回辽宁。"这下江青暴跳如雷了："不行！他要留下来，主席的好些后事要他来处理。"

"江青同志，你可是说过，主席的后事，你与远新同志都不参与。现在怎么要把远新同志留下来参加处理主席的后事呢？"华国锋的反击让江青更为恼怒，她问道："我何时讲过？"

在场的汪东兴见知道真相的王洪文、张春桥装聋作哑，再也憋不住了："江青同志，你说这句话时，我也在场！是的，你说了，可能忘记了吧？"这话可让本来就已脸面没法放的江青更是下不了台，她像个无赖似的哭喊："主席尸骨未寒，你们就这么对付我！你们想把我赶走，赶出政治局。我偏不走，我要留下！远新同志也要留下，他留下整理主席晚年的文稿。"

见没有人作声，江青以为大家都赞同自己的看法，便进一步解释："主席处的文件清理保管工作，因东兴同志忙于主席的丧事，无暇顾及。我提议把所有的文件、手迹、文稿及各种材料的清理保管工作统统交远新同志负责，他有时间，又熟悉那里的情况。"

张春桥接过话说："是的，远新同志在主席身边工作过，主席晚年的字迹他熟悉，能够辨认。"王洪文、姚文元马上表示同意，并说这是最合适的人选。

他们讲完之后，汪东兴发言："主席处的文件、手迹、文稿、材料以及各种信件，历来都是由中央办公厅负责收、发、保管、存档。从中央苏区长征出来一路上直到延安，从西柏坡进城到如今都是这样做的。因为主席这里的文件、文稿、手迹、信件是我们党和国家的宝贵财富，只能由党的有关组织来保管，不应交任何个人来负责，主席生前确定的这些正确原则，现在仍应继续坚持。因此，主席处的文件、档案以及所有的材料，我认为仍应由中央办公厅负责处理。鉴于目前大家都在忙于主席的丧事，我建议现在暂不处理，先把它们封存起来，任何人不经中央批准，不得翻阅和取用。"

华国锋和叶剑英也相继明确表示：同意将主席处的文件、手迹、文稿以及各种材料，按惯例仍由中央办公厅负责清理和保管。目前东兴同志的确很忙，同意先把它们封存起来。华国锋最后又补充一句："没有什么意见，就这样决定了。"

江青、王洪文、张春桥、姚文元见没有人再发表什么意见，只好默不作声了。

根据中央政治局常委扩大会的决定，当天晚上 8 点多钟，汪东兴和秘书高成堂一起来到毛泽东生前的住处，把主席卧室和书房的进出大门，贴上了加盖中共中央办公厅公章的封条。加封的时候，汪东兴向张玉凤交代："中央政治局常委会已经作出决定，把主席这里的文件全部封存，未经中央批准，任何人都不得违反规定。"张玉凤说："这样我就好办了。"

当晚 10 时左右，江青由钓鱼台来到中南海"202"毛主席住所，看到主席的卧室和书房的大门已被封条封住，气得火冒三丈，大发雷霆。她质问张玉凤："这是谁干的?"张玉凤回答说:"是汪主任带人来封的。"

江青一边咬牙切齿地骂汪东兴"搞突然袭击",一边气急败坏地给华国锋打电话:"汪东兴搞突然袭击,把主席的卧室和书房都加封了。这种行动是对我们的不信任。"华国锋回答:"今天下午常委会不是已经作出决定,可以先封存起来吗?东兴同志执行常委会决定,不需要再打招呼。"

9月18日下午3点,毛泽东的追悼会在北京天安门广场举行。沉痛悲伤的哀乐从天安门广场漫涌,滚滚飘向广袤的天际。华国锋在百万首都人民面前用他浓郁的山西口音宣读悼词。叶剑英立在华国锋的右侧,老帅此时的心里最为痛苦,短短大半年里,出生入死共同打江山的老战友们说走就走了,一连走了三位,连领导人民打江山的毛泽东主席也走了,这让他充实了半个世纪的精神世界一下子变得空荡荡的……他扯着衣角,凄凉的情绪从他脸上每个皱纹里自然地流泻出来。

邓小平虽然已被"打倒",软禁在家里,但他仍然时刻关注着政局的发展。毛泽东逝世后,"四人帮"加紧罪恶活动的图谋从报端隐约暴露,这就更引起了邓小平的不安。他为未来的中国担忧,为以华国锋为首的党中央能否撑住危局而焦虑。

江青一伙高喊"批邓"的同时,又把矛头指向了华国锋。在他们咄咄逼人、加紧篡党夺权的时候,华国锋、叶剑英、李先念等政治局委员和一些老一辈无产阶级革命家,也加紧了粉碎"四人帮"阴谋的斗争准备。

尽管主持军委工作的是陈锡联,但陈锡联对叶剑英元帅非常敬重。可以说,军队的实权其实仍由叶剑英有力控制着。况且,叶剑英还是中央政治局常委、中央军委副主席和国防部长。叶剑英通过自己的特殊身份,及时与长期担任中共中央办公厅主任兼中央警卫局局长的汪东兴,军事科学院的主要负责人粟裕、宋时轮,总参谋部主要负责人杨成武,总政治部主要负责人梁必业,空军的主要负责人张廷发、吴富善,海军的主要负责人萧劲光、苏振华,北京军区的主要负责人傅崇碧,北京卫戍区的主要负责人吴忠、吴烈等,保持着密切的联系,要求他们加强战备,掌握好总部机关、陆海空军和海防边防,掌握好部队,提高警惕,随时准备应付一切突发事件。

看到党和国家面临危险而严峻的境地,陈云、邓颖超、聂荣臻、徐向前、王震等老一辈革命家们感到十分焦虑。他们虽然身处逆境，但仍通过各种渠道进行联络，互通消息，并分别找叶剑英等交流。

一天，宽街邓宅院中的树上，喜鹊欢快地叫着，一位贵宾来到这里。他就是当年著名的三九五旅旅长、时任国务院副总理王震，人称"王胡子"。王震自愿在叶剑英和其他老革命家之间担任联络官，共商解决"四人帮"的大计。王震与邓小平的这次密谈的内容至今未见披露，但他们谈及解决"四人帮"的问题必定是深入的，因为他们的关系非同一般。

9月21日，杨成武看望聂荣臻元帅时，谈到"四人帮"的倒行逆施和军队面临的严重形势。聂荣臻便担忧起来，于是要杨成武立即到叶剑英那里去，建议"采取果断措施"，解决"四人帮"问题。聂荣臻说："'四人帮'一伙是反革命，是什么坏事都干得出来的，要有所警惕，防止他们先下手。如果他们把小平同志暗害，把叶帅软禁了，那就麻烦了。'四人帮'依靠江青的特殊身份，经常在会上耍赖，蛮横不讲理，采用党内斗争的正常途径来解决他们的问题，是无济于事的，只有我们先下手，采取果断措施，防止意外。"

杨成武当即去了叶剑英处，很快达成共识。叶剑英马上找有关同志商量，采取行动。一天，李先念来访，两人交换了对当前形势的看法后，叶剑英说："我们同江青他们的斗争是你死我活的斗争，没有调和的余地了，要彻底解决他们的问题，还要有周密的部署。"

隔了一天，叶剑英亲自去拜访华国锋，两人单独进行了长谈。"现在，他们不服气，迫不及待地要抢班夺权。主席不在了，你就要站出来，和他们斗！"叶剑英推心置腹的谈话，打动了华国锋的心。紧接着，他们简要讨论了有关对"四人帮"的措施。

10月2日下午3时许，叶剑英来到汪东兴在中南海南楼的办公室。进门时他把身边随员留在大门外，自己一个人上了楼。一坐下，叶剑英直奔主题："最近形势很紧张，这也是我们意料之中的。我看'四人帮'不除，我们的党和国家是没有出路的。"汪东兴用肯定的语气说："我认为形势逼人，不能再拖延，到了下决心的时候了！"

"对！该摊牌了，不能失掉时机。我们要立即找华国锋同志谈，要加速采取果断措施！至于斗争的结局是喜剧还是悲剧，待见分晓。"叶剑英语气坚定。汪东兴与他相视一笑。

汪东兴送走叶帅后，在办公室来回走动，盘算了一会儿，让值班的高成堂秘书通知中央办公厅副主任张耀祠和中央警卫局副局长、8341部队政委武健华等人到中南海南楼汪东兴办公室开会。人员到场之后，汪东兴就直截了当地说："中央已经下了决心，对'四人帮'要采取行动。"他一面说，一面用手画了一个圈，五指并拢攥紧了拳头，示意要把"四人帮"一网打尽，并叮嘱他们讨论行动方案，"要严守机密，不能有丝毫疏忽"。

次日凌晨4时，行动部署和实施方案终于定下来了。"智取"的具体方案为：以讨论《毛泽东选集》第五卷为题召开中央常委会，吸收姚文元参加，会上即对王洪文、张春桥和姚文元三人采取行动，江青另行处理。晚9时，按约定的时间，汪东兴向华国锋详细地汇报了具体行动方案。

4日下午，叶剑英仔细听取了汪东兴的详细汇报后，沉思片刻说："我看这个计划比较成熟，安排也相当周全了。照这个实施方案执行，必会成功。"5日凌晨2时，汪东兴再次来到华国锋的住地，向他汇报行动前的准备工作落实情况。

为了提高警惕，避开"四人帮"一伙的监视，行动之前，叶剑英随时变换着住处，让他们摸不着他的行踪。同时，叶剑英对军队作了进一步的部署。

10月6日，整个上午都很平静。下午3点30分，行动小组的全体成员，集中在南楼汪东兴办公室外面的几间屋子里，等待接受任务。汪东兴宣布了两条纪律："第一，要绝对保守机密。第二，要坚决服从命令，听从指挥。任何人不得擅自开枪，我们要争取不响枪、不流血解决问题。这是上策。"

晚6时半，汪东兴乘车到达怀仁堂门前，行动小组准时集中于指定位置。临战前静穆浓重的气氛，缓缓袭入每一个参战者的心田。为了不暴露意图，怀仁堂大门前，公开可见处的警戒部署一律照常，形式上内紧外松。停车场内，工作用车及机动应急车辆大都隐蔽在西门里北侧空场。怀仁堂大门口上停放着与会者的几辆车子。一切宁静如常，整齐有序。

随身警卫人员当晚一律不准进入怀仁堂，依照过去大型会议活动时的规矩，都安排在怀仁堂斜对过的"五间房"休息。汪东兴责成警卫处处长丁志友在怀仁堂前厅警卫值班处切实执行，严格把关。

晚7时20分，叶剑英元帅到了。7时40分，华国锋款款走进怀仁堂正厅。于是，叶剑英和华国锋坐在沙发上沉着静候。

晚7时55分左右，王洪文第一个来到怀仁堂。他刚走到东侧门，就被事先准备好的警卫人员一把扭住，然后推到坐在怀仁堂正厅的华国锋、叶剑英面前。华国锋起身宣布："王洪文，你犯下了反党反社会主义的罪行。我代表党中央宣布，对你进行隔离审查。"王洪文听后，不服气地嘟囔："没想到有这么快！"随后，8341部队指战员将王洪文押了下去。

紧跟着张春桥来了。他刚走到怀仁堂门口就发现气氛有些异常，进入会议室后只听见华国锋严肃地向他宣布："张春桥你听着，你伙同江青、王洪文等反党、反社会主义，犯下了不可饶恕的罪行！"接着，华国锋郑重宣布对其进行"隔离审查"，立即执行！一听此言，张春桥往日那副"军师""智囊"的威风一下子全然不见，两腿不住地打起颤来，继而被监护人员拉着带走了。

姗姗来迟的是姚文元。本来，要召开中央政治局常委会，他还没资格参加。为了让他到会，在向他发会议通知时，专门交代了一句，由于会议要讨论研究《毛泽东选集》第五卷的清样，请他列席会议。当姚文元皮包里装着《毛选》清样走入怀仁堂休息室，中央警卫局一位副局长向他宣布了决定。听完所宣布的决定后，姚文元这个"四人帮"中的"文痞"和"刀笔吏"便一下子瘫倒在地，最后还是让人扶着才走了出去。

与此同时，张耀祠带领的一个小组前往中南海江青的住处，执行逮捕江青、毛远新的任务。行动组人员一进中南海201住地，只见江青正穿着丝绸睡衣，一边看着进口录像片，一边看"文件"。发现有人进来后，她厉声呵斥："你们来干什么？"当来人向她宣布决定后，江青双目怒视，一动不动，一言不发。过了良久，她提出要方便一下。尽管她在厕所里赖了近一刻钟，最后不得不在两名女警卫人员的"护送"下，悻悻离去。

奉命拘捕毛远新的是毛泽东的老卫士李连庆。在毛远新临时住的中南海颐年堂后院，李连庆向他宣布了中央的决定，并要求他交出曾有的一把手枪。但这位神气活现以"太子"自居的"联络员"拒不主动交出。于是，经过一番搜查才搜到那把手枪。没有反抗的他，随后被带走了。

当天晚上，根据华国锋和叶剑英的命令，北京市委和北京卫戍区采取行动，逮捕了迟群、谢静宜。至此，震惊中外的逮捕"四人帮"行动只用了35分钟左右，兵不血刃，未发一弹，"四人帮"一伙被一网打尽。

行动成功实施后，华国锋、叶剑英指示中共中央对外联络部部长耿飚，立即率部接管中央人民广播电台等新闻单位。

晚9点15分，华国锋、叶剑英、汪东兴离开坐镇指挥的怀仁堂，急赴北京西郊的玉泉山。晚11时，中央政治局会议准时在玉泉山9号楼召开。会议由华国锋主持。他首先向与会的中央政治局委员和候补委员通报了中共中央已对"四人帮"等采取了行动，并实施了隔离审查。到会同志报以长时间的热烈掌声。会议直至10月7日凌晨3时才结束。会议一致通过了叶剑英的提议，推选华国锋为中共中央主席、中共中央军委主席，将来提请中央全会追认。

中央一举粉碎江青反党集团的消息很快通过由上而下的"打招呼"会议传出，神州儿女尽开颜。邓小平一家则在10月7日就得到这惊人的喜讯，他们欢呼着，议论着，有的是说不出的振奋与喜悦。邓小平同样是十分的激动，手中的烟头轻微地颤动着……

第十一章

规划小康　设计中国

> 人民呼唤，党内交锋，坚冰终究得以打破，邓小平在粉碎"四人帮"9个月之后艰难复出，"轻松亮相"在北京国际足球邀请赛现场。

"四人帮"的覆灭，宣告了一个政治集团的死亡，也宣告了在中国肆虐10年之久的"文化大革命"的完结。饱尝动乱和贫困之苦的中国人民似乎看到了民族振兴的希望之光，感受到了"翻身"的喜悦之情。

1976年10月10日，邓小平郑重地拿起笔来，致信中共中央，以表达坚决拥护中央一举粉碎"四人帮"的果断行动，信中那一连串热烈的语言洋溢着他的喜悦和激动之情："最近这场反对野心家、阴谋家篡党夺权的斗争，是在伟大领袖毛主席逝世后这样一个关键时刻紧接着发生的。以国锋同志为首的党中央，战胜了这批坏蛋，取得了伟大的胜利。""这是巩固党的伟大事业的胜利，这是毛泽东思想和毛主席革命路线的胜利。我同全国人民一样，对这个伟大斗争的胜利，由衷地感到万分的喜悦。"

然而，这封热情洋溢的信，经汪东兴转到华国锋的办公桌上后，华国锋却没有给予过多理会。

当时，叶剑英、李先念等老一辈无产阶级革命家对邓小平的处境都极为关注，多次提出让邓小平重新出来工作的问题。粉碎"四人帮"后的第3天，当叶剑英得知华国锋将要在中央打招呼会议上的讲话中，要求各省、直辖市、自治区党委负责人，各大军区负责人"要继续批邓、反击右倾翻案风"的情况后，极为焦虑，认为会影响和阻碍邓小平恢复工作。于是，他于次日向华国锋提出："赶快让小平同志出来工作，恢复他原来的职务。"

然而，华国锋的政治日程表上，最重要的问题是如何确立自己作为毛泽东接班人的合法地位和政治权威，而不是早日恢复邓小平工作的问题。鉴于华国锋坚持"继续批邓、反击右倾翻案风",叶剑英在一次中共中央政治局会议上,郑重提出:"我建议小平同志出来工作,我们在座的同志总不会害怕他吧?他参加了政治局、恢复了工作,总不会跟我们挑剔吧!"

对于叶剑英的提议,中共中央政治局委员、国务院副总理李先念是坚决支持的。他明确表示自己的态度说:"完全同意叶帅意见!应该让小平同志尽快出来工作。"

因为华国锋没有积极的反应,邓小平个人的政治命运在打倒"四人帮"后一时还无转机。尽管"文化大革命"这场浩劫已经结束,但是中央还在重申"批邓",仍不肯为"天安门事件"平反。

12月4日,邓小平患前列腺炎,严重尿潴留。尽管301医院派医生到邓小平住地进行诊视,并做了一些导尿处理,但病情还是不见好转。叶剑英亲自过问此事。12月10日晚,邓小平在家人的要求下被送进301医院住院治疗。

因当时邓小平还处于政治隔离状态,医院为了让邓小平不与外界接触,就安排他住在刚刚改造装配完而没有启用的南楼5层。当然,安排有专人看守,甚至还将楼梯也锁上以防消息"走漏"。一到病房,早已待命多时的301医院主任医师李炎唐愣了:这不就是以前经常在报纸、电视和新闻纪录片中出现,而最近又了无踪影的邓小平吗?他做梦也没想到会在这里遇到自己所敬佩的人,当时也不理解上面为什么要打倒他。尽管外面一时传说,被打倒后的邓小平在秦城监狱,也有人说下放到了外地,但李炎唐没有想到的是心中的伟人就在自己眼前。

邓小平穿着中式棉袄,尽管眉间隐含着一丝丝痛楚,但政治家特有的硬气和傲气依然体现在举手投足之间。同他一起来的,还有他的夫人卓琳与女儿,也有他的保健医生和护士等身边工作人员。

面对这位特殊病人,李炎唐单刀直入地问诊:"首长,怎么样?哪里不舒服?"邓小平挪了挪身子,用浓重的四川口音说:"尿不出来,憋得慌!"

接着,邓小平的家人及身边工作人员补充了一些症状和以往病史。之后,李炎唐摸了摸他的腹部,并敲了敲已鼓起了的下腹,浊音上界已到肚脐下。李炎唐感到情况不妙,提出了初步的诊断意见。经请示,开始再次的摸、查、问,确定初步的治疗方案。李炎唐让护士做好导尿准备后对邓小平说:"先给你插根导尿管放尿，有点痛。"邓小平很干脆地说："没事！"

排除积尿后，邓小平的痛楚渐渐消失，眉间渐渐放松。一直守候在病房的李炎唐，悬着的心也开始放下来。为了减少邓小平的痛苦，李炎唐于第二天请来著名的泌尿科专家吴阶平一起检查。经会诊，确诊为前列腺肥大造成尿潴留。为此，邓小平主动提出"干脆做手术，免得以后麻烦"。

于是，医院在准备手术方案的同时，向中央报告情况，请求批准。12月16日，华国锋和汪东兴批准动手术的批示下达。为了保证手术万无一失，医院按常规做抗生素、麻醉药过敏试验，当时氨基类的药物是最好的抗生素，打了两天。手术前，卓琳不放心地问主刀医生李炎唐："你看手术后可能会有什么问题啊？"邓小平接过话茬说："你不懂，不要问。要相信医院，天下没有绝对的事情，万一出了问题，由我跟我的全家负责。"这时，李炎唐向邓小平交代这段时期不能抽烟。邓小平果断表态："行，没问题！"

手术进行了一个多小时，邓小平出血很少，没有输血。整个过程中，吴阶平一直在旁督阵。邓小平一直是那么坚定与镇定，连吭都没有吭一声……

手术后的第3天，邓小平的身上出现红疹子，且越来越多。于是，医院请来内科权威张孝骞老教授来确诊。张孝骞曾被人利用，在1975年底的《人民日报》发表了别人写的署名张孝骞的有关批判邓小平的文章。所以，一到邓小平身边查体，他就感到特别别扭，红着脸、低着头。但没等他开口，邓小平就说："张老，你不要有任何包袱，知道你是不会干那事的，一定是别人干的，我们非常相信你，你不会干那事的。"老教授非常感动，眼泪直流。

最后确诊为药物过敏，于是医院决定停用一切抗生素和所有可能引起过敏的药物。很快炎症消失，邓小平康复得很好。

尽管医院做了不少保密工作，但自手术报告打上去后，中央和军委的首长很快就知道邓小平在301医院就诊。不多久，独臂将军余秋里来了，一进门就嚷："谁说不让看，我就是来看的！"在病房里，两位老人叙旧话新，并大讲令人兴奋的抓"四人帮"的故事。临走时，余秋里说："小平同志，我们都盼着你出来啊！"不多久，徐向前和聂荣臻到医院看望了他们的老战友邓小平，表达了希望邓小平早日出来工作的强烈愿望。

这一年年底，中共中央军委顾问罗瑞卿与新疆军区司令员杨勇、兰州军区司令员韩先楚一起，以高度的历史责任感和对党的事业负责的态度，从北京飞往南方，就如何促成邓小平尽快出来工作与一些负责同志商量。到武汉后，因武汉军区司令员杨得志、政治委员王平刚好出去开会，都不在家，罗瑞卿一行首先同武汉军区副政委王猛等交换了意见，大家都希望邓小平能够早一些出来工作。

随后，罗瑞卿一行飞抵广州，先后与广州军区的一些老同志进行了座谈，绝大多数人都提出应当尽快让邓小平出来工作。根据了解到的干部、群众意见，罗瑞卿和杨勇等郑重向中央负责同志提出：建议召开中央工作会议，讨论揭批"四人帮"，请邓小平出来工作……

1977年1月，周恩来逝世1周年的日子到了。由于周恩来逝世的时候，"四人帮"蓄意压制广大人民群众的悼念活动，在清明节后又制造了"天安门事件"，使干部、群众心中都憋了一口气。此时，"四害"已经被铲除，人民群众终于可以堂堂正正地悼念人民的好总理周恩来了。于是，天安门广场再一次出现了自发的大规模的悼念活动。北京干部群众涌向天安门，在人民英雄纪念碑和观礼台前放上精心制作的周恩来画像和花圈。此刻，充斥在群众内心的，不仅是悼念，更多的是抗议，是要求讨回公正。大小字报、诗词、标语再次出现在天安门广场。在悼念中，人们不仅向周恩来总理的英灵报告"四人帮"已经被粉碎的喜讯，而且也表达了要求为"天安门事件"平反，要求让邓小平早日出来工作的强烈愿望。群众的呼声得到了党内许多领导人和干部的支持。

这年春节，邓小平一家是在301医院过的。2月3日，在住院55天后，邓小平康复出院。出院后，在叶剑英的亲自安排下，邓小平住进京郊西山中央军委一个住地的25号楼，叶剑英就住在不远的15号楼。在当时中央还没有作出相应的正式决议的时候，叶剑英对身边工作人员说："凡我看的文件，都要送给小平同志，让他看，熟悉情况。"他派自己的办公室主任王守江和机要秘书亲自转送文件，汇报情况。

一天晚上，邓小平一家正在吃晚饭，叶剑英的小儿子进来悄悄地说："我家老爷子想与你家老爷子见面。"于是，邓小平放下筷子，在女儿邓榕的陪同下坐车到叶帅住处。远远只见由人搀扶着的叶剑英从屋里出来，站在门口迎接。激动的邓小平高声喊道："老兄！"两位老人热烈地紧紧握手，长时间不放。之后，他们相互搀扶着走进里屋。门紧紧地关着，他们谈了很长、很长时间……

这年2月，《人民日报》、《红旗》杂志、《解放军报》发表报华国锋批准的社论《学好文件抓住纲》，公开提出"凡是毛主席作出的决策，我们都要坚决维护；凡是毛主席的指示，我们都始终不渝地遵循"（即"两个凡是"）的错误方针，它的实质是要把毛泽东晚年的"左"倾错误延续下来，直接目的是阻挠邓小平出来工作，不许为"天安门事件"平反——因为1975年再次"批邓"，以及把"天安门事件"定为反革命事件，都是毛泽东批准的，所以这两个案不能翻。

早在1976年10月26日，华国锋在听取中央宣传口的工作汇报时就提出：当前，一、要集中批"四人帮"，连带批邓；二、"四人帮"的路线是极右路线；三、凡是毛主席讲过的，点过头的，都不要批评；四、"天安门事件"要避开不说。

"两个凡是"的错误方针公开发表后，立即受到强烈要求纠正"文化大革命"的严重错误、强烈要求为"天安门事件"彻底平反、强烈要求让邓小平早日恢复工作的老一辈无产阶级革命家和广大人民群众的坚决抵制和反对。

社论让罗瑞卿与杨勇敏锐地嗅到了类似当年姚文元的那篇《评新编历史剧〈海瑞罢官〉》的火药味，看出了这篇社论的意图是阻止邓小平出来工作。于是，他们又飞抵武汉，开始与杨得志、王平等武汉军区负责同志商谈，再次强烈表示希望邓小平出山。

李先念在年初的一个招待会上说：毛主席确实批评过邓小平在管理方面的错误。但是"四人帮"对邓小平的指责毫无根据，他们捏造罪名反对邓小平，所有这些都要澄清。

1977年3月10日至22日，中共中央召开工作会议。会议之前，叶剑英对华国锋的讲话稿提出两条意见：一是"天安门事件"是冤案，要平反；二是对邓小平同志的评价，应该把提法换一下，为小平同志出来工作创造有利条件。

3月13日，陈云在书面发言中指出："我对'天安门事件'的看法：一、当时绝大多数群众是为了悼念周总理；二、尤其关心周恩来同志逝世后党的接班人是谁；三、至于混在群众中的坏人是极少数；四、需要查一查'四人帮'是否插手，是否有诡计。因为'天安门事件'是群众关心的事，而且当时在全国也有类似事件。邓小平同志与'天安门事件'是无关的。为了中国革命和中国共产党的需要，听说中央有些同志提出让邓小平同志重新参加党中央的领导工作，是完全正确、完全必要的，我完全拥护。"

王震也对阻挠为"天安门事件"平反、让邓小平复出的人大加抨击，他说："邓小平政治思想强，人才难得，这是毛主席讲的，周总理传达的。1975年，他主持中共中央和国务院的工作，取得了巨大成绩。他是同'四人帮'作斗争的先锋。'四人帮'千方百计地、卑鄙地陷害他。'天安门事件'是广大人民群众反对'四人帮'的强大抗议活动，是我们民族的骄傲，谁不承认'天安门事件'的本质和主流，实际上就是替'四人帮'辩护。"

在会上，陈云、王震等许多老同志相继起来反击"两个凡是"，郑重地、坚决地提出为"天安门事件"平反，要求恢复邓小平的工作。华国锋有点被动了。他深知粉碎"四人帮"之后，这些身经百战的元老在中国政坛上的分量和巨大的影响力。在形势的压力下，华国锋在讲话中谈到了邓小平问题。他说，批邓、反击右倾翻案风，是伟大领袖毛主席决定的，批是必要的。"四人帮"批邓另搞一套，对邓小平进行诬陷打击，是他们篡党夺权阴谋的组成部分。粉碎"四人帮"之后，中央决定继续批邓，是经过反复考虑的。这样做，就从根本上打掉了"四人帮"及其余党利用这个问题进行反革命煽动的任何借口，从而有利于稳定局势。至于邓小平过去的功过，毛主席早有全面的评价。1973年邓小平同志重新工作后，是有成绩的，也犯有错误。经过5个多月揭批"四人帮"的斗争，解决邓小平同志的问题，条件逐步成熟。要做到瓜熟蒂落，水到渠成。

关于"天安门事件"，华国锋说，在"四人帮"迫害周总理、压制群众进行悼念活动的情况下，群众在清明节到天安门去表达自己对周总理的悼念之情，是合乎情理的。但是，确有少数反革命分子把矛头指向伟大领袖毛主席，乘机进行反革命破坏活动，制造了天安门广场反革命事件。我们的同志应该警惕"四人帮"余党和反革命分子的阴谋，不要在"天安门事件"这样一些问题上再争论了。

华国锋在讲话中有了一些松动，这是他面临巨大压力不得不做出的一点让步。华国锋感到自己阻挡不住邓小平的复出了。但是，他附加了一个苛刻条件，就是让邓小平对"两个凡是"表态，对"天安门事件"表态。

这年 3 月，华国锋派中央办公厅的两位负责人汪东兴、李鑫专程找邓小平谈话，提出要邓小平出来之前写个东西，写明"'天安门事件'是反革命事件"。邓小平断然拒绝了这个要求。他说："'两个凡是'不行。我出不出来没有关系，但'天安门事件'是革命行动。""按照'两个凡是'，就说不通为我平反的问题，也说不通肯定1976年广大群众在天安门广场的活动'合乎情理'的问题。"

4 月 10 日，邓小平在尚未恢复领导职务的情况下，就"两报一刊"所发表的那篇社论给中共中央写信，从理论上反对"两个凡是"。信中说："我们必须世世代代地用准确的完整的毛泽东思想来指导我们全党、全军和全国人民，把党和社会主义事业，把国际共产主义运动的事业，胜利地推向前进。"什么是"准确的完整的"？邓小平说，我们可以看到，毛泽东同志在这一个时间，这一个条件，对某一个问题所讲的话是正确的，在另外一个时间，另外一个条件，对同样的问题讲的话也是正确的；但是在不同的时间、条件对同样的问题讲的话，有时分寸不同，着重点不同，甚至一些提法也不同。所以我们不能够只从个别词句来理解毛泽东思想，而必须从毛泽东思想的整个体系去获得正确的理解。邓小平还指出：毛泽东倡导的作风，群众路线和实事求是，这两条是最根本的东西。这就是"准确的完整的"。这就驳斥了"两个凡是"。

不久，中共中央向全党转发了邓小平的这封信，肯定了邓小平的正确意见。邓小平对"两个凡是"的批评，开了思想解放运动的先河。

5 月 24 日，邓小平同王震、邓力群谈话，直接批判了"两个凡是"。此时的邓小平意气风发，指点江山。他在这个极为重要的谈话中说："毛泽东同志自己多次说过，他有些话讲错了。他说，一个人只要做工作，没有不犯错误的。又说，马恩列斯都犯过错误，如果不犯错误，为什么他们的手稿常常改了又改呢？……毛泽东同志说，他自己也犯过错误。一个人讲的每句话都对，一个人绝对正确，没有这回事情。他说：一个人能够'三七开'就很好了，很不错了，我死了，如果后人能够给我以'三七开'的估计，我就很高兴、很满意了……马克思、恩格斯没有说过'凡是'，列宁、斯大林没有说过'凡是'，毛泽东同志自己也没有说过'凡是'。"

在党内高层中公开讲毛泽东也犯过错误，这在当时，不啻石破天惊。邓小平的讲话在党内外引起了强烈反响，为批评"两个凡是"提供了有力的思想武器。经过上下结合反复激烈的斗争，党心民心终于占了上风。

经过叶剑英等老一辈无产阶级革命家的反复工作，在全党、全军、全国人民强烈要求邓小平出来工作的情况下，中国共产党于7月16日至21日在北京召开的十届三中全会上，一致通过《关于追认华国锋同志任中国共产党中央委员会主席、中国共产党中央军事委员会主席的决议》《关于恢复邓小平同志职务的决议》。邓小平恢复了中共中央政治局常委、中共中央副主席、中共中央军委副主席、国务院副总理、解放军总参谋长的职务。这是否定"文化大革命"、否定"两个凡是"的重大胜利，有利于中国开辟新的道路。

邓小平在会上的讲话中说："全会决定恢复我的工作，作为一名老共产党员，还能在不多的余年里为党为国家为人民做一点力所能及的事情，在我个人来说是高兴的，我感谢全会的信任。粉碎了'四人帮'，我实在高兴。我现在73岁了，想再活20年到30年，但自然规律不以人们的意志为转移……现在我的身体还好，'零件'都还健全，还可以做几年工作。""坦率地说，我自己也考虑了一下，出来工作，可以有两种态度，一个是做官，一个是做点工作。我想，谁叫你当共产党人呢。既然当了，就不能够做官，不能够有私心杂念，不能够有别的选择，应该老老实实地履行党员的责任，听从党的安排。"

在这次全会的讲话中，邓小平再次强调了对毛泽东思想要有一个正确的完整的认识，强调要善于掌握和运用毛泽东思想体系，只有这样，才能不至于割裂、歪曲毛泽东思想。邓小平还强调说："对我们党的现状来说，我个人觉得，群众路线和实事求是特别重要。"邓小平的呼吁，得到了老一辈革命家的响应。

会后，聂荣臻撰文说：实事求是的思想是毛主席留给我们党的最宝贵的理论遗产。徐向前在《人民日报》发表的《永远坚持党指挥枪的原则》文章中说："我们决不可以像有些人那样，不管路线是非，谁的权力大就跟谁跑。""我们一定要恢复和发扬我们党的实事求是的优良作风。"陈云的文章《坚持实事求是的革命作风》指出："实事求是，这不是一个普通的作风问题，这是马克思主义唯物主义的根本思想路线问题。"这些努力，都是在批评"两个凡是"，缩小"两个凡是"的市场。

7月30日晚，邓小平突然出现在北京国际足球邀请赛的主席台上。这是邓小平复职后首次在重要的公开场合亮相，全场掌声雷动。

邓小平的一生充满了传奇色彩。在政治旋涡中，他三次被打倒，又三次神奇地站立起来，而且一次比一次站得高，一次比一次耀眼辉煌。真可谓"打不倒的东方矮个子"。

这次复出后，邓小平站在了一个更广阔的舞台上，指挥着中国这艘巨轮，沿着他设计的航线——建设有中国特色的社会主义道路，驶向小康、富裕的生活。如果说1975年的整顿是改革道路的试探，而此后的20年，中国历史上的重大事件、普通老百姓的日常生活都与邓小平这个名字密不可分。在叶剑英元帅80寿宴上，叶帅称邓小平是"我们老帅的领班"。何止是老帅们的领班，他是有中国特色的社会主义事业的总设计师。

历史选择了邓小平，人民选择了邓小平。

> 一位普通教师的手，首先牵动历史的帷幕；"特约评论员"的文章打响真理标准讨论的第一枪。"凡是派"震怒发难，大讨论险象环生，危难之时邓小平拍案而起……

1977年，整个中国依然沉浸在刚刚粉碎"四人帮"的喜悦之中，然而许多觉悟者也深知，当时的中国并没有因为粉碎"四人帮"而走出真正的危机。那时中国社会仍然面临着这样一些严峻的政治局势：党内个人迷信、个人崇拜依旧盛行，大量的历史冤假错案尚未得到清理和平反，1976年广大人民群众自发聚集到天安门广场悼念周总理的行动依然被定为反革命事件；更为可怕的是，当时的中央主要负责人不但没有否定和批判给中华民族带来灾难的"文化大革命"，反而认为"粉碎'四人帮'是无产阶级文化大革命的伟大胜利"，今后必须"把无产阶级专政下的继续革命进行到底"。正是在这种背景下，令人更加胆寒的"两个凡是"横空出世了。中国未来的命运一下子又被推到了生死攸关的抉择关头。

1977年的二三月间，南京正是春寒料峭的时节，南京大学哲学系教师胡福明正在谋划着写作一篇战斗檄文，从根本上去批判"四人帮"。他心里清楚自己真正要批驳的是"两个凡是"。

胡福明苦苦思索着：判断理论、认识、观点、决策是否正确的标准究竟是什么？判断是非的标准究竟是什么？马克思、恩格斯、列宁、毛泽东在历史上也经常按实践来修改自己的观点，怎么能说句句是真理？怎么能搞"两个凡是"？这完全是教条主义、形而上学的东西，是宣传个人崇拜，不符合马克思主义的哲学观点。

7月上旬，胡福明的妻子生病住进医院。他白天在大学的讲台上讲课，晚上到医院的病床边陪伴妻子。夏天的南京，素有"火炉"之称。每当夜深人静时，燥热的气流、病人的呻吟，使他难以入睡。于是，他搬来椅子，摇着蒲扇，借着走廊的灯光看书，对马克思、列宁、毛泽东等有关实践是检验真理标准的内容一边阅读，一边做摘录，一边进行认真研究。当妻子出院时，他写出了文章的提纲。

这年9月，胡福明那篇躁动于腹中的文章《实践是检验真理的唯一标准》写好了，文章从哲学理论上论证实践是检验真理的标准，而不是领袖人物的指示。在当时这实在是一个胆大妄为、犯上作乱的举动。

文章写完了，寄给谁呢？想了半天，胡福明想到了王强华。原来在这年5月，江苏省委党校召开过一个理论讨论会，在这次理论讨论会上面，胡福明作了个发言《唯生产力论是历史唯物论的基本观点》。当时有一位同志站起来，说胡福明的观点是错误的，认为唯生产力论是修正主义的观点。于是胡福明再一次走上讲台发言，坚持自己的观点——唯生产力论是历史唯物论的基本观点，谁要反对唯生产力论，谁就是反对历史唯物主义。在这个会上发生了激烈的交锋，会议结束的时候，有一个同志过来把胡福明介绍给《光明日报》哲学编辑组组长王强华。于是王强华说："你帮我们写稿，在北京，一些理论家也赞成你这个观点，跟你是相同的观点。希望你帮我们写稿。"

于是，胡福明将稿件投给了光明日报社的王强华，然而文章寄出去4个月都没有回信，胡福明只能静静地等待。文章投出去后，他不知道等待他的将是一种什么样的命运，也不知道这篇历史雄文将会在中国社会引发一场怎样的地震。

一场伟大的思想解放运动，起源于一个平凡的开端。就在胡福明焦急地等待《光明日报》回信的这段时间里，远在北京的中共中央党校也在酝酿着一场有关真理标准讨论的斗争，而当时直接领导这一斗争的是时任中共中央党校副校长的胡耀邦。

10月9日，中央党校举行复校以后的第一次开学典礼，中央主要领导人都参加了。当时，中共中央副主席叶剑英在讲话中提出："党校的同志，来党校学习的同志，要认真研究总结第九次、第十次、第十一次路线斗争的经验。"所谓第九次、第十次、第十一次路线斗争是当时的一种说法，实际上就是总结"文化大革命"。12月2日，中央党校党委会开会讨论党史党建教研室提出来的"总结"方案。会上，胡耀邦明确提出实践标准。他说："这十几年的历史，不能根据哪个文件、哪个人的讲话，要看实践，要用实践来检验。"在如何对待"三次路线斗争"的问题上，胡耀邦提出了两条原则和标准：第一条是实践标准，第二条则是毛泽东思想。当时"两个凡是"所坚持和维护的实际上是被神化了的毛泽东个人，毛泽东思想与毛泽东个人并没有被严格地区分开来；毛泽东晚年的错误更是一个没有人敢于触及的禁区。于是，胡耀邦要求重新研究路线斗争，并讲："检验路线斗争的标准，一个是要看实践，以实践作为标准；一个是要看完整的、准确的毛泽东思想。"

正是在这个时候，中央党校《理论动态》的孙长江也开始着手写作一篇关于真理标准的文章；而几乎就在同时，远在南京的胡福明却突然收到了《光明日报》王强华的回信和文章清样。

1978年1月下旬，胡福明收到来信与文章清样后，便着手按所提意见修改。从此以后，稿子来来往往好几个来回，每回修改后会再寄回去。

胡福明当然不知道，此时《光明日报》的人事发生了重大变化，那时杨西光已调任《光明日报》总编的重要岗位。1978年的4月间，胡福明得到一个机会去北京参加一次全国哲学讨论会，他又一次见到了王强华，也见到了当时正在着手写同一论题文章的孙长江。有趣的是，孙长江还是胡福明20世纪50年代在中国人民大学读哲学研究班时的老师。

胡福明后来回忆说:"我到北京开会当天晚上,王强华就把我接到了光明日报社,接到了杨西光同志的办公室。杨西光同志是《光明日报》当时的总编辑,是胡耀邦同志把他调过去的。在他办公室里碰到了马沛文还有孙长江;孙长江是原来人民大学讲哲学史的老师,我一看见嘛,很高兴,多年不见老师,同是经过了'文革'的劫难,也更亲切一些,于是大家都坐下来。杨西光同志手里拿着《实践是检验真理的标准》的清样,对大家说,各位同志都拿到这份清样了,福明同志这个稿子,今天正要听大家的意见,我们要修改。他说,'这篇文章本来在4月2日哲学版要发表了,我看了以后,我认为这篇文章很重要,放在哲学版里发表太可惜了,应该作为重要文章放在第一版去发表。当然,还要修改,文章还要提高质量。'"

据《光明日报》原副总编马沛文讲:"是胡耀邦亲自点将把杨西光调到《光明日报》的,因为胡耀邦当时不仅是党校副校长,还是中组部的部长,他当然有这个责任调配干部。调配干部的目的,就是要把北京的四大报刊从二比二变成三比一。什么叫二比二变成三比一呢?就是胡耀邦认为《人民日报》《解放军报》是批判'两个凡是'的,反对'两个凡是'的;但是《红旗》杂志和《光明日报》是宣传'两个凡是'的。因为当时这篇文章的意义非常重大,杨西光就是要这篇文章产生比较大的反响,要产生轰动性的效应。他就把这个文章送到党校,为什么送给党校呢?这也是有历史渊源的,因为杨西光来《光明日报》之前就是党校高级班的学员,当时就参加了跟实践(标准)有关的讨论,当时他就认识了理论研究室的主任吴江、理论研究室的干部孙长江。"

据马沛文回忆,当杨西光得知中央党校也在写同一论题的文章时,决定将胡福明的那篇文章的校样稿交给中央党校,由他们去修改完善,然后再定夺发表。中共中央党校原教员孙长江在接受湖北电视台记者采访时说:"我写的时候,还没写完,差不多写完了,这个时候杨西光就派王强华把胡福明这篇文章的校样送来了,拿给我看,送给吴江,吴江又给我。吴江看完了,说这篇文章思想跟他们的差不多一样,让我把这两篇文章捏在一块,把我的跟他的捏在一块,文章里有用的就拿过来,把它捏成一篇。"

民族危难之时，一南一北几乎同时酝酿出实践标准这一重大论题，而胡福明、孙长江两位主笔居然又有着师生之缘，这恐怕并不仅仅是命运的巧合。中共中央党校原教员沈宝祥接受采访时讲："当时同一个时期有3个地方写出同一主题的文章，一个是《人民日报》，他们发现了这个问题呢，就请哲学家邢贲思写一篇真理标准问题文章；一个呢，中央党校在学员讨论'文化大革命'问题的基础上，觉得是非标准问题需要进一步写文章，所以吴江跟孙长江两个研究决定要写一篇《实践是检验真理唯一标准》的文章；第三个是南京的胡福明，他是独立地思考，写成了一篇《实践是检验真理的标准》这样的文章。3个地方写出同一主题的文章，英雄所见略同，这反映了客观需要，大家都想到一块去了，这个问题是共同的问题，也可以说是一种巧合，但是这种巧合背后有必然性。"

5月10日，这篇经过反复修改、定名为《实践是检验真理的唯一标准》的稿子最终在中共中央党校内部刊物《理论动态》上刊出，11日《光明日报》署名"本报特约评论员"公开发表全文，新华社当天即向全国转发，12日《人民日报》《解放军报》又予以全文转载。这篇历史雄文共分为四个部分：一、检验真理的标准只能是社会实践；二、理论与实践的统一是马克思主义的一个最基本原则；三、革命导师是坚持用实践检验真理的榜样；四、任何理论都要不断接受实践的检验。在文章结尾，作者勇敢地宣称："凡是有超越于实践并自奉为绝对的'禁区'的地方，就没有科学，就没有真正的马列主义、毛泽东思想，而只有蒙昧主义、唯心主义、文化专制主义。"文章的发表在当时沉闷窒息的中国社会引起了巨大反响。

11日一早，胡福明听到了中央电台的广播，随后看到了《光明日报》发表的《实践是检验真理的唯一标准》。这时，胡福明喜不自禁，高兴地拥抱着妻子说："我们终于胜利了！"

然而，文章的发表很快就遭到了严厉批评和斥责，一时间斗争的硝烟四处弥漫。从一开始，这篇文章就被上升到路线问题、旗帜问题上来。

13日，《红旗》杂志负责人质问新华社社长曾涛："新华社向全国转发《实践是检验真理的唯一标准》是错误的，这篇文章理论上是荒谬的，在思想上是反动的，在政治上是'砍旗'的。"国务院研究室一位负责人打电话给《人民日报》总编辑胡绩伟，指责这篇文章犯了方向性的错误。胡绩伟遂电话转告杨西光，杨西光坚定地说："这篇文章根本没有错！"

不久，有人到胡耀邦家中，很严肃地对胡耀邦说："文章起了很坏的作用，把党中央主要领导人的分歧，公开暴露在报纸上，不利于党内的团结。"后来，还有人转告胡耀邦：华国锋说理论问题要慎重。

文章发表之时，华国锋正在朝鲜访问，汪东兴似乎嗅出了文章的味道，等不及华国锋回国，马上告诉他了。华国锋指示："不要介入，不要表态。"

汪东兴则要追查了，指示中宣部部长张平化："查一查，所谓的特约评论员究竟是谁？这篇文章有问题，矛头是对着毛主席，是想砍掉毛泽东同志这面旗帜。"17日，汪东兴公开点名批评此文，质问："这是哪个中央的意见？"6月15日，汪东兴在新闻工作会议上点名批评了胡耀邦，要他写文章要注意，要处理好个性与党性的关系，以免被敌人利用了。

《实践是检验真理的唯一标准》一文遭到最高领导和宣传部门的一片责难，而此时这篇文章的"始作俑者"也承受着巨大的压力。当孙长江的妻子一听文章是"砍旗"，压力很大。胡福明的一位朋友对他说："老胡，你已经卷进了中央高层内部的斗争了，风险很大，你知道吗？这可是已经卷进了政治斗争的旋涡了，要有思想准备。"胡福明表示："我已经有思想准备了，我准备要坐牢。"他并半开玩笑地说："你呢，我们是老朋友了，你要给我去送饭。"

那些日子里，杨西光整天眉头紧锁，神色严肃。王强华的心里也是沉甸甸的。一天下午下班后，王强华到杨西光的办公室汇报工作，只见杨西光独自坐在办公桌前，喃喃自语："有什么了不起，大不了把'乌纱帽'给摘了！"

于是，真理标准讨论面临夭折的困境。在这关键时刻，刚刚复出的邓小平以一个伟大政治家的气魄和敏锐抓住了这一历史契机，发出了坚毅的声音。5月30日，他在一次谈话中说："现在发生了一个问题，连实践是检验真理的标准都成了问题，简直是莫名其妙！"后来，他在接见文化部核心领导小组负责人时说："文章符合马克思主义列宁主义嘛，驳不倒嘛！"邓小平掷地有声的讲话，给了《实践是检验真理的唯一标准》以有力的支持。

军队率先支持《实践是检验真理的唯一标准》。中央军委秘书长罗瑞卿在全军政治工作筹备会上说:"《实践是检验真理的唯一标准》是一篇坚持马列主义、毛泽东思想的好文章。它提出了一个牵一发而动全身的大问题,全军政治工作会议就是要宣传实事求是的思想路线,宣传一切从实际出发,宣传实践是检验真理的唯一标准。不从根本上解决这个问题,我们一步也前进不了。"

这年6月2日,邓小平在全军政治工作会议上发表了重要讲话,严厉批评了个人崇拜、教条主义和唯心论,号召"打破精神枷锁,使我们的思想来一个大解放",要求部队干部要做马列主义、毛泽东思想和革命实践相结合的榜样。

胡耀邦再次组织了中央党校撰写了《马克思主义的一个最基本的原则》,反驳种种责难《实践是检验真理的唯一标准》的观点,又一次得到罗瑞卿的大力支持。罗瑞卿先后细看了三遍,提出了许多修改意见,要求文章做到无懈可击。在他即将去联邦德国治病之时,还惦记着这篇文章,上飞机之前还指示《解放军报》负责人:"那篇文章,你们放胆发表,可能有人要反对,我负责,打板子打我。""这篇文章如果要挨打,我先挨50板。"遗憾的是,罗瑞卿不久即病逝,没有看到真理标准大讨论的最后胜利。但是,对这篇后来被称为《实践是检验真理的唯一标准》姊妹篇的文章的关心,是他参与的最后一项政治活动,他把最后的生命奉献给了真理,成为真理旗帜上一颗闪耀的明珠。

《马克思主义的一个最基本的原则》发表时,署"《解放军报》特约评论员"。这一回,又一次借用"特约评论员"名义,也就绕过了向汪东兴报审这一关。另外,毕竟是《解放军报》,有罗瑞卿支持,汪东兴也不便吱声。

当汪东兴见到这篇"特约评论员"文章时,文章已经同时在《解放军报》和《人民日报》发表。文章虽然批判的是"两个凡是",然而在当时不能不避开正面冲击,通篇没有一句提到"两个凡是",却尖锐地批判了某些人的责难,回敬了"两个凡是"派。

7月21日,邓小平找中宣部部长张平化谈话,指示他:不要再下禁令、设禁区了,不要把刚刚开始的生动活泼的政治局面拉向后退。为了将讨论进一步引向深入,邓小平离开了北京,他先后去了四川、广东,9月又到了吉林。用他的自己的话说,"我这是到处点火"。邓小平所到之处,都宣讲实事求是的精神。

9月16日,邓小平在听取吉林省委常委汇报工作时指出:"怎么样高举毛泽东思想旗帜，是个大问题。现在党内外、国内外很多人都赞成高举毛泽东思想旗帜。什么叫高举？怎么样高举？大家知道，有一种议论，叫作'两个凡是'，不是很出名吗？凡是毛泽东同志圈阅的文件都不能动，凡是毛泽东同志做过的、说过的都不能动。这是不是叫高举毛泽东思想的旗帜呢？不是！这样搞下去，要损害毛泽东思想。毛泽东思想的基本观点就是实事求是，就是把马列主义的普遍原理同中国革命的具体实践相结合。"

邓小平的"到处点火"，对于争取各省市对真理标准讨论的支持，起到了极大的推动作用。

这样，从最早响应的甘肃，到最晚响应的湖南——除台湾省外，全国各省、市、自治区党委纷纷对"真理标准"问题表了态，各地部队首长们也对此表态，都对"实践是检验真理的唯一标准"表示拥护。

然而，斗争依然是艰苦的。就在全国各地广泛开展"真理标准"问题大讨论的时候，在《人民日报》《光明日报》《解放军报》连续报道各地省委、市委、自治区党委对于"实践是检验真理的唯一标准"的种种论述时，作为中共中央权威性的理论刊物——《红旗》杂志却奇怪地保持缄默。人们笑称："《人民》上天，《红旗》落地！"

原来，《红旗》杂志是要成为坚守"两个凡是"的最后一块阵地。汪东兴曾要求《红旗》要"一花独放，不参与真理标准讨论"。在这场热烈的讨论中，《红旗》置身局外，一声不吭。然而，这最后的沉默还是被谭震林打破，使他们陷入无比尴尬之中……

为纪念毛泽东85周年诞辰，《红旗》约请谭震林撰文。谭震林欣然应承，对约稿人说："文章不能只讲历史，要从现实着眼，要我写文章，我就要写实践是检验真理的唯一标准，说明毛泽东思想是从实践中来，又是经过革命实践检验的科学真理。"谭震林的文章大部分是支持实践标准的，《红旗》奉行的不卷入原则对此事很为难，尚未决定，谭震林送来了修改稿，并附言说明：原稿对实践是检验真理的唯一标准阐述不透彻，现再作加强。

《红旗》只得告知，中央指示《红旗》不介入讨论。谭震林坚决表示："文章中材料可以动但观点不能动，实践标准的讨论是关系到全党的大事，有谁来辩论，找我好了。这篇文章我想了两个月，想出了两句话：凡是实践证明正确的，就要坚持；凡是实践证明是错误的，就要改正。"

这可击中了《红旗》杂志的"心病"。文章不用吧，作者是德高望重的老前辈，而且稿子是应约而写的；用吧，又违反了杂志的"方针"。这个难题使《红旗》杂志总编辑熊复万分难堪。

在派人直接跟谭震林挑明态度而得到"不客气"的回答后，熊复只得走"下策"，即把文章报送中共中央政治局常委审阅。邓小平在上面批示："我看这篇文章很好，至少没有错误，改了一点。如《红旗》不愿登，可转《人民日报》登。为什么《红旗》不卷入？应该卷入。可以发表不同观点的文章，看来不卷入本身，可能就是卷入。"李先念批示："谭震林同志讲的是历史事实，应当登。不登，《红旗》太被动了，《红旗》已经很被动了。"

华国锋也同意刊登。汪东兴无奈，说："那只好这样。"

于是，熊复把谭震林的文章《井冈山的斗争实践与毛泽东思想的发展》发表在《红旗》杂志当年的最后一期上。由此，"三比一"的阵势打破了。

回首往事，谈及《实践是检验真理的唯一标准》，胡福明感慨："这篇文章是顺应时代的需要，顺应人民的愿望而诞生的，它是许多同志共同努力的结果，是个集体创作。邓小平同志也是顺应全党全国人民的要求，顺应历史的要求，来支持这场真理标准大讨论，来领导这场真理标准大讨论，目的是破掉一个唯心主义、形而上学，破掉一个'天才论'嘛。否定多年盛行的个人崇拜、教条主义，重新确立一个解放思想，实事求是，一切从中国实际出发的思想路线，找到一条新的建设社会主义的道路。"

历史需要回眸。同样，回眸历史需要距离。一个人、一本书、一篇文章，要经历史的检验、考验方才看得出其真正价值。1998年北京某出版社推出了一本畅销书《影响中国人一个世纪的最重要的文章》，被列入开篇之作的是《实践是检验真理的唯一标准》。的确，此文的发表翻开了社会主义中国新的历史发展时期的崭新篇章，改变了整个中华民族的精神风貌，深刻地影响了当代中国。从此，"左"的思想冰封开始解冻。它犹如一株报春花，预示着社会主义中国经济发展的新春即将来到。

第十一章　规划小康　设计中国

> 陈云的率先"一炮",临时改变了中央工作会议的中心思想与会议进程,使闭幕式后会议仍在进行,使新时期"遵义会议"的"主题报告"提前宣读。

1978年12月18日,京西宾馆。十一届三中全会,这次改变中国命运的、实现伟大历史转折的会议隆重举行。

全会虽然开了仅仅5天,但其意义在3年后通过的《关于建国以来党的若干历史问题的决议》作了如下评述:"全会结束了一九七六年十月以来党的工作在徘徊中前进的局面,开始全面地认真地纠正'文化大革命'中及其以前的'左'倾错误。这次全会坚决批判了'两个凡是'的错误方针,充分肯定了必须完整地、准确地掌握毛泽东思想的科学体系;高度评价了关于真理标准问题的讨论,确定了解放思想、开动脑筋、实事求是、团结一致向前看的指导方针;果断地停止使用'以阶级斗争为纲'这个不适用于社会主义社会的口号,作出了把工作重点转移到社会主义现代化建设上来的战略决策……"

20年后,江泽民在纪念党的十一届三中全会召开20周年大会上的讲话中说:"十一届三中全会,是建国以来我党历史上具有深远意义的伟大转折。党在思想、政治、组织等领域的全面拨乱反正,是从这次全会开始的。伟大的社会主义改革开放,是由这次全会揭开序幕的。建设有中国特色社会主义的新道路,是以这次全会为起点开辟的。当代中国的马克思主义——邓小平理论,是在这次全会前后开始逐步形成和发展起来的。十一届三中全会是一个光辉的标志,它表明中国从此进入了社会主义事业发展的新时期。"

30年后,胡锦涛在纪念党的十一届三中全会召开30周年大会上的讲话中说:"这次会议,实现了新中国成立以来我们党历史上具有深远意义的伟大转折,开启了我国改革开放历史新时期。从此，党领导全国各族人民在新的历史条件下开始了新的伟大革命……党的十一届三中全会标志着我们党重新确立了马克思主义的思想路线、政治路线、组织路线，标志着中国共产党人在新的时代条件下的伟大觉醒，显示了我们党顺应时代潮流和人民愿望、勇敢开辟建设社会主义新路的坚强决心。"

这次全会增选了中央领导机构成员，实际上开始形成了以邓小平为核心的第二代中央领导集体。邓小平自己这样说过：我们真正的转折点是1978年底召开的十一届三中全会。

长期以来，中国共产党有个惯例，每次召开中央全会之前都要先召开中央工作会议，作为预备会。全会的议题和议案都须经工作会议充分酝酿，取得共识。说到十一届三中全会，不能不说到在全会前于11月10日召开的中央工作会议。正如十一届三中全会的公报所言："在全会前，召开了中央工作会议，为全会作了充分准备。"

这次中央工作会议的规模比较大，聚集了党、政、军的200多位领导人。走进会议大厅的人们神情庄重，他们大多是饱经沧桑、在"文革"中受过迫害的老同志。当然，在"四人帮"当权时做了令人很不满意的事的人有，站在"两个凡是"立场上的人也有，但他们在人数上不占优势。虽然这时北京已进入寒气袭人的晚秋，但会议大厅却呈现出融融暖意。人们从交谈中隐约感觉到，这次会议似乎预示着一个重要时刻就要到来。

按照原定的安排或设想，中央工作会议和十一届三中全会主要是讨论经济问题。华国锋在中央工作会议开幕式上宣布会议的三项议程是：一是讨论农业问题，二是商定1979年、1980年两年国民经济计划的安排，三是讨论李先念在国务院务虚会上的讲话。

此时已是中国马年的岁末，奔忙一年、"到处点火"的邓小平已经对如何解决中国的问题成竹在胸，他的一些主张业已得到各省、市、自治区负责人的支持。因此，在中央工作会议开幕之前，他在中央政治局常委会上提出，建议在三中全会上讨论自1979年1月1日起实现党的工作重点的转移问题，同时，对"两个凡是"问题和真理标准讨论问题作出结论。邓小平认为，"只有解决好思想路线问

第十一章 规划小康 设计中国

1978年，邓小平、陈云等党和国家领导人在党的十一届三中全会上（钱嗣杰 摄）

题，才能提出新的正确政策"。邓小平的提议得到了中央政治局大多数常委的赞同，华国锋被迫接受，同意工作会议在进入原定议程之前，先用两三天的时间，讨论工作重点转移问题。

在开幕式的讲话中，华国锋代表中共中央政治局常委会宣布了会议要先进行关于党的工作重点转移问题的讨论，但只字不提在全国热烈展开的关于"实践是检验真理的唯一标准"的大讨论，也没有表示"两个凡是"应该否定。实际上，这是华国锋对于真理标准问题大讨论又一次采取"不表态、不卷入"的态度，引起了到会代表的不满。

开幕式之后，中央工作会议分为华北、东北、华东、中南、西北、西南等6个小组进行分组讨论。刚刚开始分组讨论，11月12日，在中国政坛沉默已久的陈云在东北组作出了第一次发言，便使整个大会为之震动！

陈云在东北组的发言中讲道，从明年起把工作着重点转移到社会主义建设上来，我完全同意中央这一意见。安定团结也是全党和全国人民关心的事，干部和群众对党内是否能够安定团结，是有所顾虑的。对有些遗留的问题，影响大或者涉及面广的问题，是需要中央考虑和作出决定的。

陈云提出要把"文革"大案"六十一人叛徒集团"翻过来，是因为他在延安担任中共中央组织部部长7年，深知这一案件内情，认定"薄一波等61人出反省院是党组织和中央决定的，他们不是叛徒"。同时，对于那些在"文化大革命"中被错误定为叛徒的同志应给以复查，如果并未发现新的有真凭实据的叛党行为，应该恢复他们的党籍。接着，陈云对"文革"中的大案——陶铸以及王鹤寿案件提出尖锐意见："这些同志，现在或者被定为叛徒，或者虽恢复了组织生活，但仍留着一个尾巴，例如说有严重的政治错误……我认为，专案组所管的属于党内部分的问题应当移交给中央组织部，由中央组织部复查，做出实事求是的结论，这些结论都应该放到当时的历史情况中去考察。像现在这样既有中央组织部又有专案组，这种不正常的状态应该结束。"同时，陈云为彭德怀冤案提出平反。随后，他又提及了最敏感的话题——"天安门事件"，认为"这是北京几百万人悼念周总理、反对'四人帮'、不同意批判邓小平同志的一次伟大的群众运动，而且在全国许多大城市也有同样的运动。中央应该肯定这次运动"。最后，陈云还提出"康生同志的错误是很严重的，中央应该在适当的会议上对康生同志的错误给予应有的批评"。原来，康生在3年前病死时，中共中央在讣告中给他戴了三项光辉的桂冠，即"无产阶级革命家""马克思主义理论家""光荣的反修战士"。

在1977年3月，陈云为了支持邓小平复出，在中央工作会议上作过一次书面发言，但是他的发言被打入"冷宫"，没有在大会简报上登出。因为这次会议开幕式上华国锋提议"畅所欲言"，陈云的发言终于在大会简报上登出，使全体出席者都知道他在东北小组会上的"爆炸性发言"。

一石激起千层浪。陈云的"爆炸性发言"，话虽不多，却扔出了6颗重磅炸弹，每一颗都精确地命中了目标。他的发言，使出席会议的代表们意识到，必须解决一系列大是大非的问题，必然解放思想、冲破"左"的禁锢，只有先解决这些问题，才能讨论那些具体的工作问题。大家群起响应，会议气氛一下子活跃起来。

华国锋极想尽早让大会按照他的三项议题的轨道"运行"，所以在陈云发言后的翌日——11月13日，华国锋要求会议转入农业问题的讨论，并由纪登奎在大会上对两个农业文件进行了说明。可是，会议并没有被华国锋"纳入"轨道，各组在讨论时，纷纷对陈云的讲话作出强烈反应，打乱了华国锋的部署。

东北组对陈云的讲话普遍支持，这是因为在东北三省中，黑龙江和辽宁在真理标准问题大讨论中是冲在最前面的省份，而吉林则是邓小平在前不久作了重要谈话的省份。

陈云提出了"文革"中遗留的一系列大是大非的问题，而他的发言又引发出一系列"文革"遗留的诸多问题。种种问题，几乎桩桩件件都涉及毛泽东。只有冲破毛泽东当年"左"的种种批示，才能彻底加以解决。然而，"两个凡是"成了最大的拦路虎。如果推倒了"两个凡是"，那就什么问题都解决了！

在这许许多多的历史积案中，最为迫切、亟待解决、呼声最高、影响最大的，要算"天安门事件"。邓小平的复出，本来就意味着对"天安门事件"是"反革命事件"的否定。然而，华国锋却硬要解释为"天安门事件"仍是"反革命事件"，邓小平的复出只是由于事实表明邓小平与"天安门事件"无关，不是"天安门事件"的"总后台"。很多人都知道，华国锋坚持"天安门事件"不能平反，他打的是"两个凡是"的挡箭牌——"天安门事件"是"反革命事件"，这是"伟大领袖毛主席决定的"。实际上，"天安门事件"与华国锋本人休戚相关——他深知，一旦这道防线被突破，将直接动摇自己的政治根基。

陈云再次提出要为"天安门事件"平反，他一呼百应，在会上形成了一股强大的声势。邓小平、叶剑英、李先念等都坚决支持陈云的发言。这样，华国锋不得不表示接受党内压倒多数的意见，为"天安门事件"平反。

11月14日，经中共中央政治局常委批准，中共北京市委郑重宣布："1976年清明节，广大群众到天安门广场沉痛悼念敬爱的周恩来总理，愤怒声讨'四人帮'，完全是革命行动。因参加此事件而被捕的338人中没有一个人是反革命。对于因悼念周恩来、反对'四人帮'，而受到迫害的同志，一律平反，恢复名誉。"

根据与会同志的愿望和提出的意见，中央政治局常委会作了认真研究。11月25日，中央工作会议召开全体会议，华国锋代表中央政治局在会上正式宣布："天安门事件"完全是革命的群众运动，为"天安门事件"公开彻底平反；反击右倾翻案风是错误的，有关反击右倾翻案风的文件全部予以撤销；因所谓"二月逆流"一案受冤屈的所有同志，一律恢复名誉，受牵连和处分的，一律平反；薄一波等61人的问题是一重大错案，予以平反；彭德怀、陶铸对党和人民有重大贡献，予以平反；为杨尚昆平反，重新分配工作；康生、谢富治有很大民愤，对他们进行批判是合理的等。

会议进行到11月下旬，华国锋建议，从27日起会议转入对1979年、1980年两年国民经济计划和李先念在国务院务虚会上的讲话的讨论。但是，尽管重大的历史遗留问题基本解决了，可是党在指导思想方面的问题并没有得到充分的检讨，如何保证经济工作有一个正确的指导思想，与会同志还是不太确定的。

根据会议的进展情况和历史发展的需要，中央政治局常委会决定放手让大家讲话，真正让大家畅所欲言。与会者对主张"两个凡是"的同志进行了严肃的批评，真理标准讨论再掀高潮。与会者一致认为工作重点转移的条件已经成熟，时机也适当，并对实行改革开放的方针进行了初步酝酿。本来这次中央工作会议的议题中没有人事问题这一项，但在会议进行中，中央政治局接受了与会者的建议，讨论了人事问题。

中央工作会议开得如此热烈，如此民主，如此富有建设性，是大多数与会者不曾料想到的。这次会议是党内高层一次久违了的真正的民主会议，会议突破了原来的议题，形成了全局性的拨乱反正和开创新局面的会议。

12月13日下午4时，中央工作会议举行闭幕式。邓小平作了题为《解放思想，实事求是，团结一致向前看》的重要讲话。本来闭幕式一结束，中央工作会议也应该结束。但与会者纷纷要求延长两天来学习和讨论邓小平的讲话。于是，随后的两天，会议分组进行了讨论。12月15日，长达36天的中央工作会议才落下帷幕。

19年后，党的第三代领导核心江泽民在中共十五大报告中高度评价说：邓小平在中央工作会议上的讲话是"开辟新时期新道路、开创建设有中国特色社会主义新理论的宣言书"。今天，我们翻开《邓小平文选》，细心的读者一定会发现，在邓小平讲话的这篇文章的下面有一段具有特别意义的题解：这是邓小平同志在中共中央工作会议闭幕会上的讲话……这个讲话实际上是三中全会的主题报告。将邓小平在中央工作会议上的讲话郑重地作为三中全会的主题报告，这种罕见的情况是有特殊原因和特别意义的。

早在中央会议开始前，有关同志根据邓小平的意见准备了一个讲话稿。改定的稿子主要是两个部分：第一部分论述了工作着重点转移的几方面的历史意义；第二部分论述如何实现这个转变。但是在会议期间，会议形势出乎意料地发生了变化，僵局已被打破。邓小平敏锐地觉察到历史性转折的机遇出现了。在这种情况下，工作重点转移问题已不是那么突出了，许多新情况、新问题提出来了。于是，邓小平以战略家的眼光和思维，亲拟提纲，并提出了整体框架和思路。

12月2日，邓小平约胡耀邦、胡乔木、于光远等在家中谈话，谈讲话稿的重新起草问题，并拿出了自己所写的讲话提纲。在重新起草和修改过程中，邓小平又与起草者谈话，逐条逐字地审阅，并拟定讲话的题目。

邓小平的这个讲话，提纲挈领地抓住了历史转折中最根本的问题，指出了"文革"以后中国向何处去的正确方向和指导思想。它以全新的理论视角，启发了全党的思路，振奋了人们的精神，对于推动整个国家走向建设有中国特色的社会主义道路起到了关键性作用。解放思想，实事求是，团结一致向前看，从此成为中国人民团结奋斗、一心一意搞经济建设的基本口号，成为新时期改革开放的宣言书。

在中国共产党历史上，有两次会议对中国普通百姓来说可以称得上是家喻户晓、深入人心——一次是遵义会议，一次则是十一届三中全会。十一届三中全会于中央工作会议结束后的第三天召开。由于中央工作会议做了充分的准备，十一届三中全会会期虽短，但却实现了从"两个凡是"向实事求是的转变、从以阶级斗争为纲向以经济建设为中心的转变、从封闭和固守成规向改革开放的转变。全会发起了推动中国社会加速发展的"第二次革命"，宣告了中国新的历史时期的到来。

中共十一届三中全会的召开，使中国的历史出现了大转折，即从以阶级斗争为纲转到以经济建设为中心的轨道上来。为保证这一决策得以顺利实施，中共高层领导核心做了一系列的调整。

中共十一届三中全会的全称是"中国共产党第十一届中央委员会第三次全体会议"，那么，出席会议的应是中共中央委员或者中共中央候补委员。然而，令人不解的是，好几位在中共第十一届中央委员名单上找不到名字的人物，坐到了委员席上。他们是黄克诚、宋任穷、胡乔木、习仲勋、王任重、黄火青、陈再道、韩光、周惠，共9位。

这是在特殊历史条件下采取的特殊措施。因为中共十一大是在粉碎"四人帮"之后不久召开的，有许多干部在"文革"中蒙受的冤屈还来不及拂去，还没有被选为中共中央委员。然而，如果要等到中共十二大，又太晚了。所以，中共十一届三中全会决定采取临时措施，把黄克诚等9位增补为中共中央委员或中央候补委员，将来提请中共十二大对这一增补手续予以追认。

大会一致同意，增选陈云为中共中央政治局常委、中共中央副主席，他还被选为中共中央纪律检查委员会第一书记；增选陈云、邓颖超、胡耀邦、王震为中央政治局委员。

正如遵义会议确立了毛泽东的领袖地位一样，中共十一届三中全会确立了邓小平的领袖地位。正因为这样，1935年的遵义会议和1978年的中共十一届三中全会，都成为中共历史上的转折点。

邓小平是这样论述中共两代领导集体核心的："任何一个领导集体都要有一个核心，没有核心的领导是靠不住的。第一代领导集体的核心是毛主席。因为有毛主席作领导核心，'文化大革命'就没有把共产党打倒。第二代实际上我是核心。"

拨乱是为了反正，把被颠倒的历史颠倒过来。面对世界著名记者咄咄逼人的提问，既反右又反"左"的邓小平声称天安门上的毛主席像"永远要保留下去"。

1977年2月，天还很冷，邓小平夫妇在西山25号热情地接待了陶铸的遗孀曾志和他们的女儿陶斯亮。她们母女是来向邓小平递交陶铸冤案的申诉材料的。

曾志递上申诉材料时，滔滔不绝地诉说陶铸的冤案和她们母女在"文革"中的遭遇。邓小平接过材料，没有看，只轻声地说了句："是陶铸的问题，我知道。"就把材料放下了。此后大约一个小时，只是曾志母女俩说，邓小平一直认真地听，但一言不发，直到把她们送出门外，也没对这个问题表态。

回去的路上，陶斯亮感到非常失望，对妈妈说："看来又白跑一趟了，说了半天，连一句话也不给。"与邓小平相交多年、深知邓小平性格的曾志却不以为然——她知道，这种情况下，邓小平是不会随意表态的，因为这时他还没有正式复出呢。

1977年12月10日，在叶剑英、邓小平、陈云等竭力举荐下，中共中央任命胡耀邦为中组部部长。15日，胡耀邦在中组部前院的鞭炮声中走马上任了。鞭炮声既是欢迎，更是期望，胡耀邦感到肩上担子的分量沉甸甸。

胡耀邦觉得，既然有远见的老同志极力将自己推到中组部部长这个重要的岗位，他就应当不顾风险，尽自己的最大力量，实施大家希望的主张，让自己的所作所为符合民意和党心。他决定首先抓组织路线方面最敏感、最迫切的平反冤假错案工作，作为冲破"两个凡是"、拨乱反正的突破口。

在就任的当日，胡耀邦在中组部全体干部会上，将中组部当时面临的形势概括为："积案如山，步履艰难。"他对中组部同志郑重提出三条要求：要恢复党的优良传统和作风，扫除"门难进，脸难看，话难听，事难办"的恶习，将组织部门办成党员之家、干部之家；任何人不得阻拦找我的受冤挨整的老同志，任何人不得扣压或擅自代行处理寄给我的信件；成立老干部接待组，接待老同志的来信来访工作。

堆积如山的冤案要昭雪，错案要平反，假案要纠正，这是当时摆在中组部面前的最为迫切的任务。胡耀邦在邓小平、陈云等老同志的支持下，在广大人民群众的支持下，冲破重重阻力，大刀阔斧地开展工作。

不出曾志所料，邓小平复出后过问的第一件事就是陶铸的问题，他指示中组部尽快解决陶铸问题，并指定由信得过的专人负责。11月下旬，邓小平又在《关于陶铸同志问题的报告》最后一段中增写："总的说来，陶铸同志在监狱斗争是坚决的，几十年的工作，对党对人民是有贡献的，过去定为叛徒是不对的，应予平反。对他的结论，应请中央组织部拟出，报中央审定。"不久，陶铸冤案终于昭雪。从此，站在时代潮头的历史巨人邓小平，以他的睿智与魄力，开启了共和国拨乱反正之路。

继十一届三中全会为彭德怀、陶铸平反后,从1979年起,中共中央开始大张旗鼓地为形形色色的冤假错案进行平反。彭真、罗瑞卿、陆定一、杨尚昆、邓子恢、习仲勋、黄克诚等老一辈无产阶级革命家被平反并恢复了名誉;强戴给中宣部"阎王殿"、文化部"帝王将相部"、体委"独立王国"等中央和国家机关的枷锁被撤掉;"三家村反党集团""乌兰夫反党叛国集团""上海地下党案件"等地方性大冤案被彻底平反昭雪……

在整个平反冤假错案的工作中,影响最大的是为曾担任中共中央副主席、中华人民共和国主席的刘少奇平反昭雪。顶着"叛徒、内奸、工贼"的罪名,刘少奇于1969年11月12日在河南开封溘然长逝。这是我党历史上最大的冤案。对刘少奇作出不公正的判断和不正常的处理,是我们党所犯的一项严重错误。为刘少奇平反,是党的历史上和国家生活中的一件大事。要不要公开为刘少奇平反,下这个决心也很不容易。刘少奇的案件,牵涉"文化大革命"的全局,关系到党和国家历史的真相。

关键时刻,邓小平站了出来:"勇于纠正错误,这是有信心的表现。这样全国人民才能心情舒畅,大家向前看,一心搞四化。"他还直接指导和关心为刘少奇平反的工作。据刘少奇夫人王光美回忆:"十一届三中全会后,我分配了工作,又当政协委员,这也是小平、耀邦的关照。我出来后,因少奇问题没解决,我也不便过多露面。一次政协开会,华国锋、小平等都在主席台上,散会时,我想我应该去和他们打个招呼,我向主席台走去。小平看见了我,显得很激动,老远就站了起来。他一站起来,华国锋也只好站起来,主席台上的人都站了起来,全场爆发一片掌声。当时我心里很激动,因为少奇的平反当时阻力很大,涉及对'文革'的根本否定,华国锋是不赞成的。小平这样做,实际上是表示了一种姿态,发出一个信号,是对少奇平反的促动。"

在邓小平的推动下,中共十一届五中全会一致通过《关于为刘少奇同志平反的决议》。随后在北京人民大会堂为刘少奇举行的万人参加的追悼大会上,邓小平怀着无比沉痛的心情致悼词:"敬爱的少奇同志离开我们已经十多年了。林彪、江青一伙制造伪证,隐瞒真相,罗织罪名,企图把他的名字从中国革命的历史上抹掉。但是，正如少奇同志在处境最艰险时所说，'好在历史是由人民写的'，历史宣告了林彪、'四人帮'一伙阴谋的彻底破产。历史对新中国的每个创建者和领导者都是公正的，不会忘记任何人的功绩。"追悼会后，在雄壮激昂的《国际歌》乐曲声中，邓小平稳步走到王光美面前，紧紧握着她的手，神情庄重地说："是好事，是胜利！"

日后，王光美回忆此时的心情时说："整个追悼会我强忍着没有掉泪，但当我听到邓小平的这两句话时，我再也忍不住了。我为少奇庆幸，他结识了小平这样一位知音。有小平掌舵，少奇毕生所追求的中国社会主义事业就大有希望。"

刘少奇冤案的彻底平反，使直接受到"共和国第一冤案"牵连、遭到迫害甚至判刑的2.8万人都获得了新生；同时，也带动了整个平反冤假错案工作的进行。据统计，从1978年底到1980年，邓小平先后参加了13次追悼会，为51位含冤逝世的同志敬献了花圈，并多次主持追悼会或致悼词。到1982年底，大规模的平反工作基本结束，有300多万名干部的冤假错案得到平反，47万多名共产党员恢复了党籍，数以千万计的因与这些干部有亲属关系或工作关系而受到牵连的干部和群众由此得到解脱。历史的悲剧结束了，中国共产党和中国人民从此沿着正确的轨道轻装前进。

随着国家的社会主义民主和法制建设的逐步恢复和国家立法与司法工作的不断加强，如何尽快满足全国人民要求惩处林彪、"四人帮"集团主犯的愿望，对在"文化大革命"中严重破坏民主与法制，践踏国家法律的林彪、"四人帮"集团，诉诸法律、依法进行处理的问题，就逐步提到党和国家的议事日程上来了。

1979年8月，中共中央主持召开全国对林彪、"四人帮"集团两案审理的座谈会，初步讨论了对"两案"审理将会涉及的一些问题。这表明，对两案审理的准备工作已经逐步展开。但是，究竟审哪几个人，审什么，怎么审，在党内高层认识不完全一致，尚未作出最后的决断。

为了解决思想上的障碍，这年9月3日，中央政治局常委召开会议，听取胡耀邦代表中央"两案"审理小组的汇报。邓小平发表了关键性的意见，明确表示："应该判刑的人中，有些人罪很大，是要判无期徒刑的。判刑人的多少、判几个要看罪行。黄、吴、李、邱，还有陈伯达可算一案。王、张、江、姚也作为一案。把他们作为篡党夺权、阴谋政变的集团案子来处理。不要一个一个地去判，按集团把起诉书写出来。审判的时候注意把他们的主要罪行，即祸国殃民的罪行写出来就行了。其他小的罪行不一定写那么细。不在于列多少条的罪行，关键在于他们祸国殃民、阴谋政变、篡党夺权。"

邓小平这番关于"两案"审理的基本原则的讲话，得到了中央常委的赞同。这就为下一步的"两案"审理工作创造了条件，也使审理工作取得了突破性的进展。

罄南山之竹书罪未穷，决东海之波流恶难尽。"两案"审理小组从浩如烟海的档案材料、大量的人证和物证中去粗取精、去伪存真，在起诉书中列入了林彪、江青反革命集团4大罪状、48条罪行。中央决定成立特别法庭对林彪、江青反革命集团主犯进行审判。经特别检察厅审查确认，林彪、江青反革命集团主犯有16人，其中林彪、康生、谢富治、叶群、林立果、周宇驰等6人已经死亡，不再追究刑事责任。

1980年11月20日下午，全中国、全世界都把目光投向了北京正义路1号那座威严的法庭。世人翘首等待的公开审判林彪、江青反革命集团的历史性时刻终于来临了。王洪文第一个被押上了被告席。接着，姚文元、江腾蛟、邱会作、吴法宪、黄永胜、陈伯达、李作鹏、张春桥、江青等9名主犯先后站到了被告席前。这群"文革"中的显赫人物全然没有了当年的威风，一个个神情木然、目光呆滞。只有江青的举手投足还保留着她惯有的那种矫揉造作的姿态，使人感到，说她是个离开了"斗争、刺激和阴谋"就没法活的女人的话，实在是入木三分。

1981年1月25日上午，全世界的新闻媒体几乎都聚焦北京。特别法庭开庭，对10名主犯终审判决。这是大快人心的判决，这是人民的判决、历史的判决、正义的判决。至此，轰动全球的"超级审判"结束。

恢复高考制度是邓小平复出后的一项重要决策，也是对"文革"拨乱反正的一个重要标志，标志着党开始从"以阶级斗争为纲"转向以经济建设为中心，转向重视知识、重视人才的正确方向上来，重新确立了选拔人才的公平、公正和平等竞争的原则。1952年，我国第一次实行大学统一招生，建立起新中国高考制度。从1952年一直到"文革"前，高等学校招生实行全国统一命题、一次考试、

"文革"后,邓小平与教育部原部长何东昌讨论教育发展大计

分批录取的办法。由于"文革"的爆发,高考制度被迫中断。到 1976 年 10 月粉碎"四人帮"时,高考制度已经整整废除了 10 年,国家出现了严重的人才断档,广大群众对实行推荐选拔的大学招生制度非常不满,"人民来信"如雪片般飞向教育部。

面对教育界急需解决的一系列重大问题和来自人民群众的呼声,邓小平的心情十分急切。早在尚未复出之时,他就在一直关注科技教育界这个十年动乱中历经劫难的重灾区,并已经开始筹划改革高等学校招生制度和恢复高考制度。1977 年 7 月,邓小平刚一复出就自告奋勇主管科技和教育工作,并率先提出了他思考已久的高考招生制度改革的问题。根据邓小平的指示,教育部在京召开 44 天的全国招生工作会议之后,8 月 13 日,正式推出决定:当年恢复高考。

随后,邓小平对教育部起草的招生文件进行了修改和审定。他认为文件中的政审条件太烦琐,说:"政审,主要看本人的政治表现。政治历史清楚,热爱社会主义,热爱劳动,遵守纪律,决心为革命学习,有这几条,就可以了。总之,招生主要抓两条:第一是本人表现好,第二是择优录取。"

"积压"了 10 多年的几千万中学生,甚至是已届而立之年的"老三届"们,

1977年8月,邓小平与胡乔木、方毅、刘西尧等在科学和教育工作座谈会上

终于得到了一个机遇,一个能使人激动、幸福而又焦急得落泪的历史机遇。这一年冬天,570万考生走进了曾被关闭10年之久的考场。当年全国高校录取新生27.3万人。半年后,610万人报考,录取40.2万人。当时百废待兴的中国居然拿不出足够的纸张来印试卷。为了解决恢复高考后第一届77级的急需考卷用纸问题,中央决定调用印刷《毛泽东选集》第五卷的纸张。

历史的"轮回"终于带来了"尊重知识,尊重人才"的大转折。科学的春天终于来临了。

十一届三中全会后,随着拨乱反正的开展,"左"的错误逐步被纠正,真理标准问题的讨论的深入,个人迷信的禁锢被打破了,人们开始不再怀疑毛泽东也是人、也会犯错误这样一个普通而浅显的道理了。但是,对于毛泽东到底犯了哪些错误,犯了什么性质、什么程度的错误,人们一时间还很难取得一致。有的人仍未摆脱个人崇拜的影响,不愿接受毛泽东犯有错误这样的事实,有的人则出于对"左"倾错误所造成后果的愤恨,存在偏激心理,把一切错误都归罪于毛泽东个人。

1979年3月30日,邓小平在党的理论工作务虚会上发表讲话,鲜明地提出了必须坚持社会主义道路、坚持无产阶级专政、坚持共产党的领导、坚持马列主义毛泽东思想，对来自"左"的和右的两个方面的错误思潮进行了批评。坚持四项基本原则中的"四个坚持"以前都曾提出过，但邓小平把它们综合起来，形成了一个新的政治概念，并将之作为立国之本，这就是一个理论上的创新，这源于他对中国问题的深刻认识。四项基本原则的提出，为共和国大厦撑起了四根擎天巨柱，使共和国遇狂澜而不倒。针对当时出现的反对毛泽东思想的错误思潮，邓小平指出："我们能在今天的国际环境中着手进行四个现代化建设，不能不铭记毛泽东同志的功绩。毛泽东同志同任何别人一样，也有他的缺点和错误……在分析他的缺点和错误的时候，我们当然要承认个人的责任，但是更重要的是要分析历史的复杂的背景。只有这样，我们才是公正地、科学地，也就是马克思主义地对待历史，对待历史人物。"

1980年，毛泽东逝世后的第4年，中国的改革开放已进了第2个年头。

8月21日，意大利著名女记者法拉奇来到中国采访邓小平。法拉奇以采访首脑人物著称，以报道世界风云闻名于世。法拉奇以提问尖锐而令许多国家的领导人避而远之，外交场上的"猎鹰"基辛格就曾被法拉奇的提问弄得下不来台，他说过："接受法拉奇采访是我一生中最愚蠢的事情。"

当时中国的政治宣传有一个显著特点，许多新的立场、观点，往往是通过会见记者，通过记者的笔向世人公告，而不同于西方国家领导人的电视讲话等方式。当年毛泽东是这样，如今邓小平也是这样。当邓小平知道法拉奇来访时，他想了一下，果断地说："见！让我看看，她到底有多厉害。"同时，他也深知，他将要说出的每一句话的分量。

法拉奇走进邓小平的办公室，问候之后，邓小平伸出右手作了请坐手势。法拉奇没有一句客套的开场白，她单刀直入，一开口就提出一个火辣辣的问题："天安门上的毛主席像，是否要永远保留下去？"

近年来，披露开国大典盛事内幕的文章在报刊上比比皆是，可天安门城楼毛泽东画像背后的故事却鲜为人知。天安门地区管理委员会的同志介绍了当年的详情：中国人民政治协商会议第一次会议决定成立以周恩来同志为主任的开国大典筹委会。大典筹委会认为：中国共产党领导中国人民用血肉铺就了新中国诞生的道路，胜利来之不易。这是可喜可贺、普天同庆的盛事。举行盛大的庆典，要庄严、隆重、热烈、喜庆,大典的一切工作都要围绕这一主题。人民的心中有一杆秤,没有共产党毛主席就没有新中国,悬挂主席像正是人民的愿望。

装修天安门的工作交给了当时的华北军区政治部宣传部,真正落实工作的是宣传部所属的文工团舞美队,也就是后来的北京军区战友文工团。天安门两侧的红墙上,要写上两幅巨大的庄重醒目的横幅标语:"中华人民共和国万岁!""中央人民政府万岁!"这是新闻总署署长胡乔木拟定的。又经胡乔木建议,将东侧原来的"中央人民政府万岁"更换成"世界人民大团结万岁"。对此,胡乔木曾这样解释道:天安门上的两条标语,一条写"中国",一条写"世界",既有民族意义,又表达了国际主义精神,无论何时都是适用的。

而画毛主席画像的任务责无旁贷地落在了由徐悲鸿任院长的国立艺专(中央美术学院前身)实用美术系的讲师、画家周令钊身上。任务之所以交给周令钊,是因为早在1949年4月20日在北平六国饭店举行的国共和谈中,布置会场的他画的一幅毛主席戴八角帽的油画就悬挂在会议室内,得到了中央领导的一致好评。此后,几代人为天安门主席像画像,每年至少一张,有时两张。

法拉奇的提问果然咄咄逼人,然而邓小平也不含糊,回答得十分干脆。他说:"永远要保留下去。过去毛主席像挂得太多,到处都挂,并不是一件严肃的事情,也并不能表明对毛主席的尊重。尽管毛主席过去有段时间也犯了错误,但他终究是中国共产党、中华人民共和国的主要缔造者。"

法拉奇被邓小平坦率、客观的态度和大度从容的风度吸引住了,静静地略有所思地倾听着。邓小平拿出一根烟,点着,继续说道:"拿他的功和过来说,错误毕竟是第二位的。他为中国人民做的事情是不能抹杀的。从我们中国人民的感情来说,我们永远把他作为我们党和国家的缔造者来纪念。"

在接下来的采访中,法拉奇又两次提到天安门广场,一次是关于毛主席纪念堂,一次是天安门前的马、恩、列、斯像。看来,法拉奇始终注视着天安门广场这个中国政治的晴雨表。

邓小平谈道:"粉碎'四人帮'后,建毛主席纪念堂,应该说,那是违反毛主席自己的意愿的。五十年代,毛主席提议所有的人死后都火化,只留骨灰,不留遗体,并且不建坟墓。毛主席是第一个签名的。我们都签了名。中央的高级干部、全国的高级干部差不多都签了名。现在签名册还在。粉碎'四人帮'以后做的这些事，都是从为了求得比较稳定这么一个思想考虑的。"

说到这儿，法拉奇又敏感地问道："那么毛主席纪念堂不久是否将要拆掉？"邓小平打着手势作答："我不赞成把它改掉。已经有了的把它改变，就不见得妥当。建是不妥当的，如果改变，人们就要议论纷纷。现在世界上都在猜测我们要毁掉纪念堂。我们没有这个想法。"

又谈了一会儿，法拉奇提到天安门广场上的画像，她说："在天安门我看到有马、恩、列，特别还有斯大林的画像。这些像，你们是否要保留？"法拉奇的提问确实与众不同，往往含而不露，却一个圈套接着一个圈套。如果说问及天安门毛主席像是牵连着对毛泽东如何评价的问题，那么问及马、恩、列、斯像就如同问中国如何对待马列主义，是否走社会主义道路。

邓小平言简意赅，他说："要保留。'文化大革命'以前，只在重要的节日才挂出来。'文化大革命'期间才改变了做法，经常挂起。现在我们恢复过去的做法。"

法拉奇对邓小平的采访，分多次进行，共用了4个小时。邓小平的坦率、真诚、客观、冷静以及坚定的信念和敏捷的思维，给法拉奇留下了深刻的印象。邓小平事后说他的被采访"考试及格"。不难看出，这次采访，透过天安门毛主席像、毛主席纪念堂等问题，实际上提出的是一个如何评价毛泽东功过的大问题。

早在几个月前，邓小平就看出了这个问题的紧迫性，他曾对中央负责同志说："一切都很清楚，人们都在等。从国内来说，党内党外都在等。你不拿出一个东西来，重大的问题就没有一个统一看法。"

中央也早在法拉奇采访邓小平之前，在1979年11月就已着手起草《关于建国以来党的若干历史问题的决议》。从那时到1981年6月，邓小平曾多次谈过对决议稿的起草和修改的意见。邓小平对起草小组负责人胡乔木说，这个决议的中心意思应当有三条，其中"确立毛泽东同志的历史地位，坚持和发展毛泽东思想。这是最核心的一条"。

邓小平看了几稿后，总感到对毛泽东评价这一部分不满意，他在1980年12月25日同中央负责同志谈话时指出："不提毛泽东思想，对毛泽东同志的功过评价不恰当,老工人通不过,土改时候的贫下中农通不过,同他们相联系的一大批干部也通不过。毛泽东思想这个旗帜丢不得。丢掉了这个旗帜,实际上就否定了我们党的光辉历史。……决议稿中阐述毛泽东思想的这一部分不能不要。这不只是个理论问题,尤其是个政治问题,是国际国内的很大的政治问题。如果不写或写不好这部分,整个决议都不如不做。……不写或不坚持毛泽东思想,我们要犯历史性的大错误。……对于错误,包括毛泽东同志的错误,一定要毫不含糊地进行批评,但是一定要实事求是,分析各种不同的情况,不能把所有的问题都归结到个人品质上。毛泽东同志不是孤立的个人,他直到去世,一直是我们党的领袖。对于毛泽东同志的错误,不能写过头。写过头,给毛泽东同志抹黑,也就是给我们党、我们国家抹黑。这是违背历史事实的。"

1981年6月,中共中央召开十一届六中全会。全会经过充分的讨论,正式通过了《关于建国以来党的若干历史问题的决议》。这是向党的60华诞献了份厚礼。《决议》认为,"文化大革命"是一场由领导者错误发动,被反革命集团利用,给党、国家、民族带来严重灾难的内乱。对于这一全局性的、长时间的"左"倾严重错误,毛泽东负有主要责任,但是,毛泽东的错误终究是一个伟大的无产阶级革命家所犯的错误。就毛泽东的一生来看,他对中国革命的功绩远远大于他的过失。《决议》全面概述了毛泽东思想对于马克思列宁主义的丰富和发展,论述了毛泽东思想活的灵魂。《决议》指出,因为毛泽东同志晚年犯了错误就企图否认毛泽东思想的科学价值,这种态度是错误的。对毛泽东同志的言论采取教条主义的态度,并企图在新的实践中坚持这样的错误,也是错误的。《决议》指出,毛泽东思想是马克思列宁主义在中国的运用和发展,是被实践证明了的关于中国革命的正确的理论原则和经验总结,是中国共产党集体智慧的结晶。

全会也一致同意华国锋辞去党中央主席和中央军委主席职务的请求。全会通过无记名投票,对中央主要领导成员进行了改选和增选:选举胡耀邦为中央委员会主席,增选赵紫阳、华国锋为中央委员会副主席;选举邓小平为中央军事委员会主席。中央政治局常务委员会成员为胡耀邦、叶剑英、邓小平、赵紫阳、李先念、陈云、华国锋。增选习仲勋为中央书记处书记。

早在1980年8月五届人大第三次会议上,华国锋就辞去了国务院总理职务;

第十一章 规划小康 设计中国

这年 2 月十一届五中全会批准了汪东兴辞去中央副主席职务的请求。赵紫阳接替华国锋，成为中华人民共和国国务院第三任总理。

华国锋职务的重大变化，虽然是在中共十一届六中全会上才正式作出决定，其实早在半年多前——1980 年 11 月至 12 月，中共中央政治局曾连续召开了九次会议，一致通过了《中共中央政治局会议通报》。《通报》向全党通报了华国锋在粉碎"四人帮"以后所犯的"左"的错误和其他错误：提出了完全违背马克思主义的"两个凡是"的错误观点；继续"文化大革命"的错误观点；阻挠平反冤假错案和为老干部恢复工作；制造新的个人崇拜；经济冒进，犯了主观唯心主义的错误。对此，在《关于建国以来党的若干历史问题的决议》中也有具体的论述，同时也肯定了华国锋的功绩："他在粉碎江青反革命集团的斗争中有功，以后也做了有益的工作。"

众望所归，在十一届六中全会上，全会一致要求推选邓小平为中共中央主席。但是，邓小平拒绝了，提名胡耀邦出任中共中央主席。后来，他这么谈及自己拒绝的原因："我有一个观点，如果一个党、一个国家把希望寄托在一两个人的威望上，并不很健康。那样，只要这个人一有变动，就会出现不稳定。十一届三中全会以后，大家希望我当总书记、国家主席，我都拒绝了。"

1986 年 9 月 2 日，邓小平在接受美国哥伦比亚广播公司记者迈克·华莱士电视采访时，又一次谈到毛泽东。邓小平说："现在毛泽东思想还是我们的指导思想。我们有一个《关于建国以来党的若干历史问题的决议》，解答了这些问题。"

1989 年 5 月 31 日，邓小平在谈论中共三代领导集体时，谈到了以毛泽东为核心的中共第一代领导集体和以他为核心的第二代中共领导集体。邓小平认为，介于第一代和第二代之间的"华国锋只是一个过渡，说不上是一代，他本身没有一个独立的东西，就是'两个凡是'"。

沧海桑田，时光飞逝，一代伟人毛泽东缔造的共和国正发生着翻天覆地的变化。主席像和当初开国大典上第一次悬挂时一样，依旧牵动着无数中国人不变的情怀。毛主席那安详的面容、深邃的洞悉一切的目光，依旧注视着我们，注视着共和国的今天和明天！

邓小平

> 在一间小茅屋签订生死契约的18位社员，扛起了中国农村改革的第一面大旗，引发了又一次农村包围城市的大变革。一位总设计师一分钟的沉默之后，勾画出"小康中国"的概况。

国家博物馆中川流不息的参观人群，常常驻足在一个编号为GB54563的陈列物前。它就是安徽省凤阳县小岗生产队（后改为小岗村）18位长年累月在土里刨食却不得温饱的庄稼汉，甘冒坐牢杀头的危险，于1978年11月24日所立下的惊天动地的保证书。所签的18个名字上，都按有鲜红的指印。这份已成为历史文物的保证书，承载着新时期农村改革的风云之变幻。

邓小平说，中国的改革是从农村开始的，这个发明权是农民。的确，如果说农村包围城市的革命道路取得了辉煌的成功，解放了几亿人口，建立了社会主义新中国的话，那么农村包围城市的改革道路也取得了举世瞩目的成就，解放的是中国的生产力，建立的是一个生机勃勃的现代化中国。

1978年12月，十一届三中全会召开，吹响了改革开放的号角。几乎与此同时，安徽凤阳小岗生产队的农民偷偷地实行了包干到户的责任制。那个寒冷的冬夜，凤阳县梨园公社小岗生产队严立华家那低矮的草房里，18个社员聚在一起，神情隐秘而带着悲壮，签订了一份契约："我们分田到户，每户户主签字盖章。如此后能干，每户保证完成每户的全年上交和公粮，不在（再）向国家伸手要钱要粮；如不成，我们干部作（坐）牢杀头也干（甘）心。大家社员也保证把我们的小孩养活到十八岁。"

分田到户大包干，坐牢杀头也心甘！为何此事让这些朴实的农民如此惶恐地下决心，以致托付了抚养小孩的后事？

历史并不遥远，人们记忆犹新。1955年，农村合作化一哄而上。1958年不考虑农村的实际情况，片面追求"一大二公"的人民公社又过早建立。当时中共中央农村工作部部长邓子恢主张包产到组、包产到户，没有被采纳。1960年，三年自然灾害造成严重饥荒。安徽宿县一位70岁高龄的老人为了照顾生病的儿子，无法参加生产队的集体劳动，也就得不到那赖以维生的口粮。不想眼睁睁地饿死的老农，于是请求公社干部允许自己带着儿子上山养病并开荒自救。一老一病二人上了荒山，老人凭自己勤劳的双手开出了16亩荒地，不仅得到了口粮，还向公社交了1800斤粮食和养鸡得到的60元钱。老人个体劳动创造的丰收奇迹与当时集体劳作下的歉收、饥荒形成鲜明的对比，农民在惊羡之余认识到：把田分给各户可以收获更多的粮食，摆脱饥荒。于是，全省各地纷纷要求包干。1961年春，安徽省委书记曾希圣给毛泽东写了一封信，极力陈述民情和责任田的好处，毛泽东批示试行。当时刘少奇、邓小平等非常赞成。

邓小平于此提出了著名的"猫论"。但是毛泽东仅容忍包产单干试行了一年。1962年8月中央政治局会议上，毛泽东针对刘少奇说："一搞包产到户，一搞单干，半年的时间就看出农村阶级分化很厉害……包干到户是个方向问题。"后来，刘少奇与邓小平先后因此作为"罪名"之一，被打倒。

1978年夏秋之际，安徽大旱，农民再次面临绝境。在省委书记万里的支持下，安徽实行了"借地种麦"。结果，肥西县大旱之年实现大丰收。在"借地种麦"的影响下，安徽农村悄然兴起了包产到组、包产到户的责任制，但还没有人敢于突破禁区分田到户。有名的"叫花子县"凤阳早有"十年倒有九年荒"之说，小岗生产队更是远近闻名的光棍村、讨饭村。全队20户人家，不算两户单身汉，18户家家讨过饭，家家都有人当过生产队干部，但都没有解决好吃饭问题。当大包干到组责任制在凤阳全县兴起时，小岗也学着别人的样子搞起了分组作业。先是将全队分成两个作业组，"大呼隆"变成"小呼隆"。没维持几天，只好将两个作业组再划开，分成4个、8个作业组。但还是有上工迟到、分工吵嘴、记分计较等现象。要再划开的话，只有一家一户包田干了。

于是，在那个晚上，18个农民挤在一起，召开了一个关系全队命运的秘密会议，主题是研究分田单干。大家的话匣子一下子打开了，队长严俊昌"最后拍板"："我们定下两条规定：第一，我们分田到户，瞒上不瞒下，不准向任何人透露；第二，上交公粮的时候，该交国家的交国家，该交集体的交集体，剩下的归自己，任何人不准装孬。"随后，副队长严宏昌执笔，写下了全国第一份包干合同书。大家争先恐后用食指蘸上鲜红的印泥在自己的名字上重重地按下指印。他们连夜抓阄分牲畜、农具，又迅速丈量土地，艰难地迈出了分田到户的第一步。

天还是那个天，地还是那个地，但小岗农民憋足了多年的劲头，拼命地干。俗语说，没有不透风的墙。其他村队的亲友外人，一看小岗人的劳动阵势，就明白是分田到户了，消息很快传开。公社领导立即把几个队干部找去质问：你们小岗是不是在搞单干？你们当干部的要注意，这样搞是要犯国法的。如果是单干，赶快并起来，否则就要把你们小岗的情况上报县委处理。严宏昌等人一口咬定是分组作业，不是分田到户。

所幸的是，小岗人的行动得到了省委和县委的支持。其实，早在1977年11月，在万里的支持下，安徽全省工作会议上即通过了《关于当前农村经济政策几个问题的规定》，允许农民搞家庭副业，其收获除完成国家任务外，可以到集市上出售，生产队可以实行定任务、定质量、定工分的责任制，只需个别人完成的农活可以搞责任制。这就是著名的"安徽六条"。1979年6月18日，五届全国人大二次会议开幕。在大会休息时，万里曾就肥西县借地种麦及包产到户问题请示过陈云，问怎么办。陈云说"我双手赞成"。后来，万里向邓小平请示，邓小平说："不要争论，你就这么干下去就行了，就实事求是干下去。"有了陈云、邓小平的支持，万里心中有了底。在全国农村工作会议上，陈永贵批评万里："好行小惠""变相单干"。万里回敬说："你走你的阳关道，我走我的独木桥。"

凤阳县委书记陈庭元找到严宏昌，叫他不要害怕，不要有思想顾虑："只要你们能搞到好吃的，我们也不要你们粮食，只要不再靠国家就好了。好好干，就做一个试点。"这下子，小岗人心里的石头终于落了地。

1979年10月，秋高气爽。打谷场上一片金黄，算盘珠被人们拨得"噼噼啪啪"作响。检验小岗包干到户成果的时候到了。数字出来了，粮食总产量66吨，相当于全队1966年至1970年五年粮食产量的总和。年年"吃粮靠返销，花钱靠救济，生产靠贷款"的小岗，第一次向国家交了公粮。

实践给小岗的包干做出了响亮的回答。1980年1月，万里到小岗视察，挨家挨户逐个查清，对小岗的创举作了高度的评价，肯定了包干到户是"马克思主义"："今后，哪个再说你们是搞资本主义，这场官司交给我，我替你们打。"

万里首先在安徽支持责任制促进了农业的发展，"要吃米，找万里"的佳话不胫而走。几乎与此同时，四川省也大力支持责任制，制定了"四川十二条"，允许和鼓励社员经营少量自留地和家庭副业，四川的农业也迅速恢复和发展。

随着包产到户从暗处走到明处，从个别省份走到全国许多省份，由此引起的责难也纷至沓来。当时，中央机关大报《人民日报》发表了读者来信《"三级所有，队为基础"应该稳定》，这给悄悄点燃的星星之火似乎泼了一盆冷水。从此，风云四起，议论纷纷。在中央各部委和各省领导人中，支持包干到户的屈指可数。江苏的一些地方对着安徽用大喇叭广播，并刷出一幅幅类似"坚决反对安徽分田单干"之类的醒目大标语。这大概是害怕"近墨者黑"吧。

在包产到户遇到重重阻力的关键时刻，邓小平对农村的改革及时给予了有力的支持。1980年5月31日，他向中央负责人就农村问题发表了自己的看法："农村政策放宽以后，一些适宜搞包产到户的地方搞了包产到户，效果很好，变化很快。安徽肥西县绝大多数生产队搞了包产到户，增产幅度很大。'凤阳花鼓'中唱的那个凤阳县，绝大多数生产队搞了大包干，也是一年翻身，改变面貌。有的同志担心，这样搞会不会影响集体经济。我看这种担心是不必要的。"

邓小平早在自己第三次复出后，就针对我国农业发展状况，对农村的体制进行了深入的思考。他说，1958年"大跃进"一哄而起搞人民公社化，片面强调"一大二公"，吃大锅饭，带来了大灾难；"文化大革命"就更不用说了。复出后不久，他在东北之行中多次谈到农村问题。他说，一个公社有自己的条件，有自己的情况，一个大队有自己的条件，有自己的情况，有一般，也有特殊，大量的是特殊，更重要的是要根据自己的特殊情况考虑问题。邓小平对当时全国"农业学大寨"、普及大寨县的提法表示了不同的看法：不论搞农业，搞工业，搞科学研究，搞现代化，都要实事求是，老老实实。学大庆、学大寨要实事求是。大寨有些东西不能学，也不可能学。比如他评工记分，一年搞一次，全国其他人民公社、大队就不可能这样做，取消集贸市场也不能学，自留地完全取消也不能学。

大寨是毛泽东在农业战线树立起来的一面红旗，是全国农村人民公社学习的榜样。大寨的那些做法在当时被宣传为最具社会主义特征，在那个年代，谁要说不学大寨，弄不好就会被扣上走资本主义道路的帽子。邓小平的这个讲话，如一石激起千层浪，解放了人们的思想，渐渐拨开了阻碍农村改革的重重迷雾。

包产到户、包干到户真正得以正名，是在1982年。这年1月1日，中共历史上第一个农村工作"一号文件"正式出台。文件明确指出，包产到户、包干到户，都是社会主义集体经济的生产责任制。到1982年底，80%的农户实行了大包干，1983年则上升到总数的93%，"三级所有，队为基础"的人民公社体制全线式微，代之而起的是县乡镇政府。人民公社逐渐退出了历史的舞台。

从1982年到1986年，中央连续发布了5个有关农村工作的"一号文件"，一步步将农村改革推向全国，引向深入，最终确立了中国农村的家庭联产承包责任制。农村改革也推动了城市改革，在我国很快又形成了第二次农村包围城市之势。

"农村改革中，我们完全没有预料到的最大的收获，就是乡镇企业发展起来了，突然冒出搞多种行业，搞商品经济，搞多种小型企业，异军突起。"邓小平这般评价农村改革中涌现的乡镇企业。

江南春来早，1983年春节前夕的古城苏州，已是春意盎然，生机勃勃。2月6日，邓小平莅临苏州，考察苏州的经济和社会发展状况，为决策全局提供经验和依据。在我国遭受三年暂时经济困难的时候，邓小平作为党中央总书记，曾到苏州进行视察。那是一个生产萎缩、市场萧条、商品匮乏、困难重重，人们都在勒紧腰带渡过难关的年月。他是为扭转国民经济暂时困难而来苏州考察的。而今，他顿觉苏州的变化真大。从人们红润的脸色、欢快的神情、多彩的服饰，从商店里琳琅满目的商品，菜场上应有尽有的副食，从新春佳节前夕，整个城市欢乐祥和的氛围，就可以感觉到这种变化是昔日无法比拟的。

4个多月前的1982年9月，中国共产党召开了第十二次全国代表大会。大会庄严通过了第十一届中央委员会提出的党在新时期全面开创社会主义现代化建设新局面的宏伟纲领。党中央依据客观实际，审时度势，提出到2000年，实现全国工农业总产值在1980年的基础上翻两番，使我国人民的物质文化生活达到小康水平。

就全国而言，到20世纪末实现"翻两番"是完全可能的。那么，在经济比较发达的地区，这个目标能否实现呢？按照通常的说法，似乎基数越高，翻番越难。江苏是全国经济比较发达的省份，苏州又是江苏经济最为发达的地区之一。这里的干部群众对党的十二大提出的"翻两番"有什么想法？经济发达地区究竟有没有可能在20世纪末实现"翻两番"？这是邓小平极为关心的问题。

2月7日下午，江苏省委领导同志如约来到南园宾馆新平房的会客室。邓小平听汇报时，说话不多，但言简意赅。

"到2000年，江苏能不能实现翻两番？"没有过多的客套和寒暄，谈话一开始，邓小平就直奔主题，双眼充满期待的目光。

"从江苏经济发展的历史看，自1976年至1982年，6年时间，全省工农业总产值就翻了一番。照这样的增长速度，就全省而言，用不了20年时间，就有把握实现翻两番。"江苏的同志回答说。

"苏州有没有信心，有没有可能？"邓小平问。苏州，工农业生产的基数较高，经济发展水平位于全省前列，在国内经济水平较为发达的地区中具有代表性。解剖了这一只"麻雀"，有利于党中央把握全局，决策全局。"像苏州这样的地方，我们准备提前5年实现党中央提出的奋斗目标！"江苏的同志告诉邓小平。

经济比较发达的地区，不仅能够，而且可以提前实现翻两番！邓小平听得十分仔细，他频频点头，表示同意和赞许。听了汇报，他的心里踏实了。他已经从苏州农村的发展看到了祖国广大农村的未来和希望，看到了祖国四个现代化建设的光明前景。

"苏州农村的发展采取的是什么方法？走的是什么路子？"邓小平抓住主题，继续发问。江苏的同志思考了一阵，回答说：江苏，特别是苏州，历来是经济比较发达的地区，十一届三中全会以来，苏州农村经济之所以出现新的飞跃，主要靠两条：一条是重视知识，重视知识分子的作用，依靠技术进步。苏州农村劳动力原本文化素质较高，为了发展生产，各地还吸收了不少上海、无锡等城市的退休工人和科技人员，充分发挥他们的技术和知识的作用。有些老工人很有本事，请来工作所费不多，只是给点工资，解决点房子，就很乐意干，在生产上发挥了很好的作用。往往是请来一位能人，就能建起或救活一个工厂。另一条是发展了集体所有制，也就是发展了中小企业；在农村，就是大力发展社、队工业。

社、队工业发展的历史和现状，特别是它的生产和经营机制显然引起了邓小平浓厚的兴趣。他神情专注，听得特别仔细。确实，社、队工业的崛起，对苏州经济的发展具有举足轻重的影响。江苏的同志汇报说，祖祖辈辈同土地打交道的农民开辟出了一片新天地。千百年来那种"日出而作，日落而息"的田园牧歌式的生活已经结束，"农民兄弟"跨进了"工人老大哥"的行列。他们进厂不进城，离土不离乡，实行亦工亦农的制度。1982年，常熟、沙洲等6县社队工业总产值已达28.18亿元，占工业总产值的40.35%，成为农村经济的重要支柱和农民收入的主要来源。社队工业的发展反过来又为农、副业的发展提供了资金、技术、装备等物质条件，这就是"以工补农"，"以工建农"，农、副、工三业协调发展。

"苏州社、队工业的成长和发展，"江苏的同志归纳说，"归根结底，凭借的是灵活的经营机制，实行的是市场经济体制。从原材料的获得、资金的来源，到产品的销售，完全靠市场。因此可以说，是市场哺育了社、队工业。"

听到这里，邓小平深邃的目光显得格外明亮。市场问题是他思考已久的问题。他认为，说市场经济只限于资本主义社会，这肯定是不正确的，社会主义为什么不可以搞市场经济？这个不能说是资本主义。此时，他听到了一番关于市场经济的议论。而且，苏州的实践已经证明，依靠市场，生产力获得了解放，生产得到了发展。

"看来，市场经济很重要！"邓小平不容置疑地给市场经济下了一个精辟的结论。一个孕育已久的关于"市场经济"的思想在邓小平的头脑中越来越明晰。

苏州农村发展社、队工业的一套办法及其取得的成绩，是邓小平此行获得的一个重要信息，也得到了他的首肯。其直接结果是，第二年，中共中央专门为加快社、队工业的发展下发了正式文件，为这一新生事物正了名，撑了腰，为全国范围社队工业（后称乡镇企业）的崛起铺平了道路。

历史有惊人的相似之处。在新民主主义革命时期，第一次国共合作失败后，毛泽东审时度势，把秋收起义部队带到了农村，开创了一条农村包围城市的革命道路，进而夺取了新民主主义革命在全国的最后胜利。当历史进入改革开放和建设社会主义现代化的新时期，邓小平作为改革开放的总设计师，首先选择农村作为改革的突破口。中国的改革，从农村突破并取得成功后，邓小平果断决策把改革开放引向深入，改革的重点开始由农村向城市转移。他说："农村改革的成功增加了我们的信心，我们把农村改革的经验运用到城市，进行以城市为重点的全面经济体制改革。"

农村改革的成功为国有企业改革积累了经验。农村家庭联产承包责任制实际上是一种土地的集体所有权与农民的家庭经营权的两权分离，为城镇企业的资产国家所有制与企业的经营权的两权分离指明了改革的方向。农村的家庭多劳多得，为城镇企业打破"大锅饭"的分配方式提供了榜样，而农村责任制激发的农民的劳动热情树立了城市改革的信心。邓小平预计城市改革三至五年也能取得显著的成效，显然是被农村改革的成就所鼓舞。

如果说 1978 年召开的十一届三中全会的重点是在农村进行改革，那么 1984 年召开的十二届三中全会则是转移到城市改革。十二届三中全会的召开以及《关于经济体制改革的决定》的通过，推动了城市经济体制改革的全面展开。随后，城市经济体制改革从所有制经济运行机制全方位纵深发展，真正触动了长期僵化的计划经济的主体部分，为国民经济的发展注入了新的生机与活力，更重要的是为社会主义市场经济的形成奠定了基础。

实现中国的现代化，是一个多世纪以来中国人民的共同愿望和奋斗目标。谁也没有料到，在 1979 年 12 月 6 日，邓小平在会见前来中国进行国事访问的日本首相大平正芳时发生的一段插曲，奏响了中国从 20 世纪 80 年代到 2000 年社会经济发展的主旋律。

这天上午会谈开始，在问题讨论到一半的时候，大平正芳突然发问："中国根据自己独立的立场提出了宏伟的现代化规划，要把中国建设成为伟大的社会主义国家。中国将来是什么样？整个现代化的蓝图是如何构思的？"对于大平正芳提出的这个问题，邓小平没有马上回答，他陷入了沉思。一时间会谈戛然而止，没有人说话，只有时钟在不停地摆动，所有人都把目光集中到了邓小平的身上。

整整一分钟过去了。仅仅经过一分钟的思考，邓小平提出了一个著名的、影响中国今后几十年命运的设想。他说："我们要实现的四个现代化，是中国式的四个现代化。我们的四个现代化的概念，不是像你们那样的现代化的概念，而是'小康之家'。到本世纪末，中国的四个现代化即使达到了某种目标，我们的国民生产总值人均水平也还是很低的。要达到第三世界中比较富裕一点的国家的水平，比如国民生产总值人均一千美金，也还得付出很大的努力。就算达到那样的水平，同西方来比，也还是落后的。所以，我只能说，中国到那时也还是一个小康的状态。"

邓小平的解释使大平正芳获得了一个满意的答案，他满脸堆笑，连连点头：我明白了。他知道，向中国投资，可靠。

把到"本世纪末"实现四个现代化，达到世界发达国家水平，改为到"本世纪末"达到第三世界中比较富裕一点的国家的水平，实现"小康"，这是中国经济发展战略的一个意义重大的变化。"小康"目标一经提出，立刻引发了国内外的强烈反响。

后来，邓小平进一步将这个目标具体分解为两步：即1990年国民生产总值在1980年的基础上翻一番，基本解决温饱问题；到20世纪末再翻一番，基本达到"小康"标准，人均达到800美元，这就是"翻两番"。很快，"翻两番"的小康目标就为全党所接受，并成为全国人民的共识。

改革开放的实践证明小康目标完全可能达到，农村的改革三年见成效，六年基本成功，解决了中国绝大多数人口的温饱问题，小康的第一步已经实现。实践促使邓小平思考更长远的发展规则。他说："我们虽然活不到那个时候，但有责任提出那个时候的目标。"

1987年4月30日，邓小平会见了来访的西班牙副首相格拉。在会谈中格拉称赞中国改革开放的变化，邓小平回答说："我对一些外宾说，这只是小变化。翻两番，达到小康水平，可以说是中变化。""我们制定的目标更重要的还是第三步，在下世纪用三十年到五十年再翻两番，大体上达到人均四千美元。做到这一步，中国就达到中等发达的水平。那才是大变化，到那时，社会主义中国的分量和作用就不用说了，我们就可以对人类有较大的贡献。"

这是邓小平第一次提出到21世纪的长远规则。在党的十三大上，形成了一幅完整的"三步走"发展蓝图。朝着总设计师规划的蓝图，中国人民奋发图强，而今全面建成小康社会已取得伟大历史性成就。

第十一章 规划小康 设计中国

> 一位老人在中国的南海边画了一个圈，力主杀开一条血路为打开国门"练兵"。5年后，特区最尊贵的客人发现这里开始创造的是一个新的奇迹。

邓小平第三次复出后，打破"文化大革命"期间党政领导人很少出访的惯例，先后访问了8个国家。一度与世隔绝的中国开始与世界接触，中国人也随着邓小平出访的电视镜头逐渐了解世界。

1978年出访新加坡时，邓小平了解到，这个面积只有587平方公里，人口只有230万，规模仅相当于上海十分之一的国家，每年能吸引200多万外国游客，一年仅旅游收入就高达10亿美元。新加坡从20世纪60年代起就十分注重加强对外经济联系，积极参与国际市场，利用发达国家传统工业转移到海外的机会，不断从国外引进资金和先进技术，使经济迅速腾飞起来，成为亚太地区经济发达的"四小龙"之一。邓小平十分赞赏新加坡引进外资的成功经验，他了解到外商在新加坡设厂使新加坡得到三大好处：一是外资企业利润的35%要用来交税，这一部分国家得了；二是劳务收入，工人得了；三是带动了相关的服务行业，这是一笔可观的收入。邓小平决心把新加坡的这个"经"取走。

然而，在过去的几十年中，中国几乎处于与世隔绝的状态，有许多条条框框的限制：1972年，中国政府曾明确表示，中华人民共和国不允许外国人在中国投资，中国也不向外国输出资本。1974对外贸易部的一篇文章也明确表示："社会主义国家根本不会引进外国资本或同外国共同开发本国或其他国家的资源，根本不会同外国搞联合经营，根本不会低三下四地乞求外国的贷款。"邓小平深深地感到：中国经济发展不仅同发达国家的差距进一步扩大，而且还被一些发展中国家和地区远远甩在了后面。关起门来搞不成现代化，中国的国门必须打开，不然就有被开除球籍的危险。

回国后，邓小平多次提出将利用外资作为一项大政策来抓。1978年12月，"努力采用世界先进技术和先进设备"被正式写进了党的十一届三中全会的公报，利用外资的政策得以确立。

1979年1月，一份关于香港厂商要求回广州开设工厂的来信引起了邓小平的高度重视，他敏锐地意识到，这是利用外资的一个很好的时机，当即在这份来信摘报上批示："这种事，我看广东可以放手干。"曾任广东省委副书记的一位同志回忆当时的情形说："经过十一届三中全会，我们感到不改革开放不行了。邓小平的这个批示，对我们是很大的启示和鼓舞。我们就从广东的实际出发，分析广东的特点，提出来广东的改革开放应该先走一步。"

这年4月，北京召开中央工作会议。会议主要讨论调整国民经济等问题，提出了对国民经济实行"调整、改革、整顿、提高"的8字方针。在会议期间，当时担任广东省委主要领导的习仲勋、杨尚昆向中央汇报工作，提出一个设想和要求：要利用毗邻港澳的有利条件，实行特殊政策和灵活措施，加快对外开放和经济建设。

会议期间，邓小平静心听取了汇报。在他脑海里早就思考着一个问题：改革需要一个突破口，一块试验场，在这里放手搞，万一失败了也不要紧，就那么一小块地方。广东省委的汇报把他的思绪拉到了与香港隔江相望的深圳等地。散会以后，邓小平同他们进行了谈话。话题从延安谈起。谈到当年那么小小的一块边区，后来竟打出这么大的一块江山；谈到解放几十年了的老边区人民还不富裕。谈话者不禁感慨万分。邓小平陷入了沉思，过了良久说："你们上午的那个汇报不错嘛，在你们广东也划出一块地方来。"

这块地方该叫什么？工业区、贸易区、出口加工区、贸易合作区，都不准确。邓小平在细细寻思。也许他早已胸有成竹，也许智慧的火花在刹那间碰撞而出，他说："就叫特区，陕甘宁开始就叫特区嘛！中央没有钱，可以给些政策，你们自己去搞，杀出一条血路来！"习仲勋喜出望外，脱口而出："特区，好！"

在邓小平提出举办特区的建议后不久，中央根据邓小平的意见，责成广东、福建两省进一步组织论证，提出实施方案，并让当时的国务院副总理谷牧同他们具体研究，把此事抓紧抓好。

5月11日至6月5日，谷牧带领由国务院进出口领导小组办公室、国家计委、外贸部、财政部、国家建委、物资部等部门同志组成的工作组，到广东、福建进行调查研究，与当地同志一道分别就两省经济发展的条件和规划设想进行调查和讨论。经过深入调查，认为深圳、珠海、厦门、汕头具有建立特区的诸多便利条件。在讨论研究的过程中，广东、福建两省起草了关于对外经济活动实行特殊性政策和灵活措施的报告，呈送中央。

7月15日，中共中央、国务院批转了两省委报告，确定：在深圳、珠海、汕头、厦门试办出口特区。

1980年3月，中央在广州召开广东、福建两省参加的会议，正式将"出口特区"定名为"经济特区"。同年8月，全国人大常委会完成了有关兴办特区的立法程序。

深圳是中国第一批经济特区中的第一号特区。它原来是个只有两万多人口的落后的小镇，点一支香烟不等燃尽便可以兜遍全镇。它怀抱珠江口，但始终只是窥探着香港的繁荣，十里八乡的人都知道它是偷渡香港的鬼门关。当办特区的大政方针一定，一场"杀出血路"的战斗迅速在深圳打响。

中央军委一声令下，一列列满载士兵的列车风驰电掣般驶向深圳。从辽宁鞍山、陕西汉中抽调来的人民解放军基建工程兵两个师的官兵，加入深圳拓荒者的队伍中。来自全国各地的100多位工程师身背行装，来到深圳。百万人的劳务大军犹如狂涛叠浪，涌入深圳。这里，到处响着推土机、挖掘机、起重机的隆隆声，到处可见步履匆匆的行人，市长和外来务工者一同住进低矮、潮热的工棚，一同起早贪黑在工地上，一同出大力，流大汗。国营、集体、个体、合资、独资企业如雨后春笋般冒了出来。

创业是艰辛的。没有资金，深圳人首先大胆想到向外商搞土地有偿使用。土地对中国人来说太敏感了，100多年的屈辱史常伴着割地求和，现在要把革命烈士用鲜血换来的土地出让给资本家，说不定会背上"卖国"的罪名。然而特区的建设又是刻不容缓的，这些深圳的开拓者们只得到马列著作中去找一点根据："到宝书中去找答案。我们只希望祖师爷对租地有论述，只要他们说了可以干，我们就不怕。"马克思主义是社会主义的指导思想，深圳特区同样需要它来保驾护航。查来查去，终于查出了"可以出租土地"。

深圳出租土地的消息很快传到了香港。土地对于香港人来说，比黄金还宝贵，一河之隔的深圳，土地租价低得多，再加上简化一切手续，一年免税，三年免关税，以及进口必需的生产资料免税等优惠政策，能不吸引香港投资人的目光？

"这个特区是邓小平试验用的，将来地皮肯定看涨。不买，可惜机会了。"香港人纷纷过河来，签订租地、办工厂、开商厦的合同。有了资金，水、电、路都可以通了，山可以移，洼可以平了。这就是被深圳外贸办称为"金钱"逼出来的"土地出租"的第一轮冲击波。终于，"摸着石头过河"的深圳人闯出了一条特区建设的路子。其发展速度可称为腾飞，其腾飞速度之快，被美国舆论称为"一夜崛起一座城"。

继深圳经济特区动工建设后，1980年10月，设在滨海渔村的珠海经济特区正式开始动工兴建；1981年10月、11月，设在山坡或荒滩的厦门、汕头经济特区也分别动工兴建。至此，4个经济特区的建设全面展开。

特区建设走的路可谓荆棘丛生，关隘重重。对于办特区，一开始就有不同意见。有一位副总理在听说允许广东试办出口特区后就说，广东如果那样搞，那得在边界上拉起7000公里长的铁丝网，把广东与毗邻几个省隔离开来。他担心的是国门一旦打开，资本主义的东西就会如洪水猛兽一样涌来。有的人将经济特区与旧中国的租界相提并论，说这样下去，势必"国将不国"。有的到特区"考察"的人手捧飘扬的国旗感叹地说：辛辛苦苦几十年，一夜回到解放前，只有这面旗帜还是红色的。这些人横挑鼻子竖挑眼，喋喋不休地提出种种疑问。这些议论从南到北传播开来，特区人承受着巨大的压力。

邓小平关注特区的命运，他说："办特区是我首先提议，经中央批准的，办得怎么样，我当然要来看看嘛！"1984年1月，南方鲜花盛开，春意盎然。中共中央政治局常委、中央顾问委员会主任邓小平，在中央政治局委员王震、杨尚昆陪同下，乘专列来到中国第一个改革开放"试验场"——深圳经济特区。邓小平的到来，给南粤沃土增添了浓郁的春色，也带来了几分神秘。早早盼望着邓小平光临的深圳人，此时此刻正怀着兴奋、荣耀和忐忑不安的心情在期待着什么！

对深圳特区几年来的发展，是肯定还是否定？深圳特区实行的一系列改革开放政策对了还是错了？特区还要不要办下去？在这关系深圳特区能否继续前进和全国改革开放能否继续深入下去的关键时刻，深圳的"拓荒牛"们无不翘首以盼——有一天改革开放的总设计师邓小平能来看一看深圳的发展，听一听这里建设者们的声音，为每一个关心深圳乃至全国改革开放前途和命运的人排忧解难、指点迷津。

邓小平自深圳特区建立之日起，就一直关注着深圳这棵改革开放幼苗的成长和发展。1981年，国家处于国民经济的调整期，拿不出钱来支持特区。邓小平在这年的中央工作会议上，语重心长地对广东省领导人说："经济特区要坚持原定方针，步子可以放慢些。""放慢些"是出于对国家经济暂时困难的考虑。但是，原定的方针不能变，特区要坚定不移地干下去，这是最根本的。1982年初，深圳蛇口工业区拟聘请外籍人士当企业经理，遭到一些人的责难。邓小平得知这一情况，立即拍板道：可以聘请外国人当经理，这不是卖国………

一晃几年过去，深圳特区究竟是什么样子？成功不成功？对特区的种种指责、怀疑对不对？邓小平亲自考察来了。

1984年1月24日中午12时30分，邓小平一行的专列从广州开到了深圳火车站。邓小平身穿涤卡灰色中山装，脚穿黑色皮鞋，红光满面，步履稳健地走下火车，和迎候在车站月台上的深圳市领导人一一握手。他慈祥的笑脸，感人，亲切。

下午3时30分，邓小平在他下榻的迎宾馆桂园稍事休息后，便听取深圳市委书记、市长梁湘的工作汇报。梁湘谈到，办特区几年来工农业产值、财政收入增长幅度很快，特别是工业产值，1982年达到3.6亿元，1983年跃上7.2亿元。这时邓小平插话说，那就是一年翻了一番了？梁湘说，是翻了一番，比建特区前的1978年增长了10倍多，财政收入也增长了10倍。邓小平满意地点了点头。

40分钟的汇报，邓小平聚精会神地听着，不时插话询问。汇报结束时，梁湘说，请小平同志给我们作指示。邓小平意味深长地说，这个地方正在发展中，你们谈的这些我都装在脑袋里，我暂不发表意见。说完，邓小平望望大家，手一挥道："到外面看看去。"

下午4时40分，邓小平等中央领导来到当时楼层最高的国商大厦，登上20

层的大厦天台,居高临下,俯瞰市容。邓小平沿着天台四围缓缓地走了一圈,环视正在建设的罗湖新城区。60多幢18层以上的高楼群大部分在建设之中,四周工地上到处是吊机伸出的长长巨臂,运输建筑材料的载重汽车穿梭其间,升降机在脚手架间不停地上上下下,一片繁忙景象。

当时,已近黄昏,寒风袭人,气温只有11摄氏度,80岁高龄的邓小平却毫不在意。随行人员曾两次要为他披上大衣,都被他拒绝了。邓小平站在天台上,仔细地听取和询问罗湖新城区的规模、设计、施工等情况。梁湘告诉他,罗湖区计划兴建100多幢高楼,是目前全国高楼最集中的地方。梁湘指着对面正在兴建的国贸大厦说,这幢楼要建53层,将是国内最高的建筑物,建筑占地面积达2万平方米,那里的建设者们曾创下三天一层楼的速度。听到这些,邓小平脸上露出欣慰的笑容。

邓小平一行从天台下来时,国商大厦门前已经聚集了一大批闻讯赶来的人们。人群中爆发出欢呼声和掌声,经久不息,直到邓小平等中央领导上车离开,人们才渐渐散去。

1月25日上午10时30分,邓小平来到深圳河畔当时富甲全省农村的渔民村。

邓小平参观渔民村

邓小平参观了村党支部书记吴柏森家的别墅式住宅。吴柏森家周围还有32幢同是180平方米、二层楼高、六室二厅的小楼，构成一片环境优美、经济实用的住宅新区。这是渔民村人在党的改革开放政策指引下，依靠集体力量于1981年统一兴建的。邓小平看到这些喜人变化非常高兴，他拉着吴柏森和他坐在一起，让记者们拍照留念。

参观完吴柏森的家庭设施后，邓小平问吴柏森："你现在什么都有了吧？"吴柏森回答说："都有了，我们渔民村有今天，全靠邓伯伯，我们十分感谢邓伯伯。"邓小平立即接上去说："这是党中央的政策，应该感谢党中央。"

吴柏森汇报说："去年全村纯收入达47万元，人均年收入5970元，平均每月439元。"这时有位陪同人员对邓小平说："比您的工资还高呢！"邓小平深情地说，要全国都达到这样水平，要100年。梁湘说，不要那么长时间吧？邓小平说，至少也要70年，到20世纪末，再加50年，因为我国人口多。

走出渔民村，已时近中午，阳光特别温和、暖人。在村口告别时，吴柏森又一次紧握着邓小平的手，再三感谢党的改革开放政策。

1月26日下午2时45分，邓小平结束对深圳的视察，乘坐海军炮艇朝着珠海经济特区驶去。梁湘等人在码头上不断挥手送行。邓小平满意地离开了深圳。但这"满意"是人们从他的笑脸上感觉到的，尽管他没有说多少话。

在珠海，邓小平一行先后参观了拱北工业区的建设、通澳门的口岸建设，巡视了珠海度假村、九洲港口、直升机场以及南山工业区。他看得很仔细，很认真，有时还向市委负责人了解有关情况。一路上，邓小平看到的是：纵横交错的大道、鳞次栉比的高楼大厦、厂房、川流不息的车辆……他欣慰地笑了。他对珠海的规划格局表示赞赏。

1月29日，邓小平欣然提笔，为珠海特区题词："珠海经济特区好！"这消息很快传到深圳，深圳人感到了从未有过的失落，深圳领导人心理上有着沉重的压力：深圳作为中国第一批经济特区中的头号特区，特区的许多大胆措施是由深圳开始的。当时，社会及国际舆论对特区的评价尚未形成共识，是是非非，众说纷纭，而争论的焦点多集中于深圳。尽管在邓小平考察深圳期间表现出极度满意的神情，但毕竟没有语言或文字上的评论。

深圳这几年究竟怎么样？外面的风声雨声一直不断。今天，总设计师邓小平到深圳视察过了，能不能也请他给深圳题个词，打个"分"，看"及格，不及格"。这既是深圳人的渴望，也是全国人民的需要。于是，深圳市领导经过商量，决定委派市接待处处长张荣赶往广州，请邓小平题词。

张荣1月29日夜接受任务，30日一早到达广州。他通过有关方面将深圳人的请求向邓小平汇报了。邓小平说：回北京再题吧。第二天是农历大年二十九，深圳人在焦急地盼望着……

大年三十这天，羊城的太阳分外明媚。花城的"花市"已经开了几天，到处香气袭人。早饭后，邓小平照例在珠岛宾馆内的小花园散步。但是，他好像在思索、琢磨着什么……

还是邓小平的家人最理解他的心思。邓小平散步回来，看见女儿邓楠等已将笔墨纸砚铺放在大厅的方桌上。邓小平先在大厅的沙发上坐下来，喝了口茶，问在场的张荣："题什么？"此刻，张荣非常激动，一边急忙从公文包内取出几张草拟好的题词稿递给邓小平，一边说："随首长吧，首长题什么，我们都一样高兴。"

邓小平略略看了看草拟的题词稿，随即把它推到一边。尔后，他站起来，走到桌前拿起笔，在砚台上蘸了蘸，目光在纸上谋划了一下书写的布局，又将毛笔沉浸在砚台内，饱蘸浓墨，在纸上一字一字地题写："深圳的发展和经验证明，我们建立经济特区的政策是正确的。邓小平。1984年1月26日。"

一气呵成，话语铿锵作响，振聋发聩，字字苍劲有力，浑然一体。题词刚写完，墨迹还未干透，张荣已抑制不住内心的激动和喜悦，赶忙上前将题词折叠起来，匆匆走出一号院。他完全忘记了和邓小平及其家人道别的应有礼节。张荣将题词先给广东省领导。省领导反复看了几遍，一个个笑逐颜开。后来，深圳市领导看完邓小平的题词，无不高兴得热泪盈眶，纷纷拍手庆贺。

题词这天本是2月1日，邓小平为什么将日期写在他离开深圳的1月26日呢？他到达深圳那天就曾说过"我暂不发表意见"。显然，题词的内容是他在深圳经过两天全面而深入的调查和考察后得出的结论。下这个结论，是邓小平几天来深思熟虑的结果。这个春节，有了邓小平这份厚重无比的礼物，深圳人过得何等快乐，何等踏实，何等充满胜利的喜悦呵！

深圳人的汗水没有白流。深圳人的路没有白闯。深圳人的风险没有白冒。我们的总设计师最理解深圳的"拓荒牛"。

2月7日，邓小平由广东乘火车来到厦门。2月8日这天，海阔天高，风平浪静。邓小平、王震在福建省委、厦门市委领导同志的陪同下，乘坐"鹭江"号游艇一边听取省、市领导汇报工作，一边浏览厦门鹭江两岸的风光。王震特意安排省委书记项南坐在邓小平身边。项南汇报说，厦门特区现在实际上只有2.5平方公里，实在太小，太束缚手脚了，最好能把特区范围扩大到全岛。邓小平一边听汇报一边察看地图，思索一阵后说："我看可以。"

在场的省、市领导都高兴地露出会心的微笑。项南接着说："现在台湾同胞到大陆都不是直来直去，要从香港地区或者日本绕道而来，这太麻烦。如果把离台湾、金门最近的厦门变成自由港，实行进出自由，这对两岸中国人的交往，会起到很大的促进作用。"王震插话说："应该考虑这个问题。"邓小平深深地吸了一口烟，说："可以考虑。"

然后邓小平又问自由港的政策应包括哪些内容。在场的省、市领导议了一下，由项南归纳起来回答说，主要内容有三点：人员自由往来、货物自由进出、货币自由兑换。邓小平静静地抽着烟，望着薄雾迷蒙的大海陷入了沉思，他要仔细地、深入地思考一下这个问题。

游艇环岛一周后，邓小平登上了海上花园——鼓浪屿，漫步在街道上。鼓浪屿的居民和游客带着惊喜的目光，自觉地站到街道两旁向邓小平一行鼓掌欢迎。邓小平经过一群小朋友身旁时，一个个奶声奶气的声音向他传来问候："邓爷爷好！"他和蔼地摸摸孩子们的头，拉拉孩子们的小手，拍拍孩子们细嫩的小脸蛋，心情愉快地继续往前走。已经80岁高龄的邓小平缓步攀登日光岩，在半山腰停住了脚步。他眺望着海对面厦门岛上鳞次栉比的高楼大厦和鹭江岸边停靠的一艘艘货轮，眺望着水天一色的远方，陷入了沉思，久久没有说话。

在由日光岩步行回游艇的林荫路上，邓小平问项南，厦门机场为什么要叫"国际机场"？项南回答说："搞经济特区，就应该与海外建立更为广泛的联系，叫'国际机场'就是为了与日本、新加坡、菲律宾和美国通航，只有飞出去才能打开局面。"邓小平对项南的考虑极为赞同，他挥挥手臂说："就是应当飞出去嘛！"这

邓小平为厦门经济特区题词："把经济特区办得更快些更好些"

一天，邓小平还视察了建设中的东渡港，到海军码头看望了厦门水警区的同志，并和他们合影留念。

第二天，当厦门市市长兼厦门经济特区管委会主任邹尔均拿出事先准备好的纸张笔墨请邓小平题词留念时，邓小平拿起笔来，稍作思考，写下了："把经济特区办得更快些更好些"。

同前不久在深圳和珠海的题词一样，这都是对特区这一新生事物给予了殷切的期待、鼓励和鞭策。在场的各级领导都意识到了它的分量。题词在报纸上刊登后，在特区的建设者们的心中引发了一种坚决办好厦门特区，追赶和超越深圳、珠海的强烈激情。

24日，邓小平回京后同几位中央领导同志谈话时说："厦门特区地方划得太小，要把整个厦门岛搞成特区。这样就能吸收大批华侨资金、港台资金，许多外国人也会来投资，而且可以把周围地区带动起来，使整个福建省的经济活跃起来。厦门特区不叫自由港，但可以实行自由港的某些政策，这在国际上是有先例的。只要资金可以自由出入，外商就会来投资。我看这不会失败，肯定益处很大。"

3月5日，国务院特区办的同志专程到厦门传达了这一讲话。3月26日，中共中央、国务院召开了沿海部分城市座谈会，会议采纳邓小平的建议，提出将厦门特区范围扩大到全岛，并实行自由港的某些政策。会议还决定开放上海、天津、大连、秦皇岛、青岛、烟台、连云港、南通、宁波、温州、福州、广州、湛江、北海这14个沿海港口城市，形成了一个对外开放的沿海黄金地带。

1985年2月，中央又正式决定把长江三角洲、珠江三角洲和闽南三角洲开辟为沿海经济开放区，随后又将辽东半岛、胶东半岛开辟为沿海经济开放区。这是继兴办经济特区、开放沿海城市之后又一个重大决策。它把城市与广大农业区作为一个整体实行对外开放，使中国对外开放由点到线、再到片，从南到北形成一个开放前沿地带的沿海经济开放区。

1984年邓小平的特区之行，给海南的开放带来了希望。当总设计师登上厦门鼓浪屿眺望一水之隔的台湾岛时，他的思绪飞出了很远很远。作为我国的第一大岛，台湾自20世纪60年代以来的经济高速增长是有目共睹的，被誉为亚洲"四小龙"之一。作为我国的第二大岛海南，与台湾在地理条件、自然资源方面有着相似之处，但其发展却与之相去甚远。追根溯源，关键是采用怎样的经济体制、经济政策，特区的变化就证明了这一点。

如果对海南岛实行经济特区的特殊政策，甚至比特区还"特"，50年、100年之后，那将会产生怎样的变化？邓小平对此充满信心。回京后，他明确提出：开发海南岛。他说："如果能把海南岛的经济发展起来，那就是很大的胜利。"

1985年4月，英国首相希思访华时提出准备去海南岛参观。这是希思上次访华时邓小平提出的建议，邓小平说："海南岛是个宝岛，现在还未开发，请你先去看看。"

在建立了4个经济特区、开放了14个沿海港口城市后，邓小平把开放的焦点对准了海南岛。开发海南岛、建立海南经济特区成为他反复考虑的一个中心问题，这是扩大对外开放的一个重要步骤。3年后，七届全国人大一次会议作出设立海南省决定，同时正式确立在海南省办经济特区。于是，中国面积最大的经济特区——海南经济特区正式诞生。

1987年6月12日，在庄严肃穆的人民大会堂内，典雅的吊灯泻下柔和的光，摄影灯频频闪烁的光充盈着会见厅。南斯拉夫贵宾科罗舍茨紧紧地握着邓小平的手，双方都为能有这样一个机会交流两国的建设经验而感到高兴。

邓小平向客人详细地描述了中国改革开放的历程。谈到开放政策时，他说："我们的对外开放采取了多种方式，包括搞经济特区，开放十四个沿海城市。开始的时候广东提出搞特区，我同意了他们的意见，我说名字叫经济特区，搞政治特区就不好了。""当时我们党内还有人采取怀疑的态度，香港舆论界不管是反对我们的还是赞成我们的，也都有人持怀疑态度，不相信我们是正确的。深圳搞了七八年，取得了很大的成绩。"

邓小平打了个手势，提高了声音："现在我可以放胆地说，我们建立经济特区的决定不仅是正确的，而且是成功的。所有的怀疑都可以消除了。"

这铿锵有力的声音，如隆隆的雷声滚过神州大地……

> 看到军姿雄壮的阅兵式，邓小平笑了。也许，日后那个犹如平地惊雷的战略决策此时已在他心中酝酿成熟——裁军百万以"消肿"，锻造新时代的雄师劲旅。

1980年10月中旬，根据邓小平的提议，中央军委在北京京西宾馆召开了全军高级干部研讨会，中心议题是探讨军事方针问题。与会者解放思想，畅所欲言，讨论热烈。10月15日，邓小平在作总结性发言时说：我们未来的反侵略战争，究竟采取什么方针？我赞成就是"积极防御"4个字。积极防御本身就不只是一个防御，防御中有进攻。既然是积极防御，本身就包括持久作战。

经过反复比较和科学分析，与会者一致拥护新的积极防御方针，并认为这是以邓小平为代表的老一辈无产阶级革命家、军事家对毛泽东军事战略思想的新贡献和新发展。邓小平在这次会上指出：实行积极防御的方针，要制订各种计划，要结合训练，要根据这次会议讨论，搞出一个作战预案来，包括全局，包括每一个战略区域。

这年12月，解放军总参、总政和总后联合发文，委托北京军区筹划和准备一次实兵演习，并结合演习，为战役集训编写一套理论材料。

1981年3月上旬，解放军总参谋长杨得志和副总参谋长张震向邓小平当面汇报有关北京军区组织战役演习的方案与中央军委办公会议的意见。杨、张两人深知邓小平的工作作风，有什么事就谈什么事，说完就完，不必多寒暄。于是，杨得志开门见山地说："演习拟了三个方案。第一方案，按北京军区汇报的××万人方案；第二方案，压缩到×万人左右；第三方案，只搞图上作业。这三个方案考虑的根据，主要是调整时期要动用这样多的部队，动用这样多的钱，比较困难。在来之前，军委办公会议也研究了一下，有的同志说，按第一方案搞花钱太多；政治上对苏联有没有影响？所得的效果又如何？还有的同志说，只动用××军加上一点训练保障，部队不做大的调动，可以节约一些。办公会议其他同志也就认为规模小一点好，节约一点好。"杨得志最后说："到底怎么确定好，请您指示。"

之后，张震又就第一方案作了些补充说明。他说："这是我军历史上实兵演习规模最大的一次。"听了汇报后，邓小平吸了口烟，直截了当地说："由于演习，在政治上会不会引起苏联有什么反应，不要考虑。这与海上演习不同，海上演习可能引起人家猜想，我们只是在陆地上搞演习，与海上演习就不一样了。苏军也搞嘛！苏军每年要搞多少次，规模也不小，也没有政治上的反应，我们过去也搞过嘛！"

说到这，邓小平看了看杨得志和张震，又说："搞这么一次实兵演习有好处，我们部队可以实际锻炼一下，也可以看看部队训练的成果。这样大规模的演习，我们好久没有搞了，只在旅大、辽东半岛，叶帅主持搞了一次，我去看了，你们也去了吧？"杨得志不无遗憾地回答："我们当时在战役系学习，都没有去。"

"还有一点"，邓小平接着说，"搞这么一个演习也是给军队打打气。我们好久没有打仗了……要搞合成军，天上地下该有吧！这次演习，有地面部队，有空军协同，只是没有海军。这样的演习对军队有鼓舞作用，经过训练再搞实兵演习，可以提高部队实战水平。多年没有搞了，还是搞一次。军委常委同志不是都同意吗？"

杨得志回答说："对立案、意图没有不同意见，只是觉得规模大，花钱多。"邓小平点点头，若有所思地说："部队阅兵式、分列式也好久没有搞了，不能说阅兵式、分列式是形式主义，对部队作风培养都有教育意义。现在有的部队懒懒散散不像个样，我想适当的时间要搞一次阅兵。"

张震介绍说："去年××演习××军搞了一次阅兵，空降兵走得最好，大家反应很好。"邓小平说："××军搞了一次，那次演习听说搞得不错，但规模不大。"张震接着说："那次演习是一个师，也用了空军，演习的钱花了××万元，动用储备物资××万元，主要是油、弹药要钱。"

邓小平说："就是花油钱多一些，现在我们油还不多，打的炮弹多一些，我们对×反击作战，他们还不是打了更多的炮弹？当然也有浪费，恐怕多打了一倍吧。对×作战，他们对我们的评价有两条：一条是炮火厉害，第二条是部队勇敢。"说着，邓小平又点上一支烟，挥了一下右手，严肃地说："就按第一方案搞，要力求节约。总参具体抓。""这笔钱还是要花，要搞好一点，要把军队的气鼓一下，要把军队训练得像个军队的样子。"于是，一场震惊中外的军事大演习就这样决定下来了。

经过半年多的紧张筹备，由北京军区组织的方面军战役实兵演习，于9月13日在华北某地正式举行。这时，邓小平已是中央军委主席了，他同其他党政军领导人亲赴现场观看演习。演习持续了6天，参加演习的陆军和空军部队共11万人，出动坦克、装甲车1300多辆，火炮1500多门，飞机285架，汽车10万多辆。

华北大演习结束后，邓小平检阅了参加演习的陆军、空军以及部分海军部队，并发表了激情满怀的讲话："演习达到了预期目的，是成功的。这充分表明，我们党缔造的、用毛泽东思想武装起来的人民军队，军政素质是好的，是有优良的战斗作风和严格的组织纪律的，是有战斗力的。我们完全相信，有这样一支好的军队，又有广大人民群众的支持，一定能够打败任何侵略者。"

1984年10月1日，北京。溽暑尽消，天晴气朗。这一天，从黎明开始，由四面八方汇集来的人流，流向东西长安街和天安门广场，欢快的乐曲声和群众的欢呼声使东西两侧的长安街和宏伟的天安门广场变成了沸腾、欢乐的海洋。

修缮一新的天安门广场，宽敞整洁，宏伟壮观。城楼上站立着推动中国革命前进的人物和许多南征北战叱咤风云的老帅名将，以及科技文教界的杰出人物和各民主党派的负责人。还有来自五大洲的国际友人。

城楼上，广场上，50多万人的脸上都绽开了笑容，等待着一个历史时刻的到来。

10时整，庆祝中华人民共和国成立35周年大会开始。1200人组成的乐队奏起了雄壮的国歌。1200人的乐队，是一支史上空前的乐队！气势磅礴的声浪使人激昂，使人振奋。接着28响礼炮轰鸣，这是东方巨龙的怒吼！

这是在中断了24年之后，举世瞩目的一次国庆阅兵。

当礼炮和乐声的余韵还在回响，一辆敞篷的红旗牌轿车驶出天安门，越过金水桥，向列队的方阵缓缓驶去。车上站着一位精神饱满、精力充沛的老人，他就是邓小平。

阅兵总指挥、北京军区司令员秦基伟向邓小平报告："军委主席，受阅部队准备完毕，请你检阅！"

弹指一挥35年，道不尽人间沧桑。祖国母亲从幼年逐渐成熟，我们的军队也同共和国一样，在曲折中前进，成长壮大。邓小平主持中央军委工作后，进行拨乱反正，指明了军队和祖国一道向现代化进军的目标。今天，在邓小平检阅下，陆海空三军、武装警察和男女民兵、机械化部队，清一色的国产装备，组成整整齐齐的42个方队，以前所未有的英姿排列于长安街东侧，长达4华里。这些方队宛如棋盘，横看、竖看、斜看，全是一条线，像一座座威严的城墙。军威雄壮，气宇轩昂。

敞篷的检阅车由西向东，缓缓前行。神采奕奕的邓小平左手握住车栏，右手慢慢挥起，对这山一般挺拔、海一般壮阔的受阅方阵，亲切地致以问候："同志们好！"方阵的官兵齐声回答："首长好！"邓小平说："同志们辛苦了！"精神抖擞的三军健儿齐声回答："为人民服务！"声音此起彼落连续不断，由一个方阵到另一个方阵。

检阅完毕后，邓小平回到天安门城楼，发表了简短的讲话。1949年10月1日，毛泽东在这个城楼上向全世界庄严宣布："中华人民共和国中央人民政府今天

中华人民共和国成立35周年国庆庆典上，邓小平乘敞篷车检阅部队

成立了。"这标志着中国人民从此站起来了。今天，邓小平在这个城楼上向世界宣布：中国人民更加强大起来了。

随后，来自人民解放军陆军、海军、空军和人民武装警察以及首都民兵的1万多名优秀儿女，在雄壮的乐曲声中一个方队、一个方队地通过天安门广场，代表中国人民的武装力量，接受祖国、党和人民的检阅。坦克方阵、装甲车方阵隆隆地开过，大炮伸着长长的炮管，气势威严地开过，身躯庞大、摄人心魄的导弹在十轮大卡车的牵引下显示出无敌的力量，飞机编队从人们头顶呼啸着掠过。邓小平看到这支经过战火的洗礼、动乱的冲击而又重新迈开大步前进的英勇顽强的军队时，满意地点头微笑。

看到场面壮观的盛大阅兵式，举国振奋，世界震惊，邓小平也笑了。这笑容中有欣喜，也有沉思。也许，日后那个举世震惊的战略决策此时已在他的心中酝酿成熟了。

紧接着，盛大的群众游行开始了。在阵阵唢呐声中，"联产承包好"的标语和"中共中央一号文件"的模型车驶来。邓小平向身旁的民主柬埔寨联合政府主席西哈努克亲王介绍说："这是我们的农业队伍。"西哈努克亲王说："中国的农业搞得好,是因为阁下的领导和中国的政策好。"邓小平笑了笑,说:"标语写得清楚,是因为政策好。"

今天的中国人都知道当时有人打出了一条特殊的横幅"小平您好",但少有人知的是这横幅出台的前前后后。其实在当时,游行指挥部三令五申:学生在游行时,除了纸花外,任何东西都不许带进游行队伍。

事情是这样的:9月30日晚上9点多钟,北大生物系81级本科生郭庆滨、李禹在一起商议:光是呼喊口号、挥舞花束,不能充分表达自己的感情。他们要自己制作一幅横幅来表达心意。这时同班同学常生、毛小洪等出于同样的目的找来纸笔。正在他们商量字幅之时,陆续又有20多名同学加入了讨论。最初,有人说写"改革要加速"等,但大家都觉得这些标语只说出了一个方面的愿望,不能充分表达全国人民的愿望。

这时,大家不约而同地想到了邓小平,想到了邓小平领导的改革大业以及拨乱反正。有人便提议写一幅"邓小平同志你好"。这个提议得到大家的认同,但同时感到这7个字呆板不亲切。最后决定改为"小平您好"这4个字。

"小平您好"的横幅制作完后,大家小心翼翼地将横幅裹起来,外面绕以彩

北京大学游行队伍举着"小平您好"的横幅

带，顶端缀以纸花，横幅变成一把高大的花束。国庆这天，大家怀着激动的心情，护卫着这把"花束"进入了游行的"行列"。

当游行队伍到达关键部位——天安门城楼时，常生、于宏实等同学一下子打开了横幅。于是，"小平您好"的动人场景出现了。同学们感觉邓小平在天安门城楼上看到了这块横幅，情绪更加激动，兴高采烈地欢呼起来："小平同志在城楼上向我们微笑招手呢！"并将鲜花抛上天空，真真实实地表达了他们内心深处对小平同志的爱戴。

就在北大学生亮出横幅的一刹那，在金水桥前的中国青年报社记者贺延光抓拍到了这珍贵的瞬间，也就成就了今天让世人难忘的历史画面。

直呼其名，平抒其意。从"万岁，万万岁"到"小平您好"，领袖人物从天上一下回到了人间。这一深刻变迁书写的是社会的进步、人民的成熟。

没有想到，13年之后，邓小平溘然去世。1997年2月24日，北大师生打出了"再道一声小平您好"的横幅，在寒风中送伟人西行。人们再次被震动了。

"再道一声小平您好"的主要制作者、北京大学副教授赵为民说："十几年来，'小平您好'一直印在北大人的脑子里。小平同志逝世，北大师生都想为他远行做点什么，最后想到还是'小平您好'可以涵盖千言万语，可以表达人们的感情。'再道一声，小平您好'既饱含了人们对小平同志的感激之情和尊重，也体现了对小平同志丰功伟绩的歌颂。"

1984年国庆之后的第4天，即10月5日，邓小平向参加受阅的陆海空三军、武警部队和民兵发布嘉奖令。他指出：这次阅兵，"你们以崭新的风貌、严整的军容、雄壮的气势显示了国威、显示了军威"，"亿万人民看到了人民解放军的强大阵容，看到了我国巩固的国防，极大地振奋了民族精神，鼓舞了爱国热情，增长了实现四化的志气"。

11月1日，正当人们仍旧为一个月前国庆阅兵盛大的壮观场面心潮澎湃的时候，中央军委座谈会在首都京西宾馆会议厅召开。会上，时任中央军委主席的邓小平，发表了近90分钟的讲话。当邓小平缓慢而坚定地提出裁军百万的决策时，在座的将军们心中感到强烈的震撼，他们被邓小平战略家的胆量和气魄所深深折服。在军队几次整编的基础上，再裁减员额100万，这并非心血来潮，也并非为赢得国际好评而哗众取宠，而是出自这位以高瞻远瞩、清醒果断著称的最高统帅对世界大势、国家大局和军队建设大目标的科学把握，是这位世纪伟人对国家、对人民、对军队高度负责的慎重抉择。

邓小平首先从部分高级干部年龄老化问题入手，他说："从这次国庆阅兵讲起吧。我不是说这次阅兵如何，这次阅兵不错的，国际国内反应都很好。最近有位国际友人讲非常好。"说到这儿他话锋一转，表情严肃地说："我说有个缺陷，就是80岁的人来检阅部队，本身就是个缺陷。"

由于种种历史原因，人民解放军的臃肿问题由来已久。裁军"消肿"，是邓小平很早的心愿。据不完全统计，邓小平从1975年到1984年的10年间，对于"消肿"问题，大会讲，小会讲，集体谈，个别谈，多达数十次。他指出，军队臃肿不堪，不仅把很多钱花在人员的穿衣吃饭上面，更主要的是，真正打起仗来，不要说指挥作战，就是疏散也不容易。这是我们存在的一个最大问题。在此期间，解放军虽进行过四次精简整编，但"消肿"问题一直未能得到很好解决。对裁减100万，有些领导人担心会减弱军队的战斗力。邓小平作了一个生动、风趣的比喻，深入浅出地阐明了军队建设中数量与质量的关系：虚胖子能打仗？大力士、拳击运动员身体很重，但是不虚，虚就不能进行拳击。军队要节省开支，改善武器装备，更要提高军政素质，这就必须减少数量，同时保留下来的人员足以应付意外事件。在以上认识的基础上，邓小平充满信心地指出："再减100万，一是必要，二是没有风险。好处多得很！"

1985年5月23日至6月6日，中央军委扩大会议在北京召开。一时间，陆、海、空三军，第二炮兵和北京、沈阳等11个大军区的司令员、政治委员等人民解放军高级将领云集京城。6月4日，邓小平在会上发表讲话，伸出一个指头，郑重向全世界宣布：中国政府决定，人民解放军减少员额100万。

新中国成立以来，在冷战等因素造成的世界战争一触即发的国际局势和严峻的周边环境下，中国人民解放军的建设一直处于"盘马弯弓箭不发"的临战准备状态。历史发展到20世纪80年代，虽然战争危险依然存在，但由于第三世界崛起，和平力量日益增长。对此，应如何认识？邓小平经过多年观察和思考，做出了全新的判断。他认为：过去我们一直强调战争不可避免的认识，应有所调整。

两个超级大国在全球的争霸不会终止，他们还要进行军备竞赛，而且还会升级，战争因素还会发展，战争的危险依然存在。但是，从总的世界形势看，在较长时间内不发生大规模的世界大战是可能的，维护世界和平是有希望的。有资格打世界大战的只有美苏两个超级大国，而两国又都因具有毁灭对方的力量和全球战略部署的受挫而不敢轻举妄动；和平力量在不断壮大，和平力量的增长要超过战争力量的增长，主要表现在第三世界的发展上：第三世界包括100多个国家，占有联合国80%的席位，人口占世界人口的75%，他们深受战争的痛苦，不希望打仗，再也打不起世界大战；许多发达国家，即使是美苏两个政治集团中的一些国家，为了本国的利益，也希望和平。

相对和平时期，国家要发展，社会要进步，国家的安全利益同样不可忽视。因此寻求国家发展与国家安全这对矛盾的最佳结合点，一直是战略家们的关注点。对此，邓小平在科学分析中国国情的基础上认为：国家的安全保障最终取决于一个国家的经济实力。百业待举的当前，国家经济建设是大局，必须硬着头皮把经济搞上去，一切要服从这个大局。我们军队有自己的责任，不能妨碍这个大局，要紧密配合这个大局，而且要在这个大局下面行动，积极支援和参加国家建设。军队装备要实现真正现代化，只有国民经济有了比较好的基础才有可能。"大局好起来了，国力大大增强了，再搞一点原子弹、导弹，更新一些装备，空中的也好，海上的也好，陆上的也好，到那个时候就容易了。"

为落实裁军百万的重大决策，中央军委扩大会议通过了会前经过广泛征求意见和科学论证而制定的《军队体制改革、精简整编方案》。会后，根据中央军委统一部署，裁军百万的浩大工程在全军开始具体实施。

6月10日，新华社将"裁军百万"这一惊人决策公之于众，引起强烈反响。在国际裁军争吵多年，不见成效，两个超级大国明里裁军、暗里扩充军备的背景下，中国政府主动裁军百万的决策犹如平地惊雷，震惊了世界，令全球瞩目。

在1975年至1984年的几次精简整编中，同样的问题一再出现：机关精简一次，膨胀一次，边减边增，互相攀比，人浮于事；部队今年简编，明年增编；干部转业一批又再提一批，提了又转业，精简整编陷入"精简—增编—再精简—再增编"的怪圈，甚至出现了增编大于或等于减员数的反常现象。如何摆脱这个怪圈，使人民解放军精简整编顺利进行，这备受关注，更使主管全军编制的领导们大伤脑筋。经过缜密思考，邓小平一语道破：减人要同体制改革结合起来。除了改制，还要建制，使编制成为法律，并切实遵守。短短的一句话，"山穷水尽"化作了"柳暗花明"。事实正是如此，前几次精简整编，只在减人上面下功夫，就减人而减人，好比光拔毛不杀鸡，结果拔得到处哇哇叫，精简却不能落实。百万裁军，表面上是减人，实际上是一次大的革命，对人的革命，对体制的革命，靠修修补补、零敲碎打等改良办法根本行不通，即使一时把人减下去了，也巩固不住。历史教训有力地支持着邓小平的建议：减人"消肿"必须改革体制，二者实际上是一个问题的两方面。改革体制既可达到减人"消肿"的目的，又可革除旧体制的弊端，促成人民解放军体制编制的科学合理，巩固减人成果。找到了症结，问题迎刃而解。《精简整编方案》以此为指导，大胆运用地方经济体制改革的经验，采用撤、并、降、交、改、理等办法，大刀阔斧，多管齐下，收到了良好效果。

面对 400 万大军，先从哪里下手？这就要弄清军队主要"肿"在哪里，这样才能选好突破口。尽管当时中国军队有 400 万，但连队并不充实，臃肿的是各级机关。各级机关，副职过多，每个军区有十几名甚至几十名领导，还有什么团职保密员、营级打字员。邓小平在中央军委座谈会上一针见血地指出：现在不是"肿"在作战部队，主要是在各级领导机关。"消肿"，机构主要是三总部（总参谋部、总政治部、总后勤部）、各兵种和各大军区；人头，主要是减少不必要的非战斗人员。减少统帅机构、指挥机构的人员，最主要的是减少干部。与其说是"精兵"，不如说是"精官"。他还坦率地说："这是个得罪人的事情！我来得罪吧！不把这个矛盾留给新的军委主席。"总部机关的"消肿"一直是精简整编工作中的重点和难点，虽经过 1980 年、1982 年两次精简整编，压缩了定额，合并了一些业务相近的部门，但组织编制仍不够科学合理，机关大、干部多的问题仍比较突出。邓小平曾在关于 1982 年三总部精简 18.2% 的草案上批示："这个方案不是比较令人满意的方案，但可作为第一步进行，以后再进一步研究。"要三总部带头，其一是因为总部机关自身建设的需要。只有总部机关精干了，才可以克服官僚主义，提高工作效率，才可以更好地贯彻执行中央军委的意图，便于军委更好地统率和指挥全军。其二是有利于发挥榜样的作用。总部机关带头"消肿",就可以有力地推动和促进全军的精简整编。据此,1985年的整编方案强调三总部要带头,把精简三总部机关作为首要一条原则列入。在三总部机关的共同努力下,处以上机关在整编中减少了六分之一,人员在原有基础上平均精简一半,基本上改变了机构重叠、班子庞大、工作职责不清的状况。这既提高了三总部机关的工作效率,又以自己的模范行动带动全军,保障了裁军百万顺利完成。

裁军百万,加上同时进行的体制改革,使这次精简整编涉及的方面很多,内容较广。从总部机关精简、大军区调整、部队裁减,到县市人民武装部划归地方建制,边防部队移交公安部门等,都有比较大的改革。既要减少层次,撤并机构,降低部分单位的等级,又要精干编制,减少干部,减少行政和生活服务保障人员,减少军队的社会性负担;既要调整军队的编成比例,加强诸兵种合成,又要使改革体制、精简整编与提高干部素质相结合,加强干部教育,促进干部队伍的革命化、年轻化、知识化、专业化;既要淘汰陈旧落后的设备,封闭部分军事设施,又要腾出一部分军事设施支援国家经济建设。

对全军来说,几乎每一个人都面临着进、退、去、留的选择和被选择,几乎每一个军人家庭的实际利益都会受到触动。难怪有人说,这是一次从上到下、从里到外的"立体震荡",是对军队这个庞大机体进行的一次脱胎换骨的"大手术"。一夜之间,人民军队有60万干部被列为"编外",陆军部队的建制单位有四分之一要撤销,这其中包括那些有着几十年光荣历史、立过赫赫战功的部队。在精简整编中,面对体制编制和人员的重大变动,全军广大指战员坚决服从中央军委的命令,无论对单位的撤、并、降、交、改、理,还是个人的进、退、去、留,都坚决服从组织安排。

裁军百万,最棘手的就是干部的安置问题。除少部分老干部、创建共和国的有功之臣离退休外,大部分"编外"干部只有转业一条路。几十万干部被推到社会,要想得到妥善安置,谈何容易。军队各级党委高度重视编外干部工作,不把他们当包袱,坚决搞好编外干部管理工作,做到思想工作有人做,学习培训有人抓,生活福利有人问。同时,根据地方需要各类专业人员的情况,在资金紧张、训练任务重的情况下,尽量腾出人力物力,按专业开办各种训练班或速成学校,对要转业的干部进行专业培训。然而，60万干部要在3年之内退出现役，在地方得到适当安置，这不仅需要军队自身的努力，更离不开地方的理解和支持。

悲壮是一种美，它给予人们的不是倒退而是前进的激励。当"国际和平年"——1986年到来的时候，中国人民解放军已经从总体上完成了裁减100万员额的战略性行动，以实际行动向世界表明了中国人民热爱和平、为世界和平事业做出贡献的诚意和决心。到1987年，这一世界上少有的百万大裁军顺利完成。

中国人民解放军在悲壮的气氛中义无反顾地跨过了一道分界线，从旧的质与量走向新的质与量，从历史遗留下来的战时体制走向和平时期的建军轨道。

1989年春夏之交，中国发生了一场政治风波。坚持资产阶级自由化的一些人大做文章，反对党的领导，反对社会主义。当时，一小撮所谓的"精英"混杂在许多不明真相的青年学生和围观群众中间，先是鼓动游行，继而绝食，使天安门广场乌烟瘴气，交通中断，使国家不得不取消在广场上欢迎戈尔巴乔夫访问中国的仪式。

邓小平事后尖锐指出："事情一爆发出来，就很明确。他们的根本口号主要是两个，一是要打倒共产党，一是要推翻社会主义制度。他们的目的是要建立一个完全西方附庸化的资产阶级共和国。"

《人民日报》在4月26日的社论中，把这场风波的性质定为"动乱"。邓小平指出："实际证明，这个判断是准确的。后来事态进一步发展到反革命暴乱，也是必然的。"

党中央采取果断措施，平息了这场动乱。6月9日，邓小平在接见首都戒严部队军以上干部时指出："这场风波迟早要来。这是国际的大气候和中国自己的小气候所决定了的，是一定要来的，是不以人们的意志为转移的，只不过是迟早的问题，大小的问题。"

邓小平所讲的"国际的大气候"，指西方资本主义国家对社会主义国家实施"和平演变"的战略，是以经济和贸易为筹码，施加政治压力；利用新闻等大众传播媒体为工具，对我国进行意识形态领域的渗透。邓小平所指的"中国自己的小气候"，是国内资产阶级自由化的思潮愈演愈烈。讲话中，邓小平特别强调年轻士兵完成了他们的职责这一点。他说，他们没有忘记人民、党的教导和国家的利益,他们面对死亡毫不含糊,表现了军队是"党和国家的钢铁长城"。同时,他高瞻远瞩地看到:"也许这件坏事会使我们改革开放的步子迈得更稳、更好,甚至于更快……"

恩格斯说过:"一个民族想要站在科学的最高峰,就一刻也不能没有理论思维。"十一届三中全会后,邓小平作为中共第二代领导集体的核心和人民解放军的统帅,在领导中国社会主义建设事业沿着"一个中心、两个基本点"的正确轨道稳步前进,并取得了历史性成就的同时,从中国的国情军情出发,运用马列主义、毛泽东思想,认真总结了新中国成立以来国防和军队建设的历史经验,全面科学地论述了新形势下国防和军队建设的指导思想、总目标、根本途径和具体措施,创造性地回答了新时期国防和军队建设亟待解决的一系列重大理论与实践问题,从而形成了一整套指导新时期国防和军队建设的思想。

基于此,中共中央政治局原常委、中央军委原副主席刘华清在接受记者采访时说:"党的十一届三中全会后,小平同志既是我国社会主义现代化建设事业的总设计师,也是新时期我国国防和军队建设的总设计师。"

> 中日邦交正常化,中美握手言和,中苏对峙终归解冻,"世界公民"邓小平一次次向世界展示了自己博大精深的外交思想和传奇精彩的外交实践。

1978年10月22日,邓小平以中华人民共和国副总理的身份作为新中国第一位国家领导人到日本访问,并出席《中日和平友好条约》互换批准仪式。23日上午,日本首相福田赳夫在国宾馆举行盛大仪式,欢迎邓小平一行。邓小平首先对日本政府的邀请表示感谢。他说:"几年来,我一直希望有机会来东京访问,现在终于实现了。十分高兴和首相结识,这次虽是第一次见面,可是却相知已久。有机会当面交换意见,是十分有益的。"福田首相说:"近一个世纪日中关系的不正常状态终于宣告结束了。条约是为了建立日中两国的永久和平友好关系，这是邓副总理下决断的结果。"接着，两人共同回顾了缔结《中日和平友好条约》的经历、波折和困难。其实，早在1972年中日恢复邦交正常化之后，《中日和平友好条约》的签订就摆在了两国政府的面前。

23日10时30分，在首相官邸的一楼大厅开始举行《中日和平友好条约》批准书交换仪式。日本首相福田赳夫和日本外长园田直、邓小平和中国外长黄华并排坐在罩着绿色呢绒的桌前。仪式开始后，全体起立，乐队奏两国国歌。随后，园田直和黄华用毛笔先后在用日文和中文写成的批准书上签字。此刻，邓小平和福田相互举杯。随即，邓小平放下酒杯，走到福田跟前，同他拥抱。福田对邓小平的这一举动大为吃惊，显然是缺乏思想准备，因此表现得有些慌乱和不知所措，甚至有些狼狈。站在一旁同黄华握手的园田直看得有点愣神，没料到邓小平随即走过来和他拥抱。

拥抱！这是中国外交仪式上少有的动作，这个动作本身是西方外交的传统。外交场合的一举一动，都包含着深刻的含义，邓小平是以此向世界表明：中国正在走向开放，中国外交正在走向现代化。

下午，福田与邓小平在首相官邸接待室举行了第一次会谈。福田首相首先代

1978年，邓小平出席《中日和平友好条约》签字仪式

表日本政府和国民表示：日中两国要建立持久的、名副其实的睦邻友好关系。他还说，特别是20世纪以来，日中两国连续发生不幸事情，自己感到非常遗憾，并进行反省。今后不应让历史重演。战后日本已改变姿态，决心不再做军事国家。福田称，日本的"全方位和平外交"，是不敌视世界上任何国家，也就是要同一切国家都友好相处，但是，这并不意味着这种外交是"全方位等距离外交"。他强调要坚持《日美安全条约》，并确信《中日和平友好条约》不仅能贡献于亚洲、太平洋地区的和平，而且能贡献于世界和平。

邓小平说，我们两国有2000多年友好交往的历史。在两国友好的长河中，不幸的历史只有几十年时间，这不过是很短的插曲。《中日和平友好条约》的签订，不仅在事实上，而且在法律上、政治上总结了我们过去的关系，更重要的是，从政治上进一步肯定了我们两国友好关系要取得不断的发展。中日要世世代代友好下去。"坦率地说，在现在这个动荡的局势中，中国需要同日本友好，日本也需要同中国友好。尽管你们交的是个穷朋友，但这个穷朋友还是有一点用处的。"听到"穷朋友"时，福田连连表示："不是，不是。"邓小平还对国际局势发表了自己的看法。

会谈结束后，福田向记者谈及对邓小平的印象："非常了不起。总之，他非常了解世界形势，虽然同对方立场不同。"当天晚上，福田在首相官邸设宴欢迎邓小平一行。福田和邓小平分别致了祝酒词。福田首先回顾了日中两国2000多年的友好交流史。他说："在漫长的历史中，我们两国关系的发展是无法分开的，但到了20世纪，却经历了不幸的苦难。"讲到这里，他抛开眼前的讲稿，突然冒出一句："这的确是件遗憾的事情！"然后，他又接上讲稿说："这种事情绝不能让它重演。这次的《中日和平友好条约》正是为了做到这一点而相互宣誓。"对于福田的这句话，在场的日方译员没有翻译。不过，这话还是传到了邓小平的耳朵里，并在第二天的《人民日报》上登了出来。宴会结束后，有记者就此追问福田，他避而不作正面回答，只是说："由于原稿字小，有几处不能读。"

邓小平在致辞中说道："中日两国尽管社会制度不同，但是两国应该，而且完全可以和平友好相处。""《中日和平友好条约》明确规定：中日两国不谋求霸权，同时反对任何国家或国家集团建立这种霸权。这是国际条约中的一项创举……条约的这项规定首先是中日两国自我约束,承担不谋求霸权的义务,同时也是对当前威胁世界和平的主要根源——霸权主义的沉重打击。"

25日上午10时,福田首相和邓小平的第二次会谈在首相官邸接待室举行。一见面,福田就对邓小平连日来表现出来的充沛精力表示赞叹:"你真是一位超人,一点倦意都没有。"邓小平笑着说:"我多次讲过,高兴时就不觉得疲倦。"接下来,双方就朝鲜问题、中国台湾问题、中日关系问题交换了意见。在谈到台湾问题时,邓小平说:"我们实现台湾回归祖国也要充分考虑到台湾的现实。美国总希望我们承担义务,不使用武力解放台湾。我们说,什么时间、用什么方式解决台湾问题,是中国的内政,美国无权干涉。实际上,我们承担了不使用武力的义务,反而会成为和平统一台湾的障碍,使之成为不可能。那样,台湾当局就会有恃无恐,尾巴翘到一万公尺高。"在场的人听到这里,都为邓小平形象、生动的语言而大笑起来。

25日下午4时,邓小平出席在东京日本记者俱乐部举行的记者招待会。参加记者招待会的有400多名记者,这些记者分别来自时事社、共同社、路透社、合众国际社、美联社、法新社、德新社等著名通讯社。这是中华人民共和国领导人在出访时第一次同意以"西欧方式"同记者见面。邓小平从容、巧妙地回答了记者们提出的各种各样的问题,多少令那些企图从这位共产党领导人的即席回答中寻找破绽的西方记者"失望"了。但是,一位日本记者提出了中日双方早已约定在这次会谈双方都不涉及的问题——尖阁列岛(中国称为钓鱼岛)的归属问题。钓鱼岛是台湾省的附属岛屿,属中国领土,甲午战争后被割让给日本。1972年9月田中角荣访华时,曾要求周恩来明确该岛的归属权。当时,为了不让这个一时难于解决的问题成为中日邦交正常化的障碍,周恩来表示:"现在还是不要讨论,地图上又没有标。出了石油就成问题了。"对此,日方也表示同意。1978年8月,日本外相园田直在北京又同邓小平讨论了这个问题。邓小平提出:"一如既往,搁置它20年、30年嘛!"邓小平说得如此轻松,态度自若,使园田直大为惊叹。此刻,当日本记者提出这一问题后,会场气氛陡然紧张起来,大家都屏住呼吸,看邓小平如何回答。邓小平非常轻松地说:"'尖阁列岛',我们叫'钓鱼岛',这个名字双方叫法不同,双方有着不同看法。实现中日邦交正常化时,我们双方约定不涉及这一问题。这次谈《中日和平友好条约》的时候，双方也约定不涉及这一问题。倒是有些人想在这个问题上挑一些刺，来阻碍中日关系的发展。我们认为两国政府把这个问题避开是比较明智的。这样的问题放一下不要紧，等10年也没有关系。我们这一代缺少智慧，谈这个问题达不成一致意见——下一代比我们聪明，一定会找到彼此都能接受的方法。"邓小平把这么重要的领土归属问题，说得如此容易并合情合理，确实令全场的记者折服。

在访日期间，邓小平专程拜会了前首相田中角荣。随后，他又前往东京大仓饭店拜会了前外相、时任自民党干事长的大平正芳。同时，邓小平前往日本国会，对众议院议长保利茂和参议院议长安井谦进行礼节性拜访。

在国会，邓小平还会见了日本社会党、公明党、民社党、新自由俱乐部、社会民主联盟和共产党等6个在野党的领导人，其中包括公明党委员长竹入义胜。在和他们的恳谈中，邓小平谈起中国历史上徐福曾奉秦始皇之命东渡日本寻找长生不老药的故事。他说："这次访问的目的是：第一，交换批准书，对日本老朋友所做的努力表示感谢；第二，寻找长生不老药。"话音刚落，会议室里响起一片笑声。接着邓小平又补充说："也就是寻求日本丰富的经验而来。"竹入委员长一语

1978年10月24日，邓小平在东京拜会日本前首相田中角荣。40多位日本国会议员在田中住宅院内热烈欢迎邓小平一行（钱嗣杰 摄）

双关地说："（长生不老的）最好的药不就是《中日和平友好条约》吗？"邓小平看着竹入，微笑着点了点头。

邓小平在访问日本期间，还参观了日本的企业。他感慨地说："我懂得什么是现代化了。"他对日本企业界元老土光敏夫说，中国的经济发展水平要比世界落后20年——"中国荒废了10年，在此期间，日本等其他国家进步了，因此，里外落后了20年。"邓小平表示，中国要努力学习外国的一切先进经验和先进技术。邓小平的这一坚强决心，给日本朋友留下了深刻的印象。

这年11月，邓小平在同日本朋友的一次谈话时说："我现在还有一个愿望，就是想到华盛顿去，不晓得能否实现。美国人总是说你为什么不到华盛顿去？那里有台湾的大使馆，我怎么去？！只有中美关系实现了正常化了，我们中国领导人才可以去。在国际事务上，我只要完成这件事，就可以见马克思了。"

自1972年尼克松访华以来，中美关系朝正常化方向发展已有6年，但实现正常化则非常艰难。中美还要多久才能建交呢？邓小平在这次谈话中说："这要看美国政府、卡特总统的决心了。《中日和平友好条约》下决心以后，一秒钟就解决了。中美关系正常化加一倍，两秒钟总可以吧？！"

1977年1月，美国新任总统卡特上任。卡特对中国有一定的感情，他曾在回忆录中写道："在20世纪30年代，当我还是个孩子的时候，我便对中国产生了兴趣……我懂得把中国看作朋友。"2月，卡特在白宫会见中国驻美联络处主任黄镇，清楚地表示："美国和中国不久将为建立正常关系做好准备。"8月，美国总统卡特派国务卿万斯访华，提出了美中建交方案，大意是：中国保证不对台湾使用武力，美国驻台"大使馆"降格为联络处，驻北京联络处和中国驻美联络处则升格为大使馆。邓小平明确地说："要使中美关系正常化，干干脆脆就是三条——废约、撤军、断交；为了照顾现实，我们还可以允许保持美台间非官方的民间往来；至于台湾同大陆统一的问题，那是中国的内政，奉劝美国朋友不必为此替我们担忧。"

万斯的这次访华虽然没有就中美关系正常化达成协议，但有助于卡特政府更好地理解中国对这一问题的坚定立场。于是就有了1978年5月美国总统国家安全事务助理布热津斯基的秘密访华。

5月21日，邓小平与布热津斯基一见面就问道："一定很累了吧？"布热津斯基说："我的劲头很足呢！来中国之前，我阅读了你同美国主要政治家和参议员的谈话记录。"

邓小平说："美国朋友我见得不少，中国问题不难了解，你从过去的谈话记录中可以了解我们的看法、观点、主张，直截了当。毛主席是军人，周总理是军人，我自己也是军人。"布热津斯基回答说："军人说话就是痛快，我们美国人也是以说话痛快出名的。我希望你们不会觉得美国人不容易理解。"

话题马上转到中美关系正常化上面，布热津斯基告诉邓小平，美国方面准备就实现双方关系正常化开始"积极的会谈"。邓小平的答复很谨慎："现在的问题仍旧是下决心。如果卡特总统在这个问题上下了决心，我想解决这个问题就比较容易了。"他又问："为了实现正常化，你认为应该做到什么呢？"

布热津斯基作了长篇答复，表示将信守《上海公报》，遵循只有一个中国、解决台湾问题是你们自己的事这条原则。但他又说，美国还有一些历史遗留问题要解决，即使实现了美中关系正常化，"我们对台湾的安全义务还要继续下去"。

布热津斯基基本上阐明了美方对实现双方关系正常化的态度，还指出了日后谈判中将会遇到的困难，表明症结还是台湾问题。邓小平果断地表示接受布热津斯基的建议。他说："我盼望着卡特总统下决心的那一天。让我们换一个话题吧。"

布热津斯基感到，会谈的整个趋势是积极的。他事后说："邓个子小，气魄大，立即使我折服。他富有才智，机警，精明，理解很快，相当幽默，强硬而直率。和他谈话以后，我更加理解他何以能经受住政治生涯中的所有挫折，但更重要的是，他的目的感和干劲使我印象深刻。他是一位知道自己需要什么、能和谁打交道的政治领袖。"

1979年1月1日，中华人民共和国和美利坚合众国发表联合公报，宣布两国建立正式外交关系。美国东部时间1月28日下午4时30分，邓小平乘坐的专机到达美国首都华盛顿特区南部的安德鲁斯空军基地。此时，正是华盛顿最寒冷的时节，机场上空飘着小雪。经过一昼夜的长途飞行，邓小平走出舷梯时依然神采奕奕，情绪饱满。他身穿厚厚的深灰色大衣，没有戴帽子。

飞机比预定的时间到得稍晚了一些。严寒中，机场上有400多人前来迎接，其中包括美国各界人士、有中国血统的美国人以及旅美华侨，欢迎的人们手举中美两国国旗不停地挥动，一条横幅上写着："热烈欢迎中国副总理邓小平访问美国！"

邓小平即将访美受到了美国政府和人民的极大重视和热烈欢迎，美国官方竭力宣传这次访问的重要性，强调这是美国"历史上最具历史意义的事件之一"。国际舆论也认为，这是"战后国际关系的一个转折点""促进亚洲与世界和平的里程碑"。然而，中美建交和邓小平访美，对台湾国民党当局无疑是一次沉重的打击，美国国内一小撮反华势力也做出反应。台湾一高级特务称要在邓小平访美时"给一点颜色看看"。反华势力策划收买"意大利枪手"。美国一个极左组织扬言："要做一些使邓永远难忘的事。"旅美的"台独"势力准备收买流氓打手，并胁迫一些台湾留学生和侨民在华盛顿等地组织"游行示威"，进行挑衅。对于邓小平访美期间的安全问题，中共中央极度关注，知情的党内高级干部更是忧虑不安。

1月6日，外交部部长黄华通知当时的公安部部长赵苍璧，由凌云作为邓小平特别助理负责安全事务，随邓小平出访，并先期赴美打前站。1月28日，邓小平乘中国民航专机离京赴美。同行的有副总理方毅和外交部长黄华等陪同人员20人，其余为工作人员和随行记者。邓小平的到来，受到美国官方和社会各界的热烈欢迎，盛况空前。但是，一小撮敌对势力却一直在蠢蠢欲动。1月29日上午10时，美国总统卡特在白宫南草坪举行正式欢迎仪式。正当卡特致欢迎词的时候，离讲台左侧四五米处的记者群里突然冒出一男一女，挥舞拳头，大声呼叫。这时夹杂在记者群里的美国秘密特工立即上前把他们架了出去。卡特没有中断讲话，仪式照常进行，在场的人们也都不动声色。处置这一突发事件前后只有几分钟。

邓小平抵美后，在次日的欢迎词中，卡特总统说，昨天是旧历新年，是你们春节的开始，是中国人民开始新的历程的传统日子。"对于我们两国来说，今天是团聚和开始新的历程的时刻，是和解的时刻，是久已关闭的窗户重新打开的时刻。"邓小平祝酒致答谢词时说："我们来到美国的时候，正好是中国的春节，是中国人民自古以来作为'一元复始、万象更新'而欢庆的节日。此时此地，我们同在座的美国朋友有一个共同的感觉：中美关系史上一个新的时代开始了。"

1979年1月31日,华盛顿,卡特夫妇和邓小平夫妇接受媒体采访

2月2日18时许,邓小平应邀去西蒙顿市竞技场用晚餐并观看竞技表演。当他从旅馆楼上下到楼下大厅准备出门乘车时,中方的随行人员在前面和两侧,后面相距数米跟进的是美方安全警卫人员凯利,凌云的位置又在他的后面。突然有一个人插到凯利的前面奔向邓小平,只见凯利急步抢上前去,胳膊一挥将那人击倒,附近的警卫人员一拥而上把他捉住。邓小平在中方随行人员的护卫下安然出门上车。瞬息之间,化险为夷。事后,据美方通告,这人是美国最老的种族组织三K党的党徒,名叫路易斯·比姆,他被拘捕后还有几个同党举着要求释放的标语牌上街"示威"。

当晚,凌云约请美国安全局负责国宾安全的官员泰勒喝咖啡。凌云对他说:"鉴于今天发生的险情,访问期间必须严密部署,确保安全。我们的要求是要有百分之百的保证。"泰勒笑了,说:"对邓的安全绝不许有万一,一定会做到百分之百的安全。"

第二天,美方的警卫部署显然升级了,动用了防暴队和大量的警察,一个个手拿木棍,还配有催泪弹,高头大马的骑警封锁了路口,旅馆周围和参观现场实际处于戒严状态。

在访美的 9 天中，75 岁高龄的邓小平不知疲倦地走访了华盛顿、亚特兰大、休斯敦和西雅图等美国著名城市，与美国总统和其他官员进行了会谈，会见了数以百计的议员、州长、市长、企业家和教育界人士，在不同场合向数千人直接发表讲话，回答了一批又一批记者提出的问题。随行的中国官员同美国签署了两国在教育、农业、空间技术、高能物理等方面进行合作的协议，签订了建立领事关系的协议，同意签订贸易、航空、海运协议并就此进行了商谈。2000 多名记者跟踪采访报道，美国三大电视网的黄金时间都变成了"邓小平时间"。世界舆论普遍认为，邓小平这次访美所受到的隆重接待和空前欢迎，是近 20 年来美国外交史上从未有过的。

1989 年 5 月 16 日下午，北京人民大会堂一楼东大厅气氛温馨而热烈。厅内布置着中苏两国国旗，沙发间的茶几上摆放着一束鲜花。100 多位中外记者聚集一堂，翘首以盼，等待报道一次非同寻常的高级首脑会晤。在香格里拉饭店中国新闻中心，还有数百名中外记者早就抢好了座位，焦急地等待着新闻发布会。要知道，为了抢先报道这次会晤的消息，已有 1200 多名中外记者云集北京。这一引起世界广泛关注的重大新闻，就是中国领导人邓小平与苏共中央总书记戈尔巴乔夫的历史性会见。这是 30 年来中苏两国最高领导人之间的第一次晤面。

上午 10 时 05 分，邓小平和戈尔巴乔夫出现在东大厅门口。邓小平身着整洁、朴素的深灰色中山装，迈着稳健的步子，微笑着走上前去说："怎么样，过得愉快吗？"戈尔巴乔夫精神焕发地笑道："在北京一切都好。"

邓小平握住戈尔巴乔夫的手说："中国人民真诚地希望中苏关系能够得到改善。我建议利用这个机会宣布中苏关系从此实现正常化。"戈尔巴乔夫笑容满面地点着头。细心的记者注意到，邓小平与戈尔巴乔夫双手相握长达 90 秒。稍停片刻，邓小平又扬手，指着正在手忙脚乱揿动快门的记者，说："趁他们还没有离开，我们也宣布两党的关系实现正常化。"两位领导人再次握手。

邓小平与戈尔巴乔夫热烈握手的场面被中外记者纷纷抢拍下来，新闻、消息、评论、图像通过各种现代化的传媒以最快速度发往世界各地。记者们只注意到眼前这精彩的一幕，他们何曾知道，这是一次被推迟了三年的中苏高级会晤。邓小平为了争取这一天的到来，则整整进行了七年多的不懈努力。

1978年12月，中共召开了十一届三中全会，调整了对内对外政策。两个月前，邓小平出访日本，出席《中日和平友好条约》互换批准书仪式。1979年元旦，中美正式建立外交关系。随着中国国门的敞开和对外关系的不断发展，苏联也不得不重新考虑与中国的关系。

1982年3月，苏联最高苏维埃主席团主席、苏共中央总书记勃列日涅夫在塔什干的一次讲话中，放出一个试探气球：他一方面依旧攻击中国的政策，另一方面又谈到苏联愿意改善同中国的关系。这一信息，立即引起了邓小平的注意。邓小平在主持党中央的工作后，为了创造较长时期的国际和平环境，在处理中国对外关系上，心存四大愿望：一是实现中日关系正常化，二是实现中美关系正常化，三是香港回归问题，四是实现中苏关系正常化。在这四大心愿中，就其复杂性而言，恐怕要首推中苏关系了。

苏联早年在社会主义阵营最具规模和实力的时候，表现出"老子党"作风，并愈演愈烈，以至于在20世纪60年代先后撤走帮助中国工作的苏联专家，撕毁两国签订的协定，废除有关项目，造成中国建设的巨大损失，严重伤害了中国人民感情。赫鲁晓夫下台后，当政的勃列日涅夫不仅丝毫不改善中苏关系，反而加强对中国的威胁，从北面、南面、西面对中国形成包围之势，严重威胁着中国的安全。毛泽东在世时，为了摆脱同时与美、苏为敌的不利局面，决定采取"一条线"战略，即从日本到欧洲，一直到美国结为"一条线"，侧重反对苏联的威胁和霸权主义。20世纪70年代这一战略的实行，对当时国际关系的变化产生了重要影响。

历史的一页虽然已经翻了过去，但是中苏两国之间的旧账、新账、恩恩怨怨并未了结，改善两国关系谈何容易？自从勃列日涅夫在塔什干"吹风"后，调整中苏关系一时间成为国际舆论关注的热点。但是邓小平的头脑是十分清醒的，这位阅历丰富的政治家对改善两国关系的症结是什么，有着比旁人更深刻的认识。

1982年4月，罗马尼亚总统齐奥塞斯库对中国进行友好访问。他此行的目的，除了来了解一下改革开放后的中国，也想就勃列日涅夫的演讲探听中国政府的态度。邓小平与齐奥塞斯库早在20年前就相识了，因此宾主谈话十分坦率，并很快将话题转到了中苏关系上。邓小平告诉齐奥塞斯库，中苏关系没有多大变化,勃列日涅夫在塔什干的讲话,我们除了对他骂我们的话表示拒绝外,对其他的我们表示注意到了。他说:"我们重视实际行动,实际行动就包括阿富汗、柬埔寨问题,包括在我们的边界恢复谈判。""你见到勃列日涅夫的时候,可以告诉他,叫他先做两件事看看,从柬埔寨、阿富汗的事情上做起也可以,从中苏边界或蒙古撤军也可以。没有行动,我们不赞成,世界上的人都不会赞成。"

8月,邓小平向苏方表明:中国领导人关心中苏关系的改善,现在是应该也有可能在这一方面认真开始做一些实际事情的时候了。中苏双方经过协商,从10月开始,举行副外长级特使磋商,讨论和解决消除两国关系的障碍问题。但是苏联以不损害"第三国利益"为借口,不同意商谈越南从柬埔寨撤军问题。这样,谈谈停停,磋来商去,两年过去了,没有获得实质性的进展。

1985年10月,罗马尼亚总统齐奥塞斯库再一次来到北京,邓小平仍旧在人民大会堂福建厅会见了他。宾主阔别3年再度相见,话题自然很多,然而一个重要话题仍是中苏关系。邓小平细细地向齐奥塞斯库谈对国际形势的看法,他说:"过去多年来,我们一直强调战争不可避免,经过这段时间观察,虽然战争的危险依然存在,但是和平的力量和制约战争的力量有可喜的发展。"很快话锋转到中苏关系,邓小平鞭辟入里地分析了越南从柬埔寨撤军是解决中苏关系正常化的首要问题,他很直率而幽默地说:"戈尔巴乔夫上台以后,做了很多积极的表示,但是消除三大障碍问题始终没有松口。如果我给戈尔巴乔夫当参谋,我就建议他接受这一点。"

邓小平略加思索,又说:"你给我带个口信好不好?如果苏联同我们达成谅解,让越南从柬埔寨撤军,而且能办到的话,我或胡耀邦同志愿意同戈尔巴乔夫同志会见。我出国访问的历史使命已完成,但为这个问题,我可以破例。三大障碍这一条应该首先解决,我们等待答复。"

信息递过去后,苏方作出了反应。11月下旬,李鹏副总理访问保加利亚和捷克斯洛伐克路过莫斯科,戈尔巴乔夫主动会见了他,表示苏中举行高级会晤的时机已经成熟。但是,戈尔巴乔夫避而不谈促使越南从柬埔寨撤军问题,也不同意先定议程和先决条件。于是,中苏高级会晤拖延下来。

1986年9月,邓小平在中南海紫光阁接受美国哥伦比亚广播公司记者采访

1986年9月2日，邓小平接受美国哥伦比亚广播公司记者迈克·华莱士采访

时，再一次表达了愿意举行中苏首脑会晤的迫切心情，同时没有放弃中国一贯坚持的立场，于不露声色之中将了戈尔巴乔夫一军。邓小平的两次倡议，尽管充分体现出中国方面对实现中苏关系正常化的真诚愿望，然而戈尔巴乔夫虽然在排除三大障碍上作出了让步姿态，却丝毫未提及柬埔寨问题，这表明苏联的亚洲战略并未改变。

1988年，国际形势发生了新的变化。虽然美苏两国在军事上保持着对其他国家的压倒性优势，但在经济上已受到严重挑战，政治上影响力也显著下降，美苏的对抗态势日益不利于苏联。苏联出于内政外交的需要，不能不顺乎和平与发展的时代主流来制定对外政策。

于是，苏联在消除影响中苏关系正常化的三大障碍上有了实质性的进展。1989年1月，越南从柬埔寨撤军问题终于有了眉目，越南宣布将在9月前从柬埔寨撤出其全部军队。越南在柬驻军是中苏关系实际上处于热点和对峙的问题，这个问题有了解决方案，改善中苏关系便有了保证。2月，在中国人民喜迎新春佳节之际，苏联外长谢瓦尔德纳泽访问中国。双方经磋商确定，5月在北京举行中苏高级会晤。

邓小平与戈尔巴乔夫的历史性会晤,揭开了中苏关系史新的一页。这是邓小平在变幻莫测的国际舞台上留下的叱咤风云的另一外交大手笔。

邓小平是中国的,也是世界的。他不止一次说过:我是一个世界公民。

> 锋芒毕露的"铁娘子"在会谈中碰上硬钉子,以致神情恍惚而在人民大会堂门外摔了一跤。绵里藏针的"钢汉子"义正词严地表明中国领导人不是"李鸿章"!

1974年5月24日,英国保守党领袖爱德华·希思抵达北京。北京国际机场上悬挂着中英两国国旗,大型横幅上写着:"热烈欢迎英国贵宾!"

这是希思第一次访问中国。毛泽东主席和周恩来总理委托当时的国务院副总理邓小平担任主陪。5月24日,邓小平率北京市负责人吴德、外贸部部长李强、外交部副部长乔冠华,以及首都群众数千人,前往机场热烈欢迎希思。邓小平与走下飞机的希思握手,对客人热情地说:"我代表周恩来总理向你表示热烈欢迎。"

第二天下午,毛泽东会见希思。毛泽东说:"很久以前中国怕欧洲。但这些都成了历史了。"这时,他对希思说:"你们剩下一个香港问题。我们现在也不谈。"

说着,毛泽东回头问坐在身旁的周恩来:"还有多少时间?"周恩来迅速准确地回答道:"是1898年租给他们的,租期99年,到1997年期满,距现在还有23年挂零。"毛泽东对希思说:"到时候怎么办,我们再商量吧。"接着,毛泽东把他那巨人般的手一挥,指着坐在不远处的邓小平等人说:"是他们的事情了。"

显然,毛泽东仍坚持维持现状的方针,在有生之年不打算把收回香港列上议事日程,而是把这一使命委托给了比他年轻的领导人邓小平。

希思首次访华那一年,邓小平已是70周岁。按照孔子的格言"七十而从心所欲,不逾矩",邓小平此时已经从事了半个多世纪的革命事业,长期担任地方和中央领导职务,在政治、经济、军事、思想、文化、外交等方面积累了宝贵的领导经验,成为治党、治国、治军的不可多得的领袖人才。他所具备的卓越领导才能,使他完全能胜任毛泽东所期待的收回香港的历史重托。

1977年7月,中共十届三中全会决定恢复邓小平原来担任的中共中央副主席、国务院副总理、中央军委副主席和中国人民解放军总参谋长的职务。邓小平的这次出山,预示着一个崭新的时代即将到来。

谁也没有料到,邓小平把他的首次亮相选择在一次由香港足球队与中国青年队进行足球比赛的现场。就在运动员已经进场即将开哨比赛的时候,主席台上突然爆发出一片掌声。一个矮小精干的身影健步走上了主席台。邓小平也来看球了,当这个消息在现场广播后,整个工人体育场立刻变成了欢乐的海洋。8万多双手同时挥舞,掌声惊天动地,经久不息。在中国政坛上沉寂了一年多的邓小平神采依旧,频频向观众和香港球员招手,许多人流下了激动的眼泪。

在这些双眼湿润的人群里,有一位特殊的港人,他就是香港房地产业巨子、香港足球总会会长、亚洲足球协会执行委员霍英东先生。霍英东一生观看过多少场足球赛,他自己也记不清楚了,但他从未看到过这样激动人心的场面。他与邓小平早在20世纪60年代就已相识,但这一次他真正感受到了这个小个子巨人的人格魅力。一个能够受到人民如此爱戴的领袖,必定具有扭转乾坤的伟大创造力。在中国面临历史转折的重要时期,由邓小平出来掌舵,中国就大有希望,香港问题的最终解决也必定大有希望。此情此景使霍英东忘记了自己的身份,他站在邓小平的身后像普通观众一样拍红了自己的手掌。突然,一个念头闪过了他的脑海:邓小平为什么要选择在有香港队参加的足球赛上与人民见面呢?香港问题在邓小平的心目中究竟占有多大的分量?

在有香港足球队参加的赛场上首次亮相,这也许并无什么特殊的原因。但邓小平对香港情有独钟,念念不忘香港回归祖国的问题,这倒是千真万确的。

1980年1月,邓小平在中共中央召开的一次干部会议上发表了《目前的形势和任务》的讲话,阐述了20世纪80年代中国要做的三件大事。他说,第一件事,是在国际事务中反对霸权主义,维护世界和平;第二件事,是台湾归回祖国,实现祖国统一;第三件事,要加紧经济建设,就是加紧四个现代化建设。

邓小平较早时就提出了香港问题，而且把它与三大任务有机地联系在一起。在邓小平胸怀的全局里，香港问题被摆在了一个绝妙的位置，成为一着内联现代化建设、外接国际关系、打通祖国统一道路的活棋。

在所谓"九七大限"临近之际，英国不能不为保全香港这个"会下金蛋的鹅"而想尽一切办法。选择合适的人来向中国挑明这个问题，进而诱使中国领导人在香港问题上作出让步，是当务之急。经过一番思量，英国外交部最终确定由当时的香港总督麦理浩来担负投石问路的任务。英国政府选择麦理浩向邓小平提出1997问题，不仅因为他的身份适宜，而且由于他正得到一个来自中国政府的邀请。

1978年12月，中国对外贸易部部长李强访问香港地区。李强是新中国成立以后正式访问香港的第一位部长级官员。李强访问香港，是两地关系非常密切的象征。为了促进这种关系的进一步发展，李强在香港总督府午宴上邀请麦理浩访问北京。英国政府自然不会错过这个天赐良机，想就此让麦理浩试探中国领导人对香港前途的态度。

1979年3月26日，麦理浩到达北京。28日晚，中方通知，次日邓小平副总理将会见港督，并希望他在会见时不要向邓小平提出1997香港问题。第二天上午10时，邓小平在人民大会堂新疆厅会见麦理浩一行，李强和港澳办主任廖承志也在场陪同。

出乎港督意料的是，寒暄之后，邓小平就直截了当地谈起了中国政府对香港问题的态度。他说："我们历来认为，香港主权属于中华人民共和国，香港又有它的特殊地位，将来谈判解决香港问题时，前提是香港系中国的一部分。但我们将把香港作为一个特殊地区来处理，在相当长的时期内，香港还可以搞它的资本主义，而我们搞我们的社会主义。"

邓小平希望麦理浩鼓励香港实业家到大陆投资，特别要帮助发展深圳，使深圳变成一个大城市。他再次声明："即使香港回归祖国，它仍然享有特殊地位。中国尚未决定何时恢复对香港行使主权，也许1997年前收回。但不管中国如何决定，香港都会保持现状，投资者的利益都将受到保护。"

此时，麦理浩趁机提出英方关于土地租期问题的方案。他对邓小平说，1997

年的逼近，使英国只能批出日益缩短的土地契约，"新界"的投资者因而遇到了很大的问题。他提出英国解决这个似乎是纯商业性问题的方案：消除土地契约中1997届满日期，代之以"只要英国管治这个地区就有效"的内容。邓小平没有正面回答英方提出的这个老谋深算的问题。他机智地说，告诉投资者"放心好了"。

麦理浩并不死心，继续提出英国的方案。他说，虽然邓副总理的保证值得欢迎，但这并没有解除人们由于土地租期日益缩短而产生的忧虑，要消除这种忧虑，就得消除1997年这个截止期限。面对港督的再次挑战，邓小平深思熟虑：不管怎么去说土地租期，但必须避免提及"英国的管治"。说未来的香港"将保持不变"，并不是指其政治状况，而只是指未来香港的资本主义制度将保持不变，同时投资者不受损害。他再次明确告诉麦理浩"请投资的人放心"。

港督与邓小平的会谈就这样结束了。虽然英方没达到预期目标，但至少从邓小平的谈话中得到了中国政府关于香港经济前途的极其重要的保证。

其实，在会见港督麦理浩之前，邓小平已经对解决香港前途问题有了清晰的思路。更确切地说，思路是从台湾问题上打开的。在中美谈判建立外交关系过程中，台湾问题是其中最棘手的问题。为了妥善解决这个问题，邓小平提出了新的构想。从1978年下半年到1979年初，他在会见日本、美国、缅甸等国外宾时提出，我们希望用和平方式解决台湾问题，但不做不使用武力的承诺；祖国要统一，但在解决台湾问题时，我们会尊重台湾的现实，可以保留原来的社会制度、经济制度，生活方式可以不动。邓小平在这里提出的，就是后来所说的"一国两制"的雏形。

邓小平没有孤立地构思解决台湾问题的方案，而是把台、港、澳回归祖国问题统筹考虑。1979年1月18日，他在会见美国参议院军事委员会特别任务小组议员团时说，台湾回归后，首先它的社会制度不变，它的生活方式不变。他接着指出，我们对待香港问题、澳门问题的政策也是如此。

不过，由于香港前途仍然没有真正明朗起来，加上其他一些因素的干扰，港人尤其投资者的信心不久开始发生大的波动。在这种背景下，英国外交大臣卡林顿亲自出马，准备向邓小平再讨一个"定心丸"。

1981年4月3日，邓小平在北京会见来访的卡林顿。这位外交大臣说："我来之前在香港逗留了两三天,离开时我有一个感觉,因为我们英国是依靠法律办事的,也许有点过分,所以尽管你作出保证,1997年这个日子仍使香港的人感到不安。你和我都认为这种担心不必要,但事实是,由于1997年这个日子日益逼近,人们签订房地产契约和抵押契约时,必须要考虑期限和合同的合法性问题,这将会碰到不少困难。我不想夸大这个问题,但继续保持香港的稳定和繁荣,对我们双方都是有利的。"

邓小平说:"对这个问题我们不能说更多的话,但我们可以郑重地说,我在1979年同麦理浩爵士谈话时所作的保证,是中国政府正式的立场,是可以信赖的。你可以告诉香港的投资者,放心好了。"

事后,卡林顿在北京举行记者招待会。他告诉盼望得到新精神的人们说,邓小平又一次讲"投资人完全可以放心"。

这年9月底,全国人大常委会委员长叶剑英宣布了中国政府关于台湾回归祖国实现和平统一的九条方针政策。对港政策虽然与对台政策有所不同,但在许多基本政策上是相通的。邓小平和其他中央领导人决定依照对台政策的路子,加快制定具体的对港政策。

1982年1月10日,邓小平在接见一位海外朋友时说:"'九条'实际上就是'一个国家,两种制度'。"

邓小平为制订解决香港前途问题的具体方案,亲自做调查研究,与香港人士交谈,一方面向他们阐述中国政府的对港政策,另一方面虚心倾听港人的心声,以补充和完善这些方针政策。不久,中国政府对香港的"十二条"基本政策制定出来了。

这年1月,英国副外交大臣兼掌玺大臣艾金斯访问中国。艾金斯发现,中国开始把解决香港前途问题摆上重要日程,并提出了处理香港问题的进一步政策。中国政府明确表示,中国将恢复对香港行使主权,但保持香港的繁荣;香港继续保持自由港和商业、金融中心的地位。对此,中国将广泛征求香港各界人士的意见,在吸收港人意见的基础上来修改自己的方案。

4月上旬,为进一步了解中国政府关于解决香港问题的方针政策,英国前首相希思作为民间使者,专程访问中国。邓小平会见了这位老朋友。希思回顾了1974

年 5 月毛泽东同他会见谈到香港问题时的情景，对邓小平说："那次你也在座，当时毛主席和周总理说，反正要到 1997 年，还早哪，还是让年轻人去管吧。现在离 1997 年只有 15 年的时间了，你是如何考虑在这期间处理这个问题的？"

邓小平说，香港的主权是中国的，包括"新界"，即整个香港。过去是不平等条约，实际上是废除的问题。他十分诚恳地告诉希思："我们是多年的老朋友了。如中国到时不收回香港，我们这些领导人谁也交不了账。"

邓小平还向老朋友透露：中国政府已经确定了解决香港问题的政策，这些政策与中国对台湾的"九条"方针的精神是基本一致的。他问希思，英国是否同意按中国的这种思路来协商解决香港问题。邓小平还请希思把中国的这种考虑转告撒切尔夫人。

雄心勃勃的撒切尔夫人登上英国首相宝座后，推行强硬的内外政策，以使英国重新振兴。在这种背景下，被媒介称为"铁娘子"与"冷战专家"的撒切尔夫人也酝酿了解决香港前途问题的方案。撒切尔夫人对自己的外号并不恼火，相反还非常高兴地说："这是他们对我的最好赞扬。""他们说对了，英国需要一个铁女人。"

邓小平会见英国首相撒切尔夫人

第十一章　规划小康　设计中国

9月24日上午9点，中共中央顾问委员会主任、中央军委主席邓小平在人民大会堂会见来访的撒切尔夫人。会谈原定时间为一个半小时，但实际上整整延长了50分钟，足见双方较量的激烈程度。

撒切尔夫人知道这次会谈极为关键，因此早早就做好了准备，提前来到了人民大会堂。她穿着一身蓝底红点的丝质西装套裙，脚蹬一双黑色高跟鞋，手提一只黑色手袋，脖子上挂着一条珍珠项链，显得高贵动人。会谈开始时，两位领导人先聊了一下轻松的话题。他们说起了在伦敦住了几十年的马克思。撒切尔夫人说，马克思写了一部《资本论》，可他恰恰最缺资本！

会谈进入正题后，撒切尔夫人按照事先设计好的方案，摆出强硬姿态，打出"三个条约有效"和"维护香港繁荣稳定离不开英国"这两张牌，坚持三个条约必须遵守。她恐吓邓小平说："如果中国收回香港，就会给香港带来灾难性的影响。要想继续维持香港的繁荣，就必须继续由英国来管治它。"

邓小平寸步不让，表现得更为强硬，而且讲话更加有理有据。他首先指出："这次谈判，除了要解决香港回归中国问题之外，还要磋商解决另外两个主要问题：一个是1997年后中国采取什么方式来管理香港，继续保持香港繁荣；另一个是中国和英国两国政府要妥善商谈如何使香港从现在到1997年的15年中不出现大的波动。"谈到香港的主权归属问题时，邓小平毫不含糊地指出："关于主权问题，中国在这个问题上没有回旋余地。坦率地讲，主权问题不是一个可以讨论的问题。现在时机已经成熟，应该明确肯定：1997年中国将收回香港。就是说，中国要收回的不仅是新界，而且包括香港岛、九龙。"在此，邓小平重申新中国成立以来始终不承认19世纪三个不平等条约的一贯立场。

邓小平告诉撒切尔夫人，收回香港，是全中国人民乃至全世界人民的意愿。他强调，如果1997年不收回香港，任何一个中国领导人和政府都无法向中国人民交代，甚至也不能向世界人民交代。"如果不收回，就意味着中国政府是晚清政府，中国领导人是李鸿章！"

邓小平对撒切尔夫人说，在不迟于一两年的时间内，中国就要正式宣布收回香港的决策。"中国宣布这个决策，从大的方面来讲，对英国也是有利的，因为这意味着届时英国将彻底地结束殖民统治时代，在世界公论面前会得到好评。"他说，之所以中国还要等一两年才正式宣布收回香港，是希望在这段时间里同香港各界人士广泛交换意见，听取英国政府对我们提出的建议，以便制定我们在15年中和15年后的方针政策。

针对撒切尔夫人关于香港的繁荣离不开英国管理的观点，邓小平说："保持香港的繁荣，我们希望取得英国的合作，但这不是说，香港继续保持繁荣必须在英国的管辖之下才能实现。香港继续保持繁荣，根本上取决于中国收回香港后，在中国的管辖之下，实行适合于香港的政策。"

中国宣布1997年收回香港，香港会不会发生波动？邓小平回答：小波动不可避免，"如果中英两国抱着合作的态度来解决这个问题，就能避免大的波动"。他还告诉撒切尔夫人，中国政府在做出这个决策时，各种可能都估计到了，"还考虑了我们不愿意考虑的一个问题，就是如果在15年的过渡时期内香港发生严重的波动，怎么办？那时，中国政府将被迫不得不就收回的时间和方式另作考虑。如果说宣布要收回香港就会像夫人说的'带来灾难性的影响'，那我们要勇敢地面对这个灾难，做出决策。"邓小平说，他所担心的就是今后15年如何过渡好。

激烈交锋后，两位领导人商量起会谈公报问题。邓小平建议会谈能达成这样一个协议，即"双方同意通过外交途径开始进行香港问题的磋商。前提是1997年中国收回香港，在这个基础上磋商解决今后15年怎样过渡得好以及15年以后香港怎么办的问题"。但是，撒切尔夫人坚决不同意邓小平的这个建议，特别是拒绝以1997年中国收回香港为前提。经过一阵争执，双方同意发表一个不做任何实质性承诺的会谈公报。

公谈结束后，撒切尔夫人显然仍然被邓小平上述极其坚定而严密的话语所震撼，以至于神思恍惚，在人民大会堂门外的台阶上摔了一跤。

下午，撒切尔夫人召开中外记者招待会。在向记者宣读声明时，她的声音一时变得嘶哑，但她仍然坚持念完全文只有83个字的声明。

撒切尔夫人没有想到邓小平如此强硬。回去之后，她私下对驻华大使柯利达说："哎哟，邓小平真残酷啊！"从此，香港问题谈判陷入僵局。

这一年年底，全国人大五届一次会议通过了《中华人民共和国宪法》，其中第31条规定："国家在必要时得设立特别行政区。在特别行政区内实行的制度按照具体情况由全国人民代表大会以法律规定。"次年 6 月，全国人大六届一次会议将要召开。如果到那时中英谈判仍然处于僵持状态，中方就可能通过全国人大，单独宣布自己的对港政策。

谈判出现僵局，不仅中国政府和广大港人着急，英国领导人也焦急不安。1983 年 1 月 28 日，撒切尔首相召集政府高层官员和新任港督尤德开会，讨论香港问题。撒切尔夫人提出，在谈判无进展的情况下，应在香港发展民主体制，使它能在短期内获得独立或自治。她还提议在香港搞全民公决。但与会者都不赞成首相的设想。

3 月 7 日，撒切尔夫人在同柯利达和尤德商讨对策时，柯利达不赞成她的提议，而是主张由撒切尔夫人写一封信给中国总理，表示只要在香港的管理问题上达成一致意见，她就愿意就主权问题"考虑"向英国议会"提出建议"。信中并没有痛快地承诺让中国恢复对香港行使主权，而是附加了一大堆条件。

尽管英方来信充满机巧，邓小平却很清楚地读出了对手立场的微妙变化，并以自己的灵活姿态积极回应，适时地给英方一个下台阶的机会，准备与英国代表举行正式谈判，以便迅速打破谈判的僵局，解开主权问题上的死结。

谈判原计划于 6 月开始，但由于英国提前举行大选，双方同意会谈于 7 月开始。

在 6 月召开的全国人大和全国政协两个会议期间，邓小平曾会见参加两会的港澳人士。他在谈到中方在主权问题上的灵活策略时说：我们考虑到若要英方在承认中国对香港主权的先决条件下进行谈判，英国方面认为"有失面子"，因此，"要给英国人下台阶"。他还指出，如果先谈"1997 年后"怎么办的问题，就可以避开主权问题的障碍。而"1997 年后"的问题谈好了，中国恢复对香港行使主权问题也就没什么可谈了。

从 7 月中旬开始的第一轮会谈到 9 月下旬的第四轮会谈前后，英方软硬兼施，会场内外互相配合，大打所谓的"民意""经济"两张牌。于是，中英会谈未取得任何成果，却又触发了更为凶猛的金融动荡。一时间，香港人心惶惶，社会极为不安。

为此，中国政府和各界人士以及香港民众、舆论界和各爱国团体纷纷进行反击，发表大量文章，组织各种活动，批评英国的做法。中国领导人更加明确表示了对香港前途的态度。8月15日，中共中央总书记胡耀邦在会见一个日本代表团时宣布，中国政府将于1997年7月1日收回香港。这是中国领导人第一次正式宣布收回香港的日期。

会谈再次面临危机，英国前首相希思深感忧虑。他急忙飞到北京，会见中国领导人，打算利用自己的特殊身份，再次做沟通两国领导人的工作，为打破谈判僵局贡献一点力量。9月10日，邓小平又一次会见了希思。两位老朋友亲切地寒暄了一番。当话题转到香港问题时，气氛一下子变得格外沉重。邓小平对英国政府在当时谈判中的做法极为不满。他斩钉截铁地宣布：想用主权来换治权是行不通的。"22日要会谈（指第四次会谈），我希望不要再纠缠在治权问题上。不要搞成中国单方面发表声明收回香港，而是要中英联合发表声明。联合声明的方式对两家都好，不是说哪一家更好，特别是涉及中英长期的关系。"

邓小平告诫说："在香港问题上，我希望撒切尔首相和她的政府采取明智的态度，不要把路走绝了。如果英方不改变态度，中国就不得不在1984年9月单方面公布解决香港问题的方针政策。"希思向邓小平表示，他将把这番话转告撒切尔夫人，并劝首相改变以主权换治权的做法。

迫于形势，英国政府在第四轮会谈后开始考虑采取措施稳定香港经济，并准备在谈判中实行退却策略。

1984年的春天来得很早。早来的春天气息恰到好处地烘托出中英谈判的新气氛。为了推动谈判取得更大进展，英国外交大臣杰弗里·豪4月中旬访华。豪在会见邓小平时提出，9月只能作为协议草签的期限，而不是最后批准生效的时间。邓小平问，草签以后为什么不马上正式签字？豪回答，议会九十月份要休假，11月份才能复会，所以只能到年底以前签字。邓小平表示理解。双方于是确定9月底草签并公布协议，年底前正式签字。

两个小时的会谈，取得重大的成果。中国新闻媒介的评价和介绍是，双方"就有关香港的重大问题广泛地交换了意见，并取得了一致的见解"。

中英双方经过22轮的谈判，直到1984年9月才落下帷幕。9月26日上午10点整，在北京人民大会堂西大厅，两国谈判代表团举行了庄严的联合声明草签仪式。

声明草签几天后，北京举行了规模空前盛大的中华人民共和国成立35周年庆典。10月3日，邓小平在人民大会堂会见港澳同胞国庆观礼团全体成员时欣喜地说："你们这么多人回来观礼，我非常高兴，我看香港一定有希望。这次回来观礼的，各行各业各界人士都有，持各种不同政治观点的人也都来了。这说明大家都赞成中国恢复对香港行使主权，赞成中英两国政府所达成的协议的内容。"在谈话中，他再次表示，他愿意活到1997年，亲眼看到中国对香港恢复行使主权，到香港"走一走，看一看"。

接下来，邓小平又谈起观礼团代表们最关心的中国对香港政策（也包括中国的改革开放政策）会不会"变"的问题。他笑着对大家说："现在有些人就是担心我们这些人不在了，政策会变。感谢大家对我们这些老头子的信任。今天我要告诉大家，我们的政策不会变，谁也变不了。因为这些政策见效、对头，人民都拥护。既然是人民的拥护，谁要变人民就会反对。"

入冬的北京寒气袭人。然而，人民大会堂内却春意盎然，一派热烈气氛。这是邓小平与撒切尔夫人等中英双方有关人士参加中英联合声明正式签字的一个

中英联合声明的签署令世界瞩目

场面。550万香港市民、10亿中国人和全球无数双眼睛，从卫星转播的电视屏幕上，观看了12月19日下午5时30分中英关系发展史上闪光的一刹那。

中英联合声明正式签署后，中国政府开始研究如何组织起草香港基本法。1987年4月16日，邓小平在会见香港特别行政区基本法起草委员会全体委员时，精辟阐述："我们的'一国两制'能不能够真正成功，要体现在香港特别行政区基本法里面。这个基本法还要为澳门、台湾作出一个范例。所以，这个基本法很重要。""过去我曾经讲过，基本法不宜太细。香港的制度也不能完全西化，不能照搬西方的一套。香港现在就不是实行英国的制度、美国的制度，这样也过了一个半世纪了。"邓小平提醒起草委员会的委员们，起草基本法要从香港的实际出发。

1990年4月4日，一个具有创造性的杰作终于诞生。这一天，七届全国人大三次会议审议通过了《中华人民共和国香港特别行政区基本法》及其3个附件。

1989年春夏之交，北京发生政治风波。以美国为首的西方世界，对中国这一内部问题反应强烈，迅速采取对华制裁措施。英国也积极加入西方特别是欧共体制裁中国的行列，在香港问题上改变了多年来的合作态度，从多方面对中国政府设置障碍。英国朝野人士对中英联合声明的有效性也产生了争论，并充分运用港人"信心牌"和"民意牌"向中国施加压力，企图做那些在香港问题谈判期间未能办到的事。

1991年以后，国际局势再次发生剧变，英方对中国形势作出新的估测，对华政策向对抗的方向急速转变。彭定康走马上任为末代港督后，推行"三违反"的政改方案，导致中英之间异常激烈的争论。为此，香港后过渡期出现惊涛骇浪。

虽然邓小平在1989年11月已经正式退休，但他仍然极为关注改革开放事业和香港后过渡期的动态，并在关键时刻提出自己的建议，在战略上为党中央出谋划策。在中英就彭定康政改方案激烈交锋的时刻，朱镕基副总理于1992年11月15日抵达伦敦开始访问活动。朱镕基在访英之前，曾得到邓小平的指示，要他坚决反击彭定康提出"三违反"政改方案的对抗姿态。11月16日，朱镕基在英国皇家国际事务研究所发表演说回答提问时表示，英方挑起了中英在香港问题上的对抗，这是中方所不希望看到的局面。"但是，不要以为对抗可以迫使我们在原则问题上让步。"在次日上午会见梅杰首相和赫德外相时，朱镕基代表中国政府重申反对彭定康政改方案的坚定立场,希望英方以维护香港繁荣稳定大局和两国共同利益为重,回到中英联合声明规定的磋商和合作的轨道上来。朱镕基的演说和声明引起强烈反响,英国上下为之震撼,香港各界纷纷表示赞成朱镕基的立场,敦促英方和中国重新磋商香港政改问题。

1993年1月,邓小平就彭定康推出政改方案而引发中英对抗向有关方面发表谈话。他深刻地分析说,英国在撤出香港之前"搅局",是蓄谋已久的、精心策划的。应该清醒地认识到这场斗争的不可避免性。我们在原则问题上不能退让,不用说一寸,一分一毫也不能让。越让就越被动,局面就越复杂、混乱。邓小平接着说,我们要尽一切努力使香港的局势好转,但是同时也必须做好香港在过渡时期的最后几年里出现最坏情况的一切准备工作。你英国可以单方面撕毁两国联合声明、两国谅解协议,但是我们中国贯彻执行基本法、实施"一国两制"则是坚定不移的。他最后提出,我们同英国政府和港英当局是一再打招呼,希望按声明、协议办,少些纷争,多些合作。但是英国政府和港英当局硬要搞对抗的话,我们就没有其他选择,只有奉陪到底。邓小平坚信主动权掌握在中方手里,彭定康挑起政改对抗不得人心,最终不会有什么好结果的。

从1993年4月至同年11月,中英又就香港政改问题举行了17轮会谈。但由于英方没有诚意,谈判以破裂而告终。彭定康操纵香港立法局,于1994年上半年通过了他的政改方案。针对港英当局一意孤行的顽固态度,中国政府在内地和香港人民的支持下,果断地"另起炉灶",成立了香港特别行政区筹委会预备工作委员会,提前做了一些必要的工作,体现了邓小平的战略策略方针,使我方立于主动的地位。

在日益增强的压力下,英国政府最终还是要从自身利益出发考虑问题,同时也为了能实现"光荣撤退",英方从1994年下半年起,逐步调整政策,重新摆出了与中方合作的姿态。

1995年12月28日,八届全国人大常委会第17次会议经过表决,通过了全国人大香港特别行政区筹备委员会组成人员名单。与预委会不同,筹委会不仅是一个工作机构,而且是一个权力机构。它肩负着筹组第一届香港特别行政区政府及筹备其他有关事宜的重大历史使命。筹备会的成立,标志着中国在香港恢复行使主权进入具体实施阶段。

1996年1月28日，中华人民共和国国务院、中华人民共和国中央军事委员会在北京发布公告：中国驻香港特别行政区部队组建完成，驻港部队由陆、海、空部队组成，隶属于中华人民共和国中央军事委员会领导。

12月11日，是香港历史上具有重要意义的日子。董建华在香港特别行政区第一届政府推选委员会举行的第三次全体会议上当选为特区首任行政长官，这是香港历史上第一次由港人自己推选的最高行政长官。

1997年7月1日0时，高悬在中国香港土地上150多年的英国米字旗颓然降下，五星红旗冉冉升起。此时此刻，人们自然而然地想到了为中国革命和建设建立了丰功伟绩、为香港回归祖国立下汗马功劳的邓小平。然而，一生曾或路过、或停留、或参加会议谋划革命大计而五下香港的邓小平，早在4个多月前离开自己所眷恋的世界，再也不能重踏这片已回到祖国母亲怀抱的热土。但他的夫人卓琳作为中国政府代表团的成员踏上了香港这片神圣的国土，带去了邓小平对香港的深情和厚爱。

香港回归祖国，它洗刷了中华民族百年耻辱，香港的历史从此翻开了新的一

1997年6月30日下午，邓小平同志的夫人卓琳参加中国政府代表团抵达香港，出席香港政权交接仪式，代表"一国两制"构想的创建者邓小平，实现了小平同志生前"到香港的土地上走一走"的愿望

页，邓小平"一国两制"的构想开始变为现实。

1979年2月8日，中华人民共和国和葡萄牙共和国正式建立大使级外交关系。在建交谈判过程中，中葡双方达成谅解：澳门是中国的领土，暂由葡萄牙管理，双方将在适当时候通过友好协商解决澳门问题。

1985年5月，葡萄牙总统埃亚内斯应邀访问中国，他是第一位访问中国的葡萄牙国家元首。在访华期间，中国领导人与埃亚内斯就澳门问题进行了友好磋商，双方认为解决这一历史遗留问题的时机已经成熟。邓小平在会见埃亚内斯时表示："中葡之间没有矛盾，更没有必要吵架。我们之间只有一个澳门问题，这个问题原则上已经在1979年解决。"埃亚内斯也表示，遗留下来的问题是容易解决的。

从1986年6月30日开始，到1987年4月13日，历时9个月又14天，中葡双方共举行了四轮会谈，最后双方正式签署了联合声明。当然，在中葡谈判期间也不是中国拿出"本子"，葡方只说"好，好，好"照单全收。谈判过程中，双方也曾就中国对澳门恢复行使主权的时间和部分澳门居民的国籍问题等有过争论。但在双方的努力下，这些问题都顺利地解决了。

"百川终入海，九九归其宗。"1999年12月20日0时，全世界的目光都注视着一个地方：中国澳门。在新世纪的曙光即将喷薄而出之际，澳门这个历经沧桑的游子，也终于回到祖国母亲的怀抱。那一刻，多少中华儿女为伟大祖国的强大而流下了幸福的眼泪。同样，作为中国代表团一员的卓琳难以抑制眼角的泪水。83岁的她替邓小平踏上了澳门的土地。可以告慰邓小平的是，由他精心设计的"一国两制"的蓝图在祖国南海之滨的濠江也付诸实施。真可谓"大手笔纵横捭阖，庆回归水到渠成"。

"遥知兄弟登高处，遍插茱萸少一人。"香港、澳门相继回归祖国之后，解决台湾问题成了完成祖国统一大业的大结局问题。台湾问题是20世纪中国内战所遗留下来的问题。1949年10月1日，中华人民共和国中央人民政府宣告成立，取代中华民国成为全中国唯一合法政府和在国际上的唯一合法代表。国民党统治集团退踞中国最大的岛屿——台湾岛，实际上它是中国领土上的一个地方当局。但在外国势力的支持下，它始终与中央政府对峙，由此产生了台湾问题。

1973年复出不久的邓小平就开始关注台湾问题。从1974年11月起，他接替生病住院的周恩来总理主持关于中美关系正常化的谈判，反复考虑如何解决台湾问题。中美建交，美国与台湾废除《美台共同防御条约》，撤离在台的军事人员，与台湾"断交"，使得台湾问题的和平解决成为可能。

1979年1月30日，邓小平在访美期间于美国参众两院发表的演说中指出，我们不再用"解放台湾"这个提法了。只要台湾回归祖国，我们将尊重那里的现实和现行制度。我们一方面尊重台湾的现实，另一方面一定要使台湾回到祖国的怀抱。在尊重台湾现实的情况下，我们要加快台湾回归祖国的速度。

从"叶九条"到"邓六条"再到"江八条"及胡锦涛、习近平有关台湾问题的讲话，无一不体现了中共和中国政府解决台湾问题的方针政策的一贯性、连续性，使"一国两制"更加完备、充实，更加具体化、系统化。海峡两岸不会永远分离下去，台湾问题不允许无限期地拖下去。中华儿女相信台湾问题的解决、完成祖国统一的那一天一定会到来。

第十二章

不老的晚年情怀

> "为什么退下来？因为中国现在很稳定。退就要真退，百分之百地退下来。"这是邓小平的"战略安排"。临别时，江泽民与邓小平的手紧紧地握在一起……

1989年11月9日清晨，当北京长安街旁电报大楼报时钟声沉稳有序地响过之后，沉寂一夜的京城醒过来了。这时，在景山公园附近的一个住所里，有一位老人按时起了床，同往常一样准时吃过早饭，然后坐下来看书报、阅文件。

女儿领着小孩走进来，老人问："还下雨吗？"显然，他起床后已看到窗外飘飘洒洒的细雨，湿润了深秋大地。女儿答道："开始下雪了。"老人听罢，立刻站起身来，用力把窗子推开，可能感到兴致未尽，他索性打开大门走到室外。

室外寒冷，空气湿润，点点雪花伴随着星星细雨飘然而落。老人望着这雨夹雪，感受着寒风的吹拂，语音中带着感慨："这场雨雪下得不算小呀，北京正需要下雪啊！"

这位老人就是邓小平！他忘却了寒冷，禁不住信步走到庭院，融进了飘飘扬扬的风雪之中，久久不愿离去。

这一天，他要了结一桩夙愿——退休。

废除领导干部职务终身制，建立退休制度，是邓小平成为党的第二代领导集体的核心之后提出的一个重要主张。早在1977年，他在重新恢复领导职务之时，就提出了干几年便退下来的要求。

1975年2月，身患重病的周恩来总理给毛泽东呈上一份请示报告。报告建议：邓小平"主管外事，在周恩来总理治病疗养期间，代总理主持会议和呈批主要文件"。毛泽东批准了这个报告。在毛泽东的支持下，邓小平实际上开始了主持中央日常工作。是年，邓小平71岁。

第十二章 不老的晚年情怀

这一举措像一把尖刀插在了急于抢班夺权的"四人帮"心上。急红了眼的王洪文跑到上海肆无忌惮地叫喊:"10年后再看。"是年,王洪文刚满40岁。

王洪文的话传到中南海。在71岁与40岁的比较中,邓小平显得格外清醒。他找到李先念等老同志交换对王洪文这句话的看法,说:"10年之后,我们这些人变成什么样子?从年龄上说,我们斗不过他们啊!"几位老革命家从王洪文的话中觉察到党和国家面临一场潜在的危机,那就是:老一辈革命家大都年事已高,一旦撒手尘寰,谁来接班?如果这个问题解决不好,让"四人帮"或"四人帮"派系的人执掌党和国家的大权,那我们的党、我们的民族将继续经受一次灾难。

从此,接班人的问题伴随着王洪文的那句话就一直深深地刻在邓小平的脑海之中,一刻也没有忘记过。

"文化大革命"结束后,伴随着拨乱反正和大规模平反冤假错案工作的展开,新中国成立以来因历次运动而遭受迫害的干部纷纷走上各级领导岗位。由于从反右运动到"文革"结束持续了20年,原来的年轻人早已进入中年,原来的中年人也变成了老年人。面对着改革开放和四个现代化建设事业的繁重使命,一方面,干部队伍严重老化,力不从心;另一方面,因无位子,年轻干部又上不来。如果让刚刚恢复工作的老干部一下子退下来,老干部本人思想上不大容易接受,而且在客观上也会出现一个干部断档的问题——老干部是国家政权的主心骨,一时少不了他们,处理太急了行不通。因此,需要采取一个过渡的办法,来解决这个日益突出的矛盾。

邓小平敏锐地认识到,顺利完成新老干部交替是从组织上保证改革开放政策的连续性和国家长治久安的重大战略措施,新老交替的关键是要解决老同志占着位子的问题,而相当多的老干部又不愿交班。由于传统习惯的影响,在我们党的干部队伍中,存在着一种只能上不能下、只能进不能出、只能升不能降、只能留不能去、只能干不能退的倾向。这方面的问题,早在20世纪60年代初,就被时任中共中央总书记的邓小平看到了,只不过那时刚从战场走出来的领导人年龄不是很大,问题没有现在这么突出。

1982年到1992年,是中共中央顾问委员会从十二大设置到十四大撤销的10年存续时期。中顾委是以邓小平为代表的中国共产党人在特殊的历史条件下,为解决干部系统吐故纳新、新老交替而创造的一个过渡性的组织形式。

邓小平提出设顾问最早是从军队开始的。1975年7月14日，他在中央军委扩大会议上讲了在军队设顾问组的问题。他指出："设顾问是一个新事物，是我们军队现在状况下提出的一个好办法。设顾问，第一关是谁当顾问；第二关是当了顾问怎么办。""顾问组的组长，不参加党委，可以列席党委会，好同顾问组通气。其他待遇不变，但是配汽车、秘书要变一变。""顾问也有权，就是建议权。顾问要会当，要超脱。不然，遇事都过问，同级党委吃不消。设了顾问，究竟会有什么问题，等搞年把子再来总结经验。"当时，邓小平提的顾问制度并未完全行得通，虽然道理大家都明白，但却没人愿意当顾问。后来，由于邓小平再次被打倒，设顾问的事情便被搁置。

1977年，邓小平第三次出来工作后，在解决了党的政治路线和思想路线后就着手解决组织路线问题。邓小平感到，现在我们国家面临的一个严重问题，不是四个现代化的路线、方针对不对，而是缺少一大批实现这个路线和方针的年富力强、有专业知识的干部。确定了实现四个现代化的目标还不够，还要有人干。谁来干？靠老干部坐在办公室画圈圈不行，没有希望。一次，邓小平在中央党、政、军机关副部长以上干部会议上讲道："现在我们搞四个现代化，急需培养、选拔一大批合格的人才。这是一个新课题，也是对老同志和高级干部提出的一个责任，就是要认真选好接班人。老干部现在大体上都是六十岁左右的人了，六十岁出头的恐怕还占多数，精力毕竟不够了，不然为什么有些同志在家里办公呢？为什么不能在办公室顶八小时呢？我们在座的同志中能在办公室蹲八小时的确实有，是不是占一半，我怀疑。我们老同志的经验是丰富的，但是在精力这个问题上应该有自知之明。就以我来说，精力就比过去差得多了，一天上下午安排两场活动还可以，晚上还安排就感到不行了。这是自然规律，没有办法。"邓小平接着说："粉碎'四人帮'以来，我们把老同志都陆续请回来了，并且大体上恢复了原来的或者相当于原来的职务。这样，我们的干部就多起来了。把老同志请回来是完全必要的，是非常正确的。现在我们面临的问题，是缺少一批年富力强、有专业知识的干部。而没有这样一批干部，四个现代化就搞不起来。我们老同志要清醒地看到，选拔接班人这件事情不能拖。否则，搞四个现代化就会变成一句空话。"邓小平清醒地看到顾问制度只是一个出路,要真正解决问题不能只靠顾问制度,重要的是要建立退休制度。

从 1980 年起,邓小平即开始做退休的准备工作。8 月,中央政治局召开了扩大会议,邓小平在《党和国家领导制度的改革》讲话中透露:"中央已经设立了纪律检查委员会,正在考虑再设立一个顾问委员会(名称还可以再考虑),连同中央委员会,都由党的全国代表大会选举产生,并明确规定各自的任务和权限。这样,就可以让一大批原来在中央和国务院工作的老同志,充分利用他们的经验,发挥他们的指导、监督和顾问的作用。同时,也便于使中央和国务院的日常工作班子更加精干,逐步实现年轻化。"

1981 年,华国锋辞职时,党内外一致要求邓小平出任党中央主席,甚至连一些外国领导人也通过各种渠道表达了此种愿望。邓小平力排众议,推荐年轻的同志主持党和国家领导工作。7 月 2 日,党的十一届六中全会的帷幕刚落下没几天,邓小平便又在各省、市、自治区党委书记座谈会上提到设顾问委员会以容纳一些老同志的设想,并说:"这是为后事着想。"1982 年 1 月 13 日,邓小平在中央政治局会议上谈到要老同志让路,让中青年干部上来接班的问题时,把它比喻为"一场革命",并疾呼:这场"革命"不搞,让老人、病人挡住比较年轻、有干劲、有能力的人的路,不只是四个现代化没有希望,甚至于要涉及亡党亡国的问题,可能要亡党亡国。

邓小平想出两个办法:一是"劝退"。他用国家前途和四化大义苦口婆心地劝说老干部自觉让位。同时,邓小平考虑到老干部不愿交班无非是怕丢了在位时的种种好处,于是,规定退职后仍然享受在职时一样的待遇,未到年龄而离休,还有优惠。这种以优待换权力的办法固然要增加国家的负担,但是让老人、病人让出位子给年轻人,还是很划得来的。二是设立中顾委。邓小平有意识地采用这种史无前例的办法,目的是为了平稳过渡。顾问不任现职,这样就可以把位子让给忠于四化的年轻人。

顾问又是一种职务,而且它的级别不低于同级党委成员,让老同志把自己的椅子移到这种地方,工作比较好做。然而,顾问的头衔不单是起安慰作用,还有"传、帮、带"的责任。邓小平的这一层谋虑用意很深。因为当时的中国领导班子不仅存在老化问题，还存在断层问题。"文革"影响了一代人，在这种情况下，老的一下子丢开不管也不行，必须在离开前选好接班人，并把他们放到领导岗位上加以扶植。接班人在一线顶事，老同志则利用他们的经验在二线上做参谋，必要时指导指导，发现选得不当就换人。到时年轻人成熟了，老同志放心了，顾问制自动取消，终身制到此为止，过渡到常规退休制，新老交替就顺利完成了。

但当时有部分老干部对此不理解，认为老干部刚恢复工作又要离休，屁股还没有坐热，中央对老干部不公正。还有一些人认为，三四十岁的人是"文革"经历者，他们没学到什么好东西，提拔干部没他们的份儿，干脆一个也不提拔。看来，邓小平还得做一些劝说工作。

真正考虑成熟并下定决心设立顾问委员会是在党的十二大召开前夕。1982年2月18日，邓小平在会见柬埔寨的诺罗敦·西哈努克亲王和夫人时说，干部老化问题已到了非解决不可的地步了。7月4日，邓小平在军委座谈会上谈到"老干部在上面，中青年干部上不来"的问题时转述了聂荣臻的一句话：步子要稳妥。邓小平说，我赞成。他有一个意见，就是要结合，老的一下丢手不行，老的要结合中青。他还说，干部年轻化，台阶可以上快一点，这个问题解决不了，我们这些人交不了账。如果再拖5年，怎么办？

9月6日，在中国共产党第十二次全国代表大会上，通过了新的《中国共产党章程》，在新党章的第三章第22条里明确了中顾委的组织原则和职能作用：党的中央顾问委员会是中央委员会政治上的助手和参谋。中共十二大上，邓小平出任过渡形式的中央顾问委员会主任，他意在为退休作铺垫。会上，邓小平就中顾委的性质和任务作了重要讲话。他说：中央顾问委员会是个新东西，是根据中国共产党实际成立的，是解决我们这个老党、老人实现新旧交替的一种组织形式。目的是使中央委员会年轻化，同时让老同志退出一线后继续发挥一定的作用，顾问委员会就是这样一个组织。可以设想，我们再经过10年，最多不要超过15年，取消这个顾问委员会。

1987年党的十三大召开前，邓小平、陈云、李先念等人共同约定"一齐退下来，而且是一退到底。即退出中央委员会，不再担任任何职务。彭真、邓颖超、徐向前、聂荣臻也要求'全退'"。对于邓小平、陈云、李先念"全退"的要求，

1987年10月25日，邓小平与聂荣臻、邓颖超在中共第十三次全国代表大会开幕式上高兴地相互握手留念

尤其是对邓小平"全退"的要求，中央许多人表示不能接受，特别是老同志。后来，经过中央政治局反复讨论，并征求多方意见，决定邓小平、陈云、李先念3人"半退"，即退出党的中央委员会，但仍担任一定职务——邓小平担任中央军委主席，陈云担任中顾委主任，李先念担任全国政协主席；彭真、邓颖超、徐向前、聂荣臻"全退"，即退出党的中央委员会，不再担任任何职务。在党的第十三次全国代表大会上，在三老"半退"、四老"全退"的带动下，中央和各省、市、自治区又有一批老干部退出第一线的领导岗位，增选为中顾委委员和各省、市、自治区的顾问委员会委员，一批年轻干部走上了一线领导岗位。

1989年6月23日至24日，中共十三届四中全会在京召开。全会选举江泽民为中央委员会总书记，增选了中央政治局常委，这标志着以江泽民为核心的第三代中央领导集体的建立。

9月4日，一个极为平常的日子。几辆小轿车驶过喧闹的大街，前后有序地驶进景山后街一个僻静的胡同，在两扇铁门前停了下来。须臾间，铁门悄然无声地被打开，等几辆小车轻轻地滑进去后，又轻轻地关闭了。院子里是一片生机盎然的景象：几棵石榴、核桃、柿子、海棠树和葡萄架已经长出了果实，3棵雪松已经长得遮天蔽日，几棵白皮松英姿华贵，伸向蓝天。特别惹人注目的是两棵油松，长得拙朴、苍健。这里是邓小平的住处。

江泽民等几位中央领导从车里走下来，在工作人员的迎候下，走进了宽敞明亮、陈设简朴的屋子里。邓小平和他们一一握手后，面对大家开门见山地说："今天主要是商量我退休的时间和方式。"由于几位中央领导同志从心里讲还是希望邓小平不要退，所以他想开口解释。

邓小平挥了一下手，说："退休是定了，退了很有益处。"他理解在座几位中央政治局常委的心情。此时，春夏之交的那场政治风波平息不久，以江泽民为核心的第三代中央领导集体建立还不到3个月，大家还希望自己来掌舵。于是，邓小平耐心地解释："如果不退休，在工作岗位上去世，世界会引起什么反响很难讲。如果我退休了，确实不做事，人又还在，就还能起一点作用。"

邓小平在同中央几位负责同志作政治交代时讲了一番话。他说："我过去多次讲，可能我最后的作用是带头建立退休制度。我已经慢慢练习如何过退休生活，工作了几十年，完全脱离总有个过程。下次党代表大会不搞顾问委员会了，还是搞退休制度。我退休的时间是不是就确定在五中全会。犹豫了这么几年了，已经耽误了。人老有老的长处，也有老的弱点。人一老，不知哪一天脑筋就不行了，体力到一定程度也要衰退。自然规律是不可改变的，领导层更新也是不断的。退休成为一种制度，领导层变更调动也就比较容易。"邓小平的这段话强调了顾问委员会只是为建立退休制度而采取的过渡性措施，下次党代会不需再设立了，要纳入正常的退休制度。

邓小平与新一代党的领导人座谈时，真诚地提出："我不希望在新的政治局、新的常委会产生以后再宣布我起一个什么样的作用。……现在看来，我的分量太重，对党和国家不利。……我多年来就意识到这个问题。一个国家的命运建立在一两个人的声望上面，是很不健康的，是很危险的。"邓小平认为，实行退休的时机已经成熟，他坚定地表示：退休这件事就这样定下来吧。

未等前一支香烟的雾团散去，邓小平又点燃第二支烟，他伸出两个指头说："第二个问题，退的方式。"对这个问题，邓小平反复考虑，并且也同杨尚昆谈过，就是越简单越好。邓小平认为，简化比较有利，特别是从自己简化更为有利。而利用退休又来歌功颂德一番，实在没有必要，也没有什么好处。邓小平说："来个干净、利落、朴素的方式，就是中央批准我的请求，说几句话。"他一一看着几位中央负责同志，诚恳地嘱咐："我退休方式要简化，死后丧事也要简化，拜托你们了。"

江泽民、李鹏等中央政治局常委被邓小平毕生为党、为国、为民的精神深深感动。邓小平很快又提到第三个问题，即"我退休时的职务交代"。他环视着刚组成不到100天的中央领导班子，最后把眼光落在江泽民身上，说："军委要有个主席，首先要确定党的军委主席，同时也是确定国家军委主席。"他加重了语气，一字一句地说："我提议江泽民同志当军委主席。"

在这次谈话中，邓小平还语重心长地谈了新建立的中央领导集体加强团结、加强权威，冷静观察，应付国际形势变化等问题。同一天，邓小平郑重地向中央政治局呈上了请求退休的报告，要求实现"全退"。这封不足700字的辞职信，字里行间无不体现着这位老党员、老公民对党、对国家、对人民的赤诚之心。

邓小平终于说服了中央政治局常委。中央政治局决定，将邓小平退休问题提交十三届五中全会讨论。

10月，在中美关系紧张的严峻时刻，美国前国务卿亨利·基辛格博士访华。当基辛格走进人民大会堂福建厅时，精神矍铄的邓小平身着深灰色中山装，面带笑容地迎上前去同他热情握手。邓小平对基辛格说："博士，你好。咱们是朋友之间的见面。你大概知道我已经退下来了。中国需要建立一个废除领导职务终身制的制度，中国现在很稳定，我也放心。"

基辛格说："你看起来精神很好，今后你在中国的发展中仍会发挥巨大的作用，正像你在过去所起的作用一样。你是中国改革的总设计师。"邓小平说："我仍是中华人民共和国的公民、中国共产党的党员，在需要的时候，我还要尽一个普通公民和党员的义务。你现在不当国务卿了，不也还在为国际事务奔忙吗？"

11月9日，瑞雪纷飞，人民大会堂却热浪袭人。经过激烈的讨论和大量的说明工作，中央委员们逐渐理解了邓小平请求退休的决心和意义，同意在全会上进行表决。上午9点多钟，邓小平办公室主任王瑞林来到邓小平身边，向他讲述了正在召开的中共十三届五中全会的情况，重点汇报了全会关于他退休问题的讨论情况。通过汇报，邓小平得知许多同志对自己恳求退休表示理解，这使他很高兴，他如释重负地说："总之，这件事情可以完成了！"

中午吃饭，全家饭桌上的话题自然离不开邓小平退休的问题，有的说："咱们家应该庆祝一下。"有的说："我捐献一瓶好酒。"邓小平则从容平静地表达了自己的心境："退休以后，我最终的愿望是过一种真正的平民生活，生活得更加简单一些，可以上街走走，到处去参观一下。"孙子笑了，说了一句："爷爷真是理想主义。"

下午3时，十三届五中全会通过表决，接受了邓小平辞去中央军委主席职务的请求。消息传来，一直在家等候的邓小平如释重负，即刻驱车前往会场。在休息厅，江泽民趋前一步，激动地握住邓小平的手，建议第三代领导人以及在场的杨尚昆等老一辈革命家一起合影留念。在会议大厅，邓小平同中央3个委员会的委员以及列席会议的代表亲切会见。掌声中，邓小平激动地说：感谢同志们对我的理解和支持，全会接受我的退休请求，衷心感谢全会，衷心感谢同志们。

代表5000多万中共党员和12亿中国人民，中共中央总书记、继任中央军委主席的江泽民把邓小平送出了会场。临别时，江泽民表示："我一定鞠躬尽瘁，死而后已。"两个人的手紧紧地握在一起……

夜幕降临，喧闹了一天的京城趋于平静。但在邓小平家中，却是一片灯火通明，笑语不断。晚饭的时间到了，4个孙子、孙女跑着跳着来到邓小平身边请他去吃饭，还送给他一张他们赶制的贺卡。邓小平打开一看，贺卡的4个角上别着4个蝴蝶结，代表他们自己，中间画了一颗红心，代表孩子们的心愿。贺卡上边还端端正正地写有一行童体字："愿爷爷永远和我们一样年轻！"

邓小平眼看贺卡，耳听女儿们的讲解，欢快的神情浮在脸上。大女儿邓林眼疾手快按下快门，留下了那令人难忘的一幕。看完贺卡，孙辈们分别上前来亲吻敬爱的爷爷，刚满3岁的小孙子竟亲了爷爷一脸口水，逗得全家人开心大笑。邓小平也情不自禁地笑了起来。

在家人的簇拥下，邓小平来到餐厅。墙壁上，一排鲜红的大字映入眼帘："1922—1989—永远！"邓小平理解了家人的心意，脸上浮现出深沉的微笑。

到了中央电视台播放《新闻联播》节目的时间，邓小平坐在了电视机前。这

第十二章 不老的晚年情怀

退休之日，邓小平与家人合影

个节目他必看，因为这是他了解世界的另一个重要渠道。他知道，今晚《新闻联播》的内容与自己有关。

果然，播音员那标准、抑扬的音调传了出来："11月6日至9日，中国共产党第十三届中央委员会第五次会议在北京召开。全会讨论通过了《中国共产党十三届五中全会关于同意邓小平同志辞去中共中央军事委员会主席职务的决定》。全会高度评价邓小平同志对我们党和国家建立的卓著功勋。全会认为，邓小平同志从党和国家的根本利益出发，在自己身体还健康的时候辞去现任职务，实现他多年来一再提出的从领导岗位上完全退下来的夙愿，表现了一个伟大的无产阶级革命家的广阔胸怀。"

这铿锵有力的声音，走进了千家万户、大江南北，传遍了五洲四海。消息传开，人们惊愕之后无不对这位中国改革开放伟大的总设计师身体力行，为废除干部领导职务终身制作出表率，表示崇高的敬意。

11月10日至12日，中央军委召开扩大会议。会议结束这天，邓小平又来到参加扩大会议的全体同志中间，并和他们合影留念。这时，军委领导请邓小平讲话。邓小平感到，最近一段时间，自己讲的话很多，没有新的话要讲了。但是，在离开军委领导岗位之时，在自己领导下的这些将军们面前，还是应该讲点话。

于是，邓小平手拿话筒，作了简短的即席讲话。他满怀信心地说："我确信，我们的军队能够始终不渝地坚持自己的性质……我们的军队始终要忠于党，忠于人民，忠于国家，忠于社会主义。"他再一次充满希望地表示："我确信，我们的军队能够做到这一点，几十年的考验证明军队能够履行自己的责任。"

将军们目不转睛地静静倾听着。他们从心里敬佩眼前这位红军的创建人之一、称呼了几十年的"邓政委"。他们衷心地敬仰这位身无军衔、就任8年军委主席，在新时期指引人民军队走上革命化、正规化、现代化道路的人民解放军最高统帅。如今，他主动辞去军委主席职务，功高隐退，怎不令人由衷地敬仰呢！

最后，邓小平满目深情地环视着出席会议的代表们，向大家道出了肺腑之言："我虽然离开了军队，并且退休了，但是我还是关注我们党的事业，关注国家的事业，关注军队的前景。"

11月13日，邓小平在人民大会堂福建厅正式会见了最后一批外宾。站在屏风旁边的邓小平容光焕发，同来访的日中经济协会访华团的日本客人一一握手。当着几十位日本客人、几十位中外记者的面，邓小平向他们、也向全中国、向全世界宣布："日中经济协会代表团将是我会见的最后一个正式的代表团，我想利用这个机会，正式向政治生涯告别。"

短短几句话，像以往那样说得明快、平和，几十位在场的中外记者却由此得出一条重要信息：今天，敬爱的小平同志将正式告别他60多年的政治生涯。

邓小平说："退就要真退，这次就要百分之百地退下来。我今后不再代表集体、党和国家领导人见客人，要体现真正退休。"他端起茶杯喝了一口后又说："今后有些朋友来中国，可能不见不礼貌。我可以去客人住地拜访，谈友谊，谈非政治性的事情。要让党、政、军领导放手工作，我不插手。这对他们的成长和工作很有必要。"

话题自然而然地引到了新的中央领导集体上面。邓小平赞扬说："江泽民同志是一个很有本领的人。作为知识分子，他比我知识多，当然经验比我差一些，但经验是可以锻炼出来的。他今年63岁，有这个领导班子我很放心。"接着，他又谈到了治理整顿和发展中日友好关系问题。

会见开始前，有的记者就把想和邓小平合影留念的愿望同陪同会见的邓小平的女儿讲了。他的女儿很理解记者们的心情，说："等会儿会见外宾结束后再说，好吗？"大家高兴地回答："好！"福建厅内，友好会见正在进行；大厅外，大家已经准备着和邓小平合影。

会见结束后，日本客人握着邓小平的手充满感情地说："为了中国的繁荣、亚洲的繁荣和日中友好，希望你健康长寿！"邓小平用力地握了一下手，含笑点点头表示感激。日本客人刚一离去，记者们就围了上来要求合影。邓小平欣然同意，并幽默地说："好，这比会见外宾要轻松得多了。"大家边笑边说："这也是你最后一次正式会见记者。"大厅内一片欢笑声。

随后，大家簇拥着邓小平走到照相屏风前，"咔嚓""咔嚓"的声音不断响起，有的同志为了离邓小平近点还不时地调换位置尽量站靠在邓小平身旁。邓小平很理解大家的心情。正式会见最后一批外宾，正式接见最后一批记者，就这样，邓小平告别了领导工作岗位，正式退休了。

早在1980年8月，邓小平在北京面对意大利著名女记者法拉奇的提问"你对自己怎么评价"时说："我对自己能够对半开就不错了。但有一点可以讲，我一生

1989年11月13日，邓小平在人民大会堂与记者合影

问心无愧。"

"问心无愧",这是世纪伟人邓小平对自己一生的评价。是的,他把自己的一生都贡献给了中国和中国人民,正是他对祖国的忠诚和对人民的热爱,使他无私无畏,无愧无悔。

中国最高实权人物把一切职务让给后来人,这在中国、在国际共产主义运动史上都是罕见的。功高身退的邓小平,虽然告别了他那充满传奇色彩且辉煌的政治生涯,但共和国和人民永远不会忘记他!一如他的思想和理论⋯⋯

> 一位耄耋之年的老人出现在南国的土地上时,群众踮起脚尖欢呼着。陪同参观的地方领导同志看到这激动人心的场面,眼睛湿润了,泛红了⋯⋯

人总是会退下来的,邓小平的高明当然不在于退,而在于退得成功,退得顺利,每退一步,其开创的事业都会向前迈进一步。有人说,从1980年辞去副总理职务开始,到1992年视察南方和接见中共十四大全体代表,邓小平共用了12年多的时间才完全退出来。这显然是很有步骤,十分稳妥的。正如他1989年9月4日正式提出辞去最后一个领导职务时所言,"特别大的问题"他还是要管。

邓小平的退是为了进,为了更好地推进中国的改革开放和社会主义现代化建设事业,为了中国的长治久安,为了社会主义事业的千秋大业。这种以退为进,不同于个人玩弄权术的以退为进,那只会祸国殃民。邓小平成功的退,还在于他是真退——从"尽量少做工作""逐步过渡到完全不做工作"。这就是政坛伟人的政治艺术!

进入20世纪90年代,中国对外开放的区域开始由沿海向内地转移。实现这一具有战略意义转移的第一大决策,是开发开放上海浦东。

在中国近代史上,上海曾是远东最大的贸易金融中心和中国最大的工商业城市，被称为"东方巴黎"。新中国成立后，上海仍是全国特大型工商经济中心城市之一，对国家财政的贡献曾长期傲居全国各省、市、自治区之首，独领风骚几十年。但进入 20 世纪 80 年代，南部沿海经济特区迅速崛起，广东、江苏等省的经济发展显示了强劲的势头，上海"老大哥"的霸主地位开始动摇了。

作为一个伟大的战略家，邓小平以其独特的视角看到了上海在对外开放方面拥有的优势：地理位置、交通条件、人才资源、自然资源，以及历史积淀的与国际交往的联系和经验等。这些都预示上海有着迅速发展的内在潜质，有着重塑国际化、现代化大都市之形象的先天条件。

如果说长江是一条绵延千里、舒身待飞的巨龙，那么位于长江入海口的上海就是龙头。只有龙头高高昂起，吟啸四海，才能有腾云寰宇的龙的飞升！

在中国对外开放这块棋盘上，邓小平将上海浦东开发开放视为举足轻重的一枚棋子。

1990 年初，邓小平视察上海，特别关注了浦东的开发开放。他说：上海的浦东开发，不是上海一个地方的事。浦东开发，可以带动长江三角洲和长江流域的发展，所以是全国的事。

回到北京后，邓小平对中央政治局的同志们说："我已经退下来了，但还有一件事，我还要说一下，那就是上海的浦东开发，你们要多关心。"邓小平特地要求李鹏总理负责抓一下浦东的开发和上海的发展问题。

3 月 3 日，邓小平同几位中央负责同志进行谈话。他指出："现在特别要注意经济发展速度滑坡的问题，我担心滑坡。……世界上一些国家发生问题，从根本上说，都是因为经济上不去……长期过紧日子。如果经济发展老是停留在低速度，生活水平就很难提高。人民现在为什么拥护我们？就是这十年有发展，发展很明显。假设我们有五年不发展，或者是低速度发展，例如百分之四、百分之五，甚至百分之二、百分之三，会发生什么影响？这不只是经济问题，实际上是个政治问题。……加强思想政治工作，讲艰苦奋斗，都很必要，但只靠这些也还是不够。最根本的因素，还是经济增长速度，而且要体现在人民的生活逐步地好起来。"

"要实现适当的发展速度，不能只在眼前的事务里面打圈子，要用宏观战略的眼光分析问题，拿出具体措施。机会要抓住，决策要及时，要研究一下哪些地方条件更好，可以更广大地开源。"说到这儿，邓小平亮出了底牌。他加重语气说："比如抓上海，就算一个大措施。上海是我们的王牌，把上海搞起来是一条捷径！"

6月，中共中央、国务院正式发出《关于开发和开放浦东问题的批复》。9月，国务院批准建立上海浦东外高桥保税区。浦东这块被多年遗忘的角落开始沸腾了！

时隔一年，邓小平又踏上上海这片热土。此时，浦东开发正处于启动阶段。

1991年2月18日，即农历大年初四的上午，邓小平兴致勃勃地登上了新锦江大酒店41层的旋转餐厅，一边透过宽敞明亮的玻璃窗眺望上海中心城区的面貌，一边嘱托身旁的上海市委书记、市长朱镕基："我们说上海开发晚了，要努力干啊！"

旋转餐厅里挂着两张大幅地图，一张是上海地图，另一张是浦东新区地图，地图旁摆着浦东开发的模型，一切同当年组织重大战役时的情景一样。邓小平看着地图和模型，指挥若定地说："那一年确定四个经济特区，主要是从地理条件考虑的。……浦东如果像深圳经济特区那样，早几年开发就好了。"同时，邓小平又充满信心地说：这是件坏事，但也是好事，你们可以借鉴经验，可以搞得好一点，后来居上。

朱镕基向邓小平汇报了浦东开发开放中"金融先行"的一些打算和做法。邓小平听后，精辟地说："金融很重要，是现代经济的核心。金融搞好了，一着棋活，全盘皆活。上海过去是金融中心，是货币自由兑换的地方，今后也要这样搞。中国在金融方面取得国际地位，首先要靠上海。那要好多年以后，但现在就要做起。"

"要克服一个怕字，要有勇气。"邓小平对上海的负责同志说，"什么事情总要有人试第一个，才能开拓新路。试第一个就要准备失败，失败也不要紧。希望上海人民思想更解放一点，胆子更大一点，步子更快一点。"一席语重心长的话语，使上海市的负责同志感到心里特别敞亮……

1992年1月17日，农历腊月十三。一列火车从北京开出，向着南方奔驰而去。这是一趟没有编排车次的专列。除了中枢机关和随行人员之外，谁也不知道此趟专列载的是什么人物；包括中枢机关和随行人员在内，谁也不曾料到这趟专列的南方之行将会被载入史册。

专列上的主人公，是中华人民共和国的一位并不普通的普通公民——邓小平。熟悉邓小平的人都知道，他向来重视天伦之乐，喜欢和家人在一起。这次南下，正值寒假，他把全家都带上了。

虽已是耄耋之年，但邓小平精神矍铄，身体健康。选择新年伊始出京，无疑他是经过深思熟虑的。刚刚过去的一年，国际上矛盾错综复杂，风云变幻莫测；与动荡的世界相比，中国的稳定则为海内外所称道。刚刚开始的1992年，将是不平凡的一年。中国共产党第十四次代表大会将要召开，它将是继往开来的一次重要的大会。

此刻，他坐在南行列车上，回顾1991年，展望1992年，纵观世界形势，思考中国未来，运筹大计方略……

车轮滚滚。专列穿过华北平原，越过中原大地，过黄河，跨长江，于1月18日到达武昌。

邓小平此次南行，目的地是广东。因此，出发前没有向沿途各省打招呼，也不想惊动地方负责人出来迎送。这一天停车武昌，是因为有话要讲。电话打到湖北省委，把省委书记关广富、省长郭树言请到车站。

专列在武昌停留了短短20分钟。邓小平在站台上一边散步，一边向关广富、郭树言作了言简意赅的重要谈话。邓小平说："现在有一个问题，就是形式主义多。电视一打开，尽是会议。会议多，文章太长，讲话也太长，而且内容重复，新的语言并不很多。重复的话要讲，但要精简。形式主义也是官僚主义。要腾出时间来多办实事，多做少说。毛主席不开长会，文章短而精，讲话也很精练。周总理四届人大的报告，毛主席指定我负责起草，要求不得超过5000字，我完成了任务。5000字，不是也很管用吗？我建议抓一下这个问题。"

邓小平这席话绝非无缘无故讲的，而是有感而发，有的放矢。近来形式主义的东西实在太多了！会议多、文件多，简直成了灾。这个奠基，那个落成；这个开业，那个开幕；这里通车，那里通航……剪彩、揭幕、庆典，一个比一个盛大；酒会、宴会、招待会，一个比一个排场。名堂繁多的检查评比令人应接不

1992年1月18日，邓小平在武昌与湖北省委书记关广富、省长郭树言等谈话

暇——这个大检查，那个大检查，不吃不喝过不了关；这项那项评比，不送不请别想得奖。诸如此类，举不胜举。邓小平向来对形式主义深恶痛绝，尤其反对会议多、文件多。

邓小平的武昌谈话迅速传到北京。中共中央办公厅、国务院办公厅于1月21日起草并向党中央、国务院呈递了《关于减少领导同志过多事务性活动的建议》，江泽民、李鹏当即批示同意。

当列车南下行驶到湖南长沙站时，已是18日下午4时。列车停留10分钟，中共湖南省委书记熊清泉等上车迎接。邓小平目光炯炯，神采奕奕，与熊清泉等一一握手，互致问候。熊清泉邀请邓小平下车散步，看看车站。邓小平高兴地答应，随即健步下车。

长沙车站站台宽广、漂亮，在20世纪70年代仅次于北京车站。熊清泉介绍说，这是1975年整顿期间设计，十一届三中全会时竣工通车的。"这事，我知道。那年，万里当铁道部长。"邓小平举目观望站台、轨道，神态很是欢快。

在漫步中，熊清泉简要地汇报了湖南工作。熊清泉见邓小平兴致很高，重视情况汇报，又把湖南改革开放的战略、方针、目标作了简略介绍。邓小平高兴地说:"构想很好。实事求是,从湖南实际出发,就好嘛!要抓住机会,现在就是好机会。"

针对湖南前几年改革开放晚、步子慢的情况,邓小平严肃指出:"改革开放的胆子要大一些,经济发展要快一点,总要力争隔几年上一个台阶。"那严肃的眼光中隐含着一丝微笑。

时间很快过去,就要开车了。熊清泉恳请邓小平返回时在长沙住一段时间。邓小平微笑道:"不麻烦了。"迎送他的同志们祝愿他健康长寿,他欢快地回答:"大家都长寿。"又高兴地向大家招手:"来,一起照个相。"摄影师举起照相机,一声"咔嚓",一个个温馨的笑脸拍下来了。这笑脸给湖南人民留下了希望与力量。

一月的鹏城,花木葱茏,春意盎然。1月19日上午,专列到达深圳火车站。一节车厢门打开,车站服务人员敏捷地把一块铺着红色地毯的长条木板放在车厢门口。不一会儿,邓小平出现了,人们的目光和闪光灯一齐投向这位引领一代风骚的伟人身上。

他,身体十分健康,炯炯的眼神,慈祥的笑脸,身着深灰色的夹克、黑色西裤,神采奕奕地步出车门。他的足迹,在时隔8年之后,又一次踏在处于改革开放前沿的深圳这片热土上。

下车后,邓小平满面笑容地同前来欢迎的广东省委书记谢非、深圳市委书记李灏、市长郑良玉一一握手。邓小平同省市负责人登上一辆中巴,一直驶到下榻的市迎宾馆桂园。在这里恭候的市委副书记厉有为、市委常委李海东迎上前来,与邓小平握手并问好。

千里迢迢,舟车劳顿,市负责人劝他好好休息。但是,邓小平毫无倦意。他说:"到了深圳,我坐不住啊,想到处去看看。"

随行人员说,小平同志身体好,昨晚在车上休息得不错,既然他兴致高,就安排活动吧。在桂园休息约10分钟,邓小平和谢非等在迎宾馆内散步。散步时,邓楠向邓小平提起他在1984年为深圳特区题词一事。邓小平接着将题词一字一句念出来:"深圳的发展和经验证明,我们建立经济特区的政策是正确的。"一个字没有漏,一个字没有错。在场的人都很佩服他那惊人的记忆力。

散步后，邓小平在省市负责人陪同下，乘车参观深圳市容。车子缓缓地在市区穿行。这里，八年前有些地方还有水田、鱼塘，羊肠的小路，低矮的房舍。现在，宽阔的马路纵横交错，成片的高楼耸入云端，到处充满了现代化的气息。看到这繁荣兴旺、生机勃勃的景象，邓小平十分高兴。正如他后来说的："八年过去了，这次来看，深圳、珠海特区和其他一些地方，发展得这么快，我没有想到。看了以后，信心增加了。"

　　邓小平边参观市容，边同省、市负责人亲切交谈。当谈到办经济特区的问题时，邓小平说："对办特区，从一开始就有不同意见，担心是不是搞资本主义。深圳的建设成就，明确回答了那些有这样那样担心的人。特区姓'社'不姓'资'。从深圳的情况看，公有制是主体，外商投资只占四分之一，就是外资部分，我们还可以从税收、劳务等方面得到益处嘛！多搞点'三资'企业，不要怕。只要我们头脑清醒，就不怕。我们有优势，有国营大中型企业，有乡镇企业，更重要的是政权在我们手里。有的人认为，多一分外资，就多一分资本主义，'三资'企业多了，就是资本主义的东西多了，就是发展了资本主义。这些人连基本常识都没有。"

　　车子行至火车站前，女儿邓林指着火车站大楼那苍劲有力的"深圳"两个大字对父亲邓小平说："你看，这是你的题字，人们都说写得好。"邓楠打趣说："这是你的专利，也属知识产权问题。"说得邓小平笑了起来。

　　汽车转弯向南，驶上一条更宽阔、更高级的新建马路——皇岗路。车速加快，瞬间即到了皇岗口岸。望着宏大、气派的口岸设施，邓小平满意地笑了。

　　看过皇岗口岸，邓小平乘车返回市区。邓小平显得很兴奋，一路与省、市负责人交谈。

　　国贸中心大厦高高耸立，直插云霄。这是深圳人民的骄傲。深圳的建设者曾在这里创下了"三天一层楼"的纪录，成了"深圳速度"的象征。到深圳来的中外人士，总要登上楼顶的旋转餐厅，远眺深圳城市的景色。1月20日上午9时35分，邓小平来到国贸大厦参观，该大厦的职工整齐地站在两旁，鼓掌欢迎。邓小平高兴地向他们招手，并鼓掌致意。

　　在53层的旋转餐厅，邓小平俯瞰深圳市容。他看到高楼林立，鳞次栉比，一派欣欣向荣的景象，很是高兴。他充分肯定了深圳在改革开放和建设中所取得的成绩。然后，他说："要坚持党的十一届三中全会以来的路线、方针、政策，关键是坚持'一个中心、两个基本点'。不坚持社会主义，不改革开放，不发展经济，不改善人民生活，只能是死路一条。基本路线要管一百年，动摇不得。"

邓小平思路清晰，记忆力强。他谈笑风生，有时一两句幽默的话语，引得大家发出一阵阵笑声。在场的省、市负责同志聚精会神地聆听邓小平的谈话，不时还插上三两句，谈话气氛轻松活跃。在谈话中，他强调要多干实事，少说空话。他说，会太多，文章太长，不行。谈到这里，邓小平指着窗外的一片高楼大厦说，深圳发展这么快，是靠实干干出来的，不是靠讲话讲出来的，不是靠写文章写出来的。

离开旋转餐厅下到一楼大厅时，大厅的音乐喷泉随着优美的乐曲，喷出图案多变的水柱和水花，蔚为壮观。一楼到三楼，站满了群众，人山人海，但秩序井然。人人心花怒放，个个喜笑颜开。这是多么令人难忘的时刻！人们为有幸能一睹邓小平的风采而激动万分，也为他的身体健康、精神饱满而无比高兴。

群众在尽情地鼓掌，阵阵雷鸣般的掌声响彻国贸大厦。这掌声，表达了群众对邓小平的爱戴和崇敬，反映了群众对身受其惠的改革开放政策的坚信和拥护。邓小平满面笑容地频频向群众招手致意。

"锦绣中华"是集中国名胜古迹于一体的世界最大的微缩景区。中国民俗文化村，是中国民俗艺术的荟萃之地，是集民间艺术、民族风情、民居于一园的大型游览区。1月21日，是华侨城建设者永远难忘的日子。这一天，邓小平到这里的中国民俗文化村和锦绣中华微缩景区游览。

邓小平的身影一出现在中国民俗文化村东大门广场，顿时，民俗文化村沸腾起来。广场上欢声雷动，身穿鲜艳民族服装的青年男女，载歌载舞迎接邓小平的到来。邓小平登上电瓶车，由徽州街西行，缓缓驶经各个民族村寨，领略了千姿百态的民族风情，欣赏了古朴纯美的民间歌舞。正在这里游览的群众、港澳同胞和外国朋友，纷纷驻足道旁，鼓掌向邓小平致意。邓小平也频频向他们招手。

到了新疆维吾尔族民居，邓小平走下电瓶车，在这里坐下来，兴致勃勃地观看维吾尔族舞蹈。他边看边问当地的负责人："我来了会不会影响你们今天的收

1992年岁首，邓小平在深圳中国民俗文化村参观。邓小平此次南方谈话在全国引起强烈反响，并赢得广泛拥护

人？"这位负责人告诉他，今天是照常对外开放，不会受影响。邓小平听后，会心地笑了。这时，邓小平的小孙子走过来，邓楠抱住他，说："亲亲爷爷。"小孙子亲昵地吻了一下爷爷的面颊，邓小平十分开心。

接着，邓小平到锦绣中华微缩景区游览。在"天安门"前，他走下电瓶车观赏"故宫"景色。然后，他走到"故宫"景点旁边的小卖部，很感兴趣地欣赏玻璃柜内的纪念品。在"布达拉宫"前，邓小平停了下来，他说："这里的景点很多我都到过实地，布达拉宫却没有去过，以后也没有机会去了。"他的家人提议：那我们就在"布达拉宫"前照张全家相吧。于是，他们就在此照了全家相，之后邓小平也与陪同的负责同志合影留念。

兴致勃勃地在锦绣中华和民俗文化村游览一个小时后，邓小平一行驱车回迎宾馆。途中，邓小平说，走社会主义道路，就要逐步实现共同富裕。"一部分地区有条件先发展起来，一部分地区发展慢点，先发展起来的地区带动后发展的地区，最终达到共同富裕。如果富的愈来愈富，穷的愈来愈穷，两极分化就会产生，而社会主义制度就应该而且能够避免两极分化。解决的办法之一，就是先富起来的地区多交点利税，支持贫困地区的发展。当然，太早这样办也不行，现在不能削弱发达地区的活力，也不能鼓励吃'大锅饭'。"他接着说，不发达地区大都是拥有丰富资源的地区，发展潜力是很大的。总之，就全国范围来说，我们一定能够逐步顺利解决沿海同内地贫富差距的问题。

1月22日，深圳阳光明媚，仙湖植物园内春意盎然。这一天上午，邓小平和杨尚昆带领两家三代人到仙湖植物园种树和游览，给园内园外带来了无尽的喜悦。国家主席杨尚昆是1月21日到深圳视察，两位老战友在仙湖植物园相逢，自然高兴万分。

"我们在一起几十年了。"邓小平深情地说。

"我们是1932年认识的。"杨尚昆说着扳起指头数起来，"42、52、62……92，60年了！"

这时身背三部相机的杨绍明走过来，握着邓小平的手："邓伯伯，新年好！"邓榕介绍说："他是全国摄影家协会副主席呀！"听后，邓小平幽默地说："你们杨家有两个主席了！"全场大笑起来。

邓小平和杨尚昆仔细观赏园内植物，兴味极浓。看到一种叫"发财树"的植物，邓榕风趣地对父亲说："以后咱们家也种一棵。"不多时，邓小平指着"光棍树"的牌子问："为什么叫光棍树？"植物园负责人回答："因为它不长叶子。"

在湘妃竹、人面竹、方竹前，邓小平伫立观赏。植物园负责人介绍说，毛主席的诗句"斑竹一枝千滴泪"中的斑竹，就是指这种湘妃竹。相传很久以前，一个妃子逃难到九嶷山，哭得很伤心，一滴滴泪水滴在竹子上，就成为现在的湘妃竹。邓小平说："成都竹子很多，有红的、黑的、紫的、黄的，也有方的。"植物园负责人说："成都的望江公园各种竹子都有。"在场有人说：这里有的竹子就是悄悄地从成都"弄"来的。于是，邓小平开玩笑说："这也属知识产权问题啊，我是四川人，要你们赔偿啊。"周围的人全都笑起来，观赏植物区里笑语喧声。

邓小平被这些珍稀植物吸引住了，他观赏得很仔细，注意听介绍，还不断提问。他指着一棵天鹅绒竹芋问："它长不长芋头？"植物园负责人回答："不长，只供观赏。"邓榕接着说："爸爸很喜欢吃芋头。"植物园的同志说，这种竹芋的叶子，摸上去像绒布。邓小平听了，好奇地摸了一下。杨尚昆随手捡起一片叶子，风趣地说："带着留个纪念。"

1992年1月22日，邓小平在深圳仙湖植物园参观

10时10分，邓小平和杨尚昆在一片开阔的草地上，各领一家人分别种下了一棵常青树——高山榕。种完树后，邓小平和家人在湖边散步，一家人其乐融融，尽情享受这温暖的阳光和清新的空气，欣赏这如诗如画的湖光山色。

下午3时10分，邓小平和杨尚昆在市迎宾馆接见了深圳市委、市政府、市人大、市政协、市纪委的负责人，亲切地同他们一一握手。之后，邓小平同省、市负责人作了重要的谈话。他说："改革开放胆子要大一些，敢于试验，不能像小脚女人一样。看准了的，就大胆地试，大胆地闯。深圳的重要经验就是敢闯。没有一点闯的精神，没有一点'冒'的精神，没有一股气呀、劲呀，就走不出一条好路，走不出一条新路，就干不出新的事业。不冒点风险，办什么事情都有百分之百的把握，万无一失，谁敢说这样的话？一开始就自以为是，认为百分之百正确，没那么回事，我就从来没有那么认为。"

李灏说："深圳特区是在您的倡导、关心、支持下才能够建设和发展起来的。我们是按您的指示去闯、去探索的。"邓小平说："工作主要是你们做的。我是帮助你们、支持你们的，在确定方向上出了一点力。"同时，他指出："社会主义的本质，是解放生产力，发展生产力，消灭剥削，消除两极分化，最终达到共同富裕。……证券、股市，这些东西究竟好不好，有没有危险，是不是资本主义独有的东西，社会主义能不能用？允许看，但要坚决地试。看对了，搞一两年对了，放开；错了，纠正，关了就是了。关，也可以快关，也可以慢关，也可以留一点尾巴。怕什么，坚持这种态度就不要紧，就不会犯大错误。"

时间过得真快，邓小平在深圳，一晃几天就过去了。1月23日，邓小平结束在深圳的考察，在广东省委书记谢非的陪同下，登上了海关快艇，启程来到珠海特区。专程前往迎接的珠海市委书记、市长梁广大和市委副书记黄静一见到邓小平，就激动地握着他的手说："我们盼您盼了很久啦！珠海人民盼了您很久啦！"邓小平微笑着说："我也希望来看看。"

整整8年，当邓小平第二次来珠海视察时，这里已成为一座充满现代气息的花园式海滨城市。当汽车驶近珠海影剧院时，邓小平指了指窗外说："我1984年来这里时，记得有一座大房子，现在都盖上新大楼，变化真大呀！"这位88岁高龄的老人家记忆依然是那样清晰，令在场的珠海市领导们钦佩不已。

参观市容中，邓小平对珠海城市建设的发展给予了很高的评价。他说："这里跟新加坡差不多呀，这么好的地方谁都会来，我要是外商的话，我也会来这里投资的。"

在珠海期间，邓小平马不停蹄地视察。他不停地观看，不停地倾听，不停地思考。他观看特区的变化，倾听人民的心声，思考中国的未来。他语重心长地对人们说："抓住时机，发展自己，关键是发展经济。现在，周边一些国家和地区经济发展比我们快，如果我们不发展或发展得太慢，老百姓一比较就有问题了。所以，能发展就不要阻挡，有条件的地方要尽可能搞快点，只要是讲效益，讲质量，搞外向型经济，就没有什么可以担心的。低速度就等于停步，甚至等于后退。要抓住机会，现在就是好机会。我就担心丧失机会。不抓呀，看到的机会就丢掉了，时间一晃就过去了。"

拱北是珠海特区最早开发的地区，芳园大厦是这一带最高的建筑物之一，距离澳门咫尺之遥。登上芳园大厦最高层的旋转餐厅，即可俯瞰新兴的经济特区和有400多年发展历史的澳门。1月26日上午，邓小平视察了亚洲仿真公司后驱车来到这里，并乘电梯上到29层的旋转餐厅。随着旋转餐厅慢慢旋转，邓小平边观望边与身边的广东省、珠海市负责同志亲切交谈。他充满信心地对大家说:"我坚信,世界上赞成马克思主义的人会多起来的,因为马克思主义是科学。社会主义从总的方面来说,没犯错误。我们跟着这个路线走,中国永远不会倒,不仅不会倒,而且会沿着社会主义道路飞速发展。从历史长河来说,用那么100年,社会主义就会发展到中等水平。"

结束了在旋转餐厅的观光,邓小平走进下楼的电梯。陪同的邓榕对父亲说:"楼下有好多群众想见您!"邓小平一听,高兴起来:"我一定要去看看他们。"

当他步出芳园大厦,出现在数以千计的群众面前时,人们欢呼雀跃。闻讯前来的群众达6000多人,其中大部分是珠海市民和来特区的务工人员,也有来珠海浏览观光的游客,还有许多从澳门来拱北购物的港澳同胞。大家虽然素不相识,却自发地一起维持秩序,又情不自禁地朝前拥着、挤着,想多看看这位伟人的风采。

邓小平面带微笑,稳步向人群走去。顿时,掌声雷动。有人用普通话高呼:"小平同志,您好!"更多的群众用广东话喊道:"邓伯伯,您好!""邓爷爷,您好!"邓小平举起右手向四面八方的群众依次挥动,点头致意。

掌声、欢呼声如山呼海啸,此起彼伏。人们喊着,蹦着,后排人踮起脚尖,或跳跃起来,唯恐错过这一千载难逢的机会,而被挡在厚厚的人墙后面的人索性你抱我看一下,我抱你看一眼,要将衷心爱戴的小平同志的音容笑貌印进心中!陪同参观的地方领导同志看到这激动人心的场面,眼睛湿润了,泛红了……

1月29日下午2时40分,邓小平离开珠海,前往顺德视察。邓小平一路风尘仆仆,妙语连珠,播下春风万里,使神州大地又一次春潮涌动。

1月30日,江西吹来了春风。这一天,邓小平乘火车去上海,沿浙赣线从湖南进入江西境内。车轮以欢快、轻松的节奏,穿过南昌市区附近的向塘西站,穿过广袤的鄱阳湖平原,于当天下午3时40分,徐徐进入鹰潭车站,停靠在月台旁边。一节车门打开,邓小平神采奕奕地走下车来,满面笑容地和江西省委书记毛致用、省长吴官正等一一握手。

虽经长途乘车的劳顿,邓小平却毫无倦意。他兴致勃勃地听取了毛致用关于江西在治理整顿期间坚持深化改革、扩大开放的情况汇报,高兴地说,治理整顿这几年，改革开放做了不少事。他指出，没有改革开放，治理整顿就不会这么顺利，并语重心长地强调："稳定发展我赞成。但是，只要能快一点还是要争取快一点。胆子要更大一点，放得更开一点。不能胆子没有了，雄心壮志也没有了。有机遇能跳还是要跳。"这时邓楠插话说："这个观点，老人家鼓吹了一路。"

解放思想，抓住机遇，快一点将经济建设搞上去，这是邓小平对江西、对全国的期望，也是时刻萦绕在邓小平心头的一件大事。邓小平接过邓楠的话，问毛致用、吴官正：我讲得对不对？毛致用说："您讲得非常重要，我们一定要搞快一点。"

邓楠又插话说："老人家对江西很有感情，在车上不停地讲到江西。"邓楠的话勾起邓小平对峥嵘岁月的回忆。他深情地说，我对江西是有感情的。邓小平指着毛致用、吴官正说："我在江西待的时间比你们长。当初，我在瑞金当过县委书记，那是几个人推举的，后来中央认可了。那时苏区的工作，兴国是第一，瑞金是第二。"

沧桑几十载，弹指一挥间。1992年，距邓小平离开中央苏区已经有了半个多世纪，然而在邓小平的记忆中，当年苏区的斗争风云依然历历在目，苏区的干部、群众和一草一木都牵动着他的心。

是的，邓小平对江西是有感情的，他时刻关注着江西改革开放和现代化建设的进程，关注着这片红土地上正在发生的日新月异的变化。邓小平这次途经鹰潭市已是他第三次来到江西东部这个新兴的城市了。如今的鹰潭市，已建成为全国重要的铜业生产基地和铁路交通枢纽，赣东大市场开始形成。以鹰潭特有的红石砌成的各式新楼房掩映在一片绿树丛中，使城市充满美感。沿着城旁蜿蜒而过的信江，春水荡漾，粲如玉带。

望着站内站外的巨大变化，邓楠对邓小平说："您记得吧，我们以前也到过鹰潭，是从南昌用小车送来的，从鹰潭乘火车回北京的。"她指的这个日子，就是1973年2月19日和20日。邓小平风趣地说，我有"三个专"：从北京到江西是用"专机"送来的；从鹰潭到北京是挂了一节车厢，"专车"送去的；在301医院住院，一个人住一层楼，也是一个"专"。邓小平谈笑风生，气氛轻松活跃，引得在场的人发出会心的微笑。

时间过得真快，邓小平在鹰潭火车站，一晃半个多钟头就过去了。他没喝一口水，也没有坐下休息，在月台上时而信步，时而驻足，与毛致用、吴官正侃侃而谈。快分别时，毛致用、吴官正依依不舍，邓小平与他们握手告别。列车一声长笛，驶出了鹰潭站，向上海方向疾驰而去。

春节前的上海，洋溢着一派繁荣与欢乐的景象。这是邓小平自1985年以来第五次与上海人民一起欢度春节。这是邓小平视察南方的最后一站。前往车站迎接的上海市委书记吴邦国、市长黄菊，握着邓小平的手激动地说：上海人民欢迎您来过年并指导上海的改革开放。邓小平微笑着说，我来过年，要看看南浦大桥，看看上海的经济发展情况。

正月初四（2月7日），邓小平、杨尚昆来到已经通车的南浦大桥。站在50米高的桥面上，望着大桥雄姿，邓小平由衷地称赞说，南浦大桥具有国际领先水平，真伟大。他指指大桥横梁上镶着的"南浦大桥"4个大字，说：看来我为大桥题的字，没有给大桥丢丑。一语惹起众人欢快的笑声。

2月18日，正是中国人民传统的元宵节。晚上，邓小平兴致勃勃地来到沉浸在节日气氛之中的上海第一百货商店。由于公务缠身，邓小平已有几十年没到商店游览购物。邓小平到来的喜讯已传遍了整个商店，营业员们纷纷聚集在通道两旁，邓小平走到哪里，哪里就爆发出一阵热烈的掌声。邓小平亲切和蔼地向周围的群众点头微笑，许多人激动得热泪盈眶。

参观完三楼的服装柜台，邓小平准备走向电梯时，看见不远处有一个文具柜台，便信步走上前去，饶有兴致地看起里面的文具。刚才受到接见的全国劳模、正在附近的马桂宁立即走过来当起了"临时营业员"。他热情地向邓小平一一介绍各种新款铅笔、圆珠笔和各式异型橡皮。邓小平女儿邓榕在一旁说："您就买一点吧。"邓小平当即表示赞同，由女儿代付款买了4盒铅笔和4支口红形橡皮，准备送给孙子孙女们。马桂宁用包装纸将铅笔、橡皮包好，装进塑料袋递给邓小平。吴邦国在一旁笑着对他说："马桂宁同志在为您提供优质服务啊。"一句说得邓小平笑了，马桂宁也笑了，周围的人都笑了。

2月20日，邓小平带着上海人民对未来的信心，带着浦东开发的宏图离开上海返回北京。

第十二章　不老的晚年情怀

1992年2月10日，邓小平参观上海贝岭微电子制造有限公司

邓小平在1992年的南方谈话，经过整理作为终卷篇收入他的文选。南方谈话，可以说是邓小平的"政治交代"，或者说有"政治遗嘱"的含义。南方谈话之后，中国改革掀起了第二次浪潮。

5月的北京西郊，鲜花盛开，一片姹紫嫣红。在群山环抱的石景山区，坐落着我国特大型现代化企业——首都钢铁总公司。首钢，作为我国全民大型企业改革的试点单位，它的每一项改革都涉及我国政治体制改革和经济体制改革宏观问题，其实质是对建设有中国特色的社会主义道路的有力探索。首钢这面全国人民心中的改革旗帜，十几年来同我国改革开放的命运风雨同舟，患难与共，可谓毁誉交加，荣辱参半。邓小平最了解改革第一线同志的心情，每当关键时刻，他都给予巨大的关怀、支持和鼓励，使首钢闯过一道又一道难关。

邓小平视察南方之后，全国上下掀起了改革开放的新高潮。首钢也如一炉钢水，出现了热气腾腾的喜人景象。首钢人思念邓小平，邓小平也牵挂着首钢。

5月22日，邓小平在夫人卓琳及女儿邓楠、邓榕的陪同下，驱车来到北京西郊的首钢。一下车，他就紧紧握住首钢党委书记的手说："我早就想来。"两只手握在一起，凝结了改革开放的总设计师和处在改革开放前沿阵地的改革者心心相

535

印、紧紧相连的深厚情谊。

在一片欢声笑语中,邓小平参观了月季园的各种花卉。他连声称赞这里的花比他家里的还好。首钢一位负责人随口应道,那我派几个人给你改造一下。邓小平马上摆摆手说,不用了,你还是专心致志管理企业,把钢铁抓好吧。

在随后的座谈中,邓小平听取了首钢改革后发生的变化,他点点头说:"我赞成你们。"他伸手指指自己的头,接着说:"主要是解放思想,换个脑筋就行了,脑筋不换哪,怎么也推不动。同样是忙忙碌碌,辛辛苦苦,可干起事了,慢慢腾腾,看不见新气象。想的面宽了,路子也就多了,就更好了。"

"换脑筋",朴实无华,言简意赅,这三个字揭示了解放思想的方式方法,触及了阻碍改革的深层原因,指出了推动改革的原动力。

听完汇报之后,邓小平参观了首钢刚竣工投产的四高炉、第二炼钢厂、机械厂重型车间。邓小平来到哪里,哪里就一片欢腾。看到邓小平,首钢职工心情激动,奔走相告,他们举着鲜花,举着标语牌,向邓小平表达敬意。邓小平向周围的人群频频致意,和身旁的工人一一握手。整个厂区沸腾了,首钢职工沉浸在无比幸福之中。

金秋十月,是收获的季节。中共迎来了十四大召开的日子,这是在我国改革开放空前发展之际召开的党的代表大会。其实,邓小平南方谈话给这次党的代表大会定下了一个政治基调,为这次大会做了思想上、理论上的准备。这次代表大会,为我们党、为当代中国的历史,建立了一座重要的里程碑。这座历史里程碑的奠基者和铸造者,无疑首推邓小平。

于是,人们非常关注邓小平。开幕前一天的新闻发布会,数百名记者带着全世界的关注,提出的第一个问题是:"邓小平是否出席本次大会?"这是十四大的第一新闻,邓小平出席大会是新闻,不出席大会也是一个新闻。当记者没有得到是与否的答案时,不得不反复提出这个问题,逼得新闻发言人不得不五次重复回答:"小平同志作为十四大特邀代表,接受了邀请。"

12日上午9时,全世界数以亿计的观众收看十四大开幕式电视转播时,不约而同地搜索邓小平的身影。然而,开幕式上,没有见到邓小平。在随后的会议期间也没有见到邓小平,闭幕式上也没见他出现。大会代表和全国人民不甘心,虽然没有说出来。

其实，邓小平和全国人民一样，十分关注十四大。十四大报告第四稿出来时，他花了两个半天时间仔细审阅，又用两个半天时间对报告提出修改意见。他从总体上对报告给予很高评价，认为这个报告有分量，是一大革命。同时，他特地指出，报告中讲他的功绩，一定要放在集体领导的范围内，绝不是一个人有脑筋就可以钻研出什么新东西来，是群众的智慧、集体的智慧。他的功劳是把这些新事物概括出来，加以提倡，因此要写得合乎实际。

十四大开幕那天，邓小平坐在家中电视机前，认真听了江泽民宣读的报告。结束时，邓小平满意地说："讲得不错，我要为这个报告鼓掌。"说着，他就在电视机前鼓起掌。十四大召开的这7天时间里，邓小平每天翻阅着十几份报纸，仔细了解大会进程。19日上午，看到十四大胜利闭幕、选出新的领导机构时，他无限欣慰地说："真是群情振奋！"

十四大对于邓小平关于建设有中国特色社会主义理论作了进一步概括，并将这个理论确定为党的基本理论。自然，邓小平是十四大期间受瞩目的中心。以自己特有的方式关注十四大的邓小平，非常了解大会代表和全国人民的心情，他似乎不会让大会代表失望，不会让全国人民留下遗憾。19日下午，十四大代表接到通知，全体代表去人民大会堂。这无疑给代表们带来了一丝希望。

当红光满面的邓小平出现在人民大会堂宴会厅，2000多名代表的掌声像海啸一般在大厅中回响。"小平同志您好！""祝小平同志健康长寿！"这些肺腑之声伴随着掌声此起彼伏。身着银灰色中山装的邓小平迈着稳健的步履，沿着红色地毯走到代表们面前，边走边挥手致意，时而停下脚步同代表们亲切握手。

这是邓小平最后一次出现在人民大会堂。也是在这次会议上，开始取消中顾委这个机构。同大家合影之后，精神矍铄的邓小平在江泽民等的陪同下，沿着宽敞的宴会大厅绕场一周，时间达20分钟。最后在代表们饱含深情的目光中离去。

7名中央政治局常委送邓小平往回走，在即将跨进电梯的一刻，邓小平转过身来，对江泽民说："大会开得很好，希望大家继续努力。"江泽民紧握邓小平的手，激动地说："现在大政方针已定，我们要真抓实干。"望着年富力强的中共中央总书记江泽民，88岁的邓小平高兴地笑了。

以邓小平南方谈话和中共十四大为标志,中国的改革开放和社会主义现代化建设事业进入了一个新阶段。新一轮的改革开放如滚滚春潮势不可挡,涌动整个中国。

1993年10月31日,星期天。邓小平一行在北京市常务副市长张百发的陪同下,乘坐一辆乳白色丰田面包车逛京城。

邓小平十分关心北京市的建设。早年前,他就希望像一个普通的北京市民一样出来走一走,看一看。但是,他太忙了。现在退休了,他要常出来逛一逛京城。这次出行前的1个月,他就惦记着要出来,看看北京新建的马路、老百姓的房子。

退休以后,在北京视察,邓小平不止一次地让张百发为他当向导。他说过,我现在是普通老百姓了,不要过多地惊动部长、市长。这天,他一见到张百发,就高兴地打招呼:"队长!队长!"

虽然国庆节已经过去了1个月,但街头的花坛仍时有所见,傲然盛开的菊花点缀着街头巷尾。上午9时,邓小平乘坐的车子驶入宽阔的长安街。同车的医生要求,活动控制在1个小时以内,因此视察路线确定以看新落成的道路为主,先经长安街看市区,再上东南三环快速路、四元立交桥和首都机场高速路。

车子缓缓行进。邓小平坐在车上,透过车窗注视着掠过的人群、建筑、街道。窗外掠过的每一幢高大建筑物,他都要问问是什么楼:国际饭店、海关大楼……陪同的张百发手指路旁,告诉邓小平,新建的长安大戏院将在那儿建起。"再有两年就可以投入使用了,到时请您去看戏。"张百发笑着对邓小平说。

出建国门,奔劲松路,上了东三环高架桥。邓小平看着窗外,感慨地说:"北京全变了,我都不认识了。"

交谈中,张百发建议邓小平常出来走动走动。邓小平说,年纪大了,不愿多走动。张百发"怂恿"他,有些老人同您年纪一般大,还打网球呢。邓小平笑着说,他们胆子都比我大,我不行啊。

谈笑间,一条现代化的道路——机场高速公路展现在眼前。邓小平要下车看看。因外面有风,车上人劝他:"到四元桥吧,那里气势恢宏。"车子到了四元桥停下,随行的大夫却坚持不让邓小平下车。邓小平向车上的人做了个无奈的表

1993年，张百发陪同邓小平逛京城

情，然后问亚运村在哪儿。张百发将亚运村的方位指给邓小平看。

离开四元桥，车子驶上了平展宽阔的机场高速公路。在经过一排民族风格牌楼式的收费站时，邓小平问张百发："收多少钱？"张百发回答说："像咱们坐的这种车，过一次交20元。"

邓榕转身将手伸向父亲，调皮地说："拿钱。"邓小平以浓重的四川口音风趣地回答："我哪里有钱？！从1929年起，我身上就分文全无！"一席话，说得坐在身边的卓琳和全车的人哈哈大笑起来。

已是10点多钟，邓小平仍兴致不减。在返程途中，他指着脚下的高速公路问张百发："这样的路算不算小康水平？"张百发回答说："已经超过了。"

邓小平欣慰地点点头，又扯扯自己身上穿的烟灰色水洗绸夹克衫，风趣地问："我这件衫子算不算小康水平？"张百发笑答："也超过了。"车上又一次响起了愉快的笑声。

谈话间，邓小平又问到申办奥运会的事情。张百发简要地向他介绍了蒙特卡罗最后投票的情况，说："国外有人捣鬼。"邓小平沉默了一下说："这是意料之中的事情，关键还是把我们自己的事情搞好。"坐在车内的大夫告诉张百发："投票那天，老人家还想看电视实况转播呢，我们动员他睡觉。可早上起来，他第一句话就问投票结果怎样。我们回答没有成功。他说：'预料中的事，没有什么了不起，关键还是把我们自己的事情搞好！'"

回到住处临下车时，邓小平说："我总想出来走走，逛逛公园和商店，可是他们不让。"他一边说一边指指身边的警卫和医生。张百发提议："明年春暖花开的时候，请您看看世界公园和建设中的北京西站。"他还介绍说："西客站是京九铁路的起点。这条铁路建成后，您不用坐飞机，坐火车就可以从北京直达香港，实现您1997年去香港看看的愿望。"邓小平听后连连点头说："好，好！"

> 沉默而幽默的邓小平，个性中却充满着矛盾的和谐。"打牌要和高手打嘛，输了也有味道。"这位乐山且乐水的"高级桥牌迷"，还是一位地地道道的铁杆球迷。

当历史学家以巨大的精力投入对邓小平及其时代的研究时，未尝不可将历史的镜头对准政治舞台之外的邓小平。或许，这一侧面的"镜像"更为引人入胜。

邓小平临危不惧，遇喜而不亢，沉稳内向，平时言谈不多，但却富于幽默感。邓朴方这样说："父亲的沉默往往比语言更为有力！"

邓小平曾多次说过："我不要别人为我写传，不要过分地宣传个人"。他平时很少对别人，包括对自己的家人讲述个人的家世。谢世后，随着大型电视文献纪录片《邓小平》的播放，人们才对邓小平的家乡与身世有了进一步的了解。邓小平对子女的教育，常常是身教重于言教，身教多于言教。在同儿女谈话、谈心、聊天、忆历史、讲传统时，他从来不向他们摆自己的功，诉自己的劳，说自己的好，称自己的能，夸自己的才。有时子女问到他在那些重要关头或对重大问题的处理和在重大战役的胜利中起到了什么作用时，他总是淡然微笑，说得那么云淡风轻。

长征路上，每一位红军战士都有讲不完的故事。可是，当女儿问父亲在长征时干了些什么工作时，邓小平用一贯的简明方式回答——"跟着走"。谁能想到，关于父亲的历史，他的子女是"文革"中看小报才第一次知道的。邓林说："他在家中与我妈妈都不谈自己的经历，从不说'废话'。"邓小平老了，才和子女说话多一点，也爱听他们讲话。孩子们也越来越感到他是一个内向、含蓄、感情不外露的人。

邓小平性格沉默寡言，而夫人卓琳性格开朗，爱说爱笑。为了协调这种性格上的差异，卓琳在婚后不久就向邓小平提出了要求："我有什么话对你说，你要耐心地听下去，不对的可以批评，但不能不让我说。"邓小平则表示完全同意妻子的建议。正是这种相互包容和理解，使得邓小平和卓琳的爱情与婚姻非常幸福美满。

其实，邓小平不言则已，一言必中，诙谐而善辩。在他异常鲜明的个性中，充满着矛盾的和谐。平常，他言谈不多，但言简意赅，当他深思熟虑、酝酿成熟而作出决策或决断时，所发出的声音则是掷地有声、字字铮铮，往往震撼人心。他曾教过课，作过许多报告。据当年的一些学员回忆：邓小平讲课深入浅出，生动活泼，风趣有余，他不停地打着手势，操着浓重的四川口音向学员讲解革命道理，作报告也如同拉家常。

邓小平不喜欢一些形式的东西，是一个务实派。晚年在外地休假时，地方有关领导总爱请他接见、讲话，他都尽可能婉言谢绝，说："我来休假，就是休假嘛！"在他身上绝无丝毫哗众取宠的习气，共产党人所倡导的实事求是的作风在他身上昭然可见。

是的，作为政治家，邓小平既是一个威严的人，又是一个幽默的人。在重大原则的问题上，他从来没有、也绝不会做出半点让步。在待人接物上，他又十分平易近人，举止随和，谈笑风生。他的个性反映到语言上，就是鲜明、新颖、别致的个性化语言。如"扭着不放""计算机要从娃娃抓起"，这些带川味的个性化语言实在形象、生动，让人回味无穷。

坦诚、直率而不矫揉造作，这是邓小平性格的一个显著特征。他对不赞成的东西绝不曲意逢迎。比如，他是传统京剧艺术的爱好者，他对江青搞的京剧改革和革命样板戏并不赞成，因而采取不屑一顾的态度。据说，有一次，看江青主持拍摄的一部新影片，邓小平未等终场就走了。他就是这样从不掩饰个人真实的观点，这种坦诚就是他的个人魅力。

热爱祖国山山水水的邓小平，喜欢游览名山大川，从自然物象中汲取智慧。早年在长征路上，他就经受过千山万水的洗礼。新中国成立后，邓小平游览过井冈山、峨眉山、长白山及漓江、西湖、长江三峡等名胜山川。他仰观俯瞰，兴趣盎然，被祖国大好河山的雄伟壮丽深深吸引。

1959年后，由于腿部曾经骨折过，伤愈后脚力很差，邓小平便听从医生的建议，认真进行体育疗法，开始每天散步以恢复脚力，并坚持不懈，久而久之，便养成了每天散步的习惯。不仅如此，他还时常同一些老同志或随亲眷去登景山，攀北海的琼岛，爬香山。1977年，复出后的邓小平已步入晚年，但为了不负全国人民的重望，他日理万机，散步的习惯虽说坚持下来了，但时间相对减少了。

1979年7月，75岁的邓小平登上了海拔1800多米高的黄山。当时负责警卫工作的中央警卫局副局长孙勇向安徽省委第一书记万里等同志说："邓副主席此次是利用休假时间和家人一起到黄山旅游的，对外不宣传，不封山，不断游，更不能影响群众游览黄山。邓副主席说了，要与群众同走一条路，同看一处景。"于是，有关单位取消了原定的记者随行采访计划。

60里山路蜿蜒曲折，75岁高龄的邓小平却走在前面开路，一口气登上30来个陡峭的台阶，竟把随行的亲属甩在了后面。尤其有趣的是，他这样一位老者还不时回过头去一再嘱咐年轻人要当心。时而，稍事休息后，他弯腰挽起裤管，接过手杖，铿锵一声"走！"顿时大家增添了力量，一行人于是又继续前行。其间，他向大家传授了两条登山的经验：一是把裤脚卷到膝盖上面，二是走起来步子不要太快。大家按照他的方法一试，果然轻快多了。

许多来自海内外的游客，获悉邓小平登览黄山的消息，一传十，十传百，都盼望能在此胜地见一见他。保卫人员出于安全考虑，还是想悄悄控制一下上山游客的人数，结果被邓小平发觉了。他严肃地说：要让群众上山，不要搞得戒备森严。一路上，遇到身后有年轻人或挑担子的老百姓，他就赶忙停到路边让道，招呼随行的人员："让一让，请他们先走。"然而，许多游客往往赶到邓小平身边就

1979年7月，邓小平游览黄山

不走了，同他亲切攀谈起来，似乎一见如故。邓小平是那样谦和，使游人一点也不感到拘束。

快到鳌鱼洞时，有一位年轻姑娘气喘吁吁地从后面赶了上来。邓小平一行以为她急着赶路，连忙让路。但她走到跟前却突然停了下来，上气不接下气地说："邓伯伯，您好！我是上海复旦大学的学生，本来已经下山了，听到您老人家在这里，我们又赶来了……"邓小平便问这位学生念的什么专业，当听说读的是新闻专业时，不由感叹："噢，难怪消息这样灵通。"邓小平幽默而风趣的话语，把大家都逗乐了……

用3天的时间，邓小平举步攀登，纵横踏过了黄山森罗的群峰。饱览黄山秀色后，他风趣地说："爬了黄山，天下的名山都不在话下嘛！"真可谓踏遍青山人未老，风景这边独好！

邓小平总是把自己看成人民中的普通一员，他平易近人，和蔼可亲。吴山越水，西子湖畔，留下了一个又一个邓小平和普通群众相处的动人故事。1983年2月11日，邓小平来到杭州灵隐寺，不少游客认出了他，人群中立即爆发出一片热烈的掌声和欢呼声。邓小平向人们挥手致意，还不时地握握游客的手。当看见一位小女孩在大人的怀抱中拍着可爱的小手欢迎他时，他就笑着用手摸了摸孩子的小脸说："这娃娃长得好胖啊！叫什么名字？"从南京来杭州探亲的孩子父母激动得满脸通红，一个劲地让孩子快叫"邓爷爷好"。两岁的孩子乖巧地叫了声："邓爷爷好！"邓小平高兴地笑着说："好！好！"第二天，他在三潭印月又碰到了这位小女孩。邓小平直呼只有一面之交的小女孩。小女孩大声地叫："邓爷爷好！"并展开双手扑向他的怀抱。邓小平用他那温暖的手抚摸着孩子，亲昵地说："来，跟爷爷亲亲！"孩子高兴地在他的脸上亲着，邓小平亲热地搂着她，和孩子的小脸贴在一起。

在三潭印月，还留下了邓小平让一位青年工人拍照的故事。当时，一位来自宁波的青年工人正在三潭印月游玩，当他看到邓小平一行人向他缓步走来时，便端起相机对着邓小平按下了快门。见到有人拍照，邓小平赶忙停下脚步，好像什么事也没发生一样，非常和蔼地与这位青年攀谈了起来，问他是哪里人，做什么工作，是不是坐火车来的，等等。当得知这位青年是宁波人时，他风趣地说："宁波不错，很大嘛。"这位青年拍摄的照片，后来在上海出版的《青年报》上发表，在全国引起了强烈的反响。

邓小平的一生与波峰浪谷有着不解之缘，他历经坎坷，其中有三次大落大起，几近灭顶之灾，然而他都否极泰来，由危转安，化险为夷。这位在政治风浪面前往往如履平地的伟人，在大海滔滔巨浪中同样能劈波斩浪，沉着稳健，胜似闲庭信步。正如孔子所言，"智者乐水"。邓小平喜爱游泳，从年轻时代起就养成了洗冷水浴的习惯，几十年如一日，一直没有间断。

"乐水派"邓小平曾对来访的李政道说："我的身体还好，头脑还清楚，记忆力还不错。在北戴河每天游泳一个小时，我不喜欢室内游泳池，喜欢在大自然里游泳，自由度大一些，有一股气势。"1983年夏，邓小平在黄海之滨的棒棰岛之游所留下的影像记录，使一切敬仰邓小平的人们直观地看到这位中国政坛中的中流砥柱似的伟人是如何度过他的余暇，并对邓小平健康的体魄深为感佩、庆幸。他畅游于蓝色的波峰浪谷之间，与风浪为伍，从容泅渡。白浪滔天，他舒展双臂，从容地向海的深处游去。浪花一个接一个地扑来，他泰然自若，挥臂击水，顽强地向前游去。在他身旁看护的游泳好手们见到风急浪猛，便劝他上岸，但他却没

第十二章 不老的晚年情怀

顺从这好意的劝告，照旧在水里畅游不止……已经入海游了90多分钟了，他依然没有丝毫倦色，人们难以置信的是，当时的邓小平已经年近80岁了，身体竟然如此硬朗，实在难能可贵！此时此刻，他抑或会因沉浮而联想到人生的起落，抑或会因击水而想到奋斗的快乐……这一切不得而知。或许，他那时那刻什么也没想。上岸后，他不时地同天真可爱的外孙、外孙女嬉戏，不时和女儿聊上几句……其乐融融，多么温暖的天伦之乐！

大海，是他革命生涯的起点。1922年，18岁的邓小平在法国参加旅欧中国少年共产党，从此，他走上无产阶级职业革命家的道路。大海，磨炼了他坚强的意志。从百色起义到浴血太行，从挺进中原到决战淮海，从横渡长江到挥师西南，他出生入死，南征北战，为共和国的创建立下了不朽功勋。邓小平一生迷恋大海，一下海，他就舒展双臂，游向深处。无论风多急，浪多大，他都破浪前行。捐献角膜、解剖遗体，不留骨灰、撒入大海——这是把毕生毫无保留地献给祖国和人民的邓小平的遗愿。回归大海，回归大自然，他的遗愿得到了实现。

大海，浩浩渺渺，茫无涯际。喜爱到大海中游泳的邓小平，其襟怀更像大海那样深沉、宽广。"我能游泳，特别喜欢在大海中游泳，证明我身体还行；还打桥

1989年5月，邓家三代同游，别有兴致

牌，证明我的脑筋还清楚。"晚年邓小平常常这样对友人说。游泳和桥牌这两大业余爱好，使他在体力和智力上得到交替放松与反复磨炼，产生了积极的潜在作用。

邓小平可以称得上中国桥牌运动的推动人。"文化大革命"中，桥牌被当成资产阶级娱乐方式遭到禁止。1978年7月，北京的几位桥牌元老周家骝、裘宗沪和郑雪莱曾联名给邓小平写了一封信，希望在中国开展桥牌运动。很快，邓小平作出批示："请体委考虑。"之后，桥牌运动才在中国重新开展起来。在邓小平的关怀下，1979年，国家体委举办了第一次全国性的桥牌比赛。1980年中国桥牌协会成立，并加入了世界桥牌联合会。

1981年12月，国际桥牌新闻协会为表彰邓小平为中国桥牌运动的发展所做出的贡献，将最高荣誉"戈伦奖"授予了他。1988年7月，邓小平担任中国桥牌协会荣誉主席。1989年2月26日，世界桥牌联合会授予他"世界桥联荣誉金奖"。1993年6月，在国际桥坛久负盛名的美国桥牌名家鲍比·沃尔夫以世界桥牌联合会主席的身份来华访问，向邓小平颁发了"主席最高荣誉奖"，以"感谢他多年来为中国及世界桥牌运动所做出的巨大贡献"。邓小平曾说过："桥牌如同音乐一样是一种世界语言，理应成为中国同世界各国人民之间相互交流、理解与友谊的桥梁。"

"桥牌女皇"、美籍华人杨小燕说，邓小平的牌技可不仅仅是业余水平，够得上专业水平了。战争年代，邓小平统率精兵决胜疆场的雄姿，只有在枪林弹雨中穿行的老将军们有幸亲睹；不过，邓小平在桥牌桌前展示的运筹帷幄的风采，使许多在和平年代长大的年轻一代不难想象他当年的凛凛威风。谁说将军无闲情？邓小平曾操着富有音乐感的四川话说："打牌要和高手打嘛，输了也有味道。"

打桥牌是邓小平20世纪50年代在四川学会的，此后就一直成为他的一大业余爱好。晚年，打桥牌更是成为他寄情之所在，而他的桥牌技艺日益精湛，几臻炉火纯青，无怪乎外国人称他为中国的"高级桥牌迷"。他出色的桥牌技艺，或许与他长期的戎马生涯所练就的素质之间存在着某种关联性。

一次，邓小平与胡耀邦、万里应邀参加在文津俱乐部举办的"运筹与健康"老同志桥牌邀请赛。比赛中，他思路敏捷，与牌友密切配合，叫牌果断，攻守自如，凭借几十年打桥牌的深厚功底，凭神机妙算来掌握桥牌桌上的主动权，结果

邓小平与聂卫平在一起打桥牌

迫使对方以0比20VP败北。

邓小平自己也说:"唯独打桥牌的时候,我才什么都不想,专注在牌上,头脑能充分地休息。"的确,他需要思考的问题实在太多了,所以他往往连散步时也在思考各种问题。况且,他干什么事情都永远那样认真、那样专心致志,因此打桥牌被邓小平用来作为换换脑筋的有效休息手段。

在桥牌桌前,他总是那样平易近人,与人一起娱乐,大家都深羡其雅量高致,在他身上看不到丝毫颐指气使的影子。正因为如此,世界桥坛都为有这样一位可敬的桥牌爱好者而自豪。有时,他还将全家人动员起来,一同观战;激战中,他会不时冒出几句轻松幽默的话语,场上气氛顿时活跃起来。据对战者介绍:"邓小平牌风稳健,自始至终保持冷静,不论打牌或叫牌,都颇有扼制对方、驾驭全局的气概。面临危局时,更表现出处变不惊、临危不惧的大将风度。"他"打牌时情绪是轻松愉快的,即使输了牌局,也没有不开心的表现"。

邓小平能否适应长时间的桥牌比赛?对此,经常陪晚年邓小平打桥牌的聂卫平说:"完全没有问题。有一段时间,他每周日都要打桥牌。每次从下午3时打到6时,大家一起吃饭后,再从7时打到10时多。他严格遵守时间,非常注重效率。

打牌中，他总是注意在不成局的牌上节约时间，而在成局、满贯或难度较大的牌上多花一点时间和精力。自始至终，他总是精力充沛、头脑清醒。"

邓小平非常关心中国围棋事业的发展。第二届中日围棋擂台赛进行到后半程比赛时，中国队只剩下聂卫平一个人了，而日本队还有5名选手。第4场比赛在北京举行，聂卫平战胜了武宫正树，取得了四连胜。聂卫平回忆说："我家离比赛场地很近，我人还没到家，老爷子就让秘书打电话，向我表示祝贺，并请我吃饭。我真是非常感动。在所有的运动员中，得到老爷子打电话祝贺并请吃饭待遇的，我可能是第一人。"

邓小平对体育的爱好简直可以说是全方位的，游泳、桥牌、足球、棋类、散步、登山等都是他的业余爱好。他对体育运动的广泛爱好源于对体育运动的深刻理解，并把个人的爱好、兴趣同锻炼身体、训练脑筋、磨炼意志、陶冶情操结合起来，始终不脱离革命工作这个中心。

邓小平的女儿曾对记者介绍说，父亲生平主要有三个爱好，一为足球，二为言菊朋的京剧，年轻时为此着迷，后来耳朵不好使只能放弃此好，三为桥牌。不过，足球恐怕要算是他历史最久远的业余爱好。据悉，早在书声琅琅的少年时期，足球场上就已经闪动着邓小平敏捷、灵活的身影。青年邓小平远涉重洋前往法国勤工俭学，在繁重的劳动和艰苦的学习之余，足球依旧对他具有强烈的吸引力。有一次举行国际足球赛，他十分希望能够一睹为快，却苦于没钱，于是深感懊丧。忽然，一个念头闪进他的脑海："对了！衣服当了不就是钱？"想到这里，邓小平飞快地跑回寓所拿出一件外衣送到当铺，买票看了这场精彩的足球赛。

风风雨雨数十载，足球一直是邓小平难以割舍的爱好之一。20世纪50年代，他是足球场的常客；以后，他是足球赛电视转播的忠实观众。有一次，正逢一场精彩的足球赛，不幸的是他因腿骨骨折住进医院，在床上吊着腿。可是他并不愿错过这场足球赛，便躺在病床上看完了整场比赛的电视实况转播。那场精彩纷呈的足球赛似乎使他忘记了骨折的疼痛，他显得如此兴致勃勃，看得那样津津有味。当时目睹这一情景的一位人士后来对记者说，邓小平热爱体育活动的劲头，给他留下了难忘的印象。

1977年，邓小平第三次复出时首次在群众场合露面就是看足球比赛，他刚刚

第十二章　不老的晚年情怀

出现在主席台，群众就对他报以热烈的掌声，经久不息，持续了数分钟……

就是这样，中国足球运动从没有离开过他的视野。为了振兴中国足球，邓小平尽了很大的力量，倾注了许多心血，办到了一切可能办到的事情。当中国足球队接连铩羽而归、国人议论纷纷之际，邓小平大声疾呼"从娃娃抓起"。这位在战争年代叱咤风云的历史伟人登高一呼，举国上下应者如云，少年足球事业如雨后春笋般勃然而兴，无数个小选手活跃在绿茵场上，中国足球事业显露出迷人的曙色。这无不寄托着一个伟人的闲情雅趣，也载负着一个伟人热望中国足球事业走出困境的深情厚谊。

除足球之外，邓小平也喜欢篮球等球类运动。1979年他访问美国时，东道主得悉他喜欢篮球，还在文艺节目中特意安排了一场篮球表演。谁会想到，个人的爱好居然很好地用在了外交上？

> 邓家这个大家庭里，邓小平是家庭的核心，背后的"秘书"则是家庭的中心。"中国头号烟民"最爱穿的是家乡人送的"小鞋"，最开心的是跟孙辈逗乐。

1989年11月，邓小平终于辞去了自己最后一个政治职务——中共中央军委主席。一位伟人主动离开政治舞台，同他步入政治舞台一样，具有重大而深远的历史意义。全家人支持他退休，为的是他能更加健康长寿；而他自己一直希望早点退下来，为的则是国家的前途、党的利益。退休后，邓小平的生活是恬静的，虽然晚年含饴弄孙意趣超然，却时时与人民同呼吸、共命运，关心中国的命运和前途，但对时任党和国家领导人的工作决不加以掣肘。

作为妻子，卓琳非常了解邓小平的生活习惯和爱好。邓小平爱看书，爱看马克思、列宁著作及中国历史经典书籍、中外文学名著。因此，卓琳平时很注意收集、借阅邓小平喜爱看的书籍。据说，少年时代的邓小平就聪颖过人，书读三遍即能记住。在莫斯科学习期间，他接触到大量的革命理论书籍。他早年的读书经历，给他后来的革命活动和生活带来了巨大帮助和精神安慰。邓小平看书时不死记硬背，不读死书，而是特别着眼于运用，着眼于解决实际问题并进行思考，着眼于用书本知识正确指导新的实践和新的发展。他以读书为最大乐趣，乐此不疲，孜孜不倦。家里订了10多份报纸，他每天"雷打不动"，都要将它们浏览一遍，家人常开玩笑说他是家里的"信息源"，是各种新消息的"发布官"。

据报道，邓小平还喜欢看小说。中国现当代文学研究会第二任会长、北京大学教授严家炎在国内出版的新著《金庸小说论稿》中指出：邓小平是内地最早阅读金庸小说的人。严家炎在北京中关园接受记者采访时指出，邓小平夫人卓琳说，邓小平在20世纪70年代后期自江西返回北京，就托人从外地买到一套金庸小说，很喜欢读。1981年邓小平接见金庸时，第一句话就是："你的小说我是读了的。"邓小平成了目前有据可查的最早阅读金庸小说的内地人士。

自己读书，劝人读书，邓小平还指导编书。1993年，近90岁的邓小平冒着酷暑，亲自审定《邓小平文选》第三卷文稿。他很认真，一篇一篇地看，有时送稿的速度赶不上他看稿的速度。邓小平认为，这本书是从大的方面讲的，从大局考虑的，认为这是一个政治交代性的东西。他认为革命要靠"两杆子"——"枪杆子"与"笔杆子"。重视"枪杆子"的邓小平也是个"笔杆子"，他才思敏捷，作文如行云流水，一气呵成。早在战争年代，与他共事的同志形容他写东西是"倚马可待"。简洁、明快、短小，是他文风上的特点。

他的生活很有规律，严格按自订的作息制度执行。通常，邓小平每天清晨起床后，在庭院内散步半小时左右。院子外围约140米，他每天"定额"走上18圈方才"鸣金收兵"。每转一圈，他走的步数都是一定的，像在虔诚地完成一项十分严肃的任务。他对待散步就像对待工作一样认真，从不偷懒、不取巧、不抄近道。雨雪天不方便，他就在走廊里来回走动。有时，他还做几节自编的健身操，扩胸、伸腿、舒筋骨。这是晚年邓小平"动补"的主要方式。早餐多安排在8点半，多是喝些豆浆，吃些油条或馒头。上午，他阅读国内外报刊新闻摘要，审阅中央办公厅送来的简报与文件。

午餐安排在 12 点，和家人一起用餐，一大家有十三四人分坐两桌。午餐通常是四菜一汤，其中两荤两素、一杯白酒或黄酒；他爱吃辣椒。午饭后，一般稍作休息。下午有时约牌友打桥牌。

晚餐在 6 点半，常常是一个汤和一碟炸花生、黄豆、杂果仁。吃饭时，他爱了解子女的一些情况，但只听不作回答。晚饭后，中央电视台的《新闻联播》没有特殊情况他一般是要看的。晚 10 时许，他结束一天的生活。

喝酒也可以说是邓小平的一种嗜好，他虽能喝但从不贪杯。他喜欢喝法国的葡萄酒，但更喜欢喝贵州出产的白酒、杭州的黄酒。有一次同一些退下来的老同志团聚，他竟接连喝了六杯白酒而脸不改色，仍旧谈笑风生。20 世纪 70 年代初，他蒙难江西时，就喝当地最便宜的酒，有时夫妇俩自己酿米酒。在邓小平 1989 年退休的当天，邓朴方深知父亲的喜好，提出送一瓶好酒给父亲。后来，医护人员出于对邓小平身体健康着想，提议他不喝白酒为好，邓小平欣然接受，改喝加饭酒，进餐时喝一小杯，从不过量。

曾在邓小平家做过近两年厨师的管建平回忆说："打心里说小平一家是过日子的人。两年里，我弄什么，他们吃什么，绝对不挑食。只是他们的口味重一点，偏爱辣，我便在做菜时多放点辣椒、辣粉就行了。"据介绍，邓小平用餐时喜欢各色各样的菜都吃一点，于是管建平特意为邓小平准备了一个小盘子，各种菜都夹上一点，戏称为"五味俱全"。回锅肉、扣肉、粉蒸肉、臭豆腐、腌胡萝卜丝，是他常吃的菜。"他家有一个习惯——不浪费，剩菜剩饭一律下顿做成烩饭、烩菜接着吃，就是炖菜剩下的汤都要留到下顿吃。"无论法定节日还是民俗节日，或者遇上谁的生日，邓家把握住一点，从不办酒席；只有在亲友、同事和部下来时，卓琳才会特地关照厨师加菜，还特地让厨师少放辣子。

20 世纪 80 年代初在邓小平身边工作的保健医生傅志义说："小平同志从不吃补品，唯一可算'补品'的，是每天吃几丸大粒维生素。在他身边工作 3 年，我竟从未见他患过感冒，也很少见他吃药。"作为保健医生，傅志义明白像邓小平这样有多年烟龄的老人，如果一下子让他戒掉，反而会引起机体的平衡失调，危害更多，"况且他自己也在克制，平时在家办公基本上不抽，会见外宾参加重大国事活动也尽量少抽"。

有人说，邓小平是中国的"头号烟民"。当然，这话是从其政治地位而言的，并非是说他的烟瘾最大。即便是战争时代，邓小平也难以离开香烟。在长征途中，没有烟抽，他和罗荣桓两人曾沿路找点破纸、干树叶子，用破纸包上树叶子当烟抽。在下放江西劳动的日子里，邓小平抽着烟，常陷入深深的思索，居江湖之远而忧国忧民。在恢复工作后日理万机之时，他抽着烟，沉思默想，万家忧乐在心头，以民众苦痛为怀，构思着改革开放的每一个方针、每一项政策、每一次行动。吸烟在这时成了激发他灵感的源泉。

人们往往看到，在会议上，邓小平侃侃而谈，听者聚精会神。谈着谈着，他从放在桌上的"熊猫"牌烟盒中取出一支烟，叼在嘴上，"噌"地划燃火柴，点烟，深深地吸了一口，烟雾在眼前飘浮，接着他又顺着先前的思路讲下去，逸兴遄飞……

不过，吸烟危害身体。为此，家人十分担心他，为他作出了种种限制性安排。1986年9月2日，他在中南海紫光阁接受美国哥伦比亚广播公司的电视采访时，一如往常那样掏出了香烟。记者迈克·华莱士也要了一支，可仔细一看觉得这烟不对劲："哈哈，过滤嘴比烟还要长。"华莱士的这个发现使邓小平大为得意："这是专门对付我的。我抽烟的坏习惯改不了啦。"

1988年3月25日至4月13日，第七届全国人大第一次会议在北京举行。一天下午，大会选举国家领导人。在主席台上就座的邓小平投过票后回到自己的座位，便习惯性地点燃了一支香烟吸起来。坐在台下大厅中间的一位代表看见了，便对坐在旁边的另一位代表说："世界无烟日刚过，全中国全世界都在大力宣传吸烟危害健康，小平同志为什么烟瘾这么大，开大会还吸烟呢？"于是他们商量后决定向邓小平提出意见。

不一会儿，主持大会的宋平手里出现一张小字条，上面写着一行字："请小平同志在主席台上不要吸烟。"宋平看过字条后会意地递给邓小平。邓小平看了看，笑着赶快把正在吸着的烟熄灭了。此后，邓小平在主席台上再也没有吸烟。

事后，那位全国人大代表一提起他在人民大会堂给邓小平写字条提意见的事，便说："邓小平同志这样认真地接受我们的意见，真使我们非常感动。"这件事被传为佳话，党的领导人和普通代表之间平等相处、自觉遵守公共场合的秩序，赢得了人们的尊敬。退休后，出于健康的考虑，邓小平开始戒烟。对于一个有长期"烟史"的人来说，戒烟无疑是一件需要有坚强毅力才能做到的事，但邓小平说戒就戒，放下就没有再抽。

大凡伟人，特别是革命家、政治家，往往富有一个普通人的人情世故。邓小平就是这样一个富有人情味的平民领袖。他以自己真挚的情感，调理着上下左右的人际关系。他那特有的乡情、恋情、亲情、友情、同志情，渗出浓浓的真情……

邓小平故居一如普通的农家院落，是当时川东农村中常见的木结构的三合院，青瓦土墙泥地，朴实无华，屋后是苍翠浓密的竹林。如今，这牌坊村被人们称为"伟人村"。20世纪70年代末邓小平复出后，四川省政府和广安县政府曾有意在此筹建纪念馆，但邓小平坚决不同意："照现在样子原封不动，让乡亲们继续住在那里。"故而，邓家的房舍归村里所有，但当地人还是将旧居拨出老房三间供来访者参观。

自1920年离开家乡后，邓小平再也没有回去过，但他一直关心着家乡的建设与发展。1982年，卓琳代表丈夫亲笔致书邓小平在家乡的至亲舅父与舅母，一者问好，二者嘱他们不可给当地政府添麻烦。出于这种缘故，二位老人依靠邓小平每月寄回的几十元钱和自己微薄的收入过着简朴的生活。

无论是在枪林弹雨的战争年代，还是在轰轰烈烈的和平建设时期，一辈子生活朴素的邓小平始终对家乡四川的圆口布鞋情有独钟。他的妹夫张仲仁多年来一直坚持为他买鞋。后来布鞋市场断档，张仲仁心急如焚，打听得知绝大多数布鞋厂已关停并转。后来，他好不容易找到当地一位做布鞋的老师傅余腾清，并请老师傅连夜赶制了五双精美的布鞋。邓小平收到这五双鞋后非常高兴，赞不绝口。经试穿后只是感觉稍微紧了一点，邓小平幽默风趣地开玩笑说："这是家乡人给我穿的'小鞋'哟！"邓小平的一句玩笑话使余腾清那几天茶饭不思，寝食难安。余腾清第二次按40码规格做了3双送去，邓小平非常满意，于是他春节前又送去了两双。张仲仁按邓小平的要求付鞋钱，余腾清执意不取分文。几经推让，最后张仲文按每双38.8元的价格付了钱。为了感谢余腾清的深情厚谊，邓小平特地托张仲仁转赠一本精装的《邓小平》画册送给他。有了家乡柔软的圆口布鞋朝夕相

1986年春，邓小平夫妇在成都与来自家乡广安县的舅父、舅母合影

伴，邓小平的足迹遍布了长城内外、大江南北，他的内心深处始终难了故里情结。

在北京景山后街的一条胡同里，有一个两进的普通院子，灰砖灰瓦，方方正正，院内种满了花、草、树，郁郁葱葱。这就是"中国人民的儿子"邓小平生前的住所，全家是1977年搬到这里的。

卓琳比邓小平小12岁，两人都属龙。院子里有两棵靠得很近的油松，一棵高大挺拔，一棵婀娜多姿，两棵树枝条互相拥抱着，并肩矗立，好像两个人相依相伴。于是，孩子们称这两棵树为"双龙树"。晚年卓琳闲庭信步时，总爱倚靠双龙树干静静地回忆些什么……

如同邓小平的政治生涯一样，他在爱情婚姻的问题上也历经了一段曲折坎坷的道路。邓小平曾两次失妻。如果说第一次是由于天灾所致，第二次则是"人祸"所为。但邓小平与卓琳可称得上是生死不渝、相濡以沫的终身伴侣。

战争年代，卓琳就和邓小平一道奔赴前方，转战南北。卓琳是1952年带着全家从重庆随邓小平来到北京的。当时，担任党和国家重要领导职务的邓小平对自己的妻子提出了这样的要求：不要到外面去工作，言行要谨慎。这一要求也非常符合卓琳的性格，她本来就是一个不爱出风头的人。进北京后，她多次谢绝了一些单位、团体请她参与工作的邀请，专心致志地为邓小平当秘书、整理日常文件。邓小平第三次复出后，又有一些组织请卓琳出面工作，她还是谢绝了。她曾对自己的好朋友、著名外交家黄镇的夫人朱霖说：我的任务就是把家管好，把孩子管好，不让小平操心，让他专心致志地干好工作。

在家里，卓琳是"中心"，而邓小平是"核心"。家里开支都是由卓琳计划、执行，邓小平从不过问，当然卓琳总是尽量将开支向丈夫倾斜。邓小平爱喝龙井茶，比较贵，也爱抽点烟。在三年困难时期，一向精打细算、省吃俭用的卓琳对丈夫舍得开支。每天上午下午，她各给丈夫泡上一杯浓浓的龙井。邓小平喝完后，她自己则接着喝剩下的茶根。

一大家十几口在一块吃饭，卓琳在三年困难时期为保证丈夫吃好一点，要他单独吃，但邓小平不干。后来，她就派次女邓楠陪着邓小平吃。可不久，邓小平又不干了，坚持要跟大家一块吃。卓琳没辙了，只得单独给他炒一个菜，别的菜都一样。结果，就这一样菜，到了饭桌也叫邓小平"给你点、给你点"而分掉了。最后，卓琳没办法了，就让一大家子都吃一样的，谁也不再享受"特殊待遇"了。

在生活上，卓琳给予邓小平无微不至的照顾。邓小平一年四季穿什么衣服，盖什么被子，每天晚上吃几粒安眠药，都是由她来安排。夫妇俩恩爱有余，心心相印，患难与共，两人几十年来从没红过脸。

多年的共同生活，使卓琳十分了解邓小平爽直、真诚的内心世界。因而，无论政治风云怎样变幻，始终挡不住她对邓小平的一片深情，丝毫动摇不了他们夫妻间多年建立起来的信任。特别是在"文革"年代，邓小平遭到诬陷、迫害的时候，她始终以善良贤惠去爱抚丈夫那颗深受伤害的心。邓小平的一生之所以能为中国的革命和建设事业做出杰出贡献，与他有一个温暖、幸福的家，有一位温柔、善良，不断给自己支持与帮助的妻子是分不开的。

历史是不能假设的，然而如果没有卓琳对邓小平生活的照顾和精神上的理解，如果没有卓琳用行动给予邓小平最大的支持与关爱，我们无法想象后来邓小平的历史是否要改写。

卓琳关心邓小平，邓小平也十分爱护卓琳。有一次，卓琳患了重感冒，她担心传染给邓小平,就嘱咐警卫人员:不要让老爷子到我的房间,免得传染给他。邓小平那天要参加一个重要会议,出门前他特意嘱咐工作人员:给卓琳找个医生看看。会议结束,邓小平一进门就问:卓琳怎么样了?他不顾警卫人员的劝阻,径直来到卓琳的房间,仔细询问病情,嘱咐卓琳一定要多喝水,按时吃药。夫妻情深可见一斑。

邓小平关心和爱护高雅国粹艺术,支持"十足的戏迷"卓琳看戏,卓琳每每去看戏,邓小平都是知道的,因为卓琳总是向邓小平"请假",以免他挂念。邓小平只要不太忙也会问问哪个剧场、看什么戏。卓琳看完戏后只要邓小平没睡着,她就"汇报"李少春和杜近芳等表演如何精彩、如何获得全场喝彩,等等。程派传人李世济有时应邀到邓家汇报京剧的情况,送给卓琳一些自己的录音、录像带。当然,只要有可能,卓琳必劝邓小平去看戏,邓小平对许多剧的内容也很熟悉。卓琳非常关心老戏新演,如战友京剧团排演《白衣渡江》和《柳荫记》时,从经费到演出她都给予具体帮助。

卓琳还喜欢听评书,她曾请人帮忙找了很多诸如《三国演义》《隋唐演义》等评书的录音带,没事的时候就听上几段。在中国古典文学名著中,她尤其喜爱的是《红楼梦》,其中不少精彩段落还能背下来。她不但订阅了《红楼梦研究》,还多次为"红学"研究捐款。

在家里,卓琳虽是主妇,但烹调手艺并不被孩子们看好。在孩子们心目中,父亲的烹饪技术要高出母亲一筹,做的菜特别具有川菜风味。因而有时候,邓小平特意为卓琳寻找"实习锻炼"的好机会。

爱儿女,乃人之常情。邓小平疼爱子女,但从来都是一视同仁,平等相待,不厚此薄彼。当然,对在"文革"中被造反派红卫兵迫害致残的长子邓朴方,他给予了更多的同情和抚爱。第一次见到瘫坐在轮椅上的邓朴方,当时被下放到江西的邓小平和卓琳面对现实,用慈祥的父爱和温暖的母爱去抚平儿子心灵和肉体上的创伤。内心分外难受的邓小平,帮邓朴方脱下衣服,用毛巾轻轻为儿子擦澡。为了充实儿子的精神生活,他将《资治通鉴》等名著送到邓朴方的床头。在邓朴方向命运抗争以及所取得的成就中,无不包含着父母的一片苦心。

说到哥哥邓朴方对自己写作《我的父亲邓小平:"文革"岁月》的帮助,邓榕

第十二章　不老的晚年情怀

声音哽咽了："写'文革'中的父亲，就不能不提到我哥哥邓朴方。他是我们家受迫害最重的人。他给我回忆起'文革'中那段不堪回首的岁月，讲得很平静，仿佛不是在讲述自己的经历，而是别人的故事。听着听着，我的泪水就出来了，我不愿意在哥哥面前哭，可这不争气的眼泪止也止不住。我对哥哥说，我真不愿意让你讲述那段经历，知道你最不愿意提起'文革'，可为了写书还得让你讲。哥哥是理解我的，他把那些平时不愿意回忆起的细节，给我讲得清清楚楚。我当时哭得很厉害，连自己笔下的字都看不清了。我真的太感谢哥哥了。我也在这儿拜托各位记者一句，你们今后采访邓朴方时，最好不要提'文革'那段，说起'文革'，他就会特别伤心，这种伤心是刻骨铭心的。"

邓榕写到哥哥出事后有关父亲的一些情况，使我们感受到一个慈父的人格力量："父母得知哥哥出事后，妈妈一连哭了三天，而爸爸却没有流泪，只是默默地一支接一支地吸烟。他内心的痛苦，一点也不比妈妈少，由于自己的所谓'问题'，使亲生儿子受到了如此残酷的迫害，他因内疚而陷入极度的痛苦之中。当父母把哥哥接到江西后，又见当年欢蹦乱跳的儿子如今成了这个样子，他没有从语言上安慰儿子，而是把深深的父爱化作了照顾儿子的平凡小事。在江西的那

邓小平全家福（1993年8月2日）

段日子里，父亲已是60多岁的老人，可他是家里唯一的壮劳力呀！每天给儿子翻身，每晚给儿子擦澡，他那细致入微的动作里，充满了人间平平常常的父子亲情。"

邓榕的话，让人想起了朱自清笔下那个父亲缓慢的背影，一个有血有肉的邓小平的慈父形象跃然纸上。作为慈父的邓小平，十分喜爱自己的孩子。然而，出于工作的需要，他很少和孩子相聚，畅享天伦之乐。在教育孩子的问题上，邓小平夫妇观点比较一致，都比较民主，注意尊重孩子们自己的选择，培养他们自强、自立的意识。在与子女相处时，邓小平抓住各种机会，利用聊天或摆龙门阵的形式，潜移默化地对他们进行革命传统和艰苦奋斗教育。以往每次重大政治运动来临，邓小平都要将子女们召集在一起，要求每个人自珍自重，谁出了问题他也不保。

卓琳夫妇俩都非常喜欢孩子，同他们在一起倍感天伦之乐的温馨。自己的5个孩子、邓小平的妹妹及妹妹的孩子、卓琳姐姐的孩子都生活在邓家，由卓琳照顾。和孩子们在一起，邓小平总是无比开心。他平常没什么话说，但跟孩子可有话说了，而且对他们逗呀、抱呀。在邓小平晚年时，卓琳"规定"孙辈每天定时要看爷爷，要来亲爷爷，要在爷爷面前坐一坐。每天邓小平还没起床，卓琳就把孙辈抱到他被窝里去陪他。卓琳说："他呀，最喜欢跟小孩玩了。小孩在他办公桌底下玩啊闹啊，他有事则专心地做自己的事，没事时就跟他们玩，或分发给他们一些巧克力。"在孩子中间，邓小平说话不多，可既亲切又威严，他的品格却深深地影响着孩子们。

邓小平对工作人员比较随和、关心，对下级他有着同志般的体贴与关照、朋友般的真诚与谅解。每逢过年，邓小平总是叫他们早点回家团聚。身边工作人员经济上有困难，他总是尽力给予帮助。每年入冬后，邓小平的一些老乡会从四川捎来四五箱广柑和柚子，他照例分给他的秘书和工作人员，还叫人拣些送去给邓颖超、康克清、王光美和聂荣臻。他的谦和、关爱之情感染着周围的每一个人。

对医院、医护人员，邓小平有着一种特殊的感情。他曾说："医院是谁也离不开的地方，人吃五谷杂粮哪能担保一辈子不生病。"在他心目中，医院还是人才密集的智力群体。到医院体检，有更多的机会走到知识分子中间。他非常尊重医护人员，每次到医院总是把自己当作一个普通人或普通病人，没有任何特殊要求，总是为医护人员着想，不给他们增添麻烦。"我没事"，几乎是所有与他接触的医护人员都熟悉的他的一句口头禅。对专家的诊断和治疗，邓小平也总是给予充分的信任。有一次手术前，老专家向他汇报，他说："我没事，你放心吧。世界上没有绝对的事情，出什么问题，由我、由我们全家负责——我相信你，我相信你们医院。"他对为他服务的医生和护士总是心存感激，曾对身边的工作人员说："医院的医生、护士都很敬业，很辛苦，技术上也很强，我很感激他们对我的关心和服务。"医院有规定，医护人员不得要求与住院的首长照相，邓小平则主动提出与医护人员合影。

1991年，江淮流域发生特大水灾，邓小平慷慨捐助，但不肯宣传自己，而中央也对此采取低调的淡化处理。时任总理的李鹏在讲话里只轻轻提了一句：我们党和国家的一位重要领导人也捐了款，但他不愿意透露他的姓名……

邓小平终因帕金森病晚期，并发呼吸功能衰竭，那颗伟大的心脏经抢救无效而停止了跳动。很长一段时间，卓琳沉浸在绵绵的哀思之中，她再也见不到相濡以沫的身影了，再也听不到熟悉而魅力无穷的声音了。当国人、家人还沉浸在悲痛之中，当人们还在思考如何向邓小平表达最深切的哀思时，卓琳向家人、向子女们提出了一个要求：一切要以中央的决定为准，你们不能提出高于中央标准的要求。于是，邓小平丧事从简，卓琳在家里没有设灵堂，只是将邓小平的书房简单布置了一下以方便亲友悼念。

"到香港自己的土地上走一走，看一看"与"亲眼看一看中国人民的小康生活"这两个心愿，成了中国改革开放总设计师邓小平的遗愿。与邓小平相伴一生的卓琳替他实现了这心中的梦想。每逢邓小平祭日，卓琳都会预先买些花瓣，在院子里抛撒，边撒边喊："老爷子，给你撒花了，你听见了没有？"此情此景，让人动容。卓琳说："他去世了，我们全家人都很悲哀，但是这是自然规律，谁也没办法。每年他的生日，我们全家人还像他活着一样，大家一块儿给他过生日，纪念他。"

一代伟人离我们而去了，但他的音容笑貌仍历历在目，留下的是思想、风范与业绩，他的生活情趣与人格魅力似久存的佳酿，弥足浓郁，让人常饮常醉。

> 20世纪有一位改变中国历史命运的伟人,他的名字叫邓小平!面对猜测和议论,中国共产党人在世人的关注中亮出了鲜明的旗帜,经受住了风浪的考验。

"一世风云,赫赫雄威震。八斗韬才,狠抓拨乱纠偏,神州防震荡。争朝夕,兴废运筹,抒构想,绘宏图,赢得英声远播:总设计师民共仰。奕奕皇皇,清徽不可泯。广树丰碑五岳小,九垓再誉新功:农户脱贫,商家转轨,收复金瓯固国陲。殷期宝岛回归,谈六条卓见,寄语台湾,例当仍步前踪,雄张两制,尧天舜甸笑开颜。橡笔十车,工联百副,咸颂伟人烈概。肃对九三耋老,劲节嘉猷,长使寰球申敬仰。

"三番劫难,铮铮浩气横。满腔义愤,怒斥推波助澜,沧海任横流。搅乾坤,是非颠倒,枉奇冤,罹黜罪,惊闻恶谤狂呼:大走资派党同诛。纷纷扰扰,正道岂容污。普沾渥惠四川先,亿人频传胜事:渝宫题字,蓉馆拟名,倡修铁路酬群志。倏报巨星陨落,盼七月良辰,推轮香港,孰料竟成遗愿,浩叹千秋,蜀水巴山悲失色。白花万朵,赤帜半竿,倍增悼者疚怀。痛伤亿一乡亲,葵心泪眼,永教锦里动哀思。"

1997年2月19日晚,一代伟人邓小平溘然离去。第二天早晨,全世界都知道了。播音员在电台和电视上哀声宣告,城市里哀乐低回。一列火车从香港九龙出发驶往广州,忽然汽笛长鸣。

噩耗传出,神州震惊,世界震撼。邓小平逝世后,海内外舆论出现了各种猜测和议论,党内党外、国内国外都在关注中国的方向与形象;关注中国能否继续坚持由邓小平创立的中国特色社会主义理论,能否继续走由邓小平开创的中国特色社会主义道路;关注在世纪之交的关键时刻,中国共产党人以什么样的面貌跨入新世纪。

1997年9月，中共十五大召开。十五大明确提出邓小平理论是党的指导思想，并将其在党章中确立下来，明确规定：中国共产党以马克思列宁主义、毛泽东思想、邓小平理论作为自己的行动指南。这是我们党经过近20年改革开放和社会主义现代化建设的成功实践作出的历史性决策。作出这个决策，表明以江泽民为核心的党中央第三代领导集体和全党把邓小平开创的建设中国特色社会主义事业全面推向新世纪的决心和信心，也反映了全国人民的共识和心愿。

旗帜问题本质是党的指导思想问题、精神支柱问题，总是同社会主义的前途命运问题紧密相连的。早在党的十三大报告中，就在第一次使用"建设有中国特色的社会主义理论"概念时，也第一次指出马克思主义与中国实践的结合有两次历史性飞跃。党的十四大比较系统地概括了这一理论的主要内容及其贡献，明确提出了"用邓小平同志建设有中国特色社会主义的理论武装全党"的战略任务，从而确立了这一理论在全党的指导地位。

战略任务提出来了，拿什么作教材呢？最好的教材当然是邓小平本人的著作。这样，尽快编辑和出版新一卷《邓小平文选》，成为全党强烈的呼声。于是，中共中央决定，编辑和出版《邓小平文选》第三卷。

在此之前，《邓小平文选》已经出过两卷。1989年出版的《邓小平文选（一九三八——一九六五）》，是邓小平在我们党的第一代领导集体时期的著作。1983年出版的《邓小平文选（一九七五——一九八二）》，主要是邓小平在十一届三中全会前后到党的十二大以前的著作，是在党的指导思想上完成拨乱反正和改革开放起步阶段的著作。

从中共中央作出出版《邓小平文选》第三卷的决定开始，中共中央文献编辑委员会就开始了紧张的编辑工作。在编辑过程中，邓小平以89岁高龄亲自指导每一篇文稿的整理加工，并逐篇审定了全部文稿。

《邓小平文选》第三卷以《中国共产党第十二次全国代表大会开幕词》为开篇，1992年1月18日至2月21日《在武昌、深圳、珠海、上海等地的谈话要点》作为全书的结束篇。这本文选的时间跨度为10年。在开卷篇十二大开幕词中，邓小平提出了认识"我国社会主义建设规律"的问题，提出了"走自己的道路，建